Anonymus

Neuvermehrtes Baden-Durlachisches Gesangbuch

Anonymus

Neuvermehrtes Baden-Durlachisches Gesangbuch

ISBN/EAN: 9783743317505

Hergestellt in Europa, USA, Kanada, Australien, Japan

Cover: Foto ©Thomas Meinert / pixelio.de

Manufactured and distributed by brebook publishing software
(www.brebook.com)

Anonymus

Neuvermehrtes Baden-Durlachisches Gesangbuch

Neu-vermehrtes

Baden-Durlachisches Gesangbuch,

welches einen herrlichen Kern vieler

so alt- als neuer Lieder

in sich enthält.

Zum Gebrauch

aller Evangelisch-Lutherischen Kirchen, Schulen und Haushaltungen gesammter

Markgräfl. Badischen Landen,

in allerley Zeiten und Ständen.

Mit Landesfürstl. gnädigstem Privilegio.

Carlsruhe, 1772.
gedruckt und zu finden bey Michael Macklot.

Extract aus dem Hochfürstl. Privilegio vom 15. Jun.

Die von dem Fürstl. Gymnasio in Verlag nehmende Kirchen- und Schul-Bücher soll sich niemand unterstehen nachzudrucken, noch auch die nemliche etwa auswärts gedruckte zu er- und verkaufen, bey Confiscation der Bücher und 10. Thlr. unnachläßiger Strafe.

(Der Preis dieses Gesangbuchs ist an dem Ende desselben beygedruckt.)

Erster Theil, hält in sich die Fest-Lieder.

Advents-Lieder. oder von der Zukunft Christi ins Fleisch.

Mel. Von GOtt will ich nicht lassen.

1. Auf, auf, ihr reichsgenossen, Eur könig kommt heran: Empfahet unverdrossen Den grossen wundermann; Ihr christen, geht herfür, Laßt uns vor allen dingen Ihm hosianna singen Mit heiliger begier.

2. Auf, ihr betrübte herzen, Der könig ist gar nah, Hinweg all angst und schmerzen; Der helfer ist schon da. Seht, wie so mancher ort Hochtröstlich ist zu nennen, Da wir ihn finden können Im nachtmahl, tauf und wort.

3. Auf, auf, ihr vielgeplagte, Der könig ist nicht fern; Seyd frölich, ihr verzagte, Dort kömt der morgenstern: Der HErr will in der noth Mit reichem trost euch speisen, Er will euch hülf erweisen, Ja, dämpfen gar den tod.

4. Nun hört, ihr freche sünder, Der könig merkt darauf, Wann ihr, verlohrne kinder, In vollem lasterlauf Auf arges seyd bedacht, Und thut es ohne sorgen, Gar nichts ist ihm verborgen, Er gibt auf alles acht.

5. Seyd fromm, ihr unterthanen, Der könig ist gerecht, Laßt uns den weg ihm bahnen, Und machen alles schlecht; Fürwahr er meynt es gut, Drum lasset uns die plagen, Die er uns schickt, ertragen Mit unerschrocknem muth.

6. Und wann gleich krieg und flammen Uns alles rauben hin, Gedult, weil ihm zusammen

Gehört doch der gewinn. Wann gleich ein früher tod Die lieben uns genommen; Wohlan, so sind sie kommen Ins leben aus der noth.

7. Frisch auf in GOtt, ihr armen, Der könig sorgt für euch, Er will durch sein erbarmen Euch machen gros und reich; Der an ein thier gedacht, Der wird euch auch ernähren; Was menschen nur begehren, Das steht in seiner macht.

8. Hat endlich uns betroffen Viel creutz, läßt er doch nicht Die, so auf ihn stets hoffen Mit rechter zuversicht; Von GOtt kommt alles her, Der lässet auch im sterben Die seinen nicht verderben, Sein hand ist nicht zu schwer.

9. Frisch auf, ihr hochbetrübte, Der könig kommt mit macht; An uns, sein herzgeliebte, Hat er schon längst gedacht; Nun wird kein angst und pein, Noch zorn hinfür uns schaden, Dieweil uns GOtt aus gnaden Läßt seine kinder seyn.

10. So lauft mit schnellen schritten, Den könig zu besehn; Dieweil er kömt geritten, Stark, herrlich, sanft und schön: Nun tretet all heran, Den heiland zu begrüssen, Der alles creutz versüssen Und uns erlösen kan.

11. Der könig will bedenken Die, so er herzlich liebt, Mit köstlichen geschenken, Als der sich selbst uns gibt Durch seine gnad und wort. Ja, könig hoch erhoben, Wir alle wollen loben Dich freudig hier und dort.

12. Nun, HErr, du gibst uns reichlich, Wirst selbst doch arm und schwach, Du liebest unvergleichlich, Du jagst den sündern nach; Drum wollen wir allein Die stimmen hoch erschwingen, Dir hosianna singen, Und ewig dankbar seyn. Joh. Rist.

M. Nun kommt der heiden heiland.

2. GOtt sey dank in aller welt, Der sein wort beständig hält, Und der sünder trost und rath Zu uns her gesendet hat.

2. Was der alten väter schaar Höchster wunsch und sehnen war, Und was sie geprophezeyt, Ist erfüllt nach herrlichkeit.

3. Zions hülf und Abrams lohn, Jacobs heil, der jungfrau sohn, Der wohl zweygestammte held Hat sich treulich eingestellt.

4. Sey willkommen, o mein heil! Dir hosanna, o mein theil! Richte du auch eine bahn Dir in meinem herzen an.

5. Zeuch, du ehrenkönig, ein, Es gehöret dir allein: Mach es, wie du gerne thust, Rein von allem sündenwust.

6. Und, gleichwie dein zukunft war Voller sanftmuth, ohn gefahr: Also sey auch jederzeit Deine sanftmuth mir bereit.

7. Tröste, tröste meinen sinn, Weil ich schwach und blöde bin, Und des satans schlaue list Sich so hoch an mir vermißt.

8. Tritt der schlangen kopf entzwey, Daß ich, aller ängsten frey, Dir im glauben um und an Selig bleibe zugethan.

9. Daß

9. Daß, wenn du, o lebensfürst, Prächtig wieder kommen wirst, Ich dir mög entgegen gehn, Und vor dir gerecht bestehn. Heinr. Held.

Mel. Ach! was soll ich sünder machen.

3. Kommst du JEsu, licht der heiden? Ja, du kommst und säumest nicht, Weil du weißst, was uns gebricht; O du starker trost im leiden, JEsu, meines herzens thür Steht dir offen, komm zu mir.

2. Ja, du bist bereits zugegen, Du, weltheiland, jungfraun sohn, Meine sinnen spühren schon Deinen gnadenvollen segen, Deine wunderseelenkraft, Deine frucht und herzenssaft.

3. Adle mich durch deine liebe, Jesu, nimm mein flehen hin, Schaffe, daß mein geist und sinn Sich in deinem lieben übe, Sonst zu lieben dich, mein licht, Steht in meinen kräften nicht.

4. JEsu, rege mein gemüthe, JEsu öffne mir den mund, Daß dich meines herzensgrund Innig preise für die güte, Die du mir, o seelengast, Lebenszeit erwiesen hast.

5. Laß durch deines Geistes gaben, Liebe, glauben und gedult, Durch bereuung meiner schuld, Mich zu dir seyn hoch erhaben, Dann so will ich für und für Hosianna singen dir.

E. C. Homburg.

Mel. Von Gott will ich nicht lassen.

4. Mit ernst, o menschenkinder, Das herz in euch bestellt, Bald wird das heil der sünder, Der grosse wunderheld, Den GOtt aus gnad allein, Der welt zum licht und leben, Versprochen hat zu geben, Bey allen kehren ein.

2. Bereitet doch fein tüchtig Den weg dem grossen gast, Macht seine steige richtig, Laßt alles, was er haßt; Macht alle bahnen recht, Die thal laßt seyn erhöhet, Macht niedrig, was hoch stehet, Was krumm ist, gleich und schlecht.

3. Ein herz, das demuth liebet, Bey Gott am höchsten steht: Ein herz, das hochmuth übet, Mit angst zu grunde geht: Ein herz, das richtig ist, Und folget GOttes leiten, Das kan sich recht bereiten, Zu dem kommt JEsus Christ.

4. Das war Johannis stimme, Das war Johannis lehr, GOtt strafet den mit grimme, Der ihm nicht gibt gehör. O HErr Gott, mach auch mich Zu deines kindes krippen, So sollen meine lippen Mit ruhm erheben dich.

Valentin Thilo.

Mel. Von Gott will ich nicht lassen.

5. Nun jauchzet all, ihr frommen, In dieser gnadenzeit, Weil unser heil ist kommen, Der Herr der herrlichkeit, Zwar ohne stolzen pracht, Doch mächtig zu verheeren Und gänzlich zu zerstören Des teufels reich und macht.

2. Er kommt zu uns geritten Auf einem eselein, Und stellt sich in die mitten Für uns zum opfer ein: Er bringt kein zeitlich gut

gut, Er will allein erwerben Durch seinen tod und sterben, Was ewig währen thut.

3. Kein scepter, keine krone Sucht er auf dieser welt, Im hohen himmelsthroue Ist ihm sein reich bestellt: Er will hie seine macht Und majestät verhüllen, Bis er des Vaters willen Im leiden hat vollbracht.

4. Ihr grossen potentaten, Nehmt diesen könig an, Wann ihr euch wollet rathen, Und gehn die rechte bahn, Die zu dem himmel führt; Sonst, wo ihr ihn verachtet, Und nur nach hoheit trachtet, Euch GOttes zorn gwiß rührt.

5. Ihr armen und elenden In dieser bösen zeit; Die ihr an allen enden Müßt haben angst und leid, Seyd dennoch wohl gemuth: Laßt eure lieder klingen Und thut dem könig singen, Der ist eur höchstes gut.

6. Er wird nun bald erscheinen In seiner herrlichkeit, Und all eur klag und weinen Verwandelen in freud: Er ists der helfen kan, Halt eure lampen fertig, Und seyd stets sein gewärtig, Er ist schon auf der bahn. M. Mich. Schirmer.

Mel. Erschienen ist der herrlich tag:

6. Nun kommt das neue kirchenjahr, Des freut sich alle christenschaar; Dein könig kommt, drum freue dich, Du werthes Zion, ewiglich, Allel.

2. Wir hören noch das gnadenwort, Von anfang immer wieder fort, Das uns den weg zum leben weist, GOtt sey für seine güt gepreist, Alleluja.

3. GOTT, was uns deine wahrheit lehrt, Die unsern glauben stets vermehrt, Das lasse bleiben, daß wir dir Lob und preis sagen für und für, Alleluja. D. H. Olearius.

In bekannter Melodie.

7. Nun kommt der heiden heiland, Der jungfrauen kind erkannt, Deß sich wundert alle welt, GOtt solch geburt ihm bestellt.

2. Nicht von mannsblut noch vom fleisch, Allein von dem heilgen Geist Ist Gott's wort worden ein mensch, Und blüht ein frucht weibesfleisch.

3. Der jungfraun leib schwanger ward, Doch bleibt keuschheit rein bewahrt, Leucht hervor manch tugend schon, GOtt da war in seinem thron.

4. Er gieng aus der kammer sein, Dem kön'glichen saal so rein, GOtt von art und mensch ein held, Sein'n weg er zu laufen eilt.

5. Sein lauf kam vom Vater her, Und kehrt wieder zum Vater, Fuhr hinunter zu der höll, Und wieder zu GOttes stuhl.

6. Der du bist dem Vater gleich, Führ hinaus den sieg im fleisch, Daß dein ew'ge Gottsgewalt In uns das krank fleisch erhalt.

7. Dein krippe glänzt hell und klar, Die nacht gibt ein neu licht dar, Dunkel muß nicht kommen drein, Der glaub bleibt immer im schein.

8. Lob sey GOtt dem Vater schon: Lob sey GOtt sein'm einzgen Sohn: Lob sey GOtt dem heilgen Geist Immer und in ewigkeit. D. Martin Luther.

M. O GOtt, du höchster gnadenhort.

8. Von Adam her so lange zeit War unser fleisch vermaledeyt, Seel und geist bis in tod verwundt, Am ganzen menschen nichts gesund.

2. Uns hat umfangen grosse noth, Ueber uns herrschte sünd und tod; Wir sanken in der höllen grund, Und war niemand, der helfen konnt.

3. GOtt sah auf aller menschen stätt Nach einem, der sein'n willen thät; Er sucht ein mann, nach seinem muth; Fand aber nichts, denn fleisch und blut.

4. Denn die rechtschaffne heiligkeit, Würdigkeit und gerechtigkeit Hatten sie in Adam verlohrn, Aus welchem sie waren gebohrn.

5. Als er solch gros siechthum erkannt, Und keinen arzt noch helfer fand, Dacht er an seine grosse lieb, Und wie sein wort wahrhaftig blieb;

6. Sprach: ich will barmherzigkeit thun, Für die welt geben meinen sohn, Daß er ihr arzt und beystand sey, Sie gesund mach und benedey.

7. Er schwur ein'n eid dem Abraham, Auch dem David von seinem stamm, Verhieß zu geben ihn'n den sohn, Und durch ihn der welt hülf zu thun.

8. Er thats auch den propheten kund, Und breitets aus durch ihren mund, Davon könig und fromme leut Sein warteten vor langer zeit.

9. Ob sie wol, wie ihr herz begehrt, Des leiblich nicht wurden gewährt; Doch hatten sie im glauben trost, Daß sie solten werden erlöst.

10. Da aber kam die rechte zeit, Von welcher Jacob prophezeyt, Las er ihm eine jungfrau aus, Ein'm mann vertraut von Davids haus.

11. In der wirkt er mit seiner kraft, Schuf vom blut ihrer jungfrauschaft Das rein und benedeyte kind, Bey dem man gnad und wahrheit findt.

12. O Christe, benedeyte frucht, Empfangen rein in aller zucht, Gebenedey und mach uns frey, Sey unser heil, trost und arzney. Michael Weis.

Mel. Kommt her zu mir, spricht rc.

9. Wach auf, du werthe christenheit! Nimm wahr der freudenreichen zeit, Dein heil ist herbey komen: Des tages licht ist wieder bracht, Vergangen ist die finstre nacht, O freuet euch, ihr frommen!

2. Denn Gottes Sohn kommt uns zu gut, Nimmt an Mariä fleisch und blut, Will unser bruder werden; Bald wird bey uns dis kindelein Als wahrer GOtt und mensch da seyn, Und bringen fried auf erden.

3. Du, tochter zion, freu dich sehr, Auf einem esel kommt der

HErr, Am creuz für uns zu sterben, Wohl dem, der all sein zuversicht Und glauben auf ihn hat gericht, Der wird das reich ererben.

4. Durch das gehörte wort allein, Kehrt er bey jedem christen ein, Ders nur recht nimmt zu herzen; Wer nicht betracht't diesen advent; Christum durchs wort nicht recht erkennt, Der wird das heil verscherzen.

5. Hilf, Vater! hilf, du wahres licht, Wann halten wird dein Sohn gericht, Daß wir recht wohl bestehen, Und, wie die klugen jungfräulein, Mit lampen schön gezieret seyn, Zur hochzeit mögen gehen.

Dr. Br. Derscher.

Mel. Zion klagt mit angst rc.

10. Warum willt du draussen stehen, Du gesegneter des HErrn, Laß dir, bey mir einzugehen, Wohlgefallen, du mein stern! Du, mein JEsu, meine freud; Helfer in der rechten zeit: Hilf, o heiland! meinem herzen Von den wunden, die mich schmerzen.

2. Meine wunden sind der jammer, Welchen oftmals tag und nacht Des gesetzes starker hammer Mir mit seinem schrecken macht: O der schweren donnerstimm! Die mir GOttes zorn und grimm Also tief ins herze schläget, Daß sich all mein blut beweget.

3. Darzu kommt des teufels trügen, Der mir alle gnad absagt, Als müßt ich nun ewig liegen In der höllen, die ihn plagt: Ja auch, was noch ärger ist, So zermartert und zerfrißt Mich mein eigenes gewisse Mit vergiften schlangenbissen.

4. Will ich dann mein elend lindern, Und erleichtern meine noth Bey der welt und ihren kindern, Fall ich vollends in den koth: Da ist trost, der mich betrübt; Freude, die mein unglück liebt; Helfer, die mir herzleid machen; Gute freunde, die mein lachen.

5. In der welt ist alles nichtig, Nichts ist, das nicht kraftlos wär, Hab ich hoheit, die ist flüchtig, Hab ich reichthum, was ists mehr, Als ein stücklein armer erd? Hab ich lust, was ist sie werth? Was ist, das mich heut erfreuet, Das mich morgen nicht gereuet?

6. Aller trost und alle freude Ruht in dir, HErr JEsu Christ! Dein erfreuen ist die weide, Da man sich recht frölich ißt. Leuchte mir, o freudenlicht, Ehe mir mein herze bricht: Laß mich, HErr, an dir erquicken, JEsu, komm, laß dich erblicken.

7. Freu dich, herz, du bist erhöret, Jetzo zeucht er bey dir ein, Sein gang ist zu dir gekehret, Heiß ihn nur willkommen seyn, Und bereite dich ihm zu, Gib dich ganz zu seiner ruh, Oeffne dein gemüth und seele, Klag ihm, was dich drück und quäle.

8. Was du böses hast begangen, Das ist alles abgeschaft, GOt-

GOttes liebe nimmt gefangen Deiner sünden macht und kraft; Christi sieg behält das feld: Und was böses in der welt Sich will wider dich erregen, Wird zu lauter glück und segen.

9. Alles dient zu deinem frommen, Was dir bös und schädlich scheint, Weil dich Christus angenommen, Und es treulich mit dir meynt; Bleibst du deme wieder treu, Ists gewiß und bleibt darbey, Daß du mit den engeln droben Ihn dort ewig werdest loben. Paul Gerhard.

Mel. Herzlich thut mich verlangen.

11. Wie soll ich dich empfangen, Und wie begegn' ich dir? O aller welt verlangen, O meiner seelen zier: O Jesu, Jesu, setze Mir selbst die fackel bey, Damit, was dich ergötze, Mir kund und wissend sey.

2. Dein Zion streut dir palmen Und grüne zweige hin, Und ich will dir in psalmen Ermuntern meinen sinn: Mein herze soll dir grünen In stetem lob und preis, Und deinem namen dienen, So gut es kan und weiß.

3. Was hast du unterlassen Zu meinem trost und freud, Als leib und seele sassen In ihrem grösten leid? Als mir das reich genommen, Da fried und freude lacht, Da bist du, mein heil, kommen, Und hast mich froh gemacht.

4. Ich lag in schweren banden, Du komst und machst mich los: Ich stund in spott und schanden, Du kommst, und machst mich gros, Und hebst mich hoch zu ehren, Und schenkst mir grosses gut, Das sich nicht läßt verzehren, Wie irgend reichthum thut.

5. Nichts, nichts hat dich getrieben Zu mir vom himmelszelt, Als das geliebte lieben, Damit du alle welt In ihren tausend plagen Und grossen jammerlast, Die kein mund kan aussagen, So vest umfangen hast.

6. Das schreib dir in dein herze, Du hochbetrübtes heer, Bey deme gram und schmerze Sich häuft je mehr und mehr: Seyd unverzagt, ihr habet Die hülfe vor der thür, Der eure herzen labet Und tröstet, steht allhier.

7. Ihr dörft euch nicht bemühen, Noch sorgen tag und nacht, Wie ihr ihn wollet ziehen Mit eures armes macht. Er kommt, er kommt mit willen, Ist voller lieb und lust, All eure angst zu stillen, Die ihm gar wohl bewußt.

8. Auch dörft ihr nicht erschrecken Vor eurer sünden schuld, Nein, JEsus will sie decken Mit seiner lieb und huld: Er kommt, er kommt den sündern Zu trost und wahrem heil; Schafft, daß bey GOttes kindern Verbleib ihr erb und theil.

9. Was fragt ihr nach dem schreyen Der feind und ihrer tück, Der HErr wird sie zerstreuen In einem augenblick: Er komt, er komt, ein könig, Dem wahrlich

lich alle feind Auf erden viel zu wenig Zum widerstande seynd.

10. Er kommt zum weltgerichte, Zum fluch dem, der ihm flucht, Mit gnad und süssem lichte Dem, der ihn liebt und sucht. Ach komm, ach komm, o sonne! Und hol uns allzumal Zum ewgen licht und wonne In deinen freudensaal. Paul Gerhard.

Weihnacht-Lieder,

oder von der heilsamen Geburt JEsu Christi.

Mel. Vom himmel hoch da rc.

12. Christum wir sollen loben schon, Der reinen magd, Marien, sohn, So weit die liebe sonne leucht, Und an aller welt ende reicht.

2. Der selge schöpfer aller ding Zog an eins knechtes leib gering, Daß er das fleisch durch fleisch erwürb, Und sein geschöpf nicht all's verdürb.

3. Die göttlich gnad vom himmel gros Sich in die keusche mutter goß: Ein mägdlein trug ein heimlich pfand, Das der natur war unbekannt.

4. Das zücht'ge haus des herzens zart Gar bald ein tempel Gottes ward; Die kein mann rühret noch erkannt, Von Gottes wort man schwanger fand.

5. Die edle mutter hat gebohrn, Den Gabriel verhieß zuvorn, Den sanct Johann's mit springen zeigt, Da er noch lag im mutterleib.

6. Er lag im heu mit armuth gros, Die krippe hart ihn nicht verdroß, Es war ein kleine milch sein speis, Der nie kein vöglein hungern lies.

7. Des himmels chör sich freuen drob Und die engel singen: Gott lob! Den armen hirten wird vermeldt Der hirt und schöpfer aller welt.

8. Lob, ehr und dank sey dir gesagt, Christ, gebohr'n von der reinen magd, Mit Vater und dem heil'gen Geist, Von nun an bis in ewigkeit. D. M. Luther.

13. Der tag der ist so freudenreich Aller kreature, Denn GOttes Sohn vom himmelreich, Ueber die nature, Von einer jungfraun ist gebohrn: Maria, du bist auserkohrn, Daß du mutter werdest. Was geschah so wunderlich? Gottes sohn vom himmelreich, Der ist mensch gebohren.

2. Ein kindelein so löbelich Ist uns gebohren heute Von einer jungfraun säuberlich, Zu trost uns armen leuten. Wär uns das kindlein nicht gebohrn, So wärn wir allzumal verlohrn, Das heil ist unser aller. Ey, du süsser JEsu Christ, Der du mensch gebohren bist, Behüt uns vor der höllen.

3. Als die sonn durchscheint das glas Mit einem klaren scheine, Und doch nicht verselret das, So merket, allgemeine, Zu glei-

gleicher weiß gebohren ward Von einer jungfrau rein und zart Gottes sohn, der werthe, In ein kripp ward er gelegt, Grosse marter für uns trägt Allhier auf dieser erden.

4. Die hirt auf dem felde warn, Erfuhren neue mähre Von den englischen schaaren, Wie Christ gebohren wäre, Ein könig üb'r all kön'ge gros. Herod's die red gar sehr verdros, Aussandt er seine botten: Ey wie gar eine falsche list Erdacht er wieder Jesum Christ, Die kindlein ließ er tödten. D. M. Luth.

Mel. Machs mit mir, GOtt 2c.

14. Dis ist der tag der frölichkeit, Den Gott selbst hat bereitet, An welchem seine gütigkeit Solt werden ausgebreitet: Drum singen heut mit lust die leut: HErr, dir sey preis in ewigkeit.

2. Heut hat der HErr den jammerstand Der ganzen welt gewendet: Dem menschen zum erlösungspfand Sein liebes kind gesendet. Drum singen heut mit lust die leut: HErr, dir sey preis in ewigkeit.

3. Heut ist des grimmen todes macht, Der durch ein weib gekommen, Vom weibessamen umgebracht, Und ganz von uns genommen: Drum singen heut mit lust die leut: HErr, dir sey preis in ewigkeit.

4. Heut ist aus grosser lieb und treu Der wahre GOtt mensch worden, Bleibt, wie er war, und nimt dabey An sich der menschen orden: Drum singen heut mit lust die leut: HErr, dir sey preis in ewigkeit.

5. Wer wolte dann sein herz wohl heut Zur frölichkeit nicht lenken, Den anfang seiner seligkeit Mit andacht nicht bedenken? O singet heut mit lust, ihr leut: HErr, dir sey preis in ewigkeit.

Mel. O GOtt du frommer GOtt.

15. Du wesentliches wort, Von anfang her gewesen, Du GOtt von GOtt gezeugt, Von ewigkeit erlesen, Zum heil der ganzen welt, O mein HErr JEsu Christ, Willkommen, der du mir Zum heil gebohren bist.

2. Kom, o selbstständigs wort, Und sprich in meiner seelen, Daß mirs in ewigkeit An trost nicht solle fehlen, Im glauben wohn in mir, Und weiche nimmer nicht, Laß mich auch nicht von dir Abweichen, schönstes licht.

3. Du wesentliches wort Warst bey GOtt, eh geleget Der grund der grossen welt, Da sich dein herz beweget Zur liebe gegen mir; Ja du warst selber Gott, Damit du machst im fleisch Sünd, höll und tod zu spott.

4. Was hat, o Jesu, dich Von anfang doch bewogen? Was hat vons himmels thron Dich in die welt gezogen? Ach deine grosse lieb Und meine grosse noth Hat deine güt entflammt, Die stärker als der tod.

5. Du bist das wort, wodurch Die ganze welt formiret, Dann alle dinge seynd Durch dich ans licht

licht geführet. Ach, so bin ich, mein heil, Auch dein geschöpf und gab, Der alles, was ich bin, Von dir empfangen hab.

6. Gib, daß ich dir zum dienst Mein ganzes herz ergebe, Auch dir allein zum preis Auf dieser erden lebe. Ja, JEsu, laß mein herz Ganz neu geschaffen seyn, Und dir, bis in den tod, Gewidmet seyn allein.

7. Laß nichtes in mir seyn, Was du nicht hast geschaffen, Reut alles unkraut aus, Und brich des feindes waffen. Das bös ist nicht von dir; Das hat der feind gethan; Du aber führ mein herz Und fuß auf ebner bahn.

8. Das leben ist in dir Und alles licht des lebens, Laß an mir deinen glanz, Mein GOtt, nicht seyn vergebens. Weil du das licht der welt, So sey meins lebens licht, O Jesu, bis mir dort Dein sonnenlicht anbricht.

Laurentii.

In eigener Melodie.

16. Ermuntre dich, mein schwacher geist, Und trage gros verlangen, Ein kleines kind, das Vater heißt, Mit freuden zu empfangen: Dis ist die nacht, darinn es kam, Und menschlich wesen an sich nahm, Dadurch die welt mit treuen Als seine braut zu freyen.

2. Willkomm, o süsser bräutigam, Du könig aller ehren; Willkomm, o Jesu, Gottes lamm, Ich will dein lob vermehren; Ich will dir all mein lebenlang Von herzen sagen preis und dank, Daß du, da wir verlohren, Für uns bist mensch gebohren.

3. O grosser GOtt, wie konnt es seyn, Dein himmelreich zu lassen? Zu springen in die welt hinein, Da nichts dann neid und hassen? Wie konntest du die grosse macht, Dein königreich, die freudenpracht, Ja, dein erwünschtes leben Für solche feind hingeben?

4. Ist doch, HErr JEsu, deine braut Ganz arm und voller schanden, Noch hast du sie dir selbst vertraut Am creuz in todesbanden. Ist sie doch nichts als überdrüß, Fluch, unflat, tod und finsternis; Noch darfst du ihrentwegen Dein scepter von dir legen.

5. Du fürst und herrscher dieser welt, Du friedenswiederbringer: Du kluger rath und tapfrer held, Du starker höllenzwinger, Wie ist es möglich, daß du dich Erniedrigest so jämmerlich, Als wärest du im orden Der bettler mensch geworden?

6. O grosses werk, o wundernacht, Dergleichen nie gefunden, Du hast den heiland hergebracht, Der alles überwunden: Du hast gebracht den starken mann, Der feur und wolken zwingen kan, Vor dem die himmel zittern, Und alle berg erschüttern.

7. O liebes kind, o süsser knab, Holdselig von gebärden: Mein bruder, den ich lieber hab, Als alle schätz auf erden; Komm

schön-

schönster, in mein herz hinein, Komm eilend, laß die krippe seyn; Komm, komm, ich will bey zeiten Dein lager dir bereiten.

8. Sag an, mein herzensbräutigam, Mein hoffnung, freud und leben, Mein edler zweig aus Jacobs stamm, Was soll ich dir doch geben? Ach nimm von mir leib, seel und geist, Ja, alles, was mensch ist und heißt, Ich will mich ganz verschreiben, Dir ewig treu zu bleiben.

9. Lob, preis und dank, HErr JEsu Christ, Sey dir von mir gesungen, Daß du mein bruder worden bist, Und hast die welt bezwungen, Hilf, daß ich deine gütigkeit Stets preis in dieser gnadenzeit, Und mög hernach dort oben In ewigkeit dich loben. Joh. Rist.

Mel. Warum sollt ich mich dann rc.

17. Frölich soll mein herze springen Dieser zeit, Da vor freud Alle engel singen; Hört, hört, wie mit vollen choren Alle luft Laute ruft: Christus ist gebohren.

2. Heute geht aus seiner kammer Gottes held, Der die welt Reißt aus allem jammer; GOtt wird mensch, dir, mensch, zu gute; GOttes kind, Das verbindt Sich mit unserm blute.

3. Sollt uns GOtt nun können hassen, Der uns gibt, Was er liebt Ueber alle massen? Gott gibt, unserm leid zu wehren, Seinen Sohn Aus dem thron Seiner macht und ehren.

4. Sollte von uns seyn gekehret, Der sein reich, Und zugleich Sich selbst uns verehret? Sollt uns GOttes Sohn nicht lieben, Der jezt kömmt, Von uns nimmt, Was uns will betrüben?

5. Hätte vor der menschen orden Unser heil Einen greul, Wär er nicht mensch worden: Hätt er lust zu unserm schaden, Ey, so würd Unsre bürd Er nicht auf sich laden.

6. Er nimmt auf sich, was auf erden Wir gethan, Gibt sich an, Unser lamm zu werden; Unser lamm, das für uns stirbet, Und bey GOtt Für den tod Gnad und fried erwirbet.

7. Nun er liegt in seiner krippen, Ruft zu sich Mich und dich, Spricht mit süssen lippen: Lasset fahrn, o lieben brüder, Was euch quält, Was euch fehlt, Ich bring alles wieder.

8. Ey, so kommt, und laßt uns laufen, Stellt euch ein Gros und klein, Eilt mit grossem haufen; Liebt den, der vor liebe brennet, Schaut den stern, Der euch gern Licht und labsal gönnet.

9. Die ihr schwebt in grossem leiden, Sehet, hier Ist die thür Zu den wahren freuden. Faßt ihn wohl, er wird euch führen An den ort, Da hinfort Euch kein creuz wird rühren.

10. Wer sich fühlt beschwert im herzen, Wer empfindt Seine sünd Und gewissensschmerzen, Sey getrost, hier wird gefunden, Der in eil Machet heil Die vergiften wunden.

11. Die ihr arm seyd und

elende, Kommt herbey, Füllet frey Eures glaubens hände; Hier sind alle gute gaben, Und das gold, Da ihr sollt Euer herz mit laben.

12. Süsses heil, laß dich umfangen, Laß mich dir, Meine zier, Unverrückt anhangen: Du bist meines lebens leben, Nun kan ich Mich durch dich Wohl zufrieden geben.

13. Meine schuld kan mich nicht drücken, Denn du hast Meine last All auf deinem rücken: Kein fleck ist an mir zu finden, Ich bin gar Rein und klar Aller meiner sünden.

14. Ich bin rein um deinetwillen, Du gibst gnug Ehr und schmuck, Mich darein zu hüllen; Ich will dich ins herze schliessen, O mein ruhm, Edle blum, Laß dich recht geniessen.

15. Ich will dich mit fleiß bewahren, Ich will dir Leben hier, Dir will ich abfahren; Mit dir will ich endlich schweben Voller freud, Ohne zeit, Dort im andern leben. Paul Gerhard.

In bekannter Melodie.

18. Gelobet seyst du, JEsu Christ, Daß du mensch gebohren bist Von einer jungfraun, das ist wahr, Des freuet sich der engel schaar, Alleluja.

2. Des ewgen Vaters einigs kind Jetzt man in der krippen findt! In unser armes fleisch und blut Verkleidet sich das ewge gut, Alleluja.

3. Den aller welt kreis nie beschloß, Der liegt in Marien schoos: Er ist ein kindlein worden klein, Der alle ding erhält allein, Alleluja.

4. Das ewge licht geht da herein, Gibt der welt ein'n neuen schein, Es leucht wohl mitten in der nacht Und uns des lichtes kinder macht, Alleluja.

5. Der Sohn des Vaters, GOtt von art, Ein gast in der welt hie ward, Und führt uns aus dem jammerthal, Er macht uns erben in sein'm saal, Allel.

6. Er ist auf erden kommen arm Daß er unser sich erbarm; Und in dem himmel mache reich, Und seinen lieben engeln gleich, Alleluja.

7. Das hat er alles uns gethan, Sein gros lieb zu zeigen an, Des freu sich alle christenheit, Und dank ihm des in ewigkeit, Alleluja.

D. M. Luther.

Mel. Nun freut euch lieben christen.

19. Ich steh an deiner krippen hier, O JEsulein, mein leben, Ich komme, bring und schenke dir, Was du mir hast gegeben: Nimm hin, es ist mein geist und sinn, Herz seel und muth, nimm alles hin, Und laß dirs wohlgefallen.

2. Du hast mit deiner lieb erfüllt Mein adern und geblüte, Dein schöner glanz, dein süsses bild Liegt mir ganz im gemüthe. Und wie mag es auch anders seyn? Wie könnt ich dich, mein herzelein, Aus meinem herzen lassen?

3. Da ich noch nicht gebohren war, Da bist du mir gebohren, Und hast mich dir zu eigen gar, Eh ich dich kannt, erkohren: Eh ich durch deine hand gemacht, Da hast du schon bey dir gedacht, Wie du mein wolltest werden.

4. Ich lag in tiefster todesnacht, Du warest meine sonne; Die sonne, die mir zugebracht Licht, leben, freud und wonne. O sonne, die das werthe licht Des glaubens in mir zugericht Wie schön sind deine strahlen!

5. Ich sehe dich mit freuden an, Und kan mich nicht satt sehen, Und weil ich nun nicht weiter kan, So thu ich, was geschehen. O daß mein sinn ein abgrund wär, Und meine seel ein weites meer, Daß ich dich möchte fassen.

6. Vergönne mir, o JEsulein, Daß ich dein mündlein küsse; Das mündlein, das den süssen wein, Auch milch= und honigflüsse Weit übertrift in seiner kraft, Es ist voll labsal, stärk und saft, Der mark und bein erquicket.

7. Wann oft mein herz im leibe weint, Und keinen trost kan finden, Da ruft mirs zu: ich bin dein freund, Ein tilger deiner sünden; Was traurest du, mein brüderlein? Du sollt ja guter dinge seyn, Ich zahle deine schulden.

8. Wer ist der meister, der allhier Nach würden kan ausstreichen Die händlein, so dis kindlein mir Beginnet zuzureichen? Der schnee ist hell, die milch ist weiß Verlieren doch beyd ihren preis, Wann diese händlein blinken.

9. Wo nehm ich weisheit und verstand, Mit lobe zu erhöhen Die äuglein, die so unverwandt Nach mir gerichtet stehen? Der volle mond ist schön und klar; Schön ist der güldnen sterne schaar, Die äuglein sind viel schöner.

10. O daß doch ein so lieber stern Soll in der krippe liegen! Für edle kinder grosser herrn Gehören güldne wiegen; Ach! heu und stroh ist viel zu schlecht, Samm't, seiden, purpur, wären recht, Dis kindlein drauf zu legen.

11. Nehmt weg das stroh, nehmt weg das heu, Ich will mir blumen holen, Daß meines heilands lager sey Auf kränzen und violen; Mit rosen, nelken, rosmarin, Aus schönen gärten, will ich ihn Von oben her bestreuen.

12. Zur seiten will ich hier und dar Viel weisse liljen stecken, Die sollen seiner äuglein paar Im schlafe sauft bedecken; Doch liebt vielmehr das dürre gras Dis kindelein, als alles das, Was ich hier nenn und denke.

13. Du fragest nicht nach lust der welt, Noch nach des leibes freuden, Du hast dich bey uns eingestellt, An unsrer statt zu leiden, Suchst meiner seelen herrlich-

lichkeit Durch dein selbst eignes herzenleid, Das will ich dir nicht wehren.

14. Eins aber, hoff ich, wirst du mir, Mein heiland! nicht versagen, Daß ich dich möge für und für In, bey und an mir tragen: Drum laß mich doch dein kripplein seyn, Komm, komm und lege bey mir ein Dich und all deine freuden.

15. Zwar sollt ich denken, wie gering Ich dich bewirthen werde, Du bist der schöpfer aller ding, Ich bin nur staub und erde: Doch bist du so ein frommer gast, Daß du noch nie verschmähet hast Den, der dich gerne siehet. Paul Gerhard.

Mel. Ach HErr mich armen sünder.

20. Ihr Christen, auserkohren, Freut euch von herzen sehr, Der heiland ist gebohren, Recht gute neue mähr, Des freuen sich dort oben Der heilgen engel schaar, Und GOtt den Vater loben Jetzt und fort immerdar.

2. So singen sie mit schalle: Ihr christen insgemein, Freut euch von herzen alle Ob diesem kindelein; Euch, euch ists ja gegeben, Und hat das heil bereit, Daß ihr bey GOtt sollt leben In steter seligkeit.

3. Kein mensch sich ja betrübe, Dann dieses kindelein Euch bringet süsse liebe, Was wollt ihr traurig seyn? Der himmel wills den'n schenken, Die an ihn glauben vest, Daran solt ihr gedenken, Euch freuen auf das best.

4. Nun seyd ihr wohl gerochen An eurer feinde schaar: Denn Christus hat zerbrochen, Was euch zuwider wär: Tod, teufel, sünd und hölle Sind ganz und gar geschwächt, Bey GOtt hat seine stelle Das menschliche geschlecht. G. Werner.

In eigener Melodie.

21. Im süssen ton und schall Nun singt und freut euch all, Unsers herzens wonne Liegt in dem kripplein, Und leuchtet als die sonne Im schoos der mutter sein; Anfang und das end Ist und bleibt dieses kind.

2. O Jesu, lieber Herr! Nach dir verlangt mich sehr, Tröst mir mein gemüthe, O wahrer Gottes Sohn, Durch alle deine güte; Du fürst und ehrenkron; Zeuch mich nach dir her, Laß mich von dir nicht mehr.

3. O Vaters liebreichs gmüth! O Sohnes treu und güt! Wir wären ewig g'storben Durch unsre schwere sünd, So hast du uns erworben Himmlische freud ohn end; Eja, wär die zeit, Daß angieng solche freud!

4. Wo ist mehr freud auf erd? Nirgend, denn da man hört, Da die engel singen Ihr neues lied mit schall, Und die cymbeln klingen In dieses königs saal: Eja, wärn wir do! Wir wärn von herzen froh.

Daniel Hizler.

In bekannter Melodie.

22. Lobt Gott, ihr christen, allzugleich! In seinem

nem höchsten thron, Der heut schleußt auf sein himmelreich, Und schenkt uns seinen Sohn, Und schenkt uns seinen Sohn.

2. Er kommt aus seines Vaters schoos, Und wird ein kindlein klein, Er liegt dort elend, nackt und blos In einem krippelein, In einem krippelein.

3. Er äussert sich all sein'r gewalt, Wird niedrig und gering, Und nimmt an sich ein's knechts gestalt, Der schöpfer aller ding, Der schöpfer aller ding.

4. Er liegt an seiner mutter brust, Ihr milch, die ist sein speis, An dem die engel sehn ihr lust, Dann er ist Davids reis, Dann er ist Davids reis,

5. Das aus sein'm stamm entspriessen sollt In dieser letzten zeit, Durch welchen GOtt aufrichten wollt Sein reich, die christenheit, Sein reich, die christenheit.

6. Er wechselt mit uns wunderlich, Fleisch und blut nimmt er an, Und gibt uns in sein's Vaters reich, Die klare Gottheit dran, Die klare Gottheit dran.

7. Er wird ein knecht, und ich ein herr, Das mag ein wechsel seyn; Wie könnt es doch seyn freundlicher Das liebe Jesulein? Das liebe Jesulein?

8. Heut schleußt er wieder auf die thür Zum schönen paradeis, Der cherub steht nicht mehr dafür, GOtt sey lob, ehr und preis! GOtt sey lob, ehr und preis!

Nicolaus Hermann.

Mel. Vom himmel hoch da komm.

23. Nun ist es zeit zu singen hell: Gebohren ist Emanuel Von Maria, der reinen magd, Wie Esaias hat gesagt.

2. Es freu sich aller menschen seel! Gebohren ist Emanuel. Wir sind nicht mehr, wie vor, allein, Der Herr ist bey uns insgemein.

3. Der freude sey kein maas noch ziel: Gebohren ist Emanuel. GOtt ist mit uns in gleichem fleisch, Doch ohne sünde worden mensch.

4. Trotz sey dem teufel und der höll: Gebohren ist Emanuel. Trotz sey der sünde und dem tod, Es ist mit uns der starke Gott.

5. Die welt vergeh nun, wann sie wöll: Gebohren ist Emanuel. Bey GOtt sollen wir ewig seyn. Eja, ihm sey der preis allein.

Mel. Wie schön leuchtet der rc.

24. O Fürstenkind aus Davids stamm! O meiner seelen bräutigam! Mein trost, mein heil, mein leben! Wie soll ich ewig danken dir, Daß du ins elend kommst zu mir? Was soll ich dir dann geben? Es geht Und steht Ausser leiden, Nur in freuden, Was man siehet; Weil der friedensfürst einziehet.

2. Ich selbsten bin der freude voll, Ich weiß nicht, was ich schenken soll Dem auserwählten kinde. Ach herzenskind! nimm

nimm immer hin, Nimm hin mein herze, muth und sinn, Und mich mit lieb entzünde. Schließ dich In mich, In mein herze, Daß ich scherze, Und dich küsse, Dich auch ewig lieben müsse.

3. Bleib, höchster schatz, o mein saphir! O mein orion! bleib bey mir, Du hoffnung der verzagten! Du himmelsthau, befeuchte mich; Du schönstes manna, zeige dich Den armen und verzagten. Laß nicht Dein licht Hier auf erden Dunkel werden, Laß den deinen Hier dein wort noch ferner scheinen.

Mel. Ein lämmlein geht und rc.

25. O liebes kind! o süsses kind! Sey tausendmal gegrüsset: O kind! wie hast du so geschwind Uns alles creutz versüsset? O demuth, muß ein krippelein Dein königliches bette seyn? Ja, legt sich deine mutter Zum dummen vieh? heist das dein thron? Ach, schläfst du, GOttes liebster Sohn, Im stall auf dürrem futter?

2. O schlechter stand, o niedrigkeit! GOTT ist ein kindlein worden: Er hat erkohren in der zeit Der armen menschen orden. Mein HERR und heiland liegt im stall, Er liegt verschmähet überall, Daß wir nicht ewig lebten In der verdammten schwefel pfuhl, Besonders vor des Höchsten stuhl In tausend freuden schwebten.

3. Kommt, laßt uns diesen Mosen sehn, Der im rohrkästlein lieget; Dis kind, so schöner noch als schön, Hie schläfet ungewieget: Da ruhet es auf hartem stein, Auf daß wir ewig könnten seyn Des schönen himmels erben, Und wohnen in der güldnen stadt, Woselbst man hat der freuden satt, Und fühlet kein verderben.

4. Drückt mich nun gleich des creutzes last, Sollt ich mich darum grämen? Muß GOTT doch selbsten seine rast Auf dürrem grase nehmen: So wird man seinem bilde gleich; Nun aber sitzt ins Vaters reich Das JEsulein erhoben. Nach vielem leiden wird fürwahr Des himmels wollust immerdar Erquicken uns dort oben.

5. Hinweg lust, pracht und stolzer muth, Mich solt ihr nicht verführen, Ich sehe ja mein höchstes gut Im kripplein bey den thieren; Wie könnten künftig meinen sinn Solch eitelkeiten reissen hin? Solt ich so hoch mich strecken? Da doch der HErr der herrlichkeit, In dieser harten winterszeit, Mus kält und armuth schmecken.

6. Wie kommt es doch, mein JEsulein! Daß du hast keine wiegen? Dis, glaub ich, wird die ursach seyn, Du willst im herzen liegen. Ey, komm doch dann in schneller frist, Mein herz, das dir gewidmet ist, Soll fleißig dich bewirthen; Und ob ich gleich bin schlecht und recht, So bleib ich doch dein treuer knecht, Wie dort die frommen hirten.

7. Im glauben will ich wik-

keln dich, Und nur mit tugend speisen: Ich will dich tränken mildiglich, Dem nächsten guts erweisen: Dein will ich pflegen mit geduld, Und sehnen mich nach deiner huld, Durch ein recht glaubigs singen. Ach rechn' es ja nicht zum verdruß, Wann ich dir manchen liebeskuß In demuth werde bringen.

8. O bruder, laß doch einen blick Aus deinen äuglein schiessen, Der mir mein mattes herz erquick, Und möge mir versüssen Des langen creuzes bitterkeit! Erhöre mich zu rechter zeit, HErr! neig mir deine ohren: Lasse dein süsses mündelein In trübsal mein ergetzung seyn, So bleib ich unverlohren.

9. O kindlein, lache mir doch zu, Streck aus die schönen hände, Gib meiner seelen fried und ruh, Auf daß sie ganz sich wende Zu dir, der du mit starker hand Mich aus dem harten todesband, O JEsu! mußtest retten. HErr! deine füß auch sind so schnell, Zu helfen mir, daß Asahel Mit dir nicht dürfte wetten.

10. Drauf, liebes kind, halt ich dich vest, Nie kan ich dich verlassen: Bist du der hirten trost und bests, Auch mich wirst du nicht hassen: Regiere mir herz, muth und sinn, Daß ich, der ich der deine bin, Doch nimmer möge wanken: Zu lieben dich bin ich bereit, Allhier und in der ewigkeit Mit freuden dir zu danken. Joh. Rist.

Mel. Lobt GOtt, ihr christen rc.

26. Seht auf, ihr menschen, GOTTES Sohn Wird heut ein menschenkind: Seht auf, er kommt vom himmels=thron, Zu büssen eure sünd.

2. Singt, singt, ihr engel, euer GOtt Will heut mein bruder seyn, Und wär ich aller welt ein spott, So ist er dennoch mein.

3. Ihr himmel, euer könig wird Anjetzt ein armer knecht, Im stalle liegt mein seelenhirt, Zu hüten sein geschlecht.

4. Ach, siehe, wie der helle schein Dort in den lüften glänzt, Kein engel mag im himmel seyn, Die lust ist hier ergänzt.

5. Hier ist, hier ist Emanuel, Der weyhnachtsgast will seyn, Dich liebt mein ganzer geist und seel, Schatz, komm, ach komm herein.

6. Komm, heilges kind, komm, süsser zweig Der wurzel Isai, Komm, führ mich auf den selgen steig, Hier ist doch lauter müh.

7. Du neugebohrnes Gotteskind, Du saamen Abrahä, Weil ich dich in der krippen find, Verschwindet all mein weh.

8. Du allerschönstes menschenkind, Du licht der finstern welt, Wer dich in seine windeln bindt, Acht weder gold noch geld.

9. Nun, JEsulein, mein fleisch und blut Verbinde mich und dich. Du bist allein mein gröstes gut, Dich lieb ich ewiglich.

In eigener Melodie.

27. Strahlet, ihr lichter, mond, sternen und sonne! Jauchzet, ihr himmel, ihr wolken, bringt wonne! Freue dich, sündige schüchterne welt! Siehe, da kommet der schilo, der held. Singet und klinget, ihr heiteren lüfte; Hallet und schallet, ihr felsigten klüfte.

2. Weitert die thüren, vergrössert die thoren, Heute wird Christus, der heiland gebohren, Welcher, was Adam verlohren, ersetzt, Wieder bringt, was uns erfreuet, ergetzt: Himmlisches lieben, grundtiefes erbarmen, Göttliche gnade beschattet uns armen.

3. Wunder! ach wunder! ach wunder! ach wunder! Dieser begiebt sich vom himmel herunter; Welcher das höchste und grössete gut, Kleidet sich ärmlich mit fleische und blut. Dieser wird unser freund, unser geselle; Packe dich, sünde, tod, teufel und hölle.

4. Nunmehr ist güldener friede getroffen, Alles verschlossene stehet nun offen, Heute der cherub sein flammendes schwerd Wendet, uns menschen nicht weiter versehrt. Himmel, ach erde, lobsinget vor freuden, Meldet, ihr sterne, das wunder den heyden.

5. Zeuge, du hirtenvolk, was du gehöret: Predige, was dich erschröcket, belehret: Rühmet, ihr klüfte, den englischen ton, Saget den menschen den nutzen und lohn; Joseph, erzehle mit freudigen lippen, Was sich begeben im stall, in der krippen.

6. Nun sey willkommen, du wohlfahrt der heyden: Ach sey willkommen, du könig der freuden! Du fleisch geworden selbstständiges wort, Unser Emanuel, heiland und hort! Laß uns, ach laß uns zu ewigen zeiten Diese so göttliche gutthat ausbreiten. L. C. Homburg.

Mel. Wer in dem schutz des rc.

28. Uns ist, uns ist ein kind gebohrn, Ein sohn ist uns gegeben, Damit die welt nicht würd verlohrn, Und wieder möchte leben; Merk auf, o seele! schaue an, Was GOtt durch dieses kind gethan Uns armen menschenkindern.

2. Es spielt in seinem angesicht, Mit reicher lust und wonne, Des Vaters klarheit, lieb und licht, Er ist die wahre sonne, Die in der finsterniß aufgeht, Darin die ganze welt jetzt steht, Um solche zu erleuchten.

3. Dis kind hat männlich aufgefaßt Auf seinen zarten rücken, Der ganzen herrschaft schwere last, Und was uns pflegt zu drücken: Ist etwas, das euch drückt und plagt, Seyd nur getrost und unverzagt, Er hats schon abgenommen.

4. Sein name heisset wunderbar; GOtt wird ein mensch, o wunder! Mit ihm kommt auch die engelschaar, Macht sich in lüften munter: Nun soll durch dieses wunderkind, Das uns durch

durch sich mit GOtt verbindt, Die welt versöhnet werden.

5. Bist du, der rath vonnöthen hat, Will dirs an weisheit fehlen: Dis kind heißt rath, ist gros von that; Wenn du dich wirst vermählen Mit ihm, wird er in noth und pein Dein treuer rath und leitstern seyn, Der dich am besten führet.

6. Fehlt dirs an kraft, o liebe seel, Zu gehn auf GOttes wegen: Ey, unverzagt, Emanuel Wird seine kraft beylegen; Er heisset kraft, der alles thut, Macht feurge herzen, sinn und muth, Und stärket die kraftlosen.

7. Fehlt dirs an muth und tapferkeit, Die feinde zu bekriegen, Hier ist der held, der in dem streit Dich nicht läßt unterliegen: Wer ihn hie an die spitze stellt, der sieget und behält das feld, Er wird die feind zerstreuen.

8. Ein ewger Vater heißt dis kind, Ein Vater der verlornen, Der solche wieder sucht gelind, Macht sie zu neugebohrnen: Er hat ein väterlich gemüth, Voll vaterliebe, treu und güt, Die ewig, ewig währet.

9. Den friedefürsten nennt er sich, Der dir den fried erstreitet, Darauf bey seiner tafel dich Zu friedensgütern leitet, Er macht dein herz von schrecken los, Legt dich in seiner liebe schoos, Da magst du sicher wohnen.

10. Drum freue dich, mein herz, in ihm, Nimm an, was GOtt gegeben: Erhebe jauchzend deine stimm, Preis ihn mit deinem leben. Er gibt sich dir, gib wiederum Dich hin zu seinem eigenthum, so macht dis kind dich selig.

In bekannter Melodie.

29. Vom himmel hoch da komm ich her, Ich bring euch gute neue mähr: Der guten mähr bring ich so viel, Davon ich sing'n und sagen will.

2. Euch ist ein kindlein heut gebohrn, Von einer jungfrau auserkohrn: Ein kindelein, so zart und fein, Das soll eu'r freud und wonne seyn.

3. Es ist der HErr Christ, unser Gott, Der will euch führn aus aller noth, Er will eu'r heiland selber seyn, Von allen sünden machen rein.

4. Er bringt euch alle seligkeit, Die GOtt der Vater hat bereit, Daß ihr mit uns im himmelreich Sollt leben nun und ewiglich.

5. So merket nun das zeichen recht, Die krippen, windelein, so schlecht, Da findet ihr das kind gelegt, Das alle welt erhält und trägt.

6. Des laßt uns alle fröhlich seyn, Und mit den hirten gehn hinein, Zu sehn, was GOtt uns hat beschehrt, Mit seinem lieben Sohn verehrt.

7. Merk auf, mein herz, und sieh dorthin, Was liegt dort in dem krippelein? Weß ist das schöne kindelein? Es ist das liebe JEsulein.

8. Bis willkommen, du edler

gast! Den sünder nicht verschmähet hast, Und kommst ins elend her zu mir, Wie soll ichs immer danken dir?

9. Ach, HErr, du schöpfer aller ding! Wie bist du worden so gering, Daß du da liegst auf dürrem gras, Davon ein rind und esel aß.

10. Und wär die welt vielmal so weit Von edelstein und gold bereit, So wär sie dir doch viel zu klein, Zu seyn ein enges wiegelein.

11. Der sammet und die seiden dein Das ist grob heu und windelein, Darauf du, kön'g so gros und reich, Herprangst, als wärs dein himmelreich.

12. Das hat also gefallen dir, Die wahrheit anzuzeigen mir, Wie aller welt macht, ehr und gut Vor dir nichts gilt, nichts hilft, noch thut.

13. Ach mein herzliebes JEsulein! Mach dir ein rein sanft bettelein, Zu ruhn in meines herzens schrein, Daß ich nimmer vergesse dein.

14. Davon ich allzeit fröhlich sey, Zu springen, singen immer frey Das rechte susannine schon Mit herzenslust im süssen ton.

15. Lob, ehr sey GOtt im höchsten thron, Der uns schenkt seinen eingen Sohn! Des freuen sich der engel schaar, Und singen uns solch neues jahr.

D. M. Luther.

In voriger Melodie.

30. Vom himmel kam der engel schaar, Erschien den'n hirten offenbar, Sie sagten ihn'n: ein kindlein zart Das liegt dort in der krippen hart,

2. Zu Bethlehem, in Davids stadt, Wie Micha das verkündigt hat, Es ist der HErre JEsus Christ, Der euer aller heiland ist.

3. Des solt ihr billig frölich seyn, Daß GOTT mit euch ist worden ein: Er ist gebohrn, eu'r fleisch und blut, Eu'r bruder ist das ewig gut.

4. Was kan euch thun die sünd und tod? Ihr habt mit euch den wahren GOTT: Laßt zürnen teufel und die höll, GOtt's Sohn ist worden eu'r gesell.

5. Er kan und will euch lassen nicht, Setzt nur auf ihn eu'r zuversicht: Es mögen euch viel fechten an: Dem sey trotz, ders nicht lassen kan.

6. Zuletzt müßt ihr doch haben recht, Ihr seyd nun worden GOtt's geschlecht. Des danket GOtt in ewigkeit, Geduldig, frölich allezeit. D. M. Luther.

In eigener Melodie.

31. Willkommen, edles knäbelein! Willkommen, liebes kind! Willkommen, süsses JEsulein! Durch dich mein leyd verschwindt: Du bist mein heil und seligkeit, Du bringst mir tausend freuden: Du machst, daß ich in ewigkeit Von GOtt bleib ungescheiden.

2. Du bist mir lieber als die

welt Und hundert himmel fern: Auf dich ist all mein thun gestellt, Du werthes JEsulein! Dir will ich, was ich hab und bin, Von grund des herzens schenken: Auf dich soll mein gemüth und sinn Ohn unterlaß gedenken.

3. Ich bin ganz unaussprechlich froh, Daß du gekommen bist, Daß du, ob zwar auf heu und stroh, Wirst mensch und kind gegrüßt; Ach laß dein zukkermündelein Mein arme seel erquicken, Und die verliebten äugelein Erfreulich auf mich blicken.

4. Wie herzlich sehn ich mich nach dir, O freudenreiches kind! Verlaß die kripp, und komm zu mir! Komm eilends, komm geschwind. Ich will ein kleines krippelein Aus meinem herzen machen, Daß du darinn, mein JEsulein, Stets schlafen solst und wachen.

Mel. Erschienen ist der herrlich tag.

32. Wir singen dir, Emanuel! Du lebensfürst und gnadenquell! Du himmelsblum und morgenstern! Du jungfrausohn! HErr aller herrn, Alleluja.

2. Wir singen dir in deinem heer Aus aller kraft lob, preis und ehr, Daß du, o lang gewünschter gast! Dich nunmehr eingestellet hast, Alleluja.

3. Von anfang, da die welt gemacht, Hat so manch herz nach dir gewacht; Dich hat gehoft so lange jahr Der väter und propheten schaar, Alleluja.

4. Ach, daß der HErr aus Zion käm, Und unsre bande von uns nähm: Ach, daß die hülfe bräch herein; So würde Jacob frölich seyn, Alleluja.

5. Nun bist du hie, da liegest du, Hast in dem kripplein deine ruh; Bist klein, und machst doch alles gros, Bekleidst die welt, und kommst doch blos, Alleluja.

6. Du kehrst in fremder hausung ein, Und sind doch alle himmel dein: Trinkst milch aus deiner mutter brust, Und bist doch selbst der engel lust, Alleluja.

7. Du bist der süsse menschenfreund, Doch sind dir so viel menschen feind: Herodis heer hält dich für greul, Und bist doch nichts als lauter heil, Alleluja.

8. Ich aber, dein geringster knecht, Ich sag es frey und meyn es recht: Ich liebe dich, doch nicht so viel, Als ich dich gerne lieben will, Alleluja.

9. Der will ist da, die kraft ist klein, Doch wird dir nicht zuwider seyn Mein armes herz, und was es kan, Wirst du in gnaden nehmen an, Alleluja.

10. Hast du doch selbst dich schwach gemacht, Erwähltest, was die welt veracht, Warst arm und dürftig, nahmst vorlieb, Da, wo der mangel dich hintrieb, Alleluja.

11. Du schliefst ja auf der erden schoos: So war das

kripplein auch nicht gros: Der stall, das heu, das dich umfieng, War alles schlecht und sehr gering, Alleluja.

12. Darum, so hab ich guten muth, Du machst des Adams schaden gut. O JEsulein! dein frommer sinn Macht, daß ich so voll trostes bin, Alleluja.

13. Bin ich gleich sünd und laster voll, Hab ich gelebt, nicht, wie ich soll: Ey, kommst du doch deswegen her, Daß sich der sünder zu dir kehr, Alleluja.

14. So faß ich dich nun ohne scheu, Du machst mich alles jammers frey, Du trägst den zorn, du würgst den tod, Verkehrst in freud all angst und noth, Alleluja.

15. Du bist mein haupt, hinwiederum Bin ich dein glied und eigenthum, Und will, so viel dein geist mir gibt, Stets dienen dir, wie dirs geliebt, Alleluja.

16. Ich will dein alleluja hier Mit freuden singen für und für, Und dort in deinem ehrensaal Solls schallē ohne zeit und zahl, Alleluja. P. Gerhard.

Neujahrs-Lieder.

Mel. Vom himmel hoch da ꝛc.

33. Das alte jahr vergangen ist, Wir danken dir, HErr JEsu Christ! Daß du uns in so grosser g'fahr Behütet hast das ganze jahr.

2. Wir bitten dich, ewigen Sohn Des Vaters in dem höchsten thron! Du wollst dein arme christenheit Bewahren ferner allezeit.

3. Entzeuch uns nicht dein heilsam wort, Welchs ist der seelen trost und hort: Vor falscher lehr, abgötterey Behüt uns, HErr! und steh uns bey.

4. Hilf, daß wir von der sünd ablahn, Und fromm zu werden fangen an: Kein'r sünd im alten jahr gedenk: Ein gnadenreich neu jahr uns schenk;

5. Christlich zu leben, seliglich Zu sterben, und hernach frölich Am jüngsten tag wied'r aufzustehn, Mit dir in himmel einzugehn:

6. Zu danken und zu preisen dich Mit allen engeln ewiglich. O JEsu! unsern glauben mehr, Zu deines namens lob und ehr.

Basilius Förtsch.

In voriger Melodie.

34. Das neugebohrne kindelein, Das herzgeliebte JEsulein, Bringt abermal ein neues jahr Der auserwählten christenschaar.

2. Des freuen sich die engelein, Die gerne um und bey uns seyn, Und singen in den lüften frey, Daß GOtt mit uns versöhnet sey.

3. Ist GOTT versöhnt und unser freund, Was kan uns thun der arge feind? Trotz teufel

und

und der höllenpfort, Das JEsulein ist unser hort.

4. Er bringt das rechte jubeljahr, Was trauren wir denn immerdar? Frisch auf, es ist jetzt singens zeit, Das Jesulein wendt alles leid. Joh. Crüger.

Mel. Von GOtt will ich nicht lassen.

35. Das alt ist abgegangen, Das neue jahr tritt auf, Jetzt richt ich mit verlangen Zu JEsu meinen lauf: Ihm sag ich lob und dank, Daß er mich hat bewahret, Sein hülfe nicht gespahret An mir mein lebenlang.

2. O JEsu, meine wonne, Mein bruder, freund und rath: Du, meiner seelen sonne, Mein schutz und advocat, Dich ruf ich herzlich an, Du wollest das mir geben, Daß ich recht christlich leben Und selig sterben kan.

3. Daß wir nunmehr beschlossen, O GOTT, das alte jahr, Und sehr viel guts genossen In solchem, das ist wahr: HErr, gib uns nun hinfort In dieser gunst zu walten, Und richtig zu behalten Dein nachtmahl, tauf und wort.

4. Bewahr in diesem neuen Getreue prediger: Laß sie mit lust ausstreuen Dein heiligs wort, bescher Auch gute schulen noch, Schütz unsre obrigkeiten, Treib ihnen von der seiten Das schwere kriegesjoch.

5. Schütt aus, HErr, deinen segen Auf vater, mutter, kind. Es ist an dir gelegen, Daß wir gesegnet sind. Wehr allem krieg und streit; Herr, wende das verderben, Auch pestilenz und sterben, Zusamt der theuren zeit.

6. Dein engel laß uns schützen Fürs satans tyranney: Hilf, daß wir ruhig sitzen, Dein allmacht steh uns bey; Damit wir unser brod Gesund und frisch erwerben, Auch etwan nicht verderben Durch feur und wassersnoth.

7. Gib uns getreue freunde, Samt fried und einigkeit: Bekehr auch unsre feinde, Steur allem haß und neid. HErr, sey der wittwen schutz. Du wollest auch der armen Und waysen dich erbarmen, Gib, was uns allen nutz.

8. Gesundheit, segen, leben, Rath, hülf und trost in noth, Dis wollest du stets geben, Und wenn zuletzt der tod Uns würgen will sogar, So hilf, HErr JESU, siegen, Drauf komm, uns zu vergnügen In diesem neuen jahr.

Mel. Von GOtt will ich nicht lassen.

36. Helft mir GOtt's güte preisen, Ihr lieben kinderlein, Mit g'sang und andern weisen Ihm allzeit dankbar seyn, Vornehmlich zu der zeit, Da sich das jahr thut enden, Die sonn sich zu uns wenden: Das neu jahr ist nicht weit.

2. Ernstlich laßt uns betrachten Des HERREN reiche gnad, Und so gering nicht achten Sein unzählig wohlthat,

Stets führen zu gemüth, Wie er dis jahr hat geben All nothdurft diesem leben, Und uns vor leyd behüt:

3. Lehramt, schul, kirch erhalten Im guten fried und ruh: Nahrung für jung und alten Beschehret auch dazu, Und gar mit milder hand Sein güter ausgespendet, Verwüstung abgewendet Von dieser stadt (*) und land.

(*) diesem dorf (ort)

4. Er hat unser verschonet Aus väterlicher gnad, Wann er sonst hätt belohnet All unsre missethat Mit gleicher straf und pein, Wir wären längst gestorben, In mancher noth verdorben, Dieweil wir sünder seyn.

5. Nach vaters art und treuen Er uns so gnädig ist, Wann wir die sünd bereuen, Glauben an JEsum Christ Herzlich, ohn heucheley, Thut er all sünd vergeben, Lindert die straf darneben, Steht uns in nöthen bey.

6. All solch dein güt wir preisen, Vater, ins himmels thron, Die du uns thust beweisen Durch Christum, deinen Sohn, Und bitten ferner dich, Gib uns ein friedsams jahre, Vor allem leyd bewahre, Und nähr uns mildiglich.

D. Paulus Eber.

Mel. Wie schön leuchtet der rc.

37. HErr JEsu Christ, das jahr wird neu, Neu glück, neu gnade mir verleih, Ein neues leb'n darneben: Laß dis jahr mein recht glücks-jahr seyn, Daß ich mein thun im namen dein Fein christlich mög anheben. All stund Mein mund Und gedanken Ohne wanken, Auch die seele Dir ich jetzt aufs neu befehle.

2. In deinem nam laß mich aufstehn. In deinem nam zu bette gehn, Ohn dich laß mich nichts schaffen; Daß all mein thun sey wohl gethan, Und ich des nachts mein ruh mög han, Fein sanft und süsse schlafen. Mein werk, HErr, stärk, Aus- und eingang, All mein anfang, Segn' das ende, Daß ichs allzeit wohl vollende.

3. In deinem nam laß seyn bereit Mein hand, zu beten allezeit, Das herz empor sich schwinge: Ein segen bald dem andern ruf, Ein wohlthat auf die andre hof, Und ich mit dank dir singe. Sprich du Hierzu Durch dein namen Selber amen, So wird kommen, Was mir dient zu nutz und frommen.

4. Wanns zeit ist, hin zum tisch zu gehn, Und davon wieder aufzustehn, Laß michs thun in dein'm namen, Damit die speis mir wohl gedeih, Dein segen allzeit dabey sey, Auch leib und seel beysammen Reichlich Durch dich Werd erquicket, Fein geschmücket In dem leben, Bis dus dort wirst besser geben.

5. Laß dis jahr seyn mein gnadenjahr, Daß mir erbarmung wiederfahr, Wenn ich mein sünd bereue: Du bist ja

der

der recht gnadenthron, O JEsu, wahrer GOttes Sohn, Aus gnad mir kanst verzeihen; Heil mich, Weil ich krank von sünden, Laß mich finden Huld und gnade, Daß mir meine sünd nicht schade.

6. Sey mein JEsus im leben mein, Mein JEsus im sterbstündelein, Mein heiland und fürsprecher: Mein JEsus an dem jüngsten tag, Wann mich der satan will anklag Gar scharf, wie ein bluträcher, Begleit Bey zeit Mich zur freude, Nach dem leyde, Zu dein'm throne, Setz mir auf die ehrenkrone.

7. Daß ich im grossen jubeljahr Mit der heiligen engel schaar Ohn unterlaß dich ehre, Und seh dein liebreich angesicht Mit unverwandtem augenlicht, Dein lob und ruhm vermehre. Ey nu, JEsu, Komm behende, Machs ein ende Mit dem leben, Laß uns ewig mit dir schweben.

Mel. Zion klagt mit angst und rc.

38. Hilf, HErr JEsu, laß gelingen! Hilf, das neue jahr geht an: Laß es neue kräfte bringen, Daß aufs neu ich wandeln kan! Laß mich dir befohlen seyn, Auch darneben all das mein. Neues glück und neues leben Wollst du mir aus gnaden geben.

2. Laß dis seyn ein jahr der gnaden, Laß mich büssen meine sünd; Hilf, daß sie mir nimmer schaden, Sondern bald verzeihung find: Auch durch deine gnad verleih, Daß ich herzlich sie bereu, HERR, in dir, dann du, mein leben, Kanst die sünde mir vergeben.

3. Tröste mich mit deiner liebe, Nimm, o GOTT! mein flehen hin, Weil ich mich so sehr betrübe, Und voll angst und zagen bin; Wann ich gleich schlaf oder wach, Sieh du, HERR! auf meine sach: Stärke mich in meinen nöthen, Daß mich sünd und tod nicht tödten.

4. HERR! du wollest gnade geben, Daß dis jahr mir heilig sey, Und ich christlich könne leben, Ohne trug und heucheley, Ich auch meinen nächsten lieb, Und denselben nicht betrüb, Damit ich allhier auf erden Fromm und selig möge werden.

5. JESU! laß mich frölich enden Dieses angefangne jahr: Trage mich auf deinen händen, Halte bey mir in gefahr: Steh mir bey in aller noth, Auch verlaß mich nicht im tod: Freudig will ich dich umfassen, Wann ich soll die welt verlassen.

Johannes Rist.

Mel. Ich hab in GOttes herz rc.

39. Ich preise dich, GOtt, der du mich In viel und grossen nöthen Erhalten hast, Auch wann die last Mich oft hat wollen tödten. Schütz und bewahr Auch dieses jahr Mich und all andre christen, Stürz alle die, So spat und früh Sich wider uns ausrüsten.

2. La

2. Laß seel und leib, Gut, kind und weib Stets bleiben unverletzet, Gib täglich brod Dem, der auf GOtt Sein hoffnung glaubig setzet. Treib ab den krieg, Laß fried nnd sieg Sich wieder zu uns wenden; Du hast die macht, Gewalt und pracht Der feind in deinen händen.

3. Dämpf überall Verfolgungsqual, Befreye die gewissen. Daß du allein Willt herrscher seyn, Das laß die feinde wissen. Erhalt dein wort, An allem ort, Und steure falscher lehre, Als pest der schrift, Und seelengift, Des teufels reich zerstöre.

4. Geduld verleih Und benedey Die arbeit unsrer hände: Befiehl, daß sich Ganz mildiglich Dein segen zu uns wende. Frey unser land Vor seuch und brand, Schlossen und schwerem wetter: Erhör, o GOtt! Und rett aus noth Die glaubensvolle beter.

5. Soll ich denn noch Das harte joch Der trübsal auf mir tragen: So hilf denn mir, Gott, wenn ich dir Mein elend werde klagen. Ist aber ja Das stündlein da, So laß mich frölich sterben, Und hilf, daß ich Kan seliglich Das reich der himmel erben.
Joh. Herman.

Mel. Nun laßt uns GOtt, dem rc.

40. Nun laßt uns gehn und treten, Mit singen und mit beten, Zum HErrn, der unserm leben Bis-

2. Wir gehn dahin und wandern Von einem jahr zum andern, Wir leben und gedeihen Vom alten bis zum neuen.

3. Durch so viel angst und plagen, Durch zittern und durch zagen, Durch krieg und grosse schrecken, Die alle welt bedecken.

4. Denn wie von treuen müttern In schweren ungewittern Die kindlein hier auf erden Mit fleiß bewahret werden:

5. Also auch, und nichts minder Läßt GOTT ihm seine kinder, Wenn noth und trübsal blitzen, In seinem schoose sitzen.

6. Ach, hüter unsers lebens, Fürwahr, es ist vergebens Mit unserm thun und machen, Wo nicht dein augen wachen.

7. Gelobt sey deine treue, Die alle morgen neue: Lob sey den starken händen, Die alles herzleid wenden.

8. Laß ferner dich erbitten, O Vater, und bleib mitten In unserm creutz und leiden Ein brunnen unsrer freuden.

9. Gib mir und allen denen, Die sich von herzen sehnen Nach dir und deiner hulde, Ein herz, das sich gedulde.

10. Schleuß zu die jammerpforten, Und laß an allen orten, Auf so viel blutvergiessen, Die friedensströhme fliessen.

11. Sprich deinen milden segen Zu allen unsern wegen: Laß grossen und auch kleinen Die gnadensonne scheinen.

12. Sey der verlassnen vater, Der irrenden berather, Der unversorgten gabe, Der armen gut und habe.

13. Hilf gnädig allen kranken: Gib frölichegedanken Den hochbetrübten seelen, Die sich mit schwermuth quälen.

14. Und endlich, was das meiste, Füll uns mit deinem Geiste, Der uns hier herrlich ziere, Und dort zum him̃el führe.

15. Das alles wollst du geben, O meines lebens leben! Mir und der christen schaare Zum selgen neuen jahre.

Paul Gerhard.

Mel. Gelobet seyst du Jesus Christ!

41. Nun wolle Gott, daß unser gsang Mit lust und freud aus glauben gang, Zu wünschen euch ein gutes jahr. Und ers mit gnaden mache wahr, Alleluja.

2. Kein mensch noch stand mag hie bestahn, Der Gott nicht wird zum g'hülfen han, Daß er ihn leit all tag und stund; Drum wünschen wir aus herzensgrund, Alleluja.

3. Der Obrigkeit, daß sie ihr g'walt Von Gott annehm und recht verwalt; Es geb ihr Gott viel ernst und fleiß, Daß sie sey aufrecht, fromm und weis, Alleluja.

4. Zu handeln, was Gott löblich ist, Und seinem Sohn, Herrn Jesu Christ, Und bleib an seinen worten treu, Daß sie ihr arbeit nicht gereu, Alleluja.

5. Ein'r ganzen g'mein gehorsamkeit, Zur fördrung zucht und ehrbarkeit, Auch g'meine lieb mit treu und fried, Daß g'sunder leib hab g'sundes glied, Alleluja.

6. Ein'm jeden haus und wer darinn, Dem wünschen wir ein rechten sinn, Zu GOttes preis und ehr allzeit: Der haus und hof und alles geit, Alleluja.

7. Euch diensten, g'horsam, treu und still, Friedlich zu seyn, wie GOtt das will, Es war auch Christus euer knecht; Wer dieses glaubt, der dienet recht, Alleluja.

8. Ehleut, die leben friedenreich, Und tragen lieb und leyd zugleich! Es sey ein fleisch, ein herz, ein geist, Dein gnad, HErr GOtt, an ihnen leist, Alleluja.

9. Den jungen, daß sie fürchten GOtt, Und halten sein heilig gebot, Und wachsen auf in zucht und lehr Dem g'meinen nutz und GOtt zu ehr, Alleluja.

10. Wer kinder ziehn und lehren muß, Zu wandeln nach des HErren fus, Dem geb er gnad, geduld und fleis, Viel segen, freud, dank, ruhm und preis, Alleluja.

11. Die junge G'sellen allgemein, Die töchter auch, behalt Gott rein, Und geb ihn'n keuschen sinn und muth, Zu überwinden fleisch und blut, Alleluja.

12. Ihr Kranken habet schmerzen viel, Auch tag und

nacht gar lange weil, So mach euch GOtt im herzen g'sund, Gerüst mit g'duld zu aller stund. Alleluja.

13. Anfechtung, g'fängnis, trübsal, g'schrey, Verfolgung gros und mancherley Erleiden viel auf dieser erd, GOtt helf ihn'n tragen solche b'schwerd, Alleluja.

14. Es geb euch armen GOtt der HErr Das täglich brod und was euch mehr An leib und seel gar viel gebrist, Voraus geduld durch JEsum Christ, Alleluja.

15. Die täglich an der arbeit sind, Mit frömm'keit nähren weib und kind, Den'n wünschen wir; daß ihr genieß In GOttes segen wohl ersprieß, Alleluja.

16. Die zeitlich gut und reichthum han, Dabey in grossen sorgen stahn, Die theilen aus und rüsten sich, Daß sie vor GOtt auch seyen reich, Alleluja.

17. Und dienen gern dem g'meinen nutz, Dem armen mann zu hülf und schutz, Auch ziehen d'kind darzu mit fleiß, Das ist der reichen gröster preis, Alleluja.

18. Ihr sünder! sucht das himmelreich: Und daß euch GOtt die sünd verzeih, Bekehr euch all nach seinem wort, Und mach euch selig hier und dort, Alleluja.

19. Die uns mit ernst den glauben lehrn, Der falschen lehr und leben wehrn, Und führen GOttes wort und werk, Den'n gebe GOtt sein gnad und stärk, Alleluja.

20. Das wünschen wir von herzen all, Zu seyn ein volk, das GOtt gefall, Ein ehrlich volk, ein heilge stadt, Die steh auf GOtt ganz steif und satt, All.

21. Es sey mit uns sein göttlich hand, Die b'hüt und b'schirm vor aller schand, Er geb mit gnad viel gute jahr In seiner lieb, das werde wahr, Alleluja.

D. Joh. Zwick.

Von der Beschneidung Christi.

Mel. Auf meinen lieben GOtt.

42. O mensch, gedenk daran, Was Christus hat gethan, Der williglich gelitten, Daß ihm das fleisch beschnitten, Und er ward untergeben, Nach dem gesetz zu leben.

2. Der heilig, fromm und gut, Vergießt sein wahres blut, Der ohne schuld der sünden, Läßt sich gehorsam finden, Zu thun, wie alle kinder, Die man gebiehrt als sünder.

3. Schau das exempel an, O mensch! und lern daran, Daß du dich zu beschneiden, Von sünden abzuscheiden, Und deine lust zu zähmen. Viel minder sollest schämen.

4. Was um und an dir ist, Steckt voller bösen lust, Vom

anfang bis zum ende; Die augen, füß und hände, Ja alle deine glieder Seynd GOTT dem HERRN zuwider.

5. Drum, lieber! fahre zu, Das böse von dir thu: Was unrecht ist, vermeide; Und also dich beschneide, Brich deinen bösen willen; So wird die brunst sich stillen.

6. O der du JESUS heist, Schaff, daß dein guter Geist Zu allem guten werke Uns gebe kraft und stärke, Daß wir der sünd beschwerden Aufs bäldest ledig werden.

7. So wird dann in der that Dein nam uns schaffen rath, Daß wir vergebung finden Von allen unsern sünden, Und wiederum geniessen Ein ruhiges gewissen.

8. O JESU! schönster nam, Der aus dem himmel kam, Was kan uns mehr erquicken, Wann uns die sünden drücken? O JESU! diesen namen Beweiß uns allzeit, Amen.

M. J. Chr. Arnschwanger.

Mel. Zion klagt mit angst und rc.

43. Warum machet solche schmerzen, Warum machet solche pein, Der von unbeschnittnem herzen, Dir, herzliebes JEsulein, Mit beschneidung, da du doch Frey von des gesetzes joch, Weil du einem menschenkinde Zwar gleich; doch ganz ohne sünde.

2. Für dich darfst du dis nicht dulden, Du bist ja des bundes HERR, Unsre, unsre grosse schulden, Die so grausam, die so schwer Auf uns liegen, daß es dich Jammert herz- und inniglich, Die trägst du ab, uns zu retten, Die sonst nichts zu zahlen hätten.

3. Freut, ihr schuldner, euch deswegen, Ja, sey frölich alle welt, Weil heut anhebt zu erlegen GOttes Sohn das lösegeld. Das gesetz wird heut erfüllt: Heut wird GOttes zorn gestillt: Heut macht uns, so sollten sterben, GOttes Sohn zu GOttes erben.

4. Wer mag recht die gnad erkennen? Wer mag dafür dankbar seyn? Herz und mund soll stets dich nennen Unsern heiland, JEsulein: Deine güte wollen wir Nach vermögen preisen hier, Weil wir in der schwachheit wallen, Dort soll dein lob besser schallen:

Paul Gerhard.

Mel. Von GOtt will ich nicht rc.

44. Wer sich im geist beschneidet, Und als ein wahrer christ Des fleisches tödtung leidet, Die so hochnöthig ist, Der wird dem heiland gleich, Der auch beschnitten worden, Und tritt ins creutzes orden In seinem gnadenreich.

2. Wer so dis jahr anhebet, Der folget Christi lehr, Weil er im geiste lebet, Und nicht im fleische mehr, Er ist ein GOttes kind Von oben her gebohren, Das alles, was verlohren, In seinem JESU findt.

3. Doch, wie muß dis beschnei-

schneiden Im geist, o mensch, geschehn? Du must die sünde meiden, Wann du willt Jesum sehn. Das mittel ist die buß, Dadurch das steinern herze In wahrer reu und schmerze Zerknirschet werden muß.

4. Ach gib zu solchem werke In diesem neuen jahr, Herr Jesu, kraft und stärke, Daß sich bald offenbar Dein himmlische gestalt In vielen tausend seelen, Die sich mit dir vermählen, Ja, thu es, Jesu, bald.

5. Ich seufze mit verlangen, Und tausende mit mir, Daß ich dich mög umfangen, Mein allerschönste zier. Wann ich dich hab allein, Was will ich mehr auf erden? Es muß mir alles werden, Und alles nützlich seyn.

6. Ach ihr, verstockte sünder, Bedenket jahr und zeit, Ihr abgewichne kinder, Die ihr in eitelkeit Und wollust zugebracht, Ach, führt euch Gottes güte Doch eimnal zu gemüthe, Und nehmt die zeit in acht.

7. Beschneidet eure herzen, Und fallet Gott zu fuß In wahrer reu und schmerzen, Es wird die herzensbuß, So gläubig thut geschehn, Das vaterherz bewegen, Daß man wird vielen segen In diesem jahre sehn.

8. Ja, mein Herr Jesu, gebe, Daß deine christenschaar Mit dir im geist so lebe In diesem neuen jahr, Daß sie in keiner noth Sich möge von dir scheiden, Stärk sie im creuz und leiden Durch deinen bittern tod

9. So wollen wir dich preisen Die ganze lebenszeit, Und unsre pflicht erweisen In alle ewigkeit, Da du wirst offenbar, Und wir mit allen frommen, Nach diesem leben kommen Ins ewig neue jahr.

Laurentii.

Vom Namen JESU.

Mel. O GOtt, du frommer rc.

45. Ach Jesu, dessen treu Im himmel und auf erden Durch keines menschen mund Kan gnug gepriesen werden: Ich danke dir, daß du Ein wahrer mensch gebohrn, Hast von mir abgewandt, Daß ich nicht bin verlohrn.

2. Fürnehmlich wird in mir All herzensangst gestillet, Wann mich dein süsser nam Und dessen trost erfüllet: Kein trost so lieblich ist, Als den mir gibt dein nam, Der süsse JEsusnam, O fürst aus Davids stamm.

3. O Jesu! höchster schatz, Du kanst mir freude bringen, Es kan nichts lieblichers, Als Jesus name klingen. Ich kan nicht traurig seyn, Weil Jesus heißt so viel, Als heiland oder

wer held, Der selig machen will.

4. Wenn satan sich bey mir Will mit anfechtung regen, Ist JEsus name mir Zum trost, schutz, fried und segen, Zur weisheit und arzney In aller angst und noth, Daß ich nicht fürchten darf Den teufel und den tod.

5. Daß ich ein zornkind bin, Das macht die schnöde sünde; Dein name machet mich Zu einem gnadenkinde: Er nimmt von mir hinweg Die schuld und missethat, Bringt mir die seligkeit Und deines Vaters gnad.

6. Ey nun, so heilge mich, Der ich bin ganz beflecket, Dein JEsusname, der Die sünde ganz zudecket: Er kehre ab den fluch; Den segen zu mir wend, Auf daß dadurch bey mir Sich alle schwachheit end.

7. Er sey mein licht, das mich Im finsternis erleuchte: Er sey mein himmelsthau, Der mich in hitz anfeuchte; Er sey mein schirm und schild, Mein schatten, schloß und hut, Mein reichthum, ehr und ruhm, Er sey mein höchstes gut.

8. Er sey mein himmelsweg, Die wahrheit und das leben, Und wolle mir zulezt Aus gnaden dieses geben: Daß ich alsdann in ihm Dis leben schliesse wohl, Wann meine sterbenszeit Und stunde kommen soll.

9. Inmittelst helf er mir, So lang ich hier noch wandle, Daß ich in meinem thun Treu und aufrichtig handle: Er stehe mir stets bey Mit seines Geistes gab, Und gebe kraft, wann ich Was zu verrichten hab.

10. In JEsu namen bin Ich heute aufgestanden: In ihm vollbringe ich, Was mir kommt unter handen: In seinem namen ist Der anfang schon gemacht, Das mittel und der schluß Wird auch durch ihn vollbracht.

11. Dir leb ich, und in dir; In dir will ich auch sterben: HErr, sterben will ich dir; In dir will ich ererben Das ewge himmelreich, Das du erworben mir, Von dir verklärt, will ich Dir dienen für und für.

Johann Hermann.

Mel. Meinen JEsum laß ich nicht.

46. JEsus ist der schönste nam Aller, die vom himmel kommen, Huldreich, prächtig, tugendsam, Den GOtt selber angenommen; Seiner grossen lieblichkeit Gleicht kein name weit und breit.

2. JEsus ist das heil der welt, Eine arzney für die sünden: JEsus ist ein starker held, Unsre feind zu überwinden: Wo nur JEsus wird gehört, Wird der teufel bald zerstört.

3. JEsus ist der weisen stein, Der gesundheit gibt und leben; JEsus hilft von aller pein, Die den menschen kan umgeben. Lege JEsum nur aufs herz, So verliert sich aller schmerz.

4. JEsus ist der süsse brunn, Der die seelen all erquicket: JEsus

sus ist die ewge sonn, Deren strahl uns ganz entzücket. Willt du froh und freudig seyn, Laß ihn nur zu dir hinein.

5. JEsus ist ein ewger schatz Und ein abgrund alles guten: Jesus ist ein freudenplatz Voller süssen himmelsfluthen: JEsus ist ein kühler thau, Der erfrischet feld und au.

6. JEsus ist der liebste ton, Den mir alle welt kan singen, Ja, ich bin im himmel schon, Wenn ich JEsum hör erklingen: JEsus ist mein herzensfreud, Meine ewge seligkeit.

7. JEsus ist mein himmelbrod, Das mir schmäckt, wie ich begehre: Er erhält mich vor dem tod, Stärkt mich, daß ich ewig lebe: Zucker ist er mir im mund, Balsam, wann ich bin verwundt.

8. JEsus ist der lebensbaum, Voller edlen tugendfrüchte, Wann er findt im herzen raum, Wird das unkraut ganz zunichte: Alles gift und unheil weicht, Was sein schatten nur erreicht.

9. JEsus ist das höchste gut In dem himmel und auf erden: JEsus name macht mir muth, Daß ich nicht kan traurig werden: JEsus name soll allein Mir der liebste name seyn.

Johann Angelus.

M. Nun kommt der heiden heiland.

47. JEsu meine freud und lust, JEsu, meine speis und kost: JEsu, meine süssigkeit: JEsu, trost in allem leid.

2. JEsu, meiner seelen sonn: JEsu, meines geistes wonn: JEsu, meine kron und lohn: JEsu, du, mein gnadenthron.

3. JEsu, meine zuversicht: JEsu, meiner augenlicht, Der du leitest meinen sinn, Daß ich dich recht lieb gewinn.

4. JEsu, süsser Nectarfluß: JEsu, trauter liebeskuß: Meine hoffnung und mein theil: Mein erretter und mein heil.

5. JEsu, meine himmelspfort: Meine hülf an allem ort: Meine zuflucht und mein freund: Mein beschützer für dem feind.

6. JEsu, meine seligkeit, Und mein glück in dieser zeit: Mein gewünschtes paradeis: Mein erheber, ruhm und preis.

7. Meine burg und mein palast: Mein geliebter wirth und gast: Meine kühle sommerhöhl: Meine liebe, meine seel.

8. JEsu, meiner werke glanz, Und mein güldner lorbeerkranz: Mein triumph und freudenleb'n: Meine krönung, mein erheb'n.

9. JEsu, meine herrlichkeit, Und mein ewges hochzeitkleid: Wahre brunnquell aller freud, Und mein arzt in allem leid.

10. JEsu, meines todes tod, Mein erlöser, und mein GOtt, Mein erfreulich auferstehn, Mein frolockends himmelgehn.

11. JEsu, ungeschaffne gût: JEsu, komm in mein gemüth, Laß uns ungeschieden seyn, Allerschönstes JEsulein.

Mel.

Mel. Zion klagt mit angst und schm.

48. JEsu, meiner freuden freude! JEsu, meines glaubens licht! JEsu, meiner seelen weide! JEsu, meine zuversicht! O wie kommt dein name mir So gewünscht und lieblich für: Dein gedächtnis, JEsu! machet, Daß mein traurigs herze lachet.

2. JEsu, dich lieb ich von herzen, Werd auch nicht von liebe satt: Der ist frey von allen schmerzen, Der dich, liebster JEsu! hat; Du siehst in mein herz hinein, Dir kan nichts verborgen seyn, Du weißst wohl, daß ich dich liebe, Und sonst alles von mir schiebe.

3. JEsu, meine lebenssonne! Jesu, meiner sinnen lust! Ausser dir, o meine wonne, Ist nichts liebers mir bewußt: Küsse, schönster JEsu! mich, Wertherschatz! ich küsse dich: Ich umfange dich im glauben, Dich soll mir kein teufel rauben.

4. JEsu, schutzherr der bezwängten! JEsu, der verlaßnen schild! JEsu, helfer der bedrängten! O du Vaters ebenbild! Ich laß erd und himmel seyn, Wann nur JEsus bleibet mein: Erd- und himmel würden hölle, Wäre JEsus nicht zur stelle.

5. JEsus ists, der mich kan laben, JEsus ists, der mich erhält: Werd ich meinen JEsum haben, Ey, so laß ich alle welt: Wann der tod mein' augen bricht, Laß ich dennoch JEsum nicht: Werd ich meinen geist aufgeben, Ist er meines lebens leben.

6. Wird gleich gut und blut verschwinden, Geht gleich leib und leben hin, Kan ich meinen Jesum finden, Ey, so hab ich doch gewinn: Jetzt schon, JEsu, hab ich dich, JEsu, JEsu, du hast mich; Jesu, bleib du ewig meine, Ich will ewig seyn der deine.

Gottfr. Wilh. Sacer.

In eigener Melodie.

49. Liebster Emanuel, herzog der frommen, Du, meiner seelen trost, komm, komm nur bald, Du hast mir, höchster schatz! mein herz genommen, So ganz für liebe brennt, und nach dir wallt. Nichts kan auf erden Mir liebers werden, Als wann ich meinen JEsum stets behalt.

2. Dein nam ist zuckersüs, honig im munde; Holdselig, lieblich, frisch, wie kühler thau, Der feld und blumen netzt zur morgenstunde: Mein JEsus ist es nur, dem ich vertrau. Dann weicht vom herzen, Was mir macht schmerzen, Wann ich im glauben ihn anbet und schau.

3. Ob mich das creutze gleich hier zeitlich plaget, Wie es bey christen oft pflegt zu geschehn; Wann meine seele nur nach JEsu fraget: So kan das herze schon auf rosen gehn. Kein ungewitter Ist mir zu bitter, Mit JEsu kan ichs frölich überstehn.

4. Wann satans list und macht mich will verschlingen, Wann das gewissensbuch die sünde sagt; Wann auch mit ihrem heer mich will umringen

Die hölle, wann der tod am herzen nagt: Steh ich doch feste, JEsus, der beste, Ists, der sie alle durch sein blut verjagt.

5. Ob mich auch will die welt verfolgen, hassen, Und bin dazu veracht von jederman, Von meinen freunden auch gänzlich verlassen, Nimmt Jesus meiner sich doch herzlich an, Und stärkt mich müden, Spricht: sey zufrieden, Ich bin dein bester freund, der helfen kan.

6. Drum fahret immer hin, ihr eitelkeiten! Du, JEsu! du bist mein, und ich bin dein, Ich will mich von der welt zu dir bereiten Du sollt in meinem herz und munde seyn. Mein ganzes leben Sey dir ergeben, Bis man mich einsten legt ins grab hinein.

Mel. O GOtt, du frommer GOtt.

50. O JEsu, höchster schatz! Du schatz! darinn ich finde Schuz wider alles creuz, Trutz wider alle sünde: O süsser nam! in dir Ist alle süßigkeit, In dir ist aller trost, In dir ist alle freud.

2. Ach, was mag lieblichers, Als JEsus, JEsus klingen? Wann dieser name klingt, Möcht ich für freuden springen. Wie kan ich traurig seyn? Weil JEsus heißt so viel, Als heiland, als ein held, Der selig machen will.

3. Ohn diesen namen will Und wünsch ich nichts zu haben, Wie dann ohn ihn auch nichts Sind alle schätz und gaben, Kein gut ohn ihn ist gut, Ohn ihn ist ganz umsonst All ehr und herrlichkeit, Und alle kunst und gunst.

4. Mit diesem JEsusnam, Als mit der schönsten krone, Soll prangen meine seel Hoch vor des HErren throne; Das wirst du geben mir, O mein HErr JEsu Christ! Du hast mirs zugesagt, Der du wahrhaftig bist.

Mel. HErr JEsu Christ, du höchstes

51. Wir menschen sind in Adam schon Gefallen und verdorben, Dadurch wir den gerechten lohn Des todes uns erworben: Das macht, daß man uns sünder nennt, Die sich, aus eigner schuld, getrennt Von GOtt, dem wahren leben.

2. Dis ist der name, der uns macht Vor GOtt zu spott und schande, Der uns um unsern schmuck gebracht, Gelegt in strick und bande, Mit fluch und finsternis bedeckt, Und uns mit tod und hölle schreckt, O jammervoller name!

3. Niemand war in der ganzen welt Der uns durch seinen namen Befreyen konnt, als nur der held, Der, als des weibes samen, Sich bey uns in der füll der zeit, Aus der verborgnen ewigkeit, Im fleisch hat eingestellet.

4. Sein name heisset JEsus Christ, Von GOtt selbst so genennet, Der mir und dir, und wer er ist, Dis grosse heil gegönnet: Ach nimm es ungesäumet an, Es freue sich, wer immer kan, Des freudenvollen namens.

5. Dis

5. Dis ist der name, der uns bringt Bey GOtt aufs neu zu ehren, Der, wie das chor der engel singt, Uns freude kan beschehren, Der uns in fried und freyheit setzt, Mit gnad und gaben uns ergetzt, Und in den himmel hebet.

6. Dann JEsus ists, der unsre schuld Samt aller straf und plagen, O unerhörte lieb und huld! Hat ewig wollen tragen; Er war gerecht, und ließ doch sich Zur sünde machen, daß du dich In ihm gerecht könnst nennen.

7. So heißt er dann nicht JEsus nur, Er ist auch, was er heisset: Indem er unsere natur Aus allem jammer reisset: Die that stimmt mit dem namen ein, Wies billig auch bey uns sollt seyn, Er heißt und ist auch JEsus.

8. Er ist der rechte Josua, Der uns zur ruhe bringet: Er, als der priester, ist nun da, Dem es so wohl gelinget, Daß er des HErren tempel baut, An welchem man ihn selbsten schaut Als grund und eckstein liegen.

9. Drum ist in keinem andern heil, Ist auch kein nam gegeben, Daran wir können nehmen theil Zur seligkeit und leben; Nur JEsus ist derselbe mann, Der uns das leben schenken kan, Gelobet sey sein name.

10. O name! werde doch in mir Durch GOttes Geist verkläret, Dann was verborgen liegt in dir, Kein menschlich herz erfähret: Vernunft kan es begreiffen nicht, Ohn GOttes glanz und gnadenlicht Bleibt es unaufgeschlossen.

11. Laß mich empfinden deine kraft Und innre süßigkeiten, Und was er sonsten gutes schafft, Laß sich in mir ausbreiten; So wird der sünden noth gewehrt: So wird die last in lust verkehrt; So bin ich selig, Amen!

Joh. Anast. Freylinghausen.

Am Feste der Erscheinung Christi, oder heiligen drey König-Tag.

Mel. Wer in dem schutz des höchsten.

52. Ach, wie erschrickt die böse welt Vor GOttes freund und kindern: Wie wird ihr angesicht verstellt, Wann sie nicht kan verhindern, Daß sie im glauben fahren fort, Des HErren werk an allem ort Zu treiben und zu bauen.

2. Herodes und Jerusalem Erschrecken, wann sie hören, Daß JEsus ist zu Bethlehem Gebohren, da ihr lehren Doch zeuget aus der schrift davon, Daß hier des Allerhöchsten Sohn Gebohren sollte werden.

3. Sie wissen dieses aus dem wort Herodi anzupreisen; Doch gehen sie nicht an den ort, Den sie doch selbst anweisen. So geht es noch; wie mancher weiß Des HErren wahrheit

und geheiß, Thut doch nicht nach dem wissen.

4. Wer bleibet in Jerusalem, Im pracht und stolz des lebens, Und gehet nicht nach Bethlehem, Der sucht sein heil vergebens; Auch wer die schrift von aussen nennt, Und thut nicht, was er wahr erkennt, Wird JEsum nimmer finden.

5. Die weisen forschen so lang nach, Bis sie das haus erblicken, Wo sie an der gesuchten sach Sich in der that erquicken. Ach, daß wir möchten thun, wie sie, Und spahren weder zeit noch müh, Bis wir das heil gefunden.

6. Herodes fraget heimlich nach: Wann dieser stern erschienen? Und ob ers thate nur aus rach, So laßt es darzu dienen, Daß wir nur um des sternes schein, Der JEsus ist, bekümmert seyn, So lang wir forschen können.

7. Gold, weyhrauch, myrrhen sey die gab, Die wir zum opfer bringen, Samt seel und leib, als unser hab, So wird es uns gelingen, Daß unser fußfall GOtt gefällt, Und JEsus sich zu uns gesellt Im leben und im sterben.

8. HErr JEsu, der du wunderbar Die heyden hast gezogen, Gib, daß ich, wie die heydenschaar, Im herzen werd bewogen, Zu suchen dich, und sonst nichts mehr, Zu deines namens preis und ehr, So lang ich leb auf erden.

9. Ja, preis, o werthe Christenheit, Wie dir es heut gebührenheit Die heyden hat geführet, Und denke, daß die finsternis Ein böses ende nehmen muß, Wenn man als heyden lebet.

Laurentii.

Mel. In dich hab ich gehoffet, HErr.

53. Die welt ist voller heucheley, Viel glatter wort und wenig treu, Der mund redt nichts dann liebe: Allein das herz Treibt damit scherz, Und sucht, wen es betrübe.

2. Es ist nunmehr die gröste kunst, Wer nur dem andern einen dunst Kan für die augen wehen, Und weiß sein wort Bald da und dort Fein meisterlich zu drehen.

3. Herodes forschet nach der schrift, So lang, bis er ein unglück stift Durch schlaue heuchlersreden: Er dicht und tracht Mit list und macht, Das kindlein bald zu tödten.

4. Sein zungenschwerdt ist scharf gewetzt, Damit er an die weisen setzt, Und meynt, es soll gelingen; Doch sein betrug War nicht genug, Das kindlein umzubringen.

5. Und so geht es noch heut zu tag, Es lügt und trügt, wer kan und mag, Die wort sind gleich vergessen; Die redlichkeit Wird dieser zeit Der einfalt zugemessen.

6. Mein GOtt! behüt mir herz und sinn, Allweil ich hier auf erden bin, Daß ich dis laster meide, Und als ein christ, Betrug und list Von andern lieber leide.

Chr. Arnold.

In voriger Melodie.

54. Nun, liebe seel! nun ist es zeit, Wach auf, erweg mit lust und freud, Was GOtt an uns gewendet: Sein'n lieben Sohn Vons himmelsthron Ins jammerthal er sendet.

2. Nicht nur den juden blos allein, Die seins gebluts und stammes seyn, Sondern auch allen heyden Ist aufgericht Dis ewig licht, So sie erleucht mit freuden.

3. Der heyden erstling, wunderlich, Holt er durch einen stern zu sich, Daß sie den heiland schauen, Und ihren Herrn Mit andacht ehrn, In glaubigem vertrauen.

4. Nun, die ihr heyden seyd gewest, Begeht mit dank der heyden fest, Laßt eure stimmen klingen; Laßt, ihm zu ehrn, Euch frölich hörn Mit freudenreichem singen.

5. O JEsu, unser heil und licht, Halt über uns dein angesicht, Mit deinen strahlen walte, Und mein gemüth, Durch deine güt, Bey deinem licht erhalte.

6. Dein glanz all finsternis verzehr, Die trübe nacht in licht verkehr, Leit uns auf deinen wegen, Daß dein gesicht Und herrlich licht Wir ewig schauen mögen. J. C. Arnschwanger.

Mel. Wann wir in höchsten nöthen.

55. Was fürchtst du feind, Herodes, sehr, Daß uns gebohrn komme Christ, der HErr? Er sucht kein sterblich königreich, Der zu uns bringt sein himmelreich.

2. Dem stern die weisen folgen nach, Solch licht zum rechten licht sie bracht: Sie zeigten mit den gaben drey, Dis kind GOtt, mensch und könig sey.

3. Die tauf am Jordan zu sich nahm Das himmelische Gotteslamm, Dadurch, der nie kein sünde that, Von sünden uns gewaschen hat.

4. Ein wunderwerk da neu geschah, Sechs steinern krüge man da sah, Voll wassers, das verlohr sein art, Rechter wein durch sein wort draus ward.

5. Lob, ehr und dank sey dir gesagt, Christ gebohrn von der reinen magd, Mit Vater und dem heilgen Geist, Von nun an bis in ewigkeit. D. M. Luther.

Mel. Ach, was soll ich sünder rc.

56. Wer im herzen will erfahren, Und darum bemühet ist, Daß der könig, JEsus Christ, Sich in ihm mög offenbaren, Der muß suchen in der schrift, Bis er diesen schatz antrift.

2. Er muß gehen mit den weisen, Bis der morgenstern aufgeht, Und im herzen stille steht: So kan man sich selig preisen; Weil des HErren angesicht Glänzt von klarheit, recht und licht.

3. Dann wo JEsus ist gebohren, Da erweiset sich gar bald Seine göttliche gestalt, Die im herzen gar verlohren: Seine klarheit spiegelt sich In der seelen kräftiglich.

4. Alles fragen, alles sagen

Ist von diesem Jesulein, Und von dessen gnadenschein, Dem sie fort und fort nachjagen, Bis die seele in der that Diesen schatz gefunden hat.

5. Ach wie weit sind die zurücke, Die nur fragen in der welt: Wo ist reichthum, gut und geld? Wo ist ansehn bey dem glücke? Wo ist wollust, ruhm und ehr? Und nach solcher thorheit mehr.

6. Ja unselig sind die herzen, Und in ihrem wandel blind, Die also beschaffen sind: Weil sie diesen schaz verscherzen, Und erwählen einen koth, Der nichts hilft in noth und tod.

7. Auch heißt nicht, nach JEsu fragen, Wenn man nur zur kirchen geht, Und in der versammlung steht, Oder eine beicht hersagen, Und darauf zum nachtmahl gehn, Meynend, dann sey gnug geschehn.

8. Nein, wann dis in deinem leben Nach gewohnheit nur geschicht, So ists noch nicht ausgericht, Du must dich GOtt ganz ergeben, Und im glauben nacht und tag Deinem JEsu folgen nach.

9. Dann so läßt er sich bald finden In dem tempel, bey der beicht, In dem nachtmahl, und erzeigt, Daß die vorgegangne sünden Sind vergeben, und sein blut Reinigt seele, geist und muth.

10. Darauf kan man freudig treten Zu dem gnadenstuhl und thron, Und den könig in der kron, Als ein treuer knecht anbeten, Der nichts suchet auf der welt, Als was seinem HErrn gefällt.

11. JEsu, laß mich auf der erden Nichtes suchen, als allein Daß du mögest bey mir seyn, Und ich dir mög ähnlich werden In dem leben dieser zeit, Und in jener ewigkeit.

12. So will ich mit allen weisen, Die die welt für thoren acht, Dich anbeten tag und nacht, Und dich loben, rühmen, preisen, Liebster JEsu, und vor dir Christlich leben für und für.

Laurentii.

Mel. HErr, ich habe mißgehandelt.

57. Werde licht, du stadt der heyden! Und du, Salem! werde licht: Schaue, welch ein glanz mit freuden Ueber deinem haupt anbricht; GOtt hat derer nicht vergessen, Die im finstern sind gesessen.

2. Dunkelheit, die mußte weichen, Als dis licht kam in die welt, Dem kein anders ist zu gleichen, Welches alle ding erhält; Die nach diesem glanze sehen, Dörfen nicht im finstern gehen.

3. Ach, wie waren wir verblendet, Ehe noch dis licht brach an: Ja, da hatte sich gewendet Schier vom himmel jedermann; Unsre augen und gebärden Klebten böslich an der erden.

4. Irdisch waren die gedanken, Thorheit hielt uns ganz verstrickt, Satan macht uns schändlich wanken, Wahre tugend lag verrückt; Fleisch und welt hat

uns

uns betrogen, Und vom himmel abgezogen.

5. Finsternis fand sich auf erden, Finster war es in der lehr, Alles wollte finster werden, So daß auch des Höchsten ehr, Und der wahrheit unterdessen In dem finstern ward vergessen.

6. GOttes rath war uns verborgen, Seine gnade schien uns nicht: Klein und grosse mußten sorgen, Jedem fehlt es an dem licht, Das zum rechten himmelsleben Seinen glanz uns sollte geben.

7. Aber wie hervorgegangen Ist der aufgang aus der höh, Haben wir das licht empfangen, Welches so viel angst und weh, Hier hat aus der welt getrieben, Daß nichts dunkels überblieben.

8. JEsu, reines licht der seelen! Du vertreibst die finsternis, Die in dieser sündenhöhle Unsern tritt macht ungewiß: JEsu, deine lieb und segen Leuchten uns auf unsern wegen.

9. Nun du wollest hier verbleiben, Liebster JEsu! tag und nacht, Alles finstre zu vertreiben, Das uns so viel schrecken macht: Laß uns nicht im dunkeln waten, Noch ins höllenmeer gerathen.

10. Liebster JEsu! laß uns leuchten Dein erfreulich angesicht: Laß uns deine gunst befeuchten, Wann das creuzfeur auf uns sticht: Laß uns ja wie christen handeln, Und in deinem lichte wandeln.

11. Schenk uns, HErr, das licht der gnaden, Das ein licht des lebens ist, Ohne welches leicht in schaden Fallen kan ein frommer christ: Laß uns dieses licht erfreuen, Wann wir aus der tiefe schreyen.

12. Dieses licht läßt uns nicht wanken In der rechten glaubensbahn: Ewig, HErr! will ich dir danken, Daß du hast so wohl gethan, Und uns diesen schatz geschenket, Der zu deinem reich uns lenket.

13. Gib, HErr JEsu! kraft und stärke, Daß wir dir zu jeder zeit, Durch beliebte glaubenswerke, Folgen in gerechtigkeit, Und hernach im freudenleben Heller als die sterne schweben.

14. Dein erscheinung muß erfüllen Mein gemüth in aller noth: Dein erscheinung müsse stillen Meine seel auch gar im tod: HErr! in freuden und in weinen Müsse mir dein licht erscheinen.

15. JEsu! laß mich endlich gehen Freudig aus der bösen welt, Dein so helles licht zu sehen Das mir dort schon ist bestellt, Wo wir sollen unter kronen In der schönsten klarheit wohnen.

Johann Rist.

Am Mariä Reinigung oder Lichtmeß-Tag.

Mel. Kommt her zu mir, spricht rc.

58. Ach! daß ein jeder nähm in acht, Was heut Maria wohl gemacht, Die nicht zum tempel kame, Eh ihre zeit der reinigung, Nach des gesezzes ordenung Erfüllt, ein ende nahme.

2. Wann man das herz gereinigt hat, Nach GOttes willen, in der that, Alsdann will JEsus kommen, Und sich im tempel stellen dar, Dieweil er nicht wird offenbar, Als bey den wahren frommen.

3. Gedenke nicht, daß JEsus Christ Im herzen gegenwärtig ist, Wo fleisch und blut regieren; Nein, wo der geist nicht triumphirt, Und fleisch und blut gefangen führt, Wird JEsus nicht gespüret.

4. Sein tempel ist ein reines herz, Zerknirscht von wahrer reu und schmerz, Und da sein blut die schwellen Gezeichnet, ach! da wohnt er gern, Und da kan man ihn GOtt dem HErrn In glaubenskraft darstellen.

5. Dann kann man vor des Vaters thron, Als GOttes und Marien Sohn, Ihn, als ein opfer, bringen, Der für die schuld der ganzen welt Sich willig selbst und all ihr thun, Und such in GOtt allein zu ruhn, So wirst du gnade finden.

7. Bring taubeneinfalt, reine lieb Zum opfer nach des Geistes trieb, GOtt wird dich nicht verschmähen: Bring lämmleinsart und frömmigkeit, Das wird der HErr zu jeder zeit Mit gnad und huld ansehen.

8. Laß opfern die verkehrte welt Dem satan wollust, gold und geld Und was das fleisch erdenket: Es wird der dienst nach dieser zeit Belohnt mit qual in ewigkeit, Die ihr wird eingeschenket.

9. Hingegen wer, wie Simeon, GOtt fürchtet, und des Höchsten Sohn Zum heil verlangt zu haben, Der voll des heilgen Geistes ist, Und wartet auf den HErren Christ, Der opfert rechte gaben;

10. Der kan mit Simeon zuletzt Hinfahren, wo er sich ergetzt In friede, freud und wonne: Wer seinen Heiland hat gesehn Im glauben, kan im fried hingehn, Zu schauen seine sonne.

11. Ach! daß ich doch voll Geistes wär, Erfüllet mit dem liebesmeer, Daß sich ergießt von

nigkeit Mög emsiglich nachstreben, Bis du mich, wann es dir gefällt, Aus dieser welt zum himmelszelt Im frieden wirst erheben. Laurentii.

Mel. Nun freut euch, lieben 2c.

59. GOtt lob! mein JEsus macht mich rein Von allen meinen sünden, Was er büßt, muß bezahlet seyn, Und kan mich nicht mehr binden Der sünden strick, des teufels macht, Mein glaube höll und tod verlacht: Weil JEsus ist mein leben.

2. Was traur ich dann? der lebt ja noch, Der das gesetz erfüllet, Der durch den tod und creutzesjoch Des Vaters zorn gestillet; Was er hat, das ist alles mein, Wie könnt doch grösser reichthum seyn, Als den mir JEsus schenket.

3. Weil JEsus mich von sünden rein Durch sein verdienst will machen, Daß ich, los aller angst und pein Nicht förcht des todes rachen: So tröst mich seine heiligkeit, Sein unschuld und gerechtigkeit Ist mein schatz und mein leben.

4. So kan ich auch mit fried und freud, Wie Simeon, mein leben Beschliessen, frey von allem leid Mich meinem GOtt ergeben: So bald ich schließ die augen zu, So geh ich ein zu meiner ruh, So bin ich bey dem Herren. ...

(...) ßensstrasse, Wann ich, entnommen allem leid, Erlanget hab die seligkeit, Die mir mein GOtt bereitet.

6. Hilf GOtt, daß ich stets sey bereit, Laß mich nichts von dir wenden, Laß mich in glaubensheiligkeit Den lebenslauf vollenden: Komm bald, hilf mir aus aller noth: Hilf mir, HErr, durch dein blut und tod, Ja, komm, HErr JEsu! amen.

In eigener Melodie.

60. Mit fried und freud ich fahr dahin In GOttes wille, Getrost ist mir mein herz und sinn, Sanft und stille, Wie GOtt mir verheissen hat, Der tod ist mein schlaf worden.

2. Das macht Christus, wahr'r GOttes Sohn, Der treue heiland, Den du mich, HErr, hast sehen lahn, Und machst bekannt, Daß er sey das leb'n und heil In noth und auch im sterben.

3. Den hast du allen vorgestellt Mit grossen gnaden, Zu seinem reich die ganze welt Heissen laden Durch dein theuer heilsam wort, An allem ort erschollen.

4. Er ist das heil und selge licht Für die heyden, Zu erleuchten, die dich kennen nicht. Und

gung im herzen Gehalten als ein ding, Damit sich lasse scherzen, Es meynt die eitle welt, Sie sey gereinigt schon, Wann sie einst niederfällt, Zum schein, vor GOttes thron.

2. Wann zur gewohnten zeit Man will zum nachtmahl gehen, So macht man sich bereit Mit beten und mit flehen, Bis daß das werk vorbey, Drauf fängt man wieder an Zu sündigen aufs neu, Wann, wie, und wo man kan.

3. Indessen meynt die welt, Sie sey gereinigt worden; Weil sie sich eingestellt, Nach GOttes will und orden, Sie bleibt bey ihrem wahn, Und wer ihr anders sagt, Ist auf der irrthumsbahn. Ach! das sey GOtt geklagt.

4. Wie ist die reinigung Doch viel ein ander wesen, Und die erneuerung! Es muß, wer sie erlesen, Stets kämpfen, ach, wie viel Findt da ein GOttes kind Zu bessern, weil ohn ziel Der sünden mängel sind.

5. Das herz ist eine quell, Aus welcher nichtes fliesset, Als bosheit, die sich schnell In wort und werk ergiesset: Wer nicht die quelle leert, Und stopft den brunnen zu, Wird nimmer recht bekehrt, Und kommt niemals zur ruh.

6. Es fehlt an mitteln nicht, GOtt hat sie gnug gegeben, Wann man nur will nach pflicht Des HErren wort nachleben; Allein, es will die welt Nicht an die creuzigung, Und weil das creuz missfällt, Folgt keine besserung.

7. Es kan des HErren aug Der schlangen gift nicht leiden, Es siehet, was nicht taug; Drum muß man alles meiden, Auch den geringsten schein, Es muß durch JEsu blut Das herze werden rein, Dann ist der wandel gut.

8. HErr JEsu, der du mich Dis hast erkennen lassen, Gib, daß ich für und für Mög alle sünden hassen, Und in der reinigung Zunehmen bis ans end, Bis ich die heiligung Durch deine kraft vollend.

Laurentii.

Am Mariä Verkündigung.

Mel. Was mein GOtt will, das rc.

62. Freu dich, du werthe christenheit, Dis ist der tag des HErren, Der anfang unsrer seligkeit, Den GOtt zu seinen ehren, Nach seinem rath, Erwählet hat, O GOtt, laß wohl gelingen, Hilf uns mit fleiß Zu deinem preis Ein frölich lied zu singen.

2. GOtt ist gerecht in seinem wort, Was er einmal zusaget, Das ist gewiß an allem ort, Ob man schon oft drum zaget. Heut GOttes Sohn, Der gnadenthron, Bey uns auf erd anlanget, O wunder gros! Marien schoos Den grossen gast empfanget.

3. Sie

3. Sie hört vom engel Gabriel, Sie soll JEsum gebähren, Der ganzen welt Emanuel, Den mächtig grossen HErren. Das Jungfräulein, So keusch und rein, Erschrack ob den geschichten, Glaubt doch dem wort, Das sie gehört: GOtt kan es wohl verrichten.

4. Wohl uns der gnadenreichen zeit, Daß wir erlangt den orden, Daß du, o GOtt, von ewigkeit! Bist unser bruder worden; Wir bitten dich Demüthiglich, Lehr uns dein'm wort vertrauen, Bis wir zugleich Im himmelreich Das wunderwerk anschauen. P. Hagius.

Mel. HErr, ich habe mißgehandelt.

63. Heut ist uns der tag erschienen, Worauf Adam schon so oft, Wie auch Jacob, und samt ihnen Aller väter schaar gehofft, Dran sich Abraham erquicket, Als er ihn im geist erblicket.

2. O des tages, voller wonne, Und dem sonst kein tag nicht gleicht, Weil von anbeginn die sonne Hat um dieses rund geleucht. O der hochgewünschten stunden, Die sich nunmehr eingefunden.

3. O du anfang unsrer freuden, Sey gegrüßt, gewünschtes licht, Als mit dem uns armen heyden Jetzt ein neuer trost anbricht, Und vor welchem wir ehdessen Stets in lauter nacht gesessen.

4. Nunmehr trieft ein heilesregen Oben von dem himmel ab, Auch die wolken schütten segen Und gerechtigkeit herab: GOttes Sohn kommt selbst auf erden, Ein wahrhafter mensch zu werden.

5. Nunmehr wird die höchste höhe Mit dem tiefsten thal vereint: Ehre nimmt die schmach zur ehe, Allmacht wird der schwachheit freund: Herrlichkeit kommt zu uns armen, Und aus rache wird erbarmen.

6. Jungfrau, mutter, keuschheitskrone, Du gebenedeytes weib, Für des Allerhöchsten Sohne Wird dein unbefleckter leib Heut zum ehrenthron erlesen, Du empfängst ein ewig wesen.

7. Er, der Vater, wird zum kinde, Tochter, du must mutter seyn, Selbst das heil wird hier zur sünde, Du empfängst, und bleibst doch rein. Jungfrau bleiben, schwanger gehen, Können hier beysammen stehen.

8. O geheimnis, dessen gleichen Man auf erden nie geschn, Dieses ist ein wunderzeichen, Das von GOtt heut ist geschehn, Welches kein vernünftig sinnen Kan begreiffen noch gewinnen.

9. Vater, und doch kind daneben, Unser bruder, fleisch und blut, Ach, was können wir dir geben, Für dis allzugrosse gut? Hilf, daß wir mit herz und sinnen Geistlich dich empfangen können.

Hermann.

Mel. Was mein GOtt will, das ꝛc.

64. Mein seel erhebt den HErren mein. Mein

Mein Geist thut sich erspringen In dem, der soll mein heiland seyn, Maria so thut singen, Mich schlechte magd, Auch nichtigkeit, Allein hat angesehen, In mir vollbracht Sein göttlich macht, All gschlecht mir lob verjähen.

2. Sein nam der ist allein bereit, Und thut all welt ergetzen, Die sich in sein barmherzigkeit Mit furcht allzeit thun setzen, Dann sein gewalt Von'ander spalt, Wann er sein arm thut regen: Was hoffart treibt, Kein g'walt da bleibt, Vom stuhl thut ers bewegen.

3. Was demuth, g'duld und hunger hat, Die will er gänzlich speisen, Hoch setzen sie und machen satt, Damit sein gwalt beweisen: Die reichen schon Läßt leer hingohn, Thut sie in trauren setzen; Doch, was arm ist, Dem hie gebrist, Will er mit freud ergetzen.

4. Der HErr nahm auch an seinen knecht, Den Israel, viel frommen, Barmherzigkeit, die macht das schlecht, Daß er ihn angenommen, Wie er dann vor Den vätern zwar Vor langer zeit hat zug'sait, Auch Abraham, Und was je kam Vom saamen sein in ew'gkeit.

Simphor Pollio.

Mel. Ich halt an meinem GOtt.

65. O grosser könig, JEsu Christ, Der du vom Geist empfangen In der jungfrauen leibe bist, Ach! laß mich gnad erlangen, Daß ich gebohren werd im geist, Und was der name JEsus heißt, Im herzen wohl erwäge.

2. Du heissest JEsus, weil du mich Machst selig von den sünden, Daß ich, als meinen heiland, dich In nöthen möge finden. Kein nam ist sonst zum heil der welt Von GOtt im hohen himmelszelt, Als JEsus auserkohren.

3. Er ist des allerhöchsten Sohn, Den GOtt will hoch erheben Auf seines vaters Davids thron, Deß'n reich will er ihm geben, Und ihn zum könig setzen ein, Des königreichs kein end wird seyn, Darzu wird er empfangen.

4. O JEsu, laß dein reich in mir Ganz vest gepflanzet werden, Daß ich in dir und du in mir So leben mög auf erden, Daß dieses reich in heiligkeit, Im glauben und gerechtigkeit, Mög unverstöret bleiben.

5. Es ist doch ja in uns dein reich, Wills gleich die welt nicht wissen, Und wird dis reich gehasset gleich Vom reich der finsternissen: So wird es dennoch feste stehn, Und nicht im herzen untergehn, Wann gleich die feinde toben.

6. Bald wird es werden offenbar, Wann JEsus wird einbrechen, Und sich, als richter, stellen dar, Sich wider die zu rächen, Die hier sein reich gefochten an, Und mit verfolgung, fluch und bann Verfolgt die reichsgenossen.

7. HErr

7. HErr JEsu! mache mich bereit, Und hilf mir überwinden, Daß ich dein gnadenreich aus-breit, Und dort bald möge fin-den Das reich der frohen ewig-keit, Das man dort erbet nach dem streit, Ach! laß es bald erscheinen. Laurentii.

Mel. JEsu, der du meine Seele 2c.

66. Siehe, liebste seele, siehe, Die du Jesu freundin bist: Siehe, was vor neues blühe, Eine jungfrau schwanger ist: Sie wird einen sohn gebähren, Der allein kan heil gewähren. Siehe, wie die christenheit Sich erfreut zu die-ser zeit.

2. Fragst du, wie sie werde nennen Ihren sohn? Immanuel: Lerne du ihn recht erkennen, Der sich gibt für unsre seel. Er läßt, GOtt mit uns! sich heissen, Ihn als GOtt und mensch zu preisen. Siehe, wie die christenheit Sich erfreut zu dieser zeit.

3. Drum laß alle feinde toben, Und sich widersetzen dir, Du kanst deinen könig loben, Der dich schützet für und für. Er re-giert an allen enden Alles steht in seinen händen. Siehe, wie die christenheit Sich erfreut zu dieser zeit.

4. Was hält er vor eine weise, Hier in diesem jammerzelt? Butter, honig ist die speise, Die für andern ihm gefällt: Daß er zu verwerfen wisse Böses, und das gute küsse. Siehe, wie die christenheit Sich erfreut zu die-ser zeit.

5. Nun du werthgeschätzte seele, Denk an deinen ehrenstand, Wer sich jetzt mit dir vermähle, Du bist JEsu selbst verwandt. Er will dich mit himmelsschä-zen, Als ein bräutigam ergetzen. Siehe, wie die christenheit Sich erfreut zu dieser zeit.

6. O der grossen herrlichkei-ten, Die dein heiland dir ver-spricht; Auf, du sollt sein lob ausbreiten, Er bleibt deines le-bens licht. Wohl dir, weil dein JEsus kommen: JEsus ist das haupt der frommen. Siehe, wie die christenheit Sich erfreut zu dieser zeit.

M. Joh. Peisker.

Passions-Lieder,
oder vom Leiden und Sterben JEsu Christi.

Mel. HErr, ich habe mißgehandelt.

67. Ach muß dann der Sohn selbst leiden, Und erdulden hohn und tod? Muß er sich in blut einkleiden, Um zu tilgen meine noth? Konnt ich nicht in meinen sünden An-derst trost und rettung finden?

2. Vater, konnte dein erbar-men, Und die theure menschen-huld Mich nicht ohne blut um-armen, Und erlassen meine schuld? Mußt du denn das lämmlein schlagen, Welches kei-ne schuld getragen?

3. War kein guter engel tüch-tig,

tig, Daß er konnte mittler seyn? War das werk zu hoch und wichtig Diesen, die von sünden rein? Konnt ihr'r keiner mich erretten Aus des feindes strick und ketten?

4. Oder war aus Adams kindern, Unter der so grossen zahl, Keiner, welcher konnte hindern, Daß nicht träfe diese wahl Den, der als der eingebohrne, Kommt zu suchen das verlohrne?

5. Nein, ach nein! es mußt so gehen, Selbst der allerliebste Sohn Mußt an unsre stelle stehen; Solltest du von deinem thron Gnädig wieder auf uns schauen, Dich aufs neue uns vertrauen.

6. Dann wie fest die worte stehen, Daß du gut und gnädig seyst; Also mag auch nicht vergehen, Was du allen sündern dräust. Keiner kan in seinen sünden Unversöhnt erbarmung finden.

7. Keiner von den seraphinen, Deinen dienern, war genug, Mir von neuem zu verdienen Gnade, herrlichkeit und schmuck. GOtt, o GOtt, muß mich versöhnen, Und mit heil und segen krönen.

8. Alle menschen waren sünder, Keiner auf der weiten welt Konnte für die menschenkinder Zahlen ein solch lösegeld, Das dich hätte können binden, Auszutilgen unsre sünden.

9. Aber nun, weil der gestorben, Und vergossen hat sein blut, Der es mit dir nie verdorben, Und selbst ist das höchste gut; Ey, so ist, was wir verscherzet, Reichlich wiederum ersetzet.

10. Gib, o Vater! daß ich ehre Mit gebet und dankbarkeit Dieses wunder, ach, vermehre Meines geistes wackerkeit, Dieses werk so zu beschauen, Daß es stärket mein vertrauen.

11. Laß mich nicht den sünden leben, Sondern dem, der mich befreyt, Und deswegen sich gegeben In des todes bitterkeit. Laß mich, wann ich soll erblassen, Seinen tod im glauben fassen.

Mel. O GOtt, du frommer GOtt.

68. Ach sehet, welch ein mensch! Ach seht, was angst und schmerzen Steht unser JEsus aus Für uns in seinem herzen! O schmerz, o grosse pein, O marter, angst und noth, O weh! mein JEsus ist Betrübt bis in den tod.

2. Ach sehet, welch ein mensch! Wie läßt sich JEsus quälen! Die schmerzen seiner seel Sind hier nicht zu erzählen: Er trauret, zittert, zagt Für grosser herzenspein, Ach, seht den jammer an, Er muß des todes seyn.

3. Ach sehet, welch ein mensch! Der mit dem tode ringet: Seht, wie sein theures blut Aus seinem leibe dringet, Wie herzlich weinet er: Ach Vater! nimm von mir Den bittern creuzestod, Wann es gefallet dir.

4. Ach sehet, welch ein mensch! Der ganz und gar verlassen, Den seine jünger selbst Nun fangen an zu hassen. Der böse Judas, der Verräth den HErren Christ Mit einem falschen kuß, O böse teufelslist!

5. Ach sehet, welch ein mensch! Der böses nie begangen, Den greift man mit gewalt: Den nimmet man gefangen, Gleich einem mörder, und Führt ihn gebunden fort Ins hohenpriesters haus, Da hört man lästerwort.

6. Ach sehet, welch ein mensch! Seht, wie sie den verklagen, Der ganz unschuldig ist, Von welchem niemand sagen Kan eine missethat, Von dem wird ein geschrey, Daß er, (der doch GOtt selbst,) Ein gotteslästrer sey.

7. Ach sehet, welch ein mensch! Ach seht die grosse plagen, Die JEsus leiden muß; Ach seht, er wird geschlagen Mit fäusten ins gesicht; O schande, spott und hohn! Sie speyen ins gesicht Dem wahren GOttessohn.

8. Ach sehet, welch ein mensch! Den man gebunden bringet In des landpflegers haus: Ach seht, wie auf ihn dringet Der juden grausamkeit, Sie rufen: creuzge ihn, Pilate! Barabbam Gib los, nimm diesen hin.

9. Ach sehet, welch ein mensch! O marter, angst und plagen: Ach, sehet, JEsus wird Mit geisseln hart geschlagen: Ach seht das blut am leib; Ach seht die wunden an: Ach seht, er wird gequält, Daß er kaum leben kan.

10. Ach sehet, welch ein mensch! Seht wie die bösen rotten Den HErrn der herrlichkeit Verhöhnen und verspotten: Sie krönen ihm sein haupt Mit einer dornenkron, Und neigen sich vor ihm Aus lauter spott und hohn.

11. Ach sehet, welch ein mensch! Ach lasset thränen fliessen, Laßt eure augen sich Gleich einer fluth ergiessen: Ach seht das elend an: Seht unsern HErrn und GOTT, Der heiland trägt das creutz Zu seinem bittern tod.

12. Ach sehet, welch ein mensch! O plagen über plagen! Ach sehet, JEsus, ach! Wird an das creutz geschlagen, Er ruft für grosser pein Und schmerzen ängstiglich: Mein GOtt, mein GOtt, ach GOtt, Warum verläßt du mich?

13. Ach sehet, welch ein mensch! O weh in meinem herzen: O weh! ach, ich vergeh Für grosser angst und schmerzen; O jammer, ach und weh! O schmerz! o grosse noth! O weh! o weh! o weh! Ach JEsus ist nun todt!

14. Ach sehet, welch ein mensch! Der für uns menschen stirbet: Der uns das leben durch Den bittern tod erwirbet: Der uns durch seine pein Befreyt von aller noth: Der uns erlöset von Der höllen und vom tod.

15. O JEsu! dir sey dank, Daß du für uns gestorben, Und hast durch deinen tod Das leben uns erworben. Führ uns durch deinen tod Ins ewge leben ein, So wollen wir auch dort Dir ewig dankbar seyn.

Mel. Einen guten kampf hab ich ꝛc.

69. Christus, der uns selig macht, Kein bös hat begangen, Der ward für uns in der nacht Als ein dieb gefangen Geführt vor gottlose leut, Und fälschlich verklaget, Verlacht, verhöhnt und verspeyt, Wie dann die schrift saget.

2. In der ersten tagesstund Ward er unbescheiden Als ein mörder dargestellt Pilato dem heyden, Der ihn unschuldig befand, Ohn ursach des todes, Ihn derhalben von sich sandt Zum könig Herodes.

3. Um drey ward der GOttessohn Mit geisseln geschmissen, Und sein haupt mit einer kron Von dornen zerrissen: Gekleidet, zu hohn und spott, Ward er sehr geschlagen, Und das creuz zu seinem tod Mußt er selber tragen.

4. Um sechs ward er nack'nd und blos An das creuz geschlagen, An dem er sein blut vergoß, Betet mit wehklagen; Die zuscher spott'ten sein, Auch die bey ihm hiengen, Bis die sonn auch ihren schein Entzog solchen dingen.

5. JEsus schrie zur neunten stund, Klagte sich verlassen, Bald ward gall in seinen mund, Mit eßig, gelassen; Da gab er auf seinen geist, Und die erd erbebte, Des tempels vorhang zerreiß, Und manch fels zerklöbte.

6. Da man hat, zur vesperzeit, Die schächer zerbrochen, Ward JEsus in seine seit Mit ein'm speer gestochen, Daraus blut und wasser rann, Die schrift zu erfüllen, Wie Johannes zeiget an, Nur um unsertwillen.

7. Da der tag sein ende nahm, Der abend war kommen, Ward JEsus vons creuzes stamm Durch Joseph genommen, Herrlich nach jüdischer art In ein grab geleget, Allda mit hütern verwahrt, Wie Matthäus zeiget.

8. O hilf, Christe, GOttes sohn! Durch dein bitter leiden, Daß wir, dir stets unterthan, All untugend meiden, Deinen tod und sein ursach Fruchtbarlich bedenken, Dafür, wiewohl arm und schwach, Dir dankopfer schenken. Michael Weis.

Mel. In dich hab ich gehoffet, HErr

70. Da JEsus an dem creuze stund, Und ihm sein leichnam ward verwundt, So gar mit bittern schmerzen: Die sieben wort, die JEsus sprach, Betracht in deinem herzen.

2. Erstlich sprach er ganz süssiglich Zu sein'm vater im himmelreich, Da sie ans creuz ihn hiengen: Vergib ihn'n vat'r, sie wissen nicht, Was sie an mir verbringen.

3. Zum

3. Zum andern zu sein'r mutter sprach, Als er die unterm creuze sah: Weib, schau dein'n sohn gar eben! Johann's, nimm deiner mutter wahr, Du sollt ihr kindlich pflegen.

4. Zum dritten, als der schächer bat: HErr, denke mein nach deiner gnad! Sprach er gar gnädigliche: Fürwahr, du wirst heut bey mir seyn In meines vaters reiche.

5. Zum vierten denk der angst dabey, Mein GOtt, mein GOtt, am creuz er schrey: Wie hast du mich verlassen! Das elend, das ich leiden muß, Das ist ganz üb'r die massen.

6. Nun merket, was das fünft wort was: Mich dürst so hart ohn unterlaß, Schrie GOtt mit lauter stimme; Das menschlich heil thät er begehrn, Sein kraft wollt ihm zerrinnen.

7. Das sechst war gar ein kräftig wort, Das alsobald drauf ward gehört Aus sein'm göttlichen munde: Es ist vollbracht mein leiden gros Wohl hie zu dieser stunde.

8. Zum siebenden rief GOttes sohn: Mein vater, meinen geist nimm an In dein göttliche hände! Damit neigt er sein heilig haupt, Beschloß damit sein ende.

9. Wer GOttes mart'r in ehren hat, Und sich der'r tröst in sündennoth, Des will GOtt eben pflegen Wohl hie auf erd mit seiner gnad, Und dort im ew'gen leben.

Vinc. Schmuck.

Mel. Zion klagt mit angst und schm.

71. Der am creutz ist meine liebe, Meine lieb ist JEsus Christ; Weg ihr argen seelendiebe, Satan, welt und fleischeslüst, Eure lieb ist nicht von GOtt, Eure lieb ist gar der tod, Der am creuz ist meine liebe, Weil ich mich im glauben übe.

2. Der am creuz ist meine liebe, Frevler, was befreindet dich, Daß ich mich im glauben übe? JEsus gab sich selbst für mich, So wird er mein friedensschild, Aber auch mein lebensbild. Der am creuz ist meine liebe, Weil ich mich im glauben übe.

3. Der am creuz ist meine liebe, Sünde du verlierst den sturm; Weh mir, wenn ich den betrübe, Der statt meiner ward ein wurm; Creuzigt ich nicht GOttes sohn? Trät ich nicht sein blut mit hohn? Der am creuz ist meine liebe, rc.

4. Der am creuz ist meine liebe, Schweig, gewissen, niemand mahnt, GOtt preißt seine liebestriebe, Wenn mir von der handschrift ahndt; Schau, wie mein halsbürge zahlt, GOttesblut hat sie durchmalt. Der am creuz ist meine liebe, rc.

5. Der am creuz ist meine liebe, Drum, tyrann, nur foltre, stoß; Hunger, blösse, henkershiebe, Nichts macht mich von JEsu los; Nicht gewalt, nicht gold, nicht ruhm, Engel nicht, kein fürstenthum. Der am creuz ist meine liebe, rc.

ich GOttes lamm, Meiner seelen bräutigam. Der am creutz ist ꝛc

In bekannter Melodie.

72. Ein lämmlein geht und trägt die schuld Der welt und ihrer kinder: Es geht und büsset in geduld Die sünden aller sünder; Es geht dahin, wird matt und krank, Ergibt sich auf die würgebank, Verzeiht sich aller freuden; Es nimmet an schmach, hohn und spott, Angst, wunden, striemen, creutz und tod, Und spricht: ich wills gern leiden.

2. Das lämmlein ist der grosse freund Und heiland meiner seelen: Den, den hat GOtt zum sündenfeind Und söhner wollen wählen; Geh hin, mein kind! und nimm dich an Der kinder, die ich ausgethan Zur straf und zornesruthen: Die straf ist schwer, der zorn ist gros, Du kanst und sollst sie machen los, Durch sterben und durch bluten.

3. Ja, vater, ja von herzensgrund, Leg auf, ich wills gern tragen, Mein wollen hängt an deinem mund, Mein wirken ist dein sagen. O wunderlieb, o lie-

mit der seufzer kraft, Die adern mit dem edlen saft Des purpurrothen blutes. O süsses lamm! was soll ich dir Erweisen dafür, daß du mir Erzeigest so viel gutes?

5. Mein lebetage will ich dich Aus meinem sinn nicht lassen, Dich will ich stets, gleichwie du mich Mit liebesarmen fassen: Du sollt seyn meines herzens licht Und wann mein herz in stücken bricht, Sollt du mein herze bleiben; Ich will mich dir, mein höchster ruhm! Hiermit zu deinem eigenthum Beständiglich verschreiben.

6. Ich will von deiner lieblichkeit Bey nacht und tage singen, Mich selbst auch dir nach möglichkeit Zum freudenopfer bringen: Mein bach des lebens soll sich dir Und deinem namen für und für In dankbarkeit ergiessen; Und was du mir zu gut gethan, Das will ich stets, so tief ich kan, In mein gedächtnis schliessen.

7. Erweitre dich, meins herzensschrein, Du sollt ein schatzhaus werden Der schätze, die

ses, was geflossen ist Aus deines leibes wunden.

8. Das soll und will ich mir zu nutz Zu allen zeiten machen, Im streite soll es seyn mein schutz, In traurigkeit mein lachen, In frölichkeit mein saitenspiel, Und wann mir nichts mehr schmecken will, Soll mich dis manna speisen: Im durst solls seyn mein wasserquell, In einsamkeit mein sprachgesell Zu haus und auch auf reisen.

9. Was schadet mir des todes gift? Dein blut das ist mein leben, Wann mich der sonnen hitze trift, So kan mirs schatten geben: Setzt mir der schwermuthsschmerzen zu, So find ich bey dir meine ruh, Als auf dem bett ein kranker; Und wann des creutzes ungestüm Mein schifflein treibet üm und üm, So bist du dann mein anker.

10. Wann endlich ich soll treten ein In deines reiches freuden, So laß dis blut mein purpur seyn, Ich will mich darein kleiden; Es soll seyn meines hauptes kron, In welcher ich will vor den thron Des höchsten vaters gehen, Und dir, dem er mich anvertraut, Als eine wohlgeschmückte braut An deiner seite stehen. Paul Gerhard.

Mel. Zion klagt mit angst und schm.

73. Fließt, ihr augen, fließt von thränen, Und beweinet eure schuld, Brich mein herz von seufzen, sehnen, Weil ein lämmlein in geduld Nach Jerusalem zum tod, Ach, zum tod, für deine noth Und der ganzen welt, hinwandelt: Ach, denk, wie du hast gehandelt.

2. Es soll nun vollendet werden, Was davon geschrieben ist, Und warum auf diese erden Ist gekommen JESUS Christ: Schauet nun des höchsten sohn In dem leiden, schmach und hohn, In den wunden, in den schmerzen, Und nehmt alles wohl zu herzen.

3. Es wird in der sünder hände Ueberliefert GOttes lamm, Daß sich dein verderben wende: Jud= und heyden sind ihm gram, Und verwerfen diesen stein, Der ihr eckstein sollte seyn; Ach, dis leidet der gerechte Für die bösen sündenknechte.

4. JEsus steht in strick und banden, Dessen hand die welt gemacht, Bey verachtung, spott und schanden, Und wird höhnisch ausgelacht; Backenstreich und fäustenschlag, Jud= und heyden grimm und rach Duldet er für deine sünden; Wer kan solche lieb ergründen?

5. Laß dir das zu herzen gehen, Beßre und bekehre dich: Wer kan diese that ansehen, Daß er nicht bewege sich? JEsus steht an unsrer statt; Was der mensch verdienet hat, Büsset JEsus, und erduldet, Was der sünder hat verschuldet.

6. Er hält seinen heilgen rükken Geissel, ruth und peitschen dar; Wer kan dis ohn reu anblicken? Wann die rohe judenschaar Hänð anlegt an GOttes bild

bild, Das so freundlich, fromm und mild, Und doch nackend wird gehauen; Wer kan solchen greuel schauen?

7. Also sollt man dir begegnen, Du verruchtes menschenherz, Aber nun kommt dich zu segnen, Und zu tragen deinen schmerz, JEsus, und entblösset sich, Und wird dort so jämmerlich Abgestraft, zerhackt, zerschlagen, Daß kein maas noch ziel der plagen.

8. Endlich wird der schluß gesprochen, JEsus soll zum tode gehn, Und der stab wird abgebrochen, Es hilft hier kein bitten, flehn, Barabbas wird losgezählt, JEsus wird zum creutz erwählt: Weg mit diesem, dem verfluchten, Ruft der hause der verruchten.

9. Folge dann zur schädelstätte Deinem JEsu traurig nach; Aber auf dem wege bete; Bet im geist mit weh und ach, Daß der vater auf sein kind, Als den bürgen für die sünd, Sehen woll, und sich erbarmen Ueber dich elend = und armen.

10. Muß ich, JEsu, dich dann sehen Am verfluchten creutzespfahl, Ach, so laß ich übergehen Meine thränen ohne zahl. Ach! erbarm dich, GOttes lamm, Das gehängt am creutzesstamm; Ach! erbarm dich, weil dein leiden Mir gedeyen soll zur freuden.

11. Ich will dir ein opfer geben, Seel und leib ist meine gab, JEsu, nimm dis arme leben, Weil ich ja nichts bessers hab; Tödt in mir, was dir mißfällt, Leb in mir auf dieser welt, Laß mich mit dir leben, sterben, Und dein reich im himmel erben.

12. Tausendmal sey dir gesungen, Liebster JEsu, preis und ruhm, Daß du höll und tod bezwungen. Nun ich bin dein eigenthum, Und du meine freud und wonn: Möcht ich dich, o schönste sonn, Bald in deiner krone sehen; Komm, dein leiden ist geschehen.

Mel. Alle menschen müssen sterben.

74. Fließt, ihr thränen! fließt und schiesset, Fallt und wallet wangen ab, Gießt, ihr augenbrunnen, giesset Ganze bäche auf das grab, Wo im tode liegt das leben: Laßt uns ihm die letze geben. Ach, ach, unsre lebenszier, JEsus ist nun nicht mehr hier.

2. Schöner himmel, such auf erden Deinen könig nun nicht mehr, Hilf beweinen sein entwerden, Mach die wolkenbrunnen leer: Sonne, mond und sterne weinet! Eure sonne nicht mehr scheinet. Ach! des himmels kron und zier, JEsus liegt verblichen hier.

3. Weint, ihr frommen engelgeister, Euer HErr und prinz ist todt, Euer grosser ordensmeister, Dem ihr stundet zu gebot; Die geburt habt ihr besungen, Laßt sein grab auch seyn beklungen. Ach, ach, ach, der engel zier, JEsus liegt begraben hier.

4. Weinet, o ihr menschenheer=

heerden, Euer treuer hirt ist hin, Ihn verbannte von der erden Der ergrimmten wölfe sinn: Er hat für der schäflein leben Selber sich in tod gegeben. Ach, ach, unsre erdenzier! JEsus, ist nun nicht mehr hier.

5. Weint, ihr, seine hirtenknaben, Er hat euch, ihr ihn geliebt, Euer trost liegt dort begraben: Freylich, ihr seyd schon betrübt: Labet doch der mutter herze, Das zerbrechen will vor schmerze. Ach, ach, aller hirten zier, JEsus, ist nun nicht mehr hier.

6. Alles, was erschaffen, weine, Himmel, erde, meer und luft, Menschen, thiere, bäum und steine, Bäch und brunnen, wald und kluft: Klaget, ihr geschöpfe, klaget, Von dem tod des schöpfers saget: Ach, ach, der geschöpfe zier, JEsus, ist nun nicht mehr hier.

7. War doch nichts als lauter lieben Seine ganze lebenszeit, So ihn himmelab getrieben, Er trat für uns in den streit, Und erwürgte wölf und drachen, Die zur beut uns wollten machen. Ach, ach, unsre lebenszier, JEsus, ist nun nicht mehr hier.

8. Er, der reiche GOtt vom himmel, Zog in armuth um auf erd, Durch das wüste weltgetümmel, Keine noth hat ihn beschwert, Die er trug für unsre schulden, Er konnt wie ein lämmlein dulden. Ach, ach, unsre freundeszier, JEsus, ist nun nicht mehr hier.

9. Gutes er für böses thäte, Er war seiner feinde freund, Niemand ihn umsonst anflehte, Niemand hat er hülf verneint: Schalt man ihn, er schalt nicht wieder, Rieb sich schon an ihm ein jeder. Ach, ach, unsre freundeszier, JEsus, ist nun nicht mehr hier.

10. Er, der hohe fürst der sternen, Er, der HErr, war unser knecht, Gab die demuth uns zu lernen, Die er vorgebildet recht; Wahrhaft war er mit dem munde, Ohne falsch im herzensgrunde. Ach, ach, unsre demuthszier, JEsus ist nun nicht mehr hier.

11. Selbst die wilde wölfe heulen, Die ihn haben umgebracht, Ihm ein schönes lob mittheilen, Als er jetzt gab gute nacht: Wahrlich, (wird die red vernommen,) Dis war einer von den frommen. Ach, ach, unsre seelenzier, JEsus ist nun nicht mehr hier.

12. Aber ist er schon verblichen, Bald er wieder leben wird. Von uns bleibt er unentwichen, Ob der tod ihn weggeführt: Ewig, ob wir ihn nicht sehen, Will er um und bey uns stehen; Unser trost und unsre zier, JEsu, du bist dennoch hier.

13. Unterdessen soll auf erden Alle jahr um diese zeit, Dein tod noch beweinet werden, Bis du aus der eitelkeit Uns holst zu den himmelshöhen, Da wir werden wieder sehen Dich, o

JEsu! gleichwie hier; Ach, so komm, hol uns zu dir.

Mel. Ein lämmlein geht und rc.

75. Gegrüsset seyst du, meine kron, Und könig aller frommen, Der du zum trost von deinem thron Uns armen sündern kommen; O wahrer mensch, o wahrer GOtt, O helfer, voller hohn und spott, Den du doch nicht verschuldest! Ach wie so arm, wie nack'nd und blos Hängst du am creutz, wie schwer und gros Ist dein schmerz, den du duldest.

2. Es fliesset deines blutes bach Mit ganzem vollen hauffen, Dein leib ist auch mit ungemach Ganz durch und durch belaufen. O ununischränkte majestät, Wie kommts, daß dirs so kläglich geht? [illegible] macht dein huld und treue [illegible]er dankt dir des? wo ist der mann, Der sich, wie du für uns gethan, Für dich zu sterben freue?

3. Was soll ich dir doch immermehr, O liebster, dafür geben, Daß dein herz sich so hoch und sehr Bemüht hat um mein leben? Du rettest mich durch deinen tod Von mehr als eines todes noth, Und machst mich sicher wohnen; Laß höll und teufel böse seyn, Was schadts? sie müssen dennoch mein Und meiner seele schonen.

4. Voll grosser lieb und heilger lust, Damit du mich erfüllet, Drück ich dich an mein herz und brust, So wird mein leid gestillet. Das deinen augen wohl bekannt: Und das ist dir ja keine schand, Ein krankes herz zu laben. Ach, bleib mir hold und gutes muths, Bis mich die ströhme deines bluts Ganz rein gewaschen haben.

5. Sey du mein schatz und höchste freud, Ich will dein diener bleiben, Und deines creutzes herzeleid Will ich in mein herz schreiben, Verleihe du mir kraft und macht, Damit, was ich bey mir bedacht, Ich mög ins werk auch setzen, So wirst du, schönster, meinen sinn, Und alles, was ich hab und bin, Ohn unterlaß ergötzen.. Paul Gerhard.

Mel. Vater unser im himmelreich.

76. Gegrüsset seyst du, GOtt, mein heil, Mein auge, lieb und schönstes theil: Gegrüsset seyst du, werthe brust, Du GOttes Sohn, du menschenlust, Du träger aller bürd und last, Du aller müden ruh und rast.

2. Mein JEsu, neige dich zu mir Mit deiner brust, damit von dir Mein herz in deiner lieb entbrenn, Und von der ganzen welt sich trenn: Halt herz und brust in andacht reich, Und mich ganz deinem willen gleich.

3. Mach, HErr, durch deines herzens quell: Mein herz von unflat rein und hell Der du bist GOttes glanz und bild, Und aller armen trost und schild; Theil aus den schätzen deiner gnad Auch mir mit gnade, rath und that.

4. O süsse brust, thu mir die

gunst, Und fülle mich mit deiner brunst, Du bist der weisheit tiefer grund, Dich lobt und singt der engel mund: Aus dir entspringt die edle frucht, Die dein Johannes bey dir sucht.

5. In dir wohnt alle Gottesfüll, Hast alles, was ich wünsch und will: Du bist das rechte Gotteshaus; Drum, wann zur welt ich muß hinaus, So schleuß mich treulich in dir ein, Und laß mich ewig bey dir seyn.

Paul Gerhard.

In eigener Melodie.

77. Herzliebster JEsu, was hast du verbrochen, Daß man ein solch scharf urtheil hat gesprochen? Was ist die schuld? in was für missethaten Bist du gerathen?

2. Du wirst verspeyt, geschlagen und verhöhnet, Gegeiselt, und mit dornen scharf gekrönet; Mit eßig, als man dich ans creutz gehenket, Wirst du getränket.

3. Was ist die ursach aller solcher plagen? Ach, meine sünden haben dich geschlagen: Ich, ach, HErr JEsu! habe dis verschuldet, Was du erduldet.

4. Wie wunderbarlich ist doch diese strafe, Der gute hirte leidet für die schafe: Die schuld bezahlt der HErre, der gerechte, Für seine knechte.

5. Der fromme stirbt, der recht und richtig wandelt, Der böse lebt, der wider GOtt mißhandelt: Der mensch verwirkt den tod, und ist entgangen, GOtt wird gefangen.

6. Ich war von fuß auf voller schand und sünden, Bis zu der scheidel war nichts guts zu finden, Dafür hätt ich dort in der höllen müssen Ewiglich büssen.

7. O grosse lieb, o lieb ohn alle masse, Die dich gebracht auf diese marterstrasse: Ich lebte mit der welt in lust und freuden, Und du must leiden.

8 Ach, grosser könig, gros zu allen zeiten, Wie kan ich gnugsam solche treu ausbreiten? Kein menschlich herz vermag dis auszudenken, Was dir zu schenken.

9. Ich kan mit meinen sinnen nicht erreichen, Mit was doch dein erbarmung zu vergleichen: Wie kan ich dir dann deine liebesthaten Im werk erstatten?

10. Doch ist noch etwas, das dir angenehme, Wann ich des fleisches lüste dämpf und zähme, Daß sie aufs neu mein herze nicht entzünden Mit alten sünden.

11. Weil aber dis nicht steht in eignen kräften, Dem creutze die begierden anzuheften: So gib mir deinen Geist, der mich regiere, Zum guten führe.

12. Alsdann so werd ich deine huld betrachten, Aus lieb an dich die welt für nichtes achten: Ich werde mich bemühen, deinen willen Stets zu erfüllen.

13. Ich werde dir zu ehren alles wagen, Kein creutz nicht achten, keine schmach noch plagen;

gen; Nichts von verfolgung, nichts von todesschmerzen, Nehmen zn herzen.

14. Dis alles, obs für schlecht zwar ist zu schätzen, Wirst du es doch nicht gar bey seite setzen: In gnaden wirst du dis von mir annehmen, Mich nicht beschämen.

15. Wann dort, HErr JEsu, wird vor deinem throne Auf meinem haupte stehn die ehrenkrone, Da will ich dir, wenn alles wird wohl klingen, Lob und dank singen. Joh. Hermann.

Mel. Christ, unser HErr, zum Jord.

78. Ich grüsse dich, du frömmster mann, Der herzlich gern vergiebet; Wie schmerzlich weh wird dir gethan, Wie wird dein leib betrübet: Es grüsset dich mein ganzer geist, Du meines heilands seite, Du edle quell, aus welcher fleußt Das blut, das so viel leute Von ihren sünden wäschet.

2. Ich mach, HErr JEsu, mich zu dir, Ach halt mirs ja zu gute, Und laß mich suchen trost für mir, In deiner wunden blute: Du werthe wunde sey gegrüßt, Du weites thor der gnaden, Daraus sich blut und wasser gießt, Und da all unserm schaden Kan abgeholfen werden.

3. Du riechst mir süsser, als der wein, Und heilst das gift der schlangen, Du flössest mir das leben ein, Und stillst des dursts verlangen; Eröffne dich, du liebe wund, Und laß mein herze trinken: Ists möglich, laß mich gar zu grund In dir gehn und versinken: So werd ich mich recht laben.

4. Mein mund streckt sich mit aller kraft, Damit er dich berühre, Und ich den theuren lebenssaft In mark und beinen spüre: Ach, wie so so süsse bist du doch, HErr JEsu, meinem herzen, Wer dich recht liebt, dem wird das joch Der bittern todesschmerzen Gleich, als wie lauter zucker.

5. Verbirge mich und schleuß mich ein In deiner seiten höhle, Hie laß mich still und wacker seyn, Hie wärme meine seele, Wann mich der kalte tod befällt, Und wann der höllsche löwe Nach mir und meinem geiste stellt, So laß in deiner treue Mich dann fein ruhig bleiben. Paul Gerhard.

M. Ach! was soll ich sünder machen.

79. JEsu! dein betrübtes leiden, Deine schwere creutzespein Soll mein ganzes denken seyn, Allen welttand zu beschneiden; JEsu, deine bittre noth Kränket mich bis auf den tod.

2. Dein geronnen blutges schwitzen, Deiner seelen höllenqual, Deine striemen allzumal, Deiner krone dornenspitzen, Solche deine bittre noth Kränket mich bis auf den tod.

3. Ach, was soll ich armer sagen? Alle wunden, die du hegst, Alle striemen, die du trägst, Hab ich dir selbst helfen

schlagen:

schlagen; JEsu, deine bittre noth Kränket mich bis auf den tod.

4. Dein gesicht ist blau gestossen, Deiner augen freundlichkeit Ist mit unwust voll gespeyt Von des teufels hülfsgenossen; JEsu, deine bittre rc.

5. Daß du bist uns nachgegangen, Und verlassen deinen thron, Ist dis nun dein dank und lohn, Daß du mußt am creutze hangen? JEsu, deine rc.

6. Sollte mich dann dis nicht kränken? Sollt ich nicht bey dieser zeit Fliehn der erden eitelkeit, Und an deinen tod gedenken? JEsu deine bittre noth rc.

7. Laß, HErr JEsu, laß dein leiden Deine marter, angst und pein Meine letzte zuflucht seyn, Wann ich soll von hinnen scheiden; Hilf, daß ich durch deinen tod Sanft beschliesse meine noth. M. Tob. Clausnitzer.

Mel. Zion klagt mit angst rc.

80. JEsu, deine tiefe wunden, Deine qual und bittrer tod, Geben mir zu allen stunden Trost in leibs- und seelennoth; Fällt mir etwas arges ein, Denk ich bald an deine pein, Die erlaubet meinem herzen Mit der sünde nicht zu scherzen.

2. Will sich dann in wollust weiden Mein verderbtes fleisch und blut, So gedenk ich an dein leiden, Bald wird alles wieder gut; Kommt der satan und setzt mir Heftig zu, halt ich ihm für Deine gnad und gnadenzeichen, Bald muß er von dannen weichen.

3. Will die welt mein herze führen Auf die breite wollustbahn, Da nichts ist als jubiliren, Alsdann schau ich emsig an Deiner marter centner last, Die du ausgestanden hast: So kan ich in andacht bleiben, Alle böse lust vertreiben.

4. Ja für alles, was mich kränket, Geben deine wunden kraft, Wann mein herz hinein sich senket, Krieg ich neuen lebenssaft, Deines trostes süßigkeit Wendt in mir das bittre leid, Der du mir das heil erworben, Da du für mich bist gestorben.

5. Auf dich setz ich mein vertrauen, Du bist meine zuversicht, Dein tod hat den tod zerhauen, Daß er mich kan tödten nicht: Daß ich an dir habe theil, Bringet mir trost, schutz und heil: Deine gnade wird mir geben Auferstehung, licht und leben.

6. Hab ich dich in meinem herzen, Du brunn aller gütigkeit, So empfind ich keine schmerzen Auch im letzten kampf und streit; Ich verberge mich in dich, Welch feind kan verletzen mich? Wer sich legt in deine wunden, Der hat glücklich überwunden. Joh. Hermann.

Mel. Einen guten kampf hab ich rc.

81. JEsu leiden, pein und tod, JEsu tiefe wunden, Haben menschen, die nur koth, Heilsamlich verbunden. Menschen, schafft die sünden ab, Wir sind christen worden, Sollen kommen aus dem grab In der engel orden.

2. JEsus in den garten gieng, Traurig an gebärden, Mit gebet das werk anfieng, Kniet auf die erden, Seine seel bis in den tod Heftig war betrübet: Schau, in was für grosse noth Er für dich sich giebet.

3. Wachet, betet, JEsus spricht, Daß ihr nicht verzaget. Der geist sich zwar hoch verpflicht, Das fleisch sich nicht waget. Mit gebet fang alles an, Wann es soll gelingen. Sey nicht ein vermeßner mann In so schweren dingen.

4. JEsu, dem der engel chor, Unverwandt, aufwarten, Dich zu stärken kam hervor Ein engel im garten. Wann kommt meine letzte zeit, Dein engel mich stärke, Damit ich im letzten streit Todesangst nicht merke.

5. JESU, dein blutrother schweis, Dein betrübtes zagen Macht die schwarze sünde weiß, Kan wehmuth verjagen. Menschen, zaget nicht so sehr, Christus hat erduldet, Was ich, du und andre mehr Tausendmal verschuldet.

6. Mit ein'm kuß Judas, der feind, Wird ein GOttsverräther, Der doch nennet einen freund Diesen übelthäter. Wann dich auch die falsche welt Also will betrügen, Böses mit geduldiglich, Der auch hat gelitten, Der mir hilft, und läßt noch nicht Ab, für mich zu bitten.

8. JEsu, ohne missethat, Im garten vorhanden, Da man dich gebunden hat Vest mit harten banden: Wann uns will der böse feind Mit der sünde binden, So laß uns, o menschenfreund, Dadurch lösung finden.

9. Falsche zeugniß, hohn und spott, Speichel auch der knechte, Leidet der vielfromme GOtt, Der allein gerechte; Und du sündige gestalt, Willt zu todt dich härmen, Wann verfolgung mit gewalt Auch auf dich los stürmen.

10. Petrus, der nicht denkt zurück, Seinen GOtt verneinet, Der doch auf ein'n ernsten blick Bitterlichen weinet: JEsu, blicke mich auch an, Wann ich nicht will büssen, Wann ich böses hab gethan, Rühre mein gewissen.

11. Judas hänget, und darauf, Den landpfleger reizend, Schrie des volkes ganzer hauf: Weg, nur weg, ans creutze. Nicht nur Judas, sondern ich Und die missethaten Haben unbarmherziglich Meinen GOTT verrathen.

12. JEsu blut den jüden ist

13. JEsus sein creutz selber trägt, Dran man ihn will heften: Simon, dems auch auferlegt, Trägt mit allen kräften; Doch gezwungen solchs er faßt. Gib, HErr! kraft und gaben, So will ich ein theil der last Ungezwungen tragen.

14. JEsus angenagelt ist An dem creutz sehr feste, Beydes durch gewalt und list Seiner freund und gäste. Menschen, die ihr lose seyd, Könnt euch ihm verbinden, Wenn ihr vom unrecht bey zeit Wollt zu recht euch finden.

15. JEsu! deine beyde händ Und auch deine füsse, Alle viere für vier end Aller welt jetzt büssen. Hier ist gar kein unterscheid Unter jud= und türken, Gnade allen ist bereit, Wer den geist läßt wirken.

16. JEsu! unter deinem creutz Stehe ich und weine: Weil ich seh, daß allerseits, Vom haupt auf die beine, Fleußt dein blut, der edle saft, Als der leib zerborstet, Das gibt mir vollkommne kraft, Wornach mich sehr dürstet.

17. JEsus hier von Nazareth, Ein könig der jüden, Auf des volkes sein gebet Schmerzlich ist verschieden. Wann der böse jude kan Keinen heiland

Christo sich bekennt, Den will der feind fressen, Darum raubet er und brennt Ueberall vermessen.

19. JEsus hänget an dem holz, Und bitt't für die thäter, Die ihn hassen steif und stolz, Mehr als sein verräther. Deine sünden tödten ihn, O mensch! das bereue, Sein fürbitt ist dein gewinn, Dich hinwieder freue.

20. Er nahm alles wohl in acht In den letzten stunden, Seine mutter noch bedacht, Setzt ihr ein'n vormunden. O mensch! mache richtigkeit, GOtt und menschen liebe, Stirb darauf ohn alles leid, Und dich nicht betrübe.

21. JEsus dem das paradies Offenherzig schenket, Mit ein'm schwur ihm das verhieß, Der nur sprach: gedenke! Denk, o mensch, und bitte GOtt, Daß er dein gedenke, In so vielfältiger noth Linderung dir schenke.

22. Unglück dem das leben bracht, Der schon war verlohren, Und hieran wohl nie gedacht, Wird von GOtt erkohren. Deine ruthen, lieber christ, Dir nicht wenig dienen, Wenn bey dir der glaube ist Und die buß erschienen.

dir seyn nah, Ob er gleich scheint ferren.

24. JEsu gab man bittre gall, Unserm lebensfürsten, Der da ist mein einig all, Muß vor armuth dürsten. JEsu! wann ich leide noth, Will mit dir ich leiden, Daß ich mög bey dir, o GOtt, Bleiben ungescheiden.

25. JEsus alles hat vollbracht, Was nur von propheten Lange vorher ist gesagt, Nichts mehr ist vonnöthen. Weine nicht, nur Christi werk Haben alls erworben, Wann der trost mich nicht gestärkt, Wär ich längst verdorben.

26. Vater, JEsus allermeist rief an seinem ende, Ich befehle meinen geist Dir in deine hände. Meine seele meinem GOtt Will ich stets befehlen, O da wird sie keine noth Nimmermehr mehr quälen.

27. Als geschehen war die bitt, JEsus sein haupt neigte, Hangend an dem holz verschied, Seine knie beugte. Hören will er deine wort, Küssen sein erlößten, Seinem vater loben dort, Die sich seiner trösten.

28. Finsterniß die ganze welt Deckte, das erdbeben Auch die harten felsen spält, Todte sich erheben. Kan mein todter JEsus nun Solches thun jetzunder, Wie viel mehr wird er dann thun, Herrschend, grosse wunder?

29. JEsus ist ein frommer mann, GOttes sohn gewesen, Wie wir dann von dem hauptmann, Auch viel andern, lesen, Die sich schlugen an die brust, Liessen ab von sünden. Wer zur besserung hat lust, Mag bey zeit sich finden.

30. Ein schandbube und soldat JEsum in die seite Mit ein'm spies gestochen hat; Da sahen viel leute, Wie das blut und wasser rann Runter auf die erden, Wodurch beyde, weib und mann, Sollen selig werden.

31. JEsu! du liegst in der erd Als ein wurm begraben, Laß mich, wann ich sterben werd, Ruh im grabe haben, So werd ich, HErr JEsu Christ, Durch kraft deiner wunden Dermaleins, wann es zeit ist, Sicher wieder funden.

32. JEsu! selig werd ich seyn, Ich bins schon durch hoffen; Weil ich von der sündenpein, So mich je betroffen, Durch dein blut erlöset bin, Theure, theure schätze! Daran ich mit herz und sinn Ewig mich ergötze.

33. JEsu! deine paßion Ist mir lauter freude, Deine wunden, kron und hohn, Meines herzens weyde; Meine seel auf rosen geht, Wann ich dran gedenke; In dem himmel eine stätt Mir deswegen schenke.

34. JEsu, der du warest todt, Lebest nun ohn ende; In der letzten todesnoth Nirgend hin mich wende, Als zu dir, der mich versöhnt, O mein trauter HErre, Gib mir nur, was du verdient, Mehr ich nicht begehre.

M. Paul Stockmann.

Mel. Einen guten Kampf hab ich 2c.

82. JESU, meiner seelen licht, Freude meiner freuden, Meines lebens zuversicht, Nimm doch für dein leiden Diesen schlechten dank hier an, So viel meine seele Immermehr dir bringen kan In der schwachheitshöhle.

2. Ich erwäg es hin und her, Was dich doch bewogen, Daß du so viel herzbeschwer Hast auf dich gezogen: Daß du angst, gewalt und noth, Schläg und hohn in banden, Lästerung und creuz und tod Willig ausgestanden.

3. GOttes wohlgewogenheit, Vaterlieb und güte, Deine herzensfreundlichkeit Und dein treu gemüthe, JEsu, hat es ausgebracht, Daß kein mensch verzagte, Wann der sünden meng und macht Die gewissen nagte.

4. O du wunderbarer rath, Den man nie ergründet! O der unerhörten that, Die man nirgends findet! Was der mensch, der erdenknecht, Trotzig hat verbrochen, Wird an GOtt, der doch gerecht, Durch und durch gerochen.

5. Meine wilde schandbegier Hat dich so zerschlagen, Diese krankheit hab ich dir, JEsu! aufgetragen: Meine schuld und missethat Hat dich so verbürget, Bis sie dich auch endlich hat Unrecht hingewürget.

6. Alle strafe, der ich war Tag und nacht verbunden, Liegt auf dir nun ganz und gar, Und durch deine wunden Wird uns fried und heil gebracht, Drum will mir geziemen, Deine starke liebesmacht Ewiglich zu rühmen.

7. Laß doch dieser sicherheit Gleichfalls mein gewissen, Zwischen angst und tod und streit, Kräftiglich geniessen. Ach, ach, meines herzens herz! Wirf, durch deine schmerzen, Meine schmerzen hinterwärts Fern aus meinem herzen.

8. Und wie schnell mein herz erschrickt Ueber straf und sünden, So schnell wird es gleich erquickt Mit den gnadenwinden. JEsu! sieh, ich falle dir Mit zerknirschter busse Und mit besserungs = begier Glaubenskühn zu fusse.

9. Nun, ich weiß, worauf ich bau, Und bey wem ich bleibe, Welchem vorsprach ich mich trau, Und an wen ich gläube; JEsu! du bist es allein, Der mich hält und schützet, Wann gleich alle höllenpein Auf mich schießt und blitzet.

10. Ich will, weil ich mit dir frey Werd im himmel erben, HErr! in deinen armen treu Leben und auch sterben, Bis man frölich sagen wird Nach den todesbanden: Sieh, dein bräutgam und dein hirt, JEsus, ist vorhanden. Heinr. Held.

Mel. JEsu, der du meine seele 2c.

83. JEsu, meines lebens leben, JEsu, meines todes tod, Der du dich für mich gegeben In die tiefste seelennoth,

noth, In das äusserste verderben, Nur, daß ich nicht möchte sterben; Tausend tausendmal sey dir, Liebster JEsu, dank dafür.

2. Du, ach du hast ausgestanden Lästerreden, spott und hohn, Speichel, schläge, strick und banden, Du gerechter GOttes sohn, Nur mich armen zu erretten Von des teufels sündenketten; Tausend tausendmal sey dir, Liebster JEsu, dank dafür.

3. Du hast lassen wunden schlagen, Dich erbärmlich richten zu, Um zu heilen meine plagen, Um zu setzen mich in ruh: Ach! du hast, zu meinem segen, Lassen dich mit fluch belegen; Tausend tausendmal sey dir, Liebster JEsu, dank dafür.

4. Man hat dich sehr hart verhöhnet, Dich mit grossem schimpf belegt, Und mit dornen gar gekrönet; Was hat dich darzu bewegt? Daß du möchtest mich ergetzen, Mir die ehrenkron aufsetzen; Tausend tausendmal sey dir, Liebster JEsu, dank dafür.

5. Du hast wollen seyn geschlagen Zu befreyung meiner pein, Fälschlich lassen dich anklagen, Daß ich könnte sicher seyn; Daß ich trostreich möchte prangen, Bist du sonder trost gehangen; Tausend tausendmal sey dir, Liebster Jesu, dank dafür.

6. Du hast dich in noth gestecket, Hast gelitten mit geduld, Gar den herben tod geschmecket, Um zu büssen meine schuld: Daß ich würde losgezählet, Hast du wollen seyn gequälet; Tausend tausendmal sey dir, Liebster JEsu, dank dafür.

7. Deine demuth hat gebüsset Meinen stolz und übermuth, Dein tod meinen tod versüsset, Es kommt alles mir zu gut; Dein verspotten, dein verspeyen Muß zu ehren mir gedeyen; Tausend tausendmal sey dir, Liebster JEsu, dank dafür.

8. Nun ich danke dir von herzen, JEsu! für gesamte noth, Für die wunden, für die schmerzen, Für den herben bittern tod, Für dein zittern, für dein zagen, Für dein tausendfaches plagen: Für dein ach und tiefe pein Will ich ewig dankbar seyn.

E. C. Homburg.

M. HErr JEsu Christ, meins lebens.

84. Ihr töchter Zion geht heraus, Verlaßt das schnöde wollusthaus, Schaut an des grossen königs sohn In seiner dornen ehren-kron.

2. Es hat ihm seiner mutter hand Die krone selber zugewandt, Als er des herzens freude pflag, An seinem grossen hochzeittag.

3. Wie Moses in der wüsten dort Das kranke volk wies an den ort, Wo die gegoßne schlange stund, Davon ein jeder ward gesund:

4. So weißt zu JEsu uns Johann, Er spricht: schaut hier den schmerzensmann, Geopfert auf dem creutzaltar, Der euch errettet aus gefahr.

5. Ihr

5. Ihr lieben, ruft er, schauet an Den, der die zahlung hat gethan Für eure sünd und misſethat, Aus lauter liebe, gůt und gnad.

6. Hier ist, der eure wunden heilt: Der unter euch viel segen theilt: Hier hångt das werthe GOtteslamm Erhöhet an des creuzes stamm.

7. Da JEsus selbst ruft, ohne ruh: Ihr tőchter Zion, kommt herzu, Schaut, ob ein schmerzen insgemein, Mög über meinen schmerzen seyn.

8. Ich habe wunden ohne zahl Empfunden in dem jammerthal: Es ist mit einem speere mir Eröffnet meines herzens thür.

9. Auf, demnach auf, du meine seel, Verbirg dich in die wundenhöhl, Wie eine taub in kluft und stein, Wenn ungewitter bricht herein.

10. In Christi wunden hast du schutz: In Christi wunden kanst du trutz Den feinden bieten jederzeit, Bis du gelangst zur ewigkeit.

11. Doch mußt du, weil du lebest hier, An deine sünden für und für Gedenken, die die ursach seyn Der JEsuswunden, tod und pein.

12. Wenn du die håhne krehen hörst, So denke, wie du dich bekehrst Mit Petro von dem sündenfall: Laß dir dis seyn ein donnerknall,

13. Der gleichsam durch dein herze schlägt, Und dich zu wahrer buß erregt, Bis daß dein aug mit thrånen fleußt Und sich, wie eine bach, ergeußt.

14. Die herzensbusse muß man nicht Verschieben, wenn das gnadenlicht Des höchsten uns so hell und klar Im aufgang stehet immerdar.

15. Dann wie bey JEsu todesstund Der sonnen helles licht verschwund: So kan auch GOttes gnadenschein Nicht bey verbosten sündern seyn.

16. Die sünde wird von GOtt genannt Ein finstre wolk und scheidewand, So zwischen dessen majeståt Und der verbosten seele steht.

17. So schaffe dir nun selbsten ruh, Bedrångte seele! tritt herzu; Zu JEsu tritt, daß dir sein blut Aus seinen wunden komm zu gut.

18. In JEsu wunden wasch dich rein, In JEsu wunden hüll dich ein: Auf JEsu tod stirb unverzagt, Der himmel ist dir zugesagt.

19. Hilf, o HErr JEsu, GOttes sohn, Mein heiland, schutz und gnadenthron, Daß deine wunden, blut und tod Mir kråftig seyn in aller noth.

Mel. Nun laßt uns den leib rc.

85. Nun gibt mein JEsus gute nacht, Nun ist sein leiden ganz vollbracht, Nun hat er seiner seelen pfand Geliefert in des vaters hand.

2. Kommt, ihr geschöpfe, kommt herbey, Und machet bald ein klaggeschrey, Das grau-

sam sey zur selben frist, Da GOtt am creutz verschieden ist.

3. Des tempels vorhang trennet sich, Das erdreich bebet furchtsamlich, Die berge springen himmel an, Daß man den abgrund schauen kan.

4. Die wolken schreyen weh und ach, Die felsen geben einen krach, Den todten öfnet sich die thür, Und sie gehn aus dem grab herfür.

5. So muß der HErr der herrlichkeit Beläutet werden dieser zeit, Als man denselben in der still Hinab zur ruhstatt bringen will.

6. Die weiber stehen zwar von fern, Und wollten sehn den ausgang gern; Doch wissen sie nicht, wie man wohl Den leib zu grabe tragen soll.

7. Zuletzt begibt sich in gefahr Josephus, der ein rathsherr war, Der Christum liebt, und wollte nicht, Daß man ihn brächte vors gericht.

8. Getrost ist ihm sein herz und sinn, Drum geht er zu Pilato hin, Begehrt den leichnam JESU Christ, Der ihm auch nicht verweigert ist.

9. Bald kommt der Nicodemus auch Zu salben ihn, nach altem brauch, Er bringt der besten speceren, Samt saubern

11. Nun GOttes sohn, der mich erweckt, Wird selbst mit einem stein bedeckt. O mensch! merk auf zu jeder frist, Daß dir ein grab bereitet ist.

12. Was trotzet doch der arme staub? Der würger macht ihm bald zum raub. Ach prange nicht, du trüber koth! Dann heut ein könig, morgen tod.

13. Es wird vielleicht nicht balsamirt Dein leichnam, noch so schön geziert, Es ist genug, wenn man ihn trägt, Und ehrlich in ein grabe legt.

14. Doch freue dich, o frommes herz, Daß dich der sünden bittrer schmerz Hinfüro nicht betrüben kan, Die selbst begrub der schmerzenmann.

15. Nun, er that deine bosheit ab, Und nahm sie gänzlich mit ins grab; Und als er ward vom tod entfreyt, Da bracht er mit gerechtigkeit.

16. Sterb ich nun gleich, was ist es mehr? Steh ich doch auf mit pracht und ehr, Im grabe bleibt der sündenschlamm, Den ich aus dieser welt mitnahm.

17. Mein heiland hat in jener nacht Den sabbath mir zuwegen bracht, Der hilft mir bald zur süssen ruh, Indem ich thu die augen zu.

18. Hier leb ich aller unruh

kluft, So wohn ich sicher, still, behend, Und all mein unglück hat ein end.

20. Heißt das nicht wohl ein grosser ruhm? Mein grab wird mir zum heiligthum: Dann Christus, der im grab erwacht, Hat heilig auch mein grab gemacht.

21. Bald kommt die liebe zeit herbey, Wann uns der engel feldgeschrey Macht munter, daß wir Jesum sehn, Und zu des lammes hochzeit gehn. Joh. Rist.

In eigener Melodie.

86. O du liebe meiner liebe, Du erwünschte seligkeit, Die du dich, aus höchstem triebe, In das jammervolle leid Deines leidens mir zu gute, Als ein schlachtschaf, eingestellt, Und bezahlt mit deinem blute Alle missethat der welt.

2. Liebe, die mit schweis und thränen An dem ölberg sich betrübt; Liebe, die mit blut und sehnen Unaufhörlich fest geliebt; Liebe, die mit allem willen GOttes zorn und eifer trägt; Den, so niemand konnte stillen, Hat dein sterben hingelegt.

3. Liebe, die mit starkem herzen Alle schmach und hohn gehört; Liebe, die mit angst und schmerzen Nicht der strengste tod verfehrt; Liebe, die sich liebend zeiget, Als sich kraft und athem endt; Liebe, die sich liebend neiget, Als sich leib und seele trennt.

4. Liebe, die mit ihren armen Mich zulezt umfangen wollt; Liebe, die aus liebserbarmen Mich zuletzt in höchster huld Ihrem vater überlassen, Die selbst starb und für mich bat, Daß mich nicht der zorn sollt fassen, Weil mich ihr verdienst vertrat.

5. Liebe, die mit so viel wunden Gegen mich, als seine braut, Unaufhörlich sich verbunden, Und auf ewig anvertraut; Liebe, laß auch meine schmerzen, Meines lebens jammerpein, In dem blutverwundten herzen, Sanft in dir gestillet seyn.

6. Liebe, die für mich gestorben, Und ein immer während gut An dem creuzesholz erworben; Ach, wie denk ich an dein blut, Ach, wie dank ich deinen wunden, Du verwundte liebe, du! Wenn ich in den letzten stunden Sanft in deiner seiten ruh.

7. Liebe, die sich todt gekränket, Und für mein erkaltes herz In ein kaltes grab gesenket; Ach, wie dank ich deinem schmerz! Habe dank, daß du gestorben, Daß ich ewig leben kan, Mir der seelen heil erworben, Nim̃ mich ewig liebend an.

Mel. Nimm von uns HErr, du ꝛc.

87. O gütiger HErr JEsu Christ, Der du der rechte mittler bist, Und rufst GOtt deinen vater an Für die, so dich gecreuzigt han: In dein gebet schließ mich auch ein, So werd ich von den sünden rein.

2. Wie du den schächer hast

erhört, Da er das paradies begehrt: Ach! so gedenke doch auch mein, Und laß mich ewig bey dir seyn In deinem reich, dem paradeis, Zu deines grossen namens preis.

3. Laß mich auch dir befohlen seyn, Samt allen, die im glauben rein, Wie du dein mutter dem Johann Am creutz ernstlich befahlest an: Erhalt dein kirch, als deine braut, Die all ihr hoffnung auf dich baut.

4. Wie du gerufen ängstiglich: Mein GOtt! warum verlässst du mich? So ruf ich jetzund auch zu dir, Und schrey ach GOtt! ach GOtt! erhör: Weil du mein GOtt und vater bist, So kanst dein kind verlassen nicht.

5. Wie dich gedürst am creutzesstamm, So dürst mich nach dir, GOttes lamm, Dich hat gedürst nach meiner seel, Die ich dir hiemit auch befehl: Ach, tränke sie mit deinem blut, Und halt sie stets in deiner hut.

6. Weil du auch alles hast vollbracht, Was GOtt in seinem rath bedacht Zu mein'm und aller menschen heil: So laß mich dann auch haben theil An dir und deinem blut und tod; Tröst mich in meiner todesnoth.

7. Wie du in deines vaters hand Dein'n geist befahlst an deinem end: So wirst du auch vergönnen mir, Daß ich mein seel befehle dir: Ach nimm sie, HErr, in deine händ, Und steh mir bey am letzten end.

8. Das wirst du thun, HErr JEsu Christ, Weil du die wahrheit selber bist, Und dein wort uns den trost verspricht, Daß du uns wollst verlassen nicht: Drum werd ich sterben seliglich, Weil auf dein wort verlasse mich.

Mel. Ach HErr mich armen sünder.

88. O haupt voll blut und wunden, Voll schmerz'und voller hohn! O haupt zu spott gebunden Mit einer dornenkron! O haupt sonst schön gezieret Mit höchster ehr und zier, Jetzt aber hoch schimpfiret, Gegrüsset seyst du mir.

2. Du edles angesichte, Davor sonst schrickt und scheut, Das grosse weltgewichte, Wie bist du so bespeyt? Wie bist du so erbleichet? Wer hat dein augenlicht, Dem sonst kein licht nicht gleichet, So schändlich zugericht?

3. Die farbe deiner wangen, Der rothen lippen pracht Ist hin, und ganz vergangen; Des blassen todes macht Hat alles hingenommen, Hat alles hingeraft, Und daher bist du kommen Von deines leibes kraft.

4. Nun, was du, HERR, erduldet, Ist alles meine last, Ich hab es selbst verschuldet, Was du getragen hast; Schau her, hie steh ich armer, Der zorn verdienet hat, Gib mir, o mein erbarmer! Den anblick deiner gnad.

5. Erkenne mich, mein hüter! Mein hirte, nimm mich an.

Von dir, quell aller güter, Ist mir viel guts gethan: Dein mund hat mich gelabet Mit milch und süsser kost: Dein geist hat mich begabet Mit mancher himmelslust.

6. Ich will hie bey dir stehen, Verachte mich doch nicht, Von dir will ich nicht gehen, Wann dir dein herze bricht: Wann dein herz wird erblassen Im letzten todesstoß, Alsdann will ich dich fassen In meinen arm und schoos.

7. Es dient zu meinen freuden, Und kommt mir herzlich wohl, Wann ich in deinem leiden, Mein heil, dich finden soll; Ach, möcht ich, o mein leben! An deinem creutze hier, Mein leben von mir geben, Wie wohl geschähe mir.

8. Ich danke dir von herzen, O JEsu! liebster freund, Für deines todes schmerzen, Da dus so gut gemeynt; Ach gib, daß ich mich halte Zu dir und deiner treu, Und, wann ich nun erkalte, In dir mein ende sey.

9. Wann ich einmal soll scheiden, So scheide nicht von mir: Wann ich den tod soll leiden, So tritt du dann herfür: Wann mir am allerbängsten Wird um das herze seyn, So reiß mich aus den ängsten, Kraft deiner glaubensvoll, Dich fest an mein herz drücken; Wer so stirbt, der stirbt wohl. Paul Gerhard.

Mel. Es sind doch selig alle die rc.

89. O herz des königs aller welt, Des herrschers in des himmels zelt, Dich grüßt mein herz in freuden: Mein herze, wie dir wohl bewußt, Hat seine größt- und höchste lust An dir und deinem leiden. Ach wie bezwang und drang dich doch Dein edle lieb ins bittre joch Der schmerzen dich zu geben, Da du dich neigtest in den tod, Zu retten aus des todes noth Mich und mein armes leben.

2. O tod, du fremder erdengast, Wie warst du so ein herbe last Dem allersüßsten herzen. Dich hat ein weib zur welt gebracht, Und machst dem, der die welt gemacht, So unerhörte schmerzen. Du, meines herzens herz und sinn, Du brichst und fällst und stirbst dahin, Wollst mir ein wort gewähren: Ergreif mein herz, und schleuß es ein In dir und deiner liebe schrein, Mehr will ich nicht begehren.

3. Mein herz ist kalt, hart und bethört Von allem, was zur welt gehört, Fragt nur nach eiteln sachen; Drum,

kräften dringen: Laß deine lieb und freundlichkeit Zur gegenlieb und dankbarkeit Mich armen sünder bringen.

4. Erweitre dich, mach alles voll, Sey meine ros, und riech mir wohl, Bring herz und herz zusammen! Entzünde mich durch dich, und laß Mein herz ohn end und alle maas In deiner liebe flammen. Wer dieses hat, wie wohl ist dem, In dir beruhn, ist angenehm. Ach! niemand kans gnug sagen; Wer dich recht liebt, ergibt sich frey, In deiner lieb und süssen treu; Auch wohl den tod zu tragen.

5. Ich ruf aus aller herzensmacht Dir, herz, in dem mein herz erwacht! Ach, laß dich doch errufen: Komm, beug und neige dich zu mir An meines herzens arme thür, Und zeuch mich auf die stufen Der andacht und der freundlichkeit: Gib, daß mein herz in lieb und leid Dein eigen sey und bleibe, Daß dir es dien an allem ort, Und dir zu ehren im̃erfort All seine zeit vertreibe.

6. O herzensros, o schönste blum, Ach, wie so köstlich ist dein ruhm, Du bist nicht auszupreisen: Eröffne dich, laß deinen saft, und des geruchs erhöhte kraft Mein herz und seele speisen; Dein herz, HErr JEsu, ist verwundt, Ach tritt zu mir in meinen bund, Und gib mir deinen orden: Verwund auch mich, o süsses heil! Und triff mein herz mit deinem pfeil, Wie du verwundet worden.

7. Nimm mein herz, o mein höchstes gut, Und leg es hin, wo dein herz ruht, Da ists wohl aufgehoben, Da gehts mit dir, gleich als zum tanz, Da lobt es deines hauses glanz, Und kans doch nicht gnug loben: Hie setzt sichs, hie gefällts ihm wohl, Hie freut sichs, daß es bleiben soll: Erfüll, HErr, meinen willen; Und weil mein herz dein herze liebt, So laß auch, wie dein recht es gibt, Dein herz mein herze stillen. P. Gerhard.

In bekannter Melodie.

90. O lamm GOttes unschuldig, Am stamm des creuzes geschlachtet, Allzeit gefunden geduldig, Wiewol du warest verachtet: All sünd hast du getragen, Sonst müßten wir verzagen: Erbarm dich unser, o JEsu!

2. O lamm GOttes unschuldig rc. Erbarm dich unser, o JEsu!

3. O lamm GOttes unschuldig rc. Gib uns dein'n frieden, o JEsu! Decius.

Mel. Es sind doch selig alle, die rc.

91. O mensch! beweine deine sünd, Um welcher willen GOttes kind Ein mensche mußte werden: Er kam von seines vaters thron, Ward einer armen jungfrau sohn, That grosse ding auf erden: Die kranken macht er frisch und stark, Und risse, was schon lag im sarg, Dem tod aus seinem rachen, Bis daß er selbst durch feindes händ Am creuze seines lebens

lebens end Zu schmerzen mußte machen.

2. Denn als nun wieder ostern war, Nahm er zu sich der zwölfen schaar, Und sprach mit treuem munde: Nach zweyen tagen kommt die nacht, Da man das osterlämmlein schlacht, Denn ist auch meine stunde. Da gieng die ganze clerisey Zu rath, wie sie ihm kämen bey; Hingegen die ihn liebte, Salbt ihn gar schön ins Simons haus: Der HErr strich diese that heraus, Schalt den, der sie betrübte.

3. Das war der bös Ischarioth, Der seinen HErrn der bösen rott Geschworen zu verrathen; Das fromme lamm, der heiland, kam, Aß süsses brod und osterlamm, Wie andre jüden thaten; Drauf stiftet er sein fleisch und blut, Des neuen testamentes gut, Zu trinken und zu essen, Und stund hernach von seinem ort, Wusch seine jünger, redte wort, Die nimmer zu vergessen.

4. Er kam zum heiligen ölberg, Da, da gieng an das[illegible] werk Mit zittern und mit zagen, Die erde nahm den blutschweis an, Der häufig aus ihm drang und rann, Der himmel hört ihn sagen: O vaterherz, gefällt es dir, So gehe dieser kelch von mir, Wo nicht, geschehe dein wille! Und thate dis zum drittenmal, Indessen lag der jünger zahl Im schlaf und [illegible] stille.

5. Ach! sprach das liebe treue herz, Ihr liegt und schlaft, mich hat der schmerz Und todesangst umfangen: Ach wacht und betet, betet, wacht, Damit ihr von des feindes macht Nicht werdet hintergangen. Nun ist mein stündlein vor der thür, Steht auf, da kommet her zu mir Mein jünger und verräther; Er hatte kaum gehöret auf, Umringt ihn Judas und sein hauf Als einen übelthäter.

6. Der führer küßt ihn mit dem mund, Und war doch nichts im herzensgrund, Als bittres gift und fluchen; Doch trat der heiland frey dahin, Sprach klar und deutlich: seht, ich bin, Den eure augen suchen; Sucht ihr dann mich, so lasset gehn, Die ihr hie sehet bey mir stehn, Meynt hiermit seine jünger. Und als des Petri strenger sinn Den Malchum schluge, heilt er ihn Am ohr mit seinem finger.

7. Steck ein das schwerdt, sprach unser licht, Solch arbeit dienet hieher nicht, Mein kelch muß seyn getrunken: Drauf wurd der richter aller welt Den hohenpriestern dargestellt; Und da ist auch gesunken Des Petri herz und löwenmuth; Nicht zwar durch schwerdt und feuersglut, Nur durch ein blosses fragen: Ob er nicht JEsu jünger sey? Da fiel sein glaube, lieb und treu, Wußt nichts, als nein! zu sagen.

8. Auf diesen fall kam grosse reu, Er fieng an, auf den hahnenschrey, Sehr bitterlich zu weinen:

nimmer wahr, Auch niemals wird geschehen; Drum auch der HErr unnöthig schätzt, Daß er ein wort dagegen jezt, Läßts durch den wind verwehen.

9. Dem aber, dem er ward verklagt, Antwortet er, da man ihn fragt: Ob er von GOTT gebohren? Ja ich bin mensch und GOttes sohn, Der welt zum heil, zur freud und kron Vom vater auserkohren, Ihr werdet meine herrlichkeit Zur rechten GOttes mit der zeit, Hoch in den wolken, sehen. Das nennt der lästrer läster=wort, Da schrie ein jeder tod und mord, Da gieng es an ein schmähen.

10. Man schlug, man speyt ihm ins gesicht, O wunder, wunder, daß hie nicht Die erde sich zerrissen: O wunder, daß nicht GOttes grimm Mit seiner starken donnerstimm Vom him=mel drein geschmissen! Sie bunden ihm die augen zu, Und hatten weder maas noch ruh Im höhnen und im schlagen; Denn, wann sie schlugen, spra=chen sie: Sag an, wer thats?

leib und seel zu grunde: Er nahm ein grausam schrecklich end, Er und sein name bleibt geschändt Noch bis auf diese stunde.

12. Da JEsus vor Pilato stund, War sehr viel klag und gar kein grund; Das meiste, das man triebe, War, daß er nichts mehr thu und lehr, Als was die unterthanen kehr Vons kaisers pflicht und liebe; Dieweil er sich zum könig macht. Pilatus ward dahin gebracht, Daß er den HErren fragte: Ob er der jüden könig wär? Der HErr sprach: ja, zu GOttes ehr, Er wäre, was er sagte.

13. Weil nun Herodes, des=sen hand Sonst herrscht im Ga=liläer land, Gleich damals war zugegen, Schickt ihm Pilatus Christum hin, Des freut er sich in seinem sinn; Ließ ihm zum spott anlegen Ein weisses kleid, ein arme tracht, Und da man seiner gnug gelacht, Da schickt er ihn zurücke Pilato heim, der gieng zu rath, Und fand ihn rein von arger that, Unschuldig aller

volk, es steht euch frey, Ihr mö=get einen bitten. Halt JEsum! schrie die tolle schaar, Laß Barabbam, wie er vor war, Frey, ledig in das seine. Was fang ich dann mit JEsu an? Ans creuz, ans creutz mit diesem mann! Antwortet die gemeine.

15. Da gab Pilatus JEsum hin Dem kriegesvolk, das geis=selt ihn Ohn alle gnad und scho=nen, Der freche haufe trat zu hauf, und sezte unserm könig auf Von dornen eine kronen: Er ward gehandelt als ein thor, Sie äfften ihn mit einem rohr, Und schlugen ihn nicht wenig: Du bist ein könig, sagten sie, Drum beugen wir dir unsre knie, Glück zu, o judenkönig!

16. Als er nun übel zugericht, Führt ihn Pilatus ins gesicht Des volks, und sprach darneben: Seht, seht doch, welch ein armer wurm! Nun wird sich euer grimm und sturm Einmal zu=frieden geben. Nein! nein! sprach die vergällte rott, Zum creuz! zum creuz! nur immer tod! Pilatus wusch die hände, Und wollt im kothe reine seyn; Dem aber, der in allem rein, Bestimmt er tod und ende.

17. Das leben gieng zum bit=tern tod, Und mußte seine letzte noth Mit eignen schultern tra=gen: Er trug sein creuz und un=sern schmerz, Darüber führt manch mutterherz Ein hochbe=trübtes klagen; Weint nicht, sprach Christus, über mich! Ein jeder weine über sich Und über seine sünde! Es kommt die zeit, da selig wird Gepriesen die, so nie gebiehrt, Und gar nichts weiß vom kinde.

18. Da man nun kam zur schädelstatt, Da ward, ders nie verdienet hat, Bis in den tod gekränket; Zwar also, daß ein mörderpaar Zur seiten wur=den hier und dar, Er mitten ein=gehenket: Man nahm ihm leben, ehr und blut: Den sanften sinn, den frommen muth, Den muß=ten sie ihm lassen; Er liebte, die ihm weh gethan, Rief seinen va=ter für die an, Die ihm sein herz zerfrassen.

19. Pilatus heftet oben an Ein überschrift, die jedermann, Der bey dem creuz gewesen, He=bräer, Römer, Griecheland, Und wer vernunft hat und verstand, Gar wohl hat können lesen. Die krieger nahmen ihm sein kleid, Und theilten sich in diese beut, Der rock blieb unzerstücket, Er ward dem loos anheim gestellt, Des soll er seyn, wem jenes fällt, Laßt sehen, wem es glücket.

20. Maria, voller lieb und treu, Stund an dem creuz, und auch dabey, Den unser heiland liebte; Sieh hier, sprach JEsus, weib, dein sohn! Und, jünger! siehe deine kron Und mutter, die betrübte, Die laß dir ja be=fohlen seyn! Dis wort das drang ins herz hinein Johanni, dem geliebten, Er nahm die auf und that ihr wohl, Die andre machten jammervoll, Durch bosheit, die sie übten.

alle ding sind möglich dir, Doch es geschehe dein wille! Solch's er zum drittenmale bat, So oft er zu den jüngern trat, Sie schliefen alle stille.

5. Er sprach: schlaft ihr in meinem leid? Es ist gnug, die stund ist bereit, Des menschen sohn wird geben In d'händ der sünder, stehet auf, Der mich verräth, der lauret drauf, Nun betet ihr darneben. Als er noch redt, sieh, Judas kam, Ein grosse schaar er mit ihm nahm Mit spiessen und mit stangen; Ein zeichen der verräther gab: Welchen ich küß, merkt eben ab, Den sollt ihr weislich fangen.

6. Als JEsus nun wußt alle ding, Gar bald er ihn'n entgegen gieng, Und sprach zu ihn'n mit güte: Wen sucht ihr hie mit solcher g'walt? JEsum sprach'n sie, und fielen bald Zurück in ihrem wüten. Judas gab ihm den kuß behend, Der grausam hauf auf JEsum rennt, Und fiengen ihn mit grimme; Petrus sein schwerdt aus zückte recht; Hieb ab ein ohr des bischofs knecht, JEsus bald antwort ihme:

7. Ficht nicht, steck ein das schwerdte dein, Sollt ich den kelch nicht trinken ein? Den knecht macht er gesunde: Der hauf führt zu Hannas JEsum Darnach zu Caiphas hinum, Gefangen und gebunden; Petrus folgt ihm in hof hinein, Durch den bekannten jünger sein, Verläugnet dreist den HErren. Der bischof fragte JEsum stät, Sie suchten falsche zeug'n und räth, Die ihn zum tod begehren.

8. Christus antwortet ihnen nicht, Der hohepriester zu ihm spricht: Was thust du darzu sagen? Ich b'schwör dich bey dem GOtte mein! Sag, bist du Christ, der sohne sein? JEsus antwort't ohn zagen: Ich bins! und sag, nach dieser zeit, Werdt ihr des menschen sohne weit In wolken sehen kommen, Sitzend zur rechten GOttes fein. Der bischof z'rriß das kleide sein. Und sprach: ihr habt vernommen:

9. Daß er hat g'lästert GOtt so sehr; Er sprach: merkt auf! was woll'n wir mehr? Sie sprachen: er soll sterben. Und speyten ihm ins angesicht, Viel backenstreich auf ihn gericht, Mit lästerworten herben. Verdeckten ihm das antlitz sein, Und schlugen ihn mit fäusten drein, Sagten: wer hat dich g'schlagen? Am morgen früh der haufe gar Fragten JEsum mit mancher g'fahr, Thäten mit ihm bald jagen,

10. Und gaben ihn Pilato b'hend. Als Judas sah, wo naus es lendt, Thät ihn die sach gereuen: Das geld er bald den priestern gab, Und sprach: ich sehr gesündigt hab, Erkannte sein untreue, Erhenkte sich und schnellt entzwey. Die hohenpriester beyderley Rathschlagten um das gelde, Ein töpfersacker kauften sie, Den pilgern zum begräbniß hie, Als auch der prophet meldet.

11. Als

11. Als JEsus vor Pilato stund, Erhub sich grosse klag ohn grund, Thäten ihn hoch verkagen: Dem kaiser hat er zwider thon, Und nennet sich ein'n GOttessohn, Verführt das volk all tage! Pilatus ihn viel fragen that, JEsus aber kein antwort redt; Das nahm Pilatum wunder; Er schickt ihn zu Herodes hin, Herodes freute sich auf ihn, Vermeynt zu sehn was b'sonder.

12. Als JEsus nun kein antwort gab, Verachtet ihn Herodes drab, Schickt ihn Pilato wieder: Pilatus b'rief die jüden, sprach: Den menschen auch Herodes sah, Und achtet ihn für bieder, Ein g'wohnheit ihr allwegen hant, Darinn ihr ein'n gefangen lahnt, JEsum will ich losgeben. Sie schryen all mit lauter stimm: JEsum uns an das creutze nimm, Barabbam laß uns leben.

13. Pilatus JEsum geisseln ließ, Und unter d'schaar ins richthaus stieß, JEsus ein purpur truge: Aus dornen flochten sie ein kron, Die mußte durch sein haupte gohn, Mit ein'm rohr sie ihn schlugen, Und grüßten ihn ein'n kön'g mit spott, Speyten auch in sein ang'sicht koth, Sein heilges haupt auch schlugen. Pilatus sprach: seht an den mann, In dem ich kein args finden kan, Und hab nicht strafens fuge.

14. Sie schryen all mit lauter stimm; Creutzige! creutzge! den hinnimm, Sonst bist nicht d'kaysers freunde; Als nun Pilatus hört dis wort, Satzt er sich an des richters ort, Wusch d'händ, wollt seyn ohn sünde, Gab ihn'n den mörder Barabbam, Bald JEsum er zum creutzgen nahm Nach ihrem falschen willen; Sein kleider sie anthäten ihm, Und führten ihn mit grosser stimm, Das creutz trug er mit stille.

15. Als sie nun giengen aus mit ihm, Zwungens Simon in ihrem grimm, Daß er ihm's creutz nachtrüge: Viel volks und frauen weinten da, Bald JEsus, als er sie da sah, Thät sich zu ihnen biegen, Und sprach: weinet nicht über mich, Ihr töchter Zion! b'weine sich Ein jedes und sein kinde, Ihr werdt noch sprechen: selig die Unfruchtbarn und die säugten nie! Vor furcht und qual der sünde.

16. Sie kamen bald zur schädelstatt, Zween übelthäter man da hat, Die man ans creutz auch schluge, Zur linken und zur rechten hand, Wie es die schrift längst hat bekannt; JEsus bald sprach mit fuge: Verzeih ihn'n Vater! diese that, Keiner weiß, was er hie g'than hat, Pilatus thät auch schreiben Hebräisch, griechisch und latein: JEsus, ein kön'g der jüden sein; Das thät die priester b'trüben.

17. Als JEsus nun gekreutziget war, Sein kleider sie bald nahmen dar, Und spielten drüber b'hende: Da JEsus auch sein

sein mutter sah, Darzu Johannem, bald er sprach: Weib! diesen ich dir sende, Dis ist dein sohn, zum jünger spricht: Dis ist dein mutter, laß sie nicht! Bald er sie zu ihm nahme. Die hohenpriester trieben spott, Auch andre viel lästerten GOtt: Bists du, der von GOtt kame?

18. Bist du nun GOttes lieber sohn, Steig jezt vom creuz, hilf dir davon! Das thäten auch die schächer; Doch einer sich zum andern kehrt, JEsu unschuld er ihn da lehrt, Sprach: JEsu, denk mein nachher, So du kommst in das reiche dein. Er sprach: heut wirst du bey mir seyn Wohl in dem paradeise. Ein finstre ward zur sechsten stund, Um neune JEsus schrie von grund Mit lauter stimm und weise:

19. Mein GOtt! mein GOtt! wie lässst du mich? In spott brachten sie bald eßig, Und gaben ihm zu trinken. Als JEsus den versuchet hat, Sprach er: vollbracht ist, das ich that. Sein haupt ließ er da sinken. O vater, in die hände dein Befehl ich dir den geiste mein! Schrie er mit lauter stimme, Gab auf sein'n geist: der vorhang b'hend Im tempel riß entzwey zu end, Die felsen wichen ihme.

20. Das erdreich auch erzittert war, Die gräber wurden offenbar; Der hauptmann und sein g'sinde Sprachen: fürwahr der fromme was, Und GOttes sohn, dis zeuget das, Schlugen ihr herzen gschwinde. Als sie den schächern brach'n die bein. War JEsus todt, brachen ihm keins, Und stachen auf sein seiten. Es rann daraus wasser und blut, Ders hat gesehen, zeugets gut, Die schrift zeugets auch weiter.

21. Nachdem als nun der abend kam, Joseph, der fromme, JEsum nahm Vom creuz, ihn zu begraben, Darzu auch Nicodemus kam, Viel aloes und myrrhen nahm, Damit sie JEsum haben Gewickelt in ein leinwand rein: Da war ein grab in einem stein, In einem felsen neue, Darein sie JEsum legten schon, Thäten ein'n stein darüber thun, Und giengen hin mit reue.

22. Die jüden führten noch ein klag; Verhütens grab am dritten tag, JEsus stund auf mit gwalte, Auf daß er uns ja frommer mächt, Und mit ihm in sein reiche brächt Aus der sündlichen gstalte, Darum wir sollen frölich seyn, Daß unser seligmacher fein, Christus, hat überwunden Für uns der sünden grosse noth, Darzu die hölle und den tod Und auch den teufel bunden.

23. So laßt uns nun ihm dankbar seyn. Daß er für uns litt solche pein, Nach seinem willen leben. Ach, laßt uns seyn der sünde feind, Weil uns GOtts wort so helle scheint, Tag und nacht darnach streben, Die

ich erzeigen jedermann, Wie Christus hat an uns gethan Mit seinem leid'n und sterben. O menschenkind! betracht das recht, Wie GOttes zorn die sünde schlägt; Thu dich davor bewahren.

Sebald Heid.

Mel. O traurigkeit, o herzeleid rc.

93. O theures blut! O rothe fluth! Wie quillst du aus den wunden, Die mit unerhörter angst JEsus hat empfunden.

2. Ach, theurer fluß, Ach fluß, ich muß Mit dir die seele laben, Sonsten kan sie in der welt Keine labsal haben.

3. Fleuß auf sie zu, Und schaff ihr ruh', Wenn sie die sünde naget: Wann sie fühlet höllenangst, Und nach troste fraget.

4. O GOttes sohn, Mein gnadenthron! Du stirbst, auf daß ich lebe, Und an dir, o weinstock, sey Eine grüne rebe.

5. Ich, sündenknecht, Bin nun gerecht, Mein fluch wird nun zum segen. Denn ich bin des höchsten kind Meines JEsu wegen.

6. Ich danke dir, O himmelszier! Daß du für mich gelitten, Daß du sterbend meinen tod Ritterlich bestritten.

7. O pelikan! O reiner schwan! Laß solches mich bedenken, Bis man endlich meinen leib Wird ins grab versenken.

8. Dann leb ich wohl, Gleichwie ich soll, Und sterb in deinem namen, Komm, du theures A und O! Mich zu holen, amen.

Simon Dach.

In bekannter Melodie.

94. O traurigkeit, O herzeleid! Ist das nicht zu beklagen? GOtt, des vaters einigs kind, Wird ins grab getragen.

2. O grosse noth! GOTT selbst liegt todt, Am creuz ist er gestorben, Hat dadurch das himmelreich Uns aus lieb erworben.

3. O menschenkind, Nur deine sünd Hat dieses angerichtet, Da du, durch die missethat Warest ganz vernichtet.

4. Dein bräutigam, Das GOtteslamm, Liegt hier mit blut beflossen. Welches er ganz mildiglich Hat für dich vergossen.

5. O süsser mund! O glaubensgrund! Wie bist du so zerschlagen; Alles, was auf erden lebt, Muß dich ja beklagen.

6. O lieblichs bild, Schön, zart und mild! Du söhnlein der jungfrauen! Niemand kan dein heisses blut Ohne reu anschauen.

7. O selig ist, Zu jeder frist, Der dieses recht bedenket, Wie der HErr der herrlichkeit Wird ins grab gesenket.

8. O JEsu, du Mein hülf und ruh! Ich bitte dich mit thränen, Hilf, daß ich mich bis ins grab Nach dir möge sehnen.

Johann Rist.

Mel. Ach HErr, mich armen sünder.

95. O überschweres leiden! O marter,

pein und tod, O hartes seelen-scheiden, O herzensangst und noth! Wie kan ich gnug betrachten Die übergrosse last, So meine sünden machten Dir, JEsu, ohne rast?

2. Was hat dich doch beweget, O ewigs vaterwort, Daß du hast angeleget Mein fleisch, und bist der hort Der armen menschen worden? Die treue liebesmacht Hat dich in diesen orden Und schwere pein gebracht.

3. Denn als ich ganz verlohren, Durch meiner sünden that, Der höllen war erkohren, Kamst du, und schaffst mir rath; Du liessest dich erwürgen Ohn schuld, verscharren ein; O übertheures bürgen, So mich führt himmel ein.

4. Ich bin fast ohne sinnen, Wann ich ersinnen will Das schreckliche beginnen Der feinde ohne ziel; Doch ists ihn'n nicht gelungen, Sie seynd gänzlich erlegt; Weil JEsus durchgedrungen, Ihr wüten sich nicht regt.

5. Wie soll ich doch verdanken, O JEsu, wahrer GOtt! Daß du mich schwach- und kranken Errettet aus der noth? Ach! hier bin ich zugegen Mit meiner opfergab, Damit ich will hinlegen Seel, leib und was ich hab.

6. Nimm sie doch auf in gnaden; Weil du sie hast erlöst, Wend ab der sünden schaden, Laß mich nicht ungetröst; Wann in dem letzten scheiden Das leben gehet ab, Führ, JEsu! ein zun freuden Die seele, die ich hab.

Mel. Nun ruhen alle wälder rc.

96. O welt, sieh hier dein leben Am stamm des creuzes schweben, Dein heil sinkt in den tod: Der grosse fürst der ehren Läßt willig sich beschweren Mit schlägen, hohn und grossem spott.

2. Tritt her und schau mit fleisse, Sein leib ist ganz mit schweisse Des blutes überfüllt: Aus seinem edlen herzen, Vor unerschöpften schmerzen, Ein seufzer nach dem andern quillt.

3. Wer hat dich so geschlagen, Mein heil, und dich mit plagen So übel zugericht? Du bist ja nicht ein sünder, Wie wir und unsre kinder, Von missethaten weist du nicht.

4. Ich, ich und meine sünden, Die sich wie körnlein finden Des sandes an dem meer, Die haben dir erreget Das elend, das dich schläget, Und das betrübte marterheer.

5. Ich bins, ich sollte büssen An händen und an füssen, Gebunden in der höll: Die geisseln und die banden, Und was du ausgestanden, Das hat verdienet meine seel.

6. Du nimmst auf deinen rükken Die lasten, so mich drücken, Viel schwerer als ein stein: Du bist ein fluch, dagegen Verehrst du mir den segen, Dein schmerzen muß mein labsal seyn.

7. Du setzest dich zum bürgen, Ja lässest dich gar würgen Für mich und meine schuld: Mir lässest du dich krönen Mit dornen, die dich höhnen, Und leidest alles mit geduld.

8. Du springst ins todes rachen, Mich frey und los zu machen Von solchem ungeheur. Mein sterben nimmst du abe, Vergräbst es in dem grabe, O unerhörtes liebesfeur.

9. Ich bin, mein heil, verbunden All augenblick und stunden Dir überhoch und sehr: Was leib und seel vermögen, Das soll ich billig legen Allzeit an deinen dienst und ehr.

10. Nun ich kan nicht viel geben In diesem armen leben; Eins aber will ich thun: Es soll dein tod und leiden, Bis leib und seele scheiden, Mir stets in meinem herzen ruhn.

11. Ich wills vor augen setzen, Mich stets daran ergötzen, Ich sey auch, wo ich sey; Es soll mir seyn ein spiegel Der unschuld, und ein siegel Der lieb und unverfälschten treu.

12. Wie heftig unsre sünden Den frommen GOTT entzünden, Wie rach und eifer gehn, Wie grausam seine ruthen, Wie zornig seine fluthen, Will ich aus diesem leiden sehn.

13. Ich will daraus studiren, Wie ich mein herz soll zieren Mit stillem sanftem muth, Und wie ich die soll lieben, Die mich so sehr betrüben Mit werken, so die bosheit thut.

14. Wann böse zungen stechen, Mir glimpf und namen brechen, So will ich zähmen mich: Das unrecht will ich dulden, Dem nächsten seine schulden Verzeihen gern und williglich.

15. Ich will mich mit dir schlagen Ans creutz, und dem absagen, Was meinem fleisch gelüst: Was deine augen hassen, Das will ich fliehn und lassen, So viel mir immer möglich ist.

16. Dein seufzen und dein stöhnen Und die viel tausend thränen, Die dir geflossen zu, Die sollen mich am ende In deinen schoos und hände Begleiten zu der ew'gen ruh.

Paul Gerhard.

Mel. JEsu, der du meine seele rc.

97. Saft vom felsen, blut des hierten, Theures pfand und lösegeld: Trank, die schäflein zu bewirthen: Strom im grünen gartenfeld: Thau vom himmel, lebensquelle, Roth von farbe, schön und helle, Wie soll jetzt nach würden ich, Blutschweis GOttes, preisen dich.

2. O du kraft der müden seelen, Dring in blut und geist mir ein. Könnt ich alle tröpflein zählen, Und mein herz die schaale seyn, Solches brünstig aufzufassen, Ach: ich würde es nicht lassen, Sondern, wie man perlen thut, Halten sie in treuer hut.

3. Fleuß hier ein in diese höhle,

le,

le, Wo der geist der andacht glimmt: Dich mit meinem saft vermähle, Der dich gerne in sich nimmt. Nicht der adern lebensröhren Sind die herberg, einzukehren: Selbst mein innerstes will dich In sich saugen dürstiglich.

4. Ach! mein JEsu, ich vergehe, Meine liebe dringt mich so; Wenn ich vor dir brünstig stehe, Wird mein glaube stark und froh; Weil der heisse purpurregen, Der mir bringet lauter segen, Der aus deinem leibe rann, Auch mein feuer löschen kan.

5. Durstig bin ich, wie die rehen, Die ein stiller bach erquickt, Wie die zarte kindlein flehen, Wenn sie milch und trank erblickt: Nimmer kan ich mich entwöhnen Von den süssen liebesthränen, Die bey deiner seelenpein, Lamm, aus dir gedrungen seyn.

6. Hochvertraute himmelsliebe, Die sich selbst im blute schenkt, Fühl ich gleich die kummertriebe, Wann mein herz an sünde denkt: Ey! so weiß ich bessermassen, Daß aus deiner adern strassen, JEsu, mir das leben floß, Wär mein sterben noch so groß.

7. Leben ist im blut begraben, Hier die schale, dort der kern. Nun wie kan ichs besser haben? Mir geht auf der lebensstern, Der in rothen tröpflein strahlet. Ist die sünde nicht bezahlet? Ja aus meines JESU schweis Blickt ein mehr als güldner preis.

8. Triefe denn, du sanftes öhle, Von dem haupt, der geister schloß: Trief in meiner wunden höhle, Und der matten glieder schoos. Ach, wie sind sie hochgeadelt? Was der schwere fall getadelt; Tilgt dis blut, der theure saft, Der für schwachheit stärke schaft.

9. Laß zum anstrich, wenn ich schmachte, Nur dein blut zugegen seyn: Wenn ich keines dings mehr achte, Und die augen fallen ein, Ey, so kommet, süsse quellen, Meinen hingang zu bestellen, Daß bey dunkelwordnem licht Mirs am trost gebreche nicht.

D. Joh. Reinh. Hedinger.

Mel. Zion klagt mit angst und rc.

98. Sey mir tausendmal gegrüsset, Der mich je und je geliebt; JEsu, der du selbst gebüsset, Das, womit ich dich betrübt: Ach, wie ist mir doch so wohl, Wann ich kni'n und liegen soll An dem creutze, da du stirbest, Und um meine seele wirbest.

2. Ich umfange, herz und küsse Der gekränkten wunden zahl, Und die purpurrothe flüsse Deiner füß und nägelmahl, O! wer kan doch, schönster fürst, Den so hoch nach uns gedürst, Deinen durst und liebsverlangen Völlig fassen und umfangen?

3. Heile mich, o heil der seelen! Wo ich krank und traurig

bin: Nimm die schmerzen, die mich quälen, Und den ganzen schaden hin, Den mir Adams fall gebracht, Und ich selbsten mir gemacht; Wird, o arzt! dein blut mich netzen, Wird sich all mein jammer setzen.

4. Schreibe deine blutge wunden Mir, HErr, in das herz hinein, Daß sie mögen alle stunden Bey mir unvergessen seyn. Du bist doch mein liebstes gut, Da mein ganzes herze ruht; Laß mich hier, zu deinen füssen, Deiner lieb und gunst geniessen.

5. Deine füsse will ich halten Auf das best ich immer kan, Schaue meiner hände falten Und mich selbsten freundlich an, Von dem hohen creutzesbaum, Und gib meiner bitte raum, Sprich: laß all dein trauren schwinden, Ich, ich tilg all deine sünden.

Paul Gerhard.

Mel. Was mein GOtt will, das rc.

99. Sey wohl gegrüsset, guter hirt, Und ihr, o heilge hände! Voll rosen, die man preisen wird Bis an des himmels ende; Die rosen, die Ich meyn allhie, Sind deine maal und plagen, Die dir am end In deine händ Am creutze sind geschlagen.

2. Du zahlst mit beyden händen dar Die edlen rothen gulden, Und bringst die ganze menschenschaar Dadurch aus allen schulden. Ach, laß von mir O liebster, dir Die hände herzlich drücken, Und mit dem blut, Das mir zu gut Vergossen, mich erquicken.

3. Wie freundlich thust du dich doch zu, Und greifst mit beyden armen Nach aller welt, in lieb und ruh Uns ewig zu erwärmen; Ach HErr, sieh hier, Mit was begier Ich armer zu dir trete: Sey mir bereit, Und gib mir freud Und trost, darum ich bete.

4. Zeuch allen meinen geist und sinn Nach dir und deiner höhe, Gib, daß mein herz nur immerhin Nach deinem creutze stehe: Ja, daß ich mich Selbst williglich Mit dir ans creutze binde, Und mehr und mehr Tödt und zerstör In mir des fleisches sünde.

5. Ich herz- und küsse wiederum Aus rechtem treuen herzen, HErr! deine händ und sage ruhm Und dank für ihren schmerzen: Daneben geb Ich, weil ich leb, In diese deine hände Herz, seel und leib, Und also bleib Ich dein bis an mein ende.

Paul Gerhard.

Mel. Was mein GOtt will, das rc.

100. So gehst du dann, mein JEsu, hin, Den tod für mich zu leiden, Für mich, der ich ein sünder bin, Der dich betrübt in freuden? Wohlan, fahr fort, Du edler hort, Mein augen sollen fliessen Ein thränensee, Mit ach und weh, Dein leiden zu begiessen.

2. Ach sünd, du schädlich schlangengift, Wie weit kanst du

du es bringen! Dein lohn, der fluch, mich jetzt betrift, In tod kan er mich zwingen: Jetzt kommt die nacht Der sünden macht; Fremd schuld muß ich abtragen, Betracht es recht, Du sündenknecht, Nun darfst nicht mehr verzagen.

3. Ich, ich, HErr JEsu! sollte zwar Der sünden strafe leiden, An leib und seel, an haut und haar, Auch ewig aller freuden Beraubet seyn, Und leiden pein, So nimmst du hin die schulde: Dein blut und tod Bringt mich vor GOtt, Ich bleib in deiner hulde.

4. Was kan für solche liebe dir, HErr JEsu, ich wol geben? Ich weiß und finde nichts an mir; Doch will, weil ich werd leben, Mich eigen dir, Hier nach gebühr, Zu dienen ganz verschreiben, Auch nach der zeit, In ewigkeit, Dein diener seyn und bleiben.

M. C. F. Nachtenhof.

Mel. Zion klagt mit angst und schm.

101. Unser heiland steht gebunden, Voller striemen, voller blut, Und fühlt so viel neue wunden, Als der büttel streiche thut. Seht, was seine liebe kan, Und wir denken kaum daran, Daß er wegen unsrer schulden Dieses alles muß erdulden.

2. Da die welt in seiden pranget, Steht ihr könig nackt und blos, Da er anders nichts verlanget, Als uns in des vaters schoos Dermaleins zu führen ein, Lassen wir vom eiteln schein Lieber, als von seinen schlägen, Unsern schnöden sinn bewegen.

3. Lehre mich, o heil der armen, JEsu, deiner streiche werth, Was dadurch für ein erbarmen, Und für trost mir wiederfährt, Daß dein blut, so von dir fleußt, Ein bewährter balsam heißt, Der die alten sündenbeulen Kan mit einem tropfen heilen.

4 Laß mich etwas mit empfinden, Wie dich deine geissel schmerzt, Wann mein herz durch schwere sünden, JEsu, deine gunst verscherzt. Schone meines rücken nicht; Doch verbirg nicht dein gesicht, Wenn von meiner strafe ruthen Gar zu sehr die wunden bluten.

5. Wenn ich nach dem alten bunde, Und dem allgemeinen schluß, Endlich in der letzten stunde Mit dem tode kämpfen muß, Denn, o HErr! so zeige bald Mir die tröstliche gestalt, Wie vom scheitel bis zun füssen Deine purpurströme fliessen.

6. Laß die säule, die dich hielte, Als dein leib von grosser pein Keine lebenskräfte fühlte, Mir die flammensäule seyn, Die mich durch das todte meer Und der teufel finstres heer, Wenn ich soll mit ihnen streiten, Mag bis in dein reich begleiten.

von Canitz.

M. HErr JEsu Christ, meins lebens.

102. Wir danken dir, HErr JEsu Christ,

Christ, Daß du für uns gestorben bist, Und hast uns durch dein theures blut Vor GOTT gemacht gerecht und gut.

2. Wir bitten dich, wahr'r mensch und GOtt, Durch dein heilig fünf wunden roth, Erlös uns von dem ew'gen tod Und tröst uns in der letzten noth.

3. Behüt uns auch für sünd und schand: Reich uns dein allmächtige hand, Daß wir im creutz geduldig seyn, Uns trösten deiner schweren pein;

4. Und schöpfen draus die zuversicht, Daß du uns wollst verlassen nicht, Sondern ganz treulich bey uns stehn, Bis wir durchs creutz ins leben gehn.

Fischer.

Oster-Lieder,

oder von der Auferstehung Christi.

In eigener Melodie.

103. Christ ist erstanden Von der marter alle, Des soll'n wir alle frölich seyn, Christus will unser trost seyn. Alleluja.

2. Wär er nicht erstanden, So wär die welt vergangen: Seit daß er erstanden ist, So lob'n wir den HErrn JEsum Christ. Alleluja.

3. Erstanden ist der heilge Christ, Der aller welt erlöser ist, Alleluja! Alleluja! Alleluja! Alleluja.

In eigener Melodie.

104. Christ lag in todesbanden, Für unsre sünd gegeben, Der ist wieder erstanden, Und hat uns bracht das leben, Des wir sollen frölich seyn, GOtt loben und ihm dankbar seyn, Und singen Alleluja! Alleluja.

2. Den tod niemand zwingen konnt Bey allen menschenkindern, Das macht alles unsre sünd, Kein unschuld war zu finden, Davon kam der tod so bald, Und nahme über uns gewalt, Hielt uns in sein'm reich gefangen. Alleluja.

3. JEsus Christus, GOttes sohn, An unsre statt ist kommen, Und hat die sünde abgethan, Damit dem tod genommen All sein recht und sein gewalt, Da bleibet nichts denn todsgestalt, Den stachel hat er verlohren. Alleluja.

4. Es war ein wunderlicher krieg, Da tod und leben rungen, Das leben das behielt den sieg, Es hat den tod verschlungen; Die schrift hat verkündet das, Wie daß ein tod den andern fras, Ein spott aus dem tod ist worden. Alleluja.

5. Hier ist das rechte osterlamm, Davon GOtt hat geboten, Das ist hoch an des creutzesstamm In heisser lieb gebraten, Des blut zeichnet unsre thür, Das hält der glaub dem tode für, Der würger kan uns nicht rühren. Alleluja.

6. So feyern wir das hohe fest Mit herzensfreud und wonne, Das uns der HErre scheinen läßt; Er selber ist die sonne, Der durch seiner gnaden glanz, Erleuchtet unsre herzen ganz, Der sünden nacht ist vergangen. Alleluja.

7. Wir essen jetzt und leben wohl In rechten ostertagen, Der alte sauerteig nicht soll Seyn bey dem wort der gnaden, Christus will die koste seyn, Und speisen unsre seel allein, Der glaub will keins andern leben. Alleluja.

D. Martin Luther.

Mel. Nun freut euch, lieben ꝛc.

105. Der höllen pforten sind zerstört Der tod ist nun verschlungen, Des satans reich ist ganz verheert: Lob sey dir, GOtt, gesungen. Der sünden macht ist abgethan, Durch Christum ist die himmelsbahn Uns wieder aufgeschlossen.

2. Was uns des alten Adams schuld Im paradies verlohren, Das, und noch mehr, hat Christi huld Uns wiederum erkohren. Der starke held aus Davids stamm Hat seines Vaters zornesflamm Gelöscht mit seinem blute.

3. Heut ist er aus dem grab herfür Mit grosser macht gebrochen, Und stecket auf des heils panier, Wie er zuvor versprochen; Er bringt nach wohl geführtem streit Uns gnade, segen, fried und freud, Ja, alle himmelsschätze.

4. Drum lasset uns in fröhlichkeit Herz und gemüth erheben: Weil uns ist diese gnadenzeit Vom himmel wieder geben; Wir haben Christi reich und macht, Es ist hinweg, der tag und nacht Vor GOtt uns hat verklaget.

5. Der alle welt verführt in noth, Liegt in dem staub der erden, Der vormals starke seelentod Hat müssen kraftlos werden, Des lammes blut hat ihn bekriegt, Sein wahres zeugnis obgesiegt, Und uns zum heil erhalten.

6. Wir werden auch nach dieser zeit, Wie Christus, auferstehen, Und mit ihm in die herrlichkeit Und himmelsfreud eingehen, Denn wo das haupt geblieben ist, Da müssen auch, wie Paulus liest, Die andern glieder wohnen. M. Schirmer.

Mel. HErr, ich habe mißgehandelt.

106. Dieses ist der tag der wonne, Dieses ist das freudenfest, Dran der HErr, die lebenssonne, Seine stralen schiessen läßt, Christus ist durchs grab gedrungen, Und hat nun den tod verschlungen.

2. Tod, wo ist dein stachel blieben? Hölle, wo ist nun dein sieg, Deine macht ist aufgerieben, Nunmehr endet sich der krieg. GOtt hat uns den sieg gegeben; Trotz, der uns will widerstreben.

3. Wohl, o wohl, ja wohl der stunden, Drey und drey und

noch

noch dreymal, Denn das lamm hat überwunden, / Weg, nur weg mit aller qual; Nunmehr wohnen, ohne scheuen, Schafe bey den grimmen leuen.

4. Pharao, samt roß und wagen, Liegt ins tiefe meer gestürzt, Die Philister sind geschlagen, Ihre bosheit ist verkürzt, Unser Simson hat mit prangen Seine siegsfahn aufgehangen.

5. Goliath ist ganz erleget, Unser David ist der held, Der ihn heut zu boden schläget, Gar kein feind darf mehr ins feld. JEsus, der da ist erstanden, Macht all ihre macht zu schanden.

6. Geh, und laß das grab verriegeln, O du blinde judenschaar: Geh, und laß den stein versiegeln, Stelle hut und wache dar. JEsus, wenn er auf will stehen, Kan durch stein und siegel gehen.

7. Blecke, tod, nur deine zähne, Brülle, satan, noch so sehr: Winsle, höllenschlund, und stöhne, Du hast keine macht [illegible] mehr; Wer mit Christo [illegible] begraben, Diesem kanst du nichts anhaben.

8. Grosses fest, sey hoch geehret, Sey geehrt, gewünschtes licht, Dran die hölle ward zerstöret, Und der tod ward hingericht. Wir sind nun des lebens erben: Weil der tod hat müssen sterben.

In eigener Melodie.

107. Erschienen ist der herrlich tag, Dran sich niemand gnug freuen mag, Christ, unser HErr, heut triumphirt, All sein feind er gefangen führt, Alleluja.

2. Die alte schlang, die sünd und tod, Die höll, all jammer, angst und noth Hat überwunden JEsus Christ, Der heut vom tod erstanden ist, Alleluja.

3. Am sabbath früh mit specerey Kamen zum grab Marien drey, Daß sie salbten Marien sohn, Der vom tod war erstanden schon, Alleluja.

4. Wen sucht ihr da? der engel sprach, Christ ist erstanden, der hie lag, Hie seht ihr die schweistüchelein, Geht hin, sagts bald den jüngern sein, Alleluja.

5. Der jünger furcht und herzenleid Heut wird verkehrt in eitel freud, So bald sie nur den HErren sahn, Verschwand ihr trauren, furcht und zag'n, Alleluja.

6. Der HErr hielt ein sehr freundlich g'spräch Mit zweyen jüngern auf dem weg, Vor freud das herz im leib ihn'n brannt, Im brodbrechen ward er erkannt, Alleluja.

7. Unser Simson, der theure held, Christus, den starken löwen fällt, Der höllen pforten er hinträgt, Dem teufel all sein g'walt erlegt, Alleluja.

8. Jonas im wallfisch war drey tag, So lang Christus im grab da lag, Dann länger ihn der tod kein stund In seinem rach'n behalten konnt, Alleluja.

 9. Sein'n

Sein'n raub der tod mußt lahn, Das leben siegt und g'wann ihm an: Zerstört ist nun all seine macht, Christ hat das leben wieder bracht. Alleluja.

10. Heut gehn wir aus Egyptenland, Aus Pharaonis dienst und band, Und das recht osterlämmelein Wir essen heut im brod und wein, Alleluja.

11. Auch essen wir die süssen brod, Die Moses GOttes volk gebot, Kein sauerteig soll bey uns seyn, Daß wir von sünden leben rein. Alleluja.

12. Der schlagend eng'l vorüber geht, Kein erstgeburt er bey uns schlägt: Unser thürschwell hat Christi blut Bestrichen, das hält uns in hut. Allel.

13. Die sonn, die erd, all creatur, Alls, was betrübet war zuvor, Das freut sich heut an diesem tag, Da der welt fürst darnieder lag, Alleluja.

14. Drum wir auch billig fröhlich seyn, Singen das alleluja fein, Und loben dich, HErr JEsu Christ! Zu trost du uns erstanden bist, Alleluja.

Nicolaus Hermann.

Mel. Erschienen ist der herrlich tag.

108. Früh morgens, da die sonn aufgeht, Mein heiland, Christus, aufersteht: Vertrieben ist der sünden nacht, Licht, heil und leben wiederbracht. Alleluja.

2. Wenn ich des nachts oft lieg in noth Verschlossen, gleich, als wär ich todt, Lässst du mir früh die gnadensonn Aufgehn, nach trauren, freud und wonn Alleluja.

3. Nicht mehr, als nur drey tage lang, Bleibt mein heiland im todeszwang; Den dritten tag durchs grab er dringt, Mit ehren seine siegsfahn schwingt, Alleluja.

4. Jetzt ist der tag, da mich die welt Am creutz mit schmach gefangen hält: Drauf folgt der sabbath in dem grab, Darinn ich ruh und friede hab. Alleluja.

5. In kurzem wach ich fröhlich auf, Mein ostertag ist schon im lauf; Ich wach auf durch des HErren stimm, Veracht den tod mit seinem grimm. Alleluja.

6. Am creutz läßt Christus offentlich Vor allem volke tödten sich; Da er durchs todes kerker bricht, Läßt ers die menschen sehen nicht. Alleluja.

7. Sein reich ist nicht von dieser welt, Kein gros gepräng ihm hie gefällt: Was schlecht und niedrig geht herein, Soll ihm das allerliebste seyn. Allel.

8. Hie ist noch nicht recht kund gemacht, Was er aus seinem grab gebracht, Der grosse schatz, die reiche beut, Drauf sich ein christ so herzlich freut. Alleluja.

9. Der jüngste tag wird zeigen an, Was er für thaten hat gethan; Wie er der schlangen kopf zerknickt, Die höll zerstört, den tod erdrückt. Alleluja.

10. Da werd ich Christi herrlichkeit Anschauen ewig voller freud; Ich werde sehn, wie alle feind

feind zur höllenpein gestürzet seynd. Alleluja.

11. Der HErr den tod zu boden schlägt, Da er selbst todt und sich nicht regt, Geht aus dem grab in eigner kraft, Tod, teufel, höll, an ihm nichts schafft. Alleluja.

12. O wunder gros, o starker held! Wo ist ein feind, den er nicht fällt? Kein angststein liegt so schwer auf mir, Er wälzt ihn von des herzens thür. Alleluja.

13. Kein creutz und trübsal ist so tief; Mein heiland thut darein ein'n griff, Führt mich heraus mit seiner hand: Wer mich will halten, wird zu schand, Alleluja.

14. Und daß der HErr erstanden sey, Das ist von allem zweifel frey: Der engel selbst bezeugets klar, Das leere grab machts offenbar. Alleluja.

15. Lebt Christus, was bin ich betrübt? Ich weiß, daß er mich herzlich liebt: Wenn mir gleich alle welt stärb ab, Gnug, daß ich Christum bey mir hab. Alleluja.

16. Er nährt, er schützt, er tröstet mich, Sterb ich, so nimmt er mich zu sich: Wo er jetzt lebt, da muß ich hin: Weil ich ein glied seins leibes bin. Alleluja.

17. Durch seiner auferstehung kraft Komm ich zur engel brüderschaft: Durch ihn bin ich mit GOtt versöhnt, Die feindschaft ist ganz abgelehnt, Allel.

18. Mein herz darf nicht entsetzen sich, GOtt und die engel lieben mich, Die freude, die mir ist bereit, Vertreibet furcht und traurigkeit, Alleluja.

19. Für diesen trost, o grosser held, HErr JEsu, dankt dir alle welt: Dort wollen wir mit besserm fleiß Erheben deinen ruhm und preis, Alleluja.

Johann Hermann.

Mel: Erschienen ist der herrlich tag.

109. Heut triumphiret GOttes sohn, Der vom tod ist erstanden schon Mit grosser kraft und herrlichkeit, Des dank'n wir ihm in ewigkeit, Alleluja.

2. Dem teufel hat er sein gewalt Zerstöhrt, verheert in menscheng'stalt, Wie pflegt zu thun ein starker held, Der seinen feind gewaltig fällt. Allel.

3. O süsser HErre JESU Christ, Der du der sünder heiland bist, Führ uns durch dein barmherzigkeit Mit freuden in dein herrlichkeit. Alleluja.

4. Hier ist doch nichts dann angst und noth: Wer glaubet und hält dein gebot, Der welt ist er ein hohn und spott, Muß leiden oft ein schweren tod. All.

5. Nun kan uns kein feind schaden mehr, Ob er gleich murrt, ist ohn gefähr, Er liegt im koth, der arge feind, Dagegen wir GOtt's kinder seynd. Alleluja.

6. Dafür wir danken alle gleich, Und sehnen uns ins himmelreich: Es ist am end, GOtt, hilf uns all, So singen wir mit grossem schall, Alleluja.

7. GOtt Vater in dem höchsten thron, Samt Christo, seinem lieben Sohn, Dem heilgen Geist in gleicher weis Sey lob und ehr mit hohem preis. Allel.

Basilius Förtsch.

Mel. Zion klagt mit angst und rc.

110. Jauchzet GOTT in allen landen, Jauchze, du erlöste schaar: Dann der HErr ist auferstanden Der für uns getödtet war: JEsus hat, durch seine macht, Das erlösungswerk vollbracht, Welches er auf sich genommen, Da er in das fleisch gekommen.

2. Sünde, was kanst du mir schaden, Nun erweckst du keine noth, Alle schuld, die mich beladen, Ist bezahlt durch Christi tod: Das gesetz hat er erfüllt, Also fluch und zorn gestillt, Und mir durch sein wiederleben Die gerechtigkeit gegeben.

3. Hölle, schweig von deinen banden, Strick und ketten sind entzwey, Da mein JEsus auferstanden, Bin ich vom gefängnis frey; Und wie seine höllenfahrt Im triumph vollzogen ward, So ist seinen reichsgenossen Nun der himmel aufgeschlossen.

4. Sage, was dein schlangenname, Satan, noch zu schrekken hat: Dann hier ist des weibes saame, Der dir deinen kopf zertrat: Der, den du in tod gebracht, Brachte dich um deine macht, Und, da wir in Christo siegen, Must du uns zu füssen liegen.

5. Tod, du kanst an mir nichts haben, Muß ich gleich zu grabe gehn: Die mit JEsu sind begraben, Werden mit ihm auferstehn. Sterben ist nun mein gewinn, Also fahr ich freudig hin, Da der trost vor augen schwebet: JEsus, mein erlöser lebet.

6. JEsus, mein erlöser, lebet, Welches ich gewißlich weiß. Gebet, ihr erlöste, gebet Seinem namen dank und preis; Singet, singt: alleluja! Rufet, ruft: victoria! Singt und ruft in allen landen: Heut ist Christus auferstanden.

Erdmann Neumeister.

Mel. Gott des himmels und der rc.

111. JEsu, der du thür und riegel Der verdamnis aufgemacht, Und im grabe stein und siegel Hast so viel, als nichts geacht, Mache doch mein herze frey, Daß es nicht verlohren sey.

2. Hebe weg die schwere steine, Die kein mensch nicht heben kan, Daß mir nicht unmöglich scheine, Was du hast für uns gethan, Bis ich alles recht und wohl Glaube, was ich glauben soll.

3. Thomas mag im zweifel stehen, Cleophas mag traurig seyn, Mir laß alle furcht vergehen, Reiß auch allen zweifel ein, Und in einer jeden noth Bleibe du mein HErr und GOtt.

4. Tod und teufel sind bezwungen, Theile nun den sieg mit mir, Und wie du bist durchgedrun-

gedrungen, Also nimm mich auch zu dir, Daß ich aus des satans macht Werde ganz zu GOtt gebracht.

5. In mir bin ich selbst gestorben, Wecke mich, mein heiland, auf, Und der geist, den du erworben, Führe täglich meinen lauf, Daß ich auf der guten bahn Fang ein neues leben an.

6. Künftig wird die zeit erscheinen, Da wir selber auferstehn, Und zu dir mit fleisch und beinen Werden aus dem grabe gehn; Ach, verleih, daß dieser tag Ewig mich erfreuen mag.

7. Bringe denn die armen glieder, Die jetzt krank und elend sind, Aus dem schoos der erden wieder, Und verkläre mich, dein kind; Daß ich in des Vaters reich, Werde deinem leibe gleich.

8. Zeige mir da hånd und füsse, Welche Thomas hat gesehn, Daß ich sie mit demuth küsse, Weil es hier nicht ist geschehn: Und hernach, von sünden frey, Ewig dein gefährte sey.

In eigener Melodie.

112. JEsus Christus, unser heiland, Der den tod überwand, Ist auferstanden, Die sünd hat er gefangen, Kyrie eleison.

2. Der ohn sünde war gebohrn, Trug für uns GOttes zorn, Hat uns versöhnet Daß uns GOtt sein huld gönnet, Kyrie eleison.

3. Tod, sünd, teufel, leben und gnad, All's in händen er hat, Er kan erretten Alle, die zu ihm treten, Kyrie eleison. D. M. L.

In eigener Melodie.

113. JEsus, meine zuversicht, Und mein heiland ist mein (im) leben, Dieses weiß ich, sollt ich nicht Darum mich zufrieden geben, Was die lange todesnacht Mir auch für gedanken macht.

2. JEsus, er, mein heiland, lebt, Ich werd auch das leben schauen, Seyn, wo mein erlöser schwebt, Warum solte mir denn grauen? Lässet auch ein haupt sein glied, Welches es nicht nach sich zieht?

3. Ich bin durch der hoffnung band Zu genau mit ihm verbunden, Meine starke glaubenshand Wird in ihn gelegt befunden, Daß mich auch kein todesbann Ewig von ihm trennen kan.

4. Ich bin fleisch, und muß daher Auch einmal zu asche werden. Das gesteh ich, doch wird er Mich erwecken aus der erden, Daß ich in der herrlichkeit Um ihn seyn mög allezeit.

5. Dann wird eben diese haut Mich umgeben, wie ich gläube, GOtt wird werden angeschaut Dann von mir in diesem leibe, Und in diesem fleisch werd ich JEsum sehen ewiglich.

6. Dieser meiner augen licht Wird ihn, meinen heiland, kennen, Ich, ich, selbst, kein fremder nicht, Werd in seiner liebe brennen, Nur die schwachheit um und an Wird von mir seyn abgethan.

7. Was hier kränket, seufzt und

und fleht, Wird dort frisch und herrlich gehen, Irdisch werd ich ausgesät, Himmlisch werd ich auferstehen: Hier geh ich natürlich ein, Nachmals werd ich geistlich seyn.

8. Seyd getrost und hoch erfreut, JEsus trägt euch, meine glieder, Gebt nicht statt der traurigkeit, Sterbt ihr, Christus ruft euch wieder, Wann die letzt posaun erklingt, Die auch durch die gräber dringt.

9. Lacht der finstern erdenkluft, Lacht des todes und der höllen: Dann ihr sollt euch durch die luft Eurem heiland zugesellen, Dann wird schwachheit und verdruß Liegen unter eurem fus.

10. Nur, daß ihr den geist erhebt Von den lüsten dieser erden, Und euch dem schon jetzt ergebt, Dem ihr beygefügt wollt werden: Schickt das herze da hinein, Wo ihr ewig wünscht zu seyn. D. C. Ziegler.

Mel. Wer in dem schutz des höchsten.

114. Ihr christen, seht, daß ihr ausfegt, Was sich in euch von sünden Und altem sauerteig noch regt, Nichts muß sich des mehr finden, Daß ihr ein neuer teig mögt seyn, Der ungesäuert sey und rein; Ein teig, der GOtt gefalle.

2. Habt doch darauf genaue acht, Daß ihr euch wohl probiret, Wie ihrs vor GOtt in allem macht, Und euren wandel führet. Ein wenig sauerteig gar leicht Den ganzen teig fortan durchschleicht, Daß er wird ganz durchsäuert.

3. Also es mit den sünden ist, Wo eine herrschend bleibet, Da bleibt auch, was zu jeder frist Zum bösen ferner treibet. Das osterlamm im neuen bund Erfordert, daß des herzens grund Ganz rein in allem werde.

4. Wer ostern halten will, der muß Dabey nicht unterlassen Die bittern salsen wahrer buß; Er muß das böse hassen: Weil Christus, unser osterlamm, Für uns geschlacht am creutzesstamm, Ihn durch sein blut rein machet.

5. Drum laßt uns nicht im sauerteig Der bosheit ostern essen, Auch nicht in schalkheit, ob sie gleich Uns hat sehr hart besessen: Vielmehr laßt uns die osterzeit Im süssen teig der lauterkeit Und wahrheit christlich halten.

6. HErr JEsu, osterlamm, verleih Uns deine ostergaben, Daß wir den frieden und dabey Ein reines herze haben; Gib, daß in uns dein heiligs wort Der sünden sauerteig hinfort Je mehr und mehr ausfege.

M. Eberh. Meyer.

Mel. Solt ich meinem GOtt nicht rc.

115. Lasset uns den HErren preisen, O ihr christen, überall! Kommet, daß wir dank erweisen Unserm GOtt mit süssem schall. Er ist frey von todesbanden; Simson, der vom

vom himmel kam, Und der löw aus Juda stamm, Christus JEsus ist erstanden, Nun ist hin der lange streit; Freue dich, o christenheit!

2. Christus selbst hat überwunden Des ergrimmten todes macht; Der in tüchern lag gebunden, Hat die schlange umgebracht: Satans reich ist ganz verheeret, Christus hat es nach der ruh Ausgetilget, und dazu Belial sein schloß zerstöret, Daß wir haben frey geleit; Freue dich, o christenheit!

3. Warest du, o held! gestorben, Warest du ins grab gelegt, Ey, du bleibest unverdorben; Da sich nur die erd erregt, Bist du aus der erden kommen, Hast das leben und die macht Aus der kluft herwieder bracht, Und des todes raub genommen, Schenkest uns die seligkeit; Freue dich, 2c.

4. Tod, wo sind nun deine waffen? Hölle, wo ist dein triumph? Satan konnte gar nichts schaffen, Seine pfeile wurden stumpf, Christus ist sein gift gewesen, Ja der höllen seuch und pest, Welt und sünde liegen fest, Und wir menschen sind genesen Nun durch seinen tapfern streit; Freue dich, 2c.

5. GOtt, der heilet unsre plagen, Wann wir nirgend hülfe sehn, Lässet uns, nach dreyen tagen, Lebend wieder auferstehn, Darum muß ich dankbar werden, Und mein herz ist freudenvoll, Weil der HErr nicht sehen soll Die verwesung in der erden, Noch der höllen einsamkeit; Freue dich, 2c.

6. Er ist aus der angst gerissen, Und mit ehren angethan, Wer ist, der sein leben wissen, Und die läng ausreden kan? Christus ist der eckstein worden, GOtt, das ist von dir geschehn, Wie wir jetzt vor augen sehn: Wir seynd aus der sünder orden Hingerissen durch den streit; Freue dich, 2c.

7. Hast du schon vom bach am wege Angenommen einen trank, Und erlitten tausend schläge, Warest kränker noch als krank, Ey, so hast du doch erhoben Dein verklärtes angesicht, Stirbest nun und nimmer nicht: Ja wir werden ewig loben Dich, HErr JEsu, nach dem streit; Freue dich, 2c.

8. HErr! dis sind recht edle früchte, Die dein auferstehung gibt, Daß wir treten vor gerichte, Ganz in deine gunst verliebt. HErr! dis sind die schöne gaben, Gnad und leben, freud und sieg, Trost und friede nach dem krieg: O die sollen kräftig laben Leib und seel in allem leid, Freue dich, 2c.

9. Weil nach diesem fried ich dürste, Wie nach wasser, tag und nacht, Den du, grosser siegesfürste, Durch den kampf hast wiederbracht, Ey, so theil jetzt aus die beute, Wie der starke Simson that, Als er überwunden hat: Laß dich rühmen alle leute, Daß geendigt sey der streit; Freue dich, 2c.

10. Gib

10. Gib, HErr JEsu! deine gnade, Daß wir stets mit reue sehn, Was uns armen sündern schade, Daß wir dir gleich auferstehn. Brich hervor in unserm herzen, Ueberwinde sünde, tod, Teufel, welt und höllennoth: Dämpf in uns angst, pein und schmerzen, Samt der seelen traurigkeit; Freue dich, ꝛc.

11. Meinen leib wird man begraben, Aber gleichwol ewig nicht, Bald werd ich das leben haben, Wenn das letzte weltgericht Alle gräber wird entdekken, Und der engel feldgeschrey Zeugen, was vorhanden sey, Dann wird mich mein GOtt aufwecken, Und beschliessen all mein leid; Freue dich, ꝛc.

12. Dann so werden meine glieder, Die jetzt staub und asche seyn, Unverweslich leben wieder, Und erlangen solchen schein, Dessen gleichen hier auf erden Nimmermehr zu finden ist, Ja mein leib, HErr JEsu Christ! Soll dem deinen ähnlich werden, Voller pracht und herrlichkeit; Freue dich, o christenheit.

Joh. Rist.

Mel. Christ lag in todesbanden.

116. O allerschönster freudentag, O tag, da meine sonne, Mein JEsus durch sein grab durchbrach, Zu meines herzens wonne; Ach, laß deiner klarheit schein Doch auch auf mich gerichtet seyn, Damit ich frölich singe: Alleluja.

2. Nun weiß ich, meine seligkeit Kan niemand mir absprechen, Ich kan nur meinem JEsu heut Durch tod und hölle brechen; Mit des Israelis heer Will ich auch durch das todte meer Hin in mein erbtheil reisen. Alleluja.

3. Weg satan, weg, weg fleischeslust, Weg sündliches Egypten, Mein Canaan ist mir bewußt Bey JEsu, dem geliebten. Ach, mein schatz, verleihe mir, Daß dis mein herz stets ruh in dir Und von der erden fliehe, Alleluja.

4. Mein heiland, weil du lebest mir, So hilf, daß ich dir lebe, Gib, daß ich mich nun für und für Mit ganzem ernst bestrebe, Aufzustehn vom sündengrab, Damit ich all dis lege ab, Was mich und dich kan trennen. Alleluja.

5. Und weil du auferstanden bist, Laß mich auch einst aufstehen, Und dorthin, da mein erbtheil ist, Mit freudensprüngen gehen. Indeß ist mein herz bey dir, Mein JEsu, hole mich von hier In deine himmelsfreude. Alleluja.

Johann Job.

Mel. Ich halt an meinem GOtt ꝛc.

117. O tod, wo ist dein stachel nun? Wo ist dein sieg, o hölle? Was kan uns jetzt der teufel thun, Wie bös er sich anstelle? GOtt sey gedankt, der uns den sieg So herrlich hat nach diesem krieg, Aus gnad und gunst gegeben.

2. Wir

2. Wie sträubte sich die alte schlang, Als Christus mit ihr kämpfte, Mit list und macht sie auf ihn drang, Jedennoch er sie dämpfte; Ob sie ihn in die fersen sticht, So sieget sie doch darum nicht, Der kopf ist ihr zertreten.

3. Lebendig Christus kommt herfür, Den feind nimmt er gefangen; Zerbricht der höllen schloß und thür, Trägt weg den raub mit prangen; Nichts ist, das in dem siegeslauf, Den starken held kan halten auf; Er ist der überwinder.

4. Des todes gift, der höllen pest Ist unser heiland worden, Wenn satan auch noch ungern läßt Vom wüten und vom morden, Und, da er sonst nichts schaffen kan, Nur tag und nacht uns klaget an, So ist er doch verworfen.

5. Des HErren rechte die behält Den sieg, und ist erhöhet, Des HErren rechte mächtig fällt, Was ihr entgegen stehet; Tod, teufel, höll und alle feind In Christo ganz gedämpfet seynd, Ihr zorn ist kraftlos worden.

6. Es war getödtet JEsus Christ, Und sieh, er lebet wieder, Weil nun das haupt erstanden ist, Stehn wir auch auf die glieder. So jemand Christi worten gläubt, Im tod und grabe er nicht bleibt, Er lebt, ob er gleich stirbet.

7. Wer täglich hier durch wahre reu Mit Christo auferstehet, Ist dort vom andern tode frey, Derselb ihn nicht angehet: Der tod hat ferner keine macht, Das leben ist uns wiederbracht, Und unvergänglichs wesen.

8. Das ist die rechte osterbeut, Der wir theilhaftig werden: Fried, heil, freud und gerechtigkeit Im himmel und auf erden. Hier sind wir still, und warten fort, Bis unser leib wird ähnlich dort Christi verklärtem leibe.

9. Der alte drach und seine rott Hingegen wird zu schanden, Erlegt ist er mit schimpf und spott, Da Christus ist erstanden. Des hauptes sieg der glieder ist, Drum kan mit aller macht und list Uns satan nicht mehr schaden.

10. O tod, wo ist dein stachel nun? Wo ist dein sieg, o hölle? Was kan uns jetzt der teufel thun, Wie grausam er sich stelle? GOtt sey gedankt, der uns den sieg So herrlich hat in diesem krieg, Aus gnad und gunst gegeben.

Backmeister.

Mel. JEsu, der du meine seele.

118. Wache auf, bestürzte seele, Auf, dein todter heiland lebt. Sieh die leere grabeshöhle; Schaue wie der hüter bebt, Und das siegel ist zerbrochen, Laß nunmehr die feinde pochen, Jener stein ist von der thür; JEsus aber nicht mehr hier.

2. Der da in der tiefsten schan-

schande Dort an seinem creutz erblaßt, Ist nun los vom todesbande, Ist nun frey von aller last: Seine wunden sind geheilet, Welche ihm der feind ertheilet, Und sein hocherfreutes herz Fühlet weiter keinen schmerz.

3. Alle schmach hat nun ein ende, Alle schmerzen sind vorbey. Seine ausgestreckte hände Sind jetzt von den nägeln frey: Schläge, wunden, creutz und bande Sind verkehrt in ehrenstande, Und der leib, den man verhöhnt, Ist bereits mit glanz gekrönt.

4. JEsus, der da GOtt in allen Hat so treu und hoch geehrt, Hat des vaters wohlgefallen Selbst durch seinen tod gemehrt; Jetzo ist er auferstanden, Frey vom grab und todesbanden, Welcher diesen wundermann Länger nicht mehr halten kan.

5. Dieser tempel aller ehren, Und der Gottheit edler thron, Welchen er sich ließ zerstören, Pranget, zu der feinde hohn, Nun in vollem glanz und lichte Mit erfreutem angesichte, Der doch bis an dritten tag In der gruft darnieder lag.

6. GOtt schreibt jetzt als richter nieder Diese zahlung für die welt, Darum wird der bürge wieder Ganz auf freyen fuß gestellt: Und der wallfisch, dessen rachen Offen stund mit hohn und lachen, Speyt den wieder an das licht, Der da seinen bauch zerbricht.

7. Satan, tod und ihre rotten Sind besiegt, bestürzt und todt, Jetzo kan ich ihrer spotten Auch in meiner letzten noth: JEsus Christ hat überwunden, Meine feinde sind gebunden: Grab und hölle sind besiegt; Auf, mein geist, und sey vergnügt.

8. Dank sey dir, o wahres leben, Welches unvergänglich bleibt, Das uns heil und sieg gegeben, Und den tod durch tod vertreibt; Laß doch meinen glauben dürsten Nach dein grossen lebensfürsten, Daß es ewig von mir heißt: JEsus lebt in meinem geist.

9. Dieser leib muß zwar verwesen, Weil er moder in sich führt; Aber bald wird er genesen, Mit unsterblichkeit geziert, Wann die stimme wird erklingen, Und durch alle gräber dringen: Auf, ihr todten! lebt und wacht, Tretet vor des richters macht.

10. Lämmlein, das an meiner stelle Sich hat in das grab gelegt, Welches selbst zu tod und hölle Jene starke schlüssel trägt; Brich die riegel meines herzens, Meiner trägheit, meines schmerzens, Daß ich jede stund und tag Dir aufs neue leben mag

D. Joh. Fried. Stein.

Am Fest der Himmelfahrt Christi.

Mel. Wie schön leuchtet der ꝛc.

119. Ach, wundergrosser siegesheld, Du sündenträger aller welt, Heut hast du dich gesetzet Zur rechten deines vaters kraft, Der feinde schaar gebracht zur haft Bis auf den tod verletzet; Mächtig, Prächtig Triumphirest, Jubilirest; Tod und leben Ist HErr Christ, dir untergeben.

2. Dir dienen alle cherubim, Viel tausend hohe seraphim Dich, siegesfürsten, loben, Weil du den segen wiederbracht, Mit majestät und grosser macht, Zur glorie bist erhoben. Singet, Klinget, Rühmt und ehret Den, so fähret Auf gen himmel, Mit posaunen und getümmel.

3. Du bist das haupt, hingegen wir Sind glieder, ja es kommt von dir Auf uns licht, trost und leben, Heil, friede, freude, stärk und kraft, Erquikkung, labsal, herzenssaft Wird uns von dir gegeben. Bringe, Zwinge Mein gemüthe, Mein geblüte, Daß dichs preise, Dir, als siegsherrn, ehr erweise.

4. Zeuch, JEsu, uns, zeuch uns nach dir, Hilf, daß wir forthin für und für Nach deinen reiche trachten, Laß unser thun und wandel seyn, Wo zucht und demuth tritt herein, All üppigkeit verachten. Unart, Hoffart Laß uns meiden, Christlich leiden, Wohl ergründen, Wo die gnade sey zu finden.

5. Sey, JEsu, unser schutz und schatz, Sey unser ruhm und vester platz, Darauf wir uns verlassen, Laß suchen uns, was droben ist; Auf erden wohnet trug und list, Es ist auf allen strassen Lügen, Trügen, Angst und plagen, Die da nagen, Die da quälen Stündlich alle christenseelen.

6. HErr JEsu, komm, du gnadenthron, Du siegesfürst, held, Davids sohn, Komm, stille das verlangen: Du bist alleinig uns zu gut, O JEsu! durch dein theures blut Ins heiligthum gegangen. Komm schier, Hilf mir, Dann so sollen, Dann so wollen Wir ohn ende Frölich klopfen in die hände.

E. H. Homburg.

Mel. Nun freut euch lieben ꝛc.

120. Auf Christi himmelfahrt allein Ich meine nachfahrt gründe, Und allen zweifel, angst und pein Hiemit stets überwinde, Dann weil das haupt im himmel ist, Wird seine glieder JEsus Christ Zur rechten zeit nachholen.

2. Weil er gezogen himmel an, Und grosse gab empfangen, Mein herz auch nur im himmel kan, Sonst nirgends ruh erlangen; Dann wo mein schatz gekommen hin, Da ist auch stets mein herz und sinn, Nach ihm mich stets verlanget.

3. Ach HErr, laß diese gnad mich Von deiner auffarth spühren, Daß mit dem wahren glauben ich Mag meine nachfahrt zieren, Und dann einmal, wann dirs gefällt, Mit freuden scheiden aus der welt. HErr, höre doch mein flehen!

M. Joh. Wegelin.

In eigener Melodie.

121. Auf diesen tag bedenken wir, Daß Christ gen himmel gfahren, Und danken GOtt aus höchst'r begier, Mit bitt, er woll bewahren Uns arme sünder hie auf erd, Die wir von wegen mancher bschwerd Ohn hoffnung han kein troste. Alleluja, Alleluja.

2. Drum sey GOtt lob! der weg ist g'macht, Uns steht der himmel offen. Christus schleußt auf mit grossem pracht. Vorhin war alls verschlossen. Wers glaubt, des herz ist freuden voll, Dabey er sich denn rüsten soll, Dem HERREN nachzufolgen. Alleluja, Alleluja.

3. Wer nicht folgt und sein'n willen thut, Dem ist nicht ernst zum Herren, Dann er wird auch vor fleisch und blut Sein himmelreich versperren; Am glauben liegts, soll der seyn recht, So wird auch gwiß das leben schlecht Zu GOtt im himmel grichtet. Alleluja, Alleluja.

4. Solch himmelfahrt fängt in uns an, Bis wir den Vater finden, Und fliehen stets der welt ihr bahn, Thun uns zu GOttes kindern, Die sehn hinauf, der Vat'r herab, An treu und lieb geht ihn'n nichts ab, Bis sie zusammen kommen. Alleluja, Alleluja.

5. Dann wird der tag erst freudenreich, Wann GOtt uns zu ihm nehmen Und seinem Sohn wird machen gleich, Als wir dann jetzt bekennen, Da wird sich finden freud und muth In ewigkeit beym höchsten gut: GOTT woll, daß wirs erleben. Alleluja, Alleluja.

D. Joh. Zwick.

Mel. Christ ist erstanden.

122. Christ fuhr gen himmel, Was sandt er uns hernieder? Den tröster, den heiligen Geist, Zu trost der armen christenheit, Alleluja.

2. Wär er nicht hingangen, Der tröster wär nicht kommen; Seit, daß er hingangen ist, So haben wir den Geist durch JEsum Christ, Alleluja.

3. Gen himmel fuhr der heilge Christ, der aller welt ein heiland ist. Alleluja, Alleluja, Alleluja, Alleluja.

Christoph Solius.

Mel. Ermuntre dich mein rc.

123. Du lebensfürst, Herr Jesu Christ, Der du bist aufgenommen Gen himmel, da dein Vater ist, Und die gemein der frommen, Wie soll ich deinen grossen sieg, Den du uns durch den schweren krieg Erworben hast, recht preisen Und dir gnug ehr erweisen.

2. Du hast die höll und sünden

dennoch Ganz ritterlich bezwungen: Du hast den teufel, welt und tod Durch deinen tod verdrungen: Du hast gesieget weit und breit, Wie soll ich solche herrlichkeit, O HErr, in diesem leben Gnug würdiglich erheben?

3. Du hast dich zu der rechten hand Des vaters hingesetzet, Der alles dir hat zugewandt, Nachdem du unverletzet Die starke feind hast umgebracht, Triumph und sieg daraus gemacht, Und sie auf deinem wagen Ganz herrlich schau getragen.

4. Nun lieget alles unter dir, GOtt selbst nur ausgenommen. Die engel müssen für und für Dir aufzuwarten kommen: Die fürsten stehn auch auf der bahn, Und seynd dir willig unterthan: Luft, wasser, feur und erden Muß dir zu dienste werden.

5. Du, starker herrscher, fährest auf Mit jauchzen und lobsagen, Und gleich mit dir, in vollem lauf Auch mehr dann tausend wagen: Du fährest auf mit lobgesang, Es schallet der posaunen klang. Mein GOtt, vor allen dingen Will ich dir auch lobsingen.

6. Du bist gefahren in die höh, Hinführend die gefangen, So uns mit thränen, ach und weh Genetzet oft die wangen: Drum preisen wir mit süssem schall, O starker GOtt, dich überall; Wir, die wir so viel gaben Von dir empfangen haben.

7. Du hast, durch deine himmelfahrt, Die strasse uns bereitet, Du hast den weg uns offenbahrt, Der uns zum Vater leitet, Und weil dann du, HErr JEsu Christ, Nun stets in deiner wohnung bist, So werden ja die frommen Dahin auch zu dir kommen.

8. Ist unser haupt im himmelreich, Als die Apostel schreiben: So werden wir, den engeln gleich, Ja nicht heraussen bleiben: Du wirst uns, deine kinderlein, Mein GOtt, nicht lassen von dir seyn, Die ihnen fest getrauen, Dein herrlichkeit zu schauen.

9. Hilf, daß wir suchen unsern schatz Nicht hier in diesem leben, Besondern dort, wo du den platz Wirst GOttes kindern geben. Ach, laß uns streben fest und wohl Nach dem, was künftig werden soll: So können wir ergründen, Wo dein gezelt zu finden.

10. Zieh uns dir nach, so laufen wir, Gib uns des glaubens flügel: Hilf, daß wir fliehen weit von hier Auf Israelis hügel. Mein GOtt, wenn fahr ich doch dahin, Wo ich ohn ende frölich bin? Wenn werd ich vor dir stehen, Dein angesicht zu sehen?

11. Wann soll ich hin ins paradies Zu dir, HErr JEsu, kommen? Wann kost ich doch das engelsüß? Wann werd ich aufgenommen? Mein heiland, komm, und nimm mich an, Auf daß ich frölich jauchzen kan,

Und

Und klopfen in die hände Alleluja ohn ende.

Johann Rist.

Mel. Wie schön leuchtet der :c.

124. Lob sey dir, JEsu, grosser held, Der du erhalten hast das feld, Und heute dich gesetzet Zu deines vaters rechten hand. Die feinde seynd nun übermannt, So dich vorhin verletzet; Hinfort Sie dort Dir zu füssen Liegen müssen, Tod und leben Ist dir völlig übergeben.

2. Die engel alle dienen dir; Der auserwählten ihr gebühr Ist, JEsu, dich zu loben: Weil du den segen wiederbracht, Da du, mit majestät und pracht, Gen himmel dich erhoben. Singet, Klinget, Jubiliret, Triumphiret, Christum ehret, Der gen himmel prächtig fähret.

3. Du bist das haupt, hingegen wir Sind glieder, und allein von dir Wir haben unser leben. Auch aller segen, stärk und kraft, Und was uns sonsten nutzen schaft, Wird uns von dir gegebē. Bringe, Zwinge Mein gemüthe Und geblüte, Dich zu preisen, Lob und dank dir zu erweisen.

4. Zeuch, liebster JEsu, uns nach dir; Hilf, daß wir fleißig für und für Nach deinem reiche trachten; Laß uns von sünden allzeit rein; Hingegen voll von tugend sey, Das eitle auch verachten. Unart, Hoffart, Laß uns meiden, Christlich leiden, Was uns drücket, Und uns deine hand zuschicket.

5. Sey, JEsu, unser schutz und schatz, Sey unsre hülf und vester platz, Darauf wir uns verlassen, Bring uns dahin, wo du nun bist, Denn hier doch nichts als jammer ist, Und elend ohne maasen. Lügen, Trügen, Angst und plagen Täglich nagen Stündlich quälen Alle fromme christenseelen.

6. HErr JEsu, der du durch dein blut Uns armen menschen bist zu gut Ins heiligthum gegangen, Komm, hole uns doch gleichfalls nach, Laß unsers lebens ungemach Ein selig end erlangen, Denn wir Dafür Wollen droben Ewig loben Deinen namen, Bring uns nur dahin bald! Amen.

Mel. Erschienen ist der herrlich tag.

125. Nun freut euch, GOttes kinder, all, Der HERR fährt auf mit grossem schall: Lobsinget ihm, lobsinget ihm, Lobsinget ihm mit lauter stimm, Alleluja.

2. Die engel und all himmelsheer Erzeigen Christo göttlich ehr, Und jauchzen in dem himmelssaal, Das thun die lieben engel all, Alleluja.

3. Daß unser heiland JEsus Christ, Wahr'r GOttes sohn, mensch worden ist, Des freuen sich die engel sehr, Und gönnen uns gern solche ehr, Alleluja.

4. Der HErr hat uns die stätt bereit, Bey ihm zu seyn in ewigkeit, Lobsinget ihm, lobsinget ihm, Lobsinget ihm mit lauter stimm, Alleluja.

5. Wir erben nun das himmelreich, Wir sind den lieben engeln gleich: Das sehn die lieben engel gern, Und danken mit uns GOtt, dem HErrn, Allel.

6. Es hat mit uns nun nimmer noth, Die sünd, der satan und der tod Allsamt zu schanden worden sind Durch GOttes und Marien kind, Alleluja.

7. Den heilgen Geist sendt er herab, Auf daß er unsre herzen lab, Und tröst uns durch sein göttlich wort, Behüt uns vor des teufels mord. Alleluja.

8. Also baut er die christenheit Zur ewgen freud und seligkeit; Allein der glaub an JEsum Christ Die recht erkänntnis GOttes ist, Alleluja.

9. Der heilge Geist den glauben stärkt, Geduld und hoffnung in uns wirkt, Erleucht und macht das herze fest, Und uns in trübsal nicht verläßt, Alleluja.

10. Was Christus nach des vaters rath Am creutzesstamm erworben hat, Das theilet aus der heilge Geist, Darum er unser lehrer heißt, Alleluja.

11. Der vater hat den sohn gesandt, Der sohn wird anders nicht erkañt, Ohn durch den heilgen Geist allein, Der muß die herzen machen rein, Alleluja.

13. So danket nun dem lieben HErrn Und lobet ihn von herzen gern: Lobsinget mit der engel chör, Daß man es in dem himmel hör, Alleluja.

Petrus Hagius.

Mel. O GOtt, du frommer GOtt.

126. O süsses gnadenwort, Das JEsu mund läßt fliessen, Das sich an allem ort Der erden soll ergiessen: Geht hin in alle welt, Und predigt GOTT zum ruhm, Weils ihm also gefällt, Das evangelium.

2. Dis ist die friedensstimm Und botschaft vieler freuden, Die ohn gesetzes grimm, An juden und an heyden, Erschallet in der zeit, Und noch im herzen schallt, Ach, daß es wär bereit, Dem ruf zu folgen bald.

3. GOtt ist noch jetzt getreu, Er bietet an den frieden, Das herz zu machen frey Vom sündenfluch hienieden; Allein der mensch verstoßt Den rath der seligkeit, Und sündiget getrost, Auf gnad, in sicherheit.

4. Ach denk, mein herze, nach Der grossen güt und gnade, Und steh auf, weil es tag, Daß dir die nacht nicht schade, Die bald einbrechen möcht, Ach, ach, es ist der welt Ein schreckliches

dich aus GOtt ganz neu Gebären wiederum, Drum komm in wahrer reu.

6. Wer glaubt und ist getauft, Und fest im glauben bleibet, Dem hilfts, daß er erkauft; Wer aber nicht so gläubet, Kan nicht die seligkeit Erlangen, sondern ist Verdammt, ach herzeleid, Und ist ein falscher christ.

7. Bist du getaufet gleich, Und bleibst doch nicht im glauben, So wird das himmelreich Der satan dir noch rauben, Und wer nicht also glaubt, Und in der liebe flammt, Wie GOttes wort vorschreibt, Der ist todt und verdammt.

8. Ach, daß die böse welt Es einmal möchte fassen, Und das was ihr gefällt, Von ganzem herzen hassen, Den falschen glaubenswahn, Da man sich bildet ein, Daß auf der sündenbahn Man könne glaubig seyn.

9. Hinweg, verdamter schein, Der du das herz verführest, Und nichts, als weh und pein Und höllenfrucht gebierest. Der glaube kan nicht stehn Bey sündenwerk und thun, Der greul muß untergehn, Soll GOtt im herzen ruhn.

10. O JEsu, leite mich In meinem ganzen leben, Damit mein herze sich Zu dir mög hoch erheben, Und himmelfahrt im geist So halten, bis ich dort, Wo man dich ewig preißt, Eingeh zur himmelspfort.

Mel. Wie schön leuchtet der rc.

127. Wie hoch bist du gesetzet schon, O GOttes und Marien Sohn, Zu deines Vaters rechten, Dein königreich und deinen ruhm Samt deiner kirchen heiligthum Allmächtig zu verfechten: Rechte, Fechte, Streit und kämpfe, Tilg und dämpfe Deine feinde, Schütz und rette deine freunde.

2. Du bist von GOtt gesetzet schon In allerhöchsten weisheitsthron, Die weisheit uns zu lehren, Die aller welt verborgen ist, Und aller feinde trug und list Zu steuern und zu wehren. Lehre, Wehre Ihren tücken, Netz und stricken, Daß sie kommen Uns zu gut und allen frommen.

3. Du bist von GOtt gesetzet schon In allerhöchsten allmachtsthron, Da du kanst alles enden, Was wir begehren, und noch mehr, Zu unserm heil und deiner ehr, Und alles unheil wenden: Ende, Wende Alles leiden Uns zu freuden, Dir zu ehren, Daß wir dir dein lob vermehren.

4. Du bist von GOtt gesetzet schon In allerhöchsten gnadenthron Bey GOtt uns zu verbeten, Und wider satans henkersklag, Auf uns gerichtet nacht und tag, Uns treulich zu vertreten: Tretet, Betet Vor dem HErren, Nah und ferren, All, ihr frommen, Satans lügen vorzukommen.

5. Du

5. Du bist von GOtt gesetzet schon In allerhöchsten ehrenthron, Da dir lobopfer bringen Die cherubim und seraphim, Die dich mit englisch süsser stimm Anbeten und besingen, Singen, Klingen, Heilig, heilig, Freylich, freylich, Heilig, ist GOtt, Unser GOtt, der HErr Zebaoth.

6. Du bist von GOtt gesetzet schon In allerhöchsten richterthron, Den erdenkreis zu richten, Und was darinnen je vollbracht, Durch dein allwissenheit und macht Auf einen tag zu schlichten. Richte, Schlichte, Laß erscheinen, Daß die deinen Dein geniessen, Wenn die teufelskinder büssen.

7. Ihr menschen, nehmet euch in acht, Daß ihr des Heilands ehr und macht In zeiten wohl betrachtet, Ihr kennet noch sein angesicht Und seiner nasen odem nicht, Wie hoch er ist geachtet: Achtet, Trachtet In der stille, Was für fülle GOttes wohne In dem armen menschensohne.

8. HErr JEsu, durch die herrlichkeit, Die du besitzest allbereit, Laß mich die gnad erkeñen, Daß ich im höchsten ehrenpreis Zur rechten GOttes sitzen weiß, Den ich mag bruder nennen: Nennen, Kennen, Und dich lieben, Und sich üben In dem allen, Heißt schon hier im himmel wallen.

Mel. Erschienen ist der herrlich rc.

128. Wir danken dir HErr JEsu Christ, Daß du gen himmel gfahren bist, O starker GOtt, Immanuel, Stärk uns an leib, stärk uns an seel. Alleluja.

2. Nun freut sich alle christenheit, Und singt und springt ohn alles leid: GOtt lob und dank im höchsten thron, Unser bruder ist GOttes Sohn. Allel.

3. Gen himmel ist er gfahren hoch, Und ist doch allzeit bey uns noch. Sein macht und gwalt unendlich ist, Wahr'r GOtt und mensch zu aller frist, Alleluja.

4. Ueber all himmel hoch erhebt: Ueber die engel mächtig schwebt, Ueber all menschen er regiert, Und alle kreaturen führt. Alleluja.

5. Zur rechten GOtt's des Vaters gros Hat er all macht ohn alle maas, All ding sind ihm ganz unterthan, GOttes und der Mariä Sohn. Alleluja.

6. All teufel, welt, sünd, höll und tod, Er alles überwunden hat. Trotz! wer da will, es liegt nichts dran. Den sieg muß er doch allzeit han. Alleluja.

7. Wohl dem, der ihm vertrauen thut, Und hat in ihm nur frischen muth. Welt, wie du wilt, wer fragt nach dir? Nach Christo steht unser begier. Allel.

8. Es ist der HErr, und unser trost, Der uns durch sein blut hat erlöst, Das gfängnis er gefangen hat, Daß uns nicht schad der bittre tod. Alleluja.

9. Wir freuen uns aus herzensgrund Und singen frölich mit dem mund: Unser bruder,

fleisch, bein und blut, Ist unser allerhöchstes gut, Alleluja.

10. Durch ihn der himmel unser ist. Hilf uns, o bruder, JEsu Christ, Daß wir nur fest vertraun auf dich, Und durch dich leben ewiglich. Alleluja.

11. Amen, amen, HErr JEsu Christ, Der du gen himmel gfahren bist. Erhalt uns, HErr, bey reiner lehr, Des teufels trug und listen wehr. Alleluja.

12. Komm, lieber HERR, komm, es ist zeit, Zum letzten gricht in herrlichkeit Führ uns aus diesem jammerthal In den ewigen himmelssaal. Alleluja.

13. Amen singen wir noch einmal, Wir sehnen uns ins himmels saal, Da wir mit deinen engelein, Das amen wollen singen fein. Alleluja.

Nicolaus Selneccer.

Pfingst-Lieder,

oder von der Sendung des heiligen Geistes.

In eigener Melodie.

129. Brunnquell aller güter, Herrscher der gemüther, Lebendiger wind, Stiller aller schmerzen, Dessen glanz und kerzen Mein gemüth entzündt; Lehre mich zu allen zeiten Deine kraft und lob ausbreiten.

2. Starker Gottesfinger, Fremder sprachen bringer, Süsser herzenssaft, Tröster der betrübten, Flamme der verliebten, Alles athems kraft! Gib mir deine brunst und gaben, Dich von herzen lieb zu haben.

3. Bräutigam der seelen, Laß mich in der höhlen Deiner lieblichkeit Ruh und zuflucht finden, Laß mich von den winden Trüber noth befreyt: Komm hervor, o gnadensonne, Küsse mich mit trost und wonne.

4. Theure Gottesgabe, Komm, o komm, mich labe, Sieh, ich bin verschmacht, Komm, o mein verlangen, Komm, mein lieb, gegangen, Dann mein herze lacht, Wird von neuem ganz erquicket, Wann es, labsal, dich erblicket.

5. Wie ein hirschlein gehnet, Sich nach wasser sehnet, Wann es wird gejagt, So pflegt mein gemüthe, HErr, nach deiner güte, Wann es wird geplagt, Tief zu seufzen, und im dürren Nach dir, reicher strom, zu girren.

6. Wahrer menschenschöpfer, Unsers thones töpfer, GOtt von ewigkeit, Zunder keuscher liebe, Gib, daß ich mich übe Auch im creutz und leid, Alles dir anheim zu stellen, Und mich tröst in allen fällen.

7. Führe meine sachen, Meinen schlaf und wachen, Meinen tritt und gang, Glieder und gesichte, Daß mein arm gedichte, Daß mein schlecht gesang, Wandel, werk und stand vor allen Dir, o vater, mög gefallen.

8. Laß den sohn der höllen Nicht mit listen fällen Meiner tage lauf, Nimm nach diesem leiden Mich zun himmelsfreuden, Deinen diener, auf, Da soll dich mein mund erheben, Dir ein allelnja geben.

Johannes Frank.

Mel. Zion klagt mit angst und schm.

130. GOtt, gib einen milden regen, Denn mein herz ist dürr, wie sand, Vater, gib vom himmel segen, Tränke du ein durstigs land, Laß des heilgen Geistes gab Ueber mich von oben ab, Wie die starke ströme fliessen, Und mein ganzes herz durchgiessen.

6. Kan ein vater hier auf erden, Der doch bös ist von natur Seinen lieben kindern geben Nichts, als gute gaben nur: Solltest du denn, der du heißst, Guter vater, Deinen geist Mir nicht geben, und mich laben Mit den guten himmelsgaben?

3. JEsu, der du hingegangen Zu dem vater, sende mir Deinen Geist, den mit verlangen Ich erwarte, HErr, von dir: Laß den tröster ewiglich Bey mir seyn und lehren mich In der wahrheit fest zu stehen, Und auf dich im glauben sehen.

4. Heilger Geist, du kraft der frommen, Kehre bey mir armen ein, Sey mir tausendmal willkommen. Laß mich deinen tempel seyn, Säubre du nur selbst das haus Meines herzens, wirf hinaus Alles, was mich hier kan scheiden Von den süssen himmelsfreuden.

5. Schmücke mich mit deinen gaben, Mach mich neue, rein und schön, Laß mich wahre liebe haben, Und in deiner gnade stehn: Gib mir einen starken muth, Heilige mein fleisch und blut, Lehre mich vor GOtt hintreten, Und im geist und wahrheit beten.

6. So will ich mich dir ergeben, Dir zu ehren soll mein sinn Dem, was himmlisch ist, nachstreben, Bis ich werde kommen hin, Da mit vater und dem sohn, Dich im höchsten himmelsthron Ich erheben kan und preisen, Mit den süssen engelweisen.

Paul Gerhard.

Mel. Was mein GOtt will, das 2c.

131. Heut ist das rechte jubelfest Der kirchen angegangen, Daran ein glanz sich sehen läßt Des Geistes, den empfangen Der jünger schaar, Die offenbar Von diesem himmelsregen Benetzet ist, Dis, o mein christ, Kan herz und muth bewegen.

2. Auf, meine seel, auf, und vernimm, Wie doch in allen gassen Gehöret wird die freudenstimm: Euch ist die sünd erlassen, Nun seyd ihr frey, Es sind entzwey Der höllen starke ketten, Ein sünder kan Vor jedermann Jetzt auf den schauplatz treten.

3. Nun wird das evangelium, Auf einem wunderwagen Des werthen Geistes, weit herum Geführet und getragen, O welch ein schatz, Der seinen platz Bey frommen seelen suchet, Wer

den nicht nimmt, Und dem zustimmt, Bleibt ewiglich verfluchet.

4. Hier schauet man des glaubens gold, Hier wird man frey von sünden. Hie läßt, was uns GOtt machet hold, Sich überflüßig finden. Hier ist das brod, Das in der noth Kan unsre seele laben. Hier finden sich Für dich und mich Viel tausend schöne gaben.

5. Heut hat das grosse himmelsheer Herolden ausgesendet, Schau, seine tapfre prediger, Die haben sich gewendet An manchen ort, Da klingt ihr wort: Thut buß, ihr leut auf erden, Dis ist die zeit, So euch befreyt Und lässet selig werden.

6. Es läßt die wunderschöne braut Sich hören auf den wegen, Sie tritt herfür und schreyet laut: Da kommt nun euer segen; Macht auf die thür, Jetzt geht herfür Der geist mit pracht und ehren, Der will in euch Sein herrlich reich Erbauen und vermehren.

7. Seht, hier ist lauter trost und licht: Seht, hier sind gnadenzeichen, Hie darf kein christ sich fürchten nicht, Hie muß der satan weichen. Des höchsten mund Macht einen bund Mit juden und mit heyden. Trotz jedermann, Nun nichts uns kan Von GOttes liebe scheiden.

8. O tag des heils, o güldner tag, Desgleichen nie gesehen. O tag, davon man singen mag, Daß wunder sind geschehen Im himmelreich, Als auch zugleich Hie unten auf der erden. GOtt fähret auf, Des Geistes lauf Muß uns hienieden werden.

9. Der jünger zungen gleichen sich Den schallenden posaunen, Sie brennen alle wunderlich, Das volk muß hier erstaunen. Es bricht heraus In ihrem haus Ein wort von grossen thaten, O welch ein glanz! Der himmlisch ganz Ist auf dis volk gerathen.

10. Es lassen sich luft, feur und wind Voll wunders sehn und hören, Welch, ob sie wol nicht einig sind, Hie niemand doch versehren; Des Geistes kraft Hat hier geschaft, Daß sich die schwachen stärken; Wer ihn nur hat Kan trost und rath In aller trübsal merken.

11. O süsser tag, nun wird der Geist Vom himmel ausgegossen; Der Geist, der uns der welt entreißt, Und uns, als reichsgenossen, Der sterblichkeit So gar befreyt, Zu JEsu lässet kommen. Ach! würd ich bald Auch dergestalt An diesen ort genommen.

12. O guter Geist, regiere doch Mein herz, daß ich dich liebe, Daß meine seel das sündenjoch Hinfort nicht mehr betrübe. HErr, laß mich bald Des feurs gewalt, Das himmlisch heißt, empfinden, Und alle noth, Ja selbst den tod, Durch solches überwinden.

D. Lucas Backmeister.

Mel. Ach bleib bey uns, HErr 2c.

132. Komm, GOtt schöpfer, heilger Geist, Besuch das herz der menschen dein, Mit gnaden sie füll, wie du weißst, Daß sie dein geschöpf vorhin seyn.

2. Dann du bist der Tröster genannt, Des allerhöchsten gabe theur, Ein geistlich salb an uns gewandt, Ein lebender brunn, lieb und feur.

3. Zünd uns ein licht an im verstand: Gib uns ins herz der liebe brunst, Das schwach fleisch in uns, dir bekannt, Erhalt fest durch dein gnad und gunst.

4. Du bist mit gaben siebenfalt Der finger an Gott's rechten hand, Des Vaters wort gibst du gar bald, Mit zungen viel in alle land.

5. Des feindes list treib von uns fern; Den fried schaff bey uns durch dein gnad, Daß wir dein'm leiten folgen gern Und meiden auch der seelen schad.

6. Lehr uns den Vater kennen wohl, Dazu JEsum Christ, seinen Sohn, Daß wir des glaubens werden voll, Dich beyder Geist recht zu verstohn.

7. GOtt Vater zu lob und dem Sohn, Der von den todten auferstund, Dem tröster sey auch das gethon In ewigkeit und alle stund

D. Martin Luther.

Mel. Wie schön leuchtet der 2c.

133. Komm, GOTTES Geist, komm, höchster gast, HERR, den der himmel nicht umfaßt, noch dieser kreis der erde. Komm, offenbare dich auch mir, GOtt heilger Geist, daß ich in dir Ein geist mit Christo werde; Leite Heute geist und sinnen, Mein beginnen Und mein leben, Deiner liebe nachzustreben.

2. Komm theures gut, komm, höchster schatz, Komm in mein herz, ich mache platz, Dich gläubig einzunehmen. Ich glaube fest, mein heil und licht, Du theurer tröster, wirst dich nicht Der armen hütten schämen. Eile, Heile, Herz und seele Mit dem öle Deiner gnaden: Mache gut den seelenschaden.

3. Entzünd in mir die liebesglut, Und mache feurig geist und muth, Du siegel höchster liebe, Druck in mein herz dich fest hinein, Laß mich des guts theilhaftig seyn, Das Christi blut verschriebe: Rühre, Führe Mein gemüthe, GOttes güte Zu erkennen, Christum meinen HErrn zu nennen.

4. Erquicke mich, du sanfter wind, Du brunn, wo lebenswasser rinnt, Du süsse freudenquelle, Die allen durst der seelen stillt, Und aus der Gottheit tiefe quillt, Ganz rein und ewig helle, Fliesse, Giesse Deine gaben, Mich zu laben, Wenn ich schwitze In der angst und seelenhitze.

5. Sey meiner ohnmacht kraft und macht, Mein helles licht in dunkler nacht, Mein weg, wenn ich verführet, Mein lehrer

lehrer in unwissenheit, Mein starker beystand in dem streit, Bis mich die krone zieret. Schütze, Stütze, HErr, mich schwachen, Stark zu machen Meinen glauben; Laß mir nichts die krone rauben.

6. Hilf mir in meiner letzten noth, Versüsse mir den bittern tod, Wenn herz und augen brechen, So sey du meines lebens licht. Laß, wenn die zunge nichts mehr spricht, Dein seufzen für mich sprechen. Laß mich Endlich Selig scheiden Zu den freuden Aller frommen. Ach, wenn werd ich dahin kommen!

Joh. Ernst Wenigk.

In bekannter Melodie.

134. Komm, heiliger Geist, HErre GOtt, Erfüll mit deiner gnaden gut Deiner glaubigen herz, muth und sinn, Dein brünstig lieb entzünd' in ihn'n. O HErr, durch deines lichtes glast Zu dem glauben versammelt hast Das volk aus aller welt zungen, Das sey dir, HErr! zu lob gesungen. Alleluja, Alleluja.

2. Du heiliges licht, edler hort, Laß uns leuchten des lebens wort, Und lehr uns GOtt recht erkennen, Von herzen vater ihn nennen. O HErr, behüt vor fremder lehr, Daß wir nicht meister suchen mehr, Dann JEsum Christ mit rechtem glauben, Und ihm aus ganzer macht vertrauen. Alleluja, Alleluja.

3. Du heilige brunst, süsser trost, Nun hilf uns frölich und getrost In deinem dienst beständig bleiben, Die trübsal uns nicht abtreiben. O HErr, durch dein' kraft uns bereit, Und stärk des fleisches blödigkeit, Daß wir hie ritterlich ringen, Durch tod und leben zu dir dringen. Alleluja, Alleluja.

D. M. Luther.

In eigner Melodie.

135. Nun bitte wir den heiligen Geist Um den rechten glauben allermeist, Daß er uns behüte An unserm ende, Wann wir heimfahren aus diesem elende. Kyrie eleison.

2. Du werthes licht, gib uns deinen schein, Lehr uns JEsum Christ erkennen allein, Daß wir in ihm bleiben, Dem treuen heiland, Der uns bracht hat zum rechten vaterland. Kyrie eleison.

3. Du süsse lieb, schenk uns deine gunst, Laß uns empfinden der liebe brunst, Daß wir uns von herzen Einander lieben, Und im fried auf einem sinne bleiben. Kyrie eleison.

4. Du höchster tröster in aller noth, Hilf, daß wir nicht fürchten schand noch tod, Daß in uns die sinne Nicht verzagen, Wann der feind das leben will verklagen. Kyrie eleison.

D. M. Luther.

Mel. Zion klagt mit angst und schm.

136. O du allersüßste freude, O du allerschönstes licht, Der du uns in lieb und leide Unbesuchet lässest

lässest nicht, Geist des höchsten höchster fürst, Der du hältst und halten wirst Ohn aufhören alle dinge, Höre, höre, was ich singe.

2. Du bist ja die beste gabe, Die ein mensch nur haben kan, Wann ich dich erwünsch und habe, Geb ich alles wünschen an; Ach, ergib dich, komm zu mir In mein herze, das du dir, Da ich in die welt gebohren, Selbst zum tempel auserkohren.

3. Du wirst aus des himmels throne, Wie ein regen, ausgeschütt, Bringst vom vater und dem sohne Nichts als lauter segen mit; Laß doch, o du werther gast, GOttes segen, den du hast Und verwaltst nach deinem willen, Mich an leib und seele füllen.

4. Du bist weis und voll verstandes, Was geheim ist, ist dir kund, Zählst den staub des kleinē sandes, Gründ'st des tiefen meeres grund; Nun, du weißst auch zweifelsfrey, Wie verderbt und blind ich sey, Drum gib weisheit, und vor allen, Wie ich möge GOtt gefallen.

5. Du bist heilig, läßst dich finden, Wo man rein und sauber ist; Fleuchst hingegen schand und sünden, Wie die tauben stank und mist; Mache mich, o gnadenquell, Durch dein waschen, rein und hell: Laß mich fliehen, was du fliehest, Gib mir, was du gerne siehest.

6. Du bist, wie ein schäflein pfleget, Frommes herzens, sanftes muths, Bleibst im lieben unbeweget, Thust uns bösen alles guts; Ach verleih und gib mir auch diesen edlen sinn und brauch, Daß ich freund=und feinde liebe, Keinen, den du liebst, betrübe.

7. Mein hort, ich bin wohl zufrieden, Wann du mich nur nicht verstöß'st; Bleib ich von dir ungeschieden, Ey, so bin ich gnug getröst; Laß mich seyn dein eigenthum, Ich versprech hinwiederum, Hier und dort all mein vermögen Dir zu ehren anzulegen.

8. Ich entsage allem deme, Was dir deinen ruhm benimmt, Ich will, daß mein herz annehme Nur allein, was von dir kömmt; Was der satan will und sucht, Will ich halten, als verflucht: Ich will seinen schnöden wegen Mich mit ernst zuwider legen.

9. Nur allein, daß du mich stärkest, Und mir treulich stehest bey; Hilf, mein helfer, wo du merkest, Daß mir hülfe nöthig sey, Brich des bösen fleisches sinn, Nimm den alten willen hin, Mach ihn allerdinges neue, Daß mein GOtt sich meiner freue.

10. Sey mein retter, halt mich eben, Wann ich sinke, sey mein stab, Wann ich sterbe, sey mein leben, Wann ich liege, sey mein grab: Wann ich wieder auferstehe, Ey, so hilf mir, daß ich geh Hin, da du in ewgen freuden Wirst dein auserwählte weiden. Paul Gerhard.

Mel. HErr JEsu Christ, du höchste.

137. O heilger Geist, du höchstes gut, In GOtt die dritt persone, Der du ausgehst in gleichem muth Mit Vater und dem Sohne, Bist wahrer GOtt von ewigkeit, Und wirst von aller christenheit Geehrt und angebetet.

2. Wir bitten dich, durch deine gnad, Uns lehre recht erkennen Christum, und ihn beyd früh und spat, Ein HErrn des lebens nennen, Darzu ihn herzlich rufen an Und seine lehr für jedermann Bis in den tod bekennen.

3. Führ uns, mit deiner kraft, gewiß, In einem neuen leben, Auf daß wir ja kein ärgernis Empfangen oder geben, Weder mit lehr noch bösem rath, Sondern den glauben mit der that, Für aller welt, beweisen.

4. Theil uns, o HErr, dein gnade mit, Salb uns mit deinem öle, Darzu mit seufzen uns vertritt, Und tröst die arme seele Im creutz mit deiner süssen gunst, Und gib uns wahre GOttesbrunst, Einander recht zu lieben.

5. Verleih uns auch ein frischen muth, Und hilf uns ernstlich kämpfen, Daß wir die welt und unser blut Mit ihrer reizung dämpfen, Und endlich selig schlafen ein, Wann unsre stund wird kommen seyn, Von hinnen abzuscheiden. B. Ringwald.

Mel. Wie schön leuchtet der 2c.

138. O heilger Geist! kehr bey uns ein, Und laß uns deine wohnung seyn, O komm, du herzenssonne; Du himmelslicht, laß deinen schein Bey uns und in uns kräftig seyn, Zu steter freud und wonne. Sonne, Wonne, Himmlisch leben Wilt du geben, Wann wir beten, Zu dir kommen wir getreten.

2. Du quell, draus alle weisheit fleußt, Die sich in fromme seelen geußt, Laß deinen trost uns hören, Daß wir in glaubenseinigkeit Auch können alle christenheit Dein wahres zeugnis lehren: Höre, Lehre, Daß wir können Herz und sinnen Dir ergeben, Dir zum lob und uns zum leben.

3. Steh uns stets bey mit deinem rath, Und führ uns selbst den rechten pfad, Die wir den weg nicht wissen. Gib uns beständigkeit, daß wir Getreu dir bleiben für und für, Wann wir uns leiden müssen; Schaue, Baue, Was zerrissen, Und geflissen, Dich zu schauen, Und auf deinen trost zu bauen.

4. Laß uns dein edle balsamkraft Empfinden, und zur ritterschaft Dadurch gestärket werden, Auf daß wir unter deinem schutz Begegnen aller feinde trutz Mit freudigen gebärden. Laß dich Reichlich Auf uns nieder, Daß wir wieder Trost empfinden, Alles unglück überwinden.

5. O starker fels und lebenshort, Laß uns dein himmelssüsses wort In unsern herzen

brennen, Daß wir uns mögen nimmermehr Von deiner weisheitreichen lehr Und deiner liebe trennen.; Fliesse, Giesse Deine güte Ins gemüthe, Daß wir können Christum unsern heiland nennen.

6. Du süsser himmelsthau, laß dich In unsre herzen kräftiglich, Und schenk uns deine liebe, Daß unser sinn verbunden sey Dem nächsten stets mit liebestreu, Und sich darinnen übe, Kein neid Kein streit Dich betrübe, Fried und liebe Müssen schweben, Fried und freude wirst du geben.

7. Gib, daß in reiner heiligkeit Wir führen unsre lebenszeit, Sey unsers geistes stärke, Daß uns forthin sey unbewußt Die eitelkeit, des fleisches lust Und seine todte werke: Rühre Führe, Unsre sinnen Und beginnen Von der erden, Daß wir himmelserben werden.

M. M. Schirmer.

Mel. HErr, ich habe mißgehandelt.

139. Strahl der Gottheit, kraft der höhe, Geist der gnaden, wahrer GOtt, Höre, wie ich armer flehe, Das zu geben, was mir noth; Laß den ausfluß deiner gaben Auch mein dürres herze laben.

2. Glaube, weisheit, rath und stärke, Furcht, erkänntnis und verstand, Dis sind deiner Gottheit werke, Dadurch wirst du uns bekannt, Dadurch weißst du recht zu lehren, Wie wir sollen Christum ehren.

3. Theurer lehrer, GOttes finger, Lehr und schreibe deinen sinn Auch ins herz mir, deinem jünger, Nimm es ganz zu eigen hin, Daß ich stets von deiner fülle Reichlich lerne, was dein wille.

4. Laß das feuer deiner liebe Rühren meine zung und mund, Daß ich auch mit heissem triebe GOttes thaten mache kund: Laß es seel und geist entzünden, Und verzehren alle sünden.

5. Leg hingegen meiner seele Deine heilge salbung bey, Daß mein leib auch von dem öle Dein geweihter tempel sey: Bleibe bey mir, wenn ich sterbe, Daß ich Christi reich ererbe.

Mel. Komm heiliger Geist, Herre 2c.

140. Wer recht die pfingsten feyren will, Der wird in seinem herzen still; Ruh, friede, lieb und einigkeit Sind zeichen einer solchen zeit, Worin der heilge Geist regiert, Der ist es, der zur andacht führt, Er kan kein weltgetümmel leiden: Wer jenes liebt, muß alles meiden, Und GOtt allein gehorsam seyn.

2. Sein tempel ist da aufgerichtet, Da dient man ihm nach rechter pflicht, Da giebt er klugheit und verstand, Da wird der sprachen grund erkannt, Der zungen feuereifer glimmt, Er zeigt, was niemand sonst vernimmt, Schenkt das

vermögen auszusprechen, Was der vernunft, dem witz der frechen, Und aller list zu mächtig ist.

3. Nun dieses ist der Geist aus GOtt, Der frommen trost, der bösen spott, Die sich der sünden lust entziehn, Und busse thun, empfahen ihn, Auf wem er ruhet, der wird rein, Er geht zu keinem stolzen ein, Verleiht der demuth reiche gaben, Der geistlich arme soll sie haben, Dann sein gebet wird nicht verschmäht.

4. Es ist der athem und der wind, Der seelen einbläßt und entzündt, Der aus des HErren munde webt, Und, was erstorben ist, belebt: Es ist ein wort, das neu gebiert, Des deutung man im werke spürt, Ein zeugnis, das zum glauben treibet, Und das gesetz ins herz einschreibet, Daß jedermann es wissen kan.

5. Es ist die kraft, die alles regt, Ein strahl, der durch die felsen schlägt, Ein heller glanz, der uns erleucht, Ein licht, dem nacht und schatten weicht, Ein lehrer, der aufs gute dringt; Ein helfer, der uns stärke bringt, Ein rath, der uns zu rechte weiset, Ein labsal, die mit gnade speiset, Und den erquickt, den elend drückt.

6. Es ist der ausfluß aus der höh, Der wahrheit unerschöpfte see, Ein wasser, das vom unrecht wäscht, Ein quell, die durst und sehnsucht löscht, Ein brunnen, welcher ewig quillt, Und das gemüth mit gütern füllt; Ein vorrath und verheißner segen, Ein himmelsthau und milder regen, Der das erzieht, was grünt und blüht.

7. Es ist ein öl, des lauterkeit Zu königen und priestern weiht, Die salbung, die uns mitgetheilt, Die wunden und verderbnis heilt, Ein abgrund, drinn die wahrheit steckt, Die sich dem innern aug entdeckt, Wogegen kunst und menschlich wissen Der thorheit ähnlich werden müssen: Sie machet frey von heucheley.

8. Du theurer gast, du höchster schatz, Sey unser beystand und entsatz, An dem sich das vertrauen hält, Wann uns versuchung überfällt, Vermehr in uns die zuversicht, Wehr aller furcht, verlaß uns nicht, Daß wir in noth nicht unten liegen, Vielmehr beherzt den tod besiegen, Wann uns die zeit das ende dräut. E. Lange.

Mel. Von GOtt will ich nicht lassen.

141. Zeuch ein zu deinen thoren, Sey meines herzens gast, Der du, da ich gebohren, Mich neu gebohren hast, O hochgeliebter Geist Des vaters und des sohnes, Mit beyden gleiches thrones, Mit beyden gleich gepreist.

2. Zeuch ein, laß mich empfinden Und schmecken deine kraft; Die kraft, die uns von sünden Hülf und errettung schaft. Entsündge meinen sinn, Daß ich mit reinem geiste Dir ehr und dien-

dienste leiste, Die ich dir schuldig bin.

3. Ich war ein wilder reben, Du hast mich gut gemacht, Der tod durchdrang mein leben, Du hast ihn umgebracht, Und in der tauf erstickt, Als wie in einer fluthe, Mit dessen tod und blute, Der uns im tod erquickt.

4. Du bist das heilge öle, Dadurch gesalbet ist Mein leib und meine seele Dem Herren Jesu Christ, Zum wahren eigenthum, Zum priester und propheten, Zum könig, den in nöthen GOtt schützt vom heiligthum.

5. Du bist ein Geist, der lehret, Wie man recht beten soll; Dein beten wird erhöret, Dein singen klinget wohl, Es steigt zum himmel an: Es steigt, und läßt nicht abe, Bis der geholfen habe, Der allen helfen kan.

6. Du bist ein Geist der freuden, Vom trauren hältst du nicht, Erleuchtest uns im leiden Mit deines trostes licht; Ach ja, wie manchesmal Hast du mit süssen worten Mir aufgethan die pforten Zum güldnen himmelssaal.

7. Du bist ein Geist der liebe, Ein freund der freundlichkeit, Willt nicht, daß uns betrübe Zorn, zank, haß, neid und streit: Der feindschaft bist du feind, Willt, daß durch liebesflammen Sich wieder thun zusammen, Die voller zwietracht seynd.

8. Du, HErr, hast selbst in händen Die ganze weite welt, Kanst menschenherzen wenden, Wie es dir wohlgefällt: So gib doch deine gnad Zum fried und liebesbanden, Verknüpf in allen landen, Was sich getrennet hat.

9. Erhebe dich, und steure Dem herzleid auf der erd, Bring wieder und erneure Die wohlfahrt deiner heerd: Laß blühen, wie zuvor, Die länder, so verheeret, Die kirchen, so zerstöhret Durch krieg und feuerszorn.

10. Beschirm die policeyen, Bau unsers Fürsten thron, Daß Er und wir gedeyen: Schmück, als mit einer kron, Die alten mit verstand, Mit frömmigkeit die jugend, Mit gottesfurcht und tugend Das volk im ganzen land.

11. Erfülle die gemüther Mit reiner glaubenszier, Die häuser und die güter Mit segen für und für: Vertreib den bösen geist, Der dir sich widersetzet, Und, was dein herz ergötzet, Aus unserm herzen reißt.

12. Richt unser ganzes leben Allzeit nach deinem sinn, Und wann wirs sollen geben Ins todes rachen hin, Wanns mit uns hier wird aus, So hilf uns frölich sterben, Und nach dem tod ererben Des ew'gen lebens haus.

Am Fest der heiligen Dreyeinigkeit.

In eigener Melodie.

142. Allein GOtt in der höh sey ehr Und dank für seine gnade, Darum, daß nun und nimmermehr Uns rühren kan kein schade; Ein wohlgefalln GOtt an uns hat Nun ist gros fried ohn unterlaß, All fehd hat nun ein ende.

2. Wir loben, preis'n, anbeten dich, Für deine ehr wir danken, Daß du, GOTT Vater, ewiglich Regierst ohn alles wanken, Ganz ungemess'n ist deine macht, Fort g'schicht, was dein will hat bedacht; Wohl uns des feinen HErren.

3. O JEsu Christ, Sohn eingebohrn Deines himmlischen Vaters, Versöhner der'r, die war'n verlohrn, Du stiller unsers haders; Lamm GOttes, heilger HErr und GOtt, Nimm an die bitt von unsrer noth, Erbarm dich unser aller.

4. O heilger Geist, du höchstes gut, Du allerheilsamster tröster, Vors teufels g'walt fortan behüt, Die JEsus Christ erlöset Durch grosse mart'r und bittern tod: Abwend all unsern jamm'r und noth, Darzu wir uns verlassen.

D. Nic. Selneccer.

Mel. Wann wir in höchsten nöthen.

143. Der du bist drey in einigkeit, Ein wahrer Gott von ewigkeit, Die sonn mit dem tag von uns weicht, Laß leuchten uns dein

2. Des morgens, GOtt, dich loben wir, Des abends auch beten für dir, Unser armes lied rühmet dich Jetzund, immer und ewiglich.

3. Gott Vater, dem sey ewig ehr, Gott Sohn, der ist ein einig Herr, Und dem tröster, heiligen Geist, Von nun an bis in ewigkeit.

D. M. Luther.

Mel. Wer in dem schutz des höchst.

144. Du blinder mensch, wie magst du dich Vergebens unterwinden, GOtt anzuschauen inniglich? Vernunft kan das nicht finden. Wie unser Gott dreyeinig sey, Trägst du dann dessen keine scheu, Sein wesen zu ergründen.

2. Ob du gleich der gedanken zunft Mit macht zu haufen bringest, Und deine kindische vernunft Deswegen kränkst und zwingest; So weiß ich, daß du nimmermehr (Wann du dich gleich kränkst noch so sehr.) Durch dis geheimnis dringest.

3. Die Gottheit ist ein spiegelglas, So die vernunft anhauch[illegible], Ihr, klügelweisen, merket das, Wer die vernunft mißbrauchet, Der steht ihm selber in dem licht, Und sieht die klarheit GOttes nicht, All seine witz verschmauchet.

4. Wohl dem, der sich nicht selbst beraubt Der schrift, so er gelesen; Aus einfalt seines herzens glaubt, Daß GOtt in sei-

nem wesen Dreyfaltig und doch einig sey, Wer das thut, kan von klügeley Bald wiederum genesen. Christ. Arnold.

Mel. O GOtt, du frommer GOtt.

145. Du dreymal grosser GOtt, Dem erd und himmel dienen, Dem heilig, heilig singt Die schaar der seraphinen; Du höchste majestät, Du helfer in der noth, Du aller herren HERR, Jehovah zebaoth.

2. Dich bet ich jetzund an, Dir lob und dank zu lallen, Mein alleluja laß Dir gnädig wohlgefallen, Du allerhöchstes gut, Und gnadenvolle sonn, Du aller gaben meer, Und unerschöpfter bronn.

3. Mein schöpfer! mensch und vieh, Und alles andre wesen, Läßt deiner allmacht pracht Ganz klärlich an sich lesen: Ein jedes wunder lobt Dich, HErr, in der natur, Stern, element, gewölk, Und alle creatur.

4. Es muß dich jedermann, Den treuen Vater, preisen, Du führest wunderbar, Willst leib und seele speisen, Erhörest das gebet, Erfrischest unsern muth, Wir sind all zu gering, Was deine treue thut.

5. Heiland, Immanuel, Lamm GOttes ohne sünden, Mein JEsu, deine lieb Kan kein verstand ergründen, Das alleluja singt Dir, als dem wahren Christ, Das menschliche geschlecht, Das längst erlöset ist.

6. Du nahmest fleisch an dich, Und tratest in die mitten, Trugst unsre sündenschuld, Hast bis aufs blut gestritten, Doch dis dein blut und tod Erwirbt uns lauter heil, Macht, daß wir selbst an GOtt Nun können nehmen theil.

7. O Herr Gott heilger Geist, Du Geist voll reicher flammen, Durchs evangelium Bringst du das volk zusammen, Das Christum kennt und ehrt, Du machest alles licht, Gibst neue feuerglut, Damit kein glaub gebricht.

8. Ach, allerhöchster trost, Und bester weisheitslehrer, Erleuchter, heiliger, Aufrichter und bekehrer, Du theilst die gaben aus, Erfüllest uns mit kraft, Die der verderbnis wehrt, Und gutes in uns schaft.

9. GOtt Vater, Sohn und Geist, Ein GOtt und eins in dreyen Gepriesne majestät, Die stets zu benedeyen, Laß auf der rechten bahn Uns allezeit bestehn, Und durch ein seligs end Zu unserm erb eingehn.

10. Laß, o dreyein'ger GOtt, Dein gnadenantlitz leuchten, Dein edler segensthau Woll unser herz befeuchten. Wir hoffen ja auf dich, Du läßst uns nicht in spott, Wir singen gloria: Gelobt, gelobt sey GOtt.

Gotter.

Mel. O GOtt, du frommer GOtt.

146. Gelobet sey der HErr, Mein Gott, mein licht, mein leben, Mein schöpfer, der mir hat Mein leib und

und seel gegeben, Mein Vater, der mich schützt Von mutterleibe an, Der alle augenblick Viel guts an mir gethan.

2. Gelobet sey der HErr, Mein GOtt, mein heil, mein leben; Des Vaters liebster sohn, Der sich für mich gegeben, Der mich erlöset hat Mit seinem theuren blut, Der mir im glauben schenkt Sich selbst, das höchste gut.

3. Gelobet sey der HErr, Mein GOtt, mein trost, mein leben, Des Vaters werther Geist, Den mir der Sohn gegeben, Der mir mein herz erquickt, Der mir gibt neue kraft, Der mir in aller noth Rath, trost und hülfe schaft.

4. Gelobet sey der HErr, Mein GOtt, der ewig lebet, Den alles rühmt und lobt, Was in den lüften schwebet. Gelobet sey der HErr, Des name heilig heißt, GOtt Vater, GOtt der Sohn, Und GOtt der werthe Geist:

5. Dem wir alleluja Mit freuden lassen klingen, Und mit der engel schaar Das heilig, heilig singen, Den herzlich lobt und preißt Die ganze christenheit. Gelobet sey mein GOtt In alle ewigkeit. D. J. Olearius.

In eigener Melodie.

147. GOtt der Vater wohn uns bey, Und laß uns nicht verderben, Mach uns aller sünden frey, Und hilf uns selig sterben: Vor dem teufel uns bewahr, Halt uns bey vestem glauben, Und auf dich laß uns bauen, Aus herzensgrund vertrauen; Dir uns lassen ganz und gar Mit allen rechten christen, Entflieh'n des teufels listen, Mit waffen GOtt's uns rüsten, Amen, amen, das sey wohr, So sing'n wir: Alleluja.

2. JEsus Christus! wohn uns bey, Und laß uns nicht verderben, rc.

3. Heilger Geiste! wohn uns bey, Und laß uns nicht verderben, rc. D. Martin Luther.

Mel. Wann wir in höchsten rc.

148. GOtt Vater, HErr, wir danken dir, Daß du uns b'hütet für und für, Ernährest uns so mildiglich, Bewahr uns voraus gnädiglich.

2. HErr JEsu Christ, wahr'r mensch und GOtt, Hast uns erlößt vom ewgen tod, Und uns verdient das himmelreich Mach uns dein'n lieben engeln gleich.

3. GOtt heilger Geist, du tröster gut, Der du gibst rechten sinn und muth, Den glauben, lieb und hoffnung mehr, Und uns von sünden zu dir kehr.

5. Du heilige Dreyfaltigkeit, Du seyst gelobt in ewigkeit, O treuer GOtt, am letzten end, Nimm unsre seel in deine händ.

Mel. Nun freut euch lieben rc.

149. GOTT Vater, ursprung, quell und grund Der hohen Gottheit reine, Ohn g'wisse wohnung, zeit und stund, Von dir gar selbst allei-

alleine, Von niemand weder auserkohrn, Erdacht, ausgangen, noch gebohrn, Sondern alles in allem.

2. Du hast gezeuget einen Sohn Ohn anfang und ohn ende, Ein sondre doch dir gleich person, Im wesen für sich stehnde, Die gar ist deiner eigenschaft, An weisheit, alter, ehr und kraft, Und liebest sie von herzen.

3. Von welcher, und von dir sowol Ausgeht noch ein persone, Dir und dem Sohn gleich ehrenvoll, In ungetheilter crone, Wird GOtt der heilge Geist genannt, Die von euch beyden im verstand Nicht mag getrennet werden.

4. Wir danken dir, daß du so fein Im wort dich hast erkläret, Und an uns in dem Sohne dein Dein höchste lieb bewähret, Indem daß er, nach deinem rath, Hat müssen unsre übelthat In unserm fleisch bezahlen.

5. Send deinen Geist uns, armen, zu, Daß er die hohe sachen Durchs wort in unserm herzen thu Vest und gewisse machē, Auf daß wir solcher tiefen brunst, An uns geübt aus lauter gunst, Theilhaftig mögen werden.

6. HErr JEsu Christ, wahr'r mensch und GOtt, Des Vaters bild und herze, Der du für uns viel hohn und spott, Ja auch des todes schmerze Getragen hast, dein gnad verleyh, Daß solches nicht verlohren sey An uns betrübten sündern.

7. O heilger Geist, du inn'ge lieb, Im Vater und dem Sohne, Ein innbrunst auch uns menschen gib Zum freudenreichen throne, Daß wir vergessen dieser erd, Und allermeist unsre gebärd In himm'l hinauf erheben.

8. O GOtt, du tief selbstständigkeit, Die du bist eins in dreyen, Thu doch der armen christenheit Die gnad in dir verleyhen, Daß sie dich stets mit allem fleiß In drey personen ehr und preis, Als einen GOtt im wesen.

9. Dann wie du dich uns hast erklärt, Willt du auch seyn genennet. Wer das nicht glaubt, zum teufel fährt: Dieweil er dich nicht kennet. Der rechte GOtt mit namen heißt: GOtt Vater, Sohn, heiliger Geist, Sonst wird gar keiner funden.

Barthol. Ringwald.

In eigener Melodie.

150. Jesaia, dem propheten, das geschah, Daß er im geist den HErren sitzen sah Auf einem hohen thron in hellem glanz, Sein's kleides saum den chor erfüllte ganz; Es stunden zwey seraph bey ihm daran, Sechs flügel sah er einen jeden han, Mit zween bedeckten sie ihr antlitz klar, Mit zween bedeckten sie ihre füsse gar, Und mit den andern zween sie flogen frey. Ge g'neinander ruften sie mit grossem g'schrey: Heilig ist GOtt, der HErre Zebaoth, Heilig ist

GOtt, der HErre Zebaoth, Heilig ist GOtt, der HErre Zebaoth. Sein ehr die ganze welt erfüllet hat, Von dem g'schrey zittert'n schwell und balken gar, Das haus auch ganz voll rauchs und nebels war.

D. Martin Luther.

Mel. Allein GOtt in der höh sey 2c.

151. O heiligste Dreyfaltigkeit, Voll majestät und ehren, Wie kan doch deine christenheit Dein lob nach würden mehren, Du bist sehr hoch und wundersam, Ganz unbegreiflich ist dein nam, Dein wesen unerforschlich.

2. Wir danken dir, daß deine gnad, Auch weil wir hier noch leben, In deinem worte so viel hat Uns offenbart gegeben, Daß du bist wahrer GOtt und heist: GOtt Vater, Sohn und heilger Geist, Dreyfaltig und doch einig.

3. O Vater, aller dinge quell Und ursprung, sey gepreiset Für alle wunder, die so hell Uns deine gnad erweiset. Du Vater, hast vor aller zeit Dein eingen Sohn von ewigkeit, Dein ebenbild, gezeuget.

4. Du hast gemacht den erdenkreis, Nach deinem wohlgefallen, Uns menschen drauf zu deinem preis, Daß wir dein lob erschallen; Auch wird durch deines mundes wort Dis alles immer fort und fort Erhalten und regieret.

5. Drum steh, o Vater, ferner bey Uns, deinen armen kindern, Und alle unsre schuld verzeih Uns hochbetrübten sündern; Aus unsern nöthen mannigfalt Errette uns, und hilf uns bald, Wie du uns hast versprochen.

6. O JEsu Christe, GOttes Sohn, Von ewigkeit gebohren, Uns menschen auch im himmelsthron Zum mittler auserkohren; Durch dich geschicht, was nur geschicht, O wahrer GOtt, o wahres licht Vom wahren GOtt und lichte.

7. Du bist des Vaters ebenbild, Und doch vom himmel kommen, Als eben war die zeit erfüllt, Hast du fleisch angenommen, Hast uns erworben GOttes huld, Bezahlet unsre sünd und schuld Durch dein unschuldig leiden.

8. Nun sitzest du zur rechten hand Des Vaters hoch erhoben, Beherrschest alle leut und land, Und dämpfst der feinde toben, Hilf uns, o wahrer mensch und GOtt, Wir wollen dir für deinen tod, Und alle wohlthat danken.

9. O heilger Geist, du werthe cron, Erleuchter unsrer sinnen, Der du vom Vater und dem Sohn Ausgehest ohn beginnen; Du bist allmächtig, und ohn end; Der Vater und der Sohn dich sendt, Im glauben uns zu leiten.

10. HErr, du gebierest durch die tauf Uns wiederum aufs neue, Hilfst uns in unserm lauf oft auf, Gibst wahre buß und reue. Durch dich wird unsre hoff=

hoffnung fest, Und wenn uns alle welt verläßt, Bleibst du bey uns im herzen.

11. Wir bitten dich demüthiglich, Daß es ja mög durchdringen, Was wir mit seufzen oft vor dich In unsrer noth vorbringen; Und wenn die letzte stund da ist, So hilf, daß wir auf JEsum Christ Getrost und selig sterben.

12. GOtt Vater, Sohn und heilger Geist, Für alle gnad und güte Sey immerdar von uns gepreißt, Mit freudigem gemüthe. Des himmels heer dein lob erklingt, Und heilig, heilig, heilig singt; Das thun wir auch auf erden.

Mel. Wacht auf, ruft uns 2c.

152. O heilig ist GOtt der HErre, In ewigkeit sey ihm die ehre, Gott Vater, Sohn, heiliger Geist, Heilig, hochheilig, heilig Ist unser GOtt, der allein selig, Der könig, schatz und tröster heißt, GOTT selbst ist unser freud, O süsse lieblichkeit. Eja, eja, Stimmt an den ton Vor seinem thron Des neuen lieds und lobgesangs.

2. Preis, ehre, macht und stärke Sey dir, HErr aller deiner werke, O Gott, du allerhöchstes gut, Dich, o Herr Jesu, loben, Die zu deiner ehr hoch erhoben, Du hast uns erkauft durch dein blut: Nun werden wir erquickt, An deine brust gedrückt, Süsser JEsu, GOtt ist uns nah, Welch lieb ist da, Lobt unsern HErrn. Allelnja.

Mel. Wann wir in höchsten nöthen.

153. Sey lob, preis, ehr und herrlichkeit GOtt dem Vater in ewigkeit, Der alle ding erschaffen hat, Und erhält durch sein göttlich gnad.

2. Ehr sey auch sein'm geliebten Sohn, Der uns alls gutes hat gethan, Der für uns ist am creutz gestorbn, Und uns den himmel hat erworbn.

3. Ehr sey auch dem heiligen Geist, Der uns durch sein gnad allermeist Die wahrheit woll machen bekannt, Und eröffnen unsern verstand.

4. O heilige Dreyfaltigkeit! O wahre einige Gottheit! Erhör uns, aus barmherzigkeit, Und führ uns zu der seligkeit.

Am Tage St. Johannis des Täufers.

Mel. Was GOtt thut das ist 2c.

154. GOtt, dem kein ding unmöglich ist, Im himmel und auf erden, Der bald der mütter leib verschließt, Bald lässet fruchtbar werden; Der aller welt Für augen stellt: Es sey in seinem namen Nur lauter ja und amen.

2. Du hast einmal ein wort geredt In Zacharias tagen; Drum muß auch die Elisabeth Ein kind im alter tragen. O laß mich nicht, Was dein mund

mund spricht, Vor zweifelhaftig schätzen, Ja felsen darauf setzen.

3. Auch mich zog vormals deine hand Aus meiner mutter leibe. Du hast mich, eh ich war, gekannt: Ach, diese wohlthat schreibe In meine brust, Daß ich mit lust Allzeit daran gedenke, Und mich dir gänzlich schenke.

4. Mein name, welchen man mir gab, Ist in dein buch geschrieben; O lasse mich, bis in mein grab, Desselben deutung üben. Der ist dein glied, Der sich bemüht Dem guten nachzuahmen, Sonst hilft kein schöner namen.

5. Ein Zacharias preiset dich; Ich folge dem exempel, Dein guter Geist bereite mich Zu deinem ehrentempel. So stimm ich an, Wie gut ich kan, Dein lob auf meiner zungen Wird hier, wie dort gesungen.

6. Gelobet sey, GOtt Israel, Du hast dein volk erhöret. Das horn des heils, Immanuel, Hat Davids haus beehret. Wir sind erlößt, Und auch getröst. Was du vorlängst versprochen, Das hast du nicht gebrochen.

7. Der feinde macht ist nun gebeugt Weil der erretter kommen, Du hast barmherzigkeit erzeigt, Und uns in schutz genommen. Dein bund und eyd Ist nun verneut; Nicht Abraham alleine, Die heyden sind auch deine.

8. Die finsterniß, die uns betrübt, Weicht nunmehr ganz zurücke, Der aufgang aus der höhe gibt Uns lauter sonnenblicke. Der friedensschluß Setzt unsern fuß Aus allen todesschatten, Die uns umgeben hatten.

9. Ach! ist uns so viel herrlichkeit Durch deinen Sohn erschienen, So mach auch unser herz bereit Ihm lebenslang zu dienen. Kein ander heil Wird uns zu theil, Vergebung unsrer sünden Ist nun bey ihm zu finden.

10. Johannes gieng vor JEsu her, Wir folgen seinen schritten: Und ob es in der wüsten wär, Soll uns niemand verbieten, Dir nur allein Getreu zu seyn, Bis wir auf Zions auen Der sonnen aufgang schauen.

Benjamin Schmolck.

In eigener Melodie.

155. Ich will den HErren ewig loben, Ich will ihn preisen tag und nacht, Dann seine güt ist hoch erhoben, Der HErr hat selbst an uns gedacht, Er hat vom himmel angesehen Die völker in der irre gehen. O hochgepriesner GOttesrath, Der uns vom fluch erlöset hat.

2. Er hat ein kräftig reich gegründet, Ein horn des heils, das seine stärk Allein in dem gesalbten findet. O wundergrosses gnadenwerk! Aus Davids haus ist dieser kommen, Wie das versprochen war

den frommen, Und der propheten treuer mund Uns vor der zeit gemachet kund.

3. Nun hat der HErr uns siegen lass n, Er hat gedämpft der feinde list, Und aller deren, die uns hoffen, Er macht uns frey zu dieser frist: Er findet wieder, was verlohren, Als er den vätern längst geschworen, Auch seines bundes hat gedacht, Den er mit Abraham gemacht.

4. Dieweil uns aber ist erschienen Die lang gewünschte gnadenzeit, So lasset uns dem HErren dienen In demuth und gerechtigkeit: Da soll nun keiner sich beflecken, Ja keine furcht soll uns erschrecken: Ein jeder schaff in dieser welt Sein lebenlang, was GOtt gefällt.

5. Und du, mein kindlein, wirst genennet Des Höchsten seher und prophet, Ein kind, das den gesalbten kennet: Ein kind, das vor dem HErren geht; Ein kind, das ihm den weg bereitet, Und seines namens ehr ausbreitet: Ein kind, das nach des Höchsten rath Wird strafen sünd und missethat.

6. Dein süsser mund, der wird uns lehren, Wie man durch wahre buß und reu Allein zu GOtt sich müsse kehren, Und wo dann die vergebung sey, Ja, wo die gnad und rettung stehe: Nur bey dem aufgang aus der höhe, Der ist erschienen in der zeit Mit herzlicher barmherzigkeit.

7. Das volk, so gar im finstern lebte, Das seinen schöpfer kannte nicht: Das volk, das nur im schatten schwebte, Das siehet jetzt ein grosses licht: Ein schöner glanz ist aufgegangen, Der väter hoffnung und verlangen, Nun wird man unsre füsse sehn Den sichern weg des friedens gehn. Joh. Rist.

Mel. Zion klagt mit angst und schm.

156. Tröstet, tröstet, meine lieben, Tröstet mein volk, spricht mein GOtt; Tröstet, die sich jetzt betrüben Ueber feindes hohn und spott: Weil Jerusalem wohl dran, Redet sie gar freundlich an, Dann ihr leiden hat ein ende, Ihre ritterschaft ich wende.

2. Ich vergeb all ihre sünden, Ich tilg ihre missethat. Ich will nicht mehr sehn noch finden, Was die straf erwecket hat, Sie hat ja zwiefältig leid Schon empfangen, ihre freud Soll sich täglich neu vermehren, Und ihr leid in freud verkehren.

3. Eine stimme läßt sich hören In der wüsten weit und breit, Alle menschen zu bekehren: Macht dem HErrn den weg bereit Machet GOtt ein ebne bahn, Alle welt soll heben an, Alle thäler zu erhöhen, Daß die berge niedrig stehen.

4. Ungleich soll nun eben werden, Und was höckricht, werden schlecht, Alle menschen hier auf erden Sollen leben schlecht und recht; Dann des Herren herrlichkeit, Offenbar

zu seiner zeit, Macht, daß alles fleisch kan sehen, Wie, was GOtt spricht, muß geschehen.

D. Olearius.

Am Tage St. Michaelis oder Engelfest.

Mel. HErr JEsu Christ, dich zu.

157. HErr GOtt! dich loben alle wir, Und sollen billig danken dir Für dein geschöpf der engel schon, Die um dich schweb'n in deinem thron.

2. Sie glänzen hell und leuchten klar, Und sehen dich ganz offenbar: Dein stimm sie hören allezeit, Und sind voll göttlicher weisheit.

3. Sie feyren auch und schlafen nicht, Ihr fleiß ist ganz dahin gericht, Daß sie, HErr Christe, um dich seyn, Und um dein armes häufelein.

4. Der alte drach und böse feind Vor neid, haß und vor zorne brennt, Sein datum steht allein darauf, Wie er zertrenne deinen hauf.

5. Und wie er vor hat bracht in noth Die welt, führt er sie noch in tod: Kirch, wort, gesetz, all ehrbarkeit Zu tilgen ist er stets bereit.

6. Darum kein rast noch ruh er hat, Brüllt, wie ein löw, tracht früh und spat, Legt garn und strick, braucht falsche list, Daß er verderb, was christlich ist.

7. Indessen wacht der engel schaar, Die Christo folget immerdar, Und schützet deine christenheit, Wehret des teufels listigkeit.

8. An Daniel wir lernen das, Da er unter den löwen saß; Desgleichen auch dem frommen Loth Der engel half aus aller noth.

9. Dermassen auch des feuers glut Verschont und keinen schaden thut Den'n knaben in der heissen flamm, Der engel ihn'n zu hülfe kam.

10. Also schützt GOtt noch heut zu tag Vorm übel und vor mancher plag Uns durch die liebe engelein, Die uns zu wächter geben seyn.

11. Darum wir billig loben dich, Und danken dir, GOtt, ewiglich: Wie auch der lieben engel schaar Dich preisen heut und immerdar.

12. Und bitten dich, du wollst allzeit Dieselben heissen seyn bereit, Zu schützen deine kleine heerd, So hält dein göttlich wort im werth.

D. Philipp Melanchthon.

Mel. Ach HErr mich armen sünder.

158. Ihr wunderschöne geister, Die anfangs hat gemacht Ein noch viel schönrer meister, Der alles wohl bedacht: Ihr engel, nach dem wesen, Im grossen heiligthum: Ihr thronen, auserlesen, Sehr hoch ist euer ruhm.

2. Aus nichts seyd ihr erschaffen, Und zwar in grosser meng,

Ihr

Ihr sieget ohne waffen, Sehr hell ist eur gepräng: Es ist kein ort bewahret So fest, so fern, so weit, Den ihr nicht überfahret Durch eure schnelligkeit.

3. Ihr sadducäer schweiget, Und glaubet doch der schrift, Die klärlich dis bezeuget, Was diese lehr betrifft; Ob wir schon hier nicht sehen Der engel grosse schaar, Daß sie doch gleichwohl stehen Dort oben offenbar.

4. Sehr gros sind ihre gaben, Als weisheit und verstand, Die sie vom schöpfer haben, Der dieses weite land Im anfang hat bereitet, Wo selbst der engel zier Sich treflich ausgebreitet, Und bleibt so für und für.

5. Doch soll man sie nicht ehren, Wie GOtt das höchste gut, Und dessen ruhm versehren, Der so viel thaten thut; Sie sind zwar sehr geflissen, Zu dienen GOtt forthin, Doch können sie nicht wissen Der menschen herz und sinn.

6. Sehr heilig ist ihr leben, Keusch, züchtig und gerecht, Die werthe geister schweben Als edle tugendknecht, Und können nimmer fallen, Nachdem sie kräftiglich Bestättigt sind in allem, Und niemals ändern sich.

7. O mensch, willt du sie haben Zu deines leibes schutz, So faß auch ihre gaben, Nur fromm seyn ist dir nutz; Wann sie dich sollen lieben, So must du für und für Im guten dich auch üben, Nach engel art und zier.

8. Sie sind auch tapfre helden, Sehr groß von kraft und macht, Als viel exempel melden, Der'r auch die schrift gedacht: Ein engel konnte schlagen, Was er im lager fand: Ein engel machte zagen Das ganz Egyptenland.

9. Sie loben GOtt von herzen, Sie loben GOtt mit lust. Den schönen himmelskerzen Ist anders nichts bewußt, Als GOtt und uns zu dienen: Dis thun ohn unterlaß Auch selbst die cherubinen; O welch ein ehr ist das!

10. Es dienen uns auf erden, Die schnelle geisterlein, Wann wir gebohren werden, Und erst des tages schein In dieser welt anblicken: Sie halten uns im schutz, Daß uns nicht mög ersticken, Des satans grimm und trutz.

11 In unserm thun und leben Seynd diese helden auch Zu dienen uns ergeben, Ja folgen dem gebrauch, Daß sie, wie kämpfer, stehen, (O welch ein hülf in noth!) Und auf uns arme sehen, So gar bis in den tod.

12. Wann wir zuletzt nun scheiden Aus dieser schnöden welt, So führen sie mit freuden Uns in das himmelszelt, Daß wir, zur ehr erhoben Und aus der angst befreyt, Den allerhöchsten loben In seiner herrlichkeit.

Johann Rist.

Mel. Zion klagt mit angst und schm.

159. Schutzgott, dessen starke rechte, Zuflucht, schirm und schatten gibt; Der

Alles kan und will bewahren.

2. Viele heilge seraphinen Singen dir ein heilig für, Zehnmal hundert tausend dienen, Viele tausend jauchzen dir, Was bekannt und unbekannt, Ist ein werk von deiner hand. Die herrschaften und die thronen Loben dich in lichten kronen.

3. HErr, was sind wir, daß du engel Uns zu unsern wächtern gibst? Menschen sind wir, voller mängel; Menschen, die du dennoch liebst. Engel, die dich allzeit sehn, Sollen uns zu diensten stehn: Engel hüten uns, als kinder, Heilge engel schützen sünder.

4. Engel sinds, die nach den Die ihr antlitz ohne flecken, Doch vor dir, in demuth, decken.

5. Heere, welche die bewachen, Die dich fürchten, grosser GOtt, die ein schröcklich lager machen Gegen aller feinde rott: Diese sehn in deinem licht, Vater, stets dein angesicht: Diener, die zu deinen füssen Dir in ehrfurcht dienen müssen.

6. GOtt der engel, HErr der helden, Ach, was sind wir menschen doch, Daß wir so viel vor dir gelten! O wie hältst du uns so hoch: Deine engel dienen uns, Sind die zeugen unsers thuns. Laß uns auch mit diesen chören Ewig dich im himmel ehren.

M. P. F. Hiller.

An den Gedächtniß-Tagen der Heil. Aposteln.

Mel. Wach auf du werthe rc.

160. Auf, auf, mein herz und du mein sinn, Leg allen zweifel von dir hin, Der sich in dir befindet. Daß Christus sey dein heil und hort, Ist ja in GOttes wahrem wort Recht felsenvest gegründet.

2. Wohl dem, der der propheten lehr, Und den aposteln gibt gehör, Und glaubt, was solche sagen: Sie sind es, die aus GOttes mund Der ewgen wahrheit sichern grund Uns haben vorgetragen.

3. Ihr wort ist uns das rechte licht, Das unser dunkles angesicht Kan hell und sehend machen, Die wir sonst von natur ganz blind, Und am verstand verfinstert sind, In blos göttlichen sachen.

4. Da also GOttes grosse gnad Uns auch allhier verliehen hat, Daß wir noch immer haben Das göttlich apostolisch wort, Das uns leucht zu des lebens pfort, Und herz und geist kan laben:

5. So laß uns doch geflissen seyn,

seyn, Und allezeit auf dessen schein Mit glaubensaugen sehen: Denn so gewißlich sehn wir frey, Was uns vor güte und vor treu Von GOtt pflegt zu geschehen.

6. Sind wir wol nicht also bewandt, Daß unser finsterer verstand Das wort kan heilsam fassen: Ey, wo das licht nur bricht herein, Wird GOtt, durch dessen glanz und schein, Uns schon erleuchten lassen.

7. Denn Christus, unser morgenstern, Wird uns doch auch von GOtt dem HErrn Zu unserm licht gegeben; Bis daß dort in vollkommenheit Die sonne der gerechtigkeit Uns frölich wird beleben.

8. Ach, drum, HErr JEsu, hilf, daß wir Auf dein wort achten für und für, Und dieses lichts uns freuen; Bis einst, durch deine grosse macht, Uns wird nach dieser finstern nacht Dein volles licht verneuen.

M. J. Ch. Arnschwanger.

Mel. HErr JEsu Christ, dich zu.

161. Mein JESU, wie gros ist dein lieb, Die dich zu uns auf erden trieb, Wie sorgst du doch für unser heil, Dein wort wird uns so reich zu theil.

2. Denn damit deine gnadenlehr Gepredigt werde hin und her, Hast du die jünger selbst bestellt, Und ausgesandt in alle welt.

3. Hab dank für solche grose treu, Mach selbe fortan täglich neu: Erhalt das wahre predigamt, So noch von den aposteln stammt.

4. Gib allen, die in diesem stand, Der rechten eintracht festes band: Schaff, daß die menschenfischerey Ihr erste sorg und arbeit sey.

5. Sodann, weil ich und jeder christ In seiner maas ein jünger ist, Pflanz ein die nachfolg in mein herz, Wann schon tobt der verfolgungsschmerz.

6. Hilf, daß ich stets bleib eingedenk, Es müsse alles weltgeschenk Verlassen seyn, wann du befiehlst, Und uns zur nachfolg haben willst.

7. Ich weiß, daß der apostel tag Man niemals besser feyern mag, Als wo man ihrem amt und schritt Zu folgen wünscht mit festem tritt.

8. Nun, JESU, du rufst durch dein wort Uns armen menschen fort und fort; Ach laß mich billig folgen dir, Dann ich bin dein so dort als hier.

9. Doch bitt ich nicht für mich allein, Ich bitt für alle insgemein, Voraus, die mir mit sonderm band Sind zugethan und anverwandt.

10. Laß sie, HErr, folgen deiner lehr, Daß ihr gehorsam sich stets mehr, Damit wir hie und ewiglich Mit freuden schauen sämtlich dich. M. Hesenthaler.

Mel. Nimm von uns, HErr, rc.

162. Wir danken dir GOtt, für und für, Daß du dein wort, Auch

diesem ort Mit hellem schein Erhalten rein, Und bitten dich, Laß sicherlich, Je mehr und mehr, Die reine lehr Ausbreiten sich zu deiner ehr.

2. Der schatz ist theur; Drum wehr und steur Der feinde trutz, Halt selber schutz, Daß sie mit list, Und mordgerüst Dis schöne licht Auslöschen nicht: Laß ihren rath, Der früh und spat Lauft wider uns, nicht finden statt.

3. Gib solche leut, Die ungescheut Uns zeigen an Die rechte bahn, Die du bereit Zur seligkeit; Mit deinem Geist Ihn'n hülfe leist, Daß nicht mit macht Werd hergebracht Des alten greuels finstre nacht;

4. Darinnen nicht Ein fünklein licht, In angst und leid, Von trost und freud: Dein wort allein Kan tröstlich seyn, Dasselb erhalt, Bey jung und alt, Bis an das end, Und stürz behend, Der uns raubt wort und sacrament.

Joh. Hermann.

Zweyter Theil,

hält in sich

Catechismus - Lieder.

Von dem Catechismo insgemein.

Mel. Was mein GOtt will, das rc.

163. Gelobet sey der HErre GOTT, Ein Vater unser aller, Der uns aus nichts erschaffen hat, Und ihm hat lassen gfallen, Daß wir jetzt sind Die liebste kind Im heilgen Geist gebohren, Durch JEsum Christ, Ders leben ist, Sonst wären wir verlohren.

2. So du dann unser Vater bist, Und weißst, was deinen kindern Im elend dieser welt gebrist, So gib, daß wir dich finden In gnaden all, Daß keins abfall, Daß uns in gleichem gmüthe, In ghorsamkeit, Vor allem leid Dein heiligs wort behüte.

3. Du hast uns leib und seel gespeißt, Nun gib uns, daß wir leben: Daß unser glaub und lieb dich preis, Die uns dein gnad muß geben: Daß durch dein treu Die sünd uns reu Von der uns hat gewaschen Christus, dein Sohn, Dessen blut fron Uns hat die höll geschlossen.

D. Joh. Zwick.

Mel. Es sind doch selig alle die rc.

164. Herr GOtt, dein treu mit gnaden leist Und schick herab dein heilgen Geist, Der uns die wahrheit lehre, Und gib verstand, gmüth, sinn und herz, Daß uns dein wort nicht sey ein scherz, Ja ganz zu dir bekehre: O GOtt, dein gnade uns beweis, Daß sich wohl schick zu deinem preis

All unser thun und lassen; Was hindern mag, dasselbig wend, Was fördern mag, das gib behend, Zu wandeln deine strassen.

2. Und zieh uns wohl, HErr, bey der zeit, Wir wissen nicht, was alter geit, Auch nicht, wie viel der tage. Zucht, tugend, furcht, fried, lieb und treu Lehr uns dein Geist, der uns macht neu, Das woll er nicht versagen: Er b'hüt allzeit vor falscher lehr, Der bösen welt auch treulich wehr, Damit sie uns nicht blende: Er geb uns sein barmherzigkeit, Zeig uns dadurch die seligkeit, Und helf mit gnad zum ende.

Joh. Zwick.

Mel. HErr JEsu Christ, dich zu.

165. HErr GOtt, erhalt uns für und für Die reine catechismuslehr, Der jungen einfältigen welt Durch deinen Luther fürgestellt.

2. Daß wir lernen die zehn gebot, Beweinen unsre sünd und noth; Und doch an dich und deinen Sohn Glauben im Geist, erleuchtet schon.

3. Dich, unsern Vater, ruffen an, Der allein will und helfen kan, Daß wir, als kinder, nach der tauf, Christlich vollbringen unsern lauf.

4. So jemand fällt, nicht liegen bleib, Sondern zur beichte komm und gläub, Zur stärkung nehm das sacrament. Amen, GOtt geb ein selges end.

L. Helmbold.

Mel. Wann wir in höchsten nöthen.

166. Wir kindlein danken GOttes güt, Daß er noch kirch und schul behüt, Und bitten ihn, daß ers erhalt, Bis wir mit gnaden werden alt.

2. GOtt Vater, gib durch deinen Sohn, Daß wir dich recht erkennen thun, Und in dir leben allezeit, Von nun an, bis in ewigkeit.

Joh. Plinner.

Von den heiligen zehen Geboten.

In eigener Melodie.

167. Dis sind die heilgen zeh'n gebot, Die uns gab unser HErre GOTT Durch Mosen, seinen diener treu, Hoch auf dem berge Sinai. Kyrie eleison.

2. Ich bin allein dein GOTT und HErr, Kein' götter sollt du haben mehr, Du sollt mir ganz vertrauen dich, Von herzensgrunde lieben mich. Kyrie eleis.

3. Du sollt nicht führen zu mehrn Den namen GOttes, deines HErrn: Du sollt nicht preisen recht noch gut, Ohn was GOTT selber redt und thut. Kyrie eleison.

4. Du sollt heilgen den sieb'nten tag, Daß du und dein haus ruhen mag: Du sollt von deim thun lassen ab, Daß GOtt sein werke in dir hab. Kyrie 2c.

5. Du sollt ehren und g'horsam seyn Dem vater und der mutter dein, Und wo dein hand ihn'n dienen kan, So wirst du langes leben han. Kyrie 2c.

6. Du sollt nicht tödten zorniglich, Nicht hassen, noch selbst rächen dich, Geduld haben und sanften muth, Und auch den feinden thun das gut. Kyrie ꝛc.

7. Dein eh sollt du bewahren rein, Daß auch dein herz kein andre meyn, Und halten keusch das leben dein, Fein züchtig und auch mäßig seyn. Kyrie ꝛc.

8. Du sollt nicht stehlen geld noch gut, Nicht wuchern jemands fleisch noch blut: Du sollt aufthun dein milde hand Denen armen in deinem land, Kyrie eleison.

9. Du sollt kein falscher zeuge seyn, Nicht lügen auf den nächsten dein: Sein unschuld sollt auch retten du, Und seine schande decken zu. Kyrie ꝛc.

10. Du sollt dein's nächsten weib und haus Begehren nicht, noch etwas draus: Du sollt ihm wünschen alles gut, Wie dir dein herze selber thut. Kyrie ꝛc.

11. Die g'bot all uns gegeben sind, Daß du dein sünd, o menschenkind, Erkennen sollt und lernen wohl, Wie man vor GOtt recht leben soll. Kyrie ꝛc.

12. Das helf uns der HErr JEsus Christ, Der unser mittler worden ist, Es ist mit unserm thun verlohrn, Verdienen doch nur eitel zorn. Kyrie eleison.

D. Martin Luther.

Mel. Nun freut euch, lieben christen.

168. HErr, deine rechte und gebot, Darnach wir sollen leben, Wollst du mir, o du treuer GOtt! Ins herze selber geben; Daß ich zum guten willig sey, Mit sorgfalt und ohn heucheley, Was du befiehlst, vollbringe.

2. Gib, daß ich dir allein vertrau, Allein dich fürcht und liebe, Auf menschentrost und hülf nicht bau, Noch mich darum betrübe: Daß grosser leute gnad und gunst, Gewalt, pracht, reichthum, witz und kunst Mir nicht zum abgott werde.

3. Hilf, daß ich deinen nam'n und bund Aus deinem wort erkenne, Auch niemals dich mit meinem mund Ohn herzens andacht nenne, Daß ich bedenke alle tag, Wie stark mich meine taufzusag Zu deinem dienst verbindet.

4. Am tage deiner heilgen ruh Laß mich früh für dich treten, Die zeit auch heilig bringen zu Mit danken und mit beten, Daß ich hab meine lust an dir, Dein wort gern höre, und dafür Herzinniglich dich preise.

5. Die eltern, lehrer, obrigkeit, So vorgesetzt mir werden, Laß mich ja ehren allezeit, Daß mirs wohl geh auf erden. Für ihre treu und sorg laß mich, Auch wenn sie werden wunderlich, Gehorsam seyn und dankbar.

6. Hilf, daß ich nimmer eigne rach Aus zorn und feindschaft übe Dem, der mir anthut trotz und schmach, Verzeyhe, und ihn liebe; Sein glück und wohlfahrt jedem gönn, Schau, ob ich jemand

jemand dienen könn, Und thu es dann mit freuden.

7. Unreine werk der finsterniß Laß mich mein lebtag meiden, Daß ich nicht für die lustseuch muß Der höllen qual dort leiden; Schaff in mir, GOtt, ein reines herz, Daß ich schandbare wort und scherz, Auch fressen haß und saufen.

8. Verleih, daß ich mich redlich nähr, Der bösen ränk mich schäme, Mein herz vom geitz und unrecht kehr, Nichts durch gewalt hinnehme, Und von der arbeit meiner händ, Was übrig ist, auf arme wend, Und nicht auf pracht und hoffart.

9. Hilf, daß ich meines nächsten glimpf Zu retten mich befleisse, Von ihm abwende schmach und schimpf, Das böse nicht gut heisse: Gib, daß ich lieb aufrichtigkeit, Und hab ein abscheu jederzeit An lästern und an lügen.

10. Laß mich des nächsten haus und gut Nicht wünschen noch begehren: Was aber mir vonnöthen thut, Das wollst du mir gewähren; Doch, daß es niemand schädlich sey, Ich auch ein ruhig herz dabey Und deine gnad behalte.

11. Ach HErr! ich wollte deine recht Und deinen heilgen willen, Wie mir gebühret, deinem knecht, Ohn mangel gern erfüllen: So fühle ich, was mir gebricht, Und wie ich das geringste nicht Vermag aus eignen kräften.

12. Drum gib du mir von deinem thron, GOtt Vater, gnad und stärke, Verleih, o JEsu, GOttes Sohn, Daß ich thu rechte werke: O heilger Geist, hilf, daß ich dich Von ganzem herzen, und als mich Ohn falsch den nächsten liebe.

Mel. Dis sind die heilgen zehn rc.

169. Mensch, willt du leben seliglich, Und bey GOtt bleiben ewiglich, Sollt du halten die zehn gebot, Die uns geboten unser GOtt, Kyrie eleison.

2. Dein GOTT allein und HErr bin ich, Kein andrer gott soll irren dich: Trauen soll mir das herze dein, Mein eigen reiche sollt du seyn. Kyrie eleison.

3. Du sollt mein'n namen ehren schon, Und in der noth mich rufen an, Du sollt heilgen den sabbathtag, Auf daß ich in dir wirken mag. Kyrie eleison.

4. Dem vater und der mutter dein Sollt du, nach mir, gehorsam seyn. Niemand tödten noch zornig seyn; Und deine ehe halten rein. Kyrie eleison.

5. Du sollt ein'm andern stehlen nicht; Auf niemand falsches zeugen nicht; Deins nächsten weib auch nicht begehrn, Und all seins gutes gern entbehrn. Kyrie eleison. D. Martin Luther.

In voriger Melodie.

170. O mensch, willt du vor GOTT bestahn, So must allein ihn rufen an, Kein andre götter neben ihm Anbet'n noch ehrn in deinem sinn. Kyrie eleison.

2. Du sollt sein'n nam'n mißbrauchen nit, Denn GOttes aug doch alles sieht, Dein red sey wahr von ja und nein, Daß that und wort seyn über ein. Kyrie eleison.

3. Den sabbath feyr, lieb GOttes wort, Fleuch aller ketzer seelenmord, Geh gern zur kirch, bet, sing im haus, So wird dein thun wohl gehen aus. Kyr.

4. Ehr vater, mutter, obrigkeit, Folg treuen lehrern allezeit, Betrüb sie nicht mit ungebärd, So wirst du lange leb'n auf erd. Kyrie 2c.

5. Schad deinem nächsten nicht am lebn, Wer blut vergeußt, solls wiedergebn, Behalt den zorn nicht über nacht, Vergib, wer dirs nicht recht gemacht. Kyrie 2c.

6. Dein ehbett heilig halt und rein, Zeuch christlich deine kinderlein, Unkeuschheit meid und hurerey, Dein herz ein tempel GOttes sey. Kyrie 2c.

7. Stiehl deines nächsten güter nicht, Gib rechtes maas, ehl und gewicht, Für GOtt besteht ein treue hand, Und geht ohn scheu durch alle land. Kyri 2c.

8. Kein falsch gezeugnis auch nicht gib, Dein'n nächsten, wie dich selber, lieb, Unschuld hilf retten, wie du weißst, Wenn man dich schon ein anders heißt. Kyr.

9. Laß dich deins nächsten haus und gut Gelüsten nicht aus geizgem muth, Was dir GOtt gibt, das halt zu rath, Verhüt aufs best deins nächsten schad. Kyrie 2c.

10. In summ: deins nächsten weib und kind Begehre nicht, noch sein gesind, Gib ihnen rath und ursach nicht, Daß sie vergessen ihre pflicht. Kyrie 2c.

11. Nun, HErr, o du gerechter GOtt, Du hast gegeben die gebot, Verleih auch deinen heilgen Geist, Daß wir darnach thun allermeist. Kyrie eleison.

J. H. Schein.

Vom christlichen Glauben und vom Glauben an JEsum.

Mel. Du, o schönes weltgebäude.

171. Ach HErr, stärke meinen glauben, Ach, mein glaube wird gar schwach, Satan will mir ihn fast rauben: Weil sich häuft mein ungemach; Weil sich keine hülf will finden, So will fast mein glaub verschwinden. Wo ist doch mein HErr und GOtt? Sprech ich jetzt in meiner noth.

2. Wo sind seine allmachtsproben? Wo ist seine vaterhand, Welche andre freudig loben? Bin ich ihm denn unbekannt? Weiß er nicht, wie mir es gehet? Weiß er nicht, wies um mich stehet? Ist mein leiden ihm zu gros, Daß er mich läßt hülfe los?

3. HErr, ich glaube, hilf mir schwachen. Ja, ich glaube vestiglich, Daß du alles wohl kaust machen; Drum so komm und

stärke

4. HErr, ich glaube, daß mich armen JEsus auch erlöset hat, Daß er sich will mein erbarmen, Und ertheilen hülf und rath, Daß mein JEsus in dem leiden, Nimmer werde von mir scheiden; Nur mein herz empfindt es nicht: Weil mir stärk und trost gebricht.

5. Hilf, daß ich bald stärke finde; Stärke mich doch fort und fort, Schenke deinem schwachen kinde Einen spruch aus deinem wort, Der mich lehre dir vertrauen, Und auf die verheissung schauen, Die du in dem wort mir gibst, Ob du schon die hülf aufschiebst.

6. Ja, laß deinen Geist mich trösten; Deinen Geist nimm nicht von mir, Wenn die noth am allergrösten, Der mich überzeugt von dir, Daß du doch an mich gedenkest, Und mir deine hülfe schenkest, Wenn da kommt die stund und zeit, Die zur hülfe ist bereit.

Mel. Ach HErr, mich armen rc.

172. Ich gläube, HErr, ich gläube, Gib du mir aber kraft, Daß ich im geben, Was leib und seel erfreut.

3. Laß mich mit dank erkennen, Was du an mir gethan, Und stets dein eigen nennen, Jn treib mich selber an, Daß ich, nach allen kräften, Dir künftig dienen mag, Und denen weltgeschäften Mit allem ernst entsag.

4. Ich glaub an dich, HErr Christe, Du GOtt- und menschensohn, Und wenn ich sonst nichts wüßte Als dich, mein gnadenthron: So kan mir meinen glauben Kein tod, kein teufel nicht Aus meinem herzen rauben, Du bist mein trost und licht.

5. Hast du mich nun erworben, Mit deinem blut erkauft, Und bist für mich gestorben, Ich auch auf dich getauft: So gib, daß ich dir diene, Und daß dein bittrer tod In meinem herzen grüne Auch in der todesnoth.

6. Ich glaub an dich desgleichen, HErr GOtt, du werther Geist, Der du mein gnadenzeichen Und glaubenssiegel heissst. Es kommt in allen dingen Auf

von ferne scheint, Daß ich in Christo bleibe, Der kirchen gliedmas bin, Und lebe, wie ich gläube, In unverrücktem sinn.

8. Das ist der grund im glauben Von der Dreyeinigkeit. Laß welt und teufel schnauben, Ich trotz auf deinen eid: Wer glaubt wird nicht verlohren, Ich glaub an dich, und bin Im glauben schon erkohren, Bis schauen mein gewinn. Benj. Schmolk.

In eigener Melodie.

173. Ich glaub in GOtt Vater, den Allmächtigen, Schöpfer himmels und der erden. Und an JEsum Christum, Seinen einigen Sohn, Unsern HErrn, Der empfangen ist vom heiligen Geist, Gebohren aus Maria der jungfrauen, Gelitten unter Pontio Pilato, Gecreutziget, gestorben und begraben, Abgestiegen zu der höllen, Am dritten tag erstanden ist Von den todten, Aufgestiegen zu den himmeln, Sitzet zu der rechten GOttes des Vaters des Allmächtigen, Von dannen er künftig ist, zu richten Die lebendigen und die todten. Ich glaub auch in den heiligen Geist, eine heilige christliche kirch, Gemeinschaft der heiligen, Ablaß der sünden, Auferstehung des fleisches und ein ewiges leben, Amen.

Mel. Wer weiß, wie nahe mir ꝛc.

174. Ich habe nun den grund gefunden, Der meinen anker ewig hält, Wo anders, als in JEsu wunden? Da lag er vor der zeit der welt; Ein grund, der unbeweglich steht, Wann erd und himmel untergeht.

2. Es ist das ewige erbarmen, Das alles denken übersteigt. Es sind die offne liebesarmen Deß, der sich zu den sündern neigt, Dem allemal das herze bricht, Wir kommen oder kommen nicht.

3. Wir sollen nicht verlohren werden, GOtt will, uns soll geholfen seyn. Deswegen kam der Sohn auf erden, Und nahm hernach den himmel ein, Deswegen klopft er für und für So stark an unsre herzensthür.

4. O abgrund, welcher alle sünden Durch Christi tod verschlungen hat, Das heißt die wunden recht verbinden, Da findet kein verdammen statt, Weil Christi blut beständig schreyt: Barmherzigkeit, barmherzigkeit.

5. Darein will ich mich gläubig senken, Dem will ich mich getrost vertraun, Und wann mich meine sünden kränken, Nur bald nach GOttes herze schaun, Da findet sich zu aller zeit Unendliche barmherzigkeit.

6. Wird alles andre weggerissen, Was seel und leib erquicken kan; Darf ich von keinem troste wissen, Und schein ich völlig ausgethan; Scheint die errettung noch so weit, So bleibt mir doch barmherzigkeit.

7. Beginnt das irdische zu drücken, Und häuft sich kummer

und verdruß, Daß ich mich noch in vielen stücken Mit eiteln dingen plagen muß: Ja werd ich oftmals sehr zerstreut, So hoff ich auf barmherzigkeit.

8. Muß ich an meinen besten werken, In welchen ich beschäfftigt bin, Viel unvollkommenheit bemerken, So fällt zwar alles rühmen hin; Doch ist auch dieser trost bereit: Mein glaube hofft barmherzigkeit.

9. Es gehe nur nach dessen willen, Bey dem so viel erbarmen ist, Er wolle selbst mein herze stillen, Damit es ihn nur nicht vergißt: So stehet es in lieb und leid, In, durch und auf barmherzigkeit.

10. Bey diesem grunde will ich bleiben, So lange mich die erde trägt, Dis will ich denken, thun und treiben, So lange sich ein glied bewegt, So sing ich einsten höchst erfreut: O abgrund der barmherzigkeit!

Roth.

Mel. O HErre GOtt, dein göttlich.

175. Wer GOtt vertraut, Hat wohl gebaut Im himmel und auf erden; Wer sich verläßt Auf JEsum Christ, Dem muß der himmel werden; Darum auf dich All hoffnung ich Ganz fest und steif thu setzen: HErr JEsu Christ, Mein trost du bist In todesnoth und schmerzen.

2. Und wanns gleich wär Dem teufel sehr Und aller welt zuwider, Dennoch so bist Du, JEsu Christ, der sie all schlägt darnieder; Und wann ich dich Nur hab um mich Mit deinem geist und gnaden, So kan fürwahr Mir ganz und gar Wed'r tod noch teufel schaden.

3. Dein tröst ich mich Ganz sicherlich, Denn du kanst mir wohl geben, Was mir ist noth, Du treuer GOtt, In dem und jenem leben. Gib wahre reu, Mein herz erneu, Errette leib und seele, Ach höre, HERR, Dis mein begehr, Und laß mein bitt nicht fehlen.

Joachim Magdeburg.

In eigener Melodie.

176. Wir glauben all an einen GOtt, Vater, Sohn und heilgen Geist, An GOTT den HErren Zebaoth, Den die schaar der engel preißt, Der durch seine grosse kraft, Alles wirket, thut und schaft.

2. Wir glauben auch an JEsum Christ, GOttes und Marien Sohn, Der von dem himmel kommen ist, Und führt uns ins himmels thron, Der uns durch sein blut und tod Hat erlößt aus aller noth.

3. Wir glauben auch an heilgen Geist, Der von beyden gehet aus, Und uns trost und beystand leist't Wider alle furcht und graus. Heilige Dreyfaltigkeit, Sey gepreißt in ewigkeit.

M. Tobias Claußnitzer.

stein, und sagt die allmacht selber. Der glaube wirket mehr allein, Als alle güldne kälber. Wenn einer nichts als glauben kan, So kan er alles machen; Der erden kräfte sieht er an, Als gar geringe sachen.

2. Als JESUS noch nicht ausgelegt Die schätze seiner höhen, Noch eh man den, der alles trägt, Auf erden wandeln sehen, Da thaten, die auf seinen tag Sich freuten, eitel wunder, Was kan man, (wers begreifen mag,) Was soll man nicht jetzunder?

3. In wahrheit, wenn das christenvolk Nur wollte, was es könnte, Wenn sich der zeugen stolze wolk, Auf JEsu wink, zertrennte, Sie stürzete das ganze heer Der fremden kinder nieder, Und zöge sich nur desto mehr Zu ihrer sonne wieder.

4. Die starken um den Salomo, Des königs ehrenbette, Die weichen nicht, wie leichtes stroh, Sie stehn, als eine kette; Sie stehn, und schweifen nirgends hin, Was aber sie befället, Das wird von einem frevelsinn Im zorn zurück geprellet.

5. Gelobet sey die tapferkeit Der streiter unsers fürsten, Verlacht sey die verwegenheit, Nach ihrem blut zu dürsten, Wie gut und sicher dient sichs

6. Und wenn die treuen zeugen sehn, Worauf sies leben wagen, So mögen sie nicht widerstehn, Und lassen sich erschlagen. Sie wollen der erlösung nicht, Die sie vorm leiden birget: Um jener auferstehung licht Ist mancher gern erwürget.

7. Die zeugen JEsu waren ja Vordem auch glaubensheldem, Die man in pelzen wandeln sah, Verfaulen in den wäldern. Und des die welt nicht würdig war, Der ist im elend gangen; Den fürsten über GOTTES schaar, Den haben sie gehangen.

8. Wir wollen, unter GOttes schutz, Den satan zu vertreiben, Und seinem hohngeschrey zu trutz, Mit unsern vätern gläuben. Soll aber unsre rosenart Auch unter dornen weiden, (So ward mit JESU dort gepaart:) So wollen wir dann leiden.

In eigener Melodie.

178. Ein veste burg ist unser GOtt, Ein gute wehr und waffen, Er hilft uns frey aus aller noth, Die uns jetzt hat betroffen; Der alt böse feind Mit ernst ers jetzt meint, Gros macht und viel list Sein grausam rüstung ist, Auf erd ist nicht seins gleichen.

2. Mit unsrer macht ist nichts gethan, Wir sind gar bald verlah-

lohren, Es streit für uns der rechte mann, Den GOtt selbst hat erkohren. Fragst du, wer der ist? Er heißt JEsus Christ, Der HErre Zebaoth, Und ist kein andrer GOtt, Das feld muß er behalten.

3. Und wann die welt voll teufel wär, Und wolt'n uns gar verschlingen, So fürchten wir uns nicht so sehr, Es soll uns doch gelingen: Der fürst dieser welt, Wie saur er sich stellt, Thut er uns doch nichts, Das macht, er ist gericht, Ein wörtlein kan ihn fällen.

4. Das wort sie sollen lassen stahn, Und kein dank darzu haben, Er ist bey uns wohl auf dem plan Mit seinem geist und gaben; Nehm'n sie uns den leib, Gut, ehr, kind und weib, Laß fahren dahin, Sie habens kein gewinn, Das reich muß uns doch bleiben.

5. Ehr sey dem Vater und dem Sohn, Und auch dem heiligen Geiste, Als es im anfang war und nun, Der uns sein gnade leiste, Daß wir überall Hier im jammerthal Von sünden abstahn, Und seinen willen thun; Wer das begehrt, sprech: amen.

D. M. Luther.

Mel. Wer weiß, wie nahe mir ꝛc.

170. Ich bin gewiß in

Drum sagt mein glaub, ich bin gewiß.

2. Ich bin gewiß in meiner liebe, Die nur an meinem JEsu klebt, Daß, wenn ich mich im lieben übe, Mein JEsus in dem herzen lebt. Sein lieben ist mein paradis, Er liebet mich, ich bin gewiß.

3. Ich bin gewiß in meinem leben, Daß JEsu gnade bey mir ist, Die hilft mir allen kummer heben, Wenn sich mein herz an seines schließt: So acht ich keiner hindernis, GOtt sorgt für mich, ich bin gewiß.

4. Ich bin gewiß in meinem leiden, Kein engel und kein fürstenthum Mag mich von meinem JEsu scheiden, Er ist mein heil, mein theil und ruhm: So schadet mir kein schlangenbiß; Geduld sagt doch: ich bin gewiß.

5. Ich bin gewiß in meinem hoffen, Was gegenwärtig ist, vergeht: Was künftig ist, steht mir noch offen, Dahin sich auch mein geist erhöht: Die hoffnung macht den wermuth süß, Weil sie stets singt: ich bin gewiß.

6. Ich bin gewiß in meinem sterben, Da mich kein tod nicht tödten kan, Er macht mich nur zu einem erben Von dem beglückten Canaan. Ein ander

sein schaf, er ist mein hirt. In ewigkeit folgt hier kein riß, Die losung bleibt: ich bin gewiß.

In bekannter Melodie.

180. Ich halt an meinem GOtt ganz fest, Da such ich mein vergnügen. Was GOtt will, ist das allerbest; Und kan mich nicht betrügen. Er weiß wohl, was uns nützen soll, Und will den seinen endlich wohl Den wunsch zum besten fügen.

2. Wir sinnen oft auf dis und das, Bald will der glaube wanken. Es netzet uns die augen naß, Die hoffnung scheint zu kranken, So manchen seufzer schickt man fort, Man hört so manches klagewort Sich in den lüften zanken.

3. Wie, seele, willt du meister seyn, Und selbst gott deiner sachen? Vertraue du auf GOtt allein, Er kans am besten machen: Kein böses hat er nie gethan; Und zeigt er gleich die rauhe bahn, So führt er doch mich schwachen.

4. Ihm ist der seinen herz bewußt, Er schaut auf ihre wege, Daß, nebst dem creutzstein, er die lust Auf ihre steige lege; Er schlägt uns wol, er heilt uns auch, Das ist des rechten Vaters brauch, Daß er den glauben rege.

5. Drum will ich das, was GOtt verhängt, Mir stets gefallen lassen. Ob der verzug sich gleich verlängt, Wird er den schluß doch fassen, Zu welcher zeit mir das und dis, Wird dienlich seyn, da kommt gewiß die hülf auf allen strassen.

6. Ich will nicht seyn ein wankend rohr, Das zweifelt und beweget, Auch schreib ich meinem GOtt nichts vor, Der alles überleget, Wie mirs zum besten dienen kan: Er ist der GOtt, er ist der mann, Der solchen nutzen präget.

7. Mein hoffen ankert in der fluth, Es muß doch noch geschehen, Drum hab ich einen guten muth; Kan ich gleich noch nicht sehen Den längst erwünschten port und stand, So bin ich doch in GOttes hand, Er siehet wohl mein flehen.

8. Was GOtt thut, das ist wohl gethan, Was GOtt thut, muß gelingen, Führt er mich die gewünschte bahn, So will ich ihm lobsingen. Und will er nicht, so sing ich doch, Ich weiß, mein GOtt, du hilfst mir noch, Daß wir dankopfer bringen.

Mel. Meinen JEsum laß ich nicht.

181. Ich will frölich seyn in GOtt, Frölich, frölich, immer frölich, Dann ich weiß in aller noth, Daß ich schon in GOtt bin selig: Weil der freundes GOtt ist mein, So kan ich wohl frölich seyn.

2. Aber, ach, ich menschenkind, Kann ich auch von freude sagen? Da doch die unzählich sind, Die bald hie, bald dort mich plagen; Doch weil GOtt der helfer mein, Wohl mir, ich kan frölich seyn.

3. Will die sünde quälen mich, JEsus hat sie schon gebüsset, Findet creutz und trübsal sich, Dieser hat es auch versüsset, Ist der sündentilger mein, Wohl mir, ich kan frölich seyn.

4. Stürmet satan auf mich loß, Will die hölle mich verschlingen, So bin ich in Christi schoos, Daraus wird mich niemand dringen, Ist der schlangentreter mein, Sollte ich nicht frölich seyn?

5. Hätt ich gleich gar keine freund, Ey, was könnte mir das schaden, Wär die ganze welt mir feind, JEsus kan mich wohl berathen. Dieser menschenfreund ist mein, Mit ihm will ich frölich seyn.

6. Bin ich elend und nicht reich, Mangeln mir die hohe gaben; Bin ich den geringsten gleich, Und kan nicht, was andre haben: So ist GOtt, der reichste, mein, Drum kan ich auch frölich seyn.

7. Daß mein feind mich sonst beschwehrt, Und will mich zu spotte machen, Ist des traurens gar nicht werth, Ich muß seiner thorheit lachen: Dann weil GOtt die ehre mein, Kan ich dennoch frölich seyn.

8. Will der tod mich raffen hin, GOtt der stillet bald sein wüten, Ist dann sterben mein gewinn, Ey, so bin ich wohl zufrieden, GOtt, des todes gift, ist mein, In ihm kan ich frölich seyn.

9. Herz und muth sind frölich nun, Frölich, JEsu, ist die seele, Gib, daß frölich alles thun Dich zum zweck und ziel erwähle, Laß mich, o mein sonnenschein, Ohne dich nicht frölich seyn.

10. Laß mich üben traurigkeit, Wo zu trauren sich gehöret, Sonsten aber frölichkeit, Die sonst nichts, als dich begehret, Du bist meine freud allein, Durch dich kan ich frölich seyn.

11. Laß mich frölich leben hier, Frölich seyn in allem leiden, Hilf mir frölich sterben dir, Gib mir bald die himmelsfreuden: So bleibst du die freude mein, Da, da will ich frölich seyn.

In eigener Melodie.

182. JEsu, meine freude, Meines herzens weide, JEsu, meine zier, Ach, wie lang, ach lange Ist dem herzen bange, Und verlangt nach dir! GOttes lamm, Mein bräutigam, Ausser dir soll mir auf erden Nichts sonst liebers werden.

2. Unter deinem schirmen Bin ich vor den stürmen Aller feinde frey: Laß den satan wittern, Laß den feind erbittern, Mir steht JEsus bey: Ob es itzt Gleich kracht und blitzt, Ob gleich sünd und hölle schrecken, JEsus will mich decken.

3. Trotz dem alten drachen, Trotz des todes rachen, Trotz der furcht darzu. Tobe, welt, und springe, Ich steh hier, und singe In gar sichrer ruh, GOttes macht

macht. Hält mich in acht: Erd und abgrund muß verstummen, Ob sie noch so brummen.

4. Weg mit allen schätzen, Du bist mein ergötzen, JEsu, meine lust: Weg, ihr eiteln ehren, Ich mag euch nicht hören, Bleibt mir unbewußt; Elend, noth, Creutz, schmach und tod Soll mich, ob ich viel muß leiden, Nicht von JEsu scheiden.

5. Gute nacht, o wesen, Das die welt erlesen, Mir gefällst du nicht. Gute nacht, ihr sünden, Bleibet weit dahinten, Kommt nicht mehr ans licht: Gute nacht, Du stolz und pracht, Dir sey ganz, du lasterleben, Gute nacht gegeben.

6. Weicht, ihr trauergeister: Dann mein freudenmeister, JEsus, tritt herein: Denen, die GOtt lieben, Muß auch ihr betrüben Lauter zucker seyn; Duld ich schon Hier spott und hohn, Dannoch bleibst du auch im leide, JEsu, meine freude.

7. Vater aller ehren, Laß dein wort uns lehren, Daß dein reich hier sey; Es gescheh dein wille, Unsern hunger stille, Mach uns sünden frey: Führ uns in versuchung nicht, Sondern führ uns aus dem leide, JEsu, zu der freude.

8. JEsu, ich befehle Dir mein leib und seele, JEsu, bleib bey mir. Dir ich mich ergebe, Ich sterb oder lebe, JEsu, meine zier; JEsu, meine freud und ruh, Meine seel in deine hände Nimm am letzten ende. Joh. Frank.

Mel. Ach HErr, mich armen sünder.

183. Ist GOtt für mich, so trete Gleich alles wider mich, So oft ich ruf und bete, Weicht alles hinter sich: Hab ich das haupt zum freunde, Und bin geliebt bey GOtt, Was kan mir thun der feinde Und widersacher rott?

2. Nun weiß und glaub ich veste, Ich rühms auch ohne scheu, Daß GOtt, der höchst und beste, Mir gänzlich günstig sey; Und daß in allen fällen Er mir zur rechten steh: Und dämpfe sturm und wellen, Und was mir bringet weh.

3. Der grund, darauf ich gründe, Ist Christus und sein blut, Das machet, daß ich finde das ewge wahre gut, An mir und meinem leben Ist nichts auf dieser erd, Das Christus mir gegeben, Das ist der liebe werth.

4. Mein JEsus ist mein ehre, Mein glanz und schönstes licht, Wänn der nicht in mir wäre, So dörft und könnt ich nicht Vor GOttes augen stehen Und vor dem sternensitz, Ich müßte stracks vergehen, Wie wachs in feuers hitz.

5. Der, der hat ausgelöschet, Was mit sich führt den tod, Der ists, der mich rein wäschet, Macht schneeweiß, was ist roth: In ihm kan ich mich freuen, Hab einen heldenmuth, Darf kein gerichte scheuen, Wie sonst ein sünder thut.

6. Nichts, nichts kan mich ver=

verdammen; Nichts nimmet mir mein herz. Die höll und ihre flammen Die sind mir nur ein scherz: Kein urtheil mich erschrecket, Kein unheil mich betrübt: Weil mich mit flügeln decket Mein heiland, der mich liebt.

7. Sein Geist wohnt mir im herzen, Regiert mir meinen sinn, Vertreibet furcht und schmerzen, Nimmt allen kummer hin: Gibt segen und gedeyen Dem, was er in mir schaft, Hilft mir das abba schreyen Aus aller meiner kraft.

8. Und wann an einem orte Sich furcht und schrecken findt, So seufzt und spricht er worte, Die unaussprechlich sind Mir zwar und meinem munde; GOtt aber wohl bewußt, Der an des herzens grunde Ersiehet seine lust.

9. Sein Geist spricht meinem geiste Manch süsses trostwort zu, Wie GOtt dem hülfe leiste, Der bey ihm suchet ruh, Und wie er hab erbauet Ein edle neue stadt, Da aug und herze schauet, Was es geglaubet hat.

10. Da ist mein theil und erbe Mir prächtig zugericht, Wann ich gleich fall und sterbe, Fällt doch mein himmel nicht; Muß ich auch hie gleich feuchten Mit thränen meine zeit: Mein JEsus und sein leuchten Durchsüsset alles leid.

11. Wer sich mit dem verbindet, Den satan fleucht und haßt, Der wird verfolgt, und findet Ein hohe schwere last Zu leiden und zu tragen, Geräth in hohn und spott, Das creuz und alle plagen Die sind sein täglich brod.

12. Das ist mir nicht verborgen: Doch bin ich unverzagt. GOTT will ich lassen sorgen, Dem ich mich zugesagt. Es koste leib und leben, Und alles, was ich hab: An dir will ich fest kleben, Und nimmer lassen ab.

13. Die welt, die mag zerbrechen, Du stehst mir ewiglich; Kein brennen, hauen, stechen Soll trennen mich und dich: Kein hunger und kein dürsten, Kein armuth, keine pein, Kein zorn des grossen fürsten Soll mir ein hindrung seyn.

14. Kein engel, keine freuden, Kein thron, kein herrlichkeit; Kein lieben und kein leiden, Kein angst und fährlichkeit, Was man nur kan erdenken, Es sey klein oder gros, Der keines soll mich lenken Aus deinem arm und schoos.

15. Mein herze geht in springen, Und kan nicht traurig seyn, Ist voller freud und singen, Sieht lauter sonnenschein: Die sonne, die mir lachet, Ist mein HErr JEsus Christ; Das, was mich singend machet, Ist, was im himmel ist.

Paul Gerhard.

In eigener Melodie.

184. Immer frölich, immer frölich, Ich bin auf der erd schon selig, Habe meinen himmel hier, Andre fressen ihre herzen, Durch die schwere

schwere sorgenschmerzen, Mir kommt gar nichts traurig für.

2. Bin ich krank, nur ungekränket, Der stäupt mich, der an mich denket, GOtt, mein Vater, mich, sein kind. Lazarum, den JEsus liebte; Manche trübsal auch betrübte; Dis nur liebesstreiche sind.

3. So viel jahr hab ich genesen, Bin gesund und frisch gewesen, Sollt ich einen kranken tag Nicht von meinem GOtt annehmen? Kan ich mich zur lust bequemen, Warum nicht zur leibesplag?

4. Wird von scharfen lästerzungen Manches leidlied mir gesungen, Bin ich darum traurig nicht. Mein gewissen heißt sie schweigen, Kan mir gutes zeugnis zeugen, Und die lästerhälse bricht.

5. Martern uns auf allen seiten Hungerszeiten, kriegesstreiten; Doch noch frölich, unverzagt! Wann des kahnes trümmer krachen, Weiß schon Christus aufzuwachen, Nur im glauben frisch gewagt!

6. Speyet rach der höllen rachen, Mich, den sünder, blöd zu machen, Bleib ich dannoch wohlgemuth. Meines JEsu blutes tropfen Diesen teufels rachen stopfen, Löschen aus die schwefelglut.

7. Sterben mir die anverwandten, Eltern, weib, kind und bekannten, Bleibt die freud doch unversehrt: Der sie gab, hat sie genommen, Darum sey bey allen frommen GOttes name hoch geehrt.

8. Ich habs ja nicht ändern können, Will sie meinem JEsu gönnen, Der viel lieber sie geliebt: Er nahm sie vom weltgetümmel, Und nun ihnen in dem himmel Für den schweis den nectar gibt.

9. Muß ich um das meine kommen, Wird mir all mein gut genommen, Mich kein zährenfluß verzehrt: Und was sag ich, um das meine? GOtt, dem höchsten gut alleine, Was ich habe, zugehört.

10. Ich hab dessen mich verziehen, Er hat, was er mir geliehen, Von mir wieder weggethan: Er hat mir die bürd genommen, Daß ich eher zu ihm kommen Und gen himmel steigen kan.

11. Manches kornfeld ist verdorben, Manches erdreich abgestorben Durch die allzudicke saat: Manchen ast die last der früchte Machte brechen und zunichte; Wohl redt meines JEsu rath:

12. Ach, wie schwer ist denen reichen, Durch die himmelspfort zu schleichen, Der kameelrück ist dahin, Durch das nadelöhr zu dringen, Zu den sternen aufzuspringen, Ich nur desto leichter bin.

13. Immer frölich, immer frölich, Ich bin auf der erd schon selig, Hier fängt sich mein himmel an; Ich will sagen, was ich meyne, Es betrübt mich nur

nur alleine Das, was GOtt erzürnen kan. M. Omeis.

In bekannter Melodie.

185. Meinen JEsum laß ich nicht: Dann er ist allein mein leben, Wer ihn hat, dem nichts gebricht, Er kan sich zufrieden geben, Er geräth in was für noth, Wärs auch satan, sünd und tod.

2. Meinen JEsum laß ich nicht! Weil kein bessrer freund auf erden: Dann er, JEsus, unser licht, Springt in allerley beschwerden Mir getreulich an die seit, Liebt mich bis in ewigkeit.

3. Meinen JEsum laß ich nicht, Wann mich alle menschen hassen, Und der feinde macht einbricht, Auch gedenket so zu fassen, Daß ich gleich soll untergehn, Bleibt mir seine rettung stehn.

4. Meinen JEsum laß ich nicht, Wann mich meine sünden quälen: Wann mein herz und satan spricht, Sie sind groß und nicht zu zählen: Spricht er, sey getrost, mein kind, Ich, ich tilg all deine sünd.

5. Meinen JEsum laß ich nicht, Wann mir bricht in letzten zügen Meiner schwachen augen licht, Da erst, da hilft er mir siegen: Ja ins letzte weltgericht Lässet er mich kommen nicht.

6. Meinen JEsum laß ich nicht: Dann er wird auch mich nicht lassen, Dieses glaub ich anders nicht, Und er wird mich nimmer hassen, Darum sprech ich: ihn, mein licht, Meinen JEsum laß ich nicht.

In bekannter Melodie.

186. Meinen JEsum laß ich nicht: Weil er sich für mich gegeben, So erfordert meine pflicht, Klettenweis an ihm zu kleben. Er ist meines lebens licht: Meinen JEsum laß ich nicht.

2. JEsum laß ich nimmer nicht, Weil ich soll auf erden leben; Ihm hab ich voll zuversicht, Was ich bin und hab ergeben, Alles ist auf ihn gericht: Meinen JEsum laß ich nicht.

3. Laß vergehen das gesicht, Hören, schmäcken, fühlen, weichen, Laß das letzte tageslicht, Mich auf dieser welt erreichen, Wann der lebensfaden bricht: Meinen JEsum laß ich nicht.

4. Ich werd ihn auch lassen nicht, Wann ich nun dahin gelanget, Wo vor seinem angesicht Frommer christen glaube pranget: Mich erfreut sein angesicht: Meinen JEsum laß ich nicht.

5. Nicht nach welt, nach himmel nicht Meine seele wünscht und sehnet, JEsum wünscht sie und sein licht, Der mich hat mit GOtt versöhnet, Der mich freyet vom gericht; Meinen JEsum laß ich nicht.

6. JEsum laß ich nicht von mir, Geh ihm ewig an der seiten, Christus läßt mich für und für Zu den lebensbächlein leiten: Selig, der mit mir so spricht: Meinen JEsum laß ich nicht.

M. C. Reimann

In eigener Melodie.

187. Sollt es gleich bisweilen scheinen, Als ob GOtt verließ die seinen; Ey! so weiß und glaub ich dis: GOtt hilft endlich noch gewiß.

2. Hülfe, die er aufgeschoben, Hat er drum nicht aufgehoben, Hilft er nicht zu jeder frist, Hilft er doch, wanns nöthig ist.

3. Gleich wie väter nicht bald geben, Wornach ihre kinder streben; So hält GOtt auch maas und ziel, Er gibt wie und wann er will.

4. Seiner kan ich mich getrösten, Wann die noth am allergrösten: Er ist gegen seinem kind, Mehr als väterlich gesinnt.

5. Trotz dem teufel, trotz dem drachen, Ich kan ihre macht verlachen: Trotz dem schweren creutzesjoch, GOtt, mein Vater, lebet noch.

6. Trotz des bittern todes zähnen, Trotz der welt und allen denen, Die mir sind ohn ursach feind, GOtt im himmel ist mein freund.

7. Laß die welt nur immer neiden, Will sie mich nicht länger leiden, Ey! so frag ich nichts darnach, GOtt ist richter meiner sach.

8. Will sie mich gleich von sich treiben, Muß mir doch der himmel bleiben: Wann ich nur den himmel krieg, Hab ich alles zur genüg.

9. Welt, ich will dich gerne lassen, Was du liebest, will ich hassen, Liebe du den erdenkoth, Und laß mir nur meinen GOtt.

10. Ach, HErr, wann ich dich nur habe, Sag ich allem andern abe: Legt man mich gleich in das grab, Ach HErr, wann ich dich nur hab. M. C. Titius.

Mel. Einen guten kampf hab ich rc.

188. Schwing dich auf zu deinem GOtt, Du betrübte seele, Warum liegst du GOtt zum spott In der schwermuthshöhle? Merkst du nicht des satans list? Er will durch sein kämpfen Deinen trost, den JEsus Christ Dir erworben, dämpfen.

2. Schüttle deinen kopf, und sprich: Fleuch du alte schlange, Was erneurst du deinen stich, Machst mir angst und bange? Ist dir doch der kopf zerknickt, Und ich bin durchs leiden Meines heilands dir entzückt In den saal der freuden.

3. Hab ich was nicht recht gethan, Ist mirs leid von herzen; Dahingegen nehm ich an Christi blut und schmerzen, Dann das ist die ranzion Meiner missethaten, Bring ich das vor GOttes thron, Ist mir wohl gerathen.

4. Stürme, teufel, und du tod, Was könnt ihr mir schaden; Deckt mich doch in meiner noth GOtt mit seinen gnaden; Der GOtt, der mir seinen Sohn Selbst verehrt aus liebe, Daß der ewge spott und hohn Mich dort nicht betrübe.

5. Schreye, tolle welt, es sey Mir GOtt nicht gewogen, Es ist lauter teuscherey, Und im grund erlogen, Wäre GOtt mir gram und feind, Würd er seine gaben, Die mein eigen worden seynd, Wohl behalten haben.

6. Denn was ist im himmelszelt? Was im tiefen meere? Was ist gutes in der welt, Das mir nicht gut wäre? Weme brennt das sternenlicht? Worzu ist gegeben Luft und wasser, dient es nicht Mir und meinem leben?

7. Ich bin GOttes, GOtt ist mein, Wer ist, der uns scheide? Dringt das liebe creutz herein, Mit dem bittern leide, Laß es dringen, kommt es doch Von geliebten händen, Bricht und kriegt geschwind ein loch, Wann es GOtt will wenden.

8. Kinder, die der vater soll Ziehn zu allem guten, Die gedeyen selten wohl Ohne zucht und ruthen. Bin ich dann nun GOttes kind, Warum will ich fliehen, Wann er mich von meiner sünd, Auf was guts will ziehen.

9. Es ist herzlich gut gemeynt Mit der christen plagen, Wer hier zeitlich wohl geweint, Darf nicht ewig klagen; Sondern hat vollkommne lust Dort in Christi garten, Dem er einig recht bewußt, Endlich zu gewarten.

10. GOttes kinder säen zwar Traurig und mit thränen; Aber endlich bringt das jahr, Wornach sie sich sehnen. Denn es kommt die erndtezeit, Da sie garben machen, Da wird all ihr gram und leid Lauter freud und lachen.

11. Ey, so faß, o christenherz! Alle deine schmerzen, Wirf sie frölich hinterwärts, Laß des trostes kerzen Dich entzünden mehr und mehr, Gib dem grossen namen Deines GOttes preis und ehr, Er wird helfen, amen.

Paul Gerhard.

In bekannter Melodie.

189. Warum solt ich mich dann grämen? Hab ich doch, Christum noch, Wer will mir den nehmen? Wer will mir den himmel rauben, Den mir schon GOttes Sohn Beygelegt im glauben.

2. Nackend lag ich auf dem boden, Da ich kam, Da ich nahm Meinen ersten odem: Nackend werd ich auch hinziehen, Wann ich werd Von der erd Als ein schatten fliehen.

3. Gut und blut, leib, seel und leben Ist nicht mein, GOtt allein Ist es, ders gegeben; Will ers wieder zu sich kehren, Nehm ers hin, Ich will ihn Dennoch frölich ehren.

4. Schickt er mir ein creutz zu tragen, Dringt herein Angst und pein, Sollt ich drum verzagen? Der es schickt, der wird es wenden, Er weiß wohl, Wie er soll All mein unglück enden.

5. GOtt hat mich bey guten tagen Oft ergetzt, Sollt ich jetzt

Auch

Auch nicht etwas tragen? From ist GOtt, und schärft mit massen Sein gericht, Kan mich nicht Ganz und gar verlassen.

6. Satan, welt und ihre rotten, Können mir Nichts mehr hier Thun, als meiner spotten. Laß sie spotten, laß sie lachen. GOtt, mein heil, Wird in eil Sie zu schanden machen.

7. Unverzagt und ohne grauen Soll ein christ, Wo er ist, Sich stets lassen schauen: Wollt ihn auch der tod aufreiben, Soll der muth Dennoch gut Und fein stille bleiben.

8. Kan uns doch kein tod nicht tödten, Sondern reißt Unsern geist Aus viel tausend nöthen, Schleußt das thor der bittern leiden, Und macht bahn, Daß man kan Gehn zun himmelsfreuden.

9. Allda will in süssen schätzen Ich mein herz Auf den schmerz ewiglich ergetzen: Hier ist kein recht gut zu finden, Was die welt In sich hält, Muß im huy verschwinden.

10. Was sind dieses lebens güter? Eine hand Voller sand, Kummer der gemüther; Dort, dort sind die edle gaben, Da mein hirt, Christus wird Mich ohn ende laben.

11. HErr, mein hirt! brunn aller freuden, Du bist mein, Ich bin dein, Niemand kan uns scheiden: Ich bin dein, weil du dein leben Und dein blut Mir zu gut In den tod gegeben.

12. Du bist mein, weil ich dich fasse, Und dich nicht, O mein licht, Aus dem herzen lasse; Laß mich, laß mich hingelangen, Da du mich Und ich dich Lieblich werd umfangen.

Paul Gerhard.

Von der Schöpfung der Engel, Menschen und anderen Creaturen, und Erhaltung GOttes.

Mel. Ach, HErr, mich armen sünder rc.

190. Befiehl du deine wege, Und was dein herze kränkt, Der allertreusten pflege Des, der den himmel lenkt, Der wolken, luft und winden Gibt wege, lauf und bahn, Der wird auch wege finden, Da dein fuß gehen kan.

2. Dem HErren must du trauen, Wann dirs soll wohl ergehn; Auf sein werk must du schauen, Wann dein werk soll bestehn: Mit sorgen und mit grämen, Und mit selbst eigner pein Läßt GOtt ihm gar nichts nehmen, Es muß erbeten seyn.

3. Dein ew'ge treu und gnade, O Vater, weiß und sieht, Was gut sey oder schade Dem sterblichen geblüt: Und was du dann erlesen, Das treibst du, starker held, Und bringst zum stand und wesen, Was deinem rath gefällt.

4. Weg

4. Weg' hast du aller wegen, An mitteln fehlt dirs nicht, Dein thun ist lauter segen, Dein gang ist lauter licht, Dein werk kan niemand hindern, Dein arbeit darf nicht ruhn, Wann du, was deinen kindern Erspriesslich ist, willt thun.

5. Und ob gleich alle teufel Hie wollten widerstehn, So wird doch ohne zweifel GOtt nicht zurücke gehn; Was er ihm vorgenommen, Und was er haben will, Das muß doch endlich kommen Zu seinem zweck und ziel.

6. Hoff, o du arme seele, Hoff und sey unverzagt. GOtt wird dich aus der höhle, Da dich der kummer plagt, Mit grossen gnaden rücken, Erwarte nur der zeit, So wirst du schon erblicken Die sonn der schönsten freud.

7. Auf, auf, gib deinem schmerze Und sorgen gute nacht, Laß fahren, was das herze Betrübt und traurig macht. Bist du doch nicht regente, Der alles führen soll, GOtt sitzt im regimente, Und führet alles wohl.

8. Ihn, ihn laß thun und walten, Er ist ein weiser fürst, Und wird sich so verhalten, Daß du dich wundern wirst, Wann er, wie ihm gebühret, Mit wunderbarem rath, Das werk hinausgeführet, Das dich bekümmert hat.

9. Er wird zwar eine weile Mit seinem trost verziehn, Und thun an seinem theile, Als hätt in seinem sinn Er deiner sich begeben, Und sollst du für und für In angst und nöthen schweben, So frag er nichts nach dir.

10. Wirds aber sich befinden, Daß du ihm treu verbleibst: So wird er dich entbinden, Da dus am mindsten gläubst: Er wird dein herze lösen Von der so schweren last, Die du, zu keinem bösen, Bisher getragen hast.

11. Wohl dir, du kind der treue, Du hast und trägst davon, Mit ruhm und dankgeschreye, Den sieg und ehrenkron. GOtt gibt dir selbst die palmen In deine rechte hand, Und du singst freudenpsalmen Dem, der dein leid gewandt.

12. Mach end, o HErr, mach ende An aller unsrer noth: Stärk unsre füß und hände, Und laß bis in den tod Uns allzeit deiner pflege Und treu empfohlen seyn, So gehen unsre wege Gewiß zum himmel ein.

Paul Gerhard.

Mel. Nun laßt uns GOtt, dem 2c.

191. Der HErr, der aller enden Regiert mit seinen händen, Der brunn der ew'gen güter, Der ist mein hirt und hüter.

2. So lang ich diesen habe, Fehlt mirs an keiner gabe, Der reichthum seiner fülle Gibt mir die füll und hülle.

3. Er lässet mich mit freuden Auf grüner aue weiden, Führt mich zu frischen quellen, Schafft rath in schweren fällen.

4. Wann meine seele zaget, Und sich mit sorgen plaget, Weiß er sie zu erquicken, Aus aller noth zu rücken.

5. Er lehrt mich thun und lassen, Führt mich auf rechter strassen, Läßt furcht und angst sich stillen Um seines namens willen.

6. Und ob ich gleich vor andern Im finstern thal muß wandern, Fürcht ich doch keine tücke, Bin frey vorm ungelücke.

7. Dann du stehst mir zur seiten, Schützst mich vor bösen leuten: Dein stab, HErr, und dein stecken Benimmt mir allen schrecken.

8. Du setzest mich zum tische, Machst, daß ich mich erfrische, Wann mir mein feind viel schmerzen Erweckt in meinem herzen.

9. Du salbst mein haupt mit öle, Und füllest meine seele, Die leer und durstig sasse, Mit vollgeschenktem maase.

10. Barmherzigkeit und gutes Wird mein herz gutes muthes, Voll lust, voll freud und lachen, So lang ich lebe, machen.

11. Ich will dein diener bleiben, Und dein lob herrlich treiben Im hause, da du wohnest Und fromm seyn wohl belohnest.

12. Ich will dich hier auf erden, Und dort, da wir dich werden Selbst schau'n im himmel droben, Hoch rühmen, sing'n und loben.

Paul Gerhard.

Mel. Durch Adams fall ist rc.

192. Du bist ein mensch, das weißst du wohl, Was strebst du dann nach dingen, Die GOtt, der Höchst, alleine soll Und kan zu werke bringen? Du fährst mit deinem witz und sinn Durch so viel tausend sorgen hin, Und denkst, wie wills auf erden Doch endlich mit mir werden?

2. Es ist umsonst, du wirst fürwahr Mit allem deinem dichten Auch nicht ein einzig kleines haar In aller welt ausrichten; Und dient dein gram sonst nirgend zu, Als daß du dich aus deiner ruh In angst und schmerzen stürzest, Und selbst das leben kürzest.

3. Wilt du was thun, das GOtt gefällt, Und dir zum heil gedeyet, So wirf dein sorgen auf den held, Den erd und himmel scheuet, Und gib dein leben, thun und stand Nur fröhlich hin in GOttes hand: So wird er deinen sachen Ein frölich ende machen.

4. Wer hat gesorgt, da deine seel Im anfang deiner tage Noch in der mutter leibeshöhl Und finstern kerker lage? Wer hat allda dein heil bedacht? Was that da aller menschen macht, Da geist und sinn und leben Dir ward ins herz gegeben?

5. Durch wessen kunst steht dein gebein In ordentlicher fülle? Wer gab den augen licht und schein, Dem leibe haut und hülle? Wer zog die adern hier

und dort Ein jed an ihre stell und ort? Wer setzte hin und wieder So viel und schöne glieder?

6. Wo war dein herz, will und verstand, Da sich des himmels decken Erstreckten über see und land Und aller enden ecken? Wer brachte sonn und mond herfür, Wer machte kräuter, bäum und thier, Und hieß sie deinen willen Und herzenslust erfüllen?

7. Heb auf dein haupt, schau überall, Hier unten und dort oben, Wie GOttes sorg auf allen fall Für dich sich hab erhoben; Dein brod, dein wasser und dein kleid War ehe noch, als du, bereit: Die milch, die du erst nahmest, War auch schon, da du kamest.

8. Die windeln, die dich allgemach Umfiengen in der wiegen, Dein bettlein, kammer, stub und dach, Und wo du solltest liegen, Das war ja alles zugericht, Eh als dein aug und angesicht Eröffnet war, und sahe, Was in der welt geschahe.

9. Noch dennoch soll dein angesicht Dein ganzes leben führen? Du traust und glaubest weiter nicht, Als was dein' augen spühren: Was du beginnst, das soll allein Dein kopf, dein fest gehoft Mit händen zu erjagen; Hingegen wie so manchesmal Ist doch geschehn, daß überall Kein mensch, kein rath, kein sinnen Ihm hat ersinnen können.

11. Wie oft bist du in grosse noth Durch eignen willen kommen, Da dein verblendter sinn den tod Fürs leben angenommen? Und hätte GOtt dein werk und that Ergehen lassen nach dem rath, In dem dus angefangen, Du wärst zu grund gegangen.

12. Der aber, der uns ewig liebt, Macht gut, was wir verwirren, Erfreut, wo wir uns selbst betrübt, Und führt, wo wir uns irren: Und dazu treibt ihn sein gemüth Und die so reine vatersgüt, In der uns arme sünder Er trägt, als seine kinder.

13. Ach! wie so oftmals schweigt er still, Und thut doch, was uns nützet, Da unterdessen unser will Und herz in ängsten sitzet, Sucht hier und da, und findet nichts, Will sehn, und mangelt doch des lichts, Will aus der angst sich winden, Und kan den weg nicht finden.

14. GOtt aber geht gerade fort Auf seinen weisen wegen; Er geht und bringt uns an den

15. Drum, liebes herz, sey wohlgemuth, Und laß von sorg und grämen, GOtt hat ein herz, das nimmer ruht, Dein bestes vorzunehmen: Er kans nicht lassen, glaube mir, Sein herz und sinn ist gegen dir Und uns hier allzusammen Voll allzusüs- ser flammen.

16. Es hitzt und brennt von gnad und treu, Und also kanst du denken, Wie seinem math zu muthe sey, Wann wir uns oftmals kränken Mit so vergeb- ner sorgenbürd, Als ob er uns nun gänzlich würd Aus lauterm zorn und hassen Ganz hülf- und trostlos lassen.

17. Das schlag hinweg, und laß dich nicht So liederlich be- thören, Obgleich nicht allzeit das geschicht, Was freude kan vermehren: So wird doch, wahrlich, das geschehn, Was GOtt, dein Vater, ausersehn: Was er dir will zukehren, Das wird kein mensche wehren.

18. Thu als ein kind, und lege dich In deines Vaters ar- me, Bitt ihn, und flehe, bis er sich Dein, wie er pflegt, erbar- me: So wird er dich, durch sei- nen Geist, Auf wegen, die du jetzt nicht weist, Nach wohlge- haltnem ringen, Aus allen sor- gen bringen. Paul Gerhard.

begehr Es nicht geht her, Was magst du dich dann grämen? GOtt lebet noch, Das glaub du doch, Der mag es auf sich nehmen.

2. Dort oben sitzt der grosse mann, Der diese welt regieret, Der alle ding vermag und kan, Und wunderbarlich führet: Mit vorbedacht Die Gottesmacht Verwaltet alle sachen. GOtt herrschet noch, Das glaube doch, Und laß sein weisheit machen.

3. Wie, wann und wo, und was er heißt, Das muß allzeit geschehen, Was er von dir und mir beschleußt, Das muß und wird bestehen. Rath, witz und kunst Ist ganz umsonst, Wanns GOtt nicht läßt gerathen GOtt führt uns noch, Das glaube doch, In allen unsern thaten.

4. Die gaben seine vaters- gut Uns austheilt nach gefal- len, Und mit gemeßnem unter- schied Er nicht schenkt alles al- len: Dort gibt er viel, Hier setzt er ziel, Und haltet maas im geben, GOtt gibt uns noch, Das glaube doch, Die nothdurft in dem leben.

5. Dem gibt er reichthum, jenem nicht, Der kan sich kaum ernähren: Der ist gelehrt; dem witz gebricht: Der niedrig, der

heit auch Frisch angegriffen haben, Und heischt von dir den rechten brauch Der leibs- und seelengaben: Drum nicht vergrab Der gaben hab, Fleiß, schweis und müh anwende. GOtt nährt dich noch, Das glaube doch, Leg du nur an die hände.

7. Wornach, und wie ein jeder ringt, Und dem er nachgegangen, Darnach es ihm auch oft gelingt, Mit GOtt es zu erlangen. Dein fleiß gewinnt, Was GOTT dir gönnt, Auf wachen folgt erspriesen. GOtt segnet noch, Das glaube doch, So wirst du es geniessen.

8. Wann dann von oben ab das kommt, Was zeitlich mich erfreuet, Und was in diesem leben kommt, Mir GOttes gunst verleihet: Weg, blindes glück, Weg, nothgeschick, Hinfort ich euch verlache. GOtt gönnt es doch, Das glaub ich noch, Und stell ihm heim die sache.

9. Auf deine vorsorg, GOtt, ich schau, Dich will ich lassen walten, Auf deine gút und treu ich bau, Die nimmermehr erkalten. Ich hoff und bet, Und frisch dran tret In meines amtes schranken. GOtt sorget noch, Das glaube doch, Ich trau ihm, ohne wanken.

10. Ich sey in armuth oder reich, Tief unten oder oben, Es gilt, mein GOtt, mir alles gleich, Ich will dein aufsicht loben: Es halt mein will Dem deinen still: Schick, was du willt zuschicken. GOtt schickt das doch, Das glaub ich noch, Wie mir es soll gelücken.

11. Gehts mir beym frommen leben schlecht, Und wohl den schlimmsten leuten, Gilt unrecht mehrmals mehr als recht, Laß mich es schicklich deuten: Du ordnest schon Den gnadenlohn, Damit du willt mich zieren, Und liebst mich doch. Das glaub ich noch, Und wirst mich selig führen.

12. Dir, GOtt und Vater, ich befehl Mein ganzes thun und leben, Und mich mit sorgen nimmer quäl, Dir bleibt es heimgegeben; So, wie es woll, Und wie es soll, Mag immer alles gehen. GOtt hilft mir doch, Das glaub ich noch, Es muß um mich wohl stehen.

Heinr. Müller.

Mel. HErr Christ, der einig GOttes.

194. Du GOtt, aus GOtt gebohren, Du glanz der herrlichkeit Des Vaters, auserkohren Zum heiland vor der zeit, Gib, daß wir dich erkennen, Im licht und glauben nennen Den grund der seligkeit.

2. Du schönstes heil auf erden, Dein name JEsus heißt, Dadurch kan selig werden Der frommen froher geist: So wollen wir uns neigen, Die knie vor dir beugen In deinem gnadenreich.

3. Du könig aller ehren, Von grosser majestät, Dein reich wirst du vermehren Noch, eh die welt vergeht; Doch, weil wir

wir hier auf erden Noch angefochten werden, Sey unser schirm und schild.

4. Dein leiden, creutz und sterben, Du hoherpriester, du, Macht uns zu himmelserben, Und bringt der seelen ruh: Ey, laß uns bey dir finden Vergebung unsrer sünden, Du längst erwürgtes lamm.

5. Dein lauf geht nach dem himmel Mit kraft und majestät, Das englische getümmel Jauchzend entgegen geht; Mit bitten und mit beten Wirst du uns noch vertreten In deiner herrlichkeit.

6. Bald wirst du wieder kommen Zu deinem richterstuhl, Die dich nicht angenommen, Zu stürzen in den pfuhl; Doch wirst du unser schonen, Und nicht nach sünden lohnen. Schenk uns die seligkeit.

Franz. Rud. Krüger.

Mel. JEsu, meine freude, rc.

195. GOTT, der wirds wohl machen, Dem ich alle sachen Allzeit heimgestellt, Er hat mich erkohren, Eh ich noch gebohren Bin auf diese welt: Hat mir auch, Nach seinem brauch, Was vonnöthen, stets gegeben Hier in diesem leben.

2. GOtt, der wirds wohl machen, Der mir manches lachen, Freud und lust geschenkt: Der mein nie vergessen, Der mit kleid und essen Täglich mich beschenkt: Auch, wann fast Die creutzeslast Oft die seinen ziemlich drüket, Hat er mich erquiket.

3. GOtt, der wirds wohl machen, Laß das wetter krachen, Und die stürme gehn. Wann mit grossem grausen Alle wellen brausen, Will er bey dir stehn. Jonas lag In dritten tag. Schlägt dich unglück auch darnieder, GOtt erhebt dich wieder.

4. GOtt, der wirds wohl machen, Er wird selber wachen, Ueber deine noth. Wenn du willt verzagen, Unter deinen plagen, Ist der fromme GOtt Auf dem plan, Und nimmt dich an; Dann verstäubt die angst geschwinde, Wie der rauch vom winde.

5. GOtt, der wirds wohl machen, Mächtig in den schwachen Ist er allezeit; Wem hats je gefehlet, Der auf ihn gepfählet Alles herzenleid? Drum mein herz, Vergiß den schmerz, Alles steht in seinen händen: GOtt kan alles wenden.

6. GOtt, der wirds wohl machen, Wann des todes rachen Gleich ist aufgethan, Wann die lebensjahre Liegen auf der bahre Führt er himmel an. Dieser bund Hat seinen grund: Die gelebt und leben werden, Kommen in die erden.

7. GOtt, der wirds wohl machen, Der den alten drachen Dämpfet ritterlich, Führt er gleich die seine Ueber stock und steine Vielmals wunderlich: Sey bereit Zu freud und leid:

GOtt befiehl nur deine sachen: GOtt, der wirds wohl machen.

Stockmann.

Mel. Wer nur den lieben GOtt.

196. GOTT, dessen allmacht sonder ende, Wie preis ich dich doch nach gebühr? Ich bin das werkstük deiner hände; Mein ganzes wesen kommt von dir, Du hast mich wunderlich erbaut, Und mir viel gaben anvertraut.

2. Dir, wundergott, hab ich zu danken, Daß du mich zubereitet hast, Als mich des mutterleibes schranken Und dunkle wände noch umfaßt. Ich preise deine wundermacht, Die mich ans tages = licht gebracht.

3. Du gabst mir die vernünftge seele, Das theure pfand, das ewig lebt, Das noch in meiner leibeshöhle, So lang es dir gefällig, schwebt. Du hast mir sinnen und verstand, Und leib und leben zugewandt.

4. Du, liebster Vater in der höhe, Mein geist wird ganz in mir verzückt, Wann ich des leibes bau besehe, Den du mit deiner hand geschmückt. Mein sinn erstaunet jederzeit Vor dieses hauses herrlichkeit.

5. Du hast durch dein genä=

6. Ich bin nicht werth der grossen güte, Die du, mein GOtt, an mir gethan. Dich preist mein herz und mein gemüthe. Ach, nimm mein lobes = opfer an. Bewahre du mich fort und fort, Mein GOtt und meines lebens hort.

7. Vor dir fall ich in demuth nieder, Vergib, vergib, was ich verbracht, Ich habe, leider! meine glieder Zu sündenglieder oft gemacht. Ich habe meines leibes haus Befleckt mit lasterwust und graus.

8. Ich habe ja mit bösem wesen Mein herz auch allzusehr entweiht; Mein herz, das du dir auserlesen Zum tempel deiner heiligkeit. Ach handle nicht mit mir im grimm: HErr, heilge mich doch wiederüm.

9. Hilf, grosser GOTT, durch den ich lebe; Hilf, daß ich thu, was dich erfreut, Und geist und leib und glieder gebe Zu waffen der gerechtigkeit; Daß ich dir bis in tod getreu Und stets ein kind der tugend sey.

10. Fällt dieses leibs gebäude nieder, Wann ich vollende meinen lauf, O GOtt, so richte dieses wieder, Und führ es schön verkläret auf. Laß mich ins haus des himmels gehn, Und stets dein heiligst antlitz

tausend geister An seinen hof bestellt: Wie herrlich must du wohnen, Wie schöne muß es seyn, Wo cherubim und thronen Bey dir gehn aus und ein!

2. Mir ist es noch verborgen, Was diese geister sind, Bis daß heut oder morgen Ich, dein geliebtes kind, Mit allen Seraphinen, In jenem hellen licht, Dir ewig werde dienen, Und sehn dein angesicht.

3. Die engel, ohne leiber, Sind lauter kraft und geist, Sind weder mann noch weiber, Und was noch sterblich heißt; Ihr wissen übersteiget Den menschlichen verstand: Weil ihnen schon gezeiget, Was uns noch unbekannt.

4. Sie leben ohne sünde, Und werden niemals alt, Sind mächtig und geschwinde, Voll himmlischer gestalt, Voll wunderbarer stärke, Bey der sie keinmal ruhn; Und das sind ihre werke, Den willen GOttes thun.

5. Sie sind die hochvertrauten Des HErren Zebaoth, Vortreflich muß es lauten, Wenn sie vor diesem GOtt Das heilig, heilig, heilig, Mit engelzungen schreyn, Und alle wollen eilig Zu seinem dienste seyn.

6. Ach, wie viel schöne posten Hat uns ihr mund gebracht, Da GOtt mit grossen kosten Auf unser heil gedacht: Sie waren Christi boten, Da er gebohren ward, Und aufstand von den todten, Und bey der himmelfahrt.

7. Mein GOtt, sey hoch gepriesen, Daß du der armen welt Die wohlthat hast erwiesen Und engel uns bestellt, Die jetzt auf meinen wegen, Wo sich ein anstoß findt, Die hand mir unterlegen, Und treue wächter sind.

8. Die zeit wird auch noch kommen, Da ich verklärt und rein, Von aller angst entnommen, Bey engeln werde seyn; Da will ich dann recht ehren Dich, Vater, Sohn und Geist Und deinen ruhm vermehren, So lang es ewig heißt.

Mel. Zion klagt mit angst und rc.

198. Schöpfer himmels und der erden, Vater, Sohn, heiliger Geist. Aus nichts läßst du alles werden In sechs tagen, da du heißst Himmel, wasser und die erd, Auch, was drinnen geht und fährt, Hervorgehen, dir zum lobe, Uns zum nutzen und zur probe.

2. Da die erde war bedecket Mit dem wasser, und darzu In der finsterniß verstecket, Lag in ihrer ersten ruh, Sprachst du, GOtt, es werde licht, Da der erste tag anbricht. Die gewässer durch die veste Theilt der andre tag aufs beste.

3. Als am dritten tag die erde Wurd geschieden von dem meer, Mußten bäum und kräuter werden, Die hernach sich mehrten sehr. Sonne, mond und sternenlicht An dem vierten tag anbricht, Welche allzeit

zeit müssen machen Nacht und tag zum schlaf und wachen.

4. Nun der fünfte tag muß bringen Fisch und thiere in dem meer, In der luft zugleich muß singen Das geschwinde vögelheer. Alle thiere, würm und vieh Schaffst du, GOtt, zum sechsten hie, Daß der mensch sehr reiche gaben Durch dein allmacht konnte haben.

5. Laßt uns auch nach unserm bilde Menschen machen, sprachst du, GOtt, Welche über zahm und wilde Thiere herrschen bis in tod; Da der mensch geschaffen war, Bliessest du ihm den athem dar, Und machst ihm zu einem weibe Seine rippe aus dem leibe.

6. Diese beyde ausgezieret Mit gerecht- und heiligkeit, Mit verstand, wie sichs gebühret, Waren rechte Gottes leut, Deinem sinne gleich gesinnt, Daß der mensch, ein liebes kind, Konnte ohne sünd und sterben Deine seligkeit ererben.

7. Also wurde nun formiret Alle diese creatur, Auch mit segen ausgezieret, Auf daß deiner weisheit spur, Deine macht und majestät Jedermann vor augen hätt, Dich zu kennen und zu loben, Dich zu lieben hier und droben.

8. Nun, so laß dein lob erschallen, Meine seele, deinem GOtt, Der das leben gibt uns allen, Und darzu das liebe brod, Schutz und segen jederzeit; Drum so sey, mein herz, bereit, Daß dein wort und werk vermehre Deines schöpfers lob und ehre.

Mel. Einen guten kampf hab ich rc.

199. Sorge, Vater, sorge, du, Sorge für mein sorgen: Sorge, JEsu, sorge nu, Sorge, heut und morgen: Sorge, für mich allezeit, Sorge, für das meine: O du GOtt der freundlichkeit, Sorge du alleine.

2. Sorge, wann der tag anbricht, Für mein leib und seele; Sorge, daß ich niemand nicht Sie, als dir, befehle; Sorge, liebster GOtt, allhier Auch für meine sinne: Sorge, daß zuwider dir Ich ja nichts beginne.

3. Sorge doch, und laß mir auch Dein wort bis ans ende: Laß mir, HErr, den rechten brauch Deiner sacramente: Sorge für die obrigkeit, Diener deines wortes, Und zugleich für alle leut Jedes stands und ortes.

4. Sorge, grosser menschenfreund, Für uns, deine kinder, Sorge, HErr, für freund und feind, Sorge für uns sünder: Sorge für mein stücklein brod: Sorge doch für alle, Die da sind mit mir in noth: Sorge, wann ich falle.

5. Sorge, wann ich schliesse zu Meine augenlieder: Sorge, wann ich bin zur ruh, Und erwache wieder: Sorge für mein amt und stand, Wort, vernunft und dichten, Für die arbeit meiner hand, Lassen und verrichten.

6. Sorge für mein haab und gut, Ehr und guten namen: Sorge, wann mir leides thut Die welt und ihr saamen: Sorge, wann zu sünd und spott Mich mein fleisch will leiten: Sorge, wann ich mit dem tod Ringen soll und streiten.

7. Sorge, HErr, wann mich ansicht Satan auf der erde: Sorge, wann vor dein gericht Ich gefordert werde: Sorge für mein grabstättlein: Sorge immerforten: Sorge für mich, du bist mein: Sorge aller orten.

In eigener Melodie.

200. Warum betrübst du dich, mein herz? Bekümmerst dich, und trägest schmerz, Nur um das zeitlich gut? Vertrau du deinem HErren GOtt, Der alle ding erschaffen hat.

2. Er kan und will dich lassen nicht, Er weiß gar wohl, was dir gebricht; Himmel und erd ist sein. Mein Vater und mein HErre GOtt, Der mir beysteht in aller noth.

3. Weil du mein GOtt und Vater bist, Dein kind wirst du verlassen nicht, Du väterliches herz, Ich bin ein armer erdenklos, Auf erden weiß ich keinen trost.

4. Der reich verläßt sich auf sein gut, Ich aber will vertraun mein'm GOtt; Ob ich gleich werd veracht, So weiß ich, und glaub vestiglich, Wer GOtt vertraut, dem mangelt

5. Elia! wer ernährte dich, Da es so lange regnet nicht, In so schwer theurer zeit? Ein wittwe aus sidon'erland, Zu welcher du von GOTT warst gsandt.

6. Da er lag unterm wacholderbaum, Ein engel Gottes vom himmel kam, Und bracht ihm speis und trank, Er gieng gar einen weiten gang, Bis zu dem berg, Horeb genannt.

7. Des Daniels GOtt nicht vergaß, Da er unter den löwen saß, Sein engel sandt er hin, Und ließ ihm speise bringen gut Durch seinen diener Habakuk.

8. Joseph in Egypt'n verkaufet ward, Vom könig Pharao g'fangen hart Um sein gottsfürchtigkeit, GOtt macht ihn zu ein'm grossen herrn, Daß er konnt vat'r und brüd'r ernährn.

9. Es ließ auch nicht der treue GOtt Die drey männer im feurof'n roth, Sein engel sandt er hin, Bewahrt sie vor des feuersglut; Und half ihnen aus aller noth.

10. Ach GOtt, du bist noch heut so reich, Als du bist gwesen ewiglich, Mein vertraun steht ganz zu dir, Mach mich an meiner seelen reich, So hab ich gnug hier und ewiglich.

11. Der zeitlich'n ehr will ich gern entbehrn, Du wollst mich nur des ew'gen g'währn, Das du erworben hast Durch deinen herben bittern tod, Das

bitt ich dich, mein HErr und GOtt.

12. Alles, was ist auf dieser welt, Es sey silber, gold oder geld, Reichthum und zeitlich gut, Das währet nur ein kleine zeit, Und hilft doch nicht zur seligkeit.

13. Ich dank dir, Christe, GOttes Sohn, Daß du mich solchs erkennen lahn Durch dein göttliches wort: Verleih mir auch beständigkeit Zu meiner seelen seligkeit.

14. Lob, ehr und preis sey dir gesagt Für alle dein erzeigt wohlthat, Und bitt demüthiglich, Laß mich nicht von dein'm angesicht Verstossen werden ewiglich. Joh. Sachs.

Mel. Warum sollt ich mich dann 2c.

201. Warum willt du doch für morgen, Armes herz, Immerwärts, Wie die heyden, sorgen? Wozu dient dein täglich grämen? Weil GOtt will In der still Sich der noth annehmen.

2. GOtt hat dir geschenkt das leben, Seel und leib, Darum bleib Ihm allein ergeben. Er wird ferner alles schenken, Traue fest, Er verläßt Nicht, die an ihn denken.

3. Sage nicht: was soll ich essen? GOtt hat dir Schon allhier So viel zugemessen, Daß der leib sich kan ernähren, Uebriges Wird indes GOttes hand bescheren.

4. Es ist mehr als trank und speisen Dieser leib, Darum gläub, Daß GOtt wird erweisen, Daß er speis und trank kan geben Dem, der sich Vestiglich Ihm ergibt im leben.

5. Sorgst du, wie du dich sollt kleiden? JEsus spricht: Sorge nicht, Solches thun die heyden; Schau die blumen auf den feldern, Wie so schön Sie da stehn, Und die bäum in wäldern.

6. Sorgt ein vogel auf den zweigen, Wann er singt, hüpft und springt, Wer ihm soll anzeigen, Was er essen soll und trinken? Nein, ach nein, Er allein Folgt des himmels winken.

7. Ach der glaube fehlt auf erden, Wär er da, Müßt uns ja, Was uns noth ist, werden: Wer GOtt kan im glauben fassen, Der wird nicht, Wanns gebricht, Von ihm seyn verlassen.

8. Wer gerechtigkeit nachtrachtet, Und zugleich GOttes reich Ueber alles achtet, Der wird, wahrlich, nach verlangen Speis und trank Lebenslang, Wie im schlaf, empfangen.

9. Laß die welt dann sich bemühen Immerhin, Ach, mein sinn Soll zu JEsu fliehen; Er wird geben, was mir fehlet, Ob ers oft Unverhoft Eine weil verheelet.

10. Will er prüfen meinen glauben, Und die gab, Die ich hab Mir gar lassen rauben, So muß mir zum besten kommen, Wann GOtt mir Alles schier Hat hinweggenommen.

11. Er kan alles wieder geben, Wann er nimmt, So bestimmt Er sein wort zum leben: Ach, wie viele fromme seelen Leben so, Und seynd froh, Ohne sorg und quälen.

12. Sie befehlen GOtt die sorgen, Wie er will, Und sind still Immer im verborgnen; Was GOtt will, ist ihr vergnügen, Und wies er Ungefähr Will mit ihnen fügen.

13. Doch kan ihnen nicht versagen GOTT ihr brod In der noth, Wann er hört ihr klagen; Er kommt, wahrlich, sie zu trösten, Eh mans meynt, Und erscheint, Wann die noth am grösten.

14. Ihre sorg ist für die seelen, Und ihr lauf Geht hinauf Zu den felsenhöhlen, Zu des HErren JEsu wunden; Hier seynd sie Aller müh Und der noth entbunden.

15. Nun, HErr JEsu, meine freude, Meine sonn, Meine wonn, Meiner seelen weyde. Sorge nur für meine seele, So wird mir Auch allhier Nichts am leibe fehlen.

16. Alles sey dir unverholen, Was mir fehlt, Was mich quält, Grosser GOtt, befohlen: Sorge du, so will ich schweigen, Und vor dir, Nach gebühr, Meine Hülf und heil, Liebster JEsu, amen.

Laurentii.

In bekannter Melodie.

202. Wer nur den lieben GOtt läßt walten Und hoffet auf ihn allezeit, Den wird er wunderlich erhalten In allem creuz und traurigkeit, Wer GOtt, dem Allerhöchsten, traut, Der hat auf keinen sand gebaut.

2. Was helfen uns die schweren sorgen? Was hilft uns unser weh und ach? Was hilft es, daß wir alle morgen Beseufzen unser ungemach? Wir machen unser creuz und leid Nur grösser durch die traurigkeit.

3. Man halte nur ein wenig stille, Und sey in sich doch selbst vergnügt, Wie unsers GOttes gnadenwille, Wie sein allwissenheit es fügt; GOtt, der uns ihm hat auserwählt, Der weiß auch sehr wohl, was uns fehlt.

4. Er kennt die rechten freudenstunden, Er weiß wohl, wann es nützlich sey, Wann er uns nur hat treu erfunden, Und merket keine heucheley, So kommt GOtt, eh wir uns versehn, Und lässet uns viel guts geschehn.

5. Denk nicht in deiner drangsalshitze, Daß du von GOtt

schlechte sachen, Und ist dem Höchsten alles gleich, Den reichen klein und arm zu machen, Den armen aber groß und reich: GOtt ist der rechte wundermann, Der bald erhöhn, bald stürzen kan.

7. Sing, bet und geh auf GOttes wegen, Verricht das deine nur getreu, Und trau des himmels reichem segen, So wird er bey dir werden neu; Dann welcher seine zuversicht Auf GOtt setzt, den verläßt er nicht.

8. Auf dich, mein lieber GOtt, ich traue, Ich bitte dich, verlaß mich nicht, Mit gnaden meine noth anschaue, Du weist gar wohl, was mir gebricht: Schaffs mit mir, wiewol wunderlich, Durch Christ, den HErrn, nur seliglich.

Georg Neumark.

Von dem Gebet des HErrn oder heiligen Vater Unser.

Mel. Wer in dem schutz des Höchst.

203. Ach Vater der barmherzigkeit, Du heißst mich zu dir treten. Dein Sohn verheißt mit einem eyd, Daß wir erhörlich beten. Er schreibt mir selbst die bitten für; Dein heilger Geist treibt auch an mir, Ich soll nicht müde werden.

2. Laß mich gedenken an dein wort, Du zuversicht der erden, Wer GOtt anruft, als seinen hort, Der solle selig werden. Ja, du antwortest, eh man ruft, Und eh das ach kommt aus der luft, Willst du es schon erhören.

3. Der HErr ist allen denen nah, Die glaubig zu ihm flehen. In JEsu heißt das amen: ja! Und wird gewiß geschehen. Kein vater wird so steinern seyn, Daß er den kindern einen stein Anstatt des brodes gebe.

4. Was hier dein mund so oft verspricht, Das sprich mir in das herze; Ach, zünde deiner gnaden licht, Und wahrer andacht kerze In meinem kalten herzen an, Damit ich brünstig beten kan Aus angeflammtem glauben.

5. Laß es zum süssesten geruch, Wie Noä opfer, taugen. Wenn ich dein angesichte such, Zeig dich den glaubensaugen, Wie du dem Abraham erschienst, Und gehe nicht vor meinem dienst Und deinem knecht vorüber.

6. Mein beten laß im heiligthum, Wie Aarons cymbeln klingen, Sey du mein psalm, mein heil, mein ruhm, Und laß bey meinem singen Mein herz, wie Davids harpfe, seyn: So dringt der ton zum himmel ein; Im himmel, in dein herze.

7. HErr, wenn ich vor dir beten will, Bevestge die gedanken, Mach sie beständig, sanft

und still, Daß sie nicht irrend wanken. Verschliesse du mein herzenshaus, Sonst schweifen die gedanken aus, Und werden ganz zerstreuet.

8. Wenn irgend sich ein sturm erhebt, Führ mein herz in die höhe, Daß es in deiner ruhe schwebt, Das irdische nicht sehe, Die andacht seye mein magnet, Der nach dem hoffnungsstern sich dreht: Denn JEsus ist mein hoffen.

9. Führ mich in eine wüsten ein, Worin ich sonst nichts wisse, Als meinen bräutigam allein, Daß ich ihn glaubig küsse; Da hör ich nur, was JEsus spricht, Die welt und ihr getümmel nicht, Damit mich niemand höhne.

10. Dein geist der gnaden seufz in mir Ein unaussprechlich beten: Er rufe, schreye, danke dir In mir durch sein vertreten: Er bring mir überzeugend bey, Daß ich bey GOtt in gnaden sey, Und seine kindschaft habe.

11. Vereinige, mein Vater, mich, Durch deines Geistes triebe, Mit meinem JEsu inniglich, Als deinem sohn der liebe; So ist dem glauben auch erlaubt, Durch ihn, in ihm, mit ihm, dem haupt, In aller angst zu beten.

Mel. JEsu, der du meine seele ꝛc.

204. Bittet, so wird euch gegeben, Was nur euer herz begehrt, Was zu dem und jenem leben Nützlich ist, wird euch gewährt; Sucht mit fleiß, so werdt ihr finden Rath und trost für eure sünden; Klopft bey GOtt im glauben an, So wird euch bald aufgethan.

2. Dann wer bittet, der erlanget, Was sein glaube hofft und will. Wer GOtt sucht und ihm anhanget, Findet seiner gnaden füll, Wer mit rechtem ernst anklopfet, Dem bleibt nimmermehr verstopfet GOttes ohr, das alles hört; Sein leid wird in freud verkehrt.

3. Welcher ist wol von euch allen, So sein sohn von ihm heischt brod, Der ihm einen stein zufallen läßt in seiner hungersnoth? Oder so er zu ihm träte, Und um einen fisch ihn bäte, Der ihm brächt auf seinen tisch Eine schlang für einen fisch?

4. So dann ihr, die ihr doch sünder, Und aus argem samen seyd, Könnt begaben eure kinder Mit den gütern dieser zeit; Vielmehr wird auf euer bitten Euer GOtt und Vater schütten Ueber euch den heilgen Geist, Den er euch durch mich verheißt.

5. JEsu, dis ist deine lehre, Schreib sie mir ins herz hinein, Damit ich niemals aufhöre Anzuklopfen und zu schreyn. Ja du wollst selbst für mich bitten, Gnad und segen auf mich schütten, Dafür will ich für und für Alleluja bringen dir.

J. R. von Asseburg.

Mel.

Mel. HErr JEsu Christ, du höchstes.

205. GOtt, unser Vater, der du bist Im himmel hoch erhoben, Und schauest, was auf erden ist, Von deinem throne oben: HErr, unser trost und zuversicht, Zu dir ist unser herz gericht: Erhör uns, deine kinder.

2. Hilf, daß wir deinem heilgen nam Die ehr in allem geben, Wie gros du bist und wundersam, Mit freudigkeit erheben: Dich, deine weisheit, macht und treu Erkennen und ohn heucheley Dir und dem nächsten dienen.

3. Laß uns in deinem gnadenreich Des heilgen Geistes gaben, Dein wort und dessen kraft zugleich, Glaub, lieb und hoffnung haben. Des satans sündenreich zerstöhr, Schütz deine kirch, und sie vermehr In einigkeit und wahrheit.

4. Dein will geschehe für und für Im himmel und auf erden, Daß unser will und bös begierd Dadurch gebrochen werden. Verleihe uns in freud und leid Ein ruhig herz, daß jederzeit, Was du willt, uns gefalle.

5. Gib uns heut unser täglich brod Durch arbeit unsrer hände, Pest, krankheit, feur und wassersnoth, Und was sonst schadt, abwende: Gib treue obern, fried und heil, Auch jedem sein bescheiden theil, Und daß uns dran genüge.

6. Vergib uns alle unsre schuld, Und sündhaft böses leben, Hilf, daß mit liebe und gedult Wir andern auch vergeben, Ach, übe an uns keine rach, Und laß uns unrecht, trotz und schmach Dem nächsten auch verzeihen.

7. In der versuchung, HErr, uns stärk, Und hilf uns überwinden Das fleisch, die welt, des satans werk, Und was uns reizt zu sünden, Daß, wann uns wollust, ehr und geld Wird süß und lieblich vorgestellt, Wir doch darüber siegen.

8. Von allem übel, angst und noth In gnaden uns erlöse, Daß uns im leben und im tod Nicht schaden könn der böse; Gib, daß wir freudig und getrost, Wann uns gleich manches creutz zustoßt, Des glaubens end erhalten.

9. Dis alles, Vater, werde wahr, Du wollest es erfüllen, Erhör und hilf uns immerdar, Um JESU Christi willen; Dann dein, o HErr ist, allezeit, Von ewigkeit zu ewigkeit, Das reich, die macht, die ehre.

M. Wann wir in höchsten nöthen s.

206. HErr GOtt, der du mein Vater bist, Ich schrey im namen JEsu Christ Zu dir auf sein wort, eyd und tod; Hör, helfer treu in aller noth.

2. Laß uns dein wort, stärk uns im geist, Hilf, daß wir thun, was du uns heißst: Gib fried, schutz, gute freund und

brod:

brod: Vergib die schuld, o treuer GOtt.

3. Errett von sünd, teufel und tod, Aus leibes- und der seelen-noth; Ein selges stündlein mir bescheht, Dein ist das reich, kraft, preis und ehr.

4. Auf dein wort sprech ich amen, HErr! Aus gnaden mir mein glauben mehr, Du bist allein der Vater mein, Laß mich dein kind und erbe seyn.

J. Matthesius.

Mel. Wer nur den lieben GOtt läßt.

207. Mein GOtt, ich klopf an deine pforte Mit meinem seufzerhammer an, Ich halte mich an deine worte: Klopft an, so wird euch aufgethan. Ach öffne mir die gnadenthür, Mein JEsus klopfet selbst mit mir.

2. Wer kan was von sich selber haben, Das nicht von dir den ursprung hat, Du bist der geber aller gaben, Bey dir ist immer rath und that, Du bist der brunn, der immer quillt, Du bist das gut, das immer gilt.

3. Drum komm ich auch mit meinem beten, Das voller herz und glauben ist; Der mich vor dich hat heissen treten, Heißt: mein erlöser JEsus Christ: Und der in mir das abba schreyt, Ist ja dein geist der freudigkeit.

4. Gib, Vater, gib nach deinem willen, Was ich, dein kind, bedürftig bin, Du kanst mir meinen hunger stillen; In dir muß aller segen blühn; Doch gib, du geber allermeist, Was meiner seelen selig heißt;

5. Verleih beständigkeit im glauben; Laß meine liebe brünstig seyn, Und will der satan drüber schnauben, So halte der versuchung ein, Damit mein armes fleisch und blut Dem feinde nichts zu willen thut.

6. Erweck in mir ein gut gewissen, Das weder welt noch teufel scheut, Und laß mich meine sünden büssen Noch hier in dieser gnadenzeit, Durchstreich die schuld mit JEsu blut, Und mach das böse wieder gut.

7. Ums creuze darf ich wol nicht bitten, Daß mich es gar verschonen soll, Hat doch mein JEsus selbst gelitten, Und also leid ich billig wohl; Doch wird geduld gar nöthig seyn, Die wollest du mir, HErr, verleihn.

8. Das andre wird sich alles fügen, Ich sey bey dir arm oder reich, An deiner huld laß ich mich gnügen, Die macht mir glück und unglück gleich: Und kommt mirs nicht mit scheffeln ein, Es wird auch gnug im löffel seyn.

9. Ich bitte nicht um langes leben, Nur daß ich christlich leben mag, Laß mir den tod vor augen schweben, Und meinen letzten sterbetag; Damit mein ausgang aus der welt Den eingang in den himmel hält.

10. Wiewol, was will ich mehr

mehr begehren: Du weißst schon, was ich haben muß, Du wirst auch alles mir gewähren, Denn JEsus macht den süssen schluß: Ich soll in seinem namen schreyn, So wird es ja und amen seyn.

Benj. Schmolk.

Mel. HErr Christ, der einig GOttes

208. O Vater aller frommen, Geheiligt werd dein nam: Laß dein reich zu uns kommen: Dein will der mach uns zahm: Gib brod: vergib die sünde: Kein args das herz entzünde: Lös uns aus aller noth.

2. Dann dein, HErr, ist das reiche Und auch die grosse kraft, Dadurch du herrschest gleiche Ueber alle herrschaft; Daß dir niemand kan wehren, Reicht auch zu deinen ehren, Daß du uns hilfest aus. Vinc. Schmuck.

Mel. Nimm von uns, HErr, du rc.

209. Vater unser, im himmelreich, Der du uns alle heissest gleich Brüder seyn und dich rufen an, Und willt das beten von uns han, Gib, daß nicht bet allein der mund, Hilf, daß es geh von herzensgrund.

2. Geheiligt werd der name dein, Dein wort bey uns hilf halten rein, Daß wir auch leben heiliglich Nach deinem namen würdiglich; Behüt uns, HErr, vor falscher lehr, Das arm verführte volk bekehr.

3. Es komm dein reich zu dieser zeit, Und dort hernach in ewigkeit; Der heilge Geist uns wohne bey Mit seinen gaben mancherley, Des satans zorn und gros gewalt Zerbrich, vor ihm dein kirch erhalt.

4. Dein will gescheh, HErr GOtt, zugleich Auf erden, wie im himmelreich; Gib uns geduld in leidenszeit, Gehorsam seyn in lieb und leid: Wehr und steur allem fleisch und blut, Das wider deinen willen thut.

5. Gib uns heut unser täglich brod, Und was man b'darf zur leibesnoth: Behüt uns, HErr, vor krieg und streit, Vor seuchen und vor theurer zeit, Daß wir in gutem frieden stehn, Der sorg und geitzes müßig gehn.

6. All unsre schuld vergib uns, HErr, Daß sie uns nicht betrüben mehr, Wie wir auch unsern schuldigern Ihr schuld und fehl vergeben gern: Zu dienen mach uns all bereit In rechter lieb und einigkeit.

7. Führ uns, HErr, in versuchung nicht, Wann uns der böse geist anficht, Zur linken und zur rechten hand Hilf uns thun starken widerstand, Im glauben fest und wohl gerüst, Und durch des heilgen Geistes trost.

8. Von allem übel uns erlös, Es sind die zeit und tage bös: Erlös uns von dem ewgen tod, Und tröst uns in der letzten noth: Beschehr uns auch ein selges end, Nimm unsre seel in deine händ.

9. Dann dein, HErr, ist allein das reich, Im himmel und auf erden gleich: Dein ist al-

lein die grosse kraft, Die allen deinen willen schaft: Dein ist allein die herrlichkeit Von nun an bis in ewigkeit.

10. Amen, das ist, es werde wahr, Stärk unsern glauben immerdar, Auf daß wir ja nicht zweiflen dran, Was wir hiemit gebeten han, Auf dein wort, in dem namen dein, So sprechen wir das amen fein.

D. Martin Luther.

Von der heiligen Taufe.

In eigener Melodie.

210. Christ, unser HErr, zum Jordan kam, Nach seines Vaters willen, Von sanct Johanns die taufe nahm, Sein werk und amt zu erfüllen, Da wolt er stiften uns ein bad, Zu waschen uns von sünden, Ersäufen auch den bittern tod Durch sein selbst blut und wunden. Es galt ein neues leben.

2. So hört und merket alle wohl, Was GOtt selbst heißt die taufe, Und was ein christe glauben soll, Zu meiden ketzerhaufe: GOtt spricht und will, daß wasser sey; Doch nicht allein schlecht wasser, Sein heiligs wort ist auch dabey Mit reichem Geist ohn massen; Der ist allhie der täufer.

3. Solchs hat er uns bewiesen klar Mit bildern und mit worten. Des Vaters stimm man offenbar Daselbst am Jordan hörte; Er sprach: das ist mein lieber Sohn, An dem ich hab gefallen, Den will ich euch befohlen han, Daß ihr ihn höret alle, Und folget seiner lehre.

4. Auch GOttes Sohn hie selber steht In seiner zarten menschheit, Der heilge Geist hernieder fährt In taubenbild verkleidet: Daß wir nicht sollen zweiflen dran, Wann wir getaufet werden, All drey person'n getaufet han, Damit bey uns auf erden Zu wohnen sich ergeben.

5. Sein' Jünger heißt der HErre Christ: Geht hin, all welt zu lehren, Daß sie verlohrn in sünden ist, Sich soll zur busse kehren. Wer glaubet und sich taufen läßt, Soll dadurch selig werden, Ein neugebohrner mensch er heißt, Der nicht mehr könne sterben, Das himmelreich soll erben.

6. Wer nicht glaubt dieser grossen gnad, Der bleibt in seinen sünden, Und ist verdammt zum ewgen tod Tief in der höllen gründen; Nichts hilft sein eigne herrlichkeit, All sein thun ist verlohren, Die erbsünd machts zur nichtigkeit, Darinn ist er gebohren, Er kan ihm selbst nicht helfen.

7. Das aug allein das wasser sieht, Wie menschen wasser giessen, Der glaub im geist die kraft versteht Des blutes JEsu Christi, Und ist vor ihm ein ro-

the fluth, Von Christi blut gefärbet, Die allen schaden heilen thut, Von Adam her geerbet, Auch von uns selbst begangen.

D. Martin Luther.

Mel. Wer in dem schutz des höchst.

211. Du volk, das du getaufet bist, Und deinen GOtt erkennest, Auch nach dem namen JEsu Christ Dich und die deinen nennest, Nimms wohl in acht und denke dran, Wie viel dir gutes sey gethan Am tage deiner taufe.

2. Du warst, noch es du wurdst gebohrn Und eh du milch gesogen, Verdammt, verstossen und verlohrn, Darum, daß du gezogen Aus deiner eltern fleisch und blut Ein art, die sich vom höchsten gut, Dem ewgen GOtt, stets wendet.

3. Dein leib und seel war mit der sünd, Als einem gift, durchkrochen, Und du warst nicht mehr GOttes kind, Nachdem der bund gebrochen, Den unser schöpfer aufgericht, Da er uns seines bildes licht Und herrlich kleid ertheilte.

4. Der zorn, der fluch, der ewge tod, Und was in diesem allen Enthalten ist vor angst und noth, Das war auf dich gefallen: Du warst des satans dargegen wieder, Was Adam hat verderbt gemacht, Und was wir selbsten durchgebracht Bey unserm bösen wesen.

6. Es macht dis bad von sünden los, Und gibt die rechte schöne: Die satans kerker vor beschloß, Die werden frey, und söhne Des, der da trägt die höchste kron, Der läßt sie, was sein eigner sohn Ererbt, auch mit ihm erben.

7. Was von natur vermaledeyt und mit dem fluch umfangen, Das wird hier in der tauf erneut, Den segen zu erlangen: Hier stirbt der tod, und würgt nicht mehr: Hier bricht die höll, und all ihr heer Muß uns zu füssen liegen.

8. Hier ziehn wir JESUM Christum an, Und decken unsre schanden Mit dem, was er für uns gethan, Und willig ausgestanden; Hier wäscht uns sein hochtheures blut, Und macht uns heilig, fromm und gut In seines vaters augen.

9. O grosses werk, o heilges bad, O wasser, dessen gleichen Man in der ganzen welt nicht hat, Kein sinn kan dich erreichen: Du hast recht eine wunderkraft, Und die hat der, so alles schaft Dir durch sein wort

in sich schleußt Und seinen grossen namen.

11. Das halt, o mensch, in allem werth, Und danke für die gaben, Die dein GOtt dir darinn beschehrt, Und die uns alle laben, Wenn nichts mehr sonst uns laben will, Die laß, bis daß des todes ziel Dich trift, nicht ungepreiset.

12. Brauch alles wohl, und weil du bist Nun rein in Christo worden, So leb und thu auch als ein christ, Und halte Christi orden, Bis daß dort in der ewgen freud Er dir das ehr- und freudenkleid Um deine seele lege.

Paul Gerhard.

Von ungetauften Kindern.

Mel. Es ist das heil uns kommen.

212. GOTT ist nicht ein gebundner GOtt An das, was er befohlen, Er ist HErr über leb'n und tod, Er kan uns zu sich holen, Wie, wo er will, zu welcher zeit, Wir bleiben seine lehenleut In allen unsern sachen.

2. Des lebens wege schrieb er für Nach seinem wohlbelieben: Er fordert von uns die gebühr, Die wir all sollen üben; Geht aber er ein andre bahn, So geht das die vernunft nicht an, Sie muß ihm blos nur folgen.

3. Wer glaubet und getaufet wird, Soll dadurch selig werden, Sagt unser treuer seelenhirt, Da er noch war auf erden: Wer nicht glaubt, soll verlohren seyn, Und fallen in die höllenpein Zu ewigem verderben.

4. Gut aber, daß der HErr nicht sagt: Wer nicht getauft ist worden, Der wird vom himmel weggejagt Zu der verdammten orden, Sonst müßten alle kinderlein Vom himmel ausgeschlossen seyn, Die nicht zur taufe kommen;

5. Und haben doch daran nicht schuld, Daß sie so hingescheiden, Der gnadenvater hat geduld, Wann wir hier etwas leiden, Das nicht in unserm willen steht, Ob es gleich schon dem nicht nachgeht, Woran er uns gebunden.

5. Wer will die zarten kinderlein Von Israel verdammen, Die in Egypten sollten seyn Verdrücket von den ammen, Die in dem wasser mußten gar Ausstehen, was geboten war, Und sterben unbeschnitten?

7. Wie viel der kinder giengen hin Dort in der grossen wüsten, Da Israel mußt umherziehn, Die alle darum müßten Geschlossen bleiben aus dem bund, Wenn GOTT aus seiner gnaden grund Sie nicht hätt eingenommen.

8. Das söhnlein Davids starb auch noch, Eh als es wurd beschnitten, Für welches er GOTT bat so hoch, Und doch nicht konnt erbitten; Dem

wollt auch David fahren nach, Gewiß nicht zu dem höllenbach; Vielmehr zur himmelsfreude.

9. Der schächer fuhr auch gleicherweis, Wie Christus ihm versprochen, Noch ungetauft ins paradeis, Und blieb doch ungebrochen, Was GOttes ordnung mit sich bringt, Die uns nur, und nicht ihm, bedingt, Er bleibet unverbunden.

10. Daß laßt, ihr christenmütter, euch Zum trost seyn vorgesungen, Entgehen euch die kinder gleich, So ists doch wohl gelungen; Wann ihr sie GOtt ergebt zuvor, Steht ihnen auch des himmels thor Durch Christi blut eröffnet.

11. Das leben liebt GOtt, unser hort, Er liebt nicht das verderben, Nur der, der widerstrebt sein'm wort, Muß ewig, ewig sterben; Wer durch den Adam kam zum tod, Hilft GOtt durch Christum aus der noth, Die ihm der mensch nicht machte.

12. GOtt hat hierinn die freye hand, Er, er kan alles schaffen, Daß es komm in den freudenstand, Ob wir gleich drob entschlafen; Da er die eltern hat erwählt, Hat er zu seinem volk gezählt Auch ihren lieben saamen.

Mel. Nun freut euch lieben rc.

213. GOtt Vater, Sohn, und heilger Geist, Du GOtt von grosser güte, Sey jetzt und immerdar gepreißt Mit dankbarem gemüthe, Daß du aus unverdienter gnad Mich durch das heilge wasserbad Von sünden abgewaschen.

2. HErr, ich bekenne, daß ich bin Gezeugt aus sündensaamen, Ein kind des zorns, das immerhin Entheiligt deinen namen: Ich weiß, daß von natur ich leb Ohn deine furcht, und widerstreb, GOtt, deinem wort und willen.

3. Und dennoch, Vater, hast du mich, Da ich ganz war verlohren, Zu dir gezogen gnädiglich, Und wieder neu gebohren Durchs wasserbad der heilgen tauf, Daß ich in meinem lebenslauf Mich deiner lieb kan trösten.

4. HErr JEsu Christ, dein theures blut Wasch mich von meinen sünden, Kraft dessen macht die wasserfluth Denselben fluch verschwinden, Den ich hab von natur verschuldt; Und setzet mich ins Vaters huld, Die Adam hat verscherzet.

5. O heilger Geist ich danke dir Für diese edle gabe, Daß ich nun innerlich in mir Dein kräftig zeugnis habe, Dadurch ich meinen schöpfer kan Getrost und freudig rufen an, Und sagen, abba, Vater.

6. Weil in der tauf auch JEsus Christ Von mir ist angezogen, So hilf, daß durch des satans list Ich nimmer werd betrogen; Dann die nun GOttes tempel seynd, Die bleiben vor dem bösen feind In deiner gnade sicher.

7. O HErr, an diese würdigkeit, Die du mir wollen schenken, Laß mich jetzund und allezeit In meiner noth gedenken, Daß ich dadurch ein herze faß, Und immer mich darauf verlaß, Daß du mir hülf versprochen.

8. Ich hab auch bey dem wasserbad Mich dir zum dienst verbunden, Drum gib, daß keine sündenthat In mir werd herrschend funden; Gib, daß für deine güt und treu Ich den gehorsam stets verneu, Den ich dir angelobet.

9. Und so ich was aus schwachheit thu, Das wollst du mir verzeihen, Und mir es ja nicht rechnen zu: Die gnade auch verleihen, Daß ich an dir beständig bleib, Bis du die seele von dem leib Zu dir hinauf wirst nehmen.

Mel. Was mein GOtt will, das rc.

214. HErr, schaff uns wie die kleinen kind, In unschuld neu gebohren, Als wir getauft im wasser sind, Zu deinem volk erkohren, Daß demnach sich, HErr Christ, an dich Der sündlich mensch ergebe, Daß er wohl sterb, Und nicht verderb, Mit dir aufsteh und lebe.

Thomas Blaurer.

Mel. Nun laßt uns GOtt, dem rc.

215. Nun laßt uns frölich singen Von wundergrossen dingen, Die aus der taufe kommen, Zu nutz und trost der frommen.

2. Die taufe läßt uns finden Die reinigung von sünden, Da wird man neu gebohren, Von GOtt zum kind erkohren.

3. Der nimmt uns auf zu gnaden, Und wendet unsern schaden, Daß teufel, tod und hölle Uns nicht in unglück fälle.

4. Da macht er mit uns allen Den bund, der nicht soll fallen, Und will, daß wir auch dessen Zu keiner zeit vergessen.

5. Da läßt er auf uns fliessen Und reichlich uns geniessen Viel schöne himmelsgaben, Die unsre seele laben.

6. Er schenkt uns auch darneben Das ewge freudenleben, Daß, wo wir nur recht gläuben, Wir himmelserben bleiben.

7. Denn Christi wort bestehet: Wer gläubet und empfähet Die tauf, den soll nichts scheiden Von GOtt und ewgen freuden.

Paul Gerhard.

Mel. HErr JEsu Christ, du höchst.

216. O JEsu Christ, ich preise dich Mit frölichem gemüthe, Daß du mich so gnädiglich, Nach deiner grossen güte, Durch deine tauf errettet hast Von aller meiner sündenlast, Und mir dein heil geschenket.

2. So bald mein haupt dein'n wasserguß Begonnte zu geniessen, Da ließst du deinen liebesfluß Auch in mein herze fliessen: Ein göttlich leben gabst du mir, Dein Geist verband mein herz mit dir, Ich ward aus GOtt gebohren.

3. Du wuschest meine seele

ab Von allen sündenflecken, Und liessest also in ein grab Des fleisches macht verstecken; Es ward in deinen tod getaucht, Was satanas vorher gebraucht, Ins elend mich zu bringen.

4. So stelletest du heilig dar Vor deines Vaters throne, Und vor der auserwählten schaar, Mich in der schönsten crone Der göttlichen gerechtigkeit. Du wurdest selbst mein ehrenkleid, Darin ich konnte prangen.

5. Kein engel war so schön als ich, Da ich dich angezogen, Ich prangte mehr als königlich, Du wurdest selbst bewogen, Mich nun zu nennen deine braut, Im glauben ward ich dir vertraut. So hoch ward ich erhoben.

6. Da ward mir auch zugleich das recht Zu deinem reich gegeben, Ich war von göttlichem geschlecht, Du wurdest selbst mein leben: Weil ich an deinem leibe ward Ein glied, und nun nach deiner art Mein leben konnte führen.

7. Doch mußte dis verborgen seyn, Die schönheit ward verdecket, Da man mich also tauchte ein, Und unters creutz verstecket: Es mußte nun ans leiden gehn, Bis ich auf künftig könnte stehn In offenbarer klarheit.

8. So war es zu derselben stund Als ich ward aufgenommen In diesen heilgen gnadenbund, Und in die zahl der frommen. Wie ist es aber nun mit mir, Mein Heiland, soll ich jetzo dir Nicht gleichfalls zugehören?

9. Ach ja, es ist noch dieser bund Mein siegel im gewissen, Das mich versichert alle stund, Wie du noch seyst geflissen, Mich zu erhalten, daß ich kan Noch stets die frage stellen an: Bin ich nicht, GOtt, dein eigen?

10. Hast du mich nicht zu deinem kind In deinem Sohn erwählet? Hast du mich nicht von aller sünd In gnaden los gezählet? Ist nicht dein bund ein ew'ger bund? Hat solchen nicht dein theurer mund Mit einem eid versiegelt?

11. Seht mich auch nicht dis alles an, Was Christus hat erworben? Hat ers nicht mir zu gut gethan? Ist er nicht mir gestorben? Ist sein verdienst nicht mir geschenkt, Da ich im glauben ward versenkt In seine gnad und güte?

12. Drum bleib ich ja dein eigenthum, Das du dir nicht läßst nehmen, Der sünden macht wird wiederum Mich nimmermehr beschämen. Du willst und kanst den lassen nicht, Der auf dich seine zuversicht Von ganzem herzen setzet.

13. Zwar hab ich auch durch viele schuld Den gnadenbund zerrissen, Bin unwerth worden deiner huld; Doch bin ich nun beflissen, Daß durch die busse dieser bund Befestigt werde, weil der grund Bey dir noch feste stehet.

14. Ich steh im kampfe wider mich, Mein fleisch und blut zu zwingen, Der geist kämpft in mir ritterlich, Wenn lüste auf mich dringen: Läßt mir der satan keine ruh, Stürmt auch die welt mit auf mich zu: So geb ich nicht gewonnen.

15. Denn weil ich nun getaufet bin Mit deinem liebesfeuer, Das ganz durchglüet meinen sinn, Ist mir sehr werth und theuer Dein göttlich wort, das weiset mir, Wie ich soll fliehen für und für, Was dir nicht wohlgefället.

16. Gib nun, daß deine lieb in mir Stets treibe mein gemüthe, Daß ich mich sehne stets nach dir, Und mich für sünden hüte: Du, liebe, thust mir viel zu gut, Gib daß ein jeder tropfen blut Von deiner liebe walle.

Christian Koitsch.

Von der wahren Busse, Bekehrung, Beichte, Absolution, und nach der Beichte.

Mel. In dich hab ich gehoffet, HErr.

217. Ach frommer GOtt, wo soll ich hin Mit meinem hochbetrübten sinn Und tiefen seelenschaden? Mein krankes herz, Ist wie mit erz Und steinen überladen.

2. Wie klagt mich mein gewissen an! Es thut mich grausam in den bann, Ich muß mich selbst verzagen, Und seinen mord An allem ort In meinem busen tragen.

3. Gleichwie ein wild durch schnelle flucht Den pfeilen zu entgehen sucht, Die schon sein herz empfunden: So eil auch ich Und trage mich Mit denen höllenhunden.

4. Wer hilft in diesen nöthen mir? HErr, mein verlangen steht nach dir, Ich stell auf dich vertrauen Und hoffnung, GOtt, Laß keinen spott In deiner furcht mich schauen.

5. Dann keiner, der geduldig dein Kan harren, wird in schanden seyn, Laß den zu schanden werden, Der deiner macht Verächtlich lacht, Und traut der schnöden erden.

6. Gedenk an die barmherzigkeit, Die du erwiesen allezeit, Seit daß die welt gestanden; Gedenke nicht An dein gericht, Und meiner jugend schanden.

7. Sieh meiner thorheit über hin Nach deiner grossen langmuth sinn, Laß doch mein herz sich stillen, Gedenke mein In lieb allein, Um deiner güte willen.

8. Gib deinem grossen namen statt, Sey gnädig meiner missethat, Die ich dir nicht verheele: Ist gleich kein ziel, Und ihr so viel, Daß ich sie gar nicht zähle.

9. Mach mich von meinem kummer los, Dann meines herzens angst ist gros, Entführe mich

mich meinen nöthen, Schau gnädig, HErr, Auf mein beschwer, Es drohet mich zu tödten.

10. Vergib, o Vater, aus geduld, Mir alle meine sündenschuld, Laß meine seele leben. Errette sie, Damit ich nie In schanden möge schweben.

11. Dann sieh, ich trau allein auf dich, Durch schlecht und recht behüte mich; GOtt woll aus allem bösen Mein arme seel, Und Israel Aus aller noth erlösen. Simon Dach.

In bekannter Melodie.

218. Ach, GOtt und HErr, Wie gros und schwer Sind mein begangne sünden, Da ist niemand, Der helfen kan, In dieser welt zu finden.

2. Lief ich gleich weit Zu dieser zeit, Bis an der welt ihr ende, Und wollt los seyn Des creutzes mein, Würd ich doch solchs nicht wenden.

3. Zu dir flieh ich, Verstoß mich nicht, Wie ichs wohl hab verdienet; Ach GOTT, zürn nicht, Geh nicht ins g'richt, Dein Sohn hat mich versühnet.

4. Solls ja so seyn, Daß straf und pein Auf sünde folgen müssen, So fahr hie fort, Und schone dort, Und laß mich hier wohl büssen.

5. Gib, HErr, geduld, Vergiß der schuld, Verleih ein gehorsams herze: Laß mich nur nicht, Wies oft geschicht, Mein heil murrend verscherzen.

6. Handle mit mir, Wies dünket dir, Ich wills gar gerne leiden, Laß mich nur nicht Dort ewiglich Von dir seyn abgescheiden.

7. Gleichwie sich fein Ein vögelein In hohle bäum verstecket, Wenns trüb hergeht, Die luft unstät, Menschen und vieh erschrecket:

8. Also, HErr Christ, Mein zuflucht ist Die höhle deiner wunden, Wann sünd und tod Mich bracht in noth, Hab ich mich drein gefunden.

9. Darinn ich bleib, ob hie der leib Und seel von einand'r scheiden, So werd ich dort Bey dir, mein hort, Seyn in ewigen freuden.

10. HErr JEsu Christ, Mein trost du bist An meinem letzten ende, Wann ich hinfahr, Mein seel bewahr, Nimm sie in deine hände.

11. Ehre sey nun GOtt Vat'r und Sohn, Dem heilgen Geist zusammen, Zweifle auch nicht, Weil Christus spricht: Wer glaubt wird selig. Amen.

Johannes Goldelius.

In bekannter Melodie.

219. Ach HErr, mich armen sünder Straf nicht in deinem zorn, Dein ernsten grimm doch linder, Sonst ists mit mir verlohrn: Ach, HErr, wollst mir vergeben Mein sünd, und gnädig seyn, Daß ich mag ewig leben, Entfliehn der höllenpein.

2. Heil du mich, lieber HErr

HErre, Dann ich bin krank und schwach, Mein herz verwundet sehre, Leidet groß ungemach, Mein g'beine sind erschrocken, Mir ist sehr angst und bang: Mein seel ist auch erschrocken, Ach du, HErr, wie so lang?

3. HErr, tröst mir mein gemüthe, Mein seel rett, lieber GOtt, Von wegen deiner güte, Hilf mir aus aller noth: Im tod ist alles stille, Da denkt man deiner nicht, Wer will doch in der hölle Dir danken ewiglich?

4. Ich bin von seufzen müde, Hab weder kraft noch macht, In grossem schweiß ich liege Durchaus die ganze nacht: Mein lager naß von thränen, Mein gstalt von trauren alt, So sehr thu ich mich grämen, Die angst ist mannigfalt.

5. Nun weicht, ihr übelthäter, Mir ist geholfen schon, Der HErr ist mein erretter, Er nimmt mein flehen an, Er hört meins weinens stimme, Es müssen fallen hin All sein und meine feinde, Und schändlich kommen üm.

6. Drum dank ich dir von herzen, O GOtt! im höchsten thron, Du wirst mir meine schmerzen Und leiden lindern schon, Auch mir all gnad beweisen, Wie ich gebeten dich, Dafür will ich dich preisen Immer und ewiglich.

Joh. Hermann Schein.

Mel. Nun freut euch lieben, rc.

220. Ach, hilf mir, hilf, HErr JEsu Christ, Ach, schau auf meine schmerzen, Wie gräulich beisset, nagt und frißt Und quälet mich im herzen, Daß ich, vom satan angeregt, Und meinem eignen fleisch bewegt, Dis unrecht hab begangen.

2. O sünde, dein abscheulichkeit Hat mir die angst gebohren: Durch dich hab ich die seligkeit Verscherzet und verlohren, Ich bin durch diese meine schuld Aus meines lieben GOttes huld, In seinen zorn gefallen.

3. Ach GOtt, erbarm es, ach, die that Ist, leider! nun geschehen, Warum soll ich ohn hülf und rath In meiner angst vergehen? Ich will zu meinem heiland hin, Von dem ich, leider! gwichen bin, Und hülfe bey ihm suchen.

4. Es ist ja GOttes reiche gnad Viel grösser als die sünde, Die alle welt begangen hat, Und die ich bey mir finde, Ja Christi theur vergossnes blut Das macht für GOtt gerecht und gut, Und rein von allen sünden.

5. Ach JEsu, ach, erbarm dich mein, Und heile mein gewissen, Ach, laß mich deiner schweren pein Zu meinem trost geniessen. Verzeihe mir, was ich gethan, Ach, schau mich wieder freundlich an, Und sey mir sünder gnädig.

6. Nun

6. Nun an dich, JEsu, halt ich mich, Und will des glaubens leben, Du wirst mir ja auch gnädiglich Die schwere sünd vergeben. Drauf will ich deine gütigkeit, In dieser und in jener zeit, Mit höchstem lobe preisen.

Christ. Brunkhorst.

Mel. Ach! was soll ich sünder rc.

221. Ach mein JESU, meine sünden, Die mich bisher angelacht, Haben mich dahin gebracht, Daß ich nirgends ruh kan finden, Drum mein herz in schwermuth spricht: Ach, mein JEsu, laß mich nicht.

2. Selbst der himmel wirfet strahlen, Und die höll speyt flammen aus Auf mein wüstes seelenhaus, Moses dringt, die schuld zu zahlen. Drum mein herz in wehmuth spricht: Ach, mein JEsu, laß mich nicht.

3. Herzens JEsu, trautstes leben, Schaffe meiner seelen ruh, Tritt doch bald, mein heiland, zu: Sonst muß ich den geist aufgeben; Drum mein herz im glauben spricht: Ach, mein JEsu, laß mich nicht.

4. Laß die durchgebohrten hände So mit purpur übergehn Auf mein haupt, und laß mich sehn Deiner gnade neue pfände; Drum mein herz vertraulich spricht: Ach, mein JEsu, laß mich nicht.

5. Schreck mit deinen rothen wunden, Was dein schäflein schrecken will, Deinen schlägen halt ich still: Ach, verkürz die trauerstunden; Drum mein herz in sehnsucht spricht: Ach, mein JEsu, laß mich nicht.

6. Stärk mich bis zur todtenbahre, Reich mir süsses mannabrod, Tränk mich, gegen alle noth, Durch das blut von dem altare; Drum mein herz in liebe spricht: Ach, mein JEsu, laß mich nicht.

7. Scheide = briefe will ich schreiben Allen lüsten dieser welt. Was dir, frommer GOtt, gefällt, Soll mein kronenschatz verbleiben; Drum mein herz in andacht spricht: Ach, mein JEsu, laß mich nicht.

8. Laß mich mit Johanne liegen Stets an deiner nectarbrust, Bis einst salems himmelslust Alle lüste wird besiegen; Drum mein herze schlüßlich spricht: Ach, mein JEsu, laß mich nicht.

Mel. Zion klagt mit angst u. schmerz.

222. Ach, was hab ich ausgerichtet? Ach, was hab ich doch gethan? Wer ist, der die sache schlichtet? Mein gewissen klagt mich an; Ich bin selber wider mich, Weil ich also freventlich Mich mit lasterkoth beflecket, Und des Höchsten zorn erwecket.

2. GOtt, ich muß mit zittern sagen, Daß ich sey ein sündenknecht, Jetzo fühl ich deine plagen, Aber du, du bist gerecht; Mein verderbtes fleisch und blut Hat das rechte wahre gut Durch des teufels trieb verachtet, Und den lüsten nachgetrachtet.

3. Vor

3. Vorhin hab ich mich gefreuet Meiner schweren sündenlast, Jetzo, da mich solche reuet, Hab ich weder ruh noch rast: Was mich vorhin, ach, ergetzt, Hat mich jetzt in angst gesetzt: Was vorhin den leib erquicket, Ist, das jetzt die seele drücket.

4. So viel jahr hab ich gelaufen Den verbosten irreweg, Und mit dem verruchten haufen Ausgesetzt den guten steg, Der zur himmelspforte führt: Nie, ach, nie hab ich gespürt Wahre reue meiner sünden, Wo soll ich nun rettung finden?

5. GOtt, ich soll gen himmel sehen, Aber ich seh unter mich, Wie ist mir, mein GOtt, geschehen, Daß ich so verlassen dich? Ich bin werth, daß mich dein grimm Mit erzörnter donnerstimm Möcht in tausend trümmer schlagen, Ja zur höllen ewig jagen.

6. Alle freude sey verfluchet, So von sünden hergerührt, Diese zeit, da ich gesuchet, Was mir höllenangst gebiehrt, Was mir GOttes wort verbeut, Sey verflucht in ewigkeit; Ewig sey verflucht die stunde, Da ich sündenlust empfunde.

7. O wie bist du, sünde, sünde, Eine last, die felsenschwer, An mir ich nichts reines finde, Wie kränkt mich doch das so sehr! GOtt, dein zorn hat mich geschreckt, Ach, wer ist, der mich versteckt? Keine creatur kan rathen Meinen schweren missethaten.

8. HErr, es steht in deinen händen, Du alleine hilfst aus noth, Du kanst meinen jammer wenden, Du kanst retten aus dem tod: Es steht nur allein bey dir, Niemand kan sonst helfen mir: Du kanst gnädig mich verneuen, Und in ewigkeit erfreuen.

9. Ich verdamme seel und glieder, Sprich du sie in gnaden los: Bittlich fall ich vor dir nieder, Nimm du mich in deinen schoos: Stärk mich, der ich abgeschwächt, Laß genade gehn für recht; Wirst du ins gerichte gehen, HErr, wer kan vor dir bestehen?

10. Deines Sohnes marterzeichen Stell ich zwischen dir und mir, Laß mich hierdurch gnad erreichen, Seinen tod halt ich dir für, Glaube steif und vestiglich, Daß mein JEsus auch für mich Hat gelitten, ist gestorben, Ich auch soll seyn unverdorben.

11. Du hast uns gewiß verheissen Herzliche barmherzigkeit, Dafür sollen wir dich preisen; Denk an deinen theuren eid, Der den sündern trost verspricht, Du willst ihren tod ja nicht, Leben willst du ihnen schenken, Wann sie sich nur zu dir lenken.

12. HErr, so sey nun auch erhöret, Bitt ich, der verlohrne sohn, Der zu seinem vater kehret: Blicke von des himmelsthron, Ich bring ein zerknirschtes herz, Voller reue, voller schmerz,

schmerz, Das nach deiner gnade trachtet, Solches hast du nie verachtet.

13. Laß die engel frölich werden, Daß ein sünder busse thut. Weil ich lebe noch auf erden, Will ich dis, was fleisch und blut Hat bishero hoch geacht, Was mich fälschlich angelacht, Hassen, fliehen, ernstlich meiden, Und mich gänzlich dir vereiden.

14. Wirst du mir zur seiten stehen Durch des guten Geistes kraft, Will ich nicht, wie vormals, gehen Den weg, der zur höllen rafft. GOtt, ich kehre mich zu dir, Kehre du dich auch zu mir, Dafür will ich deinen namen Ewig loben, amen, amen.

Gottfried Wilhelm Sacer.

In bekannter Melodie.

223. Ach, was soll ich sünder machen? Ach, was soll ich fangen an? Mein gewissen klagt mich an, Es beginnet aufzuwachen; Dis ist meine zuversicht: Meinen JEsum laß ich nicht.

2. Zwar es haben meine sünden Meinen JEsum oft betrübt, Doch weiß ich, daß er mich liebt, Und er läßt sich gnädig finden; Drum, ob mich die sünd ansicht, Meinen JEsum laß ich nicht.

3. Ob gleich schweres creutz und leiden, So bey christen oft entsteht, Mit mir hart darnieder geht, Soll michs doch von ihm nicht scheiden, Er ist mir ins herz gericht, Meinen JEsum laß ich nicht.

4. Ich weiß wohl, daß unser leben Nichts, als nur ein nebel ist; Dann wir hie zu jeder frist Mit dem tode sind umgeben: Und, wer weiß, was heut geschicht? Meinen JEsum laß ich nicht.

5. Sterb ich bald, so komm ich abe Von der welt beschwerlichkeit, Ruhe bis zur vollen freud, Und weiß, daß im finstern grabe JEsus ist mein helles licht, Meinen JEsum laß ich nicht.

6. Durch ihn will ich wieder leben, Dann er wird zur rechten zeit Wecken mich zur seligkeit, Und sie mir aus gnaden geben, Muß ich schon erst vors gericht: Meinen JEsum laß ich nicht.

7. Drum, o JEsu, sollt du bleiben, Bis ich komme an den ort, Welcher ist des himmels pfort, Mein, drum thu auch einverleiben Meine seele deinem licht: Meinen JEsum laß ich nicht.

Johann Flittner.

In eigener Melodie.

224. Allein zu dir, HErr JEsu Christ, Mein hoffnung steht auf erden, Ich weiß, daß du mein tröster bist, Kein trost mag mir sonst werden; Kein menschenkind war je gebohrn, Wie auch kein engel auserkohrn, Der mir aus nöthen helfen kan, Ich ruf dich an, Zu dem ich mein vertrauen han.

2. Mein sünd sind schwer und übergros, Und reuen mich von herzen, Derselben mach

mich quitt und los Durch deinen tod und schmerzen, Und zeig mich deinem Vater an, Daß du hast gnug für mich gethan: So werd ich quitt der sünden-last, HErr, halt mir fest, Wes du dich mir versprochen hast.

3. Gib mir, nach dein'r barmherzigkeit, Den wahren christenglauben, Auf daß ich deine süßigkeit Mög inniglich anschauen: Vor allen dingen lieben dich, Und meinen nächsten gleich, als mich: Am letzten end dein hülf mir send, Damit behend Des teufels list sich von mir wend.

4. Ehr sey GOtt in dem höchsten thron, Dem Vater aller güte, Und JEsu Christ, sein'm lieben Sohn, Der uns allzeit behüte; Und GOtt dem heiligen Geiste, Der uns sein hülf allzeit leiste, Damit wir ihm gefällig seyn Hier in dieser zeit Und dort hernach in ewigkeit.

Conrad Hubert.

Mel. Wer in dem schutz des höchst.

225. Aus tiefer noth schrey ich zu dir, HErr GOTT, erhör mein rufen, Dein gnädig ohr neig her zu mir, Und meiner bitt sie öffne: Denn so du willt das sehen an, Was sünd und unrecht ist gethan, Wer kan, HErr, vor dir bleiben?

2. Bey dir gilt nichts, denn gnad und gunst, Die sünde zu vergeben. Es ist doch unser thun umsonst, Auch in dem besten leben: Vor dir niemand sich rühmen kan, Des muß sich fürchten jedermann, Und deiner gnade leben.

3. Darum auf GOtt will hoffen ich, Auf mein verdienst nicht bauen, Auf ihn mein herz soll lassen sich, Und seiner güte trauen, Die mir zusagt sein werthes wort, Das ist mein trost und treuer hort, Des will ich allzeit harren.

4. Und ob es währt bis in die nacht, Und wieder an den morgen, Soll doch mein herz an GOttes macht Verzweiflen nicht, noch sorgen; So thut Israel rechter art, Der aus dem Geist gezeuget ward Und seines GOttes harret.

5. Ob bey uns ist der sünden viel, Bey GOtt ist viel mehr gnade, Sein hand zu helfen hat kein ziel, Wie gros auch sey der schade: Er ist allein der gute hirt, Der Israel erlösen wird Aus seinen sünden allen.

6. Ehr sey dem Vater und dem Sohn, Und auch dem heilgen Geiste, Als es im anfang war und nun, Der uns sein gnade leiste, Daß wir wandeln in seinem pfad, Daß uns die sünd der seel nicht schad; Wer das begehrt, sprech: amen.

D. Martin Luther.

Mel. Allein zu dir, HErr JEsu Chr.

226. Du weinest für Jerusalem, HErr JEsu, heisse zähren,, Bezeugst, es sey dir angenehm, Wann sünder sich bekehren; Wann ich

vor dir mit buß erschein, Und über meine sünden wein, Alsdann vertilgest du aus gnad All missethat, Die mich bisher gequälet hat.

2. Wann deines Vaters zorn entbrennt Von wegen meiner sünde, Zu deinen thränen ich mich wend. Allda ich labsal finde; Vor GOtt sind sie so hoch geschätzt, Wer damit seine sünden netzt, Den blickt GOtt an mit gütigkeit, zu jeder zeit, Und sein betrübtes herz erfreut.

3. Hier ist der schweren thränen haus, In dem ich oft muß weinen, Der welt aushalten manchen straus, Sie martert stets die deinen; Auf allen seiten, wo sie kan, Fieng sie mit mir zu hadern an. Dis tröstet mich zu aller frist, HErr JEsu Christ, In noth du auch gewesen bist.

4. Du zählst die thränen gros und klein, Ich weiß, sie sind gezählet, Und ob sie nicht zu zählen seyn, Dannoch dir keiner fehlet, So oft vor dir sie regen sich, So oft sie auch bewegen dich, Daß du dich mein erbarmen must, Dir ists bewußt, Drum du mir allzeit hülfe thust.

5. Wer jetzund säet thränen aus, Hält in geduld GOtt stille,

6. Für diese thränen dank ich dir, Daß du die freudenkrone, HErr Christ, dadurch erworben mir, Bey dir ins himmels throne; Wann du mich holen wirst hinauf Zu deinem auserwählten hauf, Dann will ich recht lobsingen dir, O höchste zier, Für deine thränen für und für.

Johann Herman.

In eigener Melodie.

227. Erbarm dich mein, o HErre GOtt, Nach deiner grossen barmherzigkeit, Wasch ab, mach rein mein missethat, Ich b'kenn mein sünd, und ist mir leid: Allein ich dir gesündigt hab, Das ist wider mich stetiglich: Das bös vor dir mag nicht bestahn, Du bleibst gerecht, ob man urtheilt dich.

2. Sieh, HErr, in sünd bin ich geborn, In sünd empfieng mich mein mutter, Die wahrheit liebst, thust offenbarn Deiner weisheit heimlich güter: Bespreng mich, HErr, mit ysopo, Rein werd ich, so du wäschest mich, Weisser dann schnee; mein ghör wird froh: All mein gebein wird freuen sich.

3. HErr, sieh nicht an die sünde mein: Thu ab all ungerechtigkeit, Und mach in mir das herze rein, Ein neuen geist in

4. Die gottlosen will ich dein weg, Die sünder auch darzu lehren, Daß sie vom bösen falschen steg Zu dir durch dich sich bekehren. Beschirm mich, HErr, meins heils ein GOtt, Vor dem urtheil durchs blut bedeut: Mein zung verkündt dein rechts gebot, Schaff, daß mein mund dein lob ausbreit.

5. Kein leiblich opfer von mir heischst, Ich hätt dir das auch gegeben, So nimm nun den zerknirschten geist, Betrübtes herz darneben; Verschmäh nicht, GOtt, das Opfer mein, Thu wohl in deiner gütigkeit Dem berg Zion,. da christen seyn, Die opfern dir gerechtigkeit.

Erhard Hegenwald.

In eigener Melodie.

228. GOtt, du weist am besten, Wie es ist bewandt Mit uns erdengästen, Dir sind wohl bekannt Unsre eitle sinnen,, Unsre schnöde lust, Daß, was wir beginnen, Nur ist sündenwust. Kyrie eleison.

2. Unsers lebens früchten Seynd ja schlecht genug, Willt du, HErr, sie richten, Ach, so mag mit fug Deines eifers wetter, Dein gerechter grimm Uns, als dürre blätter, Stürzen ungestüm. Kyrie eleison.

3. Schone deiner kinder, Liebstes vaterherz, Heil uns kranke sünder, Die so mancher schmerz Und so harte plagen Kränken fast zu tod: Laß uns nicht verzagen, Hilf aus aller noth. Kyrie eleison.

4. Seynd wie dürre reben, Holz, das ausgedorrt, Ey so machet leben, HErr, dein lebenswort; Unsers Heilands wunden Giessen lebenssaft, Da, da wird gefunden Immer neue kraft. Kyrie eleison.

5. JEsu, baum des lebens, Den der glaube sucht, Laß uns nicht vergebens Suchen deine frucht, Lab damit im frieden Unsre seel und leib, Daß dein erb hienieden Wohl gesegnet bleib. Kyrie eleison.

6. Deine kirch laß grünen Hier und überall: Hilf, daß wir dir dienen Stets mit dankbarm schall, Und vor dir genesen: Schütz uns früh und spat: Allem stand und wesen Leiste rath und that. Kyrie eleis.

7. HErr, laß deinen segen, Wie des thaues wolk, Wie ein milder regen, Triefen auf dein volk, Dein gewächs zu feuchten, Dir zu lob und zier: Laß dein antlitz leuchten, So genesen wir. Kyrie eleison.

In bekannter Melodie.

229. HErr, ich habe mißgehandelt, Ja mich drückt der sünden last, Ich bin nicht den weg gewandelt, Den du mir gezeiget hast, Und jetzt wollt ich gern aus schrecken Mich vor deinem zorn verstecken.

2. Doch, wie könnt ich dir entfliehen? Du wirst allenthalben seyn. Wollt ich über see gleich ziehen, Stieg ich in die kluft hinein, Hätt ich flü-

gel, gleich den winden, Gleichwol würdest du mich finden.

3. Drum, ich muß es nur bekennen: HErr, ich habe mißgethan, Darf mich nicht dein kind mehr nennen, Ach, nimm mich zu gnaden an, Laß die menge meiner sünden Deinen zorn nicht gar entzünden.

4. Könnt ein mensch den sand gleich zählen An dem weiten mittelmeer, Dennoch wird es ihm noch fehlen, Daß er meiner sünden heer, Daß er alle mein gebrechen Sollte wissen auszusprechen.

5. Wein, ach wein jetzt um die wette, Meiner beyden augen bach, O daß ich gnug zähren hätte, Zu betrauren meine schmach! O daß aus den thränenbrunnen Käm ein starker strom geronnen!

6. Ach, daß doch die strenge fluthen Ueberschwemmten mein gesicht, Und die augen möchten bluten, Weil mir wasser sonst gebricht! Ach, daß sie wie meereswellen Möchten in die höhe schwellen!

7. Aber, Christe, deine beulen, Ja, ein einig tröpflein blut, Das kan meine wunden heilen, Löschen meiner sünden glut; Drum will ich, mein angst zu stillen, Mich in deine wunden hüllen.

8. Dir will ich die last aufbinden, Wirf sie in die tiefe see, Wasche mich von meinen sünden, Mache mich so weiß als schnee: Laß dein guten Geist mich treiben, Einzig stets bey dir zu bleiben.

Joh. Frank.

In bekannter Melodie.

230. HErr JEsu Christ, du höchstes gut, Du brunnquell aller gnaden, Sieh doch, wie ich in meinem muth Mit schmerzen bin beladen, Und in mir hab der pfeile viel, Die im gewissen ohne ziel Mich armen sünder drücken.

2. Erbarm dich mein in solcher last, Nimm sie aus meinem herzen: Dieweil du sie gebüsset hast Am holz mit todesschmerzen, Auf daß ich nicht mit grossem weh In meinen sünden untergeh, Noch ewiglich verzage.

3. Fürwahr, wann mir das kommet ein, Was ich mein tag begangen, So fällt mir auf mein herz ein stein, Und bin mit furcht umfangen: Ja, ich weiß weder aus noch ein, Und müßte gar verlohren seyn, Wann ich dein wort nicht hätte.

4. Aber dein heilsam wort das macht Mit seinem süssen singen, Daß mir das herze wieder lacht, Und fast beginnt zu springen: Dieweil es alle gnad verheißt Denen, die mit zerknirschtem geist Zu dir, o JEsu! kommen.

5. Und weil ich dann in meinem sinn Wie ich zuvor geklaget, Auch ein betrübter sünder bin, Den sein gewissen naget, Und gerne möcht im blute dein Von sünden abgewaschen seyn, Wie David und Manasse:

6. Also komm ich zu dir allhie In meiner noth geschritten, Und thu dich mit gebeugtem knie Von ganzem herzen bitten, Vergib mir doch genädiglich, Was ich mein lebtag wider dich Auf erden hab begangen.

7. Ach HErr, mein GOtt, vergib mirs doch Um deines namens willen Und thu in mir das schwere joch Der übertretung stillen, Daß sich mein herz zufrieden geb, Und dir hinfort zu ehren leb In kindlichem gehorsam.

8. Stärk mich mit deinem freudengeist, Heil mich mit deinen wunden, Wasch mich mit deinem todesschweis In meiner letzten stunden, Und nimm mich einst, wann dirs gefällt, In wahrem glauben von der welt Zu deinen auserwählten.

Bartholom. Ringwald.

Mel. Was mein GOtt will, das ꝛc.

231. Hilf mir, mein GOtt, hilf, daß nach dir Von herzen mich verlange, Und ich dich suche mit begier, Wann mir wird angst und bange: Verleih, daß ich Mit freuden dich In meiner angst bald finde; Gib mir den sinn, Daß ich forthin Meid alle schand und sünde.

2. Hilf, daß ich mich mit reu und schmerz In deine gnad ergebe, Hab immer ein zerknirschtes herz, In wahrer busse lebe: Vor dir erschein, Herzlich bewein Hier alle missethaten: Die hände sein Laß milde seyn, Dem dürftigen zu rathen.

3. Die lust des fleisches dämpf in mir, Daß sie nicht überwinde, Rechtschaffne lieb und lust zu dir Durch deinen Geist anzünde, Daß ich in noth Bis in den tod Dich und dein wort bekenne, Mich auch kein trutz Noch eigennutz Von deiner wahrheit trenne.

4. Behüte mich vor grimm und zorn, Mein herz mit sanftmuth ziere, Reiß aus den schnöden hoffartsdorn, Und mich zur demuth führe: Was noch von sünd In mir sich findt, Das wollest du ausfegen; Laß allezeit Trost, fried und freud Durch dich in mir sich regen.

5. Den glauben stärk, erhalt in mir Die lieb und mache feste Mein hoffnung, die nicht wankt von dir, Beständigkeit ists beste; Den mund bewahr, Auf daß gefahr Durch ihn nicht werd erwecket: Speis ab den leib, Doch daß er bleib Von geilheit unbeflecket.

6. Gib, daß ich treu und fleißig sey In dem, was mir gebühret, Durch ehrgeitz, stolz und heucheley Nicht werd aufs neu verführet; Leichtfertigkeit, Haß, zank und neid Laß in mir nicht verbleiben: Verstockten sinn Und diebsgewinn Wollst du von mir abtreiben.

7. Hilf, daß ich folge treuem rath, Und ab vom irrthum trete, Den armen helfe mit der that: Für freund und feind stets bete, Dien jedermann, So viel ich kan, Das böse haß und mei-

de, Nach deinem wort, O höchster hort! Bis ich von hinnen scheide. J. Hermann.

Mel. Wer weiß, wie nahe mir ꝛc.

232. Ich armer mensch, ich armer sünder, Steh hier vor GOttes angesicht, Ach GOtt, ach GOtt, verfahr gelinder, Und geh nicht mit mir ins gericht, Erbarme dich, erbarme dich, GOtt, mein erbarmer, über mich.

2. Wie ist mir doch so herzlich bange Von wegen meiner grossen sünd, Ach, daß ich von dir gnad erlange, Ich armes und verlohrnes kind, Erbarme dich, erbarme dich, GOtt, mein erbarmer, über mich.

3. Hör und erhör mein sehnlich schreyen, Du allerliebstes vaterherz, Wollst alle sünden mir verzeihen, Und lindern meines herzens schmerz; Erbarme dich, erbarme dich, ꝛc.

4. Wie lang soll ich vergeblich klagen? Hörst du dann nicht, hörst du dann nicht? Wie kanst du das geschrey vertragen? Hör, was der arme sünder spricht: Erbarme dich, erbarme dich, ꝛc.

5. Wahr ist es, übel steht der schade, Den niemand heilet, ausser dir, Ach, aber ach, genad, genade, Ich lasse dir nicht eher ruh, Erbarme dich, ꝛc.

6. Nicht, wie ichs hab verschuldet, lohne, Und handle nicht nach meiner sünd; O treuer Vater, schone, schone Und nimm mich wieder für dein kind; Erbarme dich, erbarme dich, ꝛc.

7. Sprich nur ein wort so werd ich leben; Sprich, daß der arme sünder hör: Geh hin, die sünd ist dir vergeben, Nur sündige forthin nicht mehr; Erbarme dich, erbarme dich, ꝛc.

8. Ich zweifle nicht, ich bin erhöret; Erhöret bin ich zweifelsfrey: Weil sich der trost im herzen mehret, Drum will ich enden mein geschrey; Erbarme dich, erbarme dich, GOtt, mein erbarmer, über mich.

J. Titius.

Mel. Durch Adams fall ist ꝛc.

233. Ich armer mensch, ich komm allhier Mit höchstbetrübtem herzen, O GOtt, vor deine gnadenthür, Und klage dir mit schmerzen Die sünden all, Und jeden fall, Den ich vor dir begangen Von jugend auf, Mein lebenslauf Hat nichts vor dir zu prangen.

2. Die sünden seynd, die ich gethan, Unmöglich zu erzählen; Doch ich sie auch nicht bergen kan, Weil sie mich immer quälen. Dein liebster Sohn Hat mich davon Durch seinen tod entbunden; Dennoch hab ich Jetzt lassen mich Die sünd aufs neu verwunden.

3. So ist auch mein undankbarkeit Sehr gros bis auf die stunde, Ich habe dir zu keiner zeit Gedankt von herzensgrunde Für deine treu, Die täglich neu, Für deine lieb und güte, Die ich an mir Gar reichlich spür, Und stets trag im gemüthe.

4. Vornehmlich hast du mit

geduld Viel jahr bisher verschonet, Und mir nicht, wie ich oft verschuldt, Bald zornig abgelohnet: Hast fort und fort, O höchster hort! Dich meiner angenommen, Hast nichts gespart, Nach deiner art, Bis ich zu dir bin kommen.

5. An mein herz hast du viel und oft Durch dein wort angeschlagen, Du hast mir lieblich zugeruft, Den himmel angetragen; Hast früh und spat Durch viel wohlthat Zur busse mich bewogen, Auch mit trübsal, Angst, noth und qual Zu dir hinauf gezogen.

6. Dennoch, das ich nicht läugnen kan, Wann du gleich angeklopfet, Hab ich dir niemals aufgethan, Die ohren zugestopfet, Durch unbedacht Dis ganz veracht, Den rücken dir gekehret, Doch hast du mich so gnädiglich Geduld't und nicht verzehret.

7. Du könntest oft durch fug und recht Das leben mir verkürzen, Und mich als einen bösen knecht Hinab zur höllen stürzen, Der ich ohn scheu, Ohn leid und reu In sünden mich verweilet; Dennoch gibst du Mir raum und ruh, Hast mich nicht übereilet.

8. Wann dis mein herz in sich bedenkt, Möcht es vor angst zerspringen, Die grosse sicherheit mich kränkt, Will mark und bein durchdringen: Kein höllenpein So groß mag seyn, Ich habe sie verschuldet: Ich bin nicht werth, Daß mich die erd Ernähret, trägt und duldet.

9. Ich bin nicht werth, daß man mich nennt Ein werk von dir geschaffen. Werth bin ich, daß all element Zur straffe mich hinraffen: So weit hats bracht Der sünden macht, Ich muß es frey bekennen; Wo du siehst an, Was ich gethan, So muß ich ewig brennen.

10. O Vater der barmherzigkeit, Ich falle dir zu fusse, Verwirf den nicht, der zu dir schreyt, Und thut rechtschaffne busse: Dein angesicht In gnaden richt Auf mich betrübten sünder: Gib einen blick, Der mich erquick, All angst wird mir bald minder.

11. Eröffne mir dein freundlich herz, Die residenz der liebe, Vergib die sünd, heil allen schmerz, Hilf, daß ich mich stets übe In dem, was dir Gefällt an mir, Und alles böse meide, Bis ich zur schaar Der engel fahr Hinauf in deine freude.

Joh. Hermann.

In bekannter Melodie.

234. Jesu, der du meine seele Hast durch deinen bittern tod Aus des teufels finstern höhle Und der schweren sündennoth Kräftiglich herausgerissen, Und mich solches lassen wissen Durch dein angenehmes wort, Sey doch jetzt, o GOtt, mein hort.

2. Treulich hast du ja gesuchet Die verlohrne schäfelein,

Als sie liefen ganz verfluchet In der höllen pfuhl hinein; Ja, du satans überwinder, Hast die hochbetrübten sünder So geruffen zu der buß, Daß ich billig kommen muß.

3. Ach, ich bin ein kind der sünden, Ach, ich irre weit und breit, Es ist nichts an mir zu finden, Als nur ungerechtigkeit: All mein dichten, all mein trachten, Heisset unsern GOtt verachten: Böslich leb ich ganz und gar, Und sehr gottlos immerdar.

4. HErr, ich muß es ja bekennen, Daß nichts gutes wohnt in mir; Das zwar, was wir wollen nennen, Halt ich meiner seelen für; Aber fleisch und blut zu zwingen, Und das gute zu vollbringen, Folget gar nicht, wie es soll, Was ich nicht will, thu ich wohl.

5. Aber, HErr, ich kan nicht wissen, Wie viel meiner fehler seyn, Mein gemüth ist ganz zerrissen Durch der sünden schmerz und pein, Und mein herz ist matt von sorgen, Ach vergib mir das verborgen, Rechne nicht die missethat, Die dich, HErr, erzörnet hat.

6. JEsu, du hast weggenommen Meine schulden durch dein blut, Laß es, o erlöser, kommen Meiner seligkeit zu gut: Und, dieweil du so zerschlagen, Hast die sünd am creutz getragen, Ey, so sprich mich endlich frey, Daß ich ganz dein eigen sey.

7. Weil mich auch der höllen schrecken Und des satans grimmigkeit Vielmals pflegen aufzuwecken Und zu führen in den streit, Daß ich schier muß unterliegen, Ach, so hilf, HErr JEsu, siegen, O du meine zuversicht, Laß mich ja verzagen nicht!

8. Deine rothgefärbte wunden, deine nägel, kron und grab, Deine hände fest gebunden Wenden alle plagen ab: Deine pein und blutges schwitzen, Deine striemen, schläg und ritzen, Deine marter, angst und stich, O HErr JEsu! trösten mich.

9. Wann ich vor gericht soll treten, Da man nicht entfliehen kan, Ach, so wollest du mich retten, Und dich meiner nehmen an; Du allein, HErr, kanst es stöhren, Daß ich nicht den fluch darf hören: Ihr, zu meiner linken hand, Seyd von mir noch nie erkannt.

10. Du ergründest meine schmerzen, Du erkennest meine pein, Es ist nichts in meinem herzen, Als dein herber tod allein; Dis mein herz mit leid vermenget, Das dein theures blut besprenget, So am creutz vergossen ist, Geb ich dir, HErr JEsu Christ.

11. Nun, ich weiß, du wirst mir stillen Mein gewissen, das mich plagt, Es wird deine treu erfüllen, Was du selber hast gesagt: Daß auf dieser weiten erden Keiner soll verlohren werden, Sondern ewig leben soll, Wann er nur ist glaubens voll.

12. HErr, ich glaube, hilf mir schwachen Laß mich ja verderben nicht, Du, du kanst mich stärker machen. Wann mich sünd und tod anficht: Deiner güte will ich trauen, Bis ich frölich werde schauen Dich, HErr JEsu, nach dem streit In der süssen ewigkeit.

Johann Rist.

Mel. JEsu, der du meine seele.

235. JEsu, hirt und arzt der seelen, Schau doch meinen jammer an, Still das klagen, steur dem quälen, Bring mich auf die friedensbahn, Daß ich deine wundergüte Mit recht brünstigem gemüthe Preisen könne schon in zeit Und hernach in ewigkeit.

2. Ach es ist kein schaaf zu finden, Das so alber, so verirrt, Als ich mich in meinen sünden, Voller thorheit, selbst verwirrt, Ach, ich weiß nicht, was ich thue, Und so komm ich nie zur ruhe, Die mir doch dein wort und geist So gewiß und theur verheißt.

3. Will ich mir dann selbsten rathen, Nehm ich dis und das für mich, Ach, so zeigens bald die thaten, Wie so todt ich ohne dich; Ach, da eitern erst die wunden, Wann die kraft so schnell verschwunden, Die bey solchem eignen mühn Sich in mir zu regen schien.

4. Ach, was grause schreckenfluthen Stürmen doch auf meinen sinn, Da sinkt mit dem ernst zum guten Aller muth und hoffnung hin. Will ich dann in solchen wehen, HErr, zu dir um grade flehen: Ach, so fühlt das arme herz Nichts von andacht, nichts als schmerz.

5. Aber, ach, des armen schmerzens, Daß mir das ein schmerze sey! Wo ist dann die pein des herzens? Wo ist wehmuth, wo ist reu? Wo sind blut'ger thränen quellen? Wo der heissen seufzer wellen? Wo ist die gebrochenheit Gottgefällger traurigkeit?

6. Nichts ist in mir, als verderben Und verschulden um und um, Nichts ist an mir als nur sterben, Alles finster, träg und stumm. Nichts ist um mich hint- und vornen, Als nur mühe, plag und dornen, Und das, was mich trösten soll, Macht mich erst recht jammers voll.

7. Ach, wer wird mich dann erlösen Von dem sünd- und todesleib? Ach, wer hilft mir von dem bösen, Das ich stets noch häuf und treib? JEsu, du bists, du kanst leben, Du kanst heil und rettung geben; Ach so schrey ich, wie ich kan, JEsu, deinen namen an.

Mel. Nun kommt der heiden H.

236. JEsu, retter in der noth, JEsu, wahres seelenbrod, Du mein hort und mein panier, Oefne mir die himmelsthür.

2. Freye mich der sünden last, Wie du mir versprochen hast;

O du

O du meines heils ein horn, Stille deines Vaters zorn.

3. Wende seinen herben grim, Meine plage von mir nimm: Laß des wahren glaubens licht Ja bey mir verlöschen nicht.

4. Schaue, JEsu, meine noth, Ohne dich, so bin ich todt, Ohne dich ist ganz dahin Meines herzens muth und sinn.

5. JEsu, ach, entzeuch mir nicht Dein huldreiches angesicht, Siehe mich in gnaden an, Der du für mich gnug gethan.

6. Meine sünden sind sehr gros, Mache mich derselben los, Hilf, daß deine lieb und huld Ueberwäge meine schuld.

7. Säubre meine seel und geist Von der weltlust allermeist: Ach erneure meinen sinn, Daß ich nicht sey, was ich bin.

8. JEsu, JEsu, segne mich, Soll ich anders lassen dich, Sprich mir trost und leben zu, O du himmlisch wollust, du.

9. Deine starke liebesglut Löschet keine wasserfluth, Sie ist tiefer als das meer, Höher, als der sternen heer.

10. Laß mich dir seyn eingesenkt, Ausser dir mich alles kränkt, Laß, ach liebster heiland, mich Stets vollkömmlich schmecken dich.

11. Deines namens süßigkeit Sey versiegelt jederzeit Vest in meines herzens schrein, Mir laß lauter JEsus seyn.

12. JEsus, was durchs ohre bricht, JEsus, was das auge sicht, JEsus, was die zunge schmeckt, Und wornach die hand sich streckt.

13. JEsus sey mein speis und tränk, JEsus sey mein lobgesang JEsus sey mein ganzes all, JEsus sey mein freudenschall.

14. Endlich laß, du höchstes gut, JEsu, laß dein theures blut, Deine wunden, deine pein, Meine rast im tode seyn.

In eigener Melodie.

237. JEsus nimt die sünder an, Drum so will ich nicht verzagen, Wann mich meine missethat Und die sünden heftig plagen: Drücket das gewissen mich, Ey, so denk ich nur daran, Daß mir GOttes wort verspricht: JEsus nimmt die sünder an.

2. JEsus nimmt die sünder an, Wann sie sich zu ihm bekehren, Und vergebung ihrer sünd Nur in wahrer buß begehren. Sündenlust, drum gute nacht, Ich verlasse deine bahn, Mich erfreuet, daß ich hör: JEsus nimt die sünder an.

3. JEsus nimmt die sünder an, Wehe dem, der diesen glauben, Diese feste zuversicht, Sich vom satan lässet rauben, Daß er in der sünden-angst Nimmer frölich sagen kan: Ich bin dennoch ganz gewiß, JEsus nimmt die sünder an.

4. JEsus nimmt die sünder an: Bin ich gleich von ihm geirret, Hat der satan schon mein herz Oftermalen so verwirret, Daß ich schier verzweiflen möcht; Ach, es ist ein blosser

ser wahn, Ich glaub dennoch vestiglich: JEsus nimmt die sünder an.

5. JEsus nimmt die sünder an, Dieses ist, was mich ergetzet, Wann mich alle welt betrübt Und in lauter trauren setzet: Wann mich das gewissen schreckt Und verdammet zu dem bann, So ergetzt mich dieser trost: JEsus nimmt die sünder an.

6. JEsus nimmt die sünder an: Laß es alle welt verdriessen, Laß den satan alle pfeil Nur auf mein gewissen schiessen, Pharisäer, murret nur, Trotz, wer unter allen kan Diesen trost vertilgen mir: JEsus nimmt die sünder an.

7. JEsus nimmt die sünder an: Diesen trost hab ich erkohren: Hat sich schon das schaaf verirrt, Ist der groschen gleich verlohren: GOtt hat schon ein licht bereit, Das erleuchtet jedermann; Dieses bringt mich auch zurecht: JEsus nimmt rc.

8. JEsus nimmt die sünder an: Diesem theuren hirt der seelen Will ich jetzt und immerdar Mich zu treuer hand empfehlen. Führe mich nach deinem rath, Daß ich endlich rühmen kan, Wie du mich, verlohrnes schaaf, JEsu, hast genommen an.

Erdmann Neumeister.

Mel. Ein lämmlein geht und rc.

238. Mein GOtt, nun bin ich abermal Der sünden last befreyet, Nun bin ich in der christen zahl Als GOttes kind geweihet; Wie kan ich gnugsam preisen dich, Daß du mich hast so gnädiglich Nun wieder angenommen? Auf, meine seel, und lobe GOtt, Wir wollen bald auf sein gebot Zu seinem altar kommen.

2. Mein schöpfer, ich bekenn es dir, In meinem fleische wohnet Das gift der sünden für und für, Das mit der höllen lohnet; Ich habe die gerechtigkeit, So dir gefällt, vor langer zeit In Adam ganz verlohren: Zum guten bin ich taub und blind Dieweil ich armes sündenkind In sünden bin gebohren.

3. Nun aber hat dein lieber Sohn Mich wiederbracht zu gnaden, Als er vom hohen himmelsthron Besucht uns arme maden, Um seinetwillen hast du dich, Mein GOtt erbarmet über mich, Und mir die schuld erlassen, So, daß ich deine gnad hinfort Im sacramente, geist und wort Kan fest und glaubig fassen.

4. Gepreiset sey dein theurer nam, O JEsu, meine freude, Was ich für trost von dir bekam, Nach ausgestandnem leide, Das weiß mein viel versuchtes herz, Das schier ein rechter todesschmerz Zur höllen wollte rücken; Sehr schrecklich war die sündenplag, Ich mußte mich den ganzen tag Erbärmlich lassen drücken.

5. Nun ist die schwere sündenlast! O GOtt! hinweggenom-

nommen, Und darf ich, als ein lieber gast, Zu meinem schöpfer kommen. Nun hat er mir, durch seinen knecht, Im himmel schon das burgerrecht, Aus gnaden, zugesaget. HErr JEsu Christ, jetzt dank ich dir Von ganzer seelen, daß du mir Hast solche gunst erjaget.

6. Gib mir nur deinen guten Geist, Der freudig in mir walte, Und mich im glauben allermeist Bis an mein end erhalte, Daß ich in angst und traurigkeit Nur hoff auf dich, und jederzeit Mich fromm und kindlich arte, Und wann ich bin im unglücksstand, Alsdann von deiner starken hand Der gnaden hülf erwarte.

7. Verleih auch, daß ich alle tag Ein christlich leben führe, Daß ich das übel hassen mag, Daß ich mich prüf und spühre, Wie mein verderbtes fleisch und blut Gar nicht, was recht und christlich, thut, HErr, hilf mir tapfer streben. Mein geist, der wünschet nichts so sehr, Als daß er möge mehr und mehr Nach deinem willen leben.

8. Dieweil ich aber gar zu schwach Im fleische mich befinde, Das oftmals folgt den lüsten nach, Wañ ich mich unterwinde, Nur meinem GOtt zu hangen an, Und mich doch schwerlich schicken kan, Zu thun nach seinem willen; So wollest du, o treuer hort! Die sündenlust, nach deinem wort, In meinem fleische stillen.

9. Laß mein gebet, HErr, feurig seyn, Und durch dasselb ersterben Den alten Adam, der allein Begehret mein verderben, Damit ich als ein tapfrer held, Hie kämpf und mich der argen welt Im glauben mög entreissen: So kan ich, nach der bösen zeit, In der gewünschten ewigkeit, Dich rath und helfer heissen.

Johann Rist.

Mel. Ich ruf zu dir, HErr JEsu rc.

239. Nun sey einmal das ziel gesteckt Den frechen missethaten, GOtt hat mich aus dem schlaf erweckt Und meiner seel gerathen: Drum hab ich theuer mich verpflicht, Von sünden abzustehen Und zu sehen, Daß ich nun weiter nicht, Was bös ist, mag begehen.

2. Ich will dem heilgen Geist allein In furcht gehöre geben, Gehorsam, rein und heilig seyn, Nach GOttes willen leben: Sonst wird mein wort, das ich geredt, Mich richten und verdammen Zu den flammen, Von jener richterstätt, Die uns einst ruft zusammen.

3. Ich sags, auf meine seele, zu, Mein GOtt, ich wills auch halten,, Daß ich nunmehr von diesem nu Unsträflich will verwalten Mein amt, als wie ein frommer christ, Des fleisches lust und freuden Ernstlich meiden; Und von der falschen list Der welt mein herz abschneiden.

4. Dem teufel sag ich gänzlich ab, Und allen seinen werken,

ken; Hingegegen will ich bis ins grab Aus GOttes wort mich stärken, Das soll mein licht und fackel seyn, Und meinen gang bedingen, Klüglich zwingen. Zu dir will ich allein, GOtt, mein gemüthe schwingen.

5. Dir will ich trauen fort und fort, Dich fürchten, lieben, ehren, Dir danken, dienen und dein wort Mit andacht fleißig hören: Den nächsten lieben gleich als mich, Den obern folge geben, Friedlich leben. Mich halten mäßiglich In ehrbarkeit darneben.

6. Den armen auch soll meine hand Seyn, möglich, aufgeschlossen, Das unrecht sey von mir verbannt, Die falschheit ausgestossen; Verläumdung, lügen, trug soll mir Aus mund und herzen weichen, Samt den seuchen Der schnöden lustbegier: Durch dich kan ichs erreichen.

7. Durch deinen guten Geist kanst du Mein hart gemüth bald beugen, Und mir den weg zur tugend zu, O weiser GOtt! leicht zeigen. Ich mache mit dir einen bund, Dein will ich seyn und bleiben, Mich verschreiben Mit herzen, hand und mund An dich allein zu gläuben.

8. Du aber sollst mein Vater seyn, Acht haben auf mein beten, Mich, als dein kind, in noth und pein An leib und seel vertreten: Mein herze zu dir schicken zu, Daß ich stets an dir klebe, Nach dir strebe, Und bis ich geh zur ruh, In busse täglich lebe.

9. Mein heiland, JEsus Christus, hat Dis bündnis schon vollzogen, Mein beystand und mein advocat, Drum werd ich nicht betrogen: Ein zweyfach siegel hängt zumal Daran, daß ich dir traue, Und drauf baue, Die tauf und abendmahl, Trotz dem, der drüber schnaube.

10. Wohlan, weil dann in deinen schutz Ich dir mich hab ergeben, So will ich von dir alles guts Versehen mich, und leben Vor dir, wie ein getreuer knecht: So wirst du mich zum erben Nach dem sterben Einst setzen; laß dis recht Mich bald aus gnad ererben.

Mel. O traurigkeit, o herzeleid.

240. O angst und leid, O traurigkeit! Die ich jetzt muß empfinden, Die jetzt mein gewissen nagt, Wegen meiner sünden.

2. O furcht und graus! Das höllenhaus, Darnach ich pfleg zu ringen, Hat den rachen aufgesperrt, Und will mich verschlingen.

3. O ach und weh, O schreckens see! Wo soll ich mich verstecken? Ach, daß doch die tiefste gruft Möchte mich bedecken.

4. Der erden raum Hat keinen raum, Drinn ich kann sicher bleiben, Meine bosheit will mich ganz In den abgrund treiben.

5. Wie werd ich dort, So strenge wort Vor GOttes richt-

stuhl hören: Weil ich mich die fleischeslust Laß hie so bethören.

6. O GOttes Sohn, Du gnadenthron! Ich flieh in deine wunden, Drinn hab ich noch jederzeit Ruh und lindrung funden.

7. Dein heiligs blut, Das mir zu gut, Am creutze ward vergossen, Ist ein brunn, daraus das heil Kommt auf mich geflossen.

8. Darum, mein heil! Laß mich jetzt theil An deinem gnugthun haben, Meine sünde wird hinfort In dein grab begraben.

9. O treuer hirt! Wann satan wird Mein üppigkeit verklagen: So still ihn durch dein verdienst, Sonst müßt ich verzagen. Joh. Frank.

Mel. GOtt, du weißst am besten.

241. O wir arme sünder! Unsre missethat, Darinn wir empfangen Und gebohren sind, Hat gebracht uns alle In so grosse noth, Daß wir unterworfen Sind dem ewgen tod, Kyrie eleison.

2. Aus dem tod wir konnten Durch die eigne werk Nicht werden errettet, Die sünd war zu stark; Daß wir würd'n erlöset, Konnts nicht anders seyn, Als GOtts Sohn mußt leiden Des tods bittre pein, Kyrie eleison.

3. So nicht wäre kommen Christus in die welt, Und an sich genommen Unsre arm gestalt, Und für unsre sünden Gstorben williglich, So hätt'n wir müssen werden Verdammt ewiglich, Kyrie eleison.

4. Solche grosse gnade Und väterliche gunst Hat uns GOtt erzeiget Lauter und umsonst In Christo, sein'm Sohne, Der sich gegeben hat In den tod des creutzes Uns zur seligkeit, Kyrie eleison.

5. Des soll'n wir uns trösten Gegen sünd und tod, Und ja nicht verzagen Vor der höllen glut, Dann wir sind errettet Aus all'r fährlichkeit Durch Christ, unsern HErren, G'lobt in ewigkeit, Kyrie eleison.

6. Darum woll'n wir loben Und danken all'zeit Dem Vater und Sohne Und dem heilgen Geist, Mit bitt, daß sie wollen B'hüten uns vor g'fahr, Und daß wir stets bleiben Bey sein'm heilgen wort, Kyrie eleison.

M. Ein lämmlein geht und trägt rc.

242. O wüster sünder, denkst du nicht, Was dein verruchtes leben An jenem grossen weltgericht Für lohn dir werde geben? Gedenkst du nicht in deinem muth An GOttes zorn und seine ruth, Damit er grimmig dräuet Den sündern, die im tollen sinn Gelebet, und von anbeginn Vor ihm sich nicht gescheut?

2. Vergissest du der höllenglut, Darinn die teufel wohnen, Wo man mit vielem graus und wuth Dich künftig wird

wird belohnen? Von anfang brennet schon das feur, Darinn dein leib, das ungeheur, Der aufenthalt der sünden, Die arme seel, der freche geist, Der jetzt so mancher lust geneußt, Ihr ach und weh wird finden.

3. Erbarme dich selbst über dich Und deine arme seele, Daß sie nicht einst so jämmerlich In jenem feur sich quäle, Gedenke doch, du sündenknecht, Daß GOtt allwissend und gerecht, Und deine laster zähle. Auf, auf, ermuntre dich mit fleiß, Die sündennetze ganz zerreiß, Du arm verirrte seele.

4. Gib gute nacht der eitelkeit, Und ihrem wüsten wesen, Vergiß der vorgen sündenzeit, Und suche dein genesen In wahrer buß, ohn heucheley, Ohn falschheit und ohn trügerey Nach GOttes heilger lehre. Eröffne deiner thränen bach, Ruf über deine sünden, ach! Und ernstlich dich bekehre.

5. Noch ist die liebs- und gnadenthür Für deine busse offen, Es ist noch heute auch für dir Was guts von GOtt zu hoffen. Auf, dich zu rechter reu anschick, Versäume nicht den gnadenblick, Noch scheint dir deine sonne: Es wird auf deiner thränen guß Erfolgen GOttes gnadenfluß, Und künftig ewge wonne.

6. Sprich zu den sünden insgemein, Die dich so tief vergiftet, Stellt euch bey mir nur nicht mehr ein, Ich hab ein haus gestiftet Für GOtt in meines herzens saal, Entweicht und fliehet allzumal, Ihr schändliche verräther; Es fliehet meine arme seel In der felslöcher sichre höhl, Zu JEsu, dem vertreter.

7. Ach JEsu, grosses gnadenheil, Du arzt der menschenkinder, Sey gnädig, zum erbarmen eil, Du trost betrübter sünder: Ich komm; ach komm, und nimm mich an, Du grosser gnad- und wundermann, Ich bitte um erbarmen: Ich weiß, daß noch wird übrig seyn, In deinem süssen herzensschrein, Ein trostblick für mich armen.

8. O JEsu, meer der gütigkeit, Laß deine gnade fliessen, Und wie ein strohm in dieser zeit Sich auch auf mich ergiessen. Hie steh ich nackend, blind und blos, Eröffne mir der liebe schoos, Und laß mich gnade finden. Führ auch durch deinen guten Geist Mich so, daß ich fort allermeist Absterbe allen sünden.

Joh. Lassenius.

Mel. Nimm von uns, HErr, du rc.

243. So wahr ich lebe, spricht dein GOtt, Mir ist nicht lieb des sünders tod, Vielmehr ist das mein wunsch und will, Daß er von sünden halte still, Von seiner bosheit kehre sich, Und lebe mit mir ewiglich.

2. Dis wort bedenk, o menschenkind, Verzweifle nicht in deiner sünd, Hie findest du trost, heil und gnad, Die GOtt dir zugesa-

gesaget hat, Und zwar durch einen theuren eyd, O selig, dem die sünd ist leid.

3. Doch hüte dich vor sicherheit, Denk nicht, es ist noch gute zeit, Ich will erst frölich seyn auf erd, Und wann ich lebens müde werd, Alsdann will ich bekehren mich, GOtt wird wol mein erbarmen sich.

4. Wahr ists, GOtt ist zwar stets bereit Dem sünder mit barmherzigkeit; Doch wer auf gnade sündigt hin, Fährt fort in seinem bösen sinn, Und seiner seelen selbst nicht schont, Der wird mit ungnad abgelohnt.

5. Gnad hat dir zugesaget GOtt, Von wegen Christi blut und tod; Doch hat er sagen nicht gewollt, Ob du bis morgen leben sollt. Daß du must sterben, ist dir kund, Verborgen ist des todes stund.

6. Heut lebst du, heut bekehre dich, Eh morgen kommt, kans ändern sich; Wer heut ist frisch, gesund und roth, Ist morgen wol krank oder todt. So du nun stirbest ohne buß, Dein leib und seel dort brennen muß.

7. Hilf, o HErr JEsu, hilf du mir, Daß ich jetzt komme bald zu dir, Und busse thu den augenblick, Eh mich der schnelle tod hinrück, Auf daß ich heut und jederzeit Zu meiner heimfahrt bey bereit.

Johann Hermann.

Mel. Zion klagt mit angst rc.

244. Treuer GOtt, ich muß dir klagen Meines herzens jammerstand, Ob dir wol sind meine plagen Besser, als mir selbst, bekannt: Grosse schwachheit ich bey mir In anfechtung oftmals spühr, Wann der satan allen glauben Will aus meinem herzen rauben.

2. Du GOtt, dem nichts ist verborgen, Weißst, daß ich nichts von mir hab, Nichts, von allen meinen sorgen; Alles ist, HErr, deine gab; Was ich gutes find an mir, Das hab ich allein von dir: Auch den glauben mir und allen Gibst du, wie dirs mag gefallen.

3. O mein GOtt, vor den ich trete Jetzt in meiner grossen noth, Höre, wie ich sehnlich bete, Laß mich werden nicht zu spott: Mach zunicht des teufels werk, Meinen schwachen glauben stärk, Daß ich nimmermehr verzage, Christum stets im herzen trage.

4. JEsu, brunnquell aller gnaden, Der du niemand von dir stößst, Der mit schwachheit ist beladen, Sondern deine jünger tröst: Sollt ihr glaube auch so klein, Wie ein kleines senfkorn, seyn, Wollst du sie doch würdig schätzen, Grosse berge zu versetzen.

5. Laß mich gnade vor dir finden, Der ich bin voll traurigkeit, Hilf du mir selbst überwinden, So oft ich muß in den streit: Meinen glauben täglich mehr, Und des Geistes schwerdt verehr, Auf daß ich

den

den feind kan schlagen, Alle feinde von mir jagen.

6. Heilger Geist ins himmels throne, Gleicher GOtt von ewigkeit Mit dem Vater und dem Sohne, Der betrübten trost und freud, Allen glauben, den ich find, Hast du in mir angezündt, Ueber mir mit gnaden walte, Ferner deine gab erhalte.

7. Deine hülfe zu mir sende, O du edler herzensgast, Und das gute werk vollende, Das du angefangen hast: Blas in mir das fünklein auf, Bis ich, nach vollbrachtem lauf, Allen auserwählten gleiche, Und des glaubens ziel erreiche.

8. GOtt, gros über alle götter, Heilige Dreyfaltigkeit, Ausser dir ist kein erretter, Hilf, jetzt ist es helfens zeit, Da der feind die pfeil abdrückt, Meine schwachheit mir aufrückt, Will mir allen trost verschlingen, Und mich in verzweiflung bringen.

9. Zeuch du mich aus seinen stricken, Die er mir geleget hat, Laß ihm fehlen seine tücken, Drauf er sinnet früh und spat, Gib kraft, daß ich allen straus Ritterlich mög stehen aus; Und so öfters ich muß kämpfen, Hilf mir meine feinde dämpfen.

10. Weiche deinem schwachen [illegible] gefället, Das auf dich sein hoffnung stellet.

11. Du bist meine hülf und leben, Mein fels, meine zuversicht, Dem ich leib und seel ergeben, GOtt, mein GOtt, verzeuch doch nicht, Eile mir zu stehen bey, Brich des feindes pfeil entzwey, Laß ihn selbst zurücke prallen, Und mit schimpf zur höllen fallen.

12. Ich will alle meine tage Rühmen deine starke hand, Daß du meine plag und klage Hast so herrlich abgewandt: Nicht nur in der sterblichkeit Soll dein ruhm seyn ausgebreit, Ich wills auch hernach erweisen, Und dort ewiglich dich preisen.

Joh. Hermann.

Mel. Diß sind die heilgen zehn rc.

245. Wann ich die heilgen zehn gebot Betrachte, die du selbst, o GOtt, Gegeben hast, erschrecke ich, Daß ich so sehr erzürnet dich. Kyrie eleison.

2. Ich hab die creatur weit mehr Geliebt als dich und deine ehr, Dich nicht gefürcht, dir nicht vertraut, Auf mich und menschenhülf gebaut. Kyrie rc.

3. Ich habe deinen nam und bund Vergeblich oft geführt im mund, Mit herzens andacht nicht betracht, HErr, deine

du vor wohlthat mir beweist. Kyrie eleison.

5. Ich habe nicht geehrt allzeit Die eltern, lehrer, obrigkeit, Ihr treu und sorge nicht erkannt, Auch nicht gedient mit williger hand. Kyrie eleison.

6. Ich hab den nächsten nicht geliebt, Vielmehr gemeidet und betrübt, Zank, hader, streit gefangen an; Durch zorn und rachgier sünd gethan. Kyrie eleis.

7. Ich hab unreine lust gesucht, Nicht heiligkeit geliebt und zucht, Zum öftern auch in trank und speiß Hintangesetzet maas und weiß. Kyrie eleison.

8. Ich hab mein amt nicht so verricht, Wie es erfordert meine pflicht, Mit unrecht gut an mich gebracht, Der armen nothdurft nicht bedacht. Kyrie eleison.

9. Ich hab den lästrer gern gehört, Zum besten alles nicht gekehrt, Mich nicht beflissen jederzeit Der wahrheit und aufrichtigkeit. Kyrie eleison.

10. Ich hab mit rechtes schein und list Gesuchet, was des nächsten ist, Begehret hab ich sein gesind, Und was sich sonsten bey ihm findt. Kyrie eleison.

11. Ach, starker, eiferiger GOtt, Wer dich veracht und dein gebot, Des lohn ist zorn und ungenad, Bis in den dritt- und vierten grad. Kyrie eleison.

12. Der aber hat in tausend glied Hie zu erwarten gnad und fried, Der dich, HErr, liebt, und dein gesetz Halt über alle güldne schätz. Kyrie eleison.

13. Ein solches herze ist nicht hier, Es wohnet gar nichts guts in mir, Ich habe nicht darnach gefragt, Was du gedräut und zugesagt. Kyrie eleis.

14. Mein dichten ist von jugend auf Sehr bös im ganzen lebenslauf, Dann ich ganz von der scheitel bin Verderbt bis auf die fußsohl hin. Kyrie eleison.

15. Ach, Vater, sieh mein elend an, Verzeihe mir, was ich gethan, Nimm weg, durch deine güt und huld, Die schwere straf, die ich verschuld. Kyrie eleison.

16. Gedenk, daß dein Sohn, JEsus Christ, Ein fluch am holz geworden ist Für mich und meine missethat, Die er auf sich genommen hat. Kyrie eleison.

17. Ach laß mich auch in Christo nun Geschaffen werden, guts zu thun, Und gib mir deines Geistes kraft, Zu üben gute ritterschaft. Kyrie eleison.

18. Daß ich nach deinem willen leb, Der sünden-lust stets widerstreb, Und darnach ringe fort und fort, Daß ich eingeh zur engen pfort. Kyrie eleison.

Mel. Zion klagt mit angst und schm.

246. Warum wilt du ewig sterben, Sünder, warum stürzst du dich In das höllische verderben? Willt du leiden ewiglich? Willt du dann mit allem fleiß Machen dir die höll so heiß? Stehe ab von deinen sünden, Die dem teufel dich verbinden.

2. Denke an die letzte stunde,

Denke an das jüngst gericht, An den pfuhl und schwefelgründe, An des richters angesicht: Schaue über dich, der thron Ist darzu bereitet schon: Erde und des himmels lichter Schmelzen schon vor diesem richter.

3. Das gerichte wird geheget, Und wird dir in einem buch Dein verbrechen vorgeleget, Und auch dein verdienter fluch: Darum soll jetzund der stab Dir den himmel sprechen ab, Und das urtheil heißt: ihr sünder, Seyd und bleibt des teufels kinder.

4. Siehe neben dich, da fechten Dich die beyden kläger an, Das gesetze zu der rechten, Dem du nicht genug gethan: Und der arge schadenfroh Schreyt zur linken mordio, Zeter, mordio und rache, Ueber dieses sünders sache.

5. Unter dir ist höllisch feuer, Ein verrauchtes schwefelloch, Und erschrecklich ungeheuer, Sünder, sag, was dünkt dich noch? Wo steht deine ausflucht hin? Hast du lügen in dem sinn? Damit wirst du nicht bestehen, Sondern mehr zu schanden gehen.

6. Es wird selbsten dein gewissen Ueber deiner sünden meng Bey dem richter zeugen müssen, Da wird dir die welt zu eng, Und das billigst urtheil seyn, Du sollt in der höllenpein Mit viel tausendfachen qualen Mit der seel und leib bezahlen.

7. Da das ausgesprochne rechte Dann schon zu vollziehen stehn Die beflammte henkersknechte. Also wird es dir ergehn, Also stehet es um dich, Also sollt du ewiglich In dem höllischen verderben Sterben und doch nimmer sterben.

8. Das sind deine sicherheiten, Die dir machen jetzt so bang, Von dem man in gnadenzeiten Dir gedrohet hat so lang: Aber du dachtst immerdar: Es wird haben kein gefahr: Es wird nimmermehr geschehen, Daß es also mir wird gehen.

9. Weh mir, weh der armen seelen; Trost, verzweiflung oder tod, Was aus diesem soll ich wählen Nun in meiner seelennoth? Meine sünd ist allzuschwer, Ich hab keine gnade mehr In dem elend, so mich troffen, Von dem grossen GOtt zu hoffen.

10. Kan ich seiner hand entlaufen, Seinem eifer oder grimm? Fluthen wollen mich ersäufen, Und die harte donnerstimm Ist das würmlein, das mich nagt, Und das feuer, so mich plagt, Und ist nirgend meiner sünden Ein vergebung mehr zu finden.

11. Ich find kein erretter, keinen, Der mit treue, hülf und rath Meiner seele will erscheinen, Meine reu ist viel zu spat; Ach, ich ungerathnes kind, Mich soll nimmermehr die sünd, Wann ich wär aus diesen stricken

stricken, Wie geschehn, forthin berücken.

12. Ich will meinen JEsum fassen, Der der sündenbüsser ist, Ich will, JEsu, dich nicht lassen, Bis du mir genädig bist; Vater, Christi tod und blut Wird für meine sünde gut, Seine blutgeschwitzte thränen Werden dich und mich versöhnen.

13. Vater, schau, ich fall zu fusse, Als der größte sünder, hier, Laß den athem meiner busse Deine gnad abbetteln dir. Ohne zweifel wird ja seyn Christi marter, tod und pein Grösser, als die schwere sünden, Die sich an bekehrten finden.

D. Johann Schröttel.

Mel. O GOtt, du frommer GOtt.

247. Was kan ich doch für dank, O HErr, dir dafür sagen, Daß du mich mit geduld So lange zeit vertragen, Da ich in mancher sünd und übertretung lag, Und dich, o frommer GOtt! Erzürnet alle tag?

2. Sehr grosse lieb und gnad Erwiesest du mir armen, Ich fuhr in bosheit fort, Du aber it erbarmen: Ich widerstrebte dir, Und schob die busse auf, Du schobest auf die straf, Daß sie nicht folgte drauf.

3. Daß ich nun bin bekehrt

4. Selbst konnt ich allzuviel Beleid'gen dich mit sünden, Ich konnte aber nicht Selbst gnade wieder finden: Selbst konnte fallen ich, Und ins verderben gehn, Ich konnte selber nicht Von meinem fall aufstehn.

5. Du hast mich aufgericht, Und mir den weg geweiset, Den ich nun wandeln soll, Dafür, HErr, sey gepreiset. GOtt sey gelobt, daß ich Die alte sünd nun haß, Und willig, ohne furcht, Die todten werke laß.

6. Damit ich aber nicht Aufs neue wieder falle: So gib mir deinen Geist, Dieweil ich hier noch walle, Der meine schwachheit stärk, Und darinn mächtig sey, Und mein gemüthe stets Zu deinem dienst erneu.

7. Ach leit und führe mich, So lang ich leb auf erden, Laß mich nicht ohne dich Durch mich geführet werden; Führ ich mich ohne dich, So werd ich bald verführt: Wann du mich führest selbst, Thu ich, was mir gebührt.

8. O GOtt, du grosser GOtt, O Vater, hör mein flehen, O JEsu, GOttes Sohn, Laß deine kraft mich sehen, O werther heilger Geist, Regier mich allezeit, Daß ich dir diene hier, Und dort in ewigkeit. D. Heinr. Müller.

Mel. Zion klagt mit angst und rc.

Weg von meinen augen hier: Soll euch helfen mein erlösen, O so lasset ab vom bösen.

2. Lernet, merkt es, dahingegen Gutes, und kein arges thun, Trachtet nach des rechtes wegen, Weil ihr noch in eurem nun, In der kurzen lebenszeit, Und der ungewißheit seyd: Helft den unterdrückten allen, Weil mir liebe wird gefallen.

3. Dann so kommt mit wahrer reue Und mit wahrem glauben her, Wann der alte mensch wird neue, Und ihr thut nach mein'm begehr; Laßt uns rechten, kommet her, Eure sünd, ist die gleich schwer, Soll sie doch, wie schnee auf erden, Reine, weiß und schöne werden.

4. Sollt auch euer maas der sünden Blutschwarz angefüllet seyn, Daß es sich gleich liesse finden Einem rosinfarben wein: Soll sie dennoch wieder rein, Wie die schönste wolle, seyn. O HErr JEsu, mir verleihe Rechte wahre buß und reue.

Mel. Ich halt an meinem GOtt rc.

249. Wer bin ich, o Herr Zebaoth, Daß ich mich unterfange Mit dir zu reden in der noth, Die mir macht angst und bange? Weh mir, mir armen, wo du dich Nicht willt erbarmen über mich: So muß ich seyn verlohren.

2. Ach GOtt, der ersten eltern fall, Und was auf mich geerbet, Hat mich elenden überall An seel und leib verderbet, Daß ich aus eignen kräften nu Nichts guts gedenke oder thu, Ich hab nur lust zum argen.

3. Ich bin unreine asch und erd, Und auch davon gebauet, Der würmer speis, und gar nicht werth, Daß mich dein aug anschauet. HErr, alles dis ist dir bekannt, Wo du abziehest deine hand, Kan ich gar nicht bestehen.

4. Ein mensch bin ich zur welt gebohrn, Hab kurze zeit zu leben, Zum leiden bin ich auserkohrn, Mit unruh ganz umgeben. Ich bin wie nichts, und muß davon, Ich werd zerbrochen, gleich wie thon, Wann du mich hart angreifest.

5. Ein blümlein steht im garten schön, Wann sich der sommer findet, Bald wird es welk und muß vergehn; Ein schatten schnell verschwindet; Die wasserblase schwellt sich auf, Bald aber endet sich ihr lauf; Nichts anders ist mein leben.

6. Dann man vom leben kaum mehr findt, Als nur den blossen namen, Es wird berückt oft so geschwind, Als fische von dem hamen. Je mehr es steigt, je mehr es fällt, So schnell es fort lauft in der welt, So schnell laufts auch zum ende.

7. Dis wissen wir, doch kan niemand Die todesstunde wissen, Es ist und bleibet unbekannt, Wenn man wird hingerissen; Wer jetzt da stehet

jung und stark, Muß diesen abend noch im sarg Vielleicht sein lager halten.

8. HErr, hilf mir, daß ich nicht vergeh, Laß mich in dir verbleiben, Kein angst, kein elend, schmerz noch weh, Laß mich von dir abtreiben. Ich bin doch dein geschöpf und werk, Du bist mein heil und meine stärk, Drum laß mich nicht verderben.

9. Gedenke nicht der ersten schuld, Darinn ich bin empfangen, Vergib durch deine lieb und huld, Was ich hab selbst begangen: Ich beuge, GOtt, vor dir allhie, In demuth meine herzensknie, Du wollst dich mein erbarmen.

10. Komm mir zu hülf, HErr, meine kraft, Durch dich werd ich erhalten, Du lebensbrunn, gib lebenssaft, Mein herz laß nicht erkalten. Du bist mein licht und herrlichkeit, Erscheine mir mit licht und freud: So werd ich in dir leben.

In bekannter Melodie.

250. Wo soll ich fliehen hin, Weil ich beschweret bin Mit viel und grossen sünden? Wo kan ich rettung finden? Wann alle welt herkäme, Mein angst sie nicht wegnähme.

2. O JEsu voller gnad, Auf dein gebot und rath Kommt mein betrübt gemüthe Zu deiner grossen güte, Laß du auf mein gewissen Ein gnaden-tröpflein fliessen.

3. Ich, dein betrübtes kind, Werf alle meine sünd, So viel ihr'r in mir stecken Und mich so heftig schrecken, In deine tiefe wunden, Da ich stets heil gefunden.

4. Durch dein unschuldig blut, Die schöne rothe fluth, Wasch ab all meine sünde, Mit trost mein herz verbinde, Und ihr nicht mehr gedenke, Ins meer sie tief versenke.

5. Du bist der, der mich tröst, Weil du mich hast erlößt, Was ich gesündigt habe, Hast du verscharrt im grabe, Da hast du es verschlossen, Da wirds auch bleiben müssen.

6. Ist meine bosheit gros, So werd ich ihr doch los, Wann ich dein blut auffasse, Und mich darauf verlasse; Wer sich zu dir nur findet, All angst ihm bald verschwindet.

7. Mir mangelt zwar sehr viel; Doch, was ich haben will, Ist alles mir zu gute Erlangt mit deinem blute, Damit ich überwinde Tod, teufel, höll und sünde.

8. Und wann des satans heer Mir ganz entgegen wär, Darf ich doch nicht verzagen, Mit dir kan ich sie schlagen, Dein blut darf ich nur zeigen, So muß ihr trutz bald schweigen.

9. Dein blut, der edle saft, Hat solche stärk und kraft, Daß auch ein tröpflein kleine Die ganze welt kan reine, Ja gar aus teufels rachen Frey, los und ledig machen.

10. Darum allein auf dich,

HErr Christ, verlaß ich mich, Jetzt kan ich nicht verderben, Dein reich muß ich ererben, Dann du hast mirs erworben, Da du für mich gestorben.

11. Führ auch mein herz und sinn Durch deinen Geist dahin, Daß ich mög alles meiden, Was mich und dich kan scheiden, Und ich an deinem leibe Ein gliedmas ewig bleibe.

Johann Hermann.

Lieder bey und nach dem heiligen Abendmahl.

Mel. Zion klagt mit angst und schm.

251. Ach gnad über alle gnaden! Heisset das nicht gütigkeit, Daß uns JEsus selbst geladen Zu dem tisch, den er bereit? Er ists, der uns ruft zu gast, Daß wir aller sorgenlast, Aller sünd und noth entnommen, In den himmel mögen kommen.

2. Er, der Heiland, will uns speisen, Und auch selbst die koste seyn, Heisset das nicht gnad erweisen? Ist er nun nicht dein und mein? Sollten wir an seinem heil Nun hinfort nicht haben theil, Da er unser so gedenket, Daß er sich uns selber schenket?

3. HErr, du hast dich hingegeben Unsertwegen in den tod, Daß wir möchten wieder leben Frey von sünden, straf und noth; Aber deiner liebe macht Hat dich auch dahin gebracht, Daß du selbst wirst trank und speise, O der nie erhörten weise!

4. Hier sieht man dein treu gemüthe. Sonst ist einer art

5. Nun zu dir komm ich geschritten, O mein Heiland JEsu Christ! Laß dich jetzt von mir erbitten, Weil für mich bereitet ist Dein so theurer gnadentisch, Daß sich meine seel erfrisch: Du wollst ihren hunger stillen, Und in ihrem durst sie füllen.

6. Ach, du wollest mich begnaben Mit dir selbst, o himmelsbrod: Und mit reichem trost mich laben Wider alle sündennoth. Ach, laß deine lebensquell Mich auch machen weiß und hell: Tränke mich, daß ich nicht sterbe, Sondern mit dir ewig erbe.

7. Dir will ich anjetzo schicken Mein ganz müd und mattes herz, Ach, das wollest du erquicken, Und besänftgen seinen schmerz: Nimms zu deiner wohnung ein, Laß es deinen tempel seyn, Du wollst selbst darinnen leben, HErr, dir sey es ganz gegeben.

Mel. Es sind doch selig alle die 2c.

252. Als JEsus Chri-

vor seinem leiden; Er sprach, ich hab herzlich begehrt, Mit euch, eh ich getödtet werd, Essen dis osterlamme: Dann ich sag euch, daß ich hinfort Von diesem nicht mehr essen werd, Bis das reich GOttes komme.

2. Als er nun also mit ihn'n aß, Er sonderlich betrachtet das, Daß herz und glaub nicht zagte; Sezt darum ein das sacrament, Nahm das brod mit dank in sein händ, Brachs, gab ihn'n das, und sagte: Nehmt hin, eßt, das ist mein leichnam, Der für euch an des creuzes stamm Soll dargegeben werden, Solchs thut, daß ihr mein denkt dabey, Daß ich eu'r HErr und Heiland sey, All, die ihr glaubt auf erden.

3. Desselben gleichen, als nun gar Solchs abendmahl vollendet war, Stärkt er sein jünger schwache, Und machte ganz dis sacrament, Nahm auch den kelch in seine händ, Dankt, gab ihn'n den, und sprache: Nehmt hin, trinkt all, das ist mein blut Des neuen testamentes gut, Welchs ich, am creuz gehenket, Vergiessen werd für eure sünd, Solchs thut, so oft ihr davon trinkt, Daß ihr mein dabey denket.

4. Gleichwie GOtt in Egypten thät, Da er all erstgeburt ertödt Im land in einer nachte, Den König Pharao ertränkt, Im rothen meer zu grund versenkt, Mit aller seiner machte, Da setzt er ein das osterfest, Daß sein volk dabey dächt und wüßt Sein grosse wunderthaten, Durch welche sie geführet aus Mit starker hand aus dem diensthaus, Durchs roth meer trocken traten.

5. Also auch, da Christus, der HErr, Durch sein blut in der taufe meer All unsre sünd versenket, Den tod erwürgt, die höll zerstört, Die handschrift, die das gwissen mördt, Mit sich ans creuz gehenket. Daß sein kirch solchs allzeit betracht, Er selbst zum osterlamm sich macht, Im testament uns schafte, Sein leib zu essen in dem brod, Im wein zu trinken sein blut roth, Durch seines wortes kräfte.

6. Wer nun sein brod nach dem befehlch Ißt und trinkt von des HErren kelch, Der soll sein tod verkünden, Nemlich, daß Christus, GOttes Sohn, Am creuz bezahlt und gnug gethan Für unser aller sünden, Und daß uns GOtt nun gnädig sey, So wir solchs glauben, und dabey Uns an die tauf stark halten, So sollen wir GOtts kinder seyn, Und das himmlisch erb nehmen ein, Das will GOtt ewig walten.

7. So prüf der mensch nun sich selbst recht, Eh er dis sacrament empfäht, Daß er sein herz erkenne, Ob er im rechten glauben steh, Und in wahrer lieb hinzu geh, Daß ihn kein unbuß brenne; Daß er ihm nicht eß das gericht, Drum, daß er unterscheidet nicht Den leib Christi,

sti, des HErren: Daß er der sünden sauerteig Durch hülf des heil'gen Geists ausfeg, Christo, dem lamm, zu ehren.

8. Darum so laßt uns allzugleich GOtt den Vater im himmelreich Von ganzem herzen bitten, Durch JEsum Christum, seinen Sohn, Der für uns alle gnug gethan, Und den tod hat gelitten, Daß er uns durch den heilgen Geist Sein gnad zu starkem glauben leist, Nach seinem wort zu leben In rechter lieb und einigkeit, Und daß er uns nach dieser zeit Die ew'ge freud woll geben. Seb. Heid.

Mel. Ich halt an meinem GOtt ganz.

253. Du lebensbrod, HErr JEsu Christ, Mag dich ein sünder haben, Der nach dem himmel hungrig ist, Und sich mit dir will laben: So bitt ich dich demüthiglich, Du wollest recht bereiten mich, Daß ich recht wurdig werde.

2. Auf grünen auen wollest du Mich diesen tag, HErr, leiten, Den frischen wassern führen zu, Den tisch für mich bereiten, Ich bin zwar sündlich, matt und krank, Doch laß mich deinen gnadentrank Aus deinem becher schmecken.

3. Du zuckersüsses himmelsbrod, Du wollest mir verleihen, Daß ich in meiner seelennoth Zu dir mag kindlich schreyen. Dein glaubensrock bedecke mich, Auf daß ich möge würdiglich An deiner tafel sitzen.

4. Tilg allen haß und bitterkeit, O HErr, aus meinem herzen, Laß mich die sünd in dieser zeit Bereuen ja mit schmerzen: Du heißgebratnes osterlamm, Du meiner seelen bräutigam, Laß mich dich recht geniessen.

5. Zwar bin ich deiner gunst nicht werth, Als der ich jetzt erscheine Mit sünden allzuviel beschwehrt, Die schmerzlich ich beweine: In solcher trübsal tröstet mich, HErr JEsu, daß du gnädiglich Der sünder dich erbarmest.

6. Ich bin ein mensch voll sündengrind, Laß deine hand mich heilen, Erleuchte mich, dann ich bin blind, Du kanst mir gnad ertheilen: Ich bin verdammt, erbarme dich, Ich bin verlohren, suche mich, Und hilf aus lauter gnade.

7. Mein bräutigam, komm her zu mir, Und wohn in meinem herzen: Laß mich dich küssen für und für, Und lindre meine schmerzen: Ach, laß doch deine süßigkeit Für meine seele seyn bereit, Und stille ihren jammer.

8. Du lebensbrod, HErr JEsu Christ, Komm selbst, dich mir zu schenken, O blut, das du vergossen bist, Komm eiligst, mich zu tränken; Ich bleibe dir, du bleibest mir, Drum wirst du, meiner seelen zier, Auch mich dort auferwecken.

Johann Rist.

Mel. Ach bleib bey uns, HErr JEsu.

254. Du unbegreiflich höchstes gut,

In welchem stehet mein herz und muth, Ich dürst, o lebensquell, nach dir; Ach hilf, ach lauf, ach komm zu mir.

2. Ich bin ein mensch, der durstig ist Von groser hitz, du, JEsu, bist Vor diesen hirsch ein seelentrank, Erquicke mich, dann ich bin krank.

3. Ich schreye zu dir ohne stimm, Ich seufze nur, o HErr, vernimm, Vernimm es doch, du gnadenquell, Und labe meine dürre seel.

4. Ein frisches wasser fehlet mir, HErr JEsu, zeuch, zeuch mich nach dir; Nach dir ein grosser durst mich treibt, Ach, wär ich dir nur einverleibt!

5. Wo bist du denn, o bräutigam? Wo weidest du, o GOttes lamm? An welchem brünnlein ruhest du? Ich dürste, laß mich auch dazu.

6. Ich kann nicht mehr, ich bin zu schwach, Ich schreye, dürst und ruf dir nach, Der hirsch muß bald gekühlet seyn, Du bist ja sein, und er ist dein.

Joachim Neander.

Mel. Zion klagt mit angst und schm.

255. GOTT sey lob, der tag ist kommen, Da ich JEsu werd vertraut, Da ich aller sünd entnommen, Werd in GOttes huld geschaut: GOtt lob, GOtt lob, daß bereit Mir des lammes hochzeit heut, Da mir Gott zum ew'gen leben Will den ganzen JEsum geben.

2. GOtt, ich leg bey frühem morgen, Als dein Ephraim und kind, Mich in deine Vaterssorgen, Gleichwie leib und seel geschwind: Abba, Vater, sorg für mich, Daß ich heut ja würdiglich Als ein gast bey dir erscheine, Und mit JESU mich vereine.

3. Christe, du lamm GOttes, höre, Weil du trägest meine sünd, Als mein schatz und hirt herkehre, Deine braut und schaf mich find. Deiner güte ich vertrau, Führe mich auf grüner au, Und speis mich, mir stets zu gute, Heut mit deinem leib und blute.

4. Heilger Geist, den ich umfasse, Bleib doch heut auch stets bey mir, Mich mit beystand nicht verlasse, Sondern hilf, daß selig hier, Mir zum nutzen, GOtt zum preis, Ich genies des himmels speis, Daß ich dadurch christlich lebe, Sanfte meinen geist aufgebe.

5. Nun ich liege Gott zun füssen, GOttes liebe schmücket mich, Meines JEsu blutvergiessen Machet würdig mich durch sich: Hilf mir drauf, du Vaterherz, Hilf mir, JEsu tod und schmerz, Hilf mir, tröster, heut auf erden, CHRISTI liebe braut zu werden.

In eigener Melodie.

256. GOTT sey gelobet und gebenedeyet, Der uns **selber** hat gespeiset Mit seinem **fleische** und mit seinem **blute**, Das gib uns HErr GOtt, zu gute, Kyrie eleison. HERR, durch deinen heili-

heilgen leichnam, Der von dein'r mutter Maria kam, Und das heilge blut, Hilf uns, HErr, aus aller noth, Kyrie eleison.

2. Der heilge leichnam ist für uns gegeben Zum tod, daß wir dadurch leben, Nicht grös-ser güte konnte er uns schenken, Dabey wir sein solln gedenken, Kyrie eleison. HErr, dein lieb so groß dich zwungen hat, Daß dein blut an uns groß wunder that, Und bezahlte unsre schuld, Daß uns GOTT ist worden huld, Kyrie eleison.

3. GOtt geb uns allen seiner gnaden segen, Daß wir gehn auf seinen wegen In rechter lieb und brüderlicher treue, Daß uns die speis nicht gereue, Kyrie eleison. HErr, dein heil-ger Geist uns nimmer laß, Der uns geb zu halten rechte maas, Daß dein arme christenheit Leb in fried und einigkeit, Kyrie eleison. D. Mart. Luther.

Mel. Wie schön leuchtet der rc.

257. HErr JEsu, dir sey lob und dank Für unsrer seelen speis und trank, Damit du uns begabet, Im brod und wein dein leib und blut Sehr heilsamlich uns kommt zu gut, Und unsre herzen labet: Daß wir In dir Uns er-freuen, Wohl gedeihen, Ewig leben, Das wollst du aus gnaden geben.

2. Ach HErr, laß uns doch nehmen nicht Dein werthes nachtmahl zum gericht: Ein jeder recht bedenke, Daß er hier mit dem lebensbrod Im glauben stille seine noth, Der kelch des heils uns tränke: Hei-lig, Göttlich, Dich dort oben Stets zu loben, Bis wir wer-den Zu dir kommen von der erden.

3. O daß wir doch der selig-keit Erwarten möchten allezeit In hofnung und vertrauen, Und bald aus diesem jammerthal Gelangen in den himmelssaal, Dein antlitz, HErr, zu schauen, Da sich Frölich Deine gäste Auf das beste Werden laben, Ewig volle gnüge haben.

D. Bernh. Dörschäus.

Mel. Wann wir in höchsten nöthen s.

258. Herzallerliebster JE-su Christ, Dein sitz und stuhl im himmel ist, Je-doch bist du auch überall, Wo man begeht dein abendmahl.

2. Dein leib wird uns zur speis geschenkt, Dein rosenfar-bes blut uns tränkt, Damit wir im gewissen rein Des höch-sten GOttes diener seyn.

3. Weil du mich dann jetzt hast gespeißt, So gib mir dein'n gewissen Geist, Der in mir zünd den glauben an, Daß ich mög gehn auf rechter bahn.

4. Weil mir der teufel sehr nachtracht, So hilf, daß ich mich nehm in acht, Damit er nicht bey mir find raum, Wann ich ließ fleisch und blut den zaum.

5. Regier mein herz, sinn, muth und leib, Daß ich nichts bös denk, red und treib Mein

sterb-

sterblich leib soll folgen dir, Damit die sünd nicht herrsch in mir.

6. Schaff, daß ich GOTT von herzen lieb, Mein'n nächsten nicht schad noch betrüb, Ihn gleich lieb, als mein eigen leib, Und sonst nicht schand und sünden treib.

7. Hilf, daß ich dich bekenne frey, In meinen nöthen zu dir schrey, Gern komm zum wort und sacrament, Und all mein hofnung zu dir wend.

8. Gib gnad, daß ich sanftmüthig sey, Keusch, mäßig, und gerecht darbey; Demuth und wahrheit mir bescheht, Den bösen lüsten steur und wehr.

9. Hilf, daß ich mög gedultig seyn, Wann mich anstoßt creutz, noth und pein, Geht mirs dann wohl, manches wird frech, So hilf, daß ich den hochmuth brech.

10. Die sünd, so ich hab längst gethan, Der wollst mich nicht entgelten lahn, Was ich hab bös verbracht und thu, Das rechn' nicht meiner seelen zu.

11. Verleih, daß ich stets frömmer werd, Auch fromm bleib, weil ich leb auf erd; Doch, wo ich fiel, hilf du mir auf, Daß dir gefall mein ganzer lauf.

12. Und wann mein stündlein kommt herbey, So gib, daß ich mach mein herz dir weich, Nimm mich zu dir ins himmelreich, Da ich in grosser herrlichkeit Mög preisen deine gütigkeit.

Mel. Von GOtt will ich nicht lassen.

259. Hier ist der HErr zugegen, Hier ist des himmels pfort, Es ist mit gnad und segen Der HErr an diesem ort; Hier finden ganz gewiß Die wahren glaubensstreiter Die himmelsthür und leiter, Trotz satans hindernis.

2. Die thür steht allhier offen, Wer nur mit reu erscheint, Im glauben, lieb und hoffen, Und seine schuld beweint, Der wird verstossen nicht, Er wird mit allen frommen Von JEsu aufgenommen, Und kommt nicht ins gericht.

3. Wer mühsam und beladen, Der stelle sich nur ein, Er findt für seinen schaden Hier nicht nur brod und wein, Nein, sondern JEsu leib Und blut für ihn vergossen, Wird hier zum heil genossen, Damit er ewig bleib.

4. Hier ist ein mahl der freuden Für GOttes volk bereit, Hie sollen sich die weiden, Die in dem krieg und streit Geschwächt und ausgezehrt; Die mit der sünde kämpfen, Und satans werke dämpfen, Die

chen herzen Ist für die sünden-schmerzen Dis gnadenmahl bereit.

6. Die ihre schuld bereuen Von herzen früh und spät, Die sollen sich erfreuen, An dieser heil'gen stätt, GOtt stößt sie nicht hinaus; Weil sie aus ihm gebohren, So hat er sie erkohren, Zu seyn in seinem haus.

7. O JEsu, meine wonne, Ich komm jetzt auch zu dir, Als der gerechten sonne, Mit herzlicher begier; Tränk mich mit deinem blut, Speis mich mit deinem leibe, Dieweil ich weiß und gläube, Daß du mein höchstes gut.

8. Erquicke mich mit freuden, Weil ich bin müd und matt Von sünden, schmerz und leiden, Damit ich werde satt Vom lebenswein und brod, Und dir getreu verbleibe, Ja dir mich ganz verschreibe Im leben und im tod.

Mel. Auf meinen lieben GOtt.

260. Ich will zu aller stund Aus meines herzens grund, GOtt, deine güte preisen, Die du mir thust beweisen: Ich will mein ganzes leben Zu deinem lob ergeben.

2. JEsu, mein höchstes gut, Dein leib, dein wahres blut Ist meines herzens freude, Mein trost in allem leide, Weil diese deine gaben Mein leib und seele laben.

3. Vernunft, witz und verstand Wird hier zu spott und schand, Der wahrheit muß man trauen, Auf GOttes wort fest bauen: Was GOtt spricht, muß bestehen, Sollt alle welt vergehen.

4. Hier ist das GOttes lamm, Für uns am creutzesstamm Aus lauter lieb gestorben, Dadurch das heil erworben, Hier kanst du gnade finden, Vergebung aller sünden.

5. GOtt lob für seine treu, Die ich noch immer neu In seinem nachtmahl finde, Weicht, teufel, tod und sünde, GOtt will mir trost und leben Hier und dort ewig geben. D. J. Olearius.

In eigener Melodie.

261. JEsus Christus, unser Heiland, Der von uns den GOttes zorn wandt, Durch das bittre leiden sein Half er uns aus der höllen pein.

2. Daß wir nimmer des vergessen, Gab er uns sein leib zu essen, Verborgen im brod so klein, Und zu trinken sein blut im wein.

3. Wer sich zu dem tisch will machen, Der hab acht auf seine sachen, Wer unwürdig hinzugeht, Für das leben den tod empfäht.

4. Du sollt GOtt den Vater preisen, Daß er dich so wohl thut speisen, Und für deine missethat In den tod sein Sohn geben hat.

5. Du sollt glauben und nicht wanken, Daß es sey ein speis der kranken, Den'n ihr herz von sünden schwer, Und vor angst ist betrübet sehr.

6. Solch

6. Solch gros gnad und barmherzigkeit Sucht ein herz in grosser arbeit, Ist dir wohl, so bleib davon, Daß du nicht kriegest bösen lohn.

7. Er spricht selber: kommt ihr armen, Laßt mich über euch erbarmen; Kein arzt ist dem starken noth, Sein kunst wird an ihm gar ein spott.

8. Hättst du dir was könn'n erwerben, Was dörft ich dann für dich sterben? Dieser tisch auch dir nicht gilt, So du dir selber helfen willt.

9. Glaubst du das von herzensgrunde, Und bekennst es mit dem munde, So bist du recht wohl geschickt, Und die speis deine seel erquickt.

10. Die frucht soll auch nicht ausbleiben, Deinen nächsten solt du lieben, Daß er dein geniessen kan, Wie dein GOtt an dir hat gethan. D. M. Luther.

Mel. JEsu, meine freude, rc.

262. JEsu, heil und leben, Als du wurdst gegeben In den bittern tod, Als du wurdst verrathen, O der übelthaten! Wegen meiner noth, Hast du für uns eingesetzt Ein gedächtnis deiner wunder: JEsu, mach mich munter.

2. JEsu, liebstes herze, Meiner augen kerze, Meiner seelen licht, Gib mir solche gaben, Mich damit zu laben, Wann mein herze bricht: Laß dein leib mein speise seyn, Laß von deinem blut mich trinken, Wann mein herz will sinken.

3. Dein leib ist die speise Wunderlicher weise, Welche mich erhält, Daß ich nicht kan sterben, Sondern muß ererben, Das, was mir gefällt, GOtt und seinen gnadenschein, Freude, fried und ewges leben, Und bey GOtt kan schweben.

4. O du himmelsspeise, Baum im paradeise, Mein gerechtigkeit, Laß mich dich geniessen, Meine lust zu büssen, Komm, ich bin bereit, Mach mich satt nach deinem wort, Laß mein herz dein tempel werden Hier auf dieser erden.

5. JEsu, brod des lebens, Laß ja nicht vergebens Mich geniessen dich, Wann mein seel sich kränket, Und stets nach dir denket, Komm, und stärke mich, Thue dann von deinem tisch Ein klein brosamlein mir schicken, Um mich zu erquicken.

6. JEsu, fels der ehren, Wollest mir beschehren, Daß ich trink von dir; Du hast lassen fliessen Durch viel blutvergiessen Ströhm des lebens hier: Wann mein seel ist matt und krank, So gib mir im wein dein blute, Daß mirs komm zu gute.

7. Dein blut ist die stärke Aller wunderwerke, Meines lebens kraft, Niemand kans gnug preisen, Was es kan beweisen, Ja, des himmels saft, So mir gibt die seligkeit; Drum wollst du mir öfters schenken, Deiner zu gedenken.

8. Daß ich an dir klebe, Wie

ein klett am leibe, Daß ich sey bey dir: Und du in mir lebest, Und im herzen schwebest, JEsu, für und für, Dann werd ich gewißlich nicht, Wann ich soll von hinnen scheiden, JEsu, seyn im leiden:

9. Sondern werde leben, Und in freuden schweben In des himmels thron, Dich werd ich erkennen, Meinen bruder nennen, Tragen eine kron, Die dein blut erworben hat, Drum so will ich dich stets loben, JEsu, hier und droben.

Mel. Meinen JEsum laß ich nicht.

263. Meinen JEsum laß ich nicht, Meine seel ist nun genesen, Selig ist das heutge licht, Da ich JEsu gast gewesen, Drum ruft blos mein herz, und spricht: Meinen JEsum laß ich nicht.

2. Meinen JEsum laß ich nicht, Weil er mich so brünstig liebet, Und sich in mein herze flicht, Ja sich mir zu eigen giebet, Und sich ewig mir verspricht; Meinen JEsum laß ich nicht.

3. HErr, dein leib und theures blut, JEsu, das ich jetzt genossen, Stärkt mich, und macht alles gut, Daß ich hinfort nicht verstossen Bin von GOttes angesicht; Meinen JEsum laß ich nicht.

4. Wohl mir, daß mich nichts mehr drückt, Ach, wie wohl ist mir geschehen, Meine seel ist ganz entzückt, Weil ich, JEsu, dich gesehen; JEsu, meine zuversicht, Dich, mein JEsu, laß ich nicht.

5. Mose, donnre nur nicht mehr, Für mich ists gesetz erfüllet, JEsus, GOtt, des Vaters ehr, Hat den grossen zorn gestillet, Und das werk mit blut geschlicht; Meinen JEsum laß ich nicht.

6. Dich, lamm GOttes, laß ich nicht, Weil du trägst auf deinem rücken Meiner sünden qual und gicht, Die mich armen solten drücken; Wann mich meine sünd anficht, Laß ich dich, lamm GOttes, nicht.

7. Meinen JEsum laß ich nicht. Er ist nun mein bruder worden, Trotz, daß welt und satan spricht: Ich sey noch in ihrem orden, Nein, mein JEsus ist mein licht, Dich, mein bruder, laß ich nicht.

8. Mein gewissen, stille dich, Deine handschrift ist zerrissen, JEsus, der so jämmerlich Ward gemartert und zerschmissen, Der vertritt mich vor gericht; Meinen JEsum laß ich nicht.

9. Kommt, ihr teufel, sprecht mir hohn, Fragt, ob ich sey GOttes erbe? Freylich, JEsus, GOttes Sohn, Bleibt mein erbtheil, wann ich sterbe; Trotz, wer mir dis gut abspricht, Meinen JEsum laß ich nicht.

10. Tod, dein stachel ist entzwey, Christus ist zum gift dir worden, Von dir bin ich ewig frey, Weil du mich nicht kanst ermorden: Trotz, daß mich dein stachel sticht, Weil ich JEsum lasse nicht.

11. Höl=

11. Hölle, schweig, dann deine glut Ist nun völlig ausgelöschet, JEsus ist es, dessen blut Mich ganz rein von sünden wäschet, Und mich frey vom feuer spricht: Meinen JEsum laß ich nicht.

12. JEsus ist und bleibet mein, Er hat sich mit mir verlobet, Wie ein bräut'gam, ich bin sein: Ob der feind gleich greulich tobet, Weiß ich; daß mir nichts geschicht; Weil ich JEsum lasse nicht.

13. Laß mich auch, mein JEsu, nicht, Wann es mit mir kömmt zum ende, Wann mir sinn und herze bricht, JEsu, nimm in deine hände Meinen geist, meins lebens licht; Meinen JEsum laß ich nicht.

14. Und des bin ich auch gewiß, Weil mein JEsus mir verheissen, Aus des todes finsterniß Mich mit starker hand zu reissen; Drum auch meine seele spricht: Amen, JEsum laß ich nicht. D. J. Fr. Meyer.

Mel. Nimm von uns, HErr, du rc.

264. O JEsu, du mein bräutigam, Der du aus lieb ans creutzes stamm Für mich den tod gelitten hast, Genommen weg der sünden last, Ich komm zu deinem abendmahl, Verderbt durch manchen sündenfall.

2. Ich bin krank, unrein, nackt und bloß, Blind und arm, ach, mich nicht verstoß, Du bist der arzt, du bist das licht, Du bist der HErr, dem nichts gebricht, Du bist der brunn der heiligkeit, Du bist das rechte hochzeitkleid.

3. Drum, o HErr JEsu! bitt ich dich, In meiner schwachheit heile mich; Was unrein ist, das mache rein Durch deinen hellen gnadenschein. Zünd an die schöne glaubenskerz, Erleuchte mein verfinstert herz.

4. Mein armuth in reichthum verkehr, Und meinem fleische steur und wehr, Daß ich das rechte himmel-brod, Dich, JEsu, wahrer mensch und GOtt, Mit höchster ehrerbietung eß, Und deiner liebe nicht vergeß.

5. Lösch alle laster aus in mir, Mein herz mit lieb und glauben zier, Und was sonst ist von tugend mehr, Das pflanz in mir zu deiner ehr. Gib, was nutz ist zu seel und leib, Was schädlich ist, fern von mir treib.

6. Komm in mein herz, laß mich mit dir Vereinigt bleiben für und für. Hilf, daß durch dieser mahlzeit kraft Das bös in mir werd abgeschaft, Erlassen alle sünd und schuld, Erlangt des Vaters lieb und huld.

7. Vertreibe alle meine feind, Die sichtbar und unsichtbar seynd, Den guten vorsatz, den ich führ, Durch deinen Geist fest mach in mir, Mein leben, sitten, sinn und pflicht Nach deinem heil'gen willen richt.

8. Ach, laß mich meine tag in ruh Und frieden christlich

bringen zu, Bis daß du mich, o lebensfürst! Zu dir in himmel nehmen wirst, Daß ich bey dir dort ewiglich An deiner tafel freue mich. Joh. Hermann.

Mel. Nun laßt uns GOtt, dem rc.

265. O JESU meine wonne, Du meiner seelen sonne, Du freundlichster auf erden, Laß mich dir dankbar werden.

2. Wie kan ich gnugsam schätzen Dis himmelsüs ergetzen, Und diese theure gaben, Die uns gestärket haben.

3. Wie soll ichs dir verdanken, O HErr, daß du mich kranken Gespeiset und geträntet, Ja selbst dich mir geschenket?

4. Ich lobe dich von herzen Für alle deine schmerzen, Für deine schläg und wunden, Der du so viel empfunden.

5. Dir dank ich für dein leiden, Den ursprung meiner freuden; Dir dank ich für dein sehnen Und heis vergoßne thränen.

6. Dir dank ich für dein lieben, Das standhaft ist geblieben; Dir dank ich für dein sterben, Das mich dein reich läßt erben.

7. Jetzt schmecket mein gemüthe Dein übergrosse güte: Dis theure pfand der gnaden Tilgt allen meinen schaden.

8. HErr, laß michs nicht vergessen, Daß du mir zugemessen Die kräft'ge himmelsspeise, Wofür mein herz dich preise.

9. Du wollest ja die sünde, Die ich annoch empfinde, Aus meinem fleische treiben, Und kräftig in mir bleiben.

10. Nun bin ich losgezählet Von sünden, und vermählet Mit dir, mein liebstes leben; Was kanst du werthers geben?

11. Laß, schönster, meine seele Doch stets in dieser höhle Des leibes, mit verlangen, An deiner liebe hangen.

12. Laß mich die sünde meiden, Laß mich geduldig leiden, Laß mich mit andacht beten, Und von der welt abtreten.

13. Im handeln, wandeln, essen, Laß nimmer mich vergessen, Wie treflich ich beglücket Und himmlisch bin erquicket.

14. Nun kan ich nicht verderben, Drauf will ich selig sterben: Und freudig auferstehen, O JEsu, dich zu sehen.

Johann Rist.

In eigener Melodie.

266. Schmücke dich, o liebe seele, Laß die dunkle sündenhöhle, Komm ans helle licht gegangen, Fange herrlich an zu prangen: Denn der HErr, voll heil und gnaden, Will dich jetzt zu gaste laden: Der den himmel kan verwalten, Will jetzt herberg in dir halten.

2. Eile, wie verlobte pflegen, Deinem bräutigam entgegen, Der da mit dem gnadenhammer Klopft an deine herzens-kammer: Oeffn' ihm bald

bald des Geistes pforten, Red ihn an mit schönen worten: Komm, mein liebster, laß dich küssen, Laß mich deiner nicht mehr missen.

3. Zwar in kauffung theurer waaren Pflegt man sonst kein geld zu sparen; Aber du willst für die gaben Deiner huld kein geld nicht haben: Weil in allen bergwerksgründen Kein solch kleinod ist zu finden, Das die blutgefüllte schaalen Und dis manna kan bezahlen.

4. Ach, wie hungert mein gemüthe, Menschenfreund, nach deiner güte! Ach, wie pfleg ich oft mit thränen, Mich nach dieser kost zu sehnen! Ach, wie pfleget mich zu dürsten Nach dem trank des lebensfürsten! Wünsche stets, daß mein gebeine Sich durch GOtt mit GOtt vereine.

5. Beydes, lachen und auch zittern, Lässet sich in mir jetzt wittern, Das geheimnis dieser speise, Und die unerforschte weise Machet, daß ich früh vermerke, HErr, die grösse deiner werke; Ist auch wohl ein mensch zu finden, Der dein allmacht sollt ergründen?

6. Nein, vernunft die muß hie weichen, Kan dis wunder nicht erreichen, Daß dis brod nie wird verzehret, Ob es gleich viel tausend nähret, Und daß mit dem saft der reben Uns wird Christi blut gegeben; O der grossen heimlichkeiten, Die nur GOttes Geist kan deuten,

7. JEsu, meine lebenssonne, JEsu, meine freud und wonne, JEsu, du mein ganz beginnen, Lebensquell und licht der sinnen, Hie fall ich zu deinen füssen, Laß mich würdiglich geniessen Dieser deiner himmelsspeise, Mir zum heil und dir zum preise.

8. HErr, es hat dein treues lieben Dich vom himmel abgetrieben, Daß du willig hast dein leben In den tod für uns gegeben, Und darzu ganz unverdrossen; HErr, dein blut für uns vergossen, Das uns jetzt kan kräftig tränken, Deiner liebe zu gedenken.

9. JEsu, wahres brod des lebens, Hilf, daß ich doch nicht vergebens, Oder mir vielleicht zum schaden, Sey zu deinem tisch geladen: Laß mich durch dis seelenessen Deine liebe recht ermessen, Daß ich auch, wie jetzt auf erden, Mög dein gast im himmel werden.

Joh. Frank.

Mel. Wer nur den lieben GOtt läßt:

267. So hab ich nun die quell gefunden, Woraus mein heil und leben quillt: Den born für alle seelenwunden, Der die geheimsten schmerzen stillt: Das wasser, das für alles gut, Und unerhörte curen thut.

2. Wo anders, als in deinem herzen, In deinem blut, HErr JEsu Christ, Das unter tausend todesschmerzen Aus deinem leib geflossen ist; Da ist der offne brunn der gnad, Den mir

mir mein arzt verschrieben hat.

3. Hinzu, hinzu, du matte seele, Hier schlag dein kranken-büttlein auf, Besinne dich nun, was dir fehle, Und bringe deine noth zu hauf: Für alles, was dich brennt und sticht, Sind hier arzneyen eingericht.

4. Der ursprung aller seelen-schmerzen Ist des gewissens heisser brand, Da kriegt man klopfen in dem herzen, Da zittert kopf, und fuß, und hand, Da weicht der schlaf, und statt der ruh Setzt unserm geist die schwermuth zu.

5. Da hilft dann kein bewegen wieder, Auch nicht die stärke der natur, Kein lindernd pulver schlägt hie nieder, Es rettet keine goldtinctur: Kurz, was der mensch vor mittel weiß, Verspielet alles seinen preis.

6. Des mittlers blut aus JEsu wunden Ist alles, was man nöthig hat, Wird damit nun dein herz verbunden, So findt kein ewig sterben statt, Es heilt den schaden aus dem grund, Und machet fridsam und gesund.

7. Denn dadurch ist die schuld gebüsset, Des Vaters eifer abgekühlt, Auf wen dis mittlers blut nun fliesset, Ob er sich noch so böse fühlt, Wird heilig und gerecht geacht, Und seiner sünde nicht gedacht.

8. Verstopft sich nun die quell der wehen, So wird auch alles andre gut, Die blinden augen lernen sehen, Die lahmen glieder heilt dis blut: Der aussatz weicht, und dieser saft Erfüllet dich mit licht und kraft.

9. Wohlan, soll JEsus, aus erbarmen, Der brunnen nur für bettler seyn, So siehe dann auch auf mich armen, Ich stell mich als ein bettler ein; Doch aber, weil ich kraftlos bin, So sey auch meine wärterin.

10. Du must mich heben, tragen, leiten, Und mich nach deiner weisen macht Zu dieser cur selbst zubereiten, Bis sie an mir zu end gebracht, So soll auch dein der ruhm allein In alle ewigkeiten seyn.

Mel. Nun lob mein seel den HErrn.

268. Wie wohl hast du gelabet, O liebster JEsu, deinen gast, Ja, mich so reich begabet, Daß ich jetzt fühle freud und rast O wundersame speise, O süsser lebenstrank, O liebmahl, das ich preise, Mit einem lobgesang; Indem es hat erquicket Mein leben, herz und muth, Mein geist hat erblicket Das allerhöchste gut.

2. Du hast mich jetzt geführet, O HErr, in deinen gnadensaal, Daselbst hab ich berühret Dein edle güter allzumahl; Da hast du mir vergebens Geschenket mildiglich Das werthe brod des lebens, Das sehr ergötzet mich: Du hast mir zugelassen, Daß ich den seelenwein Im glauben möchte fassen, Und dir vermählet seyn.

3. Bey

3. Bey dir hab ich gegessen Die speise der unsterblichkeit, Du hast mir voll gemessen Den edlen kelch, der mich erfreut, Ach GOtt, du hast erzeiget Mir armen solche gunst, Daß billig sich jetzt neiget Mein herz vor liebesbrunst: Du hast mich lassen schmäcken Das köstlich engelbrod, Hinfort kan mich nicht schrecken Welt, teufel, sünd und tod.

4. So lang ich leb auf erden, Preis ich dich, liebster JEsu, wohl, Daß du mich lässest werden Von dir und durch dich satt und voll: Du hast mich selbst getränket Mit deinem theuren blut, Und dich zu mir gelenket, O unvergleichlichs gut! Nun werd ich ja nicht sterben, Weil mich gespeiset hat, Der nimmer kan verderben, Mein trost, schutz, hülf und rath.

5. Wie kan ichs aber fassen, HErr JEsu, daß du mit begier Dich hast so tief gelassen Vom himmelssaal herab zu mir? Du schöpfer aller dinge, Besuchest deinen knecht, Ach, hilf, daß ich dir bringe Ein herz, das fromm und schlecht, Das glaubig dir vertraue, Damit nach dieser zeit Ich ja dein antlitz schaue Dort in der ewigkeit.

6. Du bists, der ewig bleibet, Ich aber bin dem schatten gleich, Den bald ein wind vertreibet: HErr, ich bin arm, und du bist reich: Du bist sehr groß von güte, Kein unrecht gilt bey dir, Ich boshaft vom gemüthe, Kan fehlen für und für, Noch kommest du hernieder Zu mir, dem sündenmann, Was geb ich dir doch wieder, Das dir gefallen kan?

7. Ein herz durch reu zerschlagen, Ein herz, das ganz zerknirschet ist, Das weiß ich, wird behagen, Mein Heiland, dir zu jeder frist, Du wirst es nicht verachten; Demnach ich emsig bin, Nach deiner gunst zu trachten, Nimm doch in gnaden hin Das opfer meiner zungen, Dann willig wird jetzund Dein theurer ruhm besungen, HErr GOtt, durch meinen mund.

8. Hilf ja, daß dis geniessen Des edlen schatzes schaff in mir Ein unaufhörlichs büssen, Daß ich mich wende stets zu dir, Laß mich hinführo spühren Kein andre lieblichkeit, Als welche pflegt zu rühren Von dir in dieser zeit: Laß mich ja nichts begehren, Als deine lieb und gunst, Dann niemand kan entbehren Hier deiner liebebrunst.

9. Wohl mir, ich bin versehen Mit himmelsspeis und engeltrank, Nun will ich frölich stehen, Zu singen dir lob, ehr und dank; Ade, du weltgetümmel, Du bist ein eitler tand, Ich seufze nach dem himmel, Dem rechten vaterland: Ade, dort werd ich leben Ohn unglück und verdruß, Mein GOtt, du wirst mir geben Der wollust überfluß.

Joh. Rist.

Mel. Ach bleib bey uns, HErr JEsu.

269. Wir danken dir, o JEsu Christ, Daß du das lämmlein worden bist, Und trägst all unsre sünd und schuld, Hilf, daß wir rühmen deine huld.

2. Dein allerheiligst abendmahl Erhalt bey uns, HErr, überall, Dein leib und rosenfarbes blut Kommt unserm leib und seel zu gut.

3. Den bund du selbst gestiftet hast, Gesagt: euch frölich drauf verlaßt: Nimm hin und iß, das ist mein leib, Trink du mein blut, und dabey bleib.

4. Ich eß dein leib, und trink dein blut, Dadurch werd ich erquickt am muth, An seel, am leib, am gwissen gar, Wider die sünd und todsgefahr.

5. Wañ ich gleich sterb, so sterb ich dir, Dein leib und blut kommt nicht von mir; Und wo du bist, da will ich seyn, Hilf, HErr, dem schwachen glauben mein.

6. Verflucht sey aller ketzer rott, Die meistern wollen ihren GOtt. Ich bin dein schäflein, JEsu Christ, Dein stimm ich hör zu jeder frist.

7. Laß mich seyn in der frommen zahl Würdig zu deinem abendmahl, Verlaß mich nicht, mein GOtt und HErr, Dein ist die kraft, macht, lob und ehr.

8. Hilf uns durchs bittre leiden dein, Daß wir dir allzeit ghorsam seyn, Und halten uns an deinen eid, An dein verheissung und wahrheit.

D. Nicol. Selneccer.

In eigener Melodie.

270. Wohl mir, JEsus meine freude, Ladet mich zu seinem mahl, Auf, mein herz, und dich bereite, Eile zu dem kirchensaal; Laß den eifer nicht erkalten, JEsus will das nachtmahl halten.

2. Auf, mein herz, in vollem springen Eile deinem JEsu zu, Auf, dir soll es jetzt gelingen, Hier ist wahre seelenruh: Ruhe soll sie, frey von sünden, Bey des HErren nachtmahl finden.

3. Ach, indem sein herz bestreitet Noth und tod mit gleicher macht, Hat er dir den tisch bereitet, Und aus reiner lieb bedacht, Wie er sich mit dir mög letzen, Und zu seinem erben setzen.

4. Hier hast du das brod, das leben, Hier hast du den frohnen leib, Den er in den tod gegeben, Dir zum guten, daß er bleib Deine kost, und, meine seele, Seelenhunger dich nicht quäle.

5. Siehst du, was da kommt geronnen, Wie mit rothem lebenssaft Fliessen fünf frey ofne brunnen; JEsu, deiner liebe kraft Allen armen hieher winket, Spricht: ihr lieben, alle trinket.

6. Hungrig komm ich auch nach gnaden, Durstig nach barmherzigkeit, Der ich gleichfalls bin geladen Zu des lammes hochzeitfreud: Himmlisch manna mich ergetzet: JEsu blut die seel benetzet.

7. GOtt

7. GOtt geb, daß ich dieses schenken Christi leibs und bluts allhier Nehm zu seinem angedenken; Und betrachte für und für, Wie sein leib am creutz entblößet, Und sein blut mich hab erlöset.

8. Nun will ich mit dank und ehren Meines JEsu, weil ich bin, Lieb und lob mit lob vermehren: Mein durch ihn verneuter sinn Soll in JEsu sich erfreuen, GOtt wird gnad darzu verleihen. P. Weber.

Dritter Theil,

hält in sich

JEsus- Lieb- Lob- und Dank- Lieder.

Mel. Wer weiß, wie nahe mir 2c.

271. Ach, sagt mir nichts von gold und schätzen, Von pracht und schönheit dieser welt, Es kan mich ja kein ding ergetzen, Was mir die welt vor augen stellt; Ein jeder liebe, was mag seyn, Ich liebe JEsum nur allein.

2. Er ist alleine meine freude, Mein gold, mein schatz, mein schönstes bild, In dem ich meine augen weide, Und finde, was mein herze stillt; Ein jeder liebe, was mag seyn, 2c.

3. Die welt vergeht mit ihren lüsten, Des fleisches schönheit dauret nicht, Die zeit kan alles das verwüsten, Was menschen hände zugericht; Ein jeder liebe, was mag seyn, 2c.

5. Sein reichthum kan man nicht ergründen, Sein allerschönstes angesicht, Und was von schmuck an ihm zu finden, Verbleichet und veraltet nicht; Ein jeder liebe, was mag seyn, 2c.

6. Er kan mich über all's erheben, Und seiner klarheit machen gleich: Er kan mir so viel schätze geben, Daß ich werd unerschöpflich reich; Ein jeder liebe, was mag seyn, Ich 2c.

7. Und ob ichs zwar noch muß entbehren, So lang ich wandre in der zeit, So wird er mirs doch wohl gewähren Im reiche seiner herrlichkeit; Ein jeder liebe, was mag seyn, 2c.

J. Angelus.

M. Nun kommt der heiden heiland.

272. Ach, wann kommt

fort, und säume nicht, Komm doch, weil mit grossem schmerz Auf dich wart mein krankes herz.

3. Kommst du nicht jetzt alsobald, Meines lebens aufenthalt: So vergeht vor liebsbegier Mein betrübter geist in mir.

4. Allzeit weißst du, daß ich mich Nicht erhalten kan ohn dich, Weil du, liebster JEsu Christ, Meines lebens leben bist.

5. Drum, so komm doch bald zu mir, Und erfreue mich mit dir, Schleuß mich in die arme ein, Die für mich verwundet seyn.

6. Reich mir deinen süssen mund, Thu mir deine liebe kund, Drück mich an die zarte brust, Die mir ewig schaffet lust.

7. Also werd ich dort und hier Frölich singen für und für, Daß du, liebster JEsu Christ, Meines lebens leben ist.

In eigener Melodie.

273. Fahr hin, du schnöde welt, Mit deinem gut und geld; Fahr hin mit deinem prangen Und den geschmückten wangen, Du wirst mit deinen tücken Mich nun nicht mehr berücken, JEsus Christus soll allein Meiner seelen wonne seyn.

2. Du zeigst mir deinen pracht, Dein reichthum, deine macht, Und deiner schönheit rosen, Daß ich sie soll liebkosen; Ach nein, es ist nur heue, Und stäubet hin, wie sprene; JEsus Christus soll allein Meiner seelen liebster seyn.

3. Dein ruhm ist, wie ein schaum, Und dein pracht, wie ein traum, Und deine herrlichkeiten Verbleichen mit den zeiten: Fahr hin, ich mag nicht haben, Was nur kan zeitlich laben; JEsus Christus soll allein Meiner seelen liebster seyn.

4. Wer dir zu viel getraut, Hat auf den sand gebaut: Wer dir sich hat ergeben, Verdirbt mit leib und leben; Drum will ich dich verlassen, und nimmermehr umfassen; JEsus Christus soll allein Meiner seelen rc.

5. Ich schätze deine lust, So hoch, als koth und wust, Und alle deine freude Vergleich ich traurn und leide; Drum will ich auch nicht lieben, Was mich nur kan betrüben; JEsus Christus soll allein Ewig meine liebe seyn.

In eigener Melodie.

274. Ich will dich lieben, meine stärke, Ich will dich lieben, meine zier, Ich will dich lieben mit dem werke, Und immerwährender begier: Ich will dich lieben, schönstes licht, Bis mir das herz zerbricht.

2. Ich will dich lieben, o mein leben, Als meinen allerbesten freund. Ich will dich lieben und erheben, So lange mich dein glanz bescheint: Ich will dich lieben, GOttes lamm, Als meinen bräutigam.

3. Ach, daß ich dich so spat

erkennet, Du hochgelobte schönheit, du, Und dich nicht eher mein genennet, Du höchstes gut und wahre ruh, Es ist mir leid und bin betrübt, Daß ich so spat geliebt.

4. Ich lief verirrt und war verblendet, Ich suchte dich, und fand dich nicht, Ich hatte mich von dir gewendet, Und liebte das geschaffne licht: Nun aber ist durch dich geschehn, Daß ich dich hab ersehn.

5. Ich danke dir, du wahre sonne, Daß mir dein glanz hat licht gebracht, Ich danke dir, du himmelswonne, Daß du mich froh und frey gemacht: Ich danke dir, du süsser mund, Daß du mich machst gesund.

6. Erhalte mich auf deinen stegen, Und laß mich nicht mehr irre gehn, Laß meinen fuß in deinen wegen Nicht straucheln oder stille stehn: Erleucht mir leib und seele ganz, Du starker himmelsglanz.

7. Gib meinen augen süsse thränen, Ich will dich lieben, meinen GOtt, Ich will mich liebend nach dir sehnen, Auch in der allergrösten noth: Ich will dich lieben, schönstes licht, Bis mir das herze bricht.

Joh. Angelus.

Mel. Sollt ich meinen GOtt nicht l.

[illegible]

Mein erlösung, schmuck und heil: Hirt und könig, licht und sonne. Ach, wie soll ich würdiglich, Mein HErr JEsu, preisen dich?

2. O du wunderschönes wesen, O du glanz der herrlichkeit, Von dem Vater auserlesen Zum erlöser in der zeit; Ach, ich weiß, daß ich auf erden, Der ich bin ein schnöder knecht, Heilig, selig und gerecht Ohne dich kan nimmer werden: HErr, ich bleib ein böser christ, Wo dein hand nicht mit mir ist.

3. Ey, so komm, du trost der heiden, Komm, mein liebster, stärke mich; Komm, erquicke mich mit freuden, Komm und hilf mir gnädiglich: Eile bald mich zu erleuchten, GOtt, mein herz ist schon bereit, Komm mit deiner süßigkeit, Leib und seel mir zu befeuchten: Komm, du klares sonnenlicht, Daß ich ja verirre nicht.

4. Komm, mein liebster, laß mich schauen, Wie du bist so wohl gestalt, Schöner als die schönsten frauen, Allzeit lieblich, nimmer alt: Komm, du aufenthalt der siechen, Komm, du lichter gnadenschein, Komm, du süsses blümelein, Laß mich deinen balsam riechen: Du, mein leben, komm heran, Daß

pfindet, Die nicht zu vergleichen ist, Deine lieb, HErr JEsu Christ, Ist es, die mich gar entzündet, Die mein herz zu tag und nacht, Auch im leiden freudig macht.

6. Schaff in mir noch hier auf erden, Daß ich, wie ein bäumlein fest Dir mög eingepflanzet werden, Diesen schatz halt ich fürs best, Auch viel schöner, als rubinen, Theurer, als den güldnen sand, Schöner, als den diamant, Die zur blossen hoffart dienen, Besser, als der perlen schein, Wann sie noch so köstlich seyn.

7. O du paradies der freuden, Das mein geist mit schmerzen sucht, O du starker trost im leiden, O du frische lebensfrucht, O du himmelsüsser bissen, Wie bekommst du mir so wohl, Ja, mein liebster schatz der soll Mich in höchster wollust küssen, Gib mir deinen zarten mund, Dann so wird mein herz gesund.

8. HErr, ich bitte dich, erzeige, Daß du reden willt in mir, Und die welt ganz in mir schweige, Treibe deinen glanz herfür, Daß ich bald zu dir mich kehre, Und dein wort, der edle schatz, Find in meinem herzen platz, Daß mich deine wahr-auszuschütten Deiner süssen liebe brunst; Meine seele, GOtt, verlanget, Daß sie frölich möge stehn, Und mit klaren augen sehn, Wie dein hohe wohnung pranget: Leib und seel erfreuen sich, HErr, in dir ganz inniglich.

10. Wohl den menschen, die da loben Deine wohlthat immerdar, Und durch deinen schutz von oben Sich beschirmen vor gefahr, Die dich heissen ihre stärke, Die ihr leben in der ruh Und der tugend bringen zu, Daß man rühmet ihre werke, Christen, die also gethan, Treten frey des himmels bahn.

11. Dieses, JEsu, schaft dein lieben, JEsu, GOttes liebster Sohn, Das dich in die welt getrieben Von des hohen himmels thron. O wie tröstlich ist dein leiden, O wie heilig ist dein wort, Das uns zeigt des lebens port, Da wir uns in freuden weiden, Wo die grosse fürstenschaar Dir zu dienst ist immerdar.

12. Machet weit die hohen pforten, Oeffnet thür und thor der welt, Wünschet glück an allen orten, Sehet, da kommt unser held, Sehet, er kommt einzuziehen, Als ein ehrenkönig

get Sey des HErren theurer nam, Herrlich ist sein reich vermehret, Das aus gnaden zu uns kam: Er ist GOtt, der uns gegeben Seel und leib, auch ehr und gut, Der durch seiner engel hut Schützet unser leib und leben, Danket ihm zu aller frist, Weil der HErr so freundlich ist.

Joh. Rist.

Mel. Nun kommt der heiden Heil.

276. JEsu, komm doch selbst zu mir, Und verbleibe für und für: Komm doch werther seelenfreund, Liebster, den mein herze meint.

2. Tausendmal begehr ich dich: Weil sonst nichts vergnüget mich: Tausendmal schrey ich zu dir: JESU, JESU, komm zu mir.

3. Keine lust ist auf der welt, Die mein herz zufrieden stellt, Dein, o JEsu, bey mir seyn, Nenn ich meine lust allein.

4. Aller engel glanz und pracht, Und was ihnen freude macht, Ist mir, süsser seelenkuß, Ohne dich nichts, als verdruß.

5. Nimm nur alles von mir hin, Ich verändre nicht den sinn, Du, o JEsu, must allein Ewig meine freude seyn.

6. Keinem andern sag ich zu, Daß ich ihm mein herz aufthu, Dich alleine laß ich ein, Dich alleine nenn ich mein.

7. Dich alleine, GOttes Sohn, Heiß ich meine kron und lohn; Du, für mich verwundtes lamm, Bist allein mein bräutigam.

8. O so komm dann, süsses herz, Und vermindre meinen schmerz, Dann ich schrey doch für und für, JEsu, JEsu, komm zu mir.

9. Nun, ich warte mit geduld, Bitte nur um diese huld, Daß du wollst in todespein Mir ein süsser JEsus seyn.

Joh. Angelus.

Mel. JEsu, meine freude.

277. JEsu, meine liebe, Die ich oft betrübe, Hier in dieser welt, Dir dankt mein gemüthe, Wegen deiner güte, Die mich noch erhält, Die mir oft Ganz unverhoft Hat geholfen in dem klagen, Noth, leid, angst und zagen.

2. Nun will ich dran denken, Wann ich werd im kränken Und in ängsten seyn, Wo ich werde stehen, Wo ich werde gehen, Will ich denken dein: Ich will dir, Heil, für und für Dankbar seyn in meinem herzen, Denken dieser schmerzen.

3. Ich bat dich mit thränen, Mit leid, angst und sehnen: Mein aug und gesicht Hub ich auf und schrie, Neigte meine kniee, Stund auch aufgericht: Ich gieng hin Und her, mein sinn War bekümmert und voll sorgen Durch die nacht am morgen.

4. Ich, als ich nicht sahe, Daß du mir so nahe, Sprach zu dir im sinn: Ich kan nicht mehr beten, Komm, mein heil, getreten, Sonst sink ich dahin: Ja

Ja ich sink: Ey, sprach dein wink, Halt, meynst du, daß ich nicht lebe, Noch fort um dich schwebe?

5. Ich war noch im glauben, Den mir doch zu rauben Satan war bemüht, Der die armen seelen In der leibeshöhlen Vielmals nach sich zieht: Ich sprach, doch Ich glaube noch: Glaubt ich nicht, nicht wollt ich beten, Noch vor dich hintreten.

6. HErr, wer zu dir schreyet, Seine sünd anspeyet, Ruft dich herzlich an Aus getreuem herzen, Dessen grosse schmerzen Wirst du, HERR, alsdann, Wann er fest Glaubt, dich nicht läßt, Als die deinen selbst empfinden, Tilgen seine sünden.

7. Drum, o meine liebe, Die ich oft betrübe Hier in dieser welt, Dir dankt mein gemüthe, Wegen deiner güte, Die mich noch erhält, Die mir oft Gar unverhofft Hat geholfen in dem klagen, Noth, leid, angst und zagen. Joh. Angelus.

Mel. GOtt des himmels und der 2.

278. JEsu, meine lust und wonne, Meines herzens höchste freud, Allerschönste gnadensonne, So verjaget alles leid; O du meiner seelen zier, Bleibe, bitt ich, stets bey mir.

2. JEsu, alle meine thaten Laß in dir mich fangen an: Daß sie mögen wohl gerathen, Allerliebster helfersmann; O du meiner seelen zier, Bleibe, bitt ich, stets bey mir.

3. Alles, was ich dicht und trachte, Lasse nur von JEsu seyn, Gib, daß ich sonst gar nichts achte, Und dich, JEsum, lieb allein; O du meiner seelen 2c.

4. JEsu, wann ich schlafen gehe, Schütze mich durch deine hand, Wann ich von dem schlaf aufstehe, Sey von mir nicht weit entwandt: O du meiner seelen zier, Bleibe 2c.

5. Wann ich soll von hinnen scheiden, Drücke mir die augen zu, Und nimm mich von allem leiden In die wahre himmelsruh; O du meiner seelen zier, 2c.

6. JEsu, der du bist gebohren Uns zum trost und zuversicht, Lasse mich nicht seyn verlohren, Wann du kommest zum gericht; O du meiner seelen zier, Bleibe, bitt ich, stets bey mir.

Mel. Nun kommt der heyden 2c.

279. JEsu, meiner seelen ruh, Und mein bester schatz darzu, Alles bist du mir allein, Sollst auch ferner alles seyn.

2. Liebet jemand in der welt Edle schätze, gut und geld, JEsus und sein theures blut Ist mir mehr, dann alles gut.

3. Stellen meine feinde sich Offentlich gleich wider mich, JEsus reißt aus aller noth, Tilget teufel, höll und tod.

4. Bin ich krank und ist kein mann, Der die schwachheit heilen kan, JEsus will mein arzt in pein Und mein treuer helfer seyn.

5. Bin ich nackend, arm und blos, Und mein vorrath ist nicht gros, JEsus hilft zu rechter zeit Meiner armen dürftigkeit.

6. Muß ich in das elend fort, Hin an einen fremden ort, JEsus sorget selbst für mich, Schützet mich ganz wunderlich.

7. Muß ich dulden hohn und spott Wider GOtt und sein gebot JEsus gibt mir kraft und macht, Daß ich allen spott nicht acht.

8. Hat der bienen honig saft Und der zucker süsse kraft, Mein herzliebster JEsus Christ Tausendmal noch süsser ist.

9. Drum, o JEsu, will ich dich Immer lieben vestiglich, Du, o JEsu, sollst allein Meiner seelen alles seyn.

10. JEsus, was durch ohren bricht: JEsus, was das auge sicht; JEsus, was die zunge schmeckt, Und wornach die hand sich streckt.

11. JEsus sey mein speis und trank: JEsus sey mein lobgesang: JEsus sey mein ganzes all, JEsus sey mein freudenschall.

12. Endlich laß, du höchstes gut, JEsu, laß dein theures blut, Deine wunden, deine pein Meine rast im tode seyn.

L. Backmeister.

Mel. Meinen JEsum laß ich nicht.

280. JEsus ist mein aufenthalt, JEsus ist mein süsses leben, JEsum lieb ich mannigfalt, JEsu bin ich ganz ergeben: JEsus soll mein helfer seyn: JEsus ist mein trost allein.

2. JEsus hat mich angesehn, JEsus hat mein sünd vergeben, JEsus will nun bey mir stehn: JEsus hilft in tod und leben, JEsus ist mit mir versöhnt, JEsus hat mich neu verschönt.

3. JEsum hab ich zwar veracht, JEsus war von mir verlassen, JEsus freundlich mich anlacht, JEsus will mich doch nicht hassen: JEsus bleibt mein höchster ruhm, JEsus bleibt mein eigenthum.

4. JEsu war es kaum geklagt, JEsum hätt ich nicht geliebet; JEsus lieblich zu mir sagt; JEsus dir vergebung giebet; JEsus dich behält in huld, JEsus schenkt dir deine schuld.

5. JEsu will ich dankbar seyn, JEsu, dir will ich vertrauen, JEsus hat geheilt die pein: JEsum hoff ich bald zu schauen: JEsum will ich lassen nicht, JEsu, meine zuversicht. Ant. Ulrich, Herz. v. Braunschw.

M. Ach! was soll ich sünder machen.

281. JEsus ist mein freudenleben, JEsus ist mein lebenskron, JEsus ist mein gnadenlohn, Ihme hab ich mich ergeben, Mich erhält sein theures blut: JEsus ist mein höchstes gut.

2. Ohne JESU muß ich sterben, Ohne seinen gnadenschein Hab ich lauter höllenpein, Leib und seele muß verderben: Drum sein arm mir helfen thut:

thut: JEsus ist mein höchstes gut.

3. Hab ich dieses gut im herzen, Ey, so hab ich alles wohl, Was ich ewig haben soll, Das mir keinmal bringet schmerzen, Das mir machet herz und muth: JEsus ist mein höchstes gut.

4. Also will ich mich verlassen Auf den HErren JEsum Christ. Wider alle teufelslist, Wann mich welt und menschen hassen, Wann mich schreckt der höllen glut: JEsus ist mein höchstes gut.

5. Niemand kan mir rettung senden, Ohne Christ, der Gideon, GOttes eingebohrner Sohn, welcher sich wird zu mir wenden Mit der engel schaar und hut: JEsus ist mein höchstes gut.

6. Nun laß deine macht mich merken, Hilf dem sohne deiner magd; Wann mich furcht und schrecken nagt, Wollst du deinen knecht auch stärken: Gib mir deines Geistes muth: JEsus ist mein höchstes gut.

7. Ein gelübd will ich dir geben, Dein getreuer knecht zu seyn, Dir am wort zu dienen rein, Gib mir nur gesundes leben: Gib mir deines Geistes muth: JEsus ist mein höchstes gut.

8. So will ich mit freuden bleiben In dem hause deiner ehr, Gerne hüten deiner thür, Und es lassen mir verschreiben: Dir soll dienen geist und blut: JEsus ist mein höchstes gut.

Mel. In dem leben hier auf erden.

282. JESUS, JEsus, nichts als JEsus Soll mein wunsch seyn und mein ziel, Jetzund mach ich ein verbindnus, Daß ich will, was JEsus will; Dann mein herz, mit ihm erfüllt, Ruffet nur: HErr, wie du willt.

2. Einer ist es, dem ich lebe, Den ich liebe früh und spat, JEsus ist es, dem ich gebe, Was er mir gegeben hat; Ich bin in dein blut verhüllt, Führe mich, HErr, wie du willt.

3. Scheinet was, es sey mein glücke, Und ist doch zuwider dir, Ach, so nimm es bald zurücke, JEsu, gib, was nützet mir, Gib dich mir, HErr JEsu mild, Nimm mich dir, HErr, wie du willt;

4. Und vollbringe deinen willen In, durch und an mir, mein GOtt, Deinen willen laß erfüllen Mich im leben, freud und noth, Sterben als dein ebenbild, HErr, wann, wie und wo du willt.

5. Sey auch, JEsu, stets gepriesen, Daß du dich, und viel darzu, Hast geschenkt und mir erwiesen, Daß ich frölich schreye nu: Es geschehe mir, mein schild, Wie du willt, HErr, wie du willt. Ludov. Elisabetha, Gräv. v. Schwarzb.

Mel. Ich halt an meinem GOtt.

283. Mein herzens JEsu, meine lust, An dem ich mich vergnüge, Der ich an deiner liebesbrust Mit=

meinem herzen liege, Mein mund hat dir ein lob bereit: Weil ich von deiner freundlichlichkeit So grosses labsal kriege.

2. Mein herze wallt, und ist in dich Mit heisser lieb entzündet, Es singt, es springt, es freuet sich, So oft es dich empfindet: So oft es dich im glauben küßt, Der du dem herzen alles bist, Das dich im glauben findet.

3. Du bist mein wunderbares licht, Durch welches ich erblicke Mit aufgedecktem angesicht, Woran ich mich erquike: Nimm hin mein herz', erfüll es ganz, O wahres licht, mit deinem glanz, Und weiche nicht zurücke.

4. Du bist mein sichrer himmelsweg, Durch dich steht alles offen, Wer dich versteht, der hat den steg Zur seligkeit getroffen: Ach laß mich, liebstes heil, hinfür Doch ja den himmel ausser dir Auf keinem wege hoffen.

5. Du bist die warheit, dich allein Hab ich mir auserlesen, Denn ohne dich ists wort und schein, In dir ist kraft und wesen; Ach, mach mein herz doch völlig frey, Daß es nur dir ergeben sey, Durch den es kan genesen.

6. ... laß mich nun forthin Das leben nicht verlieren.

7. Du bist mein süsses himmelsbrod, Des Vaters höchste gabe, Damit ich mich in hungersnoth, Als einer stärkung, labe: O brod, das kraft und leben gibt, Gib, daß ich, was die welt beliebt, Niemals zur nahrung habe.

8. Du bist mein trank, und deine frucht Ist meiner kehlen süsse, Wer von dir trinkt, derselbe sucht, Daß er dich stets geniesse; O quell, nach der mein herze schreyt, Gib, daß der strohm der süßigkeit Sich stets in mir ergiesse.

9. Du bist mein allerschönstes kleid, Mein zierath, mein geschmeide, Du schmückst mich mit gerechtigkeit, Gleich, als mit reiner seide; Ach gib, daß ich die schnöde pracht, Damit die welt sich herrlich macht, Als einen unflat meide.

10. Du bist mein schloß und sichres haus, Da ich in freyheit sitze, Da treibet mich kein feind heraus, Da sticht mich keine hitze; Ach, laß mich, liebstes JEsulein, Allzeit in dir erfunden seyn, Daß deine huld mich schütze.

11. Du bist mein treuer seelenhirt, Und selber auch die

12. Du bist mein holder bräutigam, Dich will ich stets umfassen, Mein hoherpriester und mein lam̃, Das sich hat schlachten lassen: Mein könig, der mich ganz besitzt, Der mich mit seiner allmacht schützt, Wann mich viel feinde hassen.

13. Du bist mein auserkohrner freund, Der mir mein herz beweget, Mein bruder, der es treulich meynt: Die mutter, die mir pfleget: Mein arzt, wann ich verwundet bin: Mein balsam, meine wärterin, Die mich in schwachheit träget.

14. Du bist mein starker held im streit, Mein panzer, schild und bogen, Mein tröster in der traurigkeit, Mein schiff in wasserwogen; Mein anker, wann ein sturm entsteht; Mein sichrer compas und magnet, Der mich noch nie betrogen.

15. Du bist mein leitstern und mein licht, Wann ich im finstern gehe; Mein reichthum, wann es mir gebricht, In tiefen meine höhe: Mein zucker, wann es bitter schmeckt, Mein vestes dach, das mich bedeckt, Wann ich im regen stehe.

16. Du bist mein garten, da ich mich In stiller lust ergetze, Mein liebstes blümlein, welches ich Darein zur zierde setze: Mein röslein in dem creutzesthal, Da ich mit dornen ohne zahl Den schweren gang verletze.

17. Du bist mein trost in herzeleid, Mein lustspiel, wann ich lache, Mein tagewerk, das mich erfreut, Mein denken, wann ich wache: Im schlaf mein traum und süsse ruh: Mein vorhang, den ich immerzu Mir um mein bette mache.

18. Was soll ich, schönster, doch von dir Noch weiter sagen können? Ich will dich, meine liebsbegier, Mein einig alles nennen; Denn was ich will, das gibst du mir, Ach laß mein herze für und für Von deiner liebe brennen.

J. C. Lange.

Mel. Auf meinen lieben GOtt trau.

284. Mein JEsus ist getreu, Er steht in noth mir bey, Auf ihn ist gut vertrauen, Drum will ich auf ihn bauen, Ihm bleibt mein herz ergeben Im tod und auch im leben.

2. Der welt ihr bester lohn Ist schaden, schimpf und hohn, Wer den nicht will ererben, Der muß der welt absterben, Der muß vor ihr sich wehren, Sich hin zu JEsu kehren.

3. Wann mich der feinde schaar Will stürzen in gefahr, Und mich mit hohn belegen, Ist JEsus mir zugegen, Sein schutz zu mir sich wendet, Und alle feinde blendet.

4. Ob mich angehet noth, Und wär es auch der tod, Für mich mein JEsus ringet, Und noth und tod bezwinget: Ja, aus der höllen rachen Kan er mich ledig machen.

5. Wann sündenschuld mich plagt, Und mein gewissen nagt, Mein treuer JEsus wachet, Mich tröstet und anlachet: Sein leiden und sein sterben Läßt keinen nicht verderben.

6. Sey fort mein widerstand, Mein auge, fuß und hand: Hilf mir auf allen seiten, O JEsu, muthig streiten, Dann will ich deinen namen Von herzen preisen, amen.

L. Backmeister.

M. Wie schön leuchtet der morgenst.

285. O JEsu, JEsu, GOttes Sohn, Mein bruder und mein gnadenthron, Mein schatz, mein freud und wonne, Du weissest, daß ich rede wahr, Vor dir ist alles sonnenklar, Und klärer als die sonne; Herzlich Lieb ich Mit gefallen Dich vor allen, Nichts auf erden Kan und mag mir lieber werden.

2. Das ist mein schmerz, dis kränket mich, Daß ich nicht gnug kan lieben dich, Wie ich dich lieben wollte, Ich werd von tag zu tag entzündt, Je mehr ich lieb, je mehr ich find, Daß ich dich lieben sollte; Von dir Laß mir Deine güte Ins gemüthe Lieblich fliessen, So wird sich die lieb ergiessen.

3. Durch deine kraft treff ich das ziel, Daß ich, so viel ich soll und will, Dich allzeit lieben könne, Nichts auf der ganzen weiten welt, Pracht, wollust, ehre, freud und geld, Wann ich es recht besinne, Kan mich Ohn dich Gnugsam laben, Ich muß haben Reine liebe, Die tröst, wann ich mich betrübe.

4. Dann wer dich liebt, den liebest du, Schaffst seinem herzen fried und ruh, Erfreuest sein gewissen, Es geh ihm, wie es woll, auf erd, Wann ihn gleich ganz das creutz verzehrt, Soll er doch dein geniessen Im glück: Ewig, Nach dem leide, Grosse freude Wird er finden, Alles trauren muß verschwinden.

5. Kein ohr hat dis jemals gehört, Kein mensch gesehen noch gelehrt, Es kans niemand beschreiben, Was denen dort für herrlichkeit Bey dir und von dir ist bereit, Die in der liebe bleiben; Gründlich Läßt sich Nicht erreichen, Noch vergleichen Den weltschätzen, Was uns alsdann wird ergetzen.

6. Drum laß ich billig dis allein, O JEsu, meine sorge seyn, Daß ich dich herzlich liebe, Daß ich in dem, was dir gefällt, Und mir dein klares wort vermeldt, Aus liebe mich stets übe, Bis ich Endlich Werd abscheiden, Und mit freuden Zu dir kommen, Aller trübsal ganz entnommen.

7. Da werd ich deine süßigkeit, Das himmlisch manna, allezeit In reiner liebe schmecken, Und sehn dein liebreich angesicht Mit unverwandtem augenlicht Ohn alle furcht und schrecken, Reichlich Werd ich

Seyn erquicket Und geschmücket Vor dein'm throne Mit der schönen himmelscrone.

Joh. Hermann.

Mel. Erschienen ist der herrlich tag.

286. O JEsu süs, wer dein gedenkt, Des herz mit freud wird überschwenkt; Noch süsser aber alles ist, Wo du, o JEsu, selber bist, Alleluja.

2. JEsu, des herzens freud und wonn, Des lebens brunn und wahre sonn, Dir gleichet nichts auf dieser erd, An dir ist, was man je begehrt, Alleluja.

3. JEsu, dein lieb ist mehr dann süs, Nichts ist darinn, das ein'n verdries: Viel tausendmal ists, wie ich sag, Edler, als mans aussprechen mag, Alleluja.

4. JEsu, du quell der gütigkeit, Ein hoffnung bist all unserer freud, Ein süsser fluß und gnadenbrunn, Des herzens wahre freud und wonn, Allel.

5. Dein lieb, o süsser JEsu Christ, Des herzens beste labung ist, Sie machet satt, doch ohn verdruß, Der hunger wächst im überfluß, Alleluja.

6. JEsu, du engelische zier, Wie süs in ohren klingst du mir, Du wunderhonig in dem mund, Kein bessern trank mein herz empfund, Alleluja.

7. JEsu, du höchste gütigkeit, Mein's herzens lust und beste freud, Du bist die unbegreiflich güt, Dein lieb umfäht all mein gemüth, Alleluja.

8. JEsum lieb haben ist sehr gut, Wohl dem, der sonst nichts suchen thut, Mir selber will ich sterben ab, Daß ich in ihm das leben hab, Alleluja.

9. JEsu, o meine süßigkeit, Du trost der seel, die zu dir schreyt, Die heissen thränen suchen dich, Das herz zu dir schreyt inniglich, Alleluja.

10. Ja, wo ich bin, um was revier, So wollt ich, JEsus wär bey mir; Freud über freud, wann ich ihn find, Selig, wann ich ihn halten könnt, Alleluja.

11. Was ich gesucht, das seh ich nun, Was ich begehrt, das hab ich schon: Vor lieb, o JEsu, bin ich schwach, Mein herz das flammt und schreyt dir nach, Alleluja.

12. Wer dich, o JEsu, also liebt, Der bleibt gewiß wohl unbetrübt: Nichts ist, das diese lieb verzehr, Sie wächst und brennt je läng'r je mehr, Allel.

13. JEsu, du blum und jungfrau sohn, Du lieb und unser gnadenthron, Dir sey lob, ehr, wie sichs geziemt, Dein reich kein ende nimmer nimmt, Allel.

14. In dir mein herz hat seine lust, HErr mein begierd ist dir bewußt; Auf dich ist all mein ruhm gestellt, JEsu, du heiland aller welt, Alleluja.

15. Du brunnquell der barmherzigkeit, Dein glanz erstreckt sich weit und breit, Der traurigkeit gewölk vertreib, Das licht der glori bey uns bleib, Alleluja.

16. Dein

16. Dein lob im himmel hoch erklingt, Kein chor ist, der nicht von dir singt, JEsus erfreut die ganze welt, Die er bey GOtt zufried gestellt, Alleluja.

17. JEsus im fried regieren thut, Der übertrift all zeitlich gut: Der fried bewahr mein herz und sinn, So lang ich hier auf erden bin, Alleluja.

18. Und wann ich ende meinen lauf, So hole mich zu dir hinauf, JEsu, daß ich da fried und freud Bey dir genies in ewigkeit, Alleluja.

19. JEsu, erhöre meine bitt: JEsu, verschmäh mein seufzen nit: JEsu, mein hoffnung steht zu dir, O JEsu, JEsu, hilf du mir, Allel. Mart. Möller.

Mel. Wer weiß, wie nahe mir rc.

287. O könnt ich dich nach würden loben, Und deines namens ruhm erhöhn, Immanuel, wie die dort oben, Die dein verklärtes antlitz sehn: Doch dein so süsser JEsus-sinn Nimmt auch der kinder lallen hin.

2. Du bist des herzens wahre freude, Der seelen süsses heil und licht, O sey auch meine lust und weide, Mein höchster trost und zuversicht: Mein herze schreyet heut zu dir, O JEsu, JEsu, sey es mir.

3. Dein lieben hat mich auserkohren, Ich glaub, du hast mich dir erwählt, Und eh ich an die welt gebohren, Der frommen heerde zugezählt. Dein blut und herbe todespein Wäscht mich von allen sünden rein.

4. Du holder freund bist mir gewogen, Und bleibst in alle ewigkeit, Du hast mich selber angezogen, Und mich mit deinem schmuck bekleidt: Mein brod dein fleisch, mein trank dein blut, Du bist mein ewig haab und gut.

5. Gib, daß ich stets von herzen glaube, Laß mich im lieben brennend seyn, Gewöhne mich, als deine taube, An dich, mein herzensfreund, allein. Vermischtes thun, unreine sucht, Sey ewiglich von mir verflucht.

6. Dein vaterherz wird mich nicht lassen, Dein mutterschoos bewahre mich, Durch deine kraft will ich dich fassen, Ich lehne mich, mein freund, auf dich, So geht es durch die wüste fort Nach Canaan, dem lieben ort.

7. So läßt sichs gut durch Mara wallen, Wann du mein hirte, bey mir bist, Der himmel läßt mir manna fallen, Mein wasser aus dem felsen fließt, Das mich an leib und seel erquickt, Wann tages last und hitze drückt.

8. Was sollte mir nun mangeln können? Ich habe ihn und seine füll, Die welt mag hundert tausend nennen, Und sich bereichern, wie sie will, Ein kleiner wind, ein todesfall Macht plötzlich ihre freude all.

9. Hingegen ich bin wohl vergnüget Mit einem, der mir alles ist, Das wahre gut, so nimmer trüget, Das ist mein heiland JEsus Christ, Der mich hier überall begleit Mit güte und barmherzigkeit.

10. Wir bleiben ewig ungeschieden, Es trennet uns kein blasser tod, Der führet mich zum vollen frieden, Zu meinem freund, der weiß und roth, Zu meinem auserkohrnen lamm, Zu meinem hirt und bräutigam.

Mel. Zion klagt mit angst und schm.

288. Schönster JEsu, liebstes leben, Meiner seelen aufenthalt, Dir hab ich mich ganz ergeben: Ob ich wohl gar ungestalt, Will ich dennoch lieben dich, Dann ich weiß, du liebest mich; Drum will ich fest an dir hangen, Und mit liebe dich umfangen.

2. Andre mögen freude haben An der falsch geschmückten welt, Die mit allen ihren gaben Bald vergehet, bald zerfällt, Nur mein JEsus soll es seyn, Den ich lieben will allein, Und von dem ich nicht will weichen, Sollt ich gleich des tods verbleichen.

3. Andre mögen wollust lieben, Und darinnen lange jahr Sich mit grossen freuden üben, drinnen ist: Dann mir kan nichts liebers werden, Als mein heiland, JEsus Christ; Nach dem himmel frag ich nicht, Dann ich habe mich verpflicht, Meinem JEsu treu zu bleiben, Mich soll nichts von ihm abtreiben.

5. Es mag krachen, es mag knallen, Dieses rund gebaute zelt, Es mag liegen, es mag fallen, Ich steh als ein starker held; Dann mein JEsus ist bey mir, Der, der wird mich für und für, Als mein beystand, mächtig schützen Wider aller teufel blitzen.

6. JEsus, JEsus ist mein leben, Ich verbleib ihm zugethan, Ihm soll seyn hiermit ergeben Alles, was ich geben kan; Meine sinnen, werk und wort, Alles soll, o liebster hort, Dir gestellet seyn zu ehren, Nichts soll mich von dir abkehren.

7. JEsum, JEsum will ich lieben Hie und dort in ewigkeit, Sollten mich gleich hier betrüben Aller jammer, alles leid. Was frag ich nach höll und tod, JEsus hilft mir aus der noth, Der wird mich ins leben führen, Da die seinen jubiliren.

Gottfried Wilh. Sacer.

In eigener Melodie.

2. Deine liebesglut Stärket muth und blut: Wenn du freundlich mich anblickest, Und an deine brust mich drückest, Macht mich wohlgemuth Deine liebesglut.

3. Wahrer mensch und GOtt, Trost in noth und tod, Du bist darum mensch gebohren, Zu ersetzen, was verlohren, Durch dein blut so roth, Wahrer mensch und GOtt.

4. Meines glaubens licht Laß verlöschen nicht. Salbe mich mit freudenöle, Daß hinfort in meiner seele Ja verlösche nicht Meines glaubens licht.

5. So werd ich in dir Bleiben für und für: Deine liebe will ich ehren, Und in dir dein lob vermehren: Weil ich für und für Bleiben werd in dir.

6. Held aus Davidsstamm, Deine liebesflamm Mich ernähre, und verwehre, Daß die welt mich nicht versehre, Ob sie mir gleich gram, Held aus Davids stamm.

7. Grosser friedefürst, Wie hast du gedürst Nach der menschen heil und leben, Und dich in den tod gegeben, Da du riefst: mich dürst, Grosser friedefürst.

8. Deinen frieden gib, Aus so grosser lieb, Uns, den deinen, die dich kennen, Und nach dir sich christen nennen, Denen du bist lieb, Deinen frieden gib.

9. Wer der welt abstirbt, Ernstlich sich bewirbt Um den lebendigen glauben, Der wird bald empfindlich schauen, Daß niemand verdirbt, Der der welt abstirbt.

10. Nun ergreif ich dich, Du mein ganzes ich, Ich will nimmermehr dich lassen, Sondern gläubig dich umfassen: Weil im glauben ich Nun ergreife dich.

11. Wenn ich weinen muß, Wird dein thränenfluß Nun die meinen auch begleiten Und zu deinen wunden leiten, Daß mein thränenfluß Sich bald stillen muß.

12. Wenn ich mich aufs neu Wiederum erfreu, Freuest du dich auch zugleiche, Bis ich dort in deinem reiche Ewiglich aufs neu Mich mit dir erfreu.

13. Hier durch spott und hohn, Dort die ehrenkron: Hier im hoffen und im glauben, Dort im haben und im schauen: Denn die ehrenkron Folgt auf spott und hohn.

14. JEsu, hilf, daß ich Allhier ritterlich Alles durch dich überwinde, Und in deinem sieg empfinde, Wie so ritterlich Du gekämpft für mich.

15. Du mein preis und ruhm, Werthe Sarons blum, In mir soll nun nichts erschallen, Als was dir nur kan gefallen, Werthe Sarons blum, Du mein preis und ruhm.

Adam von Drese.

Mel. JEsu, meine freude.

290. Selig ist die seele, Die in ihrer höhle

höhle Dich, o JEsu! liebt, Du wirst sie umarmen, Und mit trost erwärmen, Wann sie ist betrübt; Du bist ihr Licht, heil und zier, Ihres herzens süsse weide, Leben schatz und freude.

2. Ein herz, das dich liebet, Ist stets unbetrübet Und von sorgen frey, Unter tausend waffen Kan es sicher schlafen, Dann du stehst ihm bey: Wann der feind, Ders böse meynt, Noch so grausam tobt und wütet, Wird es doch behütet.

3. Schießt der teufel pfeile In geschwinder eile Auf das herze zu, Find ich in den klüften Und blutrothen grüften Deiner wunden ruh: Wann mich gleich Ein ganzes reich Voller teufel wird umringen, Will ich frölich singen.

4. Kommen seine schuppen Mit vermehrten truppen, Bieten wieder sturm, Sprechen, mit belachen: Was will dieser machen, Dieser arme wurm? Wirst du doch, Das weiß ich noch, Mich vor aller feinde stürmen, JEsu, wohl beschirmen.

5. Tobt, ihr satans rotten; Es wird euer spotten Der im himmel sitzt, Er wird euer dichten, Ganz und gar vernichten, Wann ihr noch so schwitzt; Seyd ihr gleich So gros und reich, Als der grosse Alexander, Stürzt ers miteinander.

6. Laß mir alles nehmen, Ich will mich nicht grämen Um das schnöde geld. Reichthum kan wol drücken, Aber nicht erquicken, Und bleibt in der welt: Hab ich GOtt, So hats nicht noth; Ueber hundert tausend schätzen Muß mich GOtt ergetzen.

7. Würd ich mich drob kränken, Was würd der gedenken, Der den himmel baut? Ist er doch mein vater, Mein freund und berather, Dem ich mich vertraut; Bleibt mir GOtt, Mein stücklein brod Wird mir hier auf dieser erden Auch wohl müssen werden.

8. Muß ich aller ehren Blos seyn und vermehren Meiner feinde ruhm: Laß sie immer prangen, Ich hab kein verlangen Nach der wiesenblum; Menschen ehr, Was ist sie mehr Als ein ängstenvolles leben? GOtt kan mich erheben.

9. Muß ich seyn betrübet, So mich JEsus liebet, Ist mir aller schmerz Ueber honig süsse: Tausend zucker küsse Drückt er mir ans herz, Wann die pein Sich stellet ein: Seine liebe macht zu freuden Auch das bittre leiden.

Heinr. Müller.

In eigener Melodie.

291. Süsser Christ, Du, du bist Meine wonne: Du bist meines herzens lust, Dich trag ich in meiner brust, O du schöne himmelssonne.

2. Du hast dich Ja für mich Lassen tödten, Dein den rosen gleiches blut Ist für meine seele gut, Wann sie kämpft in höchsten nöthen.

3. Drum, o schatz, Laß mich

mich platz Bey dir finden, Hast du doch die seligkeit Auch für mich, dein kind, bereit, Und bezahlt für meine sünden.

4. Sprichst du nicht: Dein gesicht Blickt auf arme, Daß es, wie ein vater thut, Ueber das geplagte blut Sich zu rechter zeit erbarme?

5. Ist nicht kund, Daß dein mund Dem verziehen, Der im tempel reue trug, Und mit weh ans herze schlug? Soll dann ich nun vor dir fliehen?

6. Nein, auf dich Gründ ich mich, Du kanst retten, Wann mich gleich der blasse tod, Wann mich hölle, qual und noth Allbereit gefangen hätten.

7. Nimm mich auf, Wann mein lauf Wird geschlossen: Laß in deiner seiten schrein Meine seele sicher seyn: Weil dein blut für sie vergossen.

8. Fort, o welt, Mir gefällt Nichts auf erden, Leid ist in der eitelkeit, Lust ist in der seligkeit, JEsu, laß mich selig werden. Justus Siber.

In eigener Melodie.

292. Wohl mir, JEsus, meine freude, Lebet noch, und schaft mir ruh, Wann ich angst und trübsal leide, Spricht er mir bald freundlich zu. Nun ich will bey JEsu halten, JEsus, JEsus soll es walten.

2. Was soll grämen mich ermüden? Unfall trag ich mit gedult, Bin mit meinem glück zufrieden, So mir gönnet GOttes huld; Menschen, seh ich, sind betrüglich, Du, mein herze, gehe klüglich.

3. Mancher freund wol hülfe gerne, Sein vermögen ist zu schwach, Mancher heuchler tritt von ferne, Der doch wüßte rath zur sach; Sollt ich nun auf menschen bauen? Nein, auf JEsum will ich trauen.

4. Wunderlich hilft der erretter, So den armen kan erhöhn, Wunderlich die stolzen spötter Müssen noch zu grunde gehn. Wunder-GOtt, du wirsts wohl machen, Dir befehl ich meine sachen.

5. Lasse gift den satan speyen, Und mit funken blitzen drein Laß die lügenmäuler schreyen, Und die neider spöttisch seyn, GOttes hülf und wunderschicken Soll, noch darf kein feind verrücken. M. B. Prätorius.

Mel. Wie schön leuchtet der 2c.

293. Wo ist ein solcher GOtt wie du? Du schaffst den müden süsse ruh; Ruh, die nicht zu ergründen, Ein abgrund der barmherzigkeit Verschlingt ein meer voll herzeleid, Du, HErr, vergibst die sünden. JEsu, Du, du läßst dich würgen Als den bürgen Aller sünden, Mich auf ewig zu entbinden.

2. HErr, unsere gerechtigkeit, Wie hoch wird dessen geist erfreut, Der dich im glauben kennet; Du bist sein schmuck, die GOttespracht, Die ihn voll-

kommen schöne macht, Die ihm das herz entbrennet; Laß mich Ewig, Himmelssonne, Seelenwonne, Dich geniessen, Und in deinem lob zerfliessen.

3. Holdselig süsser friedefürst, Wie hat dich nach dem heil gedürst Der abgewichnen kinder! Du stellest dich als mittler dar, Verbindest, was getrennet war, GOtt und verdammte sünder. Freude, Beyde Werden eines; Ungemeines Werk der güte, JEsu, du bist unser friede.

4. O süsses lamm, dein treuer sinn Nimmt schuld und strafe von mir hin, Sie liegt auf deinem rücken, Du blutest an des creutzes pfahl, Da muß dich unerhörte qual Nach leib und seele drücken: Diese Süsse Fluth der gnaden Heilt den schaden, Durch die wunden Hab ich heil und frieden funden.

5. Mitleidender Immanuel, Es ist mein leben, leib und seel Voll mängel und gebrechen; Doch ist dein herz auch voller gnad, Willst keine sünd und missethat Am armen staube rächen: Deine Reine Mutterliebe Steht im triebe, Hier im leben Täglich reichlich zu vergeben.

6. Die gnade führt das regiment, Sie macht der sclaverey ein end, Besiegt gesetz und sünden; Drum willt du frey und frölich seyn, Laß JEsum und die gnade ein, So kanst du überwinden, Seelen Qualen, Sündenkräfte, Nachtgeschäfte Und dergleichen Muß der starken gnade weichen.

7. Gib, JESU, blut und wasser her, Und nimm dadurch je mehr und mehr Die schlacken recht herunter, Du hast mich dir, Immanuel, Gar theur erkauft mit leib und seel, Zum preise deiner wunder, Kleiner, Reiner, Muß ich werden Noch auf erden, Bis ich droben Dich kan ohne sünde loben.

Mel. HErr ich habe mißgehandelt.

294. Wünschest du stets süsses lieben, Wilt du lieben ohne pein, Ohne kränken und betrüben, Soll es niemals bitter seyn; Soll es haben, soll es geben Lauter ruhevolles leben:

2. Must du nach der höh dich schwingen; Dein durchflammtes liebsgemüth Muß sich in den himmel dringen, Zu des höchsten Vaters güt: Deine lieb und deine sinnen Müssen sich da halten innen.

3. Deinem JEsu must du schenken Und zu eigen räumen ein Herz und seele, dich bedenken Auf verliebtes heilig seyn: Ihm nur must du dich verpflichten, Alles lieben sonst vernichten.

4. Reichthum, ehr und tolle lüsten, Und was eitels sonsten hier, Die blindkühne weltbeküßten Must du hassen für und für; Dann der, dem die welt behaget, Seine liebe GOtt versaget.

5. Dei-

5. Deine freude must du haben Am gesetze tag und nacht, Und daraus die seele laben, Die vor sündenangst verschmacht: Du must auch daraus studiren, Was dich kan zum leben führen.

6. Stetig must du seyn beflissen Auf des HErren weg zu gehn, Und vom bösen abgerissen, Auf gottloser bahn nicht stehn. Flehen must du: deine rechte, O GOtt, daß ich halten möchte!

7. Glaub, gebet, geduld und liebe Muß dein gröster reichthum seyn, Daß die sünd dich nicht betrübe, Muß seyn deine sorg allein: Stets in hoffnung must du leben, Und so nach der höhe streben.

8. Wann du so die lieb anlegest, Ey, so glaube sicherlich, Daß du nicht umsonst sie hegest, JEsus liebt dich brünstiglich: Ja, sein Vater wills belohnen, Und in deinem herzen wohnen.

9. Oftmal, was du liebst auf erden, Falsch und wankelmüthig ist, Und kan an dir treulos werden; Hier du schon versichert bist, Daß dich GOtt beständig liebet, Und sein treues herz dir giebet.

10. Ja, so stark kanst du nicht lieben, JEsus liebt dich noch so sehr, Keine noth kan dich betrüben, Da er nicht dein tröster war: Was dein wünschen nur begehret, Bist du schon von ihm gewähret.

11. Frölich bist du ob den dingen, Voller ruh und schmerzen los, Fort und fort in freuden springen, Und liegst in des Höchsten schoos: JEsus dich ohn end ergetzet, Und in stete wonne setzet.

12. Auf nun zu des himmels saalen, Suche JEsum, deine lust, Küsse, küß zu tausendmalen Deines liebsten süsse brust; Sprich: ade, was irdisch heisset, Mich zu sich mein JEsus reisset.

Christoph Beer.

Vierter Theil,

hält in sich

Psalmen-Lieder.

Der 1. Psalm.

Mel. Zion klagt mit angst und schm.

295. Wohl dem menschen, der nicht wandelt In gottloser leute rath: Wohl dem, der nicht unrecht handelt, Noch tritt auf der sünder pfad: Der der spötter freundschaft fleucht Und von ihrn gesellen weicht: Der hingegen herzlich ehret, Was uns GOTT vom himmel lehret.

2. Wohl dem, der mit lust und freude Das gesetz des Höchsten treibt, Und hier, als auf süsser weide, Tag und nacht beständig bleibt, Dessen segen wächst und blüht, Wie ein palmbaum, den man steht Bey den flüssen an den seiten Seine frische zweig ausbreiten.

3. Also, sag ich, wird auch grünen Der in GOttes wort sich übt, Luft und sonne wird ihm dienen, Bis er reife früchte gibt; Seine blätter werden alt, Und doch niemals ungestalt; GOTT gibt glück zu seinen thaten, Was er macht, muß wohl gerathen.

4. Aber wen die sünd erfreuet, Mit dem gehts viel anders zu, Er wird wie die spreu zerstreuet Von dem wind im schnellen nu. Wo der HErr sein häuflein richt, Da bleibt kein gottloser nicht. Summa: GOtt liebt alle frommen: Und, wer bös ist, muß umkommen.

Der 2. Psalm.

Mel. Es ist gewißlich an der zeit.

296. Was toben jetzund fast zugleich Und überall die heiden? Die könge wollen Christi reich Im lande gar nicht leiden! Die herren halten häufig rath, Sich wider GOtt, und den er hat Gesalbet, aufzulehnen.

2. Sie wollen Christi sanftes joch Und leichte last nicht tragen, Verwerfen es und lästerns noch, Weil sie nach GOtt nicht fragen, Der aber in dem himmel wohnt, Lacht ihrer, wenn er ihnen lohnt, Und ihren hochmuth strafet.

3. Er wird im zorn sie sprechen an, Mit grimm wird er sie schrecken, Was sie für böses je gethan, Wird er alsdann entdecken, Wie sie des Höchsten nicht geacht, Mit ernst auch niemals drauf gedacht, Wie sie ihm möchten dienen.

4. GOtt hat gesetzt in seinem reich Zum könig, den man ehre, Der an gewalt ihm ganz ist gleich, An herrlichkeit und ehre: Derselbe ist es, den er heut Als seinen Sohn von ewigkeit Ganz wunderlich gezeuget.

5. Der Vater hat nun seinem Sohn Der heiden erb gegeben, Die ganze welt vons himmels thron Zum eigenthum daneben: Daß, die verachten sein geheiß, Mit seinem scepter er zerschmeiß, Als eisen bricht die töpfe.

6. Ihr könge, laßt euch weisen nu Des Höchsten Sohn zu küssen, Ihr andre richter auch dazu, Kommt fallt zu seinen füssen: Dient ihm mit furcht, und freuet euch, Wenn ihr sorgfältig seyd, sein reich Und ehre zu befördern.

7. Wo ihr die zucht noch ferner hasst, Und Christum nicht lernt kennen, Das böse wesen auch nicht hasst, So wird sein zorn anbrennen, Und ihr mit schanden untergehn, Der aber wird vor ihm bestehn, Der ihm von herzen trauet.

8. Hilf

8. Hilf, JEsu, daß an allem ort Die mächtigen auf erden Gern hören deine stimm und wort, Und alle gläubig werden: Erleuchte sie, auf daß sie dir Im land und herzen thor und thür Zu deinem dienste öffnen.

Der 3. Psalm.

Mel. Was mein GOtt will, das ꝛc.

297. Ach HErr, du herrscher aller welt, Wie viel ist meiner feinde, Wie trüglich wird mir nachgestellt, Und finde keine freunde, Es setzen sich Viel wider mich, Und sagen meiner seelen: Es wolle GOtt In noth und spott Sie immer lassen quälen.

2. Doch bist du, HErr, für mich der schild, Ob man mich gleich vernichtet, Der du mich selber ehren willt, Hast mein haupt aufgerichtet: Wann mein geschrey Ich bring herbey, Und zu dem HErren flehe: So höret er, Und kehrt sich her, Von seiner heilgen höhe.

3. Ich lieg und schlaf in guter ruh, Hernach erwach ich wieder, Und sehe, daß GOtt immerzu Kommt über mich hernieder, Drum fürcht ich nicht, Was man mir spricht Von so viel feindes heeren, Die mich so gar Bald hier bald dar Zu Der frechen zahn, Zerschmettre ihr gebeine, Dann bey dir hat Schutz, hülf und rath, Wer spricht: ich bin der deine.

Der 6. Psalm.

In eigener Melodie.

298. Straf mich nicht in deinem zorn, Grosser GOtt, verschone, Ach, laß mich nicht seyn verlohrn, Nicht nach werken lohne. Hat die sünd Dich entzündt, Lösch ab in dem lamme Deines eifers flamme.

2. HErr, wer denkt im tode dein? Wer dankt in der hölle? Rette mich von jener pein Der verdammten seele, Daß ich dir Für und für, Dort an jenem tage, Höchster GOtt, lob sage.

3. Zeig mir deine vaterhuld, Stärk mit trost mich schwachen; Ach HErr, hab mit mir geduld, Mein gebeine krachen, Heil die seel Mit dem öl Deiner grossen gnaden, Wend ab allen schaden.

4. Ach sieh mein gebeine an, Wie sie all erstarren, Meine seele gar nicht kan Deiner hülfe harren. Ich verschmacht, Tag und nacht Muß mein lager fliessen Von den thränengüssen.

5. Ach, ich bin so müd und matt Von den schweren plagen, Mein herz ist der seufzer satt,

ten, Nunmehr darf ich mit begier Vor sein antlitz treten. Teufel, weich, Hölle, fleuch, Was mich vor gekränket Hat mir GOtt geschenket.

7. Vater! dir sey ewig preis, Hier und auch dort oben, Wie auch Christo gleicher weiß, Der allzeit zu loben! Heilger Geist, Sey gepreist, Hochgerühmt, geehret, Daß du mich erhöret.

Albinus.

Der 12. Psalm.

In eigener Melodie.

299. Ach, Gott, vom himmel sieh darein, Und laß dich das erbarmen, Wie wenig sind der heilgen dein Verlassen sind wir armen, Dein wort läßt man nicht haben wahr, Der glaub ist auch verloschen gar Bey allen menschenkindern.

2. Sie lehren eitel falsche list, Was eigensinn erfindet. Ihr herz nicht eines sinnes ist In GOttes wort gegründet: Der wählet dis, der ander das, Sie trennen uns ohn alle mas, Und gleissen schön von aussen.

3. GOtt woll ausrotten alle gar, Die falschen schein uns lehren, Darzu ihr zung stolz offenbar Spricht: trotz, wer wills uns wehren? Wir haben recht und macht allein, Was wir sezen, das gilt gemein, Wer ist, der uns soll meistern?

4. Darum spricht GOtt: ich muß auf seyn, Die armen sind zerstöhret, Ihr seufzen dringt zu mir herein, Ich hab ihr klag erhöret, Mein heilsam wort soll auf dem plan Getrost und frisch sie greiffen an, Und seyn die kraft der armen.

5. Das silber durchs feur siebenmal Bewährt wird lauter funden, An GOttes wort man halten soll Desgleichen alle stunden, Es will durchs creutz bewähret seyn, Da wird erkannt sein kraft und schein, Und leucht't stark in die lande.

6. Das wollst du, GOtt, bewahren rein Vor diesem argen gschlechte, Und laß uns dir befohlen seyn, Daß sichs in uns nicht flechte: Der gottlos hauf sich umher findt, Wo diese lose leute sind In deinem volk erhaben.

7. O dämpfe selbst, du starker GOtt, Die deine ehr dir rauben, O JEsu Christ, in aller noth Stärk uns den schwachen glauben: O heilger Geist, verleih uns gnad, Daß wir vor sünd und missethat Mit allem ernst uns hüten.

D. Martin Luther.

Der 13. Psalm.

Mel. Liebster JEsu, wir sind hier.

300. HErr, wie lange willt du noch Mir dein hülf und trost versagen, Soll ich meines trübsals joch Immerzu noch länger tragen? Sollen deiner güte strahlen Mein gesichte nicht bemahlen?

2. Soll mein armes seelelein Tag und nacht erbärmlich sorgen? Soll die schwere herzens-

pein Mich so ängsten alle morgen? Willt du diese, die mich hassen Ueber mich sich freuen lassen?

3. Schaue doch aus deinem saal, Schaue doch vom hohen throne, Und erwäge meine qual: Leuchte mir, der ich hier wohne In des elends trüben lande, Freye mich vom todesbande.

4. Laß dem feinde ja nicht zu, Daß er diesen ruhm mög haben, Daß nun meine lust und ruh Ligt in seiner macht vergraben, Daß mein widersacher sieget, Und mein geist darnieder lieget.

5. Doch ich hoff und bin erfreut, Wegen deiner grossen güte, Ja mein herz ist stets bereit, HErr, aus dankbarem gemüthe, Dir ein lobgesang zu singen, Dann du hilfst in allen dingen.

Joh. Frank.

Der 14. Psalm.

Mel. Ach, Gott, vom himel sich &c.

301. Es spricht der unweisen mund wol: Den rechten GOtt wir meynen, Doch ist ihr herz unglaubens voll, Mit that sie ihn verneinen, Ihr wesen ist verderbet zwar, Vor GOtt ist es ein greuel gar, Es thut ihr kein'r doch kein gut.

2. GOtt selbst vom himmel sah herab ...

3. Da war niemand auf rechter bahn, Sie warn all ausgeschritten, Ein jeder gieng nach seinem wahn, Und hielt verlohrne sitten: Es thät ihr keiner doch kein gut, Wiewol gar viel betrog der muth, Ihr thun sollt GOtt gefallen.

4. Wie lang wollen unwissend seyn, Die solche müh aufladen, Und fressen dafür das volk mein, Und nährn sich mit sein'm schaden? Es steht ihr trauen nicht auf GOtt, Sie ruffen ihm nicht in der noth, Sie wolln sich selbst versorgen.

5. Darum ist ihr herz nimmer still, Und steht allzeit in furchten, GOtt bey den frommen bleiben will, Dem sie im glauben g'horchen: Ihr aber schmäht des armen rath, Und höhnet alles, was er sagt, Daß GOtt sein trost ist worden.

6. Wer soll Israel, dem armen Zu Zion, heil erlangen? GOtt wird sich seins volks erbarmen, Und lösen die gefangnen; Das wird er thun durch seinen Sohn, Davon wird Jacob wonne han, Und Israel sich freuen.

7. Ehr sey dem Vater und dem Sohn, Und auch dem heilgen Geiste, Als es im anfang war ...

Der 15. Psalm

Mel. Wer in dem schutz des höchst.

302. O HErr, wer wird sein wohnung han In deinen zelten kluge, Auf deinem heilgen berge schon Da ewig han sein ruhe? Der unbefleckten wandel treibt, Und wirket die gerechtigkeit Wahrhaftig in sein'm herzen.

2. Und der kein falsche zunge hat, Sein nächsten zu betrügen, Nachred und schmach er nicht gestatt, Die menschen zu verlügen: Den schalk hat er für nichts geacht, Die frommen hat er gros gemacht, Die GOtt den HErren fürchten.

3. Wer seinem nächsten treue leist, Mit gfährd nicht thut verführen, Kein wucher er nicht von ihm heischt, Lässt ihm die händ nicht schmieren, Wer diese ding recht halten thut, Der bleibt ewig in sicherer hut, Mit GOtt wird er regieren.

4. Ehr sey dem Vater und dem Sohn, rc. wie beym vorigen Psalm. Wolfg. Dachstein.

Der 23. Psalm.

In eigener Melodie.

303. Der HErr ist mein getreuer hirt, Hält mich in seiner hute, Darum mir gar nichts mangeln wird Irgend an einem gute: Er gibt mir weyd ohn unterlaß, Darauf wächst das wohlschmeckend gras Seines heilsamen wortes.

2. Zum reinen wasser er mich weißt, Das mich erquicken thute, Das ist sein frohnheiliger Geist, Der mich macht wohlgemuthe: Er führet mich auf rechter straß Seiner geboten ohn ablaß, Von wegen seines namens.

3. Ob ich wandelt im finstern thal, Fürcht ich doch kein unglücke, In verfolgung, leiden, trübsal, Und dieser welt bös tücke: Denn du bist bey mir stetiglich, Dein stab und stecken trösten mich, Auf dein wort ich mich lasse.

4. Du breitest für mich einen tisch Vor mein feind'n allenthalben, Machst mein herz unverzagt und frisch: Mein haupt thust du mir salben Mit deinem Geist, der freuden öl, Und schenkest voll ein meiner seel Deiner geistlichen freuden.

5. Gutes und die barmherzigkeit Mir lauffen nach im leben, Und ich werd bleiben allezeit Im haus des Herren eben, Auf erd in der christlichen gmein, Und nach dem tod werd ich ja seyn Bey Christo, meinem Herren.

6. Ehr sey dem Vater und dem Sohn, rc. wie auf pag. 233. zu sehen. Wolfg. Mosel.

Der 25. Psalm.

M. Wann wir in höchsten nöthen s.

304. Nach dir, o HErr, verlanget mich, Du bist mein GOtt, ich hoff auf dich: Ich hoff und bin der zuversicht,

versicht, Du werdest mich beschämen nicht.

2. Der wird zu schanden, der dich schändt, Und sein gemüthe von dir wendt; Der aber, der sich dir ergibt, Und dich recht liebt, bleibt unbetrübt.

3. HErr, nimm dich meiner seelen an, Und führe sie die rechte bahn: Laß deine wahrheit leuchten mir, Im steige, der uns bringt zu dir.

4. Dann du bist ja mein einges licht, Sonst weiß ich keinen helfer nicht. Ich harre dein bey tag und nacht, Was ists, das dich so säumend macht?

5. Ach wende, HErr, die augen ab Von dem, was ich gesündigt hab; Was denkst du an den sündenlauf, Den ich geführt von jugend auf?

6. Gedenk an deine gütigkeit Und an die grosse süßigkeit, Damit dein herz zu trösten pflegt Das, was sich dir zu füssen legt.

7. Der HErr ist fromm, und herzlich gut Dem, der sich prüft und busse thut; Wer seinen bund und zeugniß hält, Der wird erhalten, wann er fällt.

8. Ein herz, das GOtt von herzen scheut, Das wird in seinem leid erfreut; Und wann die noth am tiefsten steht, So wird sein creutz zur wonn erhöht.

9. Nun, HErr, ich bin dir wohl bekannt, Mein geist der schwebt in deiner hand, Du siehst, wie meine seele thränt, Und sich nach deiner hülfe sehnt.

10. Die angst, so mir ins herze dringt, Und daraus so viel seufzer zwingt, Ist groß, du aber bist der mann, Dem nichts zu groß entstehen kan.

11. Drum sieht mein auge stets nach dir, Und trägt dir mein begehren für: Ach, laß doch, wie du pflegst zu thun, Dein aug auf meinem auge ruhn.

12. Wann ich dein darf, so wende nicht Von mir dein aug und angesicht, Laß deiner antwort gegenschein Mit meinem beten stimmen ein.

13. Die welt ist falsch, du bist mein freund, Ders treulich und von herzen meynt: Der menschen gunst steht nur im mund, Du aber liebst von herzensgrund.

14. Zerreiß die netz, heb auf die strick, Und brich des feindes list und tück: Und wann mein unglück ist vorbey, So gib, daß ich auch dankbar sey.

15. Laß mich in deiner furcht bestehn, Fein schlecht und recht stets einher gehn: Gib mir die einfalt, die dich ehrt, Und lieber duldet, als beschwehrt.

16. Regier und führe mich zu dir, Auch andre christen neben mir: Nimm, was dir mißfällt, von uns hin, Gib neue herzen, neuen sinn.

17. Wasch ab all unsern sündenkoth, Erlös aus aller angst und noth, Und führ uns bald

mit gnaden ein Zum ewgen fried und freudenschein.

Paul Gerhard.

Der 27. Psalm.

Mel. Wer in dem schutz des höchst n.

305. GOtt ist mein licht, der HErr mein heil, Das ich erwählet habe: Er ist die kraft, dahin ich eil, Und meine seele labe: Was will ich mich doch fürchten nun? Und wer kan mir doch schaden thun Auf dieser ganzen erden?

2. Wann mich die böse rott anfällt Und mein fleisch will verschlingen, So kan sie dieser starke held Gar leicht zu boden bringen; Wenn sich auch gleich ein ganzes heer Legt um mich her, was ists dann mehr? Mein GOtt kan sie bald schlagen.

3. Eins bitt ich nun, das hätt ich gern, Wann mirs GOtt wolte geben, Daß ich bey ihm, als meinem HErrn, Stets wohnen sollt und leben, Und alle meine tag und jahr In seinem hause bey der schaar Der heiligen vollbringen

4. Da wollt ich meine herzensfreud An seinen diensten sehen, Und rühmen, wie zur bösen zeit Mir so viel guts geschehen, Da er mich fleißig hat verdeckt In seiner hütten, und versteckt In einem starken felsen.

5. Und also wird er ferner noch Mich wissen zu regieren, Er wird mich schützen, und sehr hoch In sichre örter führen: Mein haupt wird über meine feind, Ob sie gleich hoch erhaben seynd, Allzeit erhöhet bleiben.

6. Dafür will ich dann wiederum GOtt auf das best erhöhen, Sein ruhm soll in dem heiligthum Aus meinem munde gehen: Ich will ihm opfern dank und preis: Ich will sein lob, so gut ich weiß, Vor allen volke singen.

7. HErr, mein GOtt, höre, wie ich schrey Und seufz in meinem sinne, Gib, daß mein bitten kräftig sey, Und dein herz eingewinne; Mein herz hält dir, o treuer hort, Beständig vor dein eigen wort: Ihr sollt mein antlitz suchen.

8. Nun such ich jetzt, ach, laß mich nicht Entgelten meiner sünden, Ich suche, HErr, dein angesicht, Das laß mich gnädig finden, Verstosse ja nicht deinen knecht, Denn du bists, der mir hilft zurecht, Und bringt aus allen nöthen.

9. Mein vater, mutter, und was hier Sonst ist von guten leuten, Das ist zu schwach, und können mir Nicht treten an die seiten, Ich bin entsetzt von aller welt; GOtt aber nimmt mich in sein zelt, Da find ich alle gnüge.

10. HErr, mache mir gerade bahn, Halt mich in deiner gnade, Und nimm dich meiner herzlich an, Daß mir kein feind nicht schade; Dann viel die reden wider mich, Und zeugen, das sie ewiglich Nicht können überweisen.

11. Noch dennoch hab ich guten muth, Und glaube, daß ich werde Im lebenslande GOttes gut Dort sehn und auf der erde. Frisch auf, getrost und unverzagt, Wers nur mit GOtt im glauben wagt, Der wird den sieg erhalten. P. Gerhard.

Der 31. Psalm.

In bekannter Melodie.

306. In dich hab ich gehoffet, HErr, Hilf, daß ich nicht zu schanden werd, Noch ewiglich zu spotte; Das bitt ich dich, Erhalte mich In deiner treu, HErr GOtte.

2. Dein gnädig ohr neig, HErr, zu mir, Erhör mein bitt, thu dich herfür, Eil, bald mich zu erretten: In angst und weh, Ich lieg od'r steh, Hilf mir in meinen nöthen.

3. Mein GOtt und schirmer steh mir bey, Sey mir ein burg, darinn ich frey Und ritterlich mög streiten Wider mein feind, Der'r gar viel seynd An mir auf beyden seiten.

4. Du bist mein stärk, mein fels, mein hort, Mein schild, mein kraft, sagt mir dein wort, Mein hülf, mein heil, mein leben, Mein starker GOtt In aller noth, Wer mag dir widerstreben?

5. Mir hat die welt trüglich gericht't Mit lügen und mit falschem g'dicht Viel netz und heimlich stricke; HErr, nimm mein wahr In dieser g'fahr, B'hüt mich vor falschen tücken.

6. HErr, meinen geist befehl ich dir, Mein GOtt, mein GOtt, weich nicht von mir, Nimm mich in deine hände. O treuer GOtt, Aus aller noth Hilf mir am letzten ende.

7. Glori, lob, ehr und herrlichkeit Sey GOtt Vater und Sohn bereit, Dem heilgen Geist mit namen, Die göttlich kraft Mach uns sieghaft, Durch JEsum Christum, amen.

Adam Reußner.

Der 32. Psalm.

Mel. Nun ruhen alle wälder.

307. Der mensch hat GOttes gnade, Dem seiner sünden schade Allhier vergeben ist, Der HERR sein herz erfrischet, Die missethat abwischet Durchs blut des lammes JEsu Christ.

2. Wer auf GOtt hoffnung setzet, Der bleibet unverletzet Vor seinem gnadenthron, In ihm kein falsches stecket: Weil seine sünden decket Der eingebohrne GOttes Sohn.

3. Doch muß ich frey bekennen, Mich einen sünder nennen, Beklagen meine schuld; Als ich sie gar nicht achtet, Das mark in mir verschmachtet, Beraubet war ich deiner huld.

4. Mein herz vor heulen zaget, Dein schwerer zorn mich plaget Bey sonn- und mondenschein. Gleichwie das gras und blätter Im heissen sommerwetter, Verdorret ist all mein gebein.

5. Drum will ich frey erzehlen

len, Die sünde nicht verheelen, GOtt wird mir gnädig seyn, Bey ihm zu allen stunden Wird trost und heil gefunden; Wer glaubt, entgeht der höllenpein.

6. Auch fromme werden bitten, Die dein wort überschritten: Im zorn, HErr, straf uns nicht, Wann nun dein grimm wird sausen, Wie wasserwogen brausen, So kommen sie nicht ins gericht.

7. Du bist mein schirm und schatten, Komm doch zu hülf mir matten, Wend von mir angst und pein, Befreye mich der schmerzen, Daß ich von ganzem herzen Mög rühmen und recht frölich seyn.

8. Laß dich ja nicht bethören, Ich will dich selber lehren, Spricht GOtt, den rechten weg, Dich auch zu allen zeiten Mit meinen augen leiten Zur seligkeit, des lebens steg.

9. Ihr menschen, seyd verständig, Und nicht so gar unbändig, Gleichwie das dumme vieh, Eh es sich will bequemen, Muß man dasselbe zähmen, Und treiben fort mit grosser müh.

10. Der gottlos hat viel plagen, Die frommen nicht verzagen An Gottes gütigkeit, Das wird sie nicht gereuen, Sie werden sich erfreuen Im himmelsthron nach dieser zeit.

Der 39. Psalm.

Mel. Auf meinen lieben GOtt rc.

308. Mein Gott, ich habe mir Gar fest gesetzet für: Ich will mich fleissig hüten, Wann meine feinde wüten, Daß, wann ich was verspreche, Ich dein gebot nicht breche.

2. Wann mein gemüth entbrennt, So hab ich mich gewöhnt Für deinen stuhl zu treten, Laß herz und zunge beten: HErr, zeige deinem knechte Zu thun nach deinem rechte.

3. HERR, lehre mich doch wohl Bedenken, daß ich soll Einmal von dieser erden Hinweg geraffet werden, Und daß mir deine hände Gesetzet ziel und ende.

4. Die tage meiner zeit Sind einer hand nur breit, Und wann man dis mein bleiben Soll recht und wohl beschreiben; So ists ein nichts und bleibet Ein stäublein, das zerstäubet.

5. Ach, wie so gar nichts werth Seynd menschen auf der erd, Die doch so sicher leben, Und gar nicht acht drauf geben, Daß all ihr thun und glücke Verschwindt im augenblicke.

6. Sie gehen in der welt Und suchen gut und geld, Den schatten, eine schämen, Und können nichts mitnehmen, Wann nach der menschen weise Sie thun die todesreise.

7. Sie schlafen ohne ruh, Arbeiten immerzu, Seynd tag und nacht geflissen, Und können doch nicht wissen, Wer, wann sie nieder liegen, Ihr erbe werde kriegen.

8. Nun, HErr, wo soll ich

hin? Wer tröstet meinen sinn? Ich komm an deine pforten, Der du mit werk und worten Erfreuest, die dich scheuen, Und dein allein sich freuen.

9. Wann sich mein feind erregt, Und mir viel schmach anlegt, So will ich stille schweigen, Mein herz zur ruhe neigen. Du richter aller sachen, Du kanst und wirsts wohl machen.

10. Wann du dein hand ausstreckst, Des menschen herz erschreckst; Wann du die sünd heimsuchest, Den sünder schiltst und fluchest: So geht in einer stunde All herrlichkeit zu grunde.

11. Der schönen jugend kranz, Der rothen wangen glanz Wird wie ein kleid verzehret, So hie die motten nähret. Ach, wie gar nichts im leben Seynd die auf erden schweben.

12. Du aber, du mein hort, Du bleibest fort und fort Mein helfer, siehst mein sehnen, Mein angst und heisse thränen: Erhörest meine bitte, Wann ich mein herz ausschütte.

13. Drum ruhet mein gemüth Allein auf deiner güt, Ich laß dein herze sorgen, Als deme nichts verborgen, Wie meiner feinden tücke Du treiben sollst zurücke.

14. Ich bin dein knecht und kind, Dein erb und hausgesind, Dein pilgrim und dein bürger, Der, wann der menschenwürger Mein leben mir genommen, Zu dir gewiß wird kommen.

15. Zur welt mus ich hinaus, Der himmel ist mein haus, Darinn der engel schaaren, Mein eltern und vorfahren, Auch schwestern, freund und brüder Jetzt singen ihre lieder.

16. Hier ist nur qual und pein, Dort, dort wird freude seyn, Dahin, wann es dein wille, Ich frölich sanft und stille, Aus diesen jammerjahren Zur ruhe will abfahren.

Paul Gerhard.

Der 42. Psalm.

Mel Zion klagt mit angst und rc.

309. Wie der hirsch in grossen dürsten Schreyet und frisch wasser sucht, Also sucht dich, lebensfürsten, Meine seel in ihrer flucht: Meine seele brennt in mir, Lechzet, dürstet, trägt begier Nach dir, o du süsses leben, Der mir leib und seel gegeben:

2. Ach, wenn werd ich dahin kommen, Daß ich GOttes angesicht, Das erwünschte licht der frommen, Schau mit meiner augen licht? Meine thränen sind mein brod Tag und nacht in meiner noth, Wann mich schmähen meine spötter: Wo ist nun dein GOTT und retter.

3. Wann ich dann dis innen werde, Schütt ich mein herz bey mir aus, Wollte gerne mit der heerde Deiner kinder in

in dein haus, Ja, in dein haus wollt ich gern Gehen, und dir, meinem HErrn, In der schaar die opfer bringen, Mit erhab-ner stimme singen.

4. Was bist du so hoch betrübet Und voll unruh, meine seel? Harr auf GOtt, der herzlich liebet, Und wohl siehet, was dich quäl; Ey, ich werd ihm dennoch hier Frölich danken, daß er mir, Wann mein herz ich zu ihm richte, Hilft mit seinem angesichte.

5. Mein GOtt, ich bin voller schande, Meine seele voller leid, Darum denk ich dein im lande Bey dem Jordan an der seit, Da Hermonim hoch herfür, Und hingegen meine zier, Zion, ein klein wenig steiget Und die kron und scepter neiget.

6. Deines zornes fluthen sausen Mit gewalt auf mich daher, Dein gericht und eifer brausen, Wie das tiefe weite meer: Deine wellen heben sich Hoch empor, und haben mich Mit ergrimmten wasserwogen Fast zu grund hinab gezogen.

7. GOtt, der HErr, hat mir versprochen, Wann es tag ist, seine gût, Und wann sich die sonn verkrochen, Heb ich zu ihm mein gemüth, Spreche: du mein fels und stein, Gegen welchem alles klein, Dem ich in dem schooß gesessen, Warum hast du mein vergessen?

8. Warum muß ich gehn und weinen Ueber meiner feinde wort? Es ist mir in meinen beinen Durch und durch, als wie ein mord, Wann sie sagen: wo ist nun Dein GOtt und sein grosses thun, Davon, wann du sicher lagest, Du so viel zu rühmen pflagest?

9. Was bist du so hoch betrübet Und voll unruh, meine seel? Harr auf GOtt, der herzlich liebet, Und wohl siehet, was dich quäl; Ey, ich werd ihm dennoch hier Frölich danken für und für, Daß er meinem angesichte Sich selbst gibt zum heil und lichte. P. Gerhard.

Eine andere Composition.

Mel. Zion klagt mit angst und schm.

310. Wie nach einer wasserquelle Ein hirsch schreyet mit begier, Also auch mein arme seele Ruft und schreyt, HErr GOtt, zu dir: Nach dir, lebendigen GOTT, Sie dürst't und verlangen hat; Ach wann soll es dann geschehen, Daß ich dein antlitz mög sehen?

2. Tag und nacht mir meine zähren Sind, wie ein speis oder brod, Wann ich das hör mit beschweren, Daß man fragt: wo ist dein GOtt? Ich schütt dann mein herz gar aus, Denk, wie ich in Gottes haus Geh mit leuten, die lobsingen, Hüpfen und mit freuden springen.

3. Mein seel, was thust du dich kränken? Was machst du dir selber qual? Hoff zu GOtt, und thu gedenken, Ich werd ihm danken einmal, Der mir hilft

hilft, wann er nur richt Auf mich sein klar angesicht. Mein GOTT,, weh ist meiner seelen, Die sich grämen thut und quälen.

4. Dann ich denk an dich mein'n Herren, Jenseit dem Jordanerland, Und dem berg Hermon so ferren, Auch dem berg Misar genannt: Ein abgrund dem andern ruft, Wann über mir in der luft Deine ungestümme brausen, Und über mein haupt hersausen.

5. Alle deine wasserwogen, Deine wellen allzumal, Ueber mich zusammen schlagen; Doch tröst ich mich in trübsal, Daß du helfen wirst bey tag, Daß ich des nachts singen mag, Dich als meinen Heiland preise, Anruf und anbet mit fleisse.

6. Gott, mein fels, will ich denn sagen, Wie vergißst du mein so gar, Wann mich meine feinde plagen, Daß ich traure immerdar? Ihr schmähwort und falscher mund Mich bis aufs gebein verwundt, Dann sie täglich die red treiben: Schau, wo nun dein Gott mag bleiben.

7. Mein seel, was thust du dich kränken? Was machst du dir selber qual? Hoff zu GOtt, und thu gedenken, Ich werd ihm danken einmal, Der mir sein heil sichtbarlich Stellt vor augen, und der sich Ferner wird hernach erklären, Alsdann meinen GOtt und Herren.

D. Ambrosius Lobwasser.

Der 45. Psalm.

In bekannter Melodie.

311. Wie schön leuchtet der morgenstern, Voll gnad und wahrheit von dem Herrn, Die süsse wurzel Jesse, Du sohn Davids aus Jacobs stamm, Mein könig und mein bräutigam Hast mir mein herz besessen, Lieblich, Freundlich, Schön und herrlich, Gros und ehrlich, Reich von gaben, Hoch und sehr prächtig erhaben.

2. Ey, mein perle, du werthe kron, Wahr'r Gottes und Marien sohn, Ein hochgebohrner könig, Mein herz heißt dich ein lilium, Dein süsses evangelium Ist lauter milch und honig; Ey, mein Blümlein, Hosianna, Himmlisch manna, Das wir essen, Deiner kan ich nicht vergessen.

3. Geus sehr tief in mein herz hinein, Du heller jaspis und rubin, Die flamme deiner liebe, Und erfreu mich, daß ich doch bleib An deinem auserwählten leib Ein lebendige rippe. Nach dir Ist mir, Gratiosa Cöli rosa, Krank und glimmet Mein herz, durch liebe verwundet.

4. Von GOtt kommt mir ein freudenschein, Wann du mit deinen äugelein Mich freundlich thust anblicken, O HErr JEsu, mein trautes gut, Dein wort, dein geist, dein leib und blut Mich inniglich erquicken. Nimm mich Freundlich In

dein arme, Daß ich warme Werd von gnaden, Auf dein wort komm ich geladen.

5. HErr GOtt Vater, mein starker held, Du hast mich ewig vor der welt In deinem Sohn geliebet, Dein Sohn hat mich ihm selbst vertraut, Er ist mein schatz, ich bin sein braut, Sehr hoch in ihm erfreuet, Eja, Eja, Himmlisch leben Wird er geben Mir dort oben, Ewig soll mein herz ihn loben.

6. Zwingt die saiten in cithara, Und laßt die süsse musica Ganz freudenreich erschallen, Daß ich möge mit JEsulein, Dem wunderschönen bräutgam mein, In steter liebe wallen; Singet, Springet, Jubiliret, Triumphiret, Dankt dem Herren, Groß ist der könig der ehren.

7. Wie bin ich doch so herzlich froh, Daß mein schatz ist das A und O, Der anfang und das ende, Er wird mich doch, zu seinem preis, Aufnehmen in das paradeis, Des klopf ich in die hände. Amen, Amen, Komm, du schöne Freudenkrone, Bleib nicht lange, Deiner wart ich mit verlangen.

D. Phil. Nicolai.

Der 46. Psalm.

Mel. Nun freut euch lieben ꝛc.

312. Gleichwie ein schifflein auf dem meer In grossen nöthen schwebet, Die wellen schlagen drüber her, Wenn sich ein sturm erhebet: Was denn für fährlichkeit da sey, Hört man aus solchem angstgeschrey: HErr, hilf uns, wir verderben!

2. So geht es auch, Herr Jesu Christ, In deiner kirch auf erden, Wenn solche hart bedränget ist, Und will fast ärger werden; Da fürchten wir uns alle sehr, Und schreyen immer mehr und mehr: HErr, hilf uns, wir verderben!

3. GOtt schweigt und sieht oft lange zu, Und thut, als ob er schliefe, Dann stürzt der stöhrer unsrer ruh Uns oft gar in die tiefe, Und treibet mit uns seinen spott, So daß es heißt: ach Gott, ach GOtt, HErr, hilf uns, wir verderben!

4. Jedoch, es mag uns noch so viel Bestreiten und antasten, GOtt setzt den wellen maas und ziel, Wir sind in Noä kasten, Er ist bey uns; so bald er will, Wird wind und meer, ja alles still, Er läßt uns nicht verderben.

5. Meynst du, er schlafe? nein, er wacht, Und siehet alle dinge. Er lacht der feinde list und macht, Und hält sie gar geringe, Es heißt zwar denn: ach, HErr, steh auf, Erwecke dich und schaue drauf, Wenn wir in nöthen zagen.

6. Wenn aber trost kommt, denkest du, Er sey nun aufgewachet, Gleichwie ein held, der aus der ruh Zum streiten sich aufmachet; Allein er wacht und läßt geschehn, Was uns sein rath hat ausersehn, Das uns soll ewig nutzen.

7. Drum ruft getrost, er hört es wohl, Und wird bald ehr einlegen, Nur duldet, was man dulden soll, Und geht auf seinen wegen: So führt euch seine rechte hand Aus gfahr und noth ins vaterland, Zur ruh und freudenleben.

8. Ich weiß, es wird, HErr, deine stadt Mit ihrem brünnlein bleiben, Und alle feinde, die sie hat, Wirst du, wie rauch, vertreiben, Weil du selbst bey ihr drinnen bist: Wär das nicht, würd ihr zorn und list, Wie wasser, uns ersäufen.

Der 51. Psalm.

In eigener Melodie.

313. O HerreGOtt, begnade mich, Nach deiner güt erbarme dich, Tilg ab mein übertrettung, Nach deiner grossen erbarmung, Und wasch mich wohl, o HErre GOtt, Von aller meiner missethat, Und mach mich rein von sünden, Dann ich thu der empfinden, Und meine sünd ist stets vor mir, Ich hab allein gesündigt dir, Vor dir hab ich übels gethan: In deinen worten wirst bestahn, So man dich recht ersuchet.

2. Sieh, in untugend bin ich gmacht, Wie mich mein mutter hat gebracht, [illegible] mich mit ysop schon, Daß ich werd rein, und wasch mich nun Schneeweiß: auch freud laß hören mich, Daß die gebein werden frölich, Die du so hast zerschlagen.

3. Sieh nicht an mein'n sündlichen staat, Tilg ab all meine missethat, HErr, wollst in mir verschaffen Ein rein herz thu ich hoffen, Willigen geist erneu in mir, Verwirf mich auch nicht gar von dir: Nimm nicht den heilgen Geiste Von mir, sein gnad mir leiste, Und laß mir wieder kommen her Den trost deins heils, o GOtt, mein HErr, Der freudge Geist erhalte mich: Die gottlosen will lehren ich Ihr wege zu dir kehren.

4. Von den blutschulden mich errett, O GOTT, du meines heils ein GOTT, Daß mein zung mög erschallen Dein g'rechtigkeit ob allen, HErr, thu mir auf die lefzen mein, Mein mund verkündt das lobe dein, Zum opfer hast kein luste, Ich gäb es dir auch sonste, Brandopfer auch gleich allesamt Gfallen dir nicht, sind nur ein tand, Vor deinen augen nur ein haß; Die opfer GOtt's sind aber das, Ein gar zerbrochner geiste.

deinem guten willen schon, Jerusalem die mauren Werden wieder erbauen; Dann wirst du haben lust und freud Am opfer der gerechtigkeit, Zu den brandopfern deinen muth; So wird man dann die kälber gut Auf deinen altar legen.

6. Ehr sey dem Vater und dem Sohn, Und auch dem heilgen Geiste, Als es im anfang war und nun, Der uns sein gnade leiste, Durch unsern HErren JEsum Christ, Der unser Heiland worden ist, Und hat uns gnad erworben, Ist für uns all gestorben, Daß uns die sünd nicht schaden kan, So wir wandeln auf seiner bahn In rechter lieb, hofnung und glaub, Daß uns der feind die seel nicht raub, Durch JEsum Christum, Amen.

Matth. Greiter.

Der 67. Psalm.

Mel. Christ, unser HErr, zum Jord.

314. Es woll uns GOtt genädig seyn, Und seinen segen geben. Sein antlitz uns mit hellem schein Erleucht zum ewgen leben, Daß wir erkennen seine werk, Und was ihm lieb auf erden, Und JEsus Christus heil und stärk, Bekannt den heiden werden, Und sie zu GOtt bekehren.

2. So danken, GOtt, und loben dich Die heiden überalle, Und alle welt die freue sich, Und sing mit grossem schalle: Daß du auf erden richter bist, Und läßst die sünd nicht walten, Dein wort die hut und weide ist, Die alles volk erhalten, In rechter bahn zu wallen.

3. Es danke GOtt und lobe dich Das volk in guten thaten, Das land bring frucht und bessre sich, Dein wort laß wohl gerathen. Uns segne Vater und der Sohn, Uns segne GOtt der heilge Geist, Dem alle welt die ehre thut, Vor ihm sich fürchte allermeist; Nun sprecht von herzen: Amen.

D. Mart. Luther.

Der 71. Psalm.

Mel. Ephraim, was soll ich machen.

315. HERR, dir trau ich all mein tage, Laß mich nicht in schimpf bestehn, Wie ich von dir glaub und sage, Also laß mirs auch ergehn: Rette mich, laß deine güte Mir erfrischen mein gemüthe: Neige deiner ohren treu, Und vernimm mein angstgeschrey.

2. Sey mein aufhalt, laß mich sitzen Bey dir, o mein starker hort, Laß mich deinen schutz beschützen, Und erfülle mir dein wort: Da du selbsten meinem leben Dich zum fels und burg gegeben; Hilf mir aus des heuchlers band Und der ungerechten hand.

3. Dann ich hab dich auserlesen Von der zarten jugend an, Dein arm ist mein trost gewesen, HErr, so lang ich denken kan: Auf dich hab ich mich erwogen, Alsbald du mich der entzogen, Der ich, ehe nacht

und tag Mich erblickt, im leibe lag.

4. Von dir ist mein ruhm, mein sagen, Dein erwehn ich immerzu, Viel die spotten meiner plagen, Höhnen, was ich red und thu; Aber du bist meine stärke, Wann ich angst und trübsal merke, Lauf ich dich an, gönne mir, Frölich stets zu seyn in dir.

5. Stoß mich nicht von deiner seiten, Wann mein hohes alter kommt, Da die schwachen tritte gleiten, Und man trost vom stecken nimmt, Da greif du mir an die arme, Fall ich nieder, so erbarme Du dich, hilf mir in die höh, Und halt, bis ich wieder steh.

6. Mach es nicht, wie mirs die gönnen, Die mein abgesagte feind, Auch mir, wo sie immer können, Mit gewalt zuwider seynd, Sprechen: auf, laßt uns ihn fassen, Sein GOtt hat ihn ganz verlassen, Jagt und schlagt ihn immerhin, Niemand schützt und rettet ihn.

7. Ach, mein helfer, sey nicht ferne, Komm und eile doch zu mir, Hilf mir, mein GOtt, bald und gerne, Zeuch mich aus der noth herfür, Daß sich meine feinde schämen, Und vor hohn und schande grämen; Ich hingegen lustig sey Ueber mir erwiesne treu.

8. Mein herz soll dir allzeit bringen Deines lobs gebührlich theil, Auch soll meine zunge singen Täglich dein unzählig heil; Ich bin stark herein zu gehen, Unerschrocken da zu stehen Durch des grossen herrschers kraft, Der die erd und alles schafft.

9. HErr, ich preise deine tugend, Wahrheit und gerechtigkeit, Die mich noch in meiner jugend Hoch ergötzet und erfreut: Hast mich, als ein kind ernähret, Deine furcht dabey gelehret, Oftmals wunderlich bedeckt, Daß mein feind mich nicht erschreckt.

10. Fahre fort, o mein erhalter; Fahre fort, und laß mich nicht In dem hohen grauen alter, Wann mir lebenskraft gebricht; Laß mein leben in dir leben Bis ich unterricht kan geben Kindeskindern, daß dein hand Ihnen gleichfalls sey bekannt.

11. GOtt, du bist sehr hoch zu loben, Dir ist nirgend etwas gleich, Weder hier bey uns, noch droben In dem sternund engelreich: Dein thun ist nicht auszusprechen, Deinen rath kan niemand brechen, Alles liegt dir in dem schoos, Und dein werk ist alles gros.

12. Du ergibst mich grossen nöthen, Gibst auch wieder grosse freud, Heute läßst du mich ertödten, Morgen ist die lebenszeit, Da ermunterst du mich wieder, Und erneuerst meine glieder, Holst sie aus der erdenkluft, Gibst dem herzen wieder luft.

13. Such ich trost, und fin-

de keinen, Bald da werd ich wieder gros, Dein trost trocknet mir mein weinen, Das mir aus den augen floß: Ich selbst werde wie ganz neue, Sing und klinge deine treue, Meines lebens einges ziel, Auf der harf und saitenspiel.

14. Ich bin durch und durch entzündet, Frölich ist, was in mir ist, Alles mein geblüt empfindet Dein heil, das du selber bist: Ich steh in gewünschtem stande, Mein feind ist voll scham und schande: Der mein unglück hat gesucht, Leidet, was er mir geflucht.

Paul Gerhard.

Der 73. Psalm.

Mel. Ich halt an meinem GOtt 2c.

316. Sey wohlgenuth, o christenseel, Im hochmuth deiner feinde, Es hat das rechte Israel Noch dennoch GOTT zum freunde: Wer glaubt und hofft, der wird geliebt Von dem, der unsern herzen gibt Trost, friede, freud und leben.

2. Zwar thut es weh und ärgert sehr, Wenn man vor augen siehet, Wie dieser welt gottloses heer So schön und herrlich blühet: Sie sind in keiner todsgefahr, Erleben hie so manches jahr, Und stehen wie palläste.

3. Sie haben glück und wissen nicht, Wie armen sey zu muthe; Gold ist ihr gott, geld ist ihr licht, Sind stolz bey grossem gute; Sie reden hoch, und das gilt schlecht, Was andre sagen, ist nicht recht, Es ist ihn'n viel zu wenig.

4. Des pöbelvolks unweiser hauf Ist auch auf ihrer seite, Sie sperren mund und nasen auf, Und sprechen: das sind leute, Das sind ohn allen zweifel die, Die GOtt vor allen andern hie Zu kindern auserkohren.

5. Was sollte doch der grosse GOtt Nach jenen andern fragen, Die sich mit armuth, creutz und noth Bis in die grube tragen? Wem hier des glückes gunst und schein Nicht leuchtet, kan kein christe seyn; Er ist gewiß verstossen.

6. Solls dann, mein GOtt, vergebens seyn, Daß dich mein herze liebet? Ich liebe dich und leide pein, Bin dein, und doch betrübet: Ich hätte bald auch so gedacht, Wie jene rotte, die nichts acht, Als was vor augen pranget.

7. Sieh aber, sieh, in solchem sinn Wär ich zu weit gekommen, Ich hätte blos verdammt dahin Die ganze schaar der frommen: Denn hat auch je einmal gelebt Ein frommer mensch, der nicht geschwebt In grossem creutz und leiden?

8. Ich dachte hin, ich dachte her, Ob ich es möcht ergründen, Es war mir aber viel zu schwer, Den rechten schluß zu finden, Bis daß ich gieng ins heiligthum, Und merkte, wie du, unser ruhm, Die bösen führst zu ende.

9. Ihr

9. Ihr gang ist schlüpfrig, glatt ihr pfad, Ihr tritt ist ungewisse, Du suchst sie heim nach ihrer that, Und stürzest ihre füsse: Im huy ist alles umgewendt, Da nehmen sie ein plötzlich end, Und fallen hin mit schrecken.

10. Heut grünen sie, gleichwie ein baum, Ihr herz ist froh und lachet, Und morgen sind sie, wie ein traum, Von dem der mensch aufwachet, Ein blosser schatt, ein todesbild, Das weder hand noch auge füllt, Verschwindt im augenblicke.

11. Es mag drum seyn, es währe gleich Mein creutz, so lang ich lebe, Ich habe gnug am himmelreich, Dahin ich täglich strebe, Hält mich die welt gleich als ein thier, Ey, lebst du, GOtt, hoch über mir, Du bist mein ehr und krone.

12. Du heilest meines herzens stich Mit deiner süssen liebe, Und wehrst dem unglück, daß es mich Nicht allzuhoch betrübe: Du leitest mich mit deiner hand, Und wirst mich endlich in den stand Der rechten ehren setzen.

13. Wenn ich nur dich, o starker held, Behalt in meinem leide, So acht ich nicht, wann gleich zerfällt Das grosse weltgebäude: Du bist mein himmel, und dein schoos Bleibt allezeit mein burg und schloß, Wann diese erd entweichet.

14. Ob mir gleich leib und seel verschmacht, So kan ich doch nicht sterben: Denn du bist meines lebens macht Und läßst mich nicht verderben; Was frag ich nach dem erb und theil Auf dieser welt, du, du mein heil, Du bist mein theil und erbe.

15. Das kan die Gott'svergeßne rott Mit wahrheit nimmer sagen, Sie weicht von dir und wird zu spott, Verdirbt in grossen plagen; Mit aber ists, wie dir bewußt, Die gröste freud und höchste lust, Daß ich mich zu dir halte.

16. So will ich nun die zuversicht Auf dich beständig sezzen, Es werde mich dein angesicht Zu rechter zeit ergetzen; Indessen will ich stille ruhn, Und deiner weisen hände thun Mit meinem munde preisen.

Paul Gerhard.

Der 77. Psalm

Mel. Alles ist an GOttes segen.

317. Mein geschrey und meine thränen, Meine seufzer, angst und sehnen Hab ich himmel-auf geschickt. GOtt wird hülf und rettung senden, Zu ihm pfleg ich mich zu wenden, Wenn mich angst und trübsal drückt.

2. Meine hand pfleg ich aus schrecken, Zu dem HErren auszustrecken, Ganze nächt ruf ich ihn an: Meine seel ist voller schmerzen: Nimmt die pein ihr so zu herzen, Daß sie niemand trösten kan.

3. Wann ich mich nun so

muß kränken, Pfleg ich, HErr, an dich zu denken, Dir schrey ich in nöthen zu. Ja, mein augen seynd stets offen: Weil ich keinen schlaf darf hoffen, Hab doch tag und nacht kein ruh.

4. Dann es pflegt das stete wachen Mich so müd und matt zu machen, Daß mir auch die sprach entfällt; Drauf gedenk ich mit verlangen An die zeit, die schon vergangen; An die zeit der alten welt.

5. Ich gedenk an meine lieder Abends, nachts und mörgends wieder; Dann ich gar nicht ruhen kan, Auch pflegt mein geist in mir drinnen Diesen sachen nachzusinnen, Rede oft mich selber an:

6. Hat der HERR sein heil verschlossen? Will er ewiglich verstossen? Wo ist seine Vatershand? Wann er wollte gnad erzeigen, Würd er ja nicht also schweigen: Dann die noth ist ihm bekannt.

7. Hat nun GOtt den bund gebrochen? Hält er nicht, was er versprochen? Will er nicht mehr gnädig seyn? Ist die liebe ganz geendet, Und die huld in zorn verwendet? Muß ich in das grab hinein?

8. Aber doch, sprach ich hergegen: Was der HErr mir auf wird legen Will ich mit gedult ausstehn, Seine hand kan meine zähren In ein lieblich lachen kehren, Wie GOtt will, mag es ergehn.

9. Selber kan ich mir nicht rathen, Drum denk ich an deine thaten, Die du, HErr, zuvor geübt, Rede von den grossen werken, Pflege mich damit zu stärken, Wär ich noch so hoch betrübt.

10. GOtt, desgleichen nicht zu finden, Deine macht ist nicht zu gründen, Wo ist so ein GOtt, wie du? Du thust grosse wunderzeichen, Deines armes macht kan reichen Von dem west dem osten zu.

11. Es hat deine starke rechte Jacob und sein ganz geschlechte Losgemachet mit gewalt; Als die wasser dich, GOtt, spührten, Sahe man, wie sie sich rührten, Daß die weite luft erschallt.

12. Alle wellen stunden oben, Und die tiefen musten toben, Ja die fluth die bebte gar, Auch das wilde meer blieb stocken, War für ängsten gar erschrocken, Als es dich, HErr, ward gewahr.

13. Alle wasserströhme flossen: Weil die wolken sich ergossen, Und das grosse rund erkracht: Es bewegte seine stützen Von dem starken strahl und blitzen, Von des starken donners macht.

14. Dein weg war durch meeres=wellen, Und dein pfad in tiefen quellen, Doch ward nicht dein fuß gespührt, Darauf wurden deine lieben Durch den Mosen fort getrieben, Wie der hirt ein heerde führt.

Johann Frank.

Der 85. Psam.

Mel. HErr, ich habe mißgehandelt.

318. HErr GOtt, der du deinem lande Vormals gnad und segen bracht; Der du aus der ketten bande Vormals Jacob losgemacht: Der du derer schuld vergeben, Die an deiner güte kleben;

2. Der du unsre sündenflecken, Der du deines zornes brunst, Vormals pflegtest zuzudecken, Schenk uns nochmals deine gunst: Tröste doch uns arme leute, Gib uns deinen schutz zur beute.

3. Willt du dich denn ganz ergrimmen? Soll dein eifer ewig seyn? Können unsrer seufzer stimmen, Unsre thränen, unsre pein Dich, o Vater, nicht bewegen, Deinen zorn einst hinzulegen.

4. Siehe doch, HErr, unsern schaden; Siehe, wie wir sind zerstört, Zeig einmal ein blick der gnaden Deinem volke, das dich ehrt: Höre der betrübten schreyen, Laß uns deine hülf erfreuen.

5. Ach, daß ich das hören sollte, Daß der HErr des friedens huld Seinen kindern schenken wollte, Auf daß nicht aus ungeduld Sie in zweifel kommen möchten, Und sich selbst in thorheit brächten.

6. Doch er hat ja seinen lieben Hülf und rettung beygelegt, Will sie nicht so sehr betrüben, Wie ein treuer Vater pflegt: Er wird unser land verschonen, Daß darin soll ehre wohnen.

7. Recht und friede soll sich küssen, Gut und treu entgegen gehn, Man soll nichts von elend wissen, Freud und trost soll um uns stehn: Treue soll das erdreich bauen, Liebe soll vom himmel schauen.

8. Ja, der HErr wird auf uns richten Seines segens milden schein, Unser land wird reich an früchten, Reich an ruh und wonne seyn; Die gerechtigkeit wird grünen, Und man wird der wahrheit dienen.

Johann Frank.

Der 91. Psalm.

In bekannter Melodie.

319. Wer in dem schutz des Höchsten ist, Und sich GOTT thut ergeben, Der spricht: Du HErr, mein zuflucht bist, Mein Gott, hoffnung und leben, Der du ja wirst erretten mich Vons teufels stricken gnädiglich, Und von der pestilenze.

2. Mit seinen flügeln deckt er dich, Auf ihn sollt du vertrauen: Sein wahrheit schützt dich gwaltiglich, Daß dich bey nacht kein grauen, Noch betrübnis erschrecken mag, Auch kein pfeil, der da fleugt bey tag; Weil dir sein wort hell leuchtet.

3. Kein pestilenz dir schaden kan, Die in dem finstern schleichet, Kein seuch noch krankheit rührt dich an, Die im mittag umstreichet; Ob tausend stürben beyderseit, Und zehen tausend

send anderweit, Soll es doch dich nicht treffen.

4. Ja, du wirst auch noch lust und freud Mit deinen augen sehen An der gottlosen herzenleid, Wann vergeltung wird g'schehen: Weil der HErr ist dein zuversicht, Und dir der Höchst sein schutz verspricht, Drum, daß du ihm vertrauest.

5. Kein übel wird begegnen dir, Kein plag dein haus wird rühren, Dann er sein engeln für und für Besiehlet, dich zu führen, Und zu behüten vor unfall, Auf händen tragen überall, Daß kein stein dein fuß letze.

6. Auf löwn und ottern wirst du gehn, Und treten auf die drachen, Auf jungen löwen wirst du stehn, Ihr zähn und gift verlachen: Dann dir der keines schaden kan; Kein seuch kommt dem von andern an, Der auf GOtt thut vertrauen.

7. Er begehrt mein aus herzens grund, Und hofft auf meine güte, Drum helf ich ihm in aller stund, Ich will ihn wohl behüten, Ich will allzeit sein helfer seyn, Drum, daß er kennt den namen mein, Des soll er sich ja trösten.

8. Er ruft mich an, als seinen GOtt, Drum will ich ihn erhören, Ich steh ihm bey in aller noth, Ich will ihm hülf gewähren: Zu ehren ich ihn bringen will, Langs leb'n ihm geben ohne ziel: Mein heil will ich ihm zeigen.

9. Ehr sey dem Vater und dem Sohn, rc. Seite 233.

Sebald Heid.

Der 100. Psalm.

Mel. GOtt des himmels und der rc.

320. Alle welt, was lebt, und webet, Und in feld und häusern ist, Was nur stimm und zung erhebet, Jauchze GOtt zu jeder frist: Diene ihm, wer dienen kan, Kommt mit lust und freud heran.

2. Sprecht: Der HErr ist unser meister, Er hat uns aus nichts gemacht, Er hat unsern leib und geister an das licht hervor gebracht; Wir seynd seiner allmacht ruhm, Seine schaf und eigenthum.

3. Gehet ein zu seinen pforten, Geht durch seines vorhofs gang, Lobet ihn mit schönen worten, Saget ihm, lob, preis und dank, Dann der HERR ist jederzeit Voller gnad und gütigkeit.

4. GOtt des himmels und der erden, Vater, Sohn, heiliger Geist, Laß dein ruhm bey uns gros werden, Beystand selbst und hülfe leist: Gib uns kräften und begier, Dich zu preisen für und für. Joh. Frank.

Der 103. Psalm.

In bekannter Melodie.

321. Nun lob, mein seel, den HERREN, Was in mir ist, den namen sein, Sein wohlthat thut er mehren, Vergiß es nicht, o herze mein, Hat

Hat dir dein sünd vergeben, Und heilt dein schwachheit groß, Errett dein armes leben, Nimmt dich in seinen schoos, Mit reichem trost beschüttet, Verjüngt dem adler gleich: Der kön'g schaft recht, behütet, Die leid'n in seinem reich.

2. Er hat uns wissen lassen Sein heilges recht und sein gericht, Darzu sein güt ohn massen, Es mang'lt an sein'r erbarmung nicht: Sein zorn läßt er bald fahren, Straft nicht nach unser schuld, Die gnad thut er nicht sparen, Den blöden ist er hold: Sein güt ist hoch erhaben Ob den'n, die förchten ihn: So fern der ost vom abend, Ist unsre sünd dahin.

3. Wie sich ein vat'r erbarmet Ueb'r seine junge kindlein klein, So thut der HErr uns armen, So wir ihn kindlich fürchten rein: Er kennt das arm gemächte, Und weiß, wir sind nur staub; Gleichwie das gras vom rechen, Ein blum und fallends laub, Der wind nur drüber wehet, So ist es nimmer da, Also der mensch vergehet, Sein end, das ist ihm nah.

4. Die Gottesgnad alleine Steht fest und bleibt in ewigkeit Bey seiner lieben g'meine, Die stets in seiner furcht bereit, Die seinen bund behalten, Er herrscht im himmelreich. Ihr starken engel waltet, Seins lobs, und dient zugleich Dem grossen HErrn zu ehren, Und treibt sein heiligs wort; Mein seel soll auch vermehren Sein lob an allem ort.

5. Sey lob und preis mit ehren GOtt Vater, Sohn, heiligem Geist, Der woll in uns vermehren, Was er aus gnaden uns verheißt, Daß wir ihm fest vertrauen, Gänzlich uns lass'n auf ihn; Von herzen auf ihn bauen, Daß uns'r herz, muth und sinn Ihm tröstlich thun anhangen: Drauf singen wir zur stund: Amen, wir werdens erlangen, Glaub'n wir von herzens grund.

Joh. Poliander.

Der 110. Psalm.

Mel. Es ist das Heil uns kommen.

322. Der HErr sprach in sein'm höchsten thron Zu Christo, meinem HErren, Du bist mein eingebohrner Sohn, Dir gebührt göttlich ehre, Setz dich zu meiner rechten hand, Bis daß ich leg dein feind allsamt Zum schemel deiner füsse.

2. Der HErr wird dir auch aus Zion, Deins reichs, das scepter senden, Dein wort soll sich da heben an, Und gehn bis zur welt enden, Daß du sollt herrschen ganz und gar Ueb'r alle deiner feinde schaar, Daß sie ihr sünde büssen.

3. Wann du wirst durch das leiden dein Den tod und sünd bekriegen, Wird dir dein volk ganz willig seyn, Durch dich im glauben siegen; Dir werden

gereuen, Du bist ein priester ewiglich, Den Gott'sdienst zu verneuen Ganz nach der weis Melchisedech, Das alt opfer muß gar hinweg, Wann du dich selbst läßst tödten.

5. Doch wird der HErr stets bey dir seyn, Und stehn zu deiner rechten, Und strafen mit ewiger pein All die dir widerfechten, Zur zeit, wann einst sein zorn ergrimmt Die g'waltigen kön'ge hernimmt, Wird sie mit macht zerschmeissen.

6. Er wird herrlich, mit grossem pracht, Unter den heiden richten, Er wird thun gar viel grosse schlacht Wid'r die, so ihn vernichten: Er wird dem fürsten dieser welt, Der sich ihm stets zuwider stellt, Sein höllisch reich zerreissen.

7. In schwachheit, leiden, creutz und tod Wird er hie zeitlich sterben, Und überwinden alle noth, All Gottes güter erben, Und auferstehn am dritten tag, Daß er ewig regieren mag, Ein kön'g üb'r himm'l und erden.

8. Dafür wir sagen ehr und lob, Daß wir den Heiland haben, Singen und freu'n uns alle drob, Danken für solche gaben, Wie er uns in sein'm wort bericht, So wirs glau-

323. Wohl dem, der den HErrn scheuet, Und sich fürcht vor seinem Gott; Selig, der sich herzlich freuet, Zu erfüllen sein gebot, Wer den Höchsten liebt und ehrt, Wird erfahren, wie sich mehrt Alles, was in seinem leben Ihm vom himmel ist gegeben.

2. Seine kinder werden stehen, Wie die rosen in der blüth; Sein geschlecht wird einher gehen Voller gnad und GOttes güt: Und was diesen leib erhält, Wird der herrscher aller welt Reichlich und mit vollen händen Ihnen in die häuser senden.

3. Das gerechte thun der frommen Steht gewiß, und wanket nicht, Sollt auch gleich ein wetter kommen, Bleibt doch GOtt der HErr ihr licht, Tröstet, stärket, schützt und macht, Daß nach ausgestandner nacht, Und nach hochbetrübtem weinen Freud und sonne wieder scheinen.

4. GOttes gnad, huld und erbarmen Bleibt den frommen immer fest, Wohl dem, der die noth der armen Ihm zu herzen gehen läßt, Und mit liebe gutes thut, Den wird GOtt, das höchste gut, Gnädiglich in seinen armen, Als ein liebster vater, wärmen.

5. Wann

5. Wann die schwarzen wolken blitzen Von dem donner in der luft, Wird er ohne sorgen sitzen, Wie ein vöglein in der kluft; Er wird bleiben ewiglich, Auch wird sein gedächtnis sich Hier und da auf allen seiten, Wie die edlen zweig, ausbreiten.

6. Wann das unglück will ankommen, Das die rohen sünder plagt, Bleibt der muth ihm unbenommen, Und das herze unverzagt; Unverzagt, ohn angst und pein, Bleibt das herze, das sich fein Seinem GOTT und HErrn ergiebet, Und die, so verlassen, liebet.

7. Wer betrübte gern erfreuet, Wird vom Höchsten wohl ergetzt, Was die milde hand ausstreuet, Wird vom himmel hoch ersetzt; Wer viel gibt, erlanget viel: Was sein herze wünscht und will, Das wird GOtt mit gutem willen Schon zu rechter zeit erfüllen.

8. Aber seines feindes freude Wird er untergehen sehn, Er, der feind, vor grossem neide, Wird zerbeissen seine zähn: Er wird knirschen, Und mit grimm Solches glück mißgönnen ihm, Und doch damit gar nichts wehren, Sondern sich nur selbst verzehren. Paul Gerhard.

Der 118. Psalm.

Mel. Zion klagt mit angst und 2c.

324. Hilf uns, HErr, in allen dingen, Daß wir unser amt und werk Wohl anfangen und vollbringen: Gib uns weisheit, kraft und stärk: Ohne deine segenshand; Ist verlohren stadt und land; Hilf uns, HErr, in allen dingen, Und laß alles wohl gelingen.

2. Hilf uns, HErr, an allen orten, Wo wir dein bedürftig seyn, Brich der höllen macht und pforten, Und gib deinem häufelein, Und der ganzen christenheit, Liebe, fried und einigkeit; Hilf uns, HErr, 2c.

3. Hilf uns, HErr, auf allen seiten, Im gelück und ungelück, Kämpfen, streiten und arbeiten Wider satans list und tück; Wider fleisches lust und pracht; Wider weltlich ehr und macht; Hilf uns, HErr, in allen 2c.

4. Hilf uns, HErr, in allen nöthen, Aller trübsal und gefahr, Alles, was uns könnte tödten Und verderben ganz und gar, Durch dein hand und deinen fuß Uns zum besten dienen muß; Hilf uns, 2c.

5. Hilf uns, HErr, aus allen fluthen Der betrübten kriegesnoth, Wirf einmal dein's zornes ruthen In die glut, die feuerroth, Laß uns ohne dieses joch Nur im frieden sterben noch; Hilf uns, 2c.

6. Hilf uns, HErr, aus allem jammer Der besorgten hungersnoth, Die uns führt zur todeskammer, Und ist ärger, als der tod; Unser mäslein uns beschehr, Ueberfluß und mangel wehr; Hilf uns, 2c.

7. Hilf uns, HErr, aus allem

leiden In der lezten todesnoth, Laß uns fahren hin mit freuden, Und durch dich und deinen tod Bald und glücklich kommen fort Zum gewünschten lebensport; Hilf uns, HErr, in allen dingen, Und laß alles wohl gelingen.

8. Hilf uns, HErr, aus allen ängsten Dieser eiteln kurzen zeit, In das land, da wir am längsten Bleiben in all ewigkeit, In das schöne paradeis, Uns zur freude, dir zum preis; Hilf uns, HErr, in allen dingen, rc.

9. Hilf uns, HErr, aus allem zweifel In der höchsten seelenangst, Die uns welt, vernunft und teufel Eingebildet hat vorlängst, O HErr JEsu! laß dein wort Seyn und bleiben unser hort: Hilf uns, rc.

10. Hilf uns, HErr, aus allem grauen In der grösten sündenangst, Daß wir auf die zahlung bauen, Die du hast gethan vorlängst: O HErr JEsu! laß dein blut Mir ja kommen auch zu gut; Hilf uns, rc.

11. Hilf uns, HErr, in lezten zügen, Aus der letzten höllenangst, Laß uns ritterlich obsiegen, Wie du obgesieget längst: O HErr JEsu, deine hand Leist uns beystand und bestand, Daß

ten glauben wandeln hie Im g'setz GOttes des HErren, Es sind doch selig allesamt, Die sein zeugnis vor augen hant, Von herzen ihn begehren; Dann welches übelthäter sind, Die wandeln nicht als GOttes kind, Auf seine weg nicht halten. Ach, HErre GOtt vom himmelreich, Du hast geboten, fleißiglich All dein gebot zu halten.

2. O GOtt, daß alles leben mein Gerichtet würd nach gfallen dein, Zu halten deine rechte, Dann würd ich nicht zu schanden gahn, Wann ich ganz fleißig schaute an Deine gebot all schlechte. So dank ich dir mit herzigkeit Dem g'richt deiner gerechtigkeit, Die du mich lehrst ohn massen, Dann deine recht ich halten will, Mit deiner gnad du zu mir eil, Thu mich nicht gar verlassen.

3. Wo bessert nun ein jüngling zart Sein weg, dann so er sich bewahrt Nach deinen worten allen, Hab dich von ganzem herzen mein Gesucht, o HErr, nicht laß mich hin Von dein'n geboten fallen: So hab ich doch die rede dein Verborgen in mein herz hinein, Daß ich vor dir nicht sündge. Gebenedeyt, du

o HErr, Mit lust zu wandeln, hab ich mehr Denn all'n reichthum erwählet: In dein'm befehl red ich allein, Dann menschengsetz sind gar nicht rein, Ich schau auf deine pfade: Nach deinen rechten lüst't mich viel, Dein wort ich nicht vergessen will, Verleih mir deine gnade.

Matthäus Greiter.

Der 121. Psalm.

Mel. Wann wir in höchsten 2c.

326. Ich heb mein augen sehnlich auf, Und seh die berge hoch hinauf, Wann mir mein GOtt vom himmelsthron Mit seiner hülf zu statten komm.

2. Mein hülfe kommt mir von dem Herrn, Er hilft uns ja von herzen gern, Himmel und erd hat er gemacht, Er hält über uns hut und wacht.

3. Er führet dich auf rechter bahn, Wird deinen fuß nicht gleiten lahn, Setz nur auf Gott dein zuversicht, Der dich behütet, schläfet nicht.

4. Der treue hüter Israel Bewahret dir dein leib und seel: Er schläft nicht, weder tag noch nacht, Wird auch nicht müde von der wacht.

5. Vor allem unfall gnädiglich Der fromme GOtt behütet dich, Unter dem schatten seiner gnad Bist du gesichert früh und spat.

6. Der sonnen hitz, des mondes schein Sollen dir nicht beschwerlich seyn, GOtt wendet alle trübsal schwer Zu deinem nutz und seiner ehr.

7. Kein übels muß begegnen dir, Des Herren schutz ist gut dafür: In gnad bewahrt er deine seel Vor allem leid und ungefäll.

8. Der HErr dein ausgang stets bewahr, Zu weg und steg gesund dich spahr, Bring dich zu haus in sein'm geleit, Von nun an bis in ewigkeit.

D. Cornelius Becker.

Der 124. Psalm.

Mel. Wo Gott der Herr nicht bey 2c.

327. Wär Gott nicht mit uns diese zeit, So soll Israel sagen: Wär Gott nicht mit uns diese zeit, Wir hätten müssn verzagen, Die, so ein armes häuflein sind, Veracht von so viel menschenkind, Die an uns setzen alle.

2. Auf uns ist so zornig ihr sinn, Wo GOtt das hätt zugeben, Verschlungen hätten sie uns hin Mit ganzem leib und leben: Wir wärn, als die ein fluth ersäuft, Und über die gros wasser läuft, Und mit gewalt verschwemmet.

3. Gott lob und dank, der nicht zugab, Daß ihr schlund uns möcht fangen, Wie ein vogel des stricks kommt ab, Ist unsre seel entgangen; Strick ist entzwey, und wir sind frey, Des HErren namen steh uns bey, Des Gotts himmels und erden.

4. Ehr sey dem Vater und dem Sohn, 2c. wie Seite 233. stehet.

D. Martin Luther.

Eine

Eine andere Composition.

In bekannter Melodie.

328. Wo GOtt der Herr nicht bey uns hält, Wann unsre feinde toben, Und er unsrer sach nicht zufällt Im himmel hoch dort oben, Wo er Israels schutz nicht ist, Und selber bricht der feinde list, So ists mit uns verlohren.

2. Was menschen kraft und witz anfäht, Soll uns billig nicht schrecken, Er sitzet an der höchsten stätt, Er wird ihr'n rath aufdecken: Wann sies aufs klügste greifen an, So geht doch GOtt ein andre bahn, Es steht in seinen händen.

3. Sie wüten fast und fahren her, Als wollten sie uns fressen, Zu würgen steht all ihr begehr, GOtt's ist bey ihn'n vergessen. Wie meeres wellen einher schlan; Nach leib und leben sie uns stahn, Des wird sich GOtt erbarmen.

4. Sie stellen uns, wie ketzern, nach, Nach unserm blut sie trachten, Noch rühmen sie sich christen hoch, Die GOtt allein gros achten. Ach, GOtt, der theure name dein Muß ihrer schalkheit deckel seyn, Du wirst einmal aufwachen.

5. Aufsperren sie den rachen weit, Und wollen uns verschlingen, Lob und dank sey GOtt allezeit, Es wird ihn'n nicht gelingen, Es wird ihr strick zerreissen gar, Und stürzen ihre falsche lahr, Sie werdens GOtt nicht wehren.

6. Ach, HErr GOtt, wie reich tröstest du, die gänzlich sind verlassen, Die gnadenthür steht nimmer zu, Vernunft kan das nicht fassen; Sie spricht: es ist nun alls verlohrn, Da doch das creutz hat neu gebohrn, Die deiner hülf erwarten.

7. Die feind sind all in deiner hand Darzu all ihr gedanken, Ihr anschläg sind dir wohl bekannt, Hilf nur, daß wir nicht wanken: Vernunft wider den glauben ficht, Aufs künftig will sie trauen nicht, Da du wirst selber trösten.

8. Den himmel und auch die erden Hast du, HErr GOtt, gegründet, Dein licht laß uns helle werden; Das herz uns werd entzündet In rechter lieb des glaubens dein, Bis an das end beständig seyn, Die welt laß immer murren.

9. Ehr sey dem Vater und dem Sohn, &c. wie Seite 233 stehet. D. Just. Jonas.

Der 125. Psalm.

Mel. Was mein GOtt will, das &c.

329. Nun, welche hie ihr hofnung gar Auf GOTT den HErren legen, Die bleiben stets unwandelbar, Und lahn sich nicht bewegen, Ihr glaub ist satt, Kein mangel hat, Von GOTT hat er die stärke; Darum spricht man; Sie werden bstahn, Gleichwie Zion, der berge.

2. Denn um die stadt Jerusalem Da ist gar viel gebürge, Damit der feind kein zugang nehm,

nehm, Daß er sie nicht erwürge. Also thut GOtt In aller noth Sein glaubig volk umgeben, Und bey ihm stahn Von jetzund an Und bis ins ewge leben.

3. Gott ist gerecht und allweg gut, Der wird auch nicht zulassen Der sünder und gottlosen wuth Ueber die Gott'sgenossen, Auf daß der g'recht Nicht werd geschwächt, Daß er in sünd nicht falle Mit seiner händ, Das doch GOtt wend, Behüt die frommen alle.

4. O HErr, thu wohl den frommen all, Die recht im glauben leben; Die aber treten in abfall, Und sich in irrthum geben, Die wird der HErr Verwerfen ferr, Mit den sündern zerstöhren; Aber ohn fehl Hab Israel Den frieden GOtt's des HErren.

5. Ehr sey dem Vater und dem Sohn, Und auch dem heilgen Geiste, Als er im anfang war und nun, Der uns sein gnade leiste, Daß wir wandeln, Und stets handeln, Zu lob göttlichem namen, Wer das begehrt, Dem wirds gewährt, Nun sprecht von herzen: amen.

Matthäus Greiter.

Der 127. Psalm.

In eigener Melodie.

330. Wo GOtt zum haus nicht gibt sein gunst, So arbeit jedermann umsonst: Wo GOtt die stadt nicht selbst bewacht, So ist umsonst der wächter wacht.

2. Vergebens, daß ihr früh aufsteht, Darzu mit hunger schlafen geht, Und esst eur brod mit ungemach, Dan wems Gott gönnt, gibt ers im schlaf.

3. Nun sind sein erben unser kind, Die uns von ihm gegeben sind; Gleichwie die pfeil ins starken hand, So ist die jugend GOtt bekannt.

4. Es soll und muß dem gschehen wohl, Der dieser hat sein'n köcher voll, Sie werden nicht zu schand und spott, Vor ihrem feind bewahrt sie GOtt.

5. GOtt Vater, Sohn, und heilger Geist, Von dem uns alle gnad herfleußt. Wir loben dich, wir danken dir Mit unsern kindern für und für.

D. Martin Luther.

Der 128. Psalm.

Mel. Wo GOtt zum haus nicht.

331. Wohl dem, der in GOttes furcht steht, Und auch auf seinen wegen geht, Dein eigne hand dich nähren soll, So lebst du recht und geht dir wohl.

2. Dein weib wird in dein'm hause seyn, Wie ein reben voll trauben fein, Und deine kinder um den tisch, Wie ölpflanzen, gesund und frisch.

3. Sieh, so reich'r segen hängt dem an, Wo in GOttes furcht lebt ein mann, Von ihm läßt der alt fluch und zorn, Den menschenkindern angebohrn.

4. Aus Zion wird GOtt segner

nen dich, Daß du wirst schauen stetiglich Das glück der stadt Jerusalem, Vor GOtt in gnaden angenehm.

5. Fristen wird er das leben dein, Und mit güte stets bey dir seyn, Daß du wirst sehen kindeskind, Und daß Israel friede find.

6. Ehr sey dem Vater und dem Sohn, Samt heilgen Geist in einem thron, Welchs ihm auch also sey bereit Von nun an bis in ewigkeit.

D. Mart. Luther.

Der 130. Psalm.

Mel. HErr, ich habe mißgehandelt.

332. Aus der tiefe meiner sinnen Ruf ich, grosser HErr, zu dir, Der du von der sternen zinnen Blickest auf den rund allhier, Laß die seufzer meiner stimmen Ueber sich gen himmel klimmen.

2. Laß dein ohren auf mich merken, Laß mein schreyen vor dich gehn: Dann wo du nach unsern werken Strafest, HErr, wer wird bestehn? Du wirst keines menschen schonen, Wo du nach verdienst wirst lohnen.

3. Aber deine grosse güte Die erlässet derer schuld, Die aus kindlichem gemüthe Sich vertrauen deiner huld, Die ihr übelthat bereuen, Und zu dir um gnade schreyen.

4. HErr, ich will auf dich stets bauen, Meine seele harret dein: Auf dein wort will ich vertrauen, Wann der helle tag bricht ein, Und wann er des abends schwindet, Und sich morgens wieder findet.

5. Israel, dein hoffnung lade Auf des HErren starke macht; Dann bey ihm ist lauter gnade, Ja, er hat erlösung bracht, Er wird Israel erretten Aus den schweren sündenketten.

Joh. Frank.

Der 133. Psalm.

Mel. Nun kommt der heyden ꝛc.

333. Sich, wie lieblich und wie fein Ists, wann brüder friedlich seyn, Wann ihr thun einträchtig ist, Ohne falschheit, trug und list.

2. Wie der edle balsam fleußt, Und sich von dem haupt ergeußt, Weil er von sehr guter art, In des Aarons ganzen bart;

3. Der herab fleußt in sein kleid, Und erreget lust und freud, Wie befällt der thau Hermon Auch die berge zu Zion.

4. Dann daselbst verheißt der Herr Reichen segen nach begehr, Und das leben in der zeit, Und auch dort in ewigkeit.

5. Aber, ach, wie ist die lieb So verloschen, daß kein trieb Mehr auf erden wird gespührt, Der des andern herze rührt.

6. Jedermann lebt für sich hin In der welt nach seinem sinn, Denkt an keinen andern nicht; Wo bleibt da die liebespflicht?

7. O HErr JEsu, GOttes Sohn, Schau doch einst von

deinem thron, Schaue die zerstreuung an, Die kein mensch nicht bessern kan.

8. Sammle, grosser menschenhirt, Alles, was sich hat verwirrt: Laß in deinem gnadenschein Alles ganz vereinigt seyn.

9. Gieß den balsam deiner kraft, Der dem herzen leben schaft, Tief in unser herz hinein, Strahl in uns den freudenschein.

10. Bind zusammen herz und herz, Laß uns trennen keinen schmerz, Knüpfe selbst durch deine hand Das geheil'gte brüderband.

11. So, wie Vater, Sohn und Geist, Drey und doch nur eines heißt, Werd vereinigt ganz und gar Deine ganze liebesschaar.

12. Was für freude, was für lust Wird uns da nicht seyn bewußt: Was sie wünschet und begehrt, Wird von GOtt ihr selbst gewährt.

13. Alles, was bisher verwundt, Wird mit lob aus einem mund Preisen GOttes liebesmacht, Wann er alls in eins gebracht.

14. Kraft, lob, ehr und herrlichkeit Sey dem Höchsten al-

saßen wir mit schmerzen, Als wir gedachten an Zion, Da weinten wir von herzen, Wir hiengen auf mit schwerem muth Die harpfen und die orgeln gut An ihre bäum der weiden, Die drinnen sind in ihrem land, Da mußten wir viel schmach und schand Täglich von ihnen leiden.

2. Die uns gefangen hielten lang So hart an selben orten, Begehrten von uns ein gesang Mit gar spöttischen worten, Und suchten in der traurigkeit Ein frölich gsang in unserm leidt Ach, lieber, thut uns singen Ein lobgesang, ein liedlein schon Von den gedichten aus Zion, Das frölich thut erklingen.

3. Wie sollen wir in solchem zwang Und elend jetzt vorhanden, Dem HErren singen ein gesang, So gar in fremden landen? Jerusalem, vergeß ich dein, So wollte GOtt der rechten mein Vergessen in mein'm leben: Wann ich nicht dein bleib eingedenk, Mein zung sich oben angehenk, Und bleib im rachen kleben.

4. Ja, wann ich nicht mit ganzem fleiß, Jerusalem, dich ehre, Im anfang deiner freu-

Den boden woll'n wir brechen.

5. Du schnöde tochter babylon, Zerbrochen und zerstöhret, Wohl dem, der dir wird gebn den lohn, Und dir das wiederkehret, Dein übermuth und schalkheit gros, Und mißt dir auch mit solchem maas, Wie du uns hast gemessen; Wohl dem, der deine kindlein klein Ergreift, Und schlägt sie an ein stein, Damit dein wird vergessen.

6. Ehr sey dem Vater und dem Sohn, Und auch dem heilgen Geiste, Als er im anfang war und nun, Der uns sein gnade leiste, Daß wir auf diesem jammerthal Von herzen scheuen überall Der welt gottloses leben, Und streben nach der neuen art, Darzu der mensch gebildet ward; Wer das begehrt, sprech: amen.

Wolfgang Dachstein.

Der 139. Psalm.

In voriger Melodie.

335. HErr GOtt, der du erforschest mich, Erkennst mein ganzes leben, Mein aufstehen und sitzen, ich Bekenn, von dir wird geben: All mein gedanken, so ich han, Vor dir, o GOtt, eröffnet stahn, Erkennst mein thun und lassen, Dann du bist stets um meinen pfad, Der ringsweis um mein lager gaht, Spähst aus all meine strassen.

2. Es ist kein wort in meinem mund, Noch red auf meiner zungen, Das dir nicht alles vor sey kund, Eh sie werd'n gredt noch gsungen, Ich geh, steh, was ich immer thu, So bist du da, und siehst mir zu, Ohn dich nichts guts vollbringe, Du richtst es dann vor in mir an, Dein hand mich kräftig führt auf d'bahn, Mir mag sonst nichts gelingen.

3. Ich bin zu schwach in mein'm verstand, Solch heimlichkeit z'erlangen, Vernunft treibt daraus nur ein tand, Im glauben wirds empfangen; Wo soll ich hingehn vor deim Geist, Der aller herz'n gedanken weißt? Dein angsicht weiß mein fliehen: Führ ich gen himmel, bist du da, Auch in der höll und anderstwo, Kan mich dein nicht entziehen.

4. Nehm ich flügel der morgenröth, Und blieb am end des meeres, Dein hand wird mich in aller noth Erhalten und ernähren; Spräch ich: finsternis decke mich, So gilt der tag und nacht dir gleich, Die nacht leucht wie der tage, Bey dir finster nicht finster ist; All heimlich sünd zu aller frist Dir niemand kan verschlagen.

5. Mein nieren hast in deiner gwalt, Auch all mein heimlich lüste, Wie ich in mutterleib war gstalt, Ohn mich hasts zugerüstet: Dein rechte hand stets war ob mir, Von herzensgrund dessen dank ich dir Dein wunderlichen thaten, Damit du mich machst wun-

dersam: Mein seel solch gutthat wohl vernahm, Daß es gefiel dein'm rathe.

6. All mein gebein hast du gezählt, Da ich solt gbildet werden, Dein' augen auch auf mich gestellt Da ich lag in der erden, In mutterleib noch unbereit, Des kein vernunft nicht weiß bescheid: Mein tag vor dir seynd zählet, Davon noch zu kein mensch kan thun, In dein'm buch all geschrieben stohn, Wie lang dus hast erwählet.

7. Wie köstlich seynd vor mir o GOtt, Dein vielfältig gedanken, Ihr summ des sands am meere hat, Von dir werd ich nicht wanken. So ich vom tod auch sonst aufwach, Dein gnad mich halt in aller sach, Bey dir ich werde bleiben; Die gottlos rott, o höchster GOtt, Die tödt, tilg aus, und mach zu spott, Das blutvolk gar vertreibe.

8. Sie reden stets unrecht von dir, Was dient zu ihren sachen: So bald dein wort will klar herfür, Ohn ursach sich aufmachen. Ich haß ja, HErr, die hasser dein, Die dir und deim wort zwider seyn, Darwider alle streben; Darum sie mir all werden feind, Viel schmach und leids erzeigend seynd, Wollst mir das siegen geben.

9. Erforsch mich HErr, erfahr mein herz, Versuch all mein gedanken, Und sieh, ob mein thun hinterwärts Auf einge seit woll wanken; Ob ich sey treten ab der bahn; Laß mich, o HErr, nicht fürbas gahn, Auf rechtem weg mich leite, Der dir gefall und ewig sey, Mein g'wissen, leib und seel dir frey Ewig stets sey bereite.

10. Ehr sey dem Vater und dem Sohn rc. wie bey dem vorigen Psalm.

Heinrich Vogter.

Der 143. Psalm.

Mel. Zion klagt mit angst und schm.

336. GOtt, mein GOtt, du wollst beystehen, Wegen deiner wahrheit, mir, Hören mein gebet und flehen, Mich nicht lassen für und für: Richte ja nicht deinen knecht, Niemand ist vor dir gerecht; Niemand wird vor dir gefunden Ausser sünd und eiterwunden.

2. Schaue, wie mein feind mich dränget, Wie er meine seele gar Niederdruckt, zur erden zwinget, Und nur dichtet auf gefahr: Wie er mich ins finstre stellt, Gleich den todten in der welt: Mein geist voller angst hinfähret, Und mein herze sich verzehret.

3. Ich gedenke, GOtt, der zeiten Unsrer väter, oft mein mund Deine thaten muß ausbreiten, Und der nachwelt machen kund: Ich sag allen völkern an, Was du, grosser GOtt, gethan: Ich ausbreite meine hände, Und in noth mich zu dir wende.

4. Wie ein kind, so man entwehnet,

wehnet, Stets an seine mutter denkt, So sich meine seele seh:net, Und um dich so schmerzlich kränkt: HErr, nach dir sie allzuhand Dürstet, wie ein dürres land: Sie geht ausser dir im leiden, Und hat weder lust noch freuden.

5. HErr, mein retter, mich erhöre, Dann mein geist vergehet schier, Du, du bist mein ruhm und ehre, Ach verbirge nicht vor mir, Mein GOtt, deines antlitz licht, Laß mich denen gleichen nicht, Welche sündlich vor den jahren, In die finstre grube fahren.

6. Leite mich nach wohlgefallen, Der du meine zuflucht bist, Rette mich von denen allen, Die mir stellen nach mit list, Rette meinen schimpf und spott, Du, du bist mein HErr und GOTT: Mich dein guter Geist regiere, Und auf ebner bahne führe.

7. GOtt, um deines namens willen, Um dein selbst, HErr Zebaoth, Wirst du meine seele stillen, Und sie retten aus der noth: Du wirst meiner feinde schaar Plötzlich tilgen ganz und gar: Weil vor dir ich ängstlich flehe, Und in deinen diensten stehe.

Der 150. Psalm.

Mel. Ach HErr, mich armen rc.

337. Lobet GOtt, unsern HErren, In seinem heiligthum, Zu lobe seinen ehren Macht herrlich seinen ruhm: Lobt ihn im firmamente, Da seine gros gewalt Und sein stark regimente Zu sehn ist mannigfalt.

2. Lobet mit herz und munde All seine wunderthat, Die er zu aller stunde Häufig verrichtet hat: Ob seiner majestäten Und grossen herrlichkeit, Thut sein lob weit ausbreiten In alle ewigkeit.

3. Lobet ihn frölich alle Mit der posaunen klang, Dem HErren zu gefallen, Macht ein lieblich gesang. Mit psalter, harf'n und geigen, Samt andern instrument, Mit paucken, pfeif'n und reigen Preiset sein lob behend.

4. Des HErren namen alle Lobet mit saitenspiel, Mit hellem cymbelschalle Macht seines lobes viel, Mit cymbeln, die wohl klingen Rühmt seine gütigkeit, Von seinem lob thut singen Immer und allezeit.

5. Es soll den HErren loben Und preisen immerdar, Im himmel hoch dort oben Die engelische schaar; Desgleichen auch auf erden Alles, was odem hat, Soll seines ruhms voll werden, Preisen sein wunderthat.

6. Amen mit mund und herzen, Sprecht, o ihr glaubge schaar, All traurigkeit und schmerzen Treibt von euch ganz und gar: Seyd frölich in dem HErren, Und lobt ihn allezeit, Er wird in freud verkehren All euer herzenleid.

7. Er

7. Er wird euch reichlich geben All's, was euch nöthig ist, Allhier in diesem leben, Und dort zu aller frist: Wird euch in himmel führen, Und selig machen gar, Thuts mit ein'm eyd betheuren. Amen, das werde wahr.

Fünfter Theil,

hält in sich

Allgemeine Bet- Lob- und Dank-Lieder.

Mel. Ach GOtt und HErr, wie rc.

338. Ach GOtt und HErr, Dein lob und ehr Mein mund soll täglich preisen: Dieweil du mir Stets für und für Viel gutthat thust beweisen; Drum keine noth, O frommer GOtt, Von dir mich soll abreissen.

2. Wie wunderbar, So manches jahr Hast du mich HErr, geführet, Mit deiner gnad, Beyd früh und spat, Ganz väterlich regieret, Wie hab ich oft, Ganz unverhoft, Dein treue hülf gespühret.

3. Noch heut zu tag, Ohn alle klag, Thust du mich auch ernähren, Das täglich brod Zur leibesnoth Gar mildiglich bescheren: Hast mich auch bracht, Durch deine macht, Zu meinem stand und ehren.

4. Ob du wol auch, Nach deinem brauch, Die ruthen brauchst darneben, Hast mir bisher, Mit grosser b'schwer, Ein pfahl ins fleisch gegeben, So spühr ich doch, Daß du läßst noch Dein gnad über mir schweben.

5. Dran will ich mich Ganz williglich Allzeit lassen genügen; Das andre all's Wirst du gleichfalls Mir auch zum besten fügen: Dein wort zu mir, Mein glaub zu dir, Wird mich ja nicht betrügen.

6. Doch will ich dir Nichts schreiben für, Du wirsts am besten machen: Laß nur, o HErr, Zu deiner ehr Gereichen alle sachen: Dann deine kraft Gibt trost und saft, Ist mächtig in den schwachen.

7. Des tröst ich mich, Darum will ich Mir gar nichts lassen grauen, Gehs, wie es will, Ich halt dir still, Will deiner güt vertrauen, In creutz und noth, Ja bis in tod, Beständig auf dich bauen.

Mel. Ach! was soll ich sünder rc.

339. Alles, was mir GOtt gegeben, Was mein leib und seel erfreut,

Hier und dort in ewigkeit, All mein thun, mein ganzes leben, Zeigt mir meines GOttes treu Immer alle morgen neu.

2. Nichts von allem, das ich habe, Hab ich auf die welt gebracht, Nichts von allem gut und pracht. GOttes güte, GOttes gabe, Ists allein, die hülf und rath Schafft, und segnet früh und spat.

3. Nun, mein GOtt, ich will dich preisen Ich will immer breiten aus Deinen ruhm in deinem haus; Ich will immer mehr erweisen Dir, mein GOtt, zu aller zeit, Ehre, dienst und dankbarkeit.

4. Als dein allmacht hat gegeben, Eh ich war auf dieser welt, Eh ich wußt, was dir gefällt, Mir in mutterleib das leben, Hat mir deine liebeshand Alle wohlthat zugewandt.

5. Meine seele, leib und leben, Augen, ohren, fleisch und blut, Was ich habe, ist dein gut: Du hast mir, mein GOtt, gegeben Mein verstand, vernunft und sinn, Dein ist alles, was ich bin.

6. Alle meine freud und wonne, Alle meine seligkeit, Alle himmelsherrlichkeit Hat mein JEsus, meine sonne, Mir erworben durch sein blut, Meiner seelen höchstes gut.

7. Rein bin ich von meinen sünden, Frey von seelenangst und noth, Frey vom teufel, höll und tod, In der taufe kan ich finden Solchen schatz; weil GOtt ist mein, Werd ich ewig bey ihm seyn.

8. In dem lebenswort der gnaden Find ich meines herzens theil, Meiner seelen schmuck und heil: Nichts kan alle welt mir schaden: Weil mein GOtt mich selbst bewacht, Und stürzt aller feinde macht.

9. Alle solche lieb und treue, Die mein JEsus mir bereit, Preis ich frölich jederzeit: Hilf, GOtt, daß mich stets erfreue Solche deine gütigkeit, Dir zu lob in ewigkeit.

Mel. HErr, ich habe mißgehandelt.

340. GOtt, du stifter aller wonne, Dessen gnadenschein durchwirkt, Was allhier die heisse sonne Mit dem weiten strahl umzirkt, Dich muß aller athem loben, Was auf erden, unten, oben.

2. Alles wild, was auf der heyden, Was durch büsch und hecken geht, Alles rindvieh auf den weyden, Was im stall und hürden steht, Was auf bäum und felsen klimmet, Was durch see und flüsse schwimmet.

3. Auch die schaar, die man in lüften Allenthalben singen hört, Und die ohne kunst und schriften Uns die sorgen meiden lehrt, Muß vor dir die stimm erheben: Muß mit furcht dir ehre geben.

4. Alle gräslein auf den feldern, Alles, was in gärten blüht, Alle blümlein in den wäldern, Alles, was man grünen sieht, Muß, wann gleich die menschen schwei-

schweigen, Deinen ruhm und macht bezeugen.

5. Wie sollt ich dann dis verheelen, Was das stumme laubwerk preißt? Sollt ich nicht vielmehr erzählen, Was du, HErr, mir hast erweißt? Mir, der ich mit bösem leben Anlaß dir zum zorn gegeben?

6. Du hast mich aus nichts formiret, Hast von sünden mich erlößt: Hast mich mit verstand gezieret, Und durch deinen Geist getröst: Hast mich dir zum dienst erwählet, Von verdammnis losgezählet.

7. Du läßst mir zu gut ausspriessen, Bäume, kräuter, öl und most, Daß ich dessen kan geniessen, Gibst mir wild und vieh zur kost: Erde, meer und luft muß geben, Was da noth zu meinem leben.

8. Wer kan deine güt erzählen? HErr, dis ist für mich zu viel, Zeit und wort und kräfte fehlen, Dann dein hülf ist ohne ziel; Darum laß mein kindlich lallen Dir in einfalt, HErr, gefallen. Joh. Frank.

Die Litaney Reimenweise.

Mel. Nimm von uns, HErr, du ɾc.

341. GOtt Vater in dem himmelreich, GOtt Sohn, GOtt heilger Geist zugleich, Du heilige Dreyfaltigkeit Ein einger GOtt in ewigkeit, Erhöre doch genädiglich, Was auf dein wort wir bitten dich.

2. Ach, lieber GOtt, unser verschon, Uns ja nicht nach verdienste lohn, Erbarme dich durch deine gnad, Vergib all unsre missethat, Nach deiner väterlichen güt, Uns unsern leib und seel behüt.

3. Behüt uns, o HErr JEsu Christ! Vors satans tück, betrug und list, Wend ab von uns sein feurge pfeil, Damit er uns nicht übereil; Ach lieber GOtt! verlaß uns nicht, Wann fleischund weltlust uns anficht.

4. Behüt uns, HErr, durch deine hand, Vor irrthum, laster, sünd und schand, Vor krieg, vor aufruhr, haß und neid, Vor ungewitter, theurer zeit, Vor pestilenz und schnellem tod, Vor feuer und vor wassersnoth!

5. Bewahr uns vor der seelen tod, Hilf, helfer in der letzten noth, Vor allem, HErr, verlaß uns nicht, Wann wir erscheinen vor gericht, Ist JEsus doch mensch worden drum, Daß keiner von uns käme um!

6. Durch dein geburt, o JEsu Christ! der du der sünder Heiland bist, Und durch dein rosinfarbes blut Das uns vergossen ist zu gut, Durch dein siegreiches auferstehn, Hilf uns mit dir zum himmel gehn.

7. Dein christlich kirch, HErr GOtt, bewahr Bey deines wortes reinen lahr: Gib, daß die kirchendiener seyn Am wort und leben alle rein: Zur predigt gib des Geistes kraft, Daß

sie frucht bring und bey uns haft.

8. In dein erndt treu arbeiter send: Secten und ketzerey abwend; Tilg alle rottengeister aus In deinem heilgen kirchenhaus: Die irrig gehn, bring auf den weg, Und führ sie auf der wahrheit steg.

9. Auch stürz durch dein gewaltge hand, Die deinem wort thun widerstand, Und vor des grausam türken g'walt Dein reich und arme kirch erhalt, Die sich hier leiden muß auf erd, Der'n blut vor dir ist theur und werth.

10. Regier nach deines Geistes rath, Die kayserliche majestät, Daß sie dein arme christenheit Beschütz zu dieser bösen zeit Wid'r aller feinde tyranney, Dasselb, o lieber GOtt, verleih!

11. Laß fürst'n und herren insgemein In friedenstreu einträchtig seyn: Gib, daß die unterthanen dich, Samt ihnen lieben inniglich: So wird es wohl im laude stehn, Und alles wohl von statten gehn.

12. Vornehmlich unsern Landesherrn Wollst du mit segen reichlich mehrn, Ihm deines Geistes gnade geb'n Recht zu regieren und zu leb'n: Den stadtrath samt der ganzen g'mein, Die laß dir auch befohlen seyn.

13. Der christenheit in ihrer noth Mit hülf erschein, o HErre GOtt! Erfrische der bedrängten herz, Wend ab all ungemach und schmerz: Die waysen schütz mit deiner hand, Die wittwen tröst in ihrem stand.

14. Bewahr, o HErr! die schwangern all: Und unsre kinder vor unfall: Hilf allen, die sind schwach und krank, Daß ihr hoffnung auf dich nicht wank, Mach sie an leib und seel gesund, Und tröst sie in der letzten stund.

15. Ach, liebster JEsu, gib gedult Den'n, die da leiden ohne schuld, Errett sie aus der feinde händ, Ihr elend und gefängniß wend, Bekehr und tröst in letzter noth, Die man vom leben bringt zum tod.

16. Auch den'n, so unsre feinde sind, Vergib ihr missethat und sünd: Gib, daß wir ihnen auch vergeb'n, Mit allen menschen friedlich leb'n: Hilf, daß all sünder sich bekehrn, Von herzen deine gnad begehrn.

17. Ach, HErr, die früchten auf dem land, Gib uns durch deine milde hand, Vor frost und hagel sie bewahr, Und gib ein segen-reiches jahr; Erhör uns, lieber HErre GOtt, Erhöre uns in aller noth!

18. O JEsu Christe, GOttes Sohn! O JEsu, du genadenthron! O JEsu Christe, GOttes lamm! Für uns gestorb'n am creutzesstamm; Erhöre uns, erbarme dich, Und gib uns frieden ewiglich.

Mel. O GOtt du frommer GOtt.

342. Hab dank, mein frommer GOtt, Für alle deine güte, Die du an leib und seel, An sinnen und gemüthe Von kindheit mir erzeigt: Hab dank für alle gnad, Die mich und mein geschlecht Bisher bestrahlet hat.

2. Laß deinen segensbrunn Noch ferner sich ergiessen, Und seinen saft und kraft Durch meine adern fliessen: Gib weisheit und verstand, Geschickte seel und leib, Und daß in diesen auch Ein gut gewissen bleib.

3. Regier und führe mich, Damit ich deinen willen In allem meinem thun, Nach wunsche, mög erfüllen, Damit ich allemal In deinen wegen geh, Und ja zu keiner zeit Bey losen leuten steh.

4. Ach, segne mich, mein GOtt, In allen meinen werken, Laß deinen guten Geist Zum guten mich stets stärken: Gib daß ich so mein thun Anfange, und beschließ, Damit ich nuzzen spühr, Und keine hinderniß.

5. Erfülle mein gemüth Mit deines geistes gaben, Daß alle meine wort Auch kraft und nachdruck haben: Regiere meine zung, Daß alles mit bedacht, Zu seiner nutzbarkeit, Allzeit werd vorgebracht.

6. Gefällt es sonsten dir, In diesem kummerleben, An ehre, geld und gut Auch etwas mir zu geben, So hilf, daß solch geschenk Ich also lege an, Damit ich ewiglich Vor dir bestehen kan.

7. Behüte leib und seel Vor schmach, gefahr und sünden, Und laß bey meiner schuld Mich wieder gnade finden Vor deinem gnadenstuhl: Ja, Vater, schütze mich Vor aller feinde macht Und falscher zungen stich.

8. Gib mir ein keusches herz Und heilige gedanken; Gib, daß ich mit geduld Verbleib in diesen schranken, Darein du mich gesetzt, Daß ich mit jedermann, So weit als christlich ist, Im frieden leben kan.

9. Ja hilf, o starker GOtt, Damit ich meine feinde Mit sanftmuth überwind, Und alle herzensfreunde In steten ehren halt, Damit ich jederzeit Mit allen kräften such Die wahre seligkeit.

10. Laß endlich meine seel Durch deinen engelswagen, Zu dir, o treuer GOtt, Hinauf in himmel tragen: Gib, daß der blasse leib Werd seiner ruh gewährt, Und endlich mit der seel in ewigkeit verklärt.

11. GOtt Vater, dir sey preis Hier und im himmel oben, HErr JEsu, GOttes Sohn, Ich will dich allzeit loben: GOtt heilger Geist, dein ruhm Erschall je mehr und mehr: Dreyein'ger HErr und GOtt, Dir sey lob, preis und ehr.

Das

Das Te Deum Laudamus, verteutscht durch D. Martin Luther.

In eigner Melodie.

343. HErr GOtt, dich loben wir, HErr GOtt, wir danken dir. Dich GOtt Vater, in ewigkeit, Ehret die welt weit und breit. All engel und himmelsheer, Und was da dienet deiner ehr, Auch cherubim und seraphim, Singen immer mit hoher stimm: Heilig ist unser GOtt! Heilig ist unser GOtt! Heilig ist unser GOtt, der HErre Zebaoth.

Dein göttlich macht und herrlichkeit Geht über himm'l und erden weit. Der heiligen zwölf boten zahl Und die lieben propheten all, Die theuren märtrer allzumal Loben dich, HErr, mit grossem schall. Die ganze werthe christenheit Rühmt dich auf erden allezeit. Dich, GOtt Vater im höchsten thron, Deinen rechten und eingen Sohn, Den heilgen Geist und tröster werth Mit rechtem dienst sie lobt und ehrt.

Du kön'g der ehren, JEsu Christ, GOtt Vaters ewger Sohn du bist, Der jungfrau leib nicht hast verschmäht, Zu erlösen das menschlich g'schlecht; Du hast dem tod zerstöhrt sein macht Und all christen zum himmel bracht: Du sitzst zur rechten GOttes gleich Mit aller ehr ins Vaters reich: Ein richter du zukünftig bist Alles, was todt und lebend ist.

Nun hilf uns, HErr, den dienern dein, Die mit dein'm theuren blut erlöset seyn: Laß uns im himmel haben theil Mit den heilgen im ewgen heil. Hilf deinem volk, HErr JEsu Christ, Und segne, was dein erbtheil ist, Wart und pfleg ihr zu aller zeit; Und heb sie hoch in ewigkeit.

Täglich, HErr GOTT, wir loben dich, Und ehrn dein'n namen stetiglich. Behüt uns heut, o treuer GOtt, Vor aller sünd und missethat: Sey uns gnädig, o HErre GOtt, Sey uns gnädig in aller noth: Zeig uns deine barmherzigkeit, Wie unsre hoffnung zu dir steht: Auf dich hoffen wir, lieber HErr, In schanden laß uns nimmermehr. Amen.

Mel. Von GOtt will ich nicht lassen.

344. Hör unser flehn und beten, O GOtt, in dieser stund, Da wir zusammentreten, Und dir mit herz und mund Und aus vereintem geist Der lippen opfer bringen, HErr, hilf, laß wohl gelingen, Was dein befehl uns heißt.

2. Vergib die schwere sünden, Wasch ab, was uns befleckt, Laß kräftig uns empfinden, Was reu und buß erregt; Ach, Vater, hab geduld Mit deinen schwachen kindern, Laß deinen grimm sich mindern, Erlaß die straf und schuld.

3. Begnade dein geschöpfe, Zerschmeiß im zorn doch nicht Die blöden erdentöpfe, Die leicht

leicht ein stein zerbricht: Ein mittler gibt sich an, Dein Sohn, der sich verbürget, Ja gar für uns erwürget, Der hat genug gethan.

4. Nun wir vertraun und hoffen, Dein huld und mildigkeit Steht annoch gütig offen, Als zu der gnadenzeit; Drauf sey in deine hut Wir, unser leib und leben, Auch stadt und land ergeben, Samt unserm haab und gut.

5. Dein volk in allen ständen Laß dir befohlen seyn, Erhalt an allen enden Die christliche gemein: Dein fried sey unser schutz, Den laß gedeylich walten, Uns leib und seel erhalten, Und geben alles guts.

6. Laß uns beständig kommen An diesen heilgen ort, In die gemein der frommen, Zu deinem reinen wort: Führ uns selbst ein und aus: Führ uns auf deinen wegen, So gehen wir im segen Zur kirche und nach haus.

In bekannter Melodie.

345. Ich ruf zu dir, HErr JEsu Christ, Ich bitt, erhör mein klagen, Verleih mir gnad zu dieser frist, Laß mich doch nicht verzagen, Den rechten glauben, HErr, ich meyn, Den wollest du mir geben, Dir zu leben, Mein'm nächsten nutz zu seyn, Dein wort zu halten eben.

2. Ich bitt noch mehr, o HErre GOtt, Du kanst es mir wohl geben, Daß ich nicht wieder werd zu spott, Die hoffnung gib daneben, Voraus, wann ich muß hie davon, Daß ich dir mög vertrauen, Und nicht bauen Auf alles mein thun, Sonst wird michs ewig reuen.

3. Verleih, daß ich aus herzensgrund Mein'n feinden mög vergeben, Verzeih mir auch zu dieser stund, Schaf mir ein neues leben; Dein wort mein speis laß allweg seyn, Damit mein seel zu nähren, Mich zu wehren, Wann unglück geht daher, Das mich bald möcht abkehren.

4. Laß mich kein lust noch furcht von dir In dieser welt abwenden, Beständig seyn ans end gib mir, Du hasts allein in händen: Und wem dus gibst, der hats umsonst, Es mag niemand ererben Noch erwerben Durch werke deine gnad, Die uns errett vom sterben.

5. Ich lieg im streit und widerstreb, Hilf, o HErr Christ, mir schwachen, An deiner gnad allein ich kleb, Du kanst mich stärker machen, Kommt nun anfechtung her, so wehr, Daß sie mich nicht umstossen, Du kanst massen, Daß mirs nicht bring gefahr, Ich weiß, du wirsts nicht lassen.

P. Speratus.

In bekannter Melodie.

346. Nimm von uns, HErr, du treuer GOtt, Die schwere straf und grosse noth, Die wir mit sünden ohne zahl Verdienet haben allzu-

allzumal: Behüt vor krieg und theurer zeit, Vor seuchen, feur und grossem leid.

2. Erbarm dich deiner bösen knecht, Wir bitten gnad und nicht das recht: Dann so du, HErr, den rechten lohn Uns gegeben wollst nach unserm thun, So müßt die ganze welt vergehn, Und könnt kein mensch vor dir bestehn.

3. Ach, HErr GOtt, durch die treue dein Mit trost und rettung uns erschein, Beweis an uns dein grosse gnad, Und straf uns nicht auf frischer that, Wohn uns mit deiner güte bey, Dein zorn und grimm fern von uns sey.

4. Warum willt du doch zornig seyn Ueber uns arme würmelein? Weißst du doch wohl, o treuer GOtt, Daß wir nichts sind, dann erd und koth, Es ist ja vor dein'm angesicht Unsre schwachheit verborgen nicht.

5. Die sünd hat uns verderbet sehr, Der teufel plagt uns noch vielmehr: Die welt, auch unser fleisch und blut, Uns allezeit verführen thut: Solch elend kennst du, HErr, allein, Ach laß uns dir befohlen seyn.

6. Gedenk an deins Sohns bittern tod, Sieh an sein heilge wunden roth, Die sind ja für die ganze welt Die zahlung und das lösegeld; Des trösten wir uns allezeit, Und hoffen auf barmherzigkeit.

7. Leit uns mit deiner rechten hand, Und segne unsre stadt und land: Gib uns allzeit dein heiligs wort: Behüt vors teufels list und mord: Beschehr ein seliges stündelein, Auf daß wir ewig bey dir seyn.

Ringwald.

Mel. O GOtt, du frommer GOtt.

347. Nun danket alle GOtt Mit herzen, mund und händen, Der grosse dinge thut An uns und allen enden, Der uns von mutterleib Und kindesbeinen an Unzehlich viel zu gut, Und noch jetzund gethan.

2. Der ewig reiche GOtt Woll uns bey unserm leben Ein immer frölich herz Und edlen frieden geben, Und uns in seiner gnad Erhalten fort und fort, Und uns aus aller noth Erlösen hier und dort.

3. Lob, ehr und preis sey GOtt, Dem Vater und dem Sohne, Und dem, der beyden gleich Im höchsten himmelsthrone: Dem dreyeinigen GOtt, Als er ursprünglich war, Und ist und bleiben wird Jetzund und immerdar.

D. Martin Rinkhard.

Mel. Nun laßt uns GOtt, dem rc.

348. Nun lasset GOttes güte Uns führen zu gemüthe, Kommt, lasset uns erwägen Des frommen Vaters segen.

2. Eh wir ans licht gesetzet, Hat er uns hoch geschätzet, Und hat uns eingeschrieben Zum leben und zum lieben.

3. Da wir noch sind gelegen Ohn regen und bewegen; Ohn menschen hülf und sorgen, Der mutter auch verborgen:

4. Hat er allein uns geben Die glieder und das leben; Ohn eingen unsern heller War küchen da und keller.

5. Er hat zur rechten stunde Vollkommlich und gesunde, Auf seiner engel wagen Uns in die welt getragen.

6. Er hat uns eingenommen In die gemein der frommen, Gemacht zu seinen erben, Die auch nicht tödtet sterben.

7. Er gibt uns zu erkennen Sein wort, daß wir ihn nennen Ein'n Vater und ernährer, Und alles guts beschehrer.

8. Er gibt für unsre sünde Sein eingebohrnes kinde, Und läßt es für uns würgen, Als einen rechten bürgen.

9. Dis lasset uns bedenken, Wann uns die sorgen kränken: Wer seinen Sohn hergiebet, Derselb aufs höchste liebet.

10. Sollt er uns was versagen, So wir ihm glaubig klagen, Was wir vonnöthen haben, Zur hüll, zur speiß, zum laben.

11. Die vögel in den lüften; Die thierlein in den klüften; Die blümlein auf den wegen Uns müssen widerlegen.

12. Der sie so treulich heget Und ihrer fleißig pfleget, Sollt einen himmelserben Er denken zu verderben?

13. O Vater, Vater, giebe, Daß deine grosse liebe Wir inniglich betrachten, Und so gering nicht achten.

14. O Vater, uns beschehre, Zu deinem lob und ehre, Daß wir dir recht vertrauen, Und gänzlich auf dich bauen.

15. Wann wir nur dieses haben, So werden uns die gaben, Die wir zu diesem leben Bedürfen, wohl gegeben.

16. Eh himmel und die erden Zunichte müßten werden, Als sollten seyn verlassen, Die fleisches sorge hassen.

Joh. Michael Dillherr.

Mel. Auf meinen lieben Gott trau.

349. O allerhöchster GOTT, Ich schweb in grosser noth, Ich fürchte, meine sünden, Die sich bey mir befinden, Die werden dir verwehren, Mein beten zu erhören.

2. Ach, warum bet ich nicht In vester zuversicht? Du willt ja nicht das flehen Der elenden verschmähen, Du lockest sie, mit beten Für deinen thron zu treten.

3. Wer nun die kühnheit nimmt, Und freudig vor dich kömmt, Sein herz da auszuleeren, Und etwas zu begehren, Der soll von deinen gaben, So viel ihm nutzet, haben.

4. Darum verzeihe mir, Daß ich, o Höchster dir Durch sündliche gedanken, Und hin und wieder wanken, Nicht jederzeit getrauet Und fest auf dich gebauet.

5. Gib du mir zuversicht, Daß wann mir was gebricht, Ich, HErr, vor dir nicht minder, Als wie die lieben kinder Die eltern um was bitten, Mein herz auch mag ausschütten.

6. Ach, mach mich endlich frey Von plagen macherley, Und führ einst meine seele Aus ihrer leibeshöhle, Nach überstandnem leiden, Zu deinen himmelsfreuden.

Mel. Wer weiß, wie nahe mir ꝛc.

350. O daß ich tausend zungen hätte, Und einen tausendfachen mund, So stimmt ich damit um die wette, Vom allertiefsten herzensgrund, Ein loblied nach dem andern an, Von dem, was GOtt an mir gethan.

2. O daß doch meine stimme schallte Bis dahin, wo die sonne steht! O daß mein blut mit jauchzen wallte, So lang es noch im laufe geht! Ach, wär ein jeder puls ein dank, Und jeder athem ein gesang!

3. Was schweigt ihr denn, ihr meine kräfte? Auf, auf, braucht allen euren fleiß, Und stehet munter im geschäfte, Zu Gottes, meines HErren, preis: Mein leib und seele schicke dich, Und lobe GOtt herzinniglich.

4. Ihr grüne blätter in den wäldern, Bewegt und regt euch doch mit mir: Ihr schwanken gräsgen in den feldern; Ihr blumen, laßt doch eure zier Zu GOttes ruhm belebet seyn, Und stimmet lieblich mit mir ein.

5. Ach, alles, alles, was ein leben Und einen athem in sich hat, Soll sich mir zum gehülfen geben: Denn mein vermögen ist zu matt, Die grossen wunder zu erhöhn, Die allenthalben um mich stehn.

6. Dir sey, o allerliebster Vater, Unendlich lob für leib und seel: Lob sey dir, mildester berather, Daß du mir den Immanuel Von ewigkeit schon vor der welt Zu einem heiland hast bestellt.

7. Mein treuster JEsu, sey gepriesen, Daß dein erbarmungsvolles herz, Sich mir so hülfreich hat erwiesen, Und mich durch blut und todesschmerz, Von aller teufel grausamkeit Zu deinem eigenthum befreyt.

8. Auch dir sey ewig ruhm und ehre, O heilig werther GOttes Geist, Für deines trostes süsse lehre, Die mich ein kind des lebens heißt; Ach, wo was guts von mir geschicht, Das wirket nur dein göttlichs licht.

9. Wer überströhmet mich mit segen? Bist du es nicht, o reicher GOtt? Wer schützet mich auf meinen wegen? Du, du, o HErr GOtt Zebaoth, Du trägst mit meiner sünden schuld Unsäglich gnädige geduld.

10. Vor andern küß ich deine ruthe, Die du mir aufgebunden hast: Wie viel thut sie mir doch zu gute, Und ist mir eine sanfte last: Sie macht mich fromm

fromm, und zeugt dabey, Daß ich von deinen liebsten sey.

11. Ich hab es all mein lebetage Schon so manch liebes mal gespürt, Daß du mich unter vieler plage Durch dick und dünne hast geführt, Dann in der grössesten gefahr Ward ich dein troßlicht stets gewahr.

12. Wie sollt ich nun nicht voller freuden In deinem steten lobe stehn? Wie sollt ich auch im tiefsten leiden Nicht triumphirend einhergehn? Und fiele auch der himmel ein, So will ich doch nicht traurig seyn.

13. Drum reiß ich mich jetzt aus der höhle Der schnöden eitelkeiten los, Und rufe mit erhobner seele: Mein GOtt! du bist sehr hoch und gros, Kraft, ruhm, preis, dank und herrlichkeit Gehört dir jetzt und allezeit.

14. Ich will von deiner güte singen, So lange sich die zunge regt: Ich will dir freudenopfer bringen, So lange sich mein herz bewegt; Ja, wann der mund wird kraftlos seyn, So stimm ich doch mit seufzen ein.

15. Ach, nimm das arme lob auf erden, Mein GOtt, in allen gnaden hin, Im himmel soll es besser werden, Wann ich ein schöner engel bin; Da

brunnquell aller gaben, Ohn den nichts ist, was ist, Von dem wir alles haben, Gesunden leib gib mir, Und daß in solchem leib Ein unverletzte seel Und rein gewissen bleib.

2. Gib, daß ich thu mit fleiß, Was mir zu thun gebühret, Worzu mich dein befehl In meinem stande führet: Gib, daß ichs thue bald, Zu der zeit, da ich soll: Und wann ichs thu, so gib, Daß es gerathe wohl.

3. Hilf, daß ich rede stets, Womit ich kan bestehen, Laß kein unnützlichs wort Aus meinem munde gehen: Und wann in meinem amt Ich reden soll und muß, So gib den worten kraft Und nachdruck ohn verdruß.

4. Findt sich gefährlichkeit, So laß mich nicht verzagen, Gib einen heldenmuth, Das creuz hilf selber tragen: Gib, daß ich meine feind Mit sanftmuth überwind, Und wann ich raths bedarf, Auch guten rath erfind.

5. Laß mich mit jedermann In fried und freundschaft leben, So weit es christlich ist; Willt du mir etwas geben An reichthum, gut und geld, So gib auch dis dabey, Daß von unrechtem gut Nichts untermen-

schanden mich bewahr, Auf daß ich tragen mag Mit ehren graue haar.

7. Laß mich an meinem end Auf Christi tod abscheiden, Die seele nimm zu dir Hinauf zu deinen freuden: Dem leib ein rämmlein gönn Bey frommer christen grab, Auf daß er seine ruh An ihrer seiten hab.

8. Wann du die todten wirst An jenem tag erwecken, So thu auch deine hand Zu meinem grab ausstrecken, Laß hören deine stimm, Und meinen leib weck auf, Und führ ihn, schön verklärt, Zum auserwählten hauf.

9. GOtt Vater, dir sey preis Hier und im himmel oben: HErr JEsu, GOttes sohn, Ich will dich allzeit loben: O heilger Geist dein ruhm Erschall je mehr und mehr, Dreyeinger HErr und GOtt, Dir sey sey lob, preis und ehr. Joh. Hermann.

Mel. Auf meinen lieben GOtt.

452. O grosser GOtt von macht Und reich von gütigkeit, Willt du das ganze land Strafen mit grimmigkeit? Vielleicht möchten noch fromme seyn, Die thäten nach dem willen dein, Drum wollest du verschonen, Nicht nach den werken lohnen.

2. O grosser GOtt von ehr, Dis ferne sey von dir, Daß bös und fromm zugleich Die strenge straf berühr, Der'r möchten etwa fünfzig seyn, Die thäten nach dem willen dein, Drum wollest du verschonen, Nicht nach den werken lohnen.

3. O grosser GOtt von räth, Laß die barmherzigkeit Ergehen und halt ein Mit der gerechtigkeit, Der'r möchten fünf und vierzig seyn, Die thäten nach dem willen dein, Drum 2c.

4. O grosser GOtt von stärk, Schau an das arme land, Und wende von der straf Dein ausgestreckte hand, Der'r möchten etwa vierzig seyn, Die thäten 2c.

5. O grosser GOtt von kraft, Laß doch erweichen dich, Weil das elend gebet So oft erholet sich, Vielleicht möchten der'r dreyßig seyn, Die thäten nach 2c.

6. O grosser GOtt von gnad, Erhör auch diese stimm, Und in dein'm hohen thron Das seufzen tief vernimm, Der'r möchten etwa zwanzig seyn, Die thäten nach dem willen dein 2c.

7. O grosser GOtt von that, Schau, wie die arme erd, Von deiner mildigkeit Noch einen wunsch begehrt, Der'r möchten etwa zehen seyn, Die thäten 2c.

8. O grosser GOtt von lob, Wenn ja das maas erfüllt Der sünden, und aus zorn Uns gar verderben willt: So möchten doch die kinderlein Thun nach dem rechten willen dein, Drum wollest du verschonen, 2c.

9. O grosser GOtt von treu, Weil dann vor dir nichts gilt, Dann dein sohn JEsus Christ, Der deinen zorn gestillt, So sieh doch an die wunden sein, Sein grosse angst und schwere

pein, Um seinetwillen schone, Und nicht nach werken lohne.

D. Joh. Matthäus Meyfart.
al. Balthasar Schnurr.

Mel. HErr, ich habe mißgehandelt.

353. Schöpfer, dessen wundergüte Mich, da ich nicht war gemacht, Dessen ewig treu gemüthe Mich ans licht der welt gebracht, Der du mein erneutes leben, Mir die nacht willst wieder geben.

2. Vor dir beug ich knie und herze, Vor dir stellt sich seel und geist, Die, nach überhäuftem schmerze, Doch dein allmacht leben heißt; Die längst noth und tod verschlungen, Wann du mir nicht beygesprungen.

3. Dem ich nimmermehr kan danken: Weil dein arm mich mehr erhöht, Als in diesen lebensschranken Der bestürzte sinn versteht; HErr, daß ich noch hier mag bleiben, Ist dir einig zuzuschreiben.

4. Viel, daß nicht verstellte glieder Die geschickte seel beschwert; Mehr, daß mich, was dir zuwider, Nicht mit falschem tand verkehrt; Mehr, daß ich kaum hergebohren Schon zu deinem kind erkohren.

5. Du hast meine sündenflecken Durch das taufbad abgefegt, Daß mich höll und feind nicht schrecken, Hast du rings um mich gelegt Tausend geister, die mich leiten, Daß mein fuß nicht fehl kan schreiten.

6. Du hast mir bisher gegeben Mehr als je mein herz begehrt: Du hast mittel, wohl zu leben, Wann kein mittel war beschehrt. Du wirst auf mein sehnlich klagen Mir auch keinen trost abschlagen.

7. Unerschöpfte macht, erscheine, Und vollzeuch, was du beginnt, Daß ich dich, und sonst nichts meyne, Eh des lebens zeit zerrinnt, Daß ich nach nichts, als dir, frage Bis ans ende meiner tage.

8. Halleluja, tod, entweiche, Ich poch alle grüften recht. GOtt will nicht, daß ich erbleiche, GOtt heißt leben seinen knecht, Daß er GOttes wundersachen Allen möge kundig machen.

Mel. Allein GOtt in der höh sey rc.

354. Sey lob und ehr dem höchsten gut, Dem Vater aller güte, Dem GOtt, der alle wunder thut, Dem GOtt, der mein gemüthe Mit seinem reichen trost erfüllt; Dem GOtt, der allen jammer stillt. Gebt unserm GOtt die ehre.

2. Es danken dir die himmelsheer, O herrscher aller thronen! Und die auf erden, luft und meer In deinem schatten wohnen, Die preisen deine schöpfersmacht, Die alles also wohl bedacht. Gebt unserm GOtt die ehre.

3. Was unser GOtt geschaffen hat, Das will er auch erhalten, Darüber will er früh

und spat Mit seiner gnade walten. In seinem ganzen königreich Ist alles recht und alles gleich. Gebt unserm GOtt die ehre.

4. Ich rief dem HErrn in meiner noth, Ach, GOtt, vernimm mein schreyen: Da half mein helfer mir vom tod, Und ließ mir trost gedeyen; Drum dank, ach GOtt, drum dank ich dir. Ach, danket, danket GOtt mit mir! Gebt unserm GOtt die ehre.

5. Der HERR ist noch und nimmer nicht Von seinem volk geschieden, Er bleibet ihre zuversicht, Ihr segen, heil und frieden. Mit mutterhänden leitet er Die seinen stetig hin und her, Gebt unserm GOtt die ehre.

6. Wenn trost und hülf ermangeln muß, Die alle welt erzeiget, So kommt, so hilft der überfluß, Der schöpfer selbst, und neiget Die vateraugen deme zu, Der sonsten nirgends findet ruh. Gebt unserm GOTT die ehre.

7. Ich will dich all mein lebenlang, O GOtt, von nun an ehren, Man soll, o GOtt, dein lobgesang An allen orten hören. Mein ganzes herz ermuntre sich, Mein geist und leib, erfreue dich. Gebt unserm GOtt die ehre.

8. Ihr, die ihr Christi namen nennt, Gebt unserm GOtt die ehre; Ihr, die ihr GOttes macht bekennt, Gebt unserm GOTT die ehre, Die falschen götzen macht zu spott, Der HErr ist GOtt, der HErr ist GOtt. Gebt unserm GOtt die ehre.

9. So kommet vor sein angesicht Mit jauchzenvollem springen, Bezahlet die gelobte pflicht, Und laßt uns frölich singen: GOtt hat es alles wohl bedacht, Und alles, alles recht gemacht. Gebt unserm GOtt die ehre.

In eigener Melodie.

355. Sieh, hie bin ich, Ehrenkönig, Lege mich vor deinen thron, Schwache thränen, Kindlich sehnen Bring ich dir, du menschensohn: Laß dich finden, Laß dich finden Von mir, der ich asch und thon.

2. Sieh doch auf mich, HErr, ich bitt dich, Lenke mich nach deinem sinn; Dich alleine Ich nur meyne, Dein erkaufter erb ich bin; Laß dich finden, Laß dich finden, Gib dich mir, und nimm mich hin.

3. Ich begehre Nichts, o HErre, Als nur deine freye gnad, Die du giebest, Den du liebest, Und der dich liebt in der that; Laß dich finden, Laß dich finden, Der hat alles, wer dich hat.

4. Himmelssonne, Seelenwonne, Unbeflecktes GOtteslamm! In der höhle Meine seele Suchet dich, o bräutigam; Laß dich finden, Laß dich finden, Starker held aus Davids stamm.

5. Hör, wie kläglich, Wie beweglich Dir die treue seele singt: Wie demüthig Und wehmüthig Deines kindes stimme klingt: Laß dich finden, Laß dich finden, Dann mein herze zu dir dringt.

6. Dieser zeiten Eitelkeiten, Reichthum, wollust, ehr und freud, Seynd nur schmerzen Meinem herzen, Welches sucht die ewigkeit; Laß dich finden, Laß dich finden, Grosser GOtt! ich bin bereit,

Joachim Neander.

In bekannter Melodie.

356. Sollt ich meinem GOtt nicht singen? Sollt ich ihm nicht dankbar seyn? Dann ich seh in allen dingen, Wie so gut ers mit mir meyn; Ist doch nichts, als lauter lieben, Das sein treues herze regt, Das ohn ende hebt und trägt, Die in seinem dienst sich üben. Alles ding währt seine zeit, GOttes lieb in ewigkeit.

2. Wie ein adler sein gefieder Ueber seine jungen streckt, Also hat auch hin und wieder Mich des höchsten arm bedeckt Alsobald in mutterleibe, Da er mir mein wesen gab, Und das leben, das ich hab, Und noch diese stunde treibe. Alles ding unergründter brunnen, Wie will doch mein schwacher geist, Ob er sich gleich hoch befleißt, Deine tief ergründen können? Alles ding währt seine zeit, GOttes lieb in ewigkeit.

4. Seinen geist, den edlen führer, Gibt er mir in seinem wort, Daß er werde mein regierer Durch die welt zur himmelspfort: Daß er mir mein herz erfülle Mit dem hellen glaubenslicht, Das des todes macht zerbricht, Und die hölle selbst macht stille. Alles ding rc.

5. Meiner seelen wohlergehen Hat er ja recht wohl bedacht, Will dem leibe noth zustehen, Nimmt ers gleichfalls wohl in acht; Wann mein können, mein vermögen Nichts vermag, nichts helfen kan, Kommt mein GOtt, und hebt mir an Sein vermögen beyzulegen. Alles ding rc.

6. Himmel, erd und ihre heere Hat er mir zum dienst bestellt, Wo ich nur mein aug hinkehre, Find ich, was mich nährt und hält: Thier und kräuter und getraide In den gründen, in der höh, In den büschen, in der see, Ueberall ist meine weyde. Alles ding rc.

7. Wann ich schlafe, wacht sein sorgen, Und ermuntert

genesen. Alles ding währt seine zeit, GOttes lieb in ewigkeit.

8. Wie so manche schwere plage Wird vom satan rum geführt, Die mich doch mein lebetage Niemals noch bisher berührt: GOttes engel, den er sendet, Hat das böse, was der feind Anzurichten war gemeynt, In die ferne weggewendet. Alles ding währt etc.

9. Wie ein vater seinem kinde Sein herz niemals ganz entzeucht, Ob es gleich bisweilen sünde Thut und aus der bahne weicht: Also hält auch mein verbrechen Mir mein frommer GOtt zu gut, Will mein fehlen mit der ruth, Und nicht mit dem schwerdte rächen, Alles etc.

10. Seine strafen, seine schläge, Ob sie mir gleich bitter seynd, Dennoch, wann ichs recht erwäge, Sind es zeichen, daß mein freund, Der mich liebet, mein gedenke, Und mich von der schnöden welt, Die uns hart gefangen hält, Durch das creuze zu ihm lenke. Alles ding etc.

11. Das weiß ich fürwahr, und lasse Mirs nicht aus dem sinne gehn, Christencreuz hat seine maasse, Und muß endlich stille stehn; Wann der winter ausgeschneyet, Tritt der schöne sommer ein: Also wird auch, nach der pein, Wers erwarten kan, erfreuet. Alles ding etc.

12. Weil dann weder ziel noch ende Sich in GOttes liebe findt, Ey, so heb ich meine hände Zu dir, vater, als dein kind, Bitte, wollst mir gnade geben, Dich aus aller meiner macht, Zu umfangen tag und nacht Hier in meinem ganzen leben, Bis ich dich, nach dieser zeit, Lob und lieb in ewigkeit.

Paul Gerhard.

Mel. Sollt ich meinem Gott nicht s.

357. Sollt ich meinen GOtt nicht lieben, Der mich doch so herzlich liebt? Der auch mitten im betrüben Lauter heil und himmel gibt; Der von heisser liebe brennet Gegen mich, sein armes kind, Wann er mich in nöthen findt: Der mich seine seele nennet? Alle ding sind wandelbar, GOttes lieb währt immerdar.

2. Da wir mußten all verderben Durch den schnöden sündenfall, Zwinget den die lieb zu sterben, Der regieret überall; Er allein, er ist der bronnen, Aus dem aller fried und freud, Alle gnad und seligkeit, Alles leben kommt geronnen. Alle ding sind wandelbar, GOttes lieb währt immerdar.

3. Wann sie unlust bey uns spüret, Predigt sie mit weh und ach, Locket, schrecket, zeucht und rühret, Bis wir sehnlich folgen nach: Zeigt ihr zürnen und ihr lieben, Wie ein fromme mutter thut, Bald den zucker, bald die ruth, Bald das lachen, bald betrüben. Alle ding sind wandelbar, GOttes lieb währt immerdar.

4. Mein

4. Mein herz, ob es gleich geringe, Ist es doch sein kirchelein, Wann ich drinnen bet und singe: Auch ein jedes seufzerlein Merket er, wann ich kan spüren, Daß durch seines wortes kraft Mein gemüth werd aufgeraft, Das ist sein verborgnes rühren. Alle ding sind wandelbar, GOttes lieb währt immerdar.

5. Er wird mir zum führer schenken Seinen werthen heilgen Geist, Der wird mir das herze lenken Zu dem guten allermeist: Er wird dämpfen, er wird tödten Meines fleisches böse lust, Und was gutes ihm bewußt, Wirken, trösten auch in nöthen. Alle ding sind wandelbar, GOttes lieb währt immerdar.

6. Dort wird er mit wollust tränken Seine auserwählte schaar, Meine seele wird sich senken In das meer, das immerdar Fleußt ohn anfang und ohn ende; Ach, wie werd ich inniglich, Mein HErr JEsu, freuen mich, Komm, und hole mich behende. Alle ding sind wandelbar, GOttes lieb währt immerdar.

In bekannter Melodie.

358. Wann wir in höchsten nöthen seyn, Und wissen nicht, wo aus noch ein: Und finden weder hülf noch rath, Ob wir gleich sorgen früh und spat.

2. So ist das unser trost allein, Daß wir zusammen insgemein Dich anrufen, o treuer GOtt, Um rettung aus der angst und noth;

3. Und heben unser aug und herz Zu dir in wahrer reu und schmerz, Und such'n der sünden vergebung Und aller strafen linderung,

4. Die du verheissest gnädiglich Allen, die darum bitten dich Im namen deins sohns JEsu Christ, Der unser heil und fürsprech'r ist.

5. Drum kommen wir, o HErre GOtt! Und klagen dir all unsre noth: Weil wir jetzt stehn verlassen gar In grosser trübsal und gefahr.

6. Sieh nicht an unsre sünden gros, Sprich uns derselb'n aus gnaden los: Steh uns in unserm elend bey, Mach uns von allen plagen frey.

7. Auf daß von herzen können wir Nachmals mit freuden danken dir, Gehorsam seyn nach deinem wort, Dich allzeit preisen hier und dort.

8. Ehr sey dem vater und dem sohn, Samt heilgen Geist in einem thron, Welchs ihm auch also sey bereit Von nun an bis in ewigkeit.

Paul Eberus.

Sechster Theil,

handelt

1) Von des Menschen Fall, Wiederbringung und Rechtfertigung;

2) Von der heiligen Schrift, Wort GOttes und der christlichen Kirche.

1) Von des Menschen Fall, und seiner Wiederbringung durch Christum.

Mel. Ach! was soll ich sündet machen.

359. Ach, wie groß ist deine gnade, Du getreues vaterherz, Daß dich unsre noth und schmerz, Daß dich aller menschen schade Hat erbarmet väterlich, Uns zu helfen ewiglich.

2. Du hast uns so hoch geliebet, Daß der mensch von aller pein Frey, soll ewig selig seyn: Daß dein Sohn sich selbst hingiebet, Und beruft uns allzumal Zu dem grossen abendmahl.

3. Ja, dein werther Geist bezeuget, Durch die tauf und abendmahl, Unser heil ins himmelssaal, Der die herzen zu dir neiget: Weil er uns den glauben schenkt, Daß uns höll und tod nicht kränkt.

4. Weil die wahrheit nicht kan lügen, Will ich dir vertrauen fest: Weil du keinen nicht verlässst: Weil dein wort nicht kan betrügen, Bleibt mir deine seligkeit Unverruckt in ewigkeit.

5. Lob sey dir für deine gnade, Du getreues vaterherz, Daß dich meine noth und schmerz, Daß dich auch mein seelenschade Hat erbarmt so väterlich, Drum lob ich dich ewiglich.

Mel. Ich ruf zu dir, HErr JEsu Christ.

360. Also hat GOtt die welt geliebt, Daß er Christum hat geben, Sein'n liebsten sohn in tod betrübt, Daß wir nun ewig leben. O GOtt! wie groß ist deine lieb, Die kein mensch kan von herzen Ganz ermessen, O HErre GOtt, gib gnad, Daß wirs nimmer vergessen.

2. Christus hat uns zum himmel bracht Ohn aller menschen stärke, Allein der glaube selig

selig macht Ohn alle unsre werke. Darum, wer glaubt an JEsum Christ, Der hat das ewge leben: Merkt gar eben; Dann wo nicht glaube ist, Mag kein mensch selig werden.

3. Wer nicht glaubt, der ist schon verdammt, Wie Christus selbst thut sagen, Nimmermehr er sich des erbarmt, Der trotzt auf werk ohn glauben, An leib und seel wird er geplagt, Kan auch kein'n trost erlangen, Liegt gefangen Allhier ohn alle gnad Ewig in todesbanden.

4. Wer glaubig bleibt bis an sein end, Der wird g'wiß selig werden, Und Christum frey ohn furcht bekennt Vor aller welt auf erden, Den wird er auch im höchsten thron Vor GOtt mit ehrn bekennen, Und ihn nennen Seinen miterben schon; Des freud wird seyn ohn ende.

D. Matth. Haas.

Mel. Ermuntre dich, mein ꝛc.

361. Also hat GOtt die welt geliebt, Das merke, wer es höret, Die welt, die GOtt so hoch betrübt, Hat GOtt so hoch geehret, Daß er sein eingebohrnen sohn, Sein eingen schatz, die einge kron, Das einge herz und leben Mit willen hingegeben.

2. Ach, wie muß doch ein einges kind Bey uns hier auf der erden, Da man doch nichts als bosheit findt, So hoch geschonet werden, Wie hitzt und brennt der vatersinn, Wie gibt und schenkt er alles hin, Eh als er an das schenken Des eingen nur will denken.

3. GOtt aber schenkt aus freyem muth Und treuem milden herzen Sein einges kind, sein schönstes gut, In mehr als tausend schmerzen: Er gibt ihn in den tod hinein, Ja in die höll und dero pein, Zu unerhörtem leide Stößt GOtt sein einge freude.

4. Warum doch das? daß du, o welt, Frey wieder möchtest stehen, Und durch ein theures lösegeld Aus deinem kerker gehen; Dann du weißst wohl, du schnödde braut, Wie, da dich GOtt ihm anvertraut, Du wider deinen orden Ihm allzu untreu worden.

5. Darüber hat dich sünd und tod Und satanas gesellen, Zu bittrer angst und harter noth Beschlossen in der höllen: Und hier ist gar kein andrer rath, Als der, den GOtt gegeben hat, Wer den hat, wird dem haufen Der höllschen feind entlaufen.

6. GOTT hat uns seinen sohn verehrt, Daß aller menschen wesen, So mit dem ewgen fluch beschwert, Durch diesen soll genesen; Wen die verdammnis hat umschränkt, Der soll durch den, den GOtt geschenkt, Erlösung, trost und gaben Des ewgen lebens haben.

7. Ach, mein GOtt, meines lebens grund, Wo soll ich worte finden, Mit was für lobe soll mein mund Dein treues herz-

herz ergründen? Wie hat doch können dis geschehn? Was hast du an der welt gesehn, Daß, die so hoch dich höhnet, Du so gar hoch gekrönet?

8. Warum behieltst du nicht dein recht, Und liessest ewig pressen Diejenge, die dein recht geschwächt, Und freventlich vergessen? Was hattest du an der für lust, Von welcher dir doch war bewußt, Daß sie für dein verschonen Dir schändlich würde lohnen?

9. Das herz im leibe weinet mir Vor grossem leid und grämen, Wann ich bedenke, wie wir dir So gar schlecht uns bequemen: Die meisten wollen deiner nicht; Und was du ihnen zugericht Durch deines sohnes büssen, Das treten sie mit füssen.

10. Du, frommer vater, meynst es gut Mit allen menschenkindern. Du ordnest deines sohnes blut, Und reichst es allen sündern, Willst, daß sie mit der glaubenshand Das, was du ihnen zugewandt, Sich völlig zu erquicken, Vest an ihr herze drücken.

11. Sieh aber, ist nicht immerfort Dir alle welt zuwider? Du bauest hier, du bauest dort, Die welt schlägt alles nieder; Darum erlangt sie auch kein heil, Sie bleibt im tod, und hat kein theil Am reiche, da die frommen, Die GOtt gefolgt, hinkommen.

12. An dir, o GOtt, ist keine schuld, Du, du hast nichts verschlafen, Der feind und hasser deiner huld Ist ursach deiner strafen: Weil er den sohn, der ihm so klar Und nah ans herz gestellet war, Auch einig helfen sollte, Durchaus nicht haben wollte.

13. So fahre hin, du tolle schaar, Ich bleibe bey dem sohne, Dem geb ich mich, des bin ich gar, Und er ist meine krone; Hab ich den sohn, so hab ich gnug, Sein creutz und leiden ist mein schmuck, Sein angst ist meine freude, Sein sterben meine weide.

14. Ich freue mich, so oft und viel Ich dieses sohns gedenke, Dis ist mein lied und saitenspiel, Wann ich mich heimlich kränke: Wann meine sünd und missethat Will grösser seyn, als GOttes gnad: Und wann mir meinen glauben Mein eigen herz will rauben.

15. Ey, sprech ich, war mir GOtt geneigt, Da wir noch feinde waren: So wird er ja, der kein recht beugt, Nicht feindlich mit mir fahren Anjetzo, da ich ihm versühnt, Da, was ich böses je verdient, Sein sohn, der nichts verschuldet, So wohl für mich geduldet.

16. Fehlts hie und da? ey, unverzagt, Laß sorg und kummer schwinden, Der mir das gröste nicht versagt, Wird rath zum kleinen finden; Hat GOtt mir seinen sohn geschenkt, Und für mich in den tod gesenkt, Wie

sollt er, laßt uns denken, Nicht alles mit ihm schenken?

17. Ich bin gewiß und sterbe drauf Nach meines GOttes willen, Mein creuz und ganzer lebenslauf Wird sich noch frölich stillen: Hier hab ich GOtt und GOttes sohn, Und dort bey GOttes stuhl und thron, Da wird fürwahr mein leben In ewgen freuden schweben.

Paul Gerhard.

Mel. Zion klagt mit angst und rc.

362. Also hoch hat GOtt geliebet Dich, du arge böse welt, Daß er seinen sohn hergiebet, Als ein theures lösegeld, Auf daß du und jedermann, Der ihn nimmt mit glauben an, Nicht mit dem verdammten haufen Dörfte nach der höllen laufen;

2. Sondern, daß er ewig lebe, Und dort in der seligkeit Mit und bey den engeln schwebe Vor dem HErren allezeit; Dann GOtt hat aus seinem thron, Darum nicht gesandt den sohn, Daß er soll die menschen richten Und verdammen; nein, mit nichten.

3. Vielmehr soll er selig machen Jedermann, der sich bekehrt, Und sich aus des teufels rachen Herzlich wünschet und begehrt; Wer beständig glaubt an ihn, Hat das leben zum gewinn: Wer nicht glaubet, der wird müssen Vor gerichte stehn und büssen.

4. Darum selig ist, der glaubet An den theuren GOttes sohn, Und bey ihm beständig bleibet, Wie auf ihn die väter schon Ihre hoffnung aufgesetzt, Und in ihm ihr herz ergetzt, Darum auch aus ihrem orden Jedermann ist selig worden.

5. Dis ist aber das gerichte Und der welt ihr untergang, Daß sie zu dem hellen lichte Sich nicht kehren will mit dank, Das doch wendet spat und früh Seinen gnadenglanz auf sie: Sie will nicht vom bösen lassen, Drum pflegt sie das licht zu hassen.

6. Wer das arge thut mit freuden, Der ist auch des lichtes feind, Daß er nicht dörf strafe leiden: Weil die werke böse seynd. Wer die wahrheit liebt und übt, Und der tugend sich ergibt, Der läßt seine werke sehen, Dann sie sind in GOTT geschehen.

Mel. Wer weiß, wie nahe mir rc.

363. Das lösegeld ist nun erleget, Drum ist, mein herze wohlgemuth, Mein JEsus hat es selbst gepräget. Die überschrift zeigt mir sein blut, Das bild ist seines creuzesstamm, Und an demselben GOttes lamm.

2. Die schuld war freylich hoch gestiegen, Zehntausend pfund war ich verhaft. Wie konnt ich, ärmster, GOtt vergnügen, Wenn JEsus tod nicht rath geschaft? Der schuldthurn war mir schon gedräut,

Des todes urtheil nicht mehr weit.

3. Doch JEsus macht sich selbst zum bürgen, Nimmt straf und schuld zugleich auf sich, Und lässet sich statt meiner würgen; So kriegt die handschrift einen strich, Und wird gezeichnet durch sein blut, Daß er sie aus dem mittel thut.

4. GOtt lob, nun muß der satan schweigen, Verklagt er mich, und will er mir Ein ganzes schuldregister zeigen, Ich halt ihm JEsus wunden für; In denen liegt mein lösegeld, Das mich in allem schadlos hält.

5. Will mich mein eigen herz verdammen, Ich geh zu deinen wunden her, Da nehm ich alle schuld zusammen, Und werfe sie in dieses meer: Hier findet mein gewissen ruh: Hier siegelt GOtt die sünde zu.

6. So darf mein herze nun nicht zweifeln, Ich bin des HErren eigenthum, Der höllen schlund mit allen teufeln Benimmt mir nun nicht diesen ruhm: Daß Christi blut, mein lösegeld, Mich unter die erlösten stellt.

7. Bezahl ich endlich durch mein sterben Die allgemeine sündenschuld, So muß ich doch das leben erben Durch meines JEsu gnad und huld, Der hat auch meinen tod versüßt, Daß er ein gang zum leben ist.

Benjamin Schmolck.

In bekannter Melodie.

364. Durch Adams fall ist ganz verderbt Menschlich natur und wesen, Dasselb gift ist auf uns geerbt, Daß wir nicht könnt'n genesen Ohn GOttes trost, Der uns erlöst Hat von dem grossen schaden, Darein die schlang Evam bezwang, GOtts zorn auf sich zu laden.

2. Weil dann die schlang Evam hat bracht, Daß sie ist abgefallen Von GOttes wort, das sie veracht, Dadurch sie in uns allen Bracht hat den tod, So war je noth, Daß uns auch GOtt sollt geben Sein liebsten sohn, Den gnadenthron, In dem wir möchten leben.

3. Wie uns nun hat ein fremde schuld In Adam all verhöhnet, Also hat uns ein fremde huld In Christo all versöhnet: Und wie wir all Durch Adams fall Seynd ewgen tods gestorben, Also hat GOtt Durch Christi tod Erneurt, das war verdorben.

4. So er uns dann sein'n sohn hat g'schenkt, Da wir sein feind noch waren, Der für uns ist ans creutz gehenkt, Getödt, gen himmel g'fahren, Dadurch wir seyn Vom tod und pein Erlöst, so wir vertrauen In diesen hort, Des vaters wort; Wem wollt vor sterben grauen?

5. Er ist der weg, das licht, die pfort, Die wahrheit und

das

das leben, Des vaters rath und ewigs wort, Den er uns hat gegeben Zu einem schutz, Daß wir mit trutz An ihn fest sollen glauben; Darum uns bald Kein macht noch gwalt Aus seiner hand wird rauben.

6. Der mensch ist gottlos und verflucht, Sein heil ist auch noch ferren, Der trost bey einem menschen sucht, Und nicht bey GOtt, dem HErren; Dann wer ihm will Ein ander ziel Ohn diesen tröster stecken, Den mag gar bald Des teufels gwalt Mit seiner list erschrecken.

7. Wer hofft in GOtt, und dem vertraut, Der wird nimmer zu schanden. Und wer auf diesen felsen baut, Ob ihm gleich geht zu handen Viel unfall hie, Hab ich doch nie Den menschen sehen fallen, Der sich verläßt Auf GOttes trost, Er hilft sei'n'n glaub'gen allen.

8. Ich bitt, o HErr, aus herzensgrund, Du wollst nicht von mir nehmen Dein heilges wort aus meinem mund, So wird mich nicht beschämen Mein sünd und schuld, Dann in dein huld Setz ich all mein vertrauen. Wer sich nun fest Darauf verläßt, Der wird den tod nicht schauen.

9. Mein'n füssen ist dein heiligs wort Ein brennende lucerne: Ein licht, das mir den weg weißt fort. So dieser morgensterne In uns aufgeht, So bald versteht Der mensch die hohen gaben; Die GOttes Geist Den'n gwiß verheißt, Die hoffnung darein haben.

Lazarus Spengler.

In bekannter Melodie.

365. Es ist das heil uns kommen her Aus gnad und lauter güte, Die werk die helfen nimmermehr, Sie mögen nicht behüten, Der glaub sieht JEsum Christum an, Der hat gnug für uns all gethan, Er ist der mittler worden.

2. Was GOtt im gsetz geboten hat, Da man es nicht konnt halten, Erhub sich zorn und grosse noth Vor GOtt so mannigfalten, Vom fleisch wollt nicht heraus der geist, Vom gsetz erfordert allermeist, Es war mit uns verlohren.

3. Es war ein falscher wahn dabey GOtt hätt sein gsetz drum geben, Als ob wir möchten selber frey Nach seinem willen leben; So ist es nur ein spiegel zart, Der uns anzeigt die sündig art In unserm fleisch verborgen.

4. Nicht möglich war, dieselbig art Aus eignen kräften lassen, Wiewol es oft versuchet ward, Noch mehrt sich sünd ohn massen; Dann gleißners werk GOtt hoch verdammt, Und jedem fleisch der sünden schand Allzeit war angebohren.

5. Noch mußt das gsetz erfüllet seyn, Sohst wärn wir all verdorben, Darum schickt GOtt sein sohn herein, Der sel-

selber mensch ist worden: Das ganz gesetz hat er erfüllt, Damit seins vaters zorn gestillt, Der über uns gieng alle.

6. Und wenn es nun erfüllet ist Durch den, der es konnt halten: So lerne jetzt ein frommer christ Des glaubens recht gestalte; Nicht mehr, dann lieber HErre mein, Dein tod wird mir das leben seyn, Du hast für mich bezahlet.

7. Daran ich keinen zweifel trag, Dein wort kan nicht betrügen, Nun sagst du, daß kein mensch verzag, Das wirst du nimmer lügen; Wer glaubt an dich, und ist getauft, Demselben ist der himm'l erkauft, Daß er nicht werd verlohren.

8. Der ist gerecht vor GOtt allein, Der diesen glauben fasset, Der glaub gibt aus von ihm den schein, So er die werk nicht lasset; Mit GOtt der glaub ist wohl daran, Dem nächsten wird die lieb guts thun, Bist du aus GOtt gebohren.

9. Es wird die sünd durchs gsetz erkannt, Und schlägt das gwissen nieder, Das evangelium kommt zur hand, Und stärkt den sünder wieder, Es spricht: nur kreuch zum creuz herzu, Im gsetz ist weder rast noch ruh Mit allen seinen werken.

10. Die werke kommen gewißlich her Aus einem rechten glauben, Deñ das nicht rechter glaube wär, Wollst ihn der werk berauben; Doch macht allein der glaub gerecht, Die werke sind des nächsten knecht, Dabey wir glauben merken.

11. Die hoffnung wart't der rechten zeit, Was GOttes wort zusaget, Wenn das geschehen soll zur freud, Setzt GOtt kein gwisse tage, Er weiß wohl, wenns am besten ist, Und braucht an uns kein arge list, Das solln wir ihm vertrauen.

12. Obs sich anließ, als wollt er nicht, Laß dich es nicht erschrecken, Denn wo er ist am besten mit, Da will ers nicht entdecken; Sein wort laß dir gewisser seyn, Und ob dein herz spräch lauter nein, So laß doch dir nicht grauen.

13. Sey lob und ehr mit hohem preis Um dieser gutthat willen GOtt Vater, Sohn, heiligem Geist, Der woll mit gnad erfüllen, Was er in uns angefangen hat, Zu ehren seiner majestät, Daß gheiligt werd sein name.

14. Sein reich zukomm, sein will auf erd Gscheh, wie ins himmels throne, Das täglich brod ja heut uns werd, Und unsrer schuld verschone, Als wir auch unsern schuldgern thun: Laß uns nicht in versuchung stahn, Lös uns vom übel, amen.

P. Speratus.

In bekannter Melodie.

366. Herr Christ, der einig GOttes sohn, Vaters in ewigkeit, Aus seinem herz'n entsprossen, Gleichwie geschrie-

geschrieben steht: Er ist der morgensterne, Sein'n glanz streckt er so ferne Vor andern sternen klar,

2. Für uns ein mensch gebohren Im letzten theil der zeit, Der mutter unverlohren Ihr jungfräulich keuschheit, Den tod für uns zerbrochen, Den himel aufgeschlossen, Das leben wiederbracht.

3. Laß uns in deiner liebe Und erkanntnis nehmen zu, Daß wir im glauben bleiben, Und dienen im geist so, Daß wir hie mögen schmecken Dein süßigkeit im herzen, Und dürsten stets nach dir.

4. Du schöpfer aller dinge, Du väterliche kraft, Regierst von end zu ende Kräftig aus eigner macht, Das herz uns zu dir wende, Und kehr ab unsre sinne; Daß sie nicht irr'n von dir.

5. Ertödt uns durch dein güte, Erweck uns durch dein gnad, Den alten menschen kränke, Daß der neu leben mag Wohl hier auf dieser erden, Den sinn und all begierden Und g'danken hab'n zu dir.

6. Lob, ehr sey GOtt dem Vater, Und Christo, seinem Sohn, Der uns als ein wohlthäter Von sünd erlöset schon, Dem heilgen Geist, all zungen, Sey preis und ehr gesungen In alle ewigkeit.

A. Crophius.

In bekannter Melodie.

367. Nun freut euch, lieben christe gmein, Und laßt uns frölich springen, Daß wir getrost und all in ein Mit lust und liebe singen, Was GOtt an uns gewendet hat, Und seine süsse wunderthat, Gar theur hat ers erworben.

2. Dem teufel ich gefangen lag, Im tod war ich verlohren, Mein sünd mich quälte nacht und tag, Darinn ich war gebohren: Ich fiel auch immer tiefer drein, Es war kein guts am leben mein, Die sünd hat mich besessen.

3. Mein gute werk die galten nicht, Es war mit ihn'n verdorben, Der frey will haßte GOtts gericht, Er war zum gut'n erstorben: Die angst mich zu verzweiflen trieb, Daß nichts dann sterben bey mir blieb, Zur höllen mußt ich sinken.

4. Da jammert GOtt in ewigkeit Mein elend üb'r die massen, Er dacht an sein barmherzigkeit, Er wollt mir helfen lassen, Er wandt zu mir sein vaterherz, Es war bey ihm fürwahr kein scherz, Er ließ sein bestes kosten.

5. Er sprach zu seinem lieben sohn: Die zeit ist hie zu erbarmen, Fahr hin meins herzens werthe cron, Und sey das heil der armen, Und hilf ihn'n aus der sündennoth, Erwürg für sie den bittern tod, Und laß sie mit dir leben.

6. Der Sohn dem Vater ghorsam war, Er kam zu mir auf erden, Von einer jungfrau

rein und zart, Er wollt mein bruder werden: Gar heimlich führt er sein gewalt, Er gieng in einer armen gstalt, Den teufel wollt er fangen;

7. Er sprach zu mir: halt dich an mich, Es soll dir jetzt gelingen, Ich geb mich selber ganz für dich, Da will ich für dich ringen, Dann ich bin dein und du bist mein, Und wo ich bleib, da sollt du seyn, Uns soll der feind nicht scheiden.

8. Vergiessen wird man mir mein blut, Darzu mein leben rauben, Das leid ich alles dir zu gut, Das halt mit vestem glauben; Dein'n tod verschlingt das leben mein, Mein unschuld trägt die sünde dein, Da bist du selig worden.

9. Gen himmel zu dem Vater mein Fahr ich aus diesem leben, Da will ich seyn der meister dein; Den geist will ich dir geben, Der dich in trübsal trösten soll, Und lehren mich erkennen wohl, Und in der wahrheit leiten.

10. Was ich gethan hab und gelehrt, Das sollt du thun und lehren, Damit das reich GOttes werd gemehrt Zu lob und seinen ehren, Und hüt dich vor der menschen g'satz, Davon verdirbt der edle schatz, Das laß ich dir zu letzte.

D. Martin Luther.

2) Von der heiligen Schrift, Wort GOttes und der christlichen Kirche.

In bekannter Melodie.

368. Ach bleib bey uns, HErr JEsu Christ, Weil es nun abend worden ist: Dein göttlich wort, das helle licht, Laß ja bey uns auslöschen nicht.

2. In dieser letzten schweren zeit Verleih uns, HErr, beständigkeit, Daß wir dein wort und sacrament Rein b'halten bis an unser end.

3. HErr JEsu, hilf, dein kirch erhalt, Wir sind gar sicher, faul und kalt: Gib glück und heil zu deinem wort, Damit es schall an allem ort.

4. Erhalt uns nur bey deines teufels trug und mord; Gib deiner kirche gnad und huld, Fried, einigkeit, muth und geduld.

5. Ach GOTT, es geht gar übel zu, Auf dieser erd ist keine ruh, Viel secten und viel schwärmerey Auf einem haufen kommt herbey.

6. Den stolzen geistern wehre doch, Die sich mit gwalt erheben hoch, Und bringen stets was neues her, Zu fälschen deine rechte lehr.

7. Die sach und ehr, HErr JEsu Christ, Nicht unsre, sondern dein ist, Darum so stehe denen bey, Die sich auf dich verlassen frey.

8. Dein wort ist unsers herzens trutz Und deiner kirche wahrer schutz: Dabey erhalt uns, lieber HErr, Daß wir nichts anders suchen mehr.

9. Gib, daß wir leb'n in deinem wort, Und darauf ferner fahren fort Von himmen aus dem jammerthal Zu dir in deinen himmelssaal.

D. Nicolaus Selneccer

Mel. Wer nur den lieben GOtt

369. Ach GOtt, es sind so viele grossen Und stolze geister dieser welt, Die sich am creuze Christi stossen, Dieweil es ihnen nicht gefällt; Und doch ists dieses creuz allein, Wodurch der mensch kan selig seyn.

2. Gewiß, in JEsu wunden wohnen, Steigt höher als die höchsten sind Allhier auf ihren königsthronen; Mit ihnen tauscht kein Gotteskind. Des Heilands schmach ist größre ehr, Als wann man dreyfach könig wär.

3. Ein dorn aus Christi marterkranze, Der uns in seiner folge ritzt, Geht vor dem werth, der pracht, dem glanze, Der von rubin und demant blitzt: Das kleinste theil von JEsu hohn Beschämt die allerschönste kron.

4. Der purpur blaßt, das gold erbleichet, Das an den schönsten kleidern ruht, Der weisse glänz des silbers weichet Vor dir, du schönes lammes blut; Denn dieses schmücket unsre seel, Und macht die glaubenskleider hell.

5. Dis blut versöhnet GOttes feinde, Es dringt für uns ins heiligthum, Es macht die majestät zum freunde, Es setzt der sünder herz herum; Dis blut entkräft der sünden kraft, Und stärket uns mit lebenssaft.

6. So werden wir die süsse beute Des lammes, das uns hat erkauft: So prangen wir, als seine bräute, Die wir in seinen tod getauft. In seinem blute sind wir schön, Wann wir zu seiner rechten stehn.

7. Wir gehn einher als überwinder, Da es niemals an kraft gebricht, Als eines grossen königs kinder Sind wir beglänzt mit pracht und licht, Es fliesset unser höchstes gut Aus dem so edlen lammes blut.

8. Ja, du bist mir die rechte sonne, Mein Heiland und mein edles gut, Du bringst der seelen licht und wonne Aus deinem theur vergoßnen blut, Du bist mein freund und ich bin dein, Wir wollen unzertrennet seyn.

9. Zwar pflegt die welt dis zu belachen, Das wort vom creuz ist ihr ein spott: Doch sind es wahrlich solche sachen, Die leben wirken oder tod. Hier kommt es an auf JEsu blut, Dis machet unerschrocknen muth.

10. Zerschmolzen pech und bley zu trinken, Die höchste marter auszustehn, Gepeitscht, durch-

durchquält nicht untersinken, Mit lachen in die glut zu gehn, Der löwen rachen nicht zu scheun, Da muß gegründte hoffnung seyn.

11. Dis ist der grund, darauf ich gründe, Das wort vom creuz ist es allein, Mein JEsu, da ich hoffnung finde, In Canaan zu gehen ein: Dein creutz zeigt mir die rechte bahn, Daß ich nach Salem reisen kan.

12. Mein licht, bey allem creuz und leiden, Strahl mir ins herz und angesicht: Gib, daß nach dieser zeit in freuden Mein haupt voll pracht und himmelslicht, Nach ausgestandnem kampf und streit, Dich ehr im glanz der ewigkeit.

D. J. Fr. Stein.

Mel. Ein lämmlein geht und rc.

370. Dein kirchenschiff, Herr Jesu Christ, Schwebt jetzt in grossen nöthen: All ungewitter stehn gerüst, Dein volk mit sturm zu tödten, Die winde brausen ohne ruh, Die wellen schlagen auf uns zu, Der mastbaum bricht in stücken: Wer steuren sollte, giebet nach, Das schifflein sinket allgemach, Kein hülf ist zu erblicken.

2. Hilf, helfer, hilf in dieser noth, Herr, hilf uns, wir verderben, Gedenk an deinen bittern tod, Was nützt dich unser sterben; Im grabe denkt man deiner nicht? Schau, unsre hoffnung ist gericht Hinauf zu dir in himmel? Erhebe dich, sprich nur ein wort, So fleucht das wetter schleunig fort, Und schweiget das getümmel.

3. Wach auf, o wächter Israel, Wach auf, was willt du schlafen? Wach auf, rett unser leib und seel, Nimm weg die schwere strafen, Die unsre bosheit hat verdient, Dein leiden aber hat versühnt; Drum laß dein herz bewegen, Laß fallen dein erzürnten muth, So wird bald alles wieder gut, So muß der sturm sich legen.

4. Du bist der mann, dem wind und meer Gehorsam leisten müssen, Der erden und des himmels heer Fällt furchtsam dir zu füssen; Drum laß dein hohe wunderhand, Dort an dem rothen meer erkannt, Aus der gefahr uns leiten, Auf daß wir deiner allmacht ruhm Erzehlen hier im heiligthum, Und in der welt ausbreiten.

Mel. Ach bleib bey uns, HErr rc.

371. Erhalt uns, HErr, bey [deinem] wort, Darnach zu leben immerfort: Durch deinen Geist verleih du kraft, Daß es frucht bring und bey uns haft.

2. Erhalt mich, HErr, im glauben rein An JEsu Christ, dem Sohne dein: Laß dein creuz, leiden, tod und pein An uns ja nicht verlohren seyn.

3. Erhalt mich, HErr, daß ich dich lieb, Und solche lieb auch täglich üb Gegen dir und deiner gemein, Als da ist, HErr, der wille dein.

4. Erhalt mich, HErr, in deiner furcht, Auf daß ich leb in ehr und zucht: Vor allem laster, sünd und schand Bewahre mich dein rechte hand.

5. Erhalt mich, HErr, in deiner huld, Vergib mir all mein sünd und schuld: Durch deinen Geist mein herz regier Hinfort zu deines namens ehr.

6. Erhalt mich, HErr, in deinem schutz Wider des satans list und trutz, Dein engel laß mich hab'n in acht, Daß er an mir find keine macht.

7. Erhalt mich, Herr, in deinem trost, Wann mich unfall und leid anstoßt, Daß ich an dir nimmer verzag, Gern und willig das creuze trag.

8. Erhalt mich, HErr, daß ich dir trau, Von herzensgrund fest auf dich bau; Ich bitte dich, o lieber HErr, Ein seligs stündlein mir beschehr.

9. Erhalt und führ mich zu der schaar, Die dich bekennt frey offenbar, Daß ich dich preisen mög allzeit Hier und hernach in ewigkeit.

10. Erhalt mich, du mein zuversicht, Mein herz drauf frölich amen spricht, Und zweifelt nicht an deiner gnad, Die Christus mir erworben hat.

11. Amen, sprech ich hierauf

Und steur des pabsts und türken mord, Die JEsum Christum, deinen Sohn, Stürzen wollen von seinem thron.

2. Beweis dein macht, HErr JEsu Christ, Der du HErr aller herren bist, Beschirm dein arme christenheit, Daß sie dich lob in ewigkeit.

3. GOTT heilger Geist, du tröster werth, Gib dein'm volk ein'rley sinn auf erd: Steh uns bey in der letzten noth, Gleit uns ins leben aus dem tod.

4. O GOtt, laß dir befohlen seyn Unsre kirchen, die kinder dein: In wahrem glauben uns erhalt, Und rett uns von der feind gewalt.

5. Ihr anschläg, Herr, zu nichte mach, Laß sie treffen die böse sach, Und stürz sie in die grub hinein, Die sie machen den christen dein.

6. So werden sie erkennen doch, Daß du, unser GOtt, lebest noch, Und hilfst gewaltig deiner schaar, Die sich auf dich verlässet gar.

7. Und werden wir die kinder dein, Bey uns selbst und auch in der gmein Dich, heilige Dreyfaltigkeit, Loben darum in ewigkeit.

D. Martin Luther.

In bekannter Melodie.

2. Thu auf den mund zum lobe dein, Bereit das herz zur andacht fein: Den glauben mehr, stärk den verstand, Daß uns dein nahm werd wohl bekannt.

3. Bis wir singen mit GOttes heer: Heilig, heilig ist GOtt der HErr, Und schauen dich von angesicht In ewger freud und selgem licht.

4. Ehr sey dem Vater und dem Sohn, Saint heilgen Geist in einem thron: Der heiligen Dreyfaltigkeit Sey lob und preis in ewigkeit.

Wilhelm, Herzog zu Sachsen-Weimar.

Mel, Was mein GOtt will, das rc.

374. HErr Zebaoth, dein heiligs wort, Welches du hast gegeben, Daß wir darnach an allem ort Solln richten lehr und leben, Ist worden kund Aus deinem mund, Und in der schrift beschrieben, Rein, schlecht und recht Durch deine knecht, Vom heilgen Geist getrieben.

2. Dis wort, welchs jetzt in schriften steht, Ist fest und unbeweglich. Zwar himmel und die erd vergeht, Gott's wort bleibt aber ewig, Kein höll, kein plag, Noch jüngster tag Vermag es zu vernichten; Drum denen soll Seyn ewig wohl, Die sich darnach recht richten.

3. Es ist vollkommen, hell und klar, Die richtschnur reiner lehre, Es zeigt uns auch ganz offenbar GOtt seinen dienst und ehre, Und wie man soll Hier leben wohl, Lieb, hoffnung, glauben üben; Drum fort und fort Wir dieses wort Von herzen sollen lieben.

4. Im creuz gibts lust, in traurigkeit Zeigt es die freudenquelle, Den sünder, dem die sünd ist leid, Entführet es der hölle, Gibt trost an hand, Macht auch bekannt, Wie man soll willig sterben, Und wie zugleich Das himmelreich Durch Christum zu ererben.

5. Sieh, solcher nutz, so grosse kraft, Die nimmer ist zu schätzen, Des HErrn wort in uns wirkt und schafft; Darum wir sollen setzen Zurück gold, geld, Und was die welt Sonst herrlich pflegt zu achten, Und jederzeit, In lieb und leid, Nach dieser perle trachten.

6. Nun HErr, erhalt dein heiligs wort, Laß uns sein kraft empfinden, Den feinden steur an allem ort, Zeuch uns zurück von sünden, So wollen wir Dir für und für Von ganzem herzen danken, HErr, unser hort, Laß uns dein wort Vest halten, und nicht wanken.

Mel. Zion klagt mit angst rc. rc.

375. Kommt ihr christen, kommt und höret, Kommt, und höret mit begier, Was euch euer Heiland lehret, Was er euch wird sagen für, Der sich auf den berg gesetzt, Und durch seine lehr ergetzt Alle die, so sich nicht schämen, Ihn und sein wort anzunehmen.

2. Selig

2. Selig sind die geistlich armen, Die betrübt und traurig gehn, Die nichts suchen, als erbarmen, Und vor GOtt mit thränen stehn, Denen öffnet er gewiß Sein schön herrlich paradies, Daß sie sollen vor ihm schweben, Voller freud und ewig leben.

3. Selig sind, die leide tragen, Da die noth ist täglich gast, GOtt gibt unter allen plagen Trost, und endlich ruh und rast; Wer sein creuz in demuth trägt, Und sich ihm zu füssen legt, Dem wird er sein herz erquicken, Keine last darf ihn erdrücken.

4. Selig sind die fromme herzen, Die mit sanftmuth angethan, Die der feinde zorn verschmerzen, Gerne weichen jederman, Die auf GOttes rache schau'n, Und die sach ihm ganz vertrau'n, Die wird GOtt mit gnaden schützen, Und das erdreich lahn besitzen.

5. Selig sind, die im gemüthe Hungert nach gerechtigkeit, GOtt wird sie aus lauter güte, Sättigen zu rechter zeit, Selig sind, die fremder noth Aus erbarmung klagen GOtt, Mit betrübten sich betrüben, GOtt wird sie hinwieder lieben.

6. Er wird sich zu ihnen kehren Mit barmherzigkeit und treu, Und wird allen feinden wehren, Die sie plagen ohne scheu. Selig sind, die GOtt befindt, Daß sie reines herzens sind, Und den unzuchtteufel meiden; Diese schauen GOtt mit freuden.

7. Selig sind, die allem zanken, Allem zwiespalt, haß und neid, So viel möglich ist, abdanken, Stiften fried und einigkeit: Die sind, die ihm GOtt erwählt, Unter seine kinder zählt, Selig, die verfolgung leiden, GOtt nimmt sie zu seinen freuden.

8. Selig möcht ihr euch auch schätzen, Wann euch wird die schnöde welt Ueberall mit schmach zusetzen, Tragen in ein ander feld, Wann euch wird ihr falscher mund Lästern als ein toller hund, Seyd getrost, für ihre lügen Soll sie wol ihr trankgeld kriegen.

9. Aber euch, euch will ich lohnen, Die ihr mir treu blieben seyd, Mit der unverwelkten kronen Dort im reich der ewigkeit, Da sollt ihr recht frölich seyn, Leuchten als der sonnenschein Mit den heiligen propheten, Die gesteckt in gleichen nöthen.

Joh. Hermann.

In bekannter Melodie.

376. Liebster JEsu, wir sind hier, Dich und dein wort anzuhören, Lenke sinnen und begier Zu den süssen himmelslehren, Daß die herzen von der erden Ganz zu dir gezogen werden.

2. Unser wissen und verstand Ist mit finsterniß umhüllet, Wo nicht deines Geistes hand Uns mit hellem licht erfüllet: Gu-

tes denken, gutes dichten, Must du selbst in uns verrichten.

3. O du glanz der herrlichkeit, Licht von licht aus GOtt gebohren, Mach uns allesamt bereit, Oeffne herzen, mund und ohren. Unser bitten, flehn und singen, Laß, HErr JESU, wohl gelingen.

M. Tob. Clausnitzer.

Mel. Liebster JEsu, wir sind hier.

377. Nun, GOtt lob, es ist vollbracht, Singen, beten, lehren, hören, GOtt hat alles wohl gemacht, Drum laßt uns sein lob vermehren: Unser GOtt sey hoch gepreiset, Daß er uns so wohl gespeiset.

2. Weil der GOttesdienst ist aus, Mitgetheilet auch der segen: So gehn wir mit freud nach haus, Wandeln fein auf GOttes wegen: GOttes Geist uns ferner leite, Und uns alle wohl bereite.

3. Unsern ausgang segne Gott, Unsern eingang gleicher massen, Segne unser täglich brod: Segne unser thun und lassen: Segne uns mit selgem sterben, Und mach uns zu himmelserben.

D. Hartm. Schenk.

In bekannter Melodie.

378. O GOtt, du höchster gnadenhort, Verleih, daß uns dein göttlich wort Von ohren so zu herzen dring, Daß es sein kraft und schein verbring.

2. Der einig glaub ist diese kraft, Der steif an JEsu Christo haft: Die werk der lieb sind dieser schein, Dadurch wir Christi jünger seyn.

3. Verschaff bey uns auch, lieber HErr, Daß wir durch deinen Geist je mehr In dein'r erkenntniß nehmen zu, Und endlich bey dir finden ruh.

Conrad Hubert.

In bekannter Melodie.

379. O HErre GOTT, Dein göttlich wort Ist lang verdunkelt blieben, Bis durch dein gnad Uns ist gesagt, Was Paulus hat geschrieben, Und andere Apostel mehr, Aus dein'm göttlichen munde; Des dank'n wir dir Mit fleiß, daß wir Erlebet hab'n die stunde,

2. Daß es mit macht An tag ist bracht, Wie klärlich ist vor augen. Ach GOtt, mein HErr, Erbarm dich der'r, Die dich noch jetzt verläugnen, Und achten sehr Auf menschen lehr, Darinn sie doch verderben: Deins worts verstand Mach ihn'n bekannt, Daß sie nicht ewig sterben.

3. Willt du nun fein Gut christe seyn, So must du erstlich glauben, Setz dein vertraun Darauf fest bau Hoffnung und lieb im glauben, Allein durch Christ, Zu dieser frist; Dein nächsten lieb darneben, Das gwissen frey, Rein herz dabey, Das kein creatur kan geben.

4. Allein, HErr, du, Must solches

solches thun, Doch gar aus lauter gnaden, Wer sich des tröst, Der ist erlößt, Und kan ihm niemand schaden; Ob wolten gleich Pabst, kayser, reich Dich und dein wort vertreiben, Ist doch ihr macht Geg'n dir nichts g'acht, Sie werd'ns wol lassen bleiben.

5. Hilf, Herre GOtt, In dieser noth, Daß sich auch die bekehren, Die nichts betracht'n, Dein wort veracht'n, Und wollens auch nicht lehren. Sie sprechen schlecht: Es sey nicht recht, Und habens nie gelesen, Auch nie gehört Das edle wort, Ists nicht ein teuflisch wesen?

6. Ich glaub gwiß gar, Daß es sey wahr, Was Paulus uns thut schreiben: Eh mus geschehn, Und all's vergehn, Dein göttlich wort soll bleiben In ewigkeit, Wär es auch leid Viel hart verstockten herzen; Kehrn sie nicht um, Werden sie drum Leiden gar grossen schmerzen.

7. GOtt ist mein HErr, So bin ich der, Dem sterben kommt zu gute, Dadurch uns hast Aus aller last Erlöst mit deinem blute; Des dank ich dir, Drum wirst du mir Nach dein'r verheissung geben, Was ich dich bitt, Versag mir nit Im tod und auch im leben.

8. HErr, ich hoff je, Du werdest die In keiner noth verlassen, Die dein wort recht, Als treue knecht, Im herz'n und glauben fassen, Gibst ihn'n bereit Die seligkeit, Und läßst sie nicht verderben. O HErr, durch dich, Bitt ich, laß mich Frölich und willig sterben.

D. Martin Luther.

Mel. Wann wir in höchsten nöthen.

380. O starker GOtt ins himmels thron, Wach auf, und hilf durch deinen Sohn, Schau, wie hat sich der feind gerüst, Daß er dein liebe kirch verwüst.

2. Wir wissen keinen widerstand, HErr, ohn dein macht und starke hand, Drum mach dich selber auf den plan, Du bist der rechte kriegesmann.

3. Uns kränkt im herzen nichts so sehr, Als daß dein nahme, wort und ehr So gar schrecklich geschändet wird, Und manches menschen seel verführt.

4. Der feind frohlockt zwar sehr und lacht, Weil ers sogar hoch hat gebracht: Sein datum steht auf lauter krieg, Und meynt, er habe schon den sieg.

5. Aber du in dem himmel hoch, O wahrer GOtt, lebst gleichwol noch, Die sach ist dein, das wort ist dein, Drum laß es dir befohlen seyn.

6. Es muß vergehn eh himm'l und erd, Eh daß dein kirch vertilget werd, Ohn dich hat sie kein aufenthalt, Drum brich des feindes grosse gwalt.

7. Steh doch bey uns, streit wider ihn, Damit der bluthund nicht gewinn, Vergiß,

HErr, der gefangnen nicht, Und tröste die, so er hinricht.

8. Behüt uns und das ganze land, Gib uns ihm ja nicht in die hand; Erhalt uns, HErr, dein liebes wort, Daß wir dich loben hier und dort.

Martin Bohemus.

Mel. Ach bleib bey uns, HErr JEsu.

381. Rett, o HErr JEsu, rett dein ehr, Das seufzen deiner kirche hör: Der feind anschläg und macht zerstör, Die jetzt verfolgen deine lehr.

2. Gros ist ihr list, ihr trotz und macht, Sie fahren hoch daher mit pracht: All unsre hoffnung wird verlacht, Wir sind bey ihn'n, wie nichts geacht.

3. Vergib uns unsre missethat, Vertilg uns nicht, erzeige gnad: Beweis den feinden in der that, Es gelte wider dich kein rath.

4. Steh deinem kleinen häuflein bey, Aus gnaden fried und ruh verleih: Laß jedermann erkennen frey, Daß hier die rechte kirche sey.

5. Laß sehn, daß du seyst unser GOtt, Der unsre feinde setzt zu spott, Wirft ihre hoffahrt in den koth, Und hilft den seinen in der noth.

Joh. Hermann.

Mel. Wie schön leuchtet der rc.

382. Wohlauf, du süsses saitenspiel, Mein herz ein liedlein dichten will, Der mund soll mit einstimmen, Von einem könig hochgebohrn, Und seiner liebsten auserkohrn; O GOtt, laß wohl gelingen. Mächtig, Prächtig Sind die gaben, Die sie haben, Unter allen Meiner seelen sie gefallen.

2. Für dir, du zartes menschenkind, Desgleichen man sonst nirgend findt, Die schönheit selber weichet, So bald sich regt dein purpurmund, Ganz überwunden zu der stund, Die rothe ros erbleichet. Leben Geben Deine süsse Redenflüsse Meinem herzen, Wann es leidet pein und schmerzen.

3. Gürt an die seit dein schwerd, du held, Und zeuch in deinem schmuck zu feld, Die feinde zu bezwingen, Damit der arme recht behalt, Und in der welt die wahrheit walt, Es kan dir nicht mißlingen. Kriegen, Siegen, Feinde schlagen, Lob erjagen, Ist gar wenig Dir, als aller heiden könig.

4. So scharf ist dein geschoß und pfeil, Daß alle völker in der eil Für furcht und schrecken zagen, Gar oft hat deine starke hand Auch mitten in der feinde land Gestürzet roß und wagen. Trauet, Schauet GOttes werke, Macht und stärke, All ihr frommen, Grossem leid seyd ihr entkommen.

5. Du liebest, HErr, gerechtigkeit, Und hassest grundverkehrte leut, Die sich scheinheilig stellen, Drum hat dich GOtt, als seine seel, Gesalbet mit dem freudenöl, Für deinen mitgesellen. Tüchtig, Züchtig, Deine tritte,

Freu-

Freudenschritte, Ich hoch schätze, An der kleidung mich ergetze.

6. Tritt doch, mein bräutigam herein Aus deinem thron von elfenbein, Aufs köstlichste gezieret, Des königs tochter zu dir geht, Und dir an deiner rechten steht, Dein GOtt zu dir sie führet: Letze, Setze Die verwandten Und bekannten Aus den sinnen, Zeuch mit deinem schatz von hinnen.

7. So wird der könig haben wonn An dir, als einer freuden sonn, Drum sollt du ihn anbeten: Dieweil allein der HErr er ist. Die tochter Zor ist auch gerüst, Den könig anzutreten. Parther, Sparter, Fremde gaben Bey sich haben, Und mit händen Viel geschenke dir zuwenden.

8. Des königs tochter ist geschmückt, Inwendig ist ihr kleid gestickt, Sie funkelt von dem glanze, Es führen sie mit freud und wonn Ihr mitgespiel zu deinem thron, Gleichwie zum hochzeittanze. Schöne Söhne Wirst du zeugen Nach der reigen, Die dich ehren, Und den himmel werden mehren.

9. Dein name wird auf kindeskind, So lang als nur die menschen sind, Erhaben ewig stehen. Des himmels bau, der erden grund, Des meeres und der wasser schlund Für dir zuletzt vergehen. Oben Loben Werden alle Dich mit schalle, Stetig singen, Deinem namen ehre bringen.

G. Werner.

Siebenter Theil,

hält in sich

Christliche Lebens- Lehr- und Tugend-Lieder.

1) Vom Christenthum insgemein.

Das güldene A, B, C.

Mel. Wo GOtt zum haus nicht rc.

383. Allein auf GOtt setz dein vertrau'n, Auf menschenhülf sollst du nicht bau'n, GOtt ists allein, der glauben hält, Sonst ist kein glaub mehr in der welt.

2. Bewahr dein ehr, hüt dich für schand, Ehr ist fürwahr dein höchstes pfand, Wirst du die schanz einmal versehn, So ist es um dein ehr geschehn.

3. Klaff nicht zu viel, sondern hör mehr, Das wird dir bringen lob und ehr; Mit schwei-

gen sich verredt niemand, Claffen bringt manch'n in sünd und schand.

4. Dem grössern weich, acht dich gering, Daß er dich nicht in unglück bring: Dem kleinern auch kein unrecht thu, So lebst du stets in fried und ruh.

5. Erheb dich nicht mit stolzem muth, Wann du bekommen hast gros gut, Es ist dir nicht darum geged'n, Daß du dich dadurch sollt erheb'n.

6. Frömmigkeit laß gefallen dir Viel mehr dann gold, das glaube mir; Wann geld und gut sich von dir scheidt, So weicht doch nicht die frömmigkeit.

7. Gedenk der arm'n zu jeder frist, Wann du von GOtt gesegnet bist, Sonst dir das wiederfahren kan, Was Christus sagt vom reichen mann.

8. Hat dir jemand was guts gethan, Da sollt du allzeit denken dran: Es soll dir seyn von herzen leid, Wanns deinem nächsten übel geht.

9. In deiner jugend sollt du dich Zur arbeit halten fleißiglich. Hernach gar schwer die arbeit ist, Wann du zum alter kommen bist.

10. Kehr dich auch nicht an jedermann, Der dir vor augen dienen kan: Nicht alles geht von herzensgrund, Was schön und lieblich redt der mund.

11. Laß kein unfall verdriessen dich, Wann gleich das glück geht hinter sich: Anfang und ende nicht gleich seyn, Wie solchs oft gibt der augenschein.

12. Mäßig im zorn sey allezeit, Um klein ursach erheb kein streit, Durch zorn das herz so wird verblendt, Daß man, was recht ist, nicht erkennt.

13. Nicht schäm dich, rath ich allermeist, Daß man dich lehr, was du nicht weisst: Wer etwas kan, den hält man werth, Den ungschickten niemand begehrt.

14. O merk, so einer führt ein klag Vor dir, so sollst du bald der sach Nicht glauben, auch nicht richten fort, Sondern erst hör'n des andern wort.

15. Pracht und hoffart meid überall, Daß du nicht kommest in unfall; Mancher wär ein wohlhabner mann, Hätt er hoffart und pracht gelahn.

16. Quäl dich in creutz und trübsal nicht, Setz nur auf GOtt dein zuversicht; Es mögen dich viel fechten an, Dem sey trotz, ders nicht lassen kan.

17. Ruf GOtt in allen nöthen an, Er wird gewißlich bey dir stahn: Er hilft ein'm jeden aus der noth, Der nur nach seinem willen thut.

18. Sieh dich wohl vor, die zeit ist bös, Die welt ist falsch und sehr gottlos: Willt du der welt viel hangen an, Ohn schad od'r schand kommst nicht davon.

19. Tracht stets nach dem, was recht gethan, Obs gleich nicht lobet jedermann, Es kans

doch

doch keiner machen so, Daß jedermann gefallen thu.

20. Verlaß dich nicht auf irdisch ding, All zeitlich gut verschwindt gering; Darum der mensch gar weislich thut, Der allein sucht das ewge gut.

21. Wann jemand mit dir hadern will, So rath ich, daß du schweigest still, Und ihm nicht helfest auf die bahn, Da er gern wollt ein ursach han.

22. Xerxes verließ sich auf sein heer, Darüber ward er gschlagen sehr; So du must kriegen, GOtt vertrau, Sonst allezeit den frieden bau.

23. Ye läng'r je mehr kehr dich zu GOtt, Daß du nicht kriegst des teufels spott; Der mensch ein solchen lohn wird han, Wie er im leben hat gethan.

24. Zier all dein thun mit redlichkeit, Bedenk zum end den letzten bscheid: Denn vor gethan und nach bedacht, Hat manchen in gros leid gebracht.

Barthol. Ringwald.

Mel. O GOtt, du frommer GOtt.

384. Du sagst: ich bin ein christ; Wohlan, wann werk und leben Dir dessen, was du sagst, Beweis und zeugnis geben, So steht es wohl um dich: Ich wünsche, was du sprichst, Zu werden alle tag, Nemlich ein guter christ.

2. Du sagst: ich bin ein christ; Der ists, der JEsum kennet, Und seinen GOTT und HErrn Ihn nicht alleine nennet, Sondern thut auch mit fleis, Was fordert sein gebot; Thust du nicht auch also, Ist, was du sagst, ein spott.

3. Du sagst: ich bin ein christ; Wer sichs will nennen lassen, Muß lieben, was ist gut, Mit ernst das böse hassen; Der liebet Christum nicht, Der noch die sünden liebt, Ist auch kein christ, ob er Sich gleich den namen gibt.

4. Du sagst: ich bin ein christ, Dann ich bin ja besprenget Mit wasser in der tauf, Mit Christi blut vermenget. Ja wohl, hast aber du Gehalten auch den bund, Den du mit GOTT gemacht In jener gnadenstund?

5. Hast du ihn nicht vorlängst Gar oft und viel gebrochen? Hast du, als GOttes kind, Dich, wie du hast versprochen, In allem thun erzeigt? Dem guten nachgestrebt? Hat nicht der alte mensch Bisher in dir gelebt?

6. Du sagst: ich bin ein christ, Weil GOttes wort und lehre, Ohn allen menschentand, Ich fleißig les und höre. Ja, lieber, thust du auch, Was dieses wort dich lehrt? Nicht ders hört, sondern thut, Der ist bey GOtt geehrt.

7. Du sagst: ich bin ein christ, Ich beichte meine sünden, Und laß beym beichtstuhl mich Auch ostermalen finden; Findt aber sich, mein freund,

Ich bitte, sag es mir, Nath abgelegter beicht Die beßrung auch bey dir?

8. Ach, du bleibst nach, wie vor, Dein wort, und werk und sinnen Wird oftmals ärger noch, Dein vorsatz und beginnen Geht noch im alten trieb: Und was noch gut soll seyn, Ist, wenn mans recht besicht, Nur lauter heuchelschein.

9. Du sagst: ich bin ein christ, Laß speisen mich und tränken, Mit dem, was Christus uns Im abendmahl thut schenken. Wohl; aber zeige mir, Ob Christi leib und blut In dir zur heiligung Auch seine wirkung thut.

10. Du sagst: ich bin ein christ, Ich bete, les und singe, Ich geh in GOttes haus, Sind das nicht gute dinge? Sie sind es, aber wann Sie werden so verricht, Daß GOtt auch stets dabey Ein reines herze sieht.

11. Du sagst: ich bin ein christ; Ich kan dirs nicht gestehen, Es sey dann, daß ichs werd Aus deinem wandel sehen: Wer sagt und rühmet, daß Er Christo angehör, Und auch sein jünger sey, Muß wandeln, gleichwie er.

12. Bist du ein solcher christ, So must du seyn gesinnet, Wie JEsus Christus war; Wann reine liebe rinnet Aus deines herzens quell: Wann du demüthig bist Von herzen, wie der HErr, So sag, du seyst ein christ.

13. So lang ich aber noch An dir erseh und spühre, Daß stolz und übermuth Dein sinn und herz regiere, Wenn an der sanftmuth stell Sich zeiget haß und neid, So bist du ganz gewiß Vom christenthum sehr weit.

14. Sagst du: ich bin ein christ, Und rühmst dich des mit freuden, Thust aber du auch mehr, Als andre kluge heiden? Ach, öfters nicht so viel, Was gutes sie gethan, Sie werden dorten dich Gewißlich klagen an.

15. Sag nicht: ich bin ein christ, Bis daß dir werk und leben, Auch dessen, was du sagst, Beweis und zeugnis geben; Die wort sind nicht genug, Ein christ muß ohne schein, Das, was er wird genannt, Im wesen selbsten seyn.

16. Ach, mein GOtt, gib genad, Mich ernstlich zu befleissen, Zu seyn ein wahrer christ, Und nicht nur so zu heissen: Dann welcher nam und that Nicht hat und führt zugleich, Der kommet nimmermehr Zu dir ins himmelreich.

C. Schade.

In eigener Melodie.

385. In dem leben hier auf erden Ist doch nichts, als eitelkeit, Bös exempel, viel beschwerden, Plage, klage, müh und streit, Kummer, sorgen, angst und noth, Krankheit und zuletzt der tod.

2. O so denke drauf im herzen, Frommer christ, mit allem

lem fleiß, Wie du solche noth und schmerzen Brechen kanst als grundes eis: Laß aus deinem herzen nicht Diesen treuen unterricht:

3. Habe deine lust am HErren, Laß ihn seyn dein höchstes gut, Er ist nah und nicht so ferren, Einzusprechen trost und muth, Seine gnad und starke hand Gehet durch das ganze land.

4. Augenlust und schnöde freude, Ueppigkeit, als wust und koth, Vor den augen GOttes meide, Willt du seyn befreyt vorm tod: Deinen leib, das faß der ehrn, Sollt du nimmermehr versehrn.

5. Nimm dir für vor andern allen, Was du thust, nur GOtt allein Mit dem glauben zu gefallen, Voller lieb ohn argen schein: Beichte deine sünd und schuld, So bekommst du GOttes huld.

6. Nimmer gehe falsch im handeln, Noch im reden, noch im thun, Willt du vor dem HErren wandeln, Dermaleins auch selig ruhn, Liebe wahrheit, recht und zucht, Als des Geistes rechte frucht.

7. Eitle ehr und pracht verachte, Demuth lieb und niedrigkeit, Nach dem himmel ernstlich trachte, Trag geduldig creuz und leid, GOtt thut keinem nicht mehr an, Als was er ertragen kan.

8. Stets ans ende hier gedenke, Und an Christi creuz und tod, In sein wunden dich einsenke, Also kommst du aus der noth, Von der pein und bösen zeit Zur gewünschten seligkeit.

David Böhme.

In eigener Melodie.

386. Kommt her zu mir, spricht GOttes Sohn, All, die ihr seyd beschweret nun, Mit sünden hart beladen, Ihr jungen, alten, frau und mann, ich will euch geben, was ich han, Will heilen euren schaden.

2. Mein joch ist süß, mein bürd ist gring, Wer mirs nachträgt in dem geding, Der höll wird er entweichen, Ich will ihm treulich helfen trag'n, Mit meiner hülf wird er erjag'n Das ewge himmelreiche.

3. Was ich gethan und g'litten hie In meinem leben spat und früh, Das sollt ihr auch erfüllen; Was ihr gedenkt, ja redt und thut, Das wird euch alles recht und gut, Wanns gschicht nach GOttes willen.

4. Gern wollt die welt auch selig seyn, Wann nur nicht wär die schwere pein, Die alle christen leiden; So mag es anders nicht geseyn, Darum ergeb sich nur darein, Wer ewig pein will meiden.

5. All creatur bezeuget das, Was lebt im wasser, laub und gras, Sein leiden kans nicht meiden; Wer dann in GOttes nam'n nicht will, Zuletzt muß er des teufels ziel Mit schwerem g'wissen leiden.

6. Heut ist der mensch schön jung und lang, Sieh morgen ist er schwach und krank, Bald muß er auch gar sterben, Gleichwie die blumen auf dem feld, Also muß auch die schnöde welt In einem huy verderben.

7. Die welt erzittert ob dem tod; Wann einer liegt in letzter noth, Dann will er erst fromm werden: Einer schaft dis, der andre das, Sein'r armen seel er ganz vergaß, Dieweil er lebt auf erden.

8. Und wann er nimmer leben mag, So hebt er an ein grosse klag, Will sich erst GOtt ergeben; Ich fürcht fürwahr, die göttlich gnad, Die er allzeit verspottet hat, Wird schwerlich ob ihm schweben.

9. Ein'm reichen hilft doch nicht sein gut, Dem jungen nicht sein stolzer muth, Er muß aus diesem mayen; Wann einer hätt die ganze welt, Silber und gold, und alles geld, Noch muß er an den reyhen.

10. Dem glehrten hilft doch nicht sein kunst, Der weltlich pracht ist gar umsonst, Wir müssen alle sterben; Wer sich in Christo nicht bereit, Weil er lebt in der gnadenzeit, Ewig muß er verderben.

11. Höret und merkt, ihr lieben kind, Die jetzund GOtt ergeben sind, Laßt euch die müh nicht reuen, Halt stets am heilgen GOttes wort, Das ist eur trost und höchster hort, GOtt wird euch schon erfreuen.

12. Nicht übel ihr um übel gebt, Schaut, daß ihr hier unschuldig lebt, Laßt euch die welt nur äffen: Gebt GOtt die rach und alle ehr, Den engen steg geht immer her, GOtt wird die welt schon strafen.

13. Wann es gieng nach des fleisches muth, In gunst, gesundheit, grossem gut, Würdt ihr gar bald erkalten; Darum schickt GOtt die trübsal her, Damit eur fleisch gezüchtget werd Zur ewgen freud erhalten.

14. Ist euch das creuz bitter und schwer, Gedenkt, wie heiß die hölle wär, Darein die welt thut rennen, Mit leib und seel muß leiden seyn, Ohn unterlaß die ewge pein, Und mag doch nicht verbrennen.

15. Ihr aber werdt nach dieser zeit Mit Christo haben ewge freud, Dahin sollt ihr gedenken: Es lebt kein mann, der aussprech'n kan Die glori und den ewgen lohn, Den euch der HErr wird schenken.

16. Und was der ewig gute GOtt In seinem wort versprochen hat, Geschworn bey seinem namen, Das hält und gibt er gwiß fürwahr, Der helf uns zu der engelschaar, Durch JEsum Christum, amen.

Barthol. Ringwald.

M. Straf mich nicht in deinem zorn.

387. Mache dich, mein geist, bereit, Wache, fleh und bete, Daß dich nicht die böse zeit Unverhoft betrete; Dann es ist Satans

tans list Ueber viele frommen Zur versuchung kommen.

2. Aber wache erst recht auf Von dem sündenschlafe, Dann es folget sonst darauf eine lange strafe, Und die noth Samt dem tod Möchte dich in sünden Unvermuthet finden.

3. Wache auf, sonst kan dich nicht Unser HERR erleuchten. Wache, sonsten wird dein licht Dir noch ferne deuchten. Dann GOtt will Für die füll Seiner gnadengaben Offne augen haben.

4. Wache, laß dich satans list Nicht im schlaf antreffen, Der sonst gar behende ist Dich mit list zu äffen, Und GOtt gibt, Die er liebt, Oft in seine strafen, Wann sie sicher schlafen.

5. Wache, daß dich nicht die welt Durch gewalt bezwinge: Oder, wenn sie sich verstellt, Wieder an sich bringe. Wach und sieh Damit nie Viel von falschen brüdern Unter deinen gliedern.

6. Wache darzu auch für dich, für dein fleisch und herze Damit es nicht liederlich GOttes gnad verscherze; Dann es ist voller list; Und kan leichtlich heucheln, Und in hoffart schmeicheln.

7. Bete aber auch dabey Mitten in dem wachen, Dann der höchste muß dich frey Von dem allen machen, Was dich drückt, Und bestrickt, Daß du schläfrig bleibest, Und sein werk nicht treibest.

8. Ja, er will gebeten seyn, Wann er was soll geben, Er verlanget unser schreyn, Wann wir wollen leben, Und durch ihn Unsern sinn, Feind, welt, fleisch und sünden Kräftig überwinden.

9. Doch wohl gut, es muß uns schon Alles glücklich gehen, Wann wir ihn durch seinen Sohn Im gebet anflehen: Dann er will Uns mit füll Seiner gunst beschütten, Wann wir glaubend bitten.

10. Drum so laßt uns immerdar, Wachen, flehen, beten, Weilen angst, noth und gefahr Immer näher treten; Dann die zeit Ist nicht weit, Da uns GOtt wird richten, Und die welt vernichten. Freystein.

Mel. Wer nur den lieben Gott läßt.

388. Mein GOtt! weil ich in meinem leben Dich stets vor augen haben soll, So wollst du mir ein herze geben, Das deiner furcht und liebe voll: Denn soll mein christenthum bestehn, Muß lieb und furcht beysammen gehn.

2. Laß deine furcht bey thun und denken Den anfang aller weisheit seyn, Und mich auf solche wege lenken, Die sicher, heilig, gut und rein: Denn wer dich fürchtet in der that, Der meidet auch der thorheit pfad.

3. Der geist, den du mir hast gegeben, Ist ja ein geist der furcht des HErrn, Laß mich nach seinem triebe leben, Daß

ich dich herzlich fürchten lern; Doch laß die furcht auch kindlich seyn, Und ihn in mir das abba schreyn.

4. Gib, daß ich stets zu herzen nehme, Daß du allgegenwärtig bist, Und das zu thun mich hüt und schäme, Was, HErr, vor dir ein greuel ist: In deiner furcht bewahre mich Für allen sünden wider dich.

5. Laß mich vor deinem zorn erbeben, Und wirke wahre buß in mir, Laß mich in furcht und sorgen schweben, Daß ich die gnade nicht verlier, Die mich, der ich voll missethat, Mit langmuth noch getragen hat.

6. Erhalt in mir ein gut gewissen, Das weder welt noch teufel schent; Wehr allen schnöden hindernissen, Nimm weg des fleisches blödigkeit, Daß keine menschenfurcht mich schreck, Noch je unrecht zu thun, erweck.

7. Hilf, daß ich immer also wandle, Daß deine furcht mein leitstern sey, Damit ich allzeit redlich handle, Nichts thu zum schein aus heucheley. Ich weiß du siehst ins herz hinein, Nichts kan vor dir verborgen seyn.

8. Doch laß mich keine trübsal scheuen; Durch creuz und widerwärtigkeit Muß wahre gottesfurcht gedeyen, Die krönet uns zu seiner zeit. Drum gib mir einen tapfern sinn, Wenn ich in furcht und hoffnung bin.

9. Laß mich, mein GOtt, mit furcht und zittern Stets schaffen meine seligkeit, Laß mich nicht deinen Geist erbittern Durch eigensinn und sicherheit, Und stelle mir die hölle für, Daß ich den himmel nicht verlier.

10. In deiner furcht laß mich auch sterben, So fürcht ich weder tod noch grab, Da werd ich die verheissung erben, Die mir dein wort aus gnaden gab: Die gottesfurcht bringt segen ein, Ihr lohn wird eine krone seyn.

Benj. Schmolk.

Mel. Wann wir in höchsten nöthen.

389. Schaff in mir, GOtt ein reines herz; Ein herz, das sich stets himmelwärts Aufschwinge, und von sünden frey, Mit lust dir diene ohne scheu.

2. Erneure, was verblichen ist In mir durch satans trug und list, Bevestige den schwachen sinn, Daß nicht der feind ihn reisse hin.

3. Dein auge hat es wohl gesehn, Was durch betrug der lust geschehn; Ich bin nicht werth, dein angesicht Zu sehen; doch, HErr, zörne nicht.

4. Dein'n Geist, das theure liebespfand, Der deine gunst mir zugewandt, Nim nicht, wie ichs verdient, von mir: Weil ich gesündigt hab an dir.

5. Laß aber seiner gnaden kraft, Die fried und freude in uns schafft, Den trost einflössen meinem geist, Darauf dein wort uns hoffen heißt.

6. So

6. So werd ich auch ohn furcht und zwang Mit freuden richten meinen gang Zu deiner ehr, nach deinem wort, Und selig seyn so hier als dort.

7. Dem Vater, Sohn und heilgen Geist, Der aller blöden tröster heißt, Sey preis, dank, ruhm und herrlichkeit, Von nun an bis in ewigkeit.

Mel. Zion klagt mit angst und rc.

390. Schaffet, schaffet, menschenkinder, Schaffet eure seligkeit, Bauet nicht, wie freche sünder, Nur auf gegenwärt'ge zeit; Sondern schauet über euch, Ringet nach dem himmelreich, Und bemühet euch auf erden, Wie ihr möget selig werden.

2. Daß nun dieses mög geschehen, Müßt ihr nicht nach fleisch und blut Und desselben neigung gehen; Sondern was GOtt will und thut, Das muß einig und allein Eures lebens richtschnur seyn, Es mag fleisch und blut in allen Uebel oder wohl gefallen.

3. Ihr habt ursach zu bekennen, Daß in euch noch sünde steckt, Daß ihr fleisch vom fleisch zu nennen, Daß euch lauter elend deckt, Und daß Gottes gnadenkraft Nur allein das gute schafft, Ja, daß ausser seiner gnade In euch nichts denn seelenschade.

4. Selig, wer im glauben kämpfet: Selig, wer im kampf besteht, Und die sünden in sich dämpfet: Selig, wer die welt verschmäht. Unter Christi creuzesschmach Jaget man dem frieden nach. Wer den himmel will ererben, Muß zuvor mit Christo sterben.

5. Werdet ihr nicht treulich ringen, Sondern träg und lässig seyn, Eure neigung zu bezwingen: So bricht eure hoffnung ein: Ohne tapfern streit und krieg, Folget niemals rechter sieg; Wahren kriegern wird die krone Nur zum beygelegten lohne.

6. Mit der welt sich lustig machen, Hat bey christen keine statt; Fleischlich reden, thun und lachen Schwächt den geist und macht ihn matt. Ach, bey Christi creuzesfahn Geht es wahrlich niemals an, Daß man noch mit frechem herzen Sicher wollte thun und scherzen.

7. Furcht muß man vor GOtt stets tragen, Denn der kan mit leib und seel Uns zur höllen niederschlagen: Er ists, der des Geistes öl, Und, nachdem es ihm beliebt, Wollen und vollbringen gibt. O so laßt uns zu ihm gehen, Ihn um gnade anzuflehen.

8. Und dann schlagt die sündenglieder, Welche satan in euch regt, In dem creutzestod darnieder Bis ihm seine macht gelegt. Hauet händ und füsse ab, Was euch ärgert, senkt ins grab, Und denkt mehrmals an die worte: Dringet durch die enge pforte.

9. Zittern will ich vor der

sünde, Und dabey auf JEsum sehn, Bis ich seinen beystand finde, In der gnade zu bestehn. Ach, mein heiland, geh doch nicht Mit mir armen ins gericht, Gib mir deines Geistes waffen, Meine seligkeit zu schaffen.

10. Amen, es geschehe, amen, GOtt versiegle dis in mir, Auf daß ich in JEsu namen So den glaubenskampf ausführ. Er verleihe kraft und stärk, Und regiere selbst das werk, Daß ich wache, bete, ringe, Und also zum himmel dringe. Gotter.

2) Von den Pflichten gegen GOTT.

Mel. Auf meinen lieben GOtt.

391. Ade, du süsse welt, Ich schwing ins himmelszelt Die flügel meiner sinnen Und suche zu gewinnen, Was ewiglich bestehet, Wann dieses rund vergehet.

2. Fahr hin mit deinem gut, Das eine kleine fluth So balde kan verheeren, Und eine glut verzehren, Fahr hin mit deinen schätzen, Die nimmer recht ergetzen.

3. Fahr hin mit deiner lust, Sie ist nur koth und wust, Und deine frölichkeiten Verblühen mit den zeiten: Was frag ich nach den freuden, Die mein gemüth nicht weiden.

4. Fahr hin mit deinem pracht, Von würmern ist gemacht Der sammet und die seiden, Die deinen leib bekleiden: Was mag genennet werden, Ist nur ein koth der erden.

5. Fahr hin mit deiner ehr, Was ist die hoheit mehr, Als kummer im gewinnen Und herzleid im zerrinnen? Was frag ich nach den ehren, Die nur das herz beschwehren?

6. Fahr hin mit deiner gunst, Falsch lieben ist die kunst, Dadurch der wird betrogen, Dem du dich zeigst gewogen: Was frag ich nach dem lieben, Das endlich muß betrüben.

7. Im himmel ist der freund, Der mich recht herzlich meynt, Der mir sein herze giebet, Und mich so brünstig liebet, Daß er mich süß erquicket, Wenn angst und trübsal drücket.

8. Des himmels herrlichkeit Ist mir schon zubereit, Mein name steht geschrieben Bey denen, die GOtt lieben: Mein ruhm wird nicht vergehen, So lang GOtt wird bestehen.

9. O Zions güldner pracht, Wie hoch bist du geacht, Von perlen sind die pforten, Das gold hat aller orten Die gassen ausgeschmücket; Wann werd ich hingerücket?

10. O süsse himmelslust, Wohl dem, dem du bewußt, Wann wir ein tröpflein haben, So kan es uns erlaben: Wie wird mit grossen freuden Der volle strohm uns weiden?

11. O theures himmels gut, Du

Du machest rechten muth; Was werden wir für gaben Bey dir, HErr JEsu, haben? Mit was für reichen schätzen Wirst du uns dort ergötzen?

12. Fahr welt, fahr immer hin, Gen himmel steht mein sinn, Das irdisch ich verfluche, Das himmlisch ich nur suche; Ade, du weltgetümmel, Ich wähle mir den himmel.

D. Heinrich Müller.

Mel. Ach, HErr, mich armen sünder.

392. Auf, auf, mein geist, betrachte: Wie ists mit dir bewandt? Wach auf, wach auf, verachte Die welt und ihren tand: Denn ihre lust vergehet, Und folget grosses leid; Im gegentheil bestehet Ein christ in ewigkeit.

2. Du bist von GOTT gebildet Zu seiner ähnlichkeit, Nun aber ganz verwildet, Und voller sicherheit. Auf, auf, die zeit verschwindet, Und alles mit der zeit, Wer hier nicht überwindet, Bleibt in der dienstbarkeit.

3. Gewalt und ernst besieget Den himmel, spricht dein heil, Wer hier nicht männlich krieget, Hat dorten keinen theil. Drum auf, denn deine feinde Verändern die gestalt: Oft thun sie gleich als freunde, Oft brauchen sie gewalt.

4. Vergleiche dieses leben Mit dem, was GOttes Geist Aus gnaden uns zu geben In seinem wort verheißt: So wirst du bald erkennen, Daß jenes in der that Kein leben sey zu nennen, Wie viels auch gönner hat.

5. Du suchest gunst und ehre, Und willt gesehen seyn, Als wenn nichts bessers wäre In Christi tod und pein, Der doch, weil er gestorben, Dir hat ein königreich Und priesterthum erworben, Dem nichts zu schätzen gleich.

6. Du liebest geld und gaben, Und was der welt beliebt, Willst du den schatz nicht haben, Den JEsus allen gibt, Die sich an ihn ergeben, Und stets geflissen seyn Nur einzig ihm zu leben, Und sich in ihm zu freun?

7. Du wählst dir lust und freuden, Der sinnen gauckelspiel, Die hier doch schon mit leiden Und schmerzen gros und viel Sich allezeit nur enden, Und dein herz mehr und mehr Vom höchsten gut abwenden, Und es verwüsten sehr.

8. GOtt ist die rechte quelle, Draus reine wollust fleußt, Die lauter, klar und helle Sich in die seelen geußt, Ohn ihn ist kein vergnügen, Was sein licht nicht anblickt, Das bleibt im staube liegen, Und ewig unerquickt.

9. Drum auf, mein geist, laß fahren, Was GOtt nicht selber heißt, Weil alles mit den jahren Sich deinem brauch entreißt; GOtt aber bleibet stehen, Wenn alles in der welt Wird fallen und vergehen, Was jetzo dir gefällt.

10. Ach mache herz und sinnen, O GOtt, von allem frey, Und gib, daß mein beginnen Aufwärts gerichtet sey. Die welt kan doch nichts geben, Was wahre ruhe brächt: Wer dich zur ruh und leben Erwählet, der trifts recht.

C. L. Edeling.

In eigener Melodie.

393. Auf, auf, mein herz, und du mein ganzer sinn, Wirf alles das, was welt ist, von dir hin; Im fall du wilt, was göttlich ist, erlangen, So laß den leib, in dem du bist gefangen.

2. Die seele muß von dem gesäubert seyn, Was nichts nicht ist, als nur ein falscher schein, Muß durch den zaum der tugend dämpfen können Die schnöde lust der äusserlichen sinnen.

3. Ein jeder mensch hat etwas, das er liebt, Das einen glanz der schönheit von sich giebt: Der suchet geld, und trauet sich den wellen; Der gräbet fast bis an den schlund der höllen.

4. Viel machen sich durch kriegesthat bekannt, Und wagen gut und blut fürs vaterland: Der denket hoch und strebet ganz nach ehren, Und jener läßt die liebe sich bethören.

5. Indessen bricht das alter bey uns ein, In dem man pflegt um nichts bemüht zu seyn, Eh als wir es einmal recht inne werden, So kommt der tod, und rast uns von der erden.

6. Wer aber ganz dem leib ist abgethan, Und nimmt sich nur der himmelssorgen an, Setzt allen trost auf seines GOttes gnaden, Dem kan nicht welt, noch tod, noch teufel schaden.

7. Den anker hat der Noah eingesenkt, Da, als er war mit luft und see verschrenkt; Der grosse trost hat Abraham erquicket, Da Isaac die stimm vom schwerd entrücket.

8. Der glaube muß von GOtt erbeten seyn, Der einig macht, daß keine noth, noch pein Und todesangst auch den geringsten schmerzen Erwecken kan in frommer leute herzen.

9. Drum schau, o mensch, hinauf und über dich Nach dem, was nicht den augen zeiget sich, Was niemand kan beschliessen in den schranken Der sterblichkeit und flüchtigen gedanken.

10. Vollbringst du das, mein herz und du mein sinn, Und legst die last der erden von dir hin, Sagst ab dem leib, in dem du bist gefangen, So wird GOtt dich und du wirst GOtt erlangen.

Martin Opiz.

In bekannter Melodie.

394. Auf meinen lieben GOtt Trau ich in angst und noth, Er kan mich allzeit retten Aus trübsal, angst und nöthen; Mein unglück kan er wenden, Steht alls in seinen händen.

2. Ob mich mein sünd anficht, Will ich verzagen nicht, Auf Christum will ich bauen, Und ihm allein vertrauen; Ihm thu ich mich ergeben Im tod und auch im leben.

3. Ob mich der tod nimmt hin, Sterben ist mein gewinn, Und Christus ist mein leben, Dem thu ich mich ergeben; Ich sterb heut oder morgen, Mein seel wird er versorgen.

4. O mein HErr JEsu Christ, Der du so g'duldig bist Für mich am creutz gestorben, Hast mir das heil erworben, Auch uns allen zugleiche Das ewge himmelreiche.

5. Erhöre gnädig mich, Mein trost, das bitt ich dich, Hilf mir am letzten ende, Nimm mich in deine hände, Daß ich selig abscheide Zur himmelischen freude.

6. Amen, zu aller stund Sprech ich aus herzensgrund, Und bitt, du wollst mich leiten, HERR Christ, zu allen zeiten, Auf daß ich deinen namen Mög ewig preisen, amen.

Sigmund Weingärtner.

Mel. Zion klagt mit angst und rc.

395. Christum über alles lieben, Uebertrift die wissenschaft; Ob sie noch so hoch getrieben, Ist sie gänzlich ohne kraft, Wo nicht JEsu Christi Geist Sich in ihr zugleich erweißt. JEsum recht im glauben küssen, Ist das allerbeste wissen.

2. Christum lieben ist die kette, So die freundschaft feste macht, Liebt man Christum um die wette, Wird der lauf mit lust vollbracht. JEsus, unser höchster schatz, Hält auf dieser bahn den platz, Und am abgemessnen ende Laufen wir in seine hände.

3. Christi wohlgeprüfte liebe Gegen seine lämmelein Fordert gleiche liebestriebe, Er ist unser, wir sind sein, Schafe wissen nichts von müh, Christus hebt und träget sie, Seine ausgesuchte heerde Fraget wenig nach der erde.

4. Christum lieben lehrt die weise, Wie man klüglich handeln soll, Und die ganze himmelsreise Ist der liebe JESU voll, Alle weg und stege sind Vor ein liebes frommes kind Auf das beste zubereitet, Daß es ja nicht etwa gleitet.

5. Christum lieben gibt die mase, Wie ich heilig leben muß, Was ich thue, was ich lasse, Lehrt sie mich im überfluß, Und wie weit ich tag vor tag In der liebe wachsen mag. Alle gute werk und triebe Wirkt die edle JEsusliebe.

6. Christum lieben machet weiser, Denn die alt-erfahrnen sind, Auf die liebe bau ich häuser Gegen allen sturm und wind. Christum lieben ist gewiß Satans gröste hinderniß. Wo er liebe Christi siehet, Da ists ausgemacht, er fliehet.

7. Christum lieben macht die banden Aller andern liebe fest;

Aber alles wird zu schanden, Was sich hier nicht gründen läßt. Christi lieb in seiner maas Bringt uns wol der menschen haß; Aber wer sich drein versenket, Dem wird mancher feind geschenket.

8. Christi liebe, einfalt, wahrheit, Und der brüder liebe band, Die bestehn in kraft und wahrheit Hier und auch im vaterland, Treuer GOtt, wie wünsch ich mir Diese ungemeine zier, Diese krone aller gaben, Christum JEsum lieb zu haben.

9. JEsu, meiner seelen weide, Meine höchste lieblichkeit, Lehre mich bey freud und leide In der kurzen pilgrimszeit, Dir, dem GOttes-lämmelein, Bis zum tode treu zu seyn, Und vergönne mir im sterben Deine liebe ganz zu erben.

Mel. Einen guten kampf hab ich ꝛc.

396. Christus, Christus, Christus ist, Dem ich mich ergeben, Hier ist eine kurze frist In der welt zu leben, Plötzlich kommt der bleiche tod, Der uns schlägt darnieder; Doch es hat noch keine noth, Christus schlägt ihn wieder.

2. Was derhalben mir geschicht, Will ich willig tragen, Weiß ich doch, es schadt mir nicht, Was mich auch mag plagen; Lieg ich gleich erschlagen hier, Dem tod gleich und eben, Spricht mein herz doch für und für: Christus ist mein leben.

3. Reißt der tod schon gar entzwey Meines lebens faden, Dennoch bin ich zweifels frey Bey GOtt in genaden; An dem, auf den ich getauft, Bleib ich allzeit kleben, Der mit seinem blut mich kauft, Christus ist mein leben.

4. Muß ich gleich in dieser welt Alles hinterlassen, Und ganz blos ins todesfeld Wandern meine strassen, Frag ich doch gar nichts darnach; Sollt ich darnach streben, Das zulezt bringt weh und ach? Christus ist mein leben.

5. Soll mein leib im schwarzen grab Staub und asche werden; Doch ich nichts zu klagen hab, Erde wird zur erden; Aber meine seele dort, Wie am stock der reben, Grünt und blühet immerfort: Christus ist mein leben.

6. Hält mir gleich der satan für Alle meine sünden, Will mit zweifelsstricken mir Herz und sinnen binden, Daß ich ewig nach dem tod In der höll soll schweben. Sag ich doch zu seinem spott: Christus ist mein leben.

7. Ey, wohlan, so mag der tod Mich noch immer strecken, Er und alle teufelsrott Sollen mich nicht schrecken: Laß es seyn, ich sterb dahin; Doch weiß ich gar eben: Sterben ist nun mein gewinn, Christus ist mein leben.

Mel. Wer nur den lieben GOtt.

397. Die liebe leidet nicht gesellen,

Im fall sie treu und redlich brennt, Zwo sonnen mögen nicht erhellen Beysammen an dem firmament. Wer herren, die einander feind, Bedienen will, ist keines freund.

2. Was hinkst du dann auf beiden seiten, O seel! ist GOtt der HErr dein schatz? Was haben dann die eitelkeiten Für einen anspruch, theil und platz? Soll er dich nennen seine braut, Kanst du nicht andern seyn vertraut.

3. Im fall du Christum willt behalten, So halt ihn einig und allein, Die ganze welt soll dir erkalten, Und nichts als lauter greuel seyn: Dein fleisch muß sterben, eh die noth Der sterblichkeit dir bringt den tod.

4. Warum sollt ich doch das umfangen, Was ich so bald verlassen muß, Was mir nach abgekürztem prangen Brächt ewig eckel und verdruß; Sollt ich um einen dunst und schein Ein scheusal heilgen Geistes seyn?

5. Die augen dieser erden lachen Zwar weidlich in der sterblichkeit; Beweinen aber in dem rachen Der höllen ihr unendlich leid. Der engel traub hergegen tränkt Den, der mit thränen hier sich kränkt.

6. Ach GOtt, wo sind sie, die vor jahren Ergeben aller eitelkeit, Und in die welt so brünstig waren Verliebt? des schnöden leibes kleid Sind würmer, ihre seele sitzt In ewig heisser glut, und schwitzt.

7. Die welt senkt ihre todten nieder, Und werkt sie nimmer wieder auf; Mein schatz ruft seine todten wieder Zum unbeschränkten lebenslauf, Verklärt sie, wie das morgenroth, Wenn jene nagt der andre tod.

8. Was hab ich dein, o welt, zu schaffen Mit deiner leichten rosenkron, Fleuch hin, und gib sie deinen affen, Laß mir des creutzes dorn und hohn. Besitz ich JEsum nur allein, Ist alles, was zu wünschen, mein.

Fr. Francisci.

Mel. Zion klagt mit angst und rc.

398. GOtt, du hast es so beschlossen: Wer kan wider dich bestehn? Werden thränen gleich vergossen, Muß es doch, wie du wilt, gehn: Dein rath gilt, dein will geschicht, Unser wollen hilfet nicht; Drum will ich dich lassen walten, Und dir mit geduld aushalten.

2. Ist uns bitter gleich dein wille, Muß er dennoch seyn vollbracht, Unser thun ist, halten stille, Seyn bereit bey tag und nacht, Alles das zu tragen schlecht, Was du auflegst deinem knecht; Darum will ich auch aushalten, Und, mein GOtt, dich lassen walten.

3. HErr, wer kan dir widersprechen, Wann du uns schenkst bitter ein? Wer kan deinen rathschluß brechen? Wer kan sagen

sagen: so solls seyn! Alles muß so seyn bestellt, Wie dirs, höchster GOtt, gefällt: Drum ists gut, dich lassen walten, Und dir mit geduld aushalten.

4. Nun ich will mich darein finden, Dein creutz soll seyn meine ruh, Mehr hab ich verdient mit sünden, Als du mir hier schickest zu, Sollt mir nach verdienst geschehn, Müst ich gar zu boden gehn: Und nun kan ich mich erhalten, Drum laß ich dich ferner walten.

5. Du wirst mir die hülfe gönnen, Wann die rechte zeit kommt an, Jetzt willt du mich nur erkennen Lassen, was dein eifer kan. Hilf, mein GOtt, nur, daß ich dir In der noth nichts schreibe für, Sondern dich frey lasse walten, Du weisst mich wohl zu erhalten.

M. Ephraim, was soll ich machen rc.

399. GOtt, mein trost und mein vertrauen, GOtt, du meine zuversicht, Meine augen zu dir schauen, Deine hülf versag mir nicht: Lasse mich nicht fruchtlos schreyen, Sondern hilf und gib gedeyen: GOtt, dir will ich halten still: GOtt, dein will ist auch mein will.

2. Du hast mich von kindes beinen Stets geleitet und geführt; Durch mein klagen, durch mein weinen Ward dein Vaterherz gerührt, Daß mirs hülf und rettung sandte, Noth und trübsal von mir wandte; Drum halt ich dir ferner still GOtt, dein will ist auch mein will.

3. Alles sey dir heimgestellet, Schick es, wie du willt, mit mir, Tod und leben mir gefället, Willig folg ich billig dir; Wird mich gleich die last was drücken, Du kanst stärken und erquicken: GOtt, dir halt ich gerne still: GOtt, dein will ist auch mein will.

4. Führ mich hin, wo du gedenkest, Da es mir am besten ist, Wann du nur, mein GOtt, mich lenkest, Gehts mir wohl zu jeder frist, Deine starke vaterhande Macht all meine feind zu schande; Drum laß mich dir halten still, GOTT, dein will ist auch mein will.

5. Soll ich elend nun empfinden, Und mit gallen seyn getränkt, Mich gleich einem wurme winden, Mit viel unglück umgeschränkt? Wohl, ich will es alles tragen, Und darum doch nicht verzagen: GOtt, dir will ich halten still: GOtt, dein will ist auch rc.

6. Bin ich gleich veracht auf erden, Und muß dulden spott und hohn, Hoff ich höher doch zu werden Dort in deinem himmelsthron; Wann mich alle menschen hassen, Will ich mich auf dich verlassen, Und, mein GOtt, dir halten still: GOtt, dein will ist auch mein will.

7. Laß, mein GOtt, mich christlich leben, Mach mich weder arm noch reich, Laß mir

mir stets in ohren schweben: Hencke, mensch, wirst du zur leich, Daß ich nicht so unbesonnen Werde von dem tod errennen. GOTT, laß mich dir halten still: GOTT, dein will ist auch mein will.

8. HERR, in deine gnadenhände Geb ich leib, seel, geist und muth, Alles mir zum besten wende, Und halt mich in deiner hut. Dieses bitt ich nochmals kühnlich, Gib mir nur, was mir ist dienlich, GOTT, laß mich dir halten still: GOtt, dein will ist auch mein will.

L. E. H. z. M.

In eigener Melodie

400. Herzlich lieb hab ich dich, o HERR, Ich bitt, wollst seyn von mir nicht fern Mit deiner hülf und gnaden, Die ganze welt erfreut mich nicht, Nach himm'l und erden frag ich nicht, Wann ich dich nur kan haben; Und wann mir gleich mein herz zerbricht, So bist du doch mein zuversicht, Mein theil und meines herzens trost, Der mich durch sein blut hat erlößt, HErr JEsu Christ, Mein GOtt und HErr, mein GOtt und HErr, In schanden laß mich nimmermehr.

2. Es ist ja, HERR, dein g'schenk und gab Mein leib, seel und alls, was ich hab In diesem armen leben, Damit ichs brauch zum lobe dein, Zum nutz und dienst des nächsten mein, Wollst mir dein gnade geben; Behüt mich, HErr, vor falscher lehr, Des satans mord und lügen wehr: In allem creutz erhalte mich, Auf daß ichs trag geduldiglich, HERR JEsu Christ, Mein HErr und GOtt, mein HErr und GOtt, Tröst mir mein seel in todesnoth.

3. Ach HErr, laß dein lieb'n engelein Am letzten end die seele mein In Abrahams schoos tragen, Den leib in sein'm schlafkämmerlein Gar sanft ohn einig qual und pein Ruhn bis am jüngsten tage; Alsdann vom tod erwecke mich, Daß meine augen sehen dich In aller freud, o GOttes Sohn, Mein Heiland und mein gnadenthron, HERR JEsu Christ, Erhöre mich, erhöre mich, Ich will dich preisen ewiglich.

Martin Schilling.

Mel. Ach HErr, mich armen sünder.

401. Ich bin bey GOTT in gnaden Durch Christi blut und tod; Was will und kan mir schaden? Was acht ich alle noth? Ist er auf meiner seiten, Gleichwie er wahrlich ist, Laß immer mich bestreiten Auch alle höllenlist.

2. Was wird mich können scheiden Von GOttes lieb und treu, Verfolgung, armuth, leiden, Und trübsal mancherley? Laß schwerdt und blösse walten, Man mag durch tausend pein Mich für ein schlachtschaf halten, Der sieg bleibt dennoch mein.

3. Ich kan um dessentwillen, Der mich geliebet hat, Gnug meinen unmuth stillen, Und fassen trost und rath; Denn das ist mein vertrauen, Der hoffnung bin ich voll, Die weder dräng- noch drauen Mir ewig rauben soll;

4. Daß weder tod noch leben, Und keiner engel macht, Wie hoch sie möchten schweben; Kein fürstenthum, kein pracht; Nichts dessen, was zugegen; Nichts, was die zukunft hegt; Nichts, welches hoch gelegen; Nichts, was die tiefe trägt;

5. Noch sonst, was je erschaffen; Von GOttes liebe mich Soll scheiden oder raffen: Dann diese gründet sich Auf JEsu tod und sterben, Ihn fleh ich gläubig an, Der mich, sein kind und erben, Nicht lassen will noch kan. Sim. Dach.

Mel. Wer weiß, wie nahe mir rc.

402. Ich bin vergnügt, nach GOttes willen, Und wies mit mir derselbe schickt, Nichts helfen doch die kummergrillen, Durch die man oft das herz erstickt; Drum selig, wer mit mir erwiegt Die schöne wort: ich bin vergnügt.

2. Ich bin vergnügt, ob schon auf erden Ich grossen reichthum habe nicht, Und muß mirs lassen sauer werden, Was mir zur lebensnoth gebricht, Ich denke: so hats GOtt gefügt; O schöner trost, ich bin vergnügt.

3. Ich bin vergnügt, ob meine zeiten Schon nicht in hohen ehren stehn. Was hilfts? es sind nur eitelkeiten, So wie ein rauch und wind vergehn: Wer diesen traut, sich selbst betrügt: GOtt ist mein ruhm, ich bin vergnügt.

4. Ich bin vergnügt, ob schon das glücke Mich hier nicht freundlich lachet an; Mehr aber sich durch saure blicke Das unglück nahet meiner bahn; Geduld, geduld; dieselbe siegt In solcher noth, ich bin vergnügt.

5. Ich bin vergnügt, wann creutz und leiden Nach GOttes rath mich überfällt, Wann meine freunde von mir scheiden: Weil es um mich so schlecht bestellt; Doch ist mein freund, wenn alles fliegt, Der fromme GOtt, ich bin vergnügt.

6. Ich bin vergnügt, ob mich hier neidet Die welt, und mancher judasfreund Mich oft mit seiner zunge schneidet, Daß mir das herz im leibe weint, GOtt lebt, der solche feinde biegt, Und mich erhält, ich bin vergnügt.

7. Ich bin vergnügt, was GOtt mir giebet Aus seiner milden vaterhand, Und ob er mich hiebey betrübet, Bleibt mir doch seine huld bekannt: Sein wahres wort, das nimmer lügt, Verspricht mir die, ich bin vergnügt.

8. Ich bin vergnügt mit GOttes gaben, Es sey gleich we-

wenig oder viel, Muß brod und wasser oft mich laben, Wohlan, so bleibt doch dis mein ziel: Wer GOTT vertraut und hier sich schmiegt, Den läßt er nicht, ich bin vergnügt.

9. Ich bin vergnügt, wann ich nur habe Nach nothdurft meinen unterhalt, Auch wann die kräften nehmen abe, Und wann ich werde matt und alt, Bleibt dis mein trost, der nimmer lügt: GOtt sorgt für mich, ich bin vergnügt.

10. Ich bin vergnügt, wird mir nur geben Der allerhöchste wundergott Ein frölich herz, gesundes leben, Und was der armen seele noth: Das übrige, so es mir tügt, Befehl ich GOtt, ich bin vergnügt.

11. Ich bin vergnügt, gibt mir am ende Mein JEsus einen sanften tod, Und nimmt zu sich in seine hände Mein seele hin aus aller noth: Wann sünd und hölle mit mit kriegt, Schützt mich sein blut, ich bin vergnügt.

Mel. Was mein GOtt will, das rc.

403. Ich hab in GOttes herz und sinn Mein herz und sinn ergeben, Was böse scheint, ist mir gewinn, Der tod selbst ist mein leben: Ich bin ein sohn Des, der den thron Des himmels aufgezogen, Ob er gleich schlägt Und creutz auflegt, Bleibt doch sein herz gewogen.

2. Das kan mir fehlen nimmermehr, Mein Vater muß mich lieben, Wann er mich auch gleich wirft ins meer, So will er mich nur üben Und mein gemüth In seiner güt Gewöhnen fest zu stehen; Halt ich dann stand, Weiß seine hand Mich wieder zu erhöhen.

3. Ich bin ja von mir selber nicht Entsprungen noch formiret, Mein GOtt ists, der mich zugericht, An leib und seel gezieret, Der seelen sitz Mit sinn und witz, Den leib mit fleisch und beinen; Wer so viel thut, Des herz und muth Kans nimmer böse meynen.

4. Woher wollt ich mein aufenthalt Auf dieser welt erlangen? Ich wäre längstens todt und kalt, Wo mich nicht GOtt umfangen Mit seinem arm, der alles warm, Gesund und frölich machet: Was er nicht hält, Das bricht und fällt; Was er erfreut, das lachet.

5. Zu dem ist weisheit und verstand Bey ihm ohn alle massen, Zeit, ort und stund ist ihm bekannt, Zu thun und auch zu lassen: Er weiß, wann freud, Er weiß, wann leid Uns, seinen kindern, diene, Und was er thut, Ist alles gut, Obs noch so traurig schiene.

6. Du denkest zwar, wann du nicht hast, Was fleisch und blut begehret, Als sey mit einer grossen last Dein glück und heil beschweret: Hast spat und früh Viel sorg und müh, An deinen wunsch zu kommen, Und

denkest

denkest nicht, Das, was geschicht, Gescheh zu deinem frommen.

7. Fürwahr, der dich geschaffen hat, Und ihm zur ehr erbauet, Der hat schon längst in seinem rath Ersehen und beschauet Aus wahrer treu, Was dienlich sey Dir und den deinen allen: Laß ihm doch zu, Daß er nur thu Nach seinem wohlgefallen.

8. Wanns GOtt gefällt, so kans nicht seyn, Er wird dich letzt erfreuen, Was du jetzt nennest creutz und pein, Wird dir zum heil gedeyen; Wart in gedult, Die gnad und huld Wird sich doch endlich finden, All angst und qual Wird auf einmal, Gleichwie ein dampf, verschwinden.

9. Das feld kan ohne ungestüm Gar keine früchte tragen; So fällt auch menschen wohlfahrt üm Bey lauter guten tagen. Die aloe Bringt bitters weh, Macht gleichwol rothe wangen: So muß ein herz Durch angst und schmerz Zu seinem heil gelangen.

10. Ey nun, mein GOTT, so fall ich dir Getrost in deine hände: Nimm mich, und mach es du mit mir Bis an mein letztes ende, Wie du wohl weisst, Daß meinem geist Dadurch sein nutz entstehe, Und deine ehr Je mehr und mehr Sich in mir selbst erhöhe.

11. Willst du mir geben sonnenschein, So nehm ichs an mit freuden: Solls aber creutz und elend seyn, Will ichs gedultig leiden; Soll mir allhier Des lebens thür Noch ferner offen stehen, Wie du mich führst Und führen wirst, So will ich gerne gehen.

12. Soll ich dann auch des todes weg Und finstre strassen reisen, Wohlan, so trett ich bahn und steg, Den mir dein augen weisen, Du bist mein hirt, Der alles wird Zu solchem ende kehren, Daß ich einmal In deinem saal Dich ewig möge ehren.

Paul Gerhard.

Mel. Nimm von uns, HErr, du rc.

404. Ich hab oft bey mir selbst gedacht, Wann ich den lauf der welt betracht, Ob auch das leben dieser erd Uns gut sey und des wünschens werth? Und ob der nicht viel besser thu, Der sich fein zeitlich gibt zur ruh?

2. Dann, lieber, denk und sage mir: Was für ein stand ist wol allhier, Dem nicht sein angst, sein schmerz und weh Alltäglich überm haupte steh? Ist auch ein ort des kummers frey, Und wo kein klag und sorge sey?

3. Sieh unsern ganzen lebenslauf, Ist auch ein tag von jugend auf, Der nicht sein eigne qual und plag Auf seinem rücken mit sich trag? Ist nicht die freude, die uns stillt, Auch selbst mit jammer überfüllt?

4. Hat einer glück und gute zeit, Hilf GOtt, wie tobt und

stürmt

stürmt der neid, Hat einer ehr und grosse würd, Ach, mit was grosser last und bürd Ist, der vor andern wird geehrt, Vor andern auch dabey beschwert.

5. Ist einer heute gutes muths, Ergözt und freut sich seines guts, Eh ers vermeynt, fährt sein gewinn Zusamt dem guten muthe hin; Wie plötzlich komt ein ungestüm, Und wirft die grossen güter üm?

6. Bist du denn fromm und fleuchst die welt, Und liebst GOtt mehr als gold und geld: So wird dein ruhm, dein schmuck und kron in aller welt zu spott und hohn; Denn wer der welt nicht heucheln kan, Den sieht sie gar für alber an.

7. Nun ist es wahr, es steht uns hier Die trübsal täglich vor der thür, Und findt ein jeder überall Des creutzes noth und bittre qual; Sollt aber drum der christen licht Gar nichts mehr seyn? das glaub ich nicht.

8. Ein christ, der fest an Christo klebt, Und stets im Geist und glauben lebt, Dem kan kein unglück, keine pein Im ganzen leben schädlich seyn: Gehts ihm nicht allzeit, wie es soll, So ist ihm dennoch allzeit wohl.

9. Hat er nicht gold, so hat er GOtt, Fragt nichts nach böser leute spott, Verwirft mit freuden und verlacht Der welt verkehrten stolz und pracht: Sein ehr ist hoffnung und geduld: Sein hoheit ist des höchsten huld.

10. Es weiß ein christ und bleibt dabey, Daß GOtt sein freund und Vater sey; Er hau, er stech, er brenn, er schneid, Hier ist nichts, das uns von ihm scheid, Je mehr er schlägt, je mehr er liebt, Bleibt fromm, ob er uns gleich betrübt.

11. Laß alles fallen, wie es fällt, Wer Christi lieb im herzen hält, Der ist ein held, und bleibt bestehn, Wenn erd und himmel untergehn: Und wenn ihn alle welt verläßt, Hält GOttes wort ihn steif und fest.

12. Des Höchsten wort dämpft alles leid, Und kehrts in lauter lust und freud, Es nimmt dem unglück alles gift, Daß, obs uns gleich verfolgt und trift, Es dennoch unsre herzen nie In allzugrosses trauren zieh.

13. Ey nun, so mässge deine klag: Ist dieses leben voller plag, Ists dennoch an der christen theil Auch voller GOttes schutz und heil. Wer GOtt vertraut, und Christum ehrt, Der bleibt im creutz auch unversehrt.

14. Gleichwie das gold durchs feuer geht, Und in dem ofen wohl besteht; So bleibt ein christ durch GOttes gnad Im elendsofen ohne schad: Ein kind bleibt seines vaters kind, Obs gleich des Vaters zucht empfindt.

15. Denn

15. Drum, liebes herz, sey ohne scheu, Und sieh auf deines Vaters treu; Empfindst du hie auch seine ruth, Er meynts nicht bös, es ist dir gut. Gib dich getrost in seine hånd, Es nimmt zuletzt ein gutes end.

16. Leb immerhin so lang es will: Ists leben schwer, so sey du still, Es geht zuletzt in freuden aus: Im himmel ist ein schönes haus, Da, wer nach Christo hier gestrebt, Mit Christi engeln ewig lebt.

Paul Gerhard.

Mel. Meinen JEsum laß ich nicht.

405. Mein erlöser, JEsu, sey Allezeit an meiner seite, Rette mich und steh mir bey In dem harten seelenstreite: Ach, verlasse du mich nicht, Eh das licht der augen bricht.

2. Rührt mich kummer, angst und schmerz, Naget mich die zahl der sünden, Ey, so laß mich, bruderherz, Seelentrost im creuze finden, Tröste mich, zeig in der noth, JEsus sey des todes tod.

3. Nichts vergnügt mich auf der welt, Alle lustbarkeit vergehet, Pracht und hoheit, glück und geld Haben nichts, was stets bestehet, Jeder augenblick der zeit Lehrt die unbeständigkeit.

4. Jetzt, wenn man uns fällen will, Preiset man uns vor den leuten, Pfleget aber in der still Jeden schritt recht arg zu deuten; Natterngift ist nicht so schlimm, Als verstellter feinde grimm.

5. Viele leute trotzen zwar Oft auf hoheit und vermögen, Nehmen aber endlich wahr, Ueberall sey GOTT zugegen; Xerxes sieht in einer nacht Kaum das zehnte theil der macht.

6. Uebel ist das wohl der welt, Lauter list ist ihr vergnügen, Glaub und liebe sind vergällt, Ehrlichkeit muß unten liegen. Blinde welt, bildst du dir ein, Ohne GOtt vergnügt zu seyn?

7. HErr des himmels, GOtt, mein licht, Reiß mich aus der lasterhöhle, Nimm in schutz, verlasse nicht Eine dir ergebne seele; Vor die welt sollst du allein, O mein JEsu, meine seyn.

8. Nun, mein seufzen steigt empor, GOtt, zu dir, o brunn der gnaden, Oeffne mir dein segensthor, Laß mir nie kein unglück schaden: Endlich führ mich aus der welt Recht vergnügt ins himmels zelt.

von Glaubiz.

In eigener Melodie.

406. Sag, was hilft alle welt Mit ihrem gut und geld; Alles verschwindt geschwind, Gleichwie der rauch vom wind.

2. Was hilft der hohe thron Das scepter und die cron? Scepter und regiment Hat alles bald ein end.

3. Was hilft seyn hübsch und

und fein? Schön, wie die engel, seyn? Schönheit vergeht im grab, Die rosen fallen ab.

4. Was hilft ein goldgelb haar? Augen cristallen klar? Lefzen corallen-roth? Alles vergeht im tod.

5. Was ist das güldne stück Und andre zierd geschmück? Gold ist nur rothe erd, Die erd ist nicht viel werth.

6. Was ist das roth gewand, Das purpur wird genannt? Von schnecken aus dem meer Kommt aller purpur her.

7. Was ist der seiden pracht? Wer hat den pracht gemacht? Es haben würm gemacht Den ganzen seiden pracht.

8. Was seynd dann solche ding, Die wir nicht schätzen gring? Erd, würm, koth, schneckenblut Ist, das uns zieren thut.

9. Fahr hin, o welt, fahr hin, Bey dir ist kein gewinn, Das ewge achtst du nit, Hast hier dein erndt und schnitt.

10. Fahr hin, leb, wie du willt, Hast gnug mit mir gespielt, Die ewigkeit ist nah, Fromms leben ich anfah.

Joh. Matth. Meyfart.

Mel. Wann wir in höchsten nöthen.

407. Sey doch zufrieden, liebe seel, Und dich nicht so mit sorgen quäl; Was ist doch, das dich so betrübt? Was fehlt dir, wann dein GOtt dich liebt?

2. Es ist doch alles lauter lieb, Was er dir thut, nur achtung gib; Drum dich ihn auch zu lieben üb: Dann lieb erfordert gegenlieb.

3. Aus lieb er dich erschaffen hat: Aus lieb erhält dich seine gnad: Aus lieb er dich beschützt und führt: Aus lieb er all dein thun regiert.

4. Aus lieb hat er dich durch sein kind Erlöst vom teufel, höll und sünd: Aus lieb beruft dich seine treu: Aus lieb gebiehrt er dich aufs neu.

5. Aus liebe predigt er dir für, Was er aus lieb begehrt von dir: Aus liebe er dich speist und tränkt, Mit seinem leib und blut beschenkt.

6. Aus liebe nimmt er selbsten ein Zum tempel deines herzens-schrein: Aus liebe predigt er darinn, Erweckt der heissen andacht sinn.

7. Aus liebe labt er dich mit freud Zum vorschmack jener seligkeit: Aus lieb er deine gaben mehrt; Aus lieb er dein gebet erhört.

8. Aus lieb er für gerecht dich acht: Aus lieb zum neuen menschen macht: Aus lieb trägt er mit dir gedult, Und übersieht dir manche schuld.

9. Aus liebe ängst't er oft dein herz, Damit du fühlst der sünden schmerz: Aus lieb er dich mit creutz betrübt, Aus lieb er deinen trost dir gibt.

10. Aus lieb macht er dich fest gesinnt Daß dich die sünd nicht überwindt: Aus lieb

wird

wird er dir freundlich seyn In deiner letzten sterbenspein.

11. Aus liebe wird dich auch sein mund Erwecken aus des grabes schlund: Aus lieb wird er mit ehr und freud Dich krönen in der seligkeit.

12. Wie magst du dann so traurig seyn, Du allerliebste seele mein? Es ist ja nichts, als lauter lieb, Was GOtt dir thut, nur achtung gib.

13. Was thu ich dem, der mich so liebt? So manchen liebeskuß mir gibt? Was er dir gibt, ihm wieder gib, Dann lieb erfordert gegenlieb.

14. GOtt ist die lieb, wer in ihm bleibt, Der bleibt der liebe einverleibt: Und wer ihn und den nächsten liebt, Der ihm das liebste opfer gibt.

15. So will ich dann herzinniglich, Du, GOtt der liebe, lieben dich, Darzu gib du mir deinen Geist, Der drum ein Geist der liebe heisst.

16. Aus liebe will ich jedermann Dein lob erzehlen, was ich kan; Aus lieb soll eigne ehre, lust, Und nutz mir bleiben unbewußt.

17. Aus lieb will ich demüthig seyn: Aus lieb dich fürchten herzlich rein: Aus lieb, du schöpfer, will ich dir Die kreatur nicht ziehen für.

18. Aus lieb bestreite ich und meid Der welt betrug und eitelkeit, Und diese lieb mehrt dis in mir, Daß meine seel gebildt nach dir.

19. Aus lieb gebrauch ich so der welt, Daß sie mich nicht gefangen hält: Aus lieb zu dir gedenke ich, Daß ich den nächsten lieb als mich.

20. Aus lieb hab ich geduld im leid: Aus lieb üb ich sanftmüthigkeit: Aus lieb ich mich der freundlichkeit Befleisse gegen alle leut.

21. Aus lieb will ich von dem was mein, Barmherzig gegen andre seyn: Aus liebe thu ich, was ich thu, Dann deine lieb treibt mich darzu.

22. Weil ich dann so verliebt in dich, Und du, mein liebster GOtt, in mich, Was kan dann scheiden mich von dir? Was kan dann trennen dich von mir?

23. Ich bin in dieser lieb entzückt, Ich bleib darinnen unverrückt, Komm, liebster JESU, mach mich frey, Daß meine lieb vollkommen sey.

Mel. Sollt es gleich bisweilen rc.

408. Trau auf GOtt in allen sachen, Die dich jetzo traurig machen: Trau auf GOtt in allen dingen, Die dir zu dem herzen dringen.

2. Trau auf GOtt in seelenplagen, Wann dich deine sünden nagen Denn GOtt ist in solchem schmerzen Ein recht pflaster für die herzen.

3. Trau auf GOtt, wann tod und hölle, Wann der teufel ist zur stelle, Und dir vom verdammen saget, GOtt ists, der ihn alsbald jaget.

4. Trau

4. Trau auf GOtt in bösem glücke, Dann GOtt ist dir eine brücke, Drauf du sicher stand kanst haben, Wann viel unglück um dich traben.

5. Trau auf GOtt, wann böse seuchen In dem lande herum schleichen: Dann er kan dich so bedecken, Daß dich keine darf anstecken.

6. Trau auf GOtt in kriegs-gefahren, Dann er weiß dich zu bewahren, Er kan machen, daß die feinde Werden deine besten freunde.

7. Trau auf GOtt in hungersnöthen, Dann wird dich kein hunger tödten, Wächset gleich kein korn auf erden, So wird brod aus steinen werden.

8. Trau auf GOtt in dürren zeiten, Dann er wird vom himmel leiten Seines segens ströhm und quellen, Die dein herz zufrieden stellen.

9. Trau auf GOtt, wanns stürmt und schneyet, Wann die donnerwolke schreyet: Wann dich trift das böse wetter, Da ist GOTT auch dein erretter.

10. Trau auf GOtt in allen sachen, Dann er kan die anschläg machen: Trau auf GOtt in allen dingen, Dann wirst du ein danklied singen.

Justus Siber.

In bekannter Melodie.

409. Von GOTT will ich nicht lassen, Dann er läßt nicht von mir, Führt mich auf rechter strassen, Da ich sonst irre sehr: Er reicht mir seine hand: Den abend als den morgen Thut er mich wohl versorgen, Sey wo ich woll im land.

2. Wann sich der menschen hulde Und wohlthat all verkehrt, So findt sich GOtt gar balde, Sein macht und gnad bewährt; Er hilft aus aller noth, Errett von sünd und schanden, Von ketten und von banden, Und wanns gleich wär der tod.

3. Auf ihn will ich vertrauen In meiner schweren zeit, Es kan mich nichts gereuen, Er wendet alles leid: Ihm sey es heimgestellt: Mein leib, mein seel, mein leben Sey GOTT dem HERRN ergeben, Er machs, wies ihm gefällt.

4. Es thut ihm nichts gefallen, Dann was mir nützlich ist, Er meynts gut mit uns allen, Schenkt uns den HERREN CHRIST, Sein allerliebsten Sohn, Durch ihn er uns bescheret, Was leib und seel ernähret, Lobt ihn ins himmels thron.

5. Lobt ihn mit herz und munde, Welchs er uns beydes schenkt. Das ist ein selge stunde, Darin man sein gedenkt, Sonst verdirbt alle zeit, Die wir zubring'n auf erden, Wir sollen selig werden Und bleib'n in ewigkeit.

6. Auch wann die welt vergehet Mit ihrem stolz und pracht, Wed'r ehr noch gut

bestehet. Das vor war gros geacht, Wir werden nach dem tod Tief in die erd begraben, Wann wir geschlafen haben, Will uns erwecken GOtt.

7. Die seel bleibt unverlohren, Geführt in Abrams schoos, Der leib wird neu gebohren Von allen sünden los, Ganz heilig, rein und zart, Ein kind und erb des HERREN, Daran muß uns nicht irren Des teufels listige art.

8. Darum, ob ich schon dulde Hie widerwärtigkeit, Wie ich auch wohl verschulde, Kommt doch die ewigkeit, Ist aller freuden voll, Dieselb ohn einigs ende, Dieweil ich Christum kenne, Mir widerfahren soll.

9. Das ist des Vaters wille, Der uns erschaffen hat, Sein Sohn hat guts die fülle Erworben und genad: Und GOtt der heilge Geist Im glauben uns regieret, Zum reich des himmels führet; Ihm sey lob, ehr und preis.

Nicol. Hermann.

Mel. Wer weiß, wie nahe mir rc.

410. Wann ich betracht mein sündlich wesen, Und daß ich doch in gnaden bin, Und wiederum in GOtt genesen; So freuet sich

bet hat vorhin, Und dem ichs einig hab zu danken, Daß ich jetzt in genaden bin: Daher ihm mund und herz verspricht: Ich lasse meinen JEsum nicht.

3. Ich laß ihn nicht, ich will ihn halten, Es geh mir drüber, wie es geh; Ich lasse meinen JEsum walten, Bey dem ich in genaden steh; Was mir auch immer drum geschicht: Ich lasse meinen JEsum nicht.

4. Er läßt mich nicht, sollt ich ihn lassen? O nein, mein JEsus bleibet mein, Ich will ihn immer stärker fassen, Und schliessen in mein herz hinein: Im glauben wird es ausgericht: Im glauben laß ich JEsum nicht.

5. Der satan meynt mich zu erreichen, Die welt kommt auch auf mich gerennt, Und dieses ist ein rechtes zeichen, Dabey man einen christen kennt; Ich aber bin ihm hoch verpflicht: Ich lasse meinen JEsum nicht.

6. Man mag mich hier und da vertreiben, Ich weiß schon einen sichern ort, Da man mich wohl muß lassen bleiben, Das ist mein JEsus und sein wort: Mein alles ist auf ihn gericht: Ich lasse meinen JEsum nicht.

7. Kommts gleich mit mir gar bis aufs leben, Weil ... die welt

im sterben Auch nicht behalten oberhand, Mein JEsus läßt mich nicht verderben, Des hab ich ein gewisses pfand, So mir sein heilsam wort verspricht: Ich lasse meinen JESUM nicht.

9. Die welt muß endlich auch vergehen Mit aller ihrer herrlichkeit, Nichts ist, das ewig kan bestehen, Als was uns JEsus hat bereit; Wann himmel, erd und alles bricht, So laß ich meinen JESUM nicht.

10. Schlägt mich die sünd schon oftmals nieder, Daß mein gewissen fast verzagt, Hilft JESUS doch und stärkt mich wieder, Er hält, was er mir zugesagt, Drum wann mich schon mein sünd anficht, Laß ich doch meinen JESUM nicht.

11. Der jüngste tag kan mich nicht schrecken, Ich dring vom tod zum leben ein, Mein JEsus will mich auferwecken, Daß ich bey ihm soll ewig seyn: An jenem grossen weltgericht Da laß ich meinen JEsum nicht.

12. Ich laß ihn nicht in jenem leben, Dort will ich ihm zur seiten stehn, Will ewig, ewig an ihm kleben, Und nimmermehr von JEsu gehn, Da will ich sehn sein angesicht, Und meinen JEsum lassen nicht.

13. Da will ich halleluja singen, Und amen in dem höchsten thron, Will ruhm, dank, preis und ehre bringen, Und ewges lob vor GOTTES Sohn; Will wandeln dort in seinem licht, Und meinen JEsum lassen nicht.

Er. Francisci.

Mel. O GOtt, du frommer rc.

411. Was frag ich nach der welt Und allen ihren schätzen, Wann ich mich nur an dir, HErr JEsu, kan ergetzen: Dich hab ich einzig mir Zur wollust vorgestellt, Du, du bist meine ruh, Was frag ich nach der welt.

2. Die welt ist wie ein rauch, Der in der luft vergehet, Und einem schatten gleich, Der kurze zeit bestehet; Mein JEsus aber bleibt, Wann alles bricht und fällt, Er ist mein starker fels, Was frag ich nach der welt.

3. Die welt sucht ehr und ruhm Bey hoch erhabnen leuten, Und denkt nicht einmal dran, Wie bald doch diese gleiten; Das aber, was mein herz Vor andern rühmlich hält; Ist JEsus nur allein, Was frag ich nach der welt.

4. Die welt sucht gut und geld, Und kan nicht eher rasten, Sie habe dann zuvor Den mammon in dem kasten; Ich weiß ein bessers gut, Wornach mein herze stellt, Ist JEsus nur mein schatz, Was frag ich nach der welt.

5. Die welt bekümmert sich, Im fall sie wird verachtet, Als wann man ihr mit list Nach ihren ehren trachtet; Ich trage CHRISTI schmach, So lang es ihm gefällt, Wann mich mein

mein heiland ehrt, Was frag ich nach der welt.

6. Die welt kan ihre lust Nicht hoch genung erheben, Sie dörfte noch dafür Wol gar den himmel geben; Ein andrer hälts mit ihr, Der von sich selbst nichts hält, Ich liebe meinen GOtt, Was frag ich nach der welt.

7. Was frag ich nach der welt, Im huy muß sie verschwinden, Ihr ansehn kan durchaus Den blassen tod nicht binden, Die güter müssen fort, Und alle lust verfällt; Bleibt JEsus nur bey mir, Was frag ich nach der welt.

8. Was frag ich nach der welt, Mein JEsus ist mein leben, Mein schatz, mein eigenthum, Dem ich mich hab ergeben, Mein ganzes himmelreich, Und was mir sonst gefällt, Drum sag ich noch einmal: Was frag ich nach der welt.

G. M. Pfefferkorn.

In bekannter Melodie.

412. Was GOTT thut, das ist wohl gethan, Es bleibt gerecht sein wille, Wie er fängt meine sachen an, Will ich ihm halten stille, Er ist mein GOtt, Der in der noth Mich wohl weiß zu erhalten, Drum laß ich ihn nur walten.

2. Was GOtt thut, das ist wohl gethan, Er wird mich nicht betrügen, Er führet mich auf rechter bahn, So laß ich mich begnügen An seiner huld, Und hab geduld, Er wird mein unglück wenden, Es steht in seinen händen.

3. Was GOtt thut, das ist wohl gethan, Er wird mich wohl bedenken, Er, als ein arzt und wundermann, Wird mir nicht gift einschenken Für arzeney, GOtt ist getreu: Drum will ich auf ihn bauen, Und seiner güte trauen.

4. Was GOtt thut, das ist wohl gethan, Er ist mein licht und leben, Der mir nichts böses gönnen kan, Ich will mich ihm ergeben In freud und leid, Es kommt die zeit, Da öffentlich erscheinet, Wie treulich er es meynet.

5. Was GOtt thut, das ist wohl gethan, Muß ich den kelch gleich schmecken, Der bitter ist nach meinem wahn, Laß ich mich doch nicht schrecken: Weil doch zuletzt Ich werd ergezt Mit süssem trost im herzen, Da weichen alle schmerzen.

6. Was GOtt thut, das ist wohl gethan, Dabey will ich verbleiben, Es mag mich auf die rauhe bahn, Noth, tod und elend treiben: So wird GOtt mich Ganz väterlich In seinen armen halten, Drum laß ich ihn nur walten.

Samuel Rodigast.

Mel. Wer nur den lieben Gott läßt.

413. Wer folgen will, muß erstlich schauen, Wem sicherlich zu folgen sey, Dem fleisch, der welt ist nicht zu trauen; Verführer

sind sie, diese zwey. Wer folgen will ohn ungemach, Folg JEsu nach, folg JEsu nach.

2. Das fleisch, so sich vor andern brüstet, Raunt unsren lüstern ohren ein: Folg mir und thu, was dich gelüstet, Erfreue stets dein traurig seyn. Ich bin zur wollust dir die thür, Komm, folge mir, komm rc.

3. Laß diesen führer dich nicht leiten, Das fleisch verblendet und ist blind. Wie leicht kan dieser blinde gleiten, Daß beyde man in gruben findt? Gift ist im honig zugericht: Ach, folge nicht, rc.

4. Lebst du nach deinem wohlgefallen, So leide, was dir nicht gefällt, Auf unsers fleisches lasterwallen Ist schon das end, der tod, bestellt. Dir selbsten GOtt das urtheil spricht: Ach, folge nicht, rc.

5. Die welt will auch erwählet werden, Schützt schätz und ehr und wollust vor, Wer werden will ein herr der erden, Steigt, sagt sie, nur durch mich empor. Ich zier den menschen mir zur zier: Komm, folge mir, komm, folge mir.

6. Ach laß die welt dich nicht anstöhren, Der breite weg führt höllen ein: Laß dich den reichthum nicht bethören, Er zinset ewig harte pein, Wo der gewissenswurm dich sticht: Ach, folge nicht, ach, folge nicht.

7. Der welt ihr ehren seynd nur ähren, Aus denen wächset ewge schand, Wer ihrer lust nicht mag entbehren, Bleibt mit dem schlemmerdurst entbrannt, Dem auch ein wassertropf gebricht, Ach, folge nicht, ach, folge nicht.

8. Wie hört man aber JEsum sagen: Will einer mir ein jünger seyn, Der nehm sein creuz auf sich zu tragen, Und stelle sich so bey mir ein, Komm, sünder, mich verlangt nach dir: Komm, folge mir, komm rc.

9. Ach, JEsu, ja, ich folge gerne, Willt du, so führe mich in noth; Du hebst mich über sonn und sterne, Wann du mich wirfest in den koth, Geh mir zu aller marter für, Ich folge dir, ich folge dir.

10. Mit dir verarmen, kan bereichern, Die schand der welt verherrlicht dort: Muß ich im angstmeer segel streichen, Ich seh des himmels freudenport, Der tod ist mir die lebensthür, Drum folg ich dir, drum folg ich dir.

11. Will mir die erd zur wüsten werden: Schickt mir der himmel manna zu; Ich lache aller angstbeschwerden, Weil du doch bleibest meine ruh. In dir versüßt sich alles mir, Drum folg ich dir, rc.

12. Mein sinnen sinnt nach deinen zinnen, Mein seyn verlangt mit dir zu seyn, Kan dieses mir der tod gewinnen, Zersprengt der seelen wohnung schrein, Ich seufz und brenn für himmelsgier, Nimm mich zu dir, nimm mich zu dir.

3) Von den Pflichten gegen den Nächsten und sich selbst.

Mel. Wer weiß, wie nahe mir 2c.

414. Ach, GOTT, wie schwer geht meinem herzen Der eifer zum gehorsam ein, Die ordnung macht mir heimlich schmerzen, Der wir zu folgen schuldig seyn, Des fleisches widerspenstigkeit Erweckt im willen kampf und streit.

2. Was andre rathen und befehlen, Die du mir selber vorgesetzt, Wird von mir selten zu erwählen Und auszuüben werth geschätzt; Hingegen ist mein meistes ziel Ein freyheitsvolles widerspiel.

3. Man mag verbieten, warnen, dräuen, So thu ich doch, was mir beliebt, Ich will mich fast vor niemand scheuen, Der auf mein straucheln achtung giebt: Und fragt jemand, was ich gethan? So sprech ich wol, wen gehts was an?

4. Ach, hilf den bösen willen brechen, Du, GOTT, der du gehorsam liebst, Und, wenn wir besserung versprechen, Uns gnade, rath und hülfe giebst: Erweiche den verstockten geist, Der sich der zucht bethört entreißt.

5. Laß mich an JESU beyspiel denken: War der den eltern unterthan, So darf ich teichfalls die nicht kränken, Die mir vielfältig guts gethan; Denn wer sich ihnen widersetzt, Hat deine majestät verletzt.

6. Drum lehre mich gehorsam leben, Und dem, der deine statt vertritt, In keinem dinge widerstreben, Dadurch er meinen fuß behüt, Daß er nicht gleichsam ganz verblendt In frechem trotz zur hölle rennt.

M. Sam. Grosser.

Mel. Es ist gewißlich an der zeit.

415. Ach, sünder, sey doch nicht so blind Der fleischeslust ergeben, Schlag nicht so schändlich in den wind Dein ewig heil und leben; Da oft mit vollen sporen lauft Der höllen zu, frißt, spielt und sauft Die welt nach ihrer weise.

2. Ach, sünder, sey doch nicht so toll, Hier lustig mit zu machen, Wo teufelsbrüder blind und voll In sauf= und schmausen lachen. Wo ist mehr weh, leid, mord und zank, Als wo man sich bey starkem trank Säuft endlich gar von sinnen.

3. Ach, sünder, sey doch nicht so frey, Zu deiner seelen schaden, Mit speiß und trank in völlerey Dich je zu überladen. Dem teufel machst du dich zum spott, Du treibst von dir aus deinen GOTT; Wo bleibt das herz, zu beten?

4. Ach, sünder, sey doch nicht so frech, Ach, meide solche hausen,

sen, Die oft bey ihrem lustgezech, Gar in die wette saufen. So spielt man recht dem teufel auf, Als wäre auch die seel zu kauf, Die doch geht leicht verlohren.

5. Ach, sünder, ach, so gottlos nicht Im trunk dich übernommen. Wie? wenn dein JEsus zum gericht Zu der zeit sollte kommen: Ja, wenn der tod dich rafte hin, Da du bist vom verstand und sinn, Wie wird die seele fahren?

6. Ach, sünder, ach, so sicher nicht, Da eben so vermessen Der Belsazer des nachts bey licht In vollem schmauß gesessen, Da mahlet ihm die wunderhand Sein urtheil plötzlich an die wand: So kans dir auch ergehen.

7. Ach, sünder, ach, so ruchlos nicht, Hör, wie der schlemmer brüllet, Als ihm die flamm zum hals ausbricht, Der sich stets angefüllet In üppigkeit mit starkem wein, Hat dort kein wassertröpfelein, Die zunge abzukühlen.

8. Ach, sünder, nicht so unbedacht, Dich möcht sonst überfallen Die lange schwarze höllenmacht, Da wird die stimm erschallen: Schenkt ein, schenkt ein den schwefeltrank, Vom feuer, pech, rauch, qual und stank, Vors böse, das begangen.

9. Ach, sünder, ach, zu jeder stund Halt dich in guten schranken, Setz kein getränk an deinen mund, Hab dieses in gedanken: O JESU, dein vermyrrther wein, Dein gallentrank, dein durst und pein, Lehr mich ja mäßig leben.

Mel. O GOtt, du frommer GOtt.

416. Gerechter, heilger GOTT, Ich klage, daß ich spühre, Wie eigennutz, betrug Und falschheit mich regiere, Ach, die gerechtigkeit Wird oft von mir verletzt, Und eigennutz dem nutz Des nächsten vorgesetzt.

2. Ich weiß, daß ich mich mehr, Als meinen nächsten, liebe, Durch unrecht richten, thun Und handlen ihn betrübe, Sein schade freut mich oft, Ich hindre solchen nicht, Da sich mein herz doch dis Von andern selbst verspricht.

3. Ach, du gerechter GOtt, Feind aller ungerechten, Du selber willt das recht Nothleidender verfechten: Du richtest recht und gut; Ach, geh mit deinem knecht, Mein GOTT, nicht ins gericht, Wer ist vor dir gerecht?

4. Laß gnad ergehn für recht, Vergib mir alle sünde, Vergib, damit ich nicht Verdammten lohn empfinde. Denn ungerechtigkeit Schlägt seel und leib zugleich, Und du verschliessest dem, Der ungerecht, dein reich.

5. Miß mir nicht mit dem maaß, Mit welchem ich gemessen, Laß meine sünde doch Auf ewig seyn vergessen; Gib mir

den neuen geist, Der mich die rechte lehrt, Die du gegeben hast, Und mich zu solchen kehrt.

6. Entferne meinen geist Vom ungerechten wesen, Gewalt, unbilligkeit; Und laß mich stets erlesen, Was recht und billig ist, Was selbst der wahrheit nützt, Und sie bis in den tod Befördert und beschützt.

7. Laß mich nicht furcht noch gunst Vom rechten wege kehren: Laß mich der heuchler list Und schmeichlen nicht bethören. Gib, daß aufrichtigkeit Und treu mein herz regier, Und jeder redlichkeit In wort und werken spür.

8. Laß mich, so viel ich kan, Die trösten, decken, schützen, Die unter der gewalt Der ungerechten schwitzen; Laß mich auch bey dem schein Des rechten selber nicht Gewalt und unrecht thun, Waun mir gewalt geschicht.

9. Daß treu auf erden wächst, Daß recht vom himmel schauet, Und jeder land und feld In fried und segen bauet, Daß GOtt uns gutes thut, Das land im segen steht, Und daß gerechtigkeit Bey uns im schwange geht.

10 Gib mir den Geist des raths, Der weisheit und der stärke, Durch den regiere selbst Mein denken, meine werke, Und nicht durch menschen rath, Noch eigne phantasey; Daß ich nicht, wider recht, Der welt gefällig sey.

11. HErr, hilf mir doch mein herz Zu deinen rechten neigen, Und gegen jeden mich Gerecht und billig zeigen: Und gib mir dort den lohn Von der gerechtigkeit, Da ungerechten nichts, Als fluch und schmach bereit.

Mel. JEsu, der du meine seele.

417. JESU, allerliebster bruder, Ders am besten mit mir meynt, Du mein anker, mast und ruder, Und mein treuer herzensfreund, Der du, ehe was gebohren, Dir das menschenvolk erkohren, Auch mich armen erdengast Dir zu lieb erschen hast.

2. Du bist ohne falsch und tücke, Dein herz weiß von keiner list; Aber wenn ich nur erblicke, Was hier auf der erden ist, Find ich alles voller lügen: Wer am besten kan betrügen, Wer am schönsten heucheln kan, Ist der allerbeste mann.

3. Ach, wie untreu und verlogen Ist die liebe dieser welt, Ist sie jemand wohl gewogen, Währts nicht länger als sein geld. Wann das glück uns blühr und grünet, Sind wir schön und hübsch bedienet: Kommt ein wenig ungestüm, Kehrt sich alle freundschaft um.

4. Treib, HErr, von mir und verhüte Solchen unbeständ'gen sinn, Hätt ich aber mein gemüthe, Weil ich auch ein mensche bin, Schon mit diesem koth besprenzet, Und der falschheit

nachgehänget: So erkenn ich meine schuld, Bitt um gnad und um geduld.

5. Laß mir ja nicht widerfahren, Was du, HErr, zur straf und last Denen, die mit falschen waaren Handeln, angedräuet hast, Da du sprichst: du wollest scheuen, Und als unflath von dir speyen Aller heuchler falschen muth, Der guts vorgibt, und nicht thut.

6. Gib mir ein beständigs herze Gegen alle meine freund, Auch dann, wann mit creuz und schmerze Sie von dir beleget seynd, Daß ich mich nicht ihrer schäme, Sondern mich nach dir bequeme, Der du, da wir arm und blos, Uns gesetzt in deinen schoos.

7. Gib mir auch, nach deinem willen, Einen freund, in dessen treu Ich mein herze möge stillen, Da mein mund sich ohne scheu Oefnen und erklären möge, Da ich alles abelege, Nach dem maas, das mir genügt, Was mir auf dem herzen liegt.

8. Laß mich Davids glück erleben, Gib mir einen Jonathan, Der mir sein herz möge geben, Der auch, wenn nun jedermann Mir nichts gutes mehr will gönnen, Sich nicht lasse von mir trennen, Sondern fest in wohl und weh, Als ein felsen bey mir steh.

9. HErr, ich bitte dich, erwähle Mir aus aller menschen meng, Eine fromme heilge seele, Die an dir recht kleb und häng, Auch nach deinem sinn und Geiste Mir stets trost und hülfe leiste; Trost, der in der noth besteht, Hülfe, die von herzen geht.

10. Wenn die zung und mund nur liebet, Ist die liebe schlecht bestellt, Wer nur gute worte giebet, Und den haß im herzen hält; Wer nur seinen kuchen schmieret, Und wenns bienlein nichts mehr führet, Alsdenn gehet nach der thür, Ey, der bleibe weg von mir.

11. Hab ich schwachheit und gebrechen, HErr, so lenke meinen freund, Mich in güte zu besprechen, Und nicht als ein löw und feind. Wer mich freundlich weiß zu schlagen, Ist, als der in freudentagen Reichlich auf mein haupt mir geußt Balsam, der am Jordan fleußt.

12. O wie groß ist meine habe, O wie köstlich ist mein gut, JEsu, wenn mit dieser gabe Dein herz meinen willen thut, Daß mich meines freundes treue Und beständigkeit erfreue. Wer dich fürchtet, liebt und ehrt, Dem ist dieser schatz beschehrt.

13. Gute freunde sind, wie stäbe, Da der menschen gang sich hält, Daß der schwache fuß sich hebe, Wann der leib zu boden fällt. Wehe dem, der nicht zum frommen Solches stabes weiß zu kommen, Der hat einen schweren lauf:

Wenn er fällt, wer hilft ihm auf?

14. Nun, HERR, laß dirs wohlgefallen, Bleib mein freund bis in mein grab, Bleib mein freund, und unter allen Mein getreuster stärkster stab, Wenn du dich mir wirst verbinden, Wird sich schon ein herze finden, Das, durch deinen Geist gerührt, Mir was gutes gönnen wird.

Paul Gerhard.

Mel. JEsu, der du meine seele, rc.

418. JEsu, wahrheit, licht und leben, Du bist allen lügen feind, Ach du wirst mir gnade geben, Daß ich sey ein wahrheitsfreund, Reizt mich satans list zum lügen, Laß die wahrheit in mir siegen: Irr ich, hilf mir bald zurecht, Denn wer lügt, ist satans knecht.

2. Ach, dein Geist, der wahrheit liebet, Kehr in meiner seelen ein, Weil ihn lügen höchst betrübet, Ach, so laß es ferne seyn. Falsche zunge sey verfluchet, Die nur schand und schaden suchet: Falsche reden ohne grund Treibe mir aus herz und mund.

3. GOtt der wahrheit, ach, regiere Mich, daß ich dir ähnlich bin, Lenk mein denken, leit und führe Wort und that nach deinem sinn; Daß ich bey der wahrheit bleibe, Alle falschheit von mir treibe. Mach aus mir der wahrheit kind, Wo sich keine lügen findt.

4. Soll ich schweigen, HErr; so lege Selbst ein schloß an meinen mund. Macht mein wort nicht deine wege, Deinen ruhm und ehre kund: So verhindre, HErr, und zeige, Daß ich klug sey, wenn ich schweige, Schweigen, und zu rechter zeit, Uebertrift beredsamkeit.

5. Laß die falschheit, die dem herzen Eigen ist, nicht meister seyn: Will ich mit der wahrheit scherzen, Stimmet zung und herz schon ein; Ach, so halte mich zurücke, Und zerreiß des lügners stricke: Lenk den mund, damit er nicht, Was der argwohn denket, spricht.

6. Andern zu gefallen lügen, Und aus list und ehrbegier Mit geschmückten worten trügen, Treib, o JEsu, weit von mir; Laß mich dir an allen orten Aehnlich seyn an that und worten, Daß betrug und heucheley Nie in meinem munde sey.

7. Drückt mich, ohne mein verschulden, Andrer falscher lügenmund: Hilf mir es getrost erdulden, Gib mir, daß es ohne grund; Doch soll ich mein schweigen brechen, Und den lügen widersprechen, Gib, daß ich, wie du gethan, Sie voll sanftmuth strafen kan.

8. So bleibst du mein licht und leben, Meine wahrheit und mein schild, Und ich bleibe dir ergeben, Führe mich nur, wie du willt. Falsche tücke, lügen, trügen Wirst du selbst in

in mir besiegen; So bin ich der wahrheit kind, Woran satan nichts gewinnt.

G. M. Weiler.

Mel. JEsu, der du meine seele 2c.

419. Keuscher JEsu, hoch von adel, Unbeflecktes GOtteslamm, Züchtig, heilig, ohne tadel, Du mein reiner bräutigam; O du krone keuscher jugend, Du liebhaber reiner tugend, Ach, entziehe mir doch nicht Dein holdselges angesicht.

2. Darf ich dir in wehmuth klagen Meinen tiefen jammerstand, Ach, ich schäm michs fast zu sagen; Doch, dir ist es schon bekannt, Wie mein ganzes herz beflecket, Und ganz voll von unflath stecket: Dieser greuel, dieses gift Mich von mutterleib an trift.

3. Ach, es ist mir angebohren Nichts als nur unreinigkeit; Aber du bist auserkohren, Unbesudelt ist dein kleid. An der blüthe der jungfrauen Läßt sich nichts unreines schauen, Dann, wann sie schon schwanger heißt, Ist es doch vom heilgen Geist.

4. Was natur in mir verdorben, Hat der reine keuschheitsruhm Deiner menschheit mir erworben: Weil du bist mein eigenthum. O du unbeflecktes wesen, Laß mich doch durch dich genesen, Mehr als engelreines lamm, Tilge meiner sünden schlamm.

5. Hat was böses angestiftet Dieser abgrund schnöder lust, Und mir leib und seel vergiftet, Wie dir alles wohl bewußt: Weil begierden und gebärden Leichtlich angeflammet werden, Wo der reine GOttesgeist Nicht im herzen meister heißt:

6. O so wollst du mich vertreten, Mein geneigter gnadenthron, Laß doch seyn zurück gebeten Den hierdurch verdienten lohn; Soll es nach dem rechte gehen, O so ists um mich geschehen, Dein für mich vergoßnes blut Sey für diese wunden gut.

7. Sollen nur dein antlitz schauen, Die von herzen keusch und rein, O so werden ja mit grauen Sinken hin zur höllenpein, Die aus unverschämten herzen Ihre reinigkeit verscherzen; Drum, HErr JEsu, steh mir bey, Mach mich dieser banden frey.

8. Ich kan auch nicht züchtig leben: Wann dein gnadenüberfluß Mirs nicht wird von oben geben; O drum fall ich dir zu fuß, Du wollst ein rein herze schaffen, [illegible]ich anthun mit keuschheits=waffen: Ach, mein heil, verstoß mich nicht Weg von deinem angesicht.

9. Gib, daß unverfälschter glaube Mich vom unflath mache rein, Und dein geist, die reine taube, Nehm mein herz zur wohnung ein; Laß mich stets in busse kämpfen, Und die böse lüste dämpfen, Auch

die

die neue creatur Zeige mir die keuschheits-spuhr.

10. Hilf, daß satan nicht besitze Mich, als ein unreines haus, Noch mit seiner glut erhitze, Stoß ihn völlig von mir aus, Daß er nicht den leib anstecke, Geist und seele nicht beflecke; Halt von seiner teufeley Mir auch die gedanken frey.

11. Alle schnöde unzuchtsflammen Hilf durch deine GOtteskraft, In mir tilgen und verdammen; Gib, was zucht und ehre schaft; Meine lenden, meine nieren Laß die gurt der keuschheit zieren; Reiner zweig aus David stamm, Sey allzeit mein bräutigam.

12. Fasse mich mit deiner liebe, Und vermähle dich mit mir, Laß mein herz mit keuschem triebe Seyn erfüllet für und für: Meine sinnen und gedanken Halte stets in zucht und schranken: Deine keusche liebesglut Ist stets für verführung gut.

13. Hilf, daß ich an deinem leibe, O mein auserwähltes licht, Stets ein reines glied verbleibe; Ach verhüte, daß ich nicht Durch verführische gebärden Mög ein kind des satans werden, Laß mich seyn ein rein gefäß, Deiner herrlichkeit gemäß.

14. Mache mich zur saubern hütte, Da du stets gehst aus und ein, Und hilf, daß ich nicht verschütte Deiner gnaden glanz und schein; Laß mich ja das nicht verlieren, Womit du mich wollen zieren; Laß mich, dir zum preis allein, Dein verschloßner garten seyn.

15. Laß mich zucht und keuschheit scheiden Von unsaubrer geister schaar, Wie auch von unreinen heiden; Setze du mich ganz und gar Dir zum vesten pfand und siegel, Sey mir ein verwahrter riegel: Laß mich, als dein liebesschrein, Keinem, als dir, offen seyn.

16. Mach in keuscher glaubenstreue Mich dir gänzlich angenehm, Daß mich nicht als koth ausspeye Dort dein neu Jerusalem; Diese thore, diese gassen Können nichts unreines fassen: Wer den palast will besehn, Der muß weiß gekleidet gehn.

17. Hilf, daß ich dir mög anhangen Als ein geist, ein herz, ein leib, Auch ganz innig dich umfangen, Und dir stets vereinigt bleib; Ja recht brünstig dir nachlaufe, Weil schon in der heilgen taufe Du zu wahrer heiligkeit Mich gewaschen und geweiht.

18. Weil du meinen leib willt ehren, Daß er dir ein tempel sey, Und den gänzlich willt verheeren, Der denselben bricht entzwey, O so sey, was du geehret, Nie durch unkeuschheit zerstöret, Alles, alles bleibe rein, Was dir soll ein tempel seyn.

19. Nun, mein liebster, der

du weidest Unter rosen reiner zucht, Keine geilheitsnesseln leidest, Dein kuß reine lippen sucht. Du sollt stets vor andern allen Meinen augen wohl gefallen: Laß dann auch bey mir nichts ein, Was dir könnte widrig seyn.

20. Du hast dich mit mir vermählet, Dein Geist ist mein unterpfand, Auch ich habe dich erwählet, Und mit herze, mund und hand Meine treue dir geschworen, Dich allein hab ich erkohren; Es wiß alle creatur, JEsum, JEsum lieb ich nur.

21. Keuscher JEsu, hoch von adel, Unbeflecktes Gotteslamm, Züchtig, heilig, ohne tadel, Du, mein reiner bräutigam, O du krone keuscher jugend, Du liebhaber reiner tugend, Laß mein end und anfang seyn: JEsum lieb ich ganz allein.

D. Joh. Baumgarten.

Mel. Wer in dem schirm des höchst.

420. Wann einer alle ding verstünd, Mit engelzungen redte, Wann er zugleich weissagen könnt, Den wunderglauben hätte, Daß er versetzte berge hin, Und hätte nicht der liebe sinn, So wär es alls verlohren.

2. Wann einer auch all seine hab Austheilete den armen, Und thäte nicht dieselbe gab Aus liebe und erbarmen: Wann er sich brennen ließ dabey, Und hätte nicht die lieb und treu, So wär es ihm nichts nütze.

3. Die lieb ist lauter sanftmuth voll, Ist gütig und gelinde, Daß man, es komme, wie es woll, Nichts bitters an ihr finde; Wann einer etwas guts verricht, So eifert und mißgönnt sie nicht, Sie thut nichts ungeschicktes.

4. Die lieb nicht aufgeblasen ist, Die lieb beschimpfet keinen, Sie sucht nicht ihren nutz mit list, Sie rathet dem gemeinen, Entrüst sich nicht, ob man viel sagt Vom nächsten, über den man klagt, Sie kehret alls zum besten.

5. Die lieb sich allda nimmer freut, Wo unrecht wird gerichtet, Der wahrheit und gerechtigkeit Von herzen sie beypflichtet: Des nächsten mängel sie verträgt, Bedecket und zurücke legt, Und sie ihm nie aufrücket.

6. Die lieb vom nächsten gern das best Ohn argwohn glaubt in allen, Sie hofft noch seine beßrung fest, Wann er in sünd gefallen: Wo man ihr leid thut unverschuldt: Verträgt sie alles mit geduld, Wird auch dabey nicht müde.

7. Und wann zuletzt die wissenschaft Und alles wird aufhören, Behält die lieb doch ihre kraft, Und wird sie noch vermehren, Wann wir dort in der seligkeit Einander in der höchsten freud Vollkommlich werden lieben.

8. HErr JEsu, du stellst selber dich Zum vorbild wahrer

liebe, Verleih, daß dem zufolge ich Die lieb am nächsten übe; Daß ich bey allem, wo ich kan, Lieb, treu und hülfe jederman, Wie ich mir wünsch, erweise.

Mel. Wer in dem schutz des höchst.

421. Was mag sich doch der sündlich koth, Die arme asch erheben? Viel elend, schwachheit, plag und noth Hat er im ganzen leben: Wie oft er nach dem arzte schickt, Wie lang derselbe an ihm flickt, Muß er doch endlich sterben.

2. Und wann er ist von hinnen ab Mit ach und weh gegangen, So fressen ihn drauf in dem grab Die würmer und die schlangen, Da man nicht unterscheiden kan Den bauer und den edelmann; Den armen von dem reichen.

3. Da wird für schöne leibsgestalt Bey allen stank empfunden, Da ist der vorzug an gewalt, Kunst, witz und pracht verschwunden: Dem niemand hier durft kommen nah, Der andre kaum zur seit ansah, Des staub wird da zertreten.

4. Viel können auch ihr lebensend Im hohen stand nicht schliessen, Da sich das blat hat umgewendt, Daß sie herunter müssen, Wann GOtt mit seiner zeit und stund Dem stolzen weiset, daß sein grund Aufs schlüpfrig war gesetzet.

5. Wie er sich rühmet offenbar, Als hätt er nichts bekommen, Und nur sein eigner abgott war, Das ward ihm alls genommen: Indem er meynt, er stünde fest, Auf macht und ansehn sich verläßt, Ist ihm der fall am nächsten.

6. Wer seine mängel nicht betracht, Nicht siehet oder glaubet, Und doch den nebenchrist veracht, GOtt selbst die ehre raubet, Auf dessen beystand gar nicht schaut, Und nur auf eigne kräften baut, Des thun kan nicht gedeyen.

7. Wer lebt in hoffart, zank und neid, Daher all unglück rühret, So wird unsegen jederzeit Und fluch bey ihm gespühret: GOtt widersteht dem übermuth, Da man mißbraucht gewalt und gut, Der demuth gibt er gnade.

8. Durch hohe augen, stolze wort Und prächtige geberden, In was vor stand, an welchem ort Die immer funden werden, Wird angedeutet, daß dabey Ein aufgeblasen herze sey, An dem GOtt hat ein greuel.

9. Wohl aber dem, der oft erwägt, Daß man hier GOttes gaben In irdischen gefässen trägt, Die grosse schwachheit haben, Der ist demüthig überall, Daß er nicht, wie der satan fall Durch hoffart in verdammnis.

10. Drum er, wie Christus hat gelehrt, Von herzen demuth liebet, Und, wann er etwa wird geehrt, Die ehr GOtt wieder giebet, Er acht sich nied=

rig und gering: GOTT aber pflegt gar grosse ding durch solche zu vollbringen.

11. HERR, gib, daß ich in meinem sinn Ja niemand je vernichte, In herzens einfalt immerhin Das meine wohl verrichte, Nicht menschengunst und ehre acht, Und nach der ehrenkron nur tracht, die nimmermehr verwelket.

Mel. Wann wir in höchsten nöthen.

422. Weg lust, du unlustvolle seuch, Du pest der seelen, von mir weich. Komm göttlich liebe, himmels taub, Komm, komm, und mich dir einig raub.

2. Treib aus, was mich macht gleich dem wild, Ergänz in mir dein Gottheitsbild, Daß ich mit herzensreinigkeit Nur dich zu lieben sey bereit.

3. Laß mich bedenken jene lieb, Die GOttes Sohn zum tod selbst trieb, Daß ihm zu lieb mein fleisch ich haß, Und niemals mich gelüsten laß.

4. Dann warum sollt ich meine brust Besudeln mit verbotner lust, Indem ihr end ein elend heisst, Das endlich ab zur höllen reisst?

5. Ein augenblick, der hier ergetzt, Geschwind in ewig trauren setzt; So heilge, HErr, mein herz und sinn, Zeuch mich von hinnen zu dir hin.

6. Schaff in mir, GOtt, ein reines herz, Daß ich den himmel nicht verscherz: Erneure meinen geist, und gib, Daß ich,

7. Bis daß ich komme gar zur lust, Die keinem herzen noch bewusst, Wo nichts unreines, eitel rein Ganz heilig und gerecht wird seyn.

Mel. In dich hab ich gehoffet, HErr.

423. Wo kommt das böse ding doch her, Daß heut die welt sucht ihre ehr In list und falschen streichen? Mein GOtt, wie weit Hat redlichkeit Vorlängst hier müssen weichen?

2. Gleichwie es sich gar oft zuträgt, Daß anders gar die glocke schlägt, Als wie die zeiger deuten: Also ist auch Der schnödde brauch Jetzt unter falschen leuten.

3. Man schmeichelt, heuchelt, küsst und lacht, Wanns herz auf böse tück bedacht, Der mund zwar honig schenket, Doch überall Ist lauter gall Im herzen tief versenket.

4. Die augen sehn wie engel aus, Im herzen hält der teufel haus; Der mund zwar benedeyet Nur obenhin, Doch herz und sinn Wol ottergift ausspeyet.

5. Wer solche schalkheit bergen kan, Ist heut der welt ein kluger man, Den kan sie nicht gnug loben, So hoch ist schon Auf ihrem thron Arglistigkeit erhoben.

6. Wer hat es in die welt gebracht? Der teufel hats zuerst erdacht, Der sich also verstellet Im paradeis, Und gleicher weis Sich Eva zugesellet.

7. So sieh doch hier, du falscher gast, Was du für einen führer hast An diesem schwarzen drachen, Schämst du dich nicht, Dem bösewicht Es hierin gleich zu machen?

8. Ein falsches herz mit seiner list Vor GOTT ein schnöder greuel ist, Sein zorn hats weggenommen, Daß manchesmal Der jahre zahl Nicht bis zur hälfte kommen.

9. Ein falscher Joab geht zu grund: Verflucht wird noch auf diese stund Das falsche Judasküssen, Der'n jeder hat Für seine that Erschrecklich büssen müssen.

10. So setzet GOtt sein angesicht Stets wider den, der anders spricht, Und anders denkt im herzen: Ein falscher gast Ist ihm verhasst, Er lässt nicht mit sich scherzen.

11. Wohlan, so meide falschen schein, Willt du ein fromm kind GOttes seyn, GOtt liebet fromme tauben; Wer schlecht und recht, Der ist sein knecht, Wills gleich die welt nicht glauben.

12. Stell dich dem lauf der welt nicht gleich, Dein JEsus hat ein anders reich, Darinn wird hoch geachtet Ein herz, das rein Von heuchelschein, Wohl dem, der darnach trachtet.

Achter Theil,

hält in sich

Beruf- Stand- und Amts-Lieder

Mel. Nun ruhen alle wälder.

424. HErr, höre, Herr, erhöre, Breit deines namens ehre An allen orten aus; Behüte die drey stände Durch deine allmachtshände, Beschütze mächtig kirch und haus.

2. Ach laß dein wort uns allen Noch ferner reichlich schallen Zu unsrer seelen nutz: Bewahr für allen rotten, Die deiner wahrheit spotten, Beut allen deinen feinden trutz.

3. Gib du getreue lehrer, Und unverdroßne hörer, Die beydes thäter seyn. Auf pflanzen und begiessen Laß dein gedeyen fliessen, Und erndten früchten reichlich ein.

4. Gib unserm Fürsten glücke, Laß seine gnadenblicke Auf unser Zion gehn, Schütz ihn auf seinem throne, Und lasse seine krone In segensvollem glanze stehn.

5. Laß alle, die regieren, Ihr

amt getreulich führen; Schaff jedermann sein recht, Daß fried und treu sich müssen In unserm lande küssen; Ja, segne mann, weib, herrn und knecht.

6. Wend ab in allen gnaden So feur- als wasserschaden, Treib sturm und hagel ab: Bewahr des landes früchte, Und mache nicht zunichte, Was deine milde hand uns gab.

7. Gib uns den lieben friede, Mach alle feinde müde, Verleih gesunde luft; Laß keine theure zeiten Auf unsre gränzen schreiten, Da man nach brod und tranke ruft.

8. Die hungrigen erquicke, Und bringe die zurücke, Die sonst verirret seyn. Die wittwen und die waisen Wollst du mit troste speisen, Wann sie zu dir um hülfe schreyn.

9. Sey vater aller kinder, Der schwangeren entbinder, Der säugenden gedeyhn, Zeuch unsre zarte jugend Zur frömmigkeit und tugend, Daß sich die eltern ihrer freun.

10. Komm, als ein arzt der kranken; Und die im glauben wanken, Laß nicht zu grunde gehn. Die alten heb und trage, Auf daß sie ihre plage Gedultig können überstehn.

11. Bleib der verfolgten stütze, Die reisenden beschütze, Die sterbenden beglei Mit deinen engelschaaren, Daß sie im frieden fahren Zu Zions freud und herrlichkeit.

12. Nun, HErr, du wirst erfüllen, Was wir nach deinem willen In demuth jetzt begehrt. Wir sprechen nun das amen, In unsers JEsu namen, So ist gewiß der wunsch gewährt.

Benjamin Schmolk.

1) Obrigkeitlicher Stand.

Mel. HErr JEsu Christ, du höchstes.

425. Hilf, GOtt, aus deinem gnadenthron, Hör unser bitt und schreyen, Aus gnaden unser stets verschon, Gib fried und gut gedeyen; Gib unsrer obrigkeit dein gunst, Langs leben, weisheit, rechte brunst Zu deinem wort und lehre.

2. Regier sie, HErr, mit deinem Geist, Erleucht ihr gmüth und sinne, Mach sie in deinem ghorsam feist, Dein lieb zu ihr stets brenne, Ohn dich ist sonst all sorg verlohrn, All weisheit ist zur narrheit word'n, Wo du nicht selbst regierest.

3. Gib du fromm und getreue räth, Amtleut und diener gute, Die achten dein ehr, nam und recht, Haben dein gsatz in hute, Und lassen ihn'n befohlen seyn Den gmeinen nutz und kirchen dein, Und fliehen stolz und geitze.

4. Darnach so laß die obrigkeit, Die du uns hast gegeben, Sitzen für dir auf ihrem eyd, In deiner furchte leben, Daß

sie bleib'n für dein augen recht, Wandeln auf deinen wegen schlecht, Laß sie auch nicht verführen.

5. Behüte sie vor tyranney, Vor eignem zorn und rache, Laß sie seyn stetigs gut und treu, Und ihren thron gros mache; Ach, segne ihr regierung gut, Gib ihr ein feinen rechten muth, Daß sie ihr volk werth halte.

6. Sey gnädig, HErr, der obrigkeit, Und allen unterthanen, Uns all mit deinem Geiste leit, So wolln wir deinen namen Hoch rühmen, HErr, und singen gros, So lang wir leb'n, ohn unterlaß, Ach, GOtt, thu uns erhören.

7. Beschütz für feinden allezeit, Die wir den feind gros achten, Das bös gesind treib von uns weit, Die nichts dann unruh machen. Gib fried, o HErr, erhalt dein wort, Erzeig dein güt, o treuer hort, Dir sey lob, preis und ehre.

Mel. Auf meinen lieben GOtt trau.

426. Jehovah, starker GOTT, Und HERRE Zebaoth, Dich lobet mein gemüthe, Daß deine grosse güte Mich wunderlich von oben Zum regiment erhoben.

2. Mein mund soll allezeit Für solche mildigkeit Von deiner gnade singen, Und dir ein danklied bringen; Es soll mein ganzes leben Dir einig seyn ergeben.

3. Laß mich ohn heuchelschein In diesem stand allein Der gottesfurcht nachstreben, Und stets fein christlich leben; Laß auch zu deinen ehren Dein lob durch mich sich mehren.

4. Gib, daß ich ohne scheu, Ohn gunst und tyranney, Mein amt mög recht verwalten, Und über glauben halten; Das recht auch keinem beuge, Gern allen hülf erzeige.

5. Verleihe auch dabey, Daß ja bey mir nicht sey Ansehung der personen, Dem unrecht beyzuwohnen; Daß ich recht sprech in gleichen Den armen, wie den reichen.

6. Hilf, daß mich kein geschenk Verblende, noch gedenk, Aus geitz gewalt zu üben, Und jemand zu betrüben, Vielmehr gib zu verstehen, Dein auge wird es sehen.

7. Was recht ist, da gib du Glück und gedeyen zu, Und was nicht soll geschehen, Das laß zurücke gehen; Nichts, als was dir behaget, Laß mir seyn unversaget.

8. Den schutz der engel dein Laß um und bey mir seyn Auf allen meinen wegen Und gib mir gnad und segen, Daß, was ich soll vollbringen, Mir möge wohl gelingen.

9. Ach laß zu aller zeit Fried und gerechtigkeit Einander freundlich küssen, Auf daß die feinde müssen Mit spott und schand abziehen, Und ferne von uns fliehen.

10. Hilf, daß auch gegen

mich Die unterthanen sich Gehorsam stets erweisen; So will ich, HERR, dich preisen, Und loben deinen namen, So lang ich lebe. Amen.

In eigner Melodie.

427. Wir danken dir, GOTT, unser hort, Daß du aus grosser gunst, Uns dein unschätzbar theures wort, Vor allem falschen dunst, Und menschen-last, Bewahret hast, Zu unserm heil und leben.

2. Hast über das den hohen stand Der lieben obrigkeit Durch deine milde vaterhand In deiner christenheit Beschützet, daß Auf feindes haß Wir nicht viel dörfen geben.

3. Die zeiten sind zwar bös und schlimm, Beschwerlichkeit ist gros, Doch gibt uns des verderbers grimm Noch nicht den letzten stoß, Wir wandlen noch, Wiewohl das joch Uns heftig drückt und dränget.

4. Erhalt, o GOtt, die obrigkeit, Gib weisheit und verstand, Daß geitz und stolz zu keiner zeit Sie rühre; laß das band Der lieb und treu Seyn täglich neu, Vest, bündig, unzertrennet.

5. O weh der stadt, o weh dem land, Da kluger rath gebricht: Was unter tummer kinder hand Geräth, bestehet nicht. Wo eigennutz Und frevelrutz Das freche fähnlein schwinget;

6. Da fällt glück, recht und muth dahin; Es kan kein frommer mann Sich schützen vor dem frevelsinn, Er mache, was er kan. Schwarz wird hier weiß, Was jung ist, greis, Wer geld hat, dem gelingets.

7. Behüt uns GOtt für diesem weh, Wirf solchen feind hinaus, Hilf, daß das nicht im schwange geh, Und weiche nimmer aus. Des unglücks wind, Wie schwach wir sind, Wird uns alsdann nicht treiben.

8. Der obrigkeit gib guten rath, Und kluge weisheit ein, Damit sie keiner bösen that Gut und gewogen seyn, Ihr leib und gut Nimm, HERR, in hut, Ihr werk laß wohl gelingen.

9. So werden unter ihnen wir Die rechte sicherheit Erhalten und den segen hier Empfinden jederzeit. GOtt mach es wahr, Laß deiner schaar Bitt und gebet durchdringen.

2) Lehr-Stand in Kirchen und Schulen.

Mel. JEsu, der du meine seele rc.

428. GOtt, du hast mir gnad verliehen, Und an diesen ort mich bracht, Fremde kinder zu erziehen, Ich soll auf sie geben acht, Und sie treulich unterweisen, Dich zu kennen und zu preisen, Daß dem lande und gemein Sie recht brauchbar können seyn.

2. Gib mir, bitt ich, GOTT, mein Vater, Hierzu deinen heilgen Geist, Daß der werde mein berather, Und zur arbeit hülfe leist, Um die ja nicht zu versäumen, Die gleich sind den jungen bäumen, In die man pfropfreiser setzt, Bis einst ihre frucht ergetzt.

3. Führ ich sie zum lesen, schreiben, Und zum beten christlich an, Laß zum guten mich sie treiben, Daß sie liebe jedermann: Auch sie lehren GOtt vertrauen, Und auf seinen beystand schauen, So leit, HErr, sie selbst durchs wort, Daß sie wachsen fort und fort.

4. Weil nicht allemal die jugend Ist dem guten zugethan, Sondern liebet oft untugend, Und betritt die lasterbahn: Wenn ich denn sie drum bestrafe, Laß sie seyn, wie sanfte schafe, Daß sie meine liebe spühr, Und vom irrweg ich sie führ.

5. Segne, GOtt, auch meine pflichten, Die mit herzen, hand und mund Ich gebrauch im unterrichten, Segne, GOtt, mein kleines pfund, Was ich pflanze und begiesse, Daß dein segen drüber fliesse; Hilf, daß ich bestehe wohl, Wann ich rechnung geben soll.

6. GOtt, laß deine gnade walten Ueber meine schüler hier, Daß sie mögen wohl behalten, Was sie guts gelernt von mir, Schaff, daß sie dir seyn ergeben, Und dir nimmer widerstreben, Sondern frömmigkeit und witz Allezeit ihr herz besitz.

7. Auch verhüt auf dis mein bitten, Daß bey meinen schülern nicht Ich mit worten, thun und sitten Sünd und ärgernis anricht: Denn dein Sohn läßt weh andeuten Allen ärgerlichen leuten. Hilf, daß ich unsträflich leb, Und ein gut exempel geb.

8. Hilf, daß keiner werd verlohren, Die ich unterwiesen hab; Weil dein Sohn für sie gebohren, Und für sie gesehn das grab. Ach, vergib uns die verbrechen, Laß am jüngsten tag mich sprechen: Alle kinder meiner schul Stehn mit mir vor deinem stuhl.

Mel. Ach bleib bey uns, HErr JEsu.

429. HErr JEsu, meine zuversicht, Steh du mir bey, verlaß mich nicht, Stärk mich, mein GOtt, in dieser stund, Regiere mein herz, zung und mund.

2. Eröffne HErr, die herzensthür, Zeuch die zuhörer selbst zu dir, Gib deinem diener macht und kraft, Und deinen kindern lebenssaft.

3. Hilf, daß mein mund dein ehr ausbreit, Gib mir und deiner christenheit Trost, frieden, freud und seligkeit, Zu deinem preis in ewigkeit.

Mel. O GOtt, du frommer GOtt.

430. Mein JEsu, gib genad, Daß ich mög fleißig hören, Die mich

den himmelsweg Mit allem fleisse lehren, Daß ich mög immerdar Ein frommes schäflein seyn, Und geh zu deiner freud Mit meinen hirten ein.

2. Belohne ihre treu, Die sie an mir beweisen, Als welche meine seel Mit deinem worte speisen. Ach, segne, JEsu, sie In dieser gnadenzeit, Und kröne ihren fleiß Dort in der ewigkeit.

Mel. Wer nur den lieben GOtt ꝛc.

431. O JEsu, du hast mich berufen, Du willst, daß ich was lernen soll; Doch ich betrette diese stufen Nicht ohne deine leitung wohl; Drum führe mich auf ebner bahn, Daß deiner ehr ich dienen kan.

2. Erfülle mich mit deiner liebe, Mit demuth und bescheidenheit, Daß sich mein fleiß in dingen übe, Darüber sich dein nam erfreut, Die meinem nächsten nützlich sind, Auf welche sich mein wohlseyn gründt.

3. Laß mich nicht in gesellschaft kommen, Die sünde, schand und laster treibt, Sonst wird mein herze dir genommen, Und ihrer bosheit einverleibt; Ja ich gerath in spott und schmach, Und gehe nur der wollust nach.

4. Entzünde vielmehr mit dem Geiste Der heiligung die zarte brust, So thu ich alles, was ich leiste, Aus ungefärbter lieb und lust: Ich greife meine arbeit an, Daß ich dein lob vermehren kan.

5. Kurz: schmücke mich bis an mein ende Mit hoffnung, glauben und geduld, Nimm meine seel in deine hände, Damit sie deine vaterhuld Im glauben ewig hoch erheb, Und allen engeln ähnlich leb.

Mel. Von GOtt will ich nicht lassen.

432. Wie theur ist doch erworben Das liebe predigtamt, Christus ist drum gestorben, Daß es würde gesandt In diese ganze welt, Die busse zu verkünden Und vergebung der sünden Ohn alles wiedergeld.

2. Was ist doch mehr auf erden, Daran so viel gewandt, Nichts wird gefunden werden, Durchforschet alle land, Ja suchet hier und dort In allen königreichen, Da ist nichts zu vergleichen Dem lieben GOttes wort.

3. Ach, wann doch das bedächten Die auf der canzel stehn, Wie würden sie drum fechten, Und niemand übersehn: Sie würden ja vielmehr Das reine wort des HErren In der gemeine lehren Allein zu GOttes ehr.

4. Wann es auch möcht erkennen Das völklein mit dem rath: Es würde herzlich brennen Von göttlicher genad, Und sagen allezeit: Laßt uns den HErren preisen, Der uns im wort thut weisen Den weg zur seligkeit.

5. HErr GOtt, dir lob wir sagen Jetzunder allesamt, Für

deine gnad und gaben Erzeigt im predigamt; Und bitten ferner dich, Erhalt dis amt ganz reine Zum trost deiner gemeine Immer und ewiglich.

Ludwig Helmbold.

3) Haus-Stand.

Eines Wittwers.

Mel. HErr JEsu Christ, du höchstes.

433. Ach GOtt, ich muß vor traurigkeit Mein leben fast beschliessen, Dieweil der tod von meiner seit So eilends hat gerissen Mein treues herz, der tugend schein, Des muß ich jetzt beraubet seyn, Wer kan mein elend wenden?

2. Wann ich an ihre freundlichkeit Gedenk in meinem herzen, Die sie mir hat zu jeder zeit, In freud und auch in schmerzen Erwiesen ganz beständiglich, Mein creuz und weinen mehret sich, Vor angst möcht ich vergehen.

3. Bey wem soll ich auf dieser welt Rechtschaffne liebe finden? Der meiste theil nicht glauben hält, Die treu will gar verschwinden; Ich glaub und red es ohne scheu, Die best ist doch getraute treu, Die muß ich jetzt entrathen.

4. Fürwahr, mir geht ein scharfes schwerdt Jetzund durch meine seele, Die abzuscheiden oft begehrt Aus ihrer leibeshöhle; Wo du nicht, o HErr JEsu Christ, In solchem creuz mein tröster bist, Muß ich vor leid verzagen.

5. O treu geliebtes selges herz, Zu dir will ich mich wenden In diesem meinem grossen schmerz, Ob sich mein angst wollt wenden; Ich will betrachten deinen stand, Wie GOtt dir alles creuz gewandt In höchste freud und wonne.

6. Kein angst und trübsal, weh und noth Kan dich jetzund verletzen, Im himmel thut der fromme GOtt Mit liebe dich ergetzen: Dein seele schaut mit lust und freud Die heilige Dreyfaltigkeit Mit allen auserwählten.

7. Der Höchst hat dich in seinem schoos, Und wischt dir ab die thränen, Erfüllet dich mit freuden gros, Darnach wir uns auch sehnen: Du stehest bey der engelschaar, Lobsingest GOtt frey, ohn gefahr, Mit süssem ton und schalle.

8. Der leib der ruht gar sanft und fein Ohn alle qual und sorgen, Vor allem unglück gros und klein Liegt er darinn verborgen: Kein beinlein, ja kein stäubelein Wird dir davon verlohren seyn, Die engel dich bewahren.

9. In kurzer zeit wird JEsus Christ Dich wieder auferwecken, Und weil du auch sein schäflein bist, Wird er die hand ausstrecken, Dich führen in

sein himmelreich, Daß du mit leib und seel zugleich Bey ihm sollt ewig bleiben.

10. Du kommst nicht wieder her zu mir In dis betrübte leben, Ich aber komm hinauf zu dir, Da werd ich mit dir schweben In höchster freude, wonn und lust, Die jetzt dein seele täglich kost, Drauf ich mich herzlich freue.

11. O wie mit grosser freudigkeit Wolln wir einander kennen, Da wird uns dann zu keiner zeit Der bittre tod mehr trennen; Ach, welche freude wird da seyn, Wann ich dich, die ich jetzt bewein, Mit freuden werd umfangen.

12. Dis will ich stets in traurigkeit Mir zu gemüthe führen, Erwarten in geduld der zeit, Wie christen will gebühren: GOtt alles trostes, steh bey mir, Und mich duch deinen Geist regier Zu deines namens ehren. Joh. Hermann.

Christlicher Eltern für ihre Kinder

Mel. HErr JEsu Christ, du höchst.

434. Ach GOtt, laß dir befohlen seyn Zu diesen bösen zeiten, Mein liebsten schatz, die kinderlein, Thu sie zum guten leiten; Gar bald die jugend wird verführt, Ja bald ein altes sich verirrt In diesen lezten zeiten.

2. Dein vaterstreu sie mir behüt, Dein gnad sie mir regiere, Dein guter Geist leit ihr gemüth, Daß niemand sie verführe: Dir, HErr, ich sie befehlen thu, Der engel wach gib ihnen zu, Daß kein plag sie berühre.

3. Und weil man dir, HErr, dienen soll In allen dreyen ständen, So mach sie deiner weisheit voll, Daß sie weiß und weg finden, Zu dienen dir in der gemein, Du, HERR, am besten weißst allein Ihr thun zu nutz anwenden.

4. Dir, mein GOtt, ich erziehe sie In deiner furcht und treue, Schaff, daß kein arbeit sorg und müh Inskünftge mich gereue, Sondern vielmehr in ewigkeit Meiner kinder gottseligkeit Mich inniglich erfreue.

M. Josua Wegelin.

Eines Hausvaters, um Segen zur Arbeit.

Mel. Immer frölich, immer frölich.

435. Alles ist an GOttes segen Und an seiner gnad gelegen, Ueber alles geld und gut: Wer auf GOtt sein hoffnung setzet, Der behält ganz unverletzet Einen freyen heldenmuth.

2. Der mich hat bisher ernähret, Und so manches glück beschehret, Ist und bleibet ewig mein: Der mich wunderlich geführet, Und noch leitet und regieret, Wird hinfort mein helfer seyn.

3. Viel bemühen sich um sachen, Die nur sorg und unruh machen, Und ganz unbeständig sind; Ich begehr nach dem zu ringen; Was vergnü-

gen pflegt zu bringen, Und man jetzt gar selten findt.

4. Hoffnung kan das herz erquicken, Was ich wünsche, wird sich schicken, So es anders GOtt gefällt: Meine seele, leib und leben Hab ich seiner gnad ergeben, Und ihm alles heimgestellt.

5. Er weiß schon, nach seinem willen, Mein verlangen zu erfüllen, Es ist alles seine zeit, Ich hab ihm nichts vorzuschreiben, Wie GOtt will, so muß es bleiben, Wann GOtt will, bin ich bereit.

6. Soll ich länger allhier leben, Will ich ihm nicht widerstreben, Ich verlasse mich auf ihn, Ist doch nichts, das lang bestehet, Alles irdische vergehet, Und fährt, wie ein strohm dahin.

Einer schwangern Ehefrau.

Mel. Wer in dem schirm des höchst.

436. Daß du, o Vater aller macht, Nach deinem rath und willen, Mich in den stand der eh gebracht, Den himmel zu erfüllen, Des will ich dir in dieser zeit, Und dann auch in der ewigkeit Mit mund und herzen danken.

2. Vor allem, daß du meinen leib Mit gnaden angesehen, Ich rühm es, HErr, ich schwaches weib, Daß mir so wohl geschehen. Es ist allein nur deine gab Hier diese frucht, und was ich hab, Du hast mich so gesegnet.

3. Dieweil du aber nach dem fall Uns dergestalt geschlagen, Daß wir des leibes schweren ball Mit schmerzen müssen tragen: So stärke mich durch deine huld, Und gib mir christliche gedult, Daß ich mich deiner tröste.

4. Halt mein gesicht in guter zucht Daß ich mich nicht versehe, Und in dem leibe meiner frucht Kein unfall nicht geschehe: Mein wandel steht in deiner hand, Ach, tilg in mir des zornes brand, Der mich zur zeit entzündet.

5. Und wann die stunde kommt heran, Daß ich mich nun soll legen, O Vater, so sey du der mann, Der meiner wolle pflegen: Hilf mir, der mutter, und dem kind In der geburt frisch und geschwind, Und laß uns beyde leben.

6. Wo du nicht selber helfen wirst, So ists mit mir verlohren, Du bist allein der lebensfürst, Der uns zu gut gebohren; Komm, JEsu, komm, und halt bey mir, Dann siehe, HErr, dein wort ist hier; Du willt mich nicht verlassen.

7. Vor misgeburt behüte mich, Und ungeheuren fällen: Hilf, daß ich bald mein kind vor dich In tempel möge stellen, Und daß es durch die wasserfluth Und durch dein purpurrothes blut Ins reich der gnaden komme.

8. Sollt aber ich nach deinem rath Was übeles empfinden

den, Dafür mein geist zu bitten hat, So laß michs überwinden: In deinen willen, o HErr Christ, Ergeb ich mich zu aller frist, Du wirst es doch wohl machen.

9. Es sey dir alles heimgestellt: Im lebē und im sterben, Im fall mein herz dir wohlgefällt, So laß mich nicht verderben; HErr, meine frucht befehl ich dir, Du weißst am besten, was du ihr Und mir jetzund sollst rathen.

10. Ich bin dein kind und deine magd, Dich laß ich billig walten, Es gehe mir, wies dir behagt, Dir will ich stille halten. Ich weiß, mein GOtt, du läßst mich nicht, Dann du bist meine zuversicht Im leben und im tode.

M. B. Kindermann.

Christlicher Eheleute.

Mel. Von GOtt will ich nicht lassen.

437. Du hast es ausersehen, Getreuer GOtt, daß wir Verknüpfet sollen stehen In liebe für und für; Drum tröstet uns gar fein, Daß dein versprochner segen Stets wird auf unsern wegen In voller blüthe seyn.

2. Wir haben uns ergeben, O HErr, zu fürchten dich, Ach, laß uns beyde leben In fried einmüthiglich, Damit durch einigkeit Wir armes volk auf erden Getrost erhalten werden, Sowol in lieb als leid.

3. Gib, daß wir herzlich lieben Die ehrbarkeit und zucht, Von deiner furcht getrieben, Denn das heißt ihre frucht. HErr, laß in unserm haus Ein keusches leben walten, Die liebe nie erkalten, Noch fliegen gar hinaus.

4. Du wollest auch bewahren Stets unsre kinderlein, Laß in so zarten jahren Sie wohl erzogen seyn; Ach, HErr, bereite dir Ein lob aus ihrem munde, Daß sie zu jeder stunde Dich fürchten nach gebühr.

5. Hilf, daß wir mögen werden Ein volk, das dir gefällt, Und leben lang auf erden, Nicht trachten blos nach geld, Ach, gib uns nur das brod, Beschütz auch unsre güter, Du starker menschenhüter, Und hilf aus aller noth.

6. Wann creutz und noth uns plagen, So gib uns, HErr, geduld, Hilf, daß wir nicht verzagen: Verzeih auch alle schuld; Ach, halt uns bey der hand, Daß wir nicht plötzlich sinken, Im sündenmeer ertrinken, Hilf uns thun widerstand.

7. Laß uns den geiz verfluchen, Als aller laster grund, Hilf, daß wir vordrist suchen Dein reich zu jeder stund: O GOtt, du grosses licht, Wirst schützen unser leben, Und über uns erheben Dein gnädges angesicht.

Einer Wittwe.

Mel. Zion klagt mit angst und schm.

438. Einsam leb ich und verlassen, Bin betrübt von herzensgrund, Denn GOTT tränkt mit ganzen maasen

maasen Bittrer thränen meinen mund. Wer Naemi nicht gekannt, Ueber die des HErren hand Ausgegangen, kan sie schauen An mir allerärmsten frauen.

2. O der schmerzlich tiefen wunden, Meine krone die ist hin, Mir seynd haupt und trost verschwunden, In der aschen sitzt mein sinn; Seit des schwarzen würgers pfeil Meines herzens halben theil Von der seiten mir genommen, Ist mein muth zu grab gekommen.

3. Soll ich nicht mit Zion klagen, Daß GOtt mein vergessen hat? Soll ich nicht mit seufzen sagen: Meine schwere missethat Sey erwacht und heimgesucht? Meine freud ist in der flucht, Und ich muß auf dieser erden Mit Naemi Mara werden.

4. Was seynd wittwen dieser zeiten? Was ein vaterloses kind? Harpfen ohne klang und saiten: Zäune, die gar niedrig sind: Schiffe, die im meer zerstückt: Würmlein, die man vielmals drückt: Häuser, welche dachlos stehen, Ueber die viel wetter gehen:

5. Welke trauben, die vom reben Durch den tod geschnitten ab, Und schier keinen saft mehr geben: Aller gunst und würden grab. Wer ernährt mich? wer beschützt, Wann der lästrer mich beschmitzt? Ach der mich pflag zu versorgen, Liegt nun in dem staub verborgen.

6. Hat dich Zions gschick getroffen, O du Zions tochter du, Wohl, so spricht der HErr, dein hoffen, Dir auch gleich, wie Zion, zu: Was ein liebes zartes kind An der süssen mutter findt, Findet deine noth und schmerzen, Ja noch mehr, an meinem herzen.

7. Schlösse sie gleich brust und augen Vor dem kindlein zu, laß ich Die, so meine wunden saugen, Dennoch nimmermehr im stich: Ich, der meinen schild und rath, Trett an manns- und mutterstatt Solcher wittwen, solcher waisen, Die mir dienen und mich preisen.

8. Ließ ich dann Naemi darben? Bracht ich sie nicht fein zur ruh? Gab ich nicht der Ruth die garben, Und des Boas herz darzu; Weil sie ihren GOTT mich hies, Ihrer schwieger treu erwies, Und von kühen dreyer jahren Lief zu meiner lämmer schaaren?

9. Hab ich nicht mit gunst begabet Hiram, einer wittwen sohn, Daß ihn Salomo gelabet Mit verdientem reichem lohn? Stellt es doch Sarepta dir Und der sarg zu Nain für, Daß mein ohr nicht sey verstopfet, Wann der wittwen seufzer klopfet.

10. Hält sie gleich die welt vor trauben, So von reben abgetrennt, Kan doch keiner ihnen rauben Mein gesicht, daß stets sie kennt: Meines

rothen blutes kraft Reichet ihnen trost und saft: Die sie schinden und verderben, Müssen meinen fluch ererben.

11. Zwar ich lasse manchen regen Ihnen aus den augen gehn, Ihr geduldfeld zu verpflegen, Da viel creuzgewächse stehn; Aber was zu dieser zeit Wird mit thränen ausgestreut, Werden sie, wann sie erwachen, Frölich erndten einst mit lachen.

12. Dann zu meinem freudenhügel Ist man noch gekommen nie Durch verbuhlte spazenflügel: Turteltäublein, welche hie In der felsenritzen kluft Oft gegirrt und mir geruft, Sollen dort mit Hanna oben Ewig jauchzen und mich loben.

Erasmus Francisci.

Eines Handwerksmanns.

M. HErr JEsu Christ, du höchstes g.

439. HERR Christe, du wollst glück und heil Zu meiner nahrung geben, Beschehren gnädigst mir mein theil In diesem armen leben; Doch wirst du wissen maas und ziel, Mir nicht zu wenig, nicht zu viel, O liebster HERR, zulegen.

2. Dann würdest du zu wenig brod Und nahrung mir abmessen, So möchte ich aus grosser noth Der gottesfurcht vergessen, Und etwa suchen unrecht gut, Und also aus gottlosem muth Zur höllen endlich fahren.

3. Gib mir auch solchen reichthum nicht, Der mir gereich zum schaden, Ich möchte sonst, wie oft geschicht, Mißbrauchen deiner gnaden, Und etwa treiben einen spott Mit deiner furcht, und von dir, GOTT, Mein herze gar abwenden.

4. Drum gib so viel, als selig ist, Mehr will ich nicht begehren, Hilf, daß ich ohne trug und list Mich ehrlich mag ernähren; So gib durch deine gnade auch, Daß ich dasselbe recht gebrauch, Was du mir wirst beschehren.

5. Vor allem gib die seligkeit, Das ist das allerbeste, Hier sind wir die geringe zeit Doch nichts als lauter gäste: Eh mans versieht, sind wir dahin, Wohl deme, der in seinem sinn Stets nach dem himmel trachtet.

Für Waisen.

Mel. O GOtt, du frommer GOtt.

440. Ihr waisen, weinet nicht, Wie, könnt ihr euch nicht fassen? Verlasset euch auf GOtt, Der wird euch nicht verlassen; Sind gleich die eltern todt, So lebet dennoch GOtt, Dieweil GOtt aber lebt, So habt ihr keine noth

2. GOtt ist und bleibet stets Ein vater aller waisen, Der will sie insgesamt Ernähren, kleiden, speisen, Demselben trauet nur, Er nimmt sich eurer an, Seht, der ist euer schutz Und euer helfersmann.

3. GOtt ist ein reicher GOtt,

Der wird euch wohl versorgen, Er weiß ja eure noth, Die ist ihm nicht verborgen, Ob ihr schon wenig habt, Der vorrath ist auch klein, So will ins künftige GOtt der versorger seyn.

4. Habt einen guten muth, GOtt hat es ja verheissen, Er woll verlassene Aus ihrer trübsal reissen; Das wort geht euch auch an, Ihr werdet es schon sehn, Wie es an euch auch wird In die erfüllung gehn.

5. Ja glaubet, bleibet fromm, Und geht auf GOttes wegen, Erwartet mit geduld Den euch verheißnen segen, Und weichet nicht von GOtt, Vertraut ihm allezeit, So werdt ihr glücklich seyn In zeit und ewigkeit.

Eines christlichen Ackermanns.

Mel. Ach bleib bey uns, HErr JEsu.

441. 1. Mein GOtt, du hast befohlen mir, Zu bauen meiner felder flür; Wohlan, ich will hand legen an, Und thun, so viel ich immer kan.

2. Ich will des morgens früh aufstehn, Auf meinen acker hin zu gehn, Und meinen saamen streuen aus, Damit zu leben hab mein haus.

3. Hernach will ich ihn pflügen ein; Und niemals laß noch schläfrig seyn, Zu bessern, was zu bessern steht, Damit nie was verlohren geht.

4. So will ich auch geduldig seyn, Bis fruchtbar wetter bricht herein, Bis regen kommt, bis sonnenschein Den saft zwingt in die frucht hinein.

5. Nur gib, du liebster Vater, du, Vom himmel gnad und glück hiezu; Was schädlich ist, in gnaden wend, Dagegen fruchtbar wetter send.

6. Auf meines nachbarn segensglück Laß mich nicht werfen böse blick, Gib mir ein herz, das sich vergnügt, Und niemand einig leid anfügt.

7. Insonderheit laß mich dein wort In meinem herzen fort und fort Bewahren, daß ich jederzeit Bring früchte der gerechtigkeit.

8. So will ich, Schöpfer, danken dir, So lang ich werde seyn allhier, Und wenn ich dorten komm zu dir, Will ich dich rühmen für und für.

Einer ledigen Person.

Mel. Auf meinen lieben GOtt 2c.

442. 1. Mein GOTT, ich armes kind Kein trost auf erden find, Drum will ich dir vertrauen, Mein hoffnung auf dich bauen, Mit dir ichs treulich meyne, Du weißst mein herz alleine.

2. Den glauben mir verleih, Daß ich gottselig sey, Gern folge deiner lehre, Und mich zu dir bekehre, Fein still in demuth lebe, Und mich nicht überhebe.

3. Gib mir ein keusches herz, Behüt für schand und scherz: Erhalt mir zucht und ehre, Die tugend in mir mehre: Wehr allen

allen bösen leuten, Die gutes übel deuten..

4. Und wann es zeit wird seyn, Herr, nach dem willen dein, Daß ich es soll erleben, In ehstand mich zu geben, So wollst du mich berathen Mit einem treu'n ehgatten.

5. Behüt mein sinn und muth, Daß ich mich halt in hut, Und meiner eltern wille Gehorsam sey in stille, Daß ich keins mög begehren, Wanns nicht geschicht in ehren.

6. Gib mir ein'n guten rath, Und hilf mir mit der that, Daß ich nicht übel freye, Und, was zu spat, bereue, Ich will dirs anheim stellen, Mein hoffnung laß nicht fehlen.

7. Zur hochzeit komm zu mir, Dein engel mit dir führ: Bring mir auch deinen segen Auf allen meinen wegen, Daß ich mich deiner treue Hier und dort ewig freue.

Martin Bohemus.

Wiegen-Lied.

Mel. Lobt GOtt, ihr Christen, allzugl.

443. Nun schlaf, mein liebes kindelein, Und thu dein äuglein zu, Der lieb GOtt will dein vater seyn, Drum schlaf in guter ruh, Drum schlaf in guter ruh.

2. Dein vater ist der liebe GOtt, Und wills auch ewig seyn, Der leib und seel dir geben hat Wohl durch die eltern dein, Wohl durch die eltern dein.

3. Und da du warst in sünd gebohr'n, Wie menschenkinder all, Und lagst darzu in GOttes zorn Um Adams sünd und fall, Um Adams sünd und fall:

4. Da schenkt er dir sein lieben Sohn, Den gab er in den tod, Der kam auf erd vom himmelsthron, Half dir aus aller noth, Half dir aus aller noth.

5. Ein kindlein klein ward er gebohrn, Am creutz sein blut vergoß, Damit stillt er seins Vaters zorn, Macht dich von sünden los, Macht dich von sünden los.

6. Hör, was dir Christ erworben hat Mit seiner marter gros, Die heilge tauf, das selge bad, Aus seiner seiten floß, Aus seiner seiten floß.

7. Dadurch bist du nun neu gebohrn Durch Christi wunden roth, Verschlungen ist GOtt's grimmger zorn, Dein schuld ist quitt und los, Dein schuld ist quitt und los.

8. Mit seinem Geist er dich regiert Aus lauter lieb und treu, Der auch dein zartes herzlein rührt, Und macht dich ganz spahn neu, Und macht dich ganz spahn neu.

9. Er sendt dir auch sein engelein Zu hütern tag und nacht, Daß sie bey deiner wiege seyn, Und halten gute wacht, Und halten gute wacht;

10. Damit der böse geist kein theil An deiner seel find, Das bringt dir alles Christi heil, Drum bist ein seligs kind, Drum bist ein seligs kind.

11. Dein vater und der mutter dein Befiehlt er dich mit fleiß, Daß sie dein treue pfleger seyn, Dich ziehn zu GOttes preis, Dich ziehn zu GOttes preis.

12. Darzu das liebe JEsulein Gesellt sich zu dir fein, Will dein Emanuelgen seyn, Und liebes brüderlein, Und liebes brüderlein.

13. Drum schlaf, mein liebes kindelein, Preis GOtt, den Vater dein, Wie Zacharias Hänselein, So wirst du selig seyn, So wirst du selig seyn.

14. Der liebe JESUS segne dich, Bewahre dich allzeit, Sein heilger nam behüte dich, Schütz dich vor allem leid, Schütz dich vor allem leid.

15. Amen, amen, das ist ja wahr, Das sagt der heilge Geist; Geb GOtt, daß du von heut zu jahr Ein gottselig kind seyst, Ein gottselig kind seyst.

M. Joh. Matthesius.

Christlicher Kinder für ihre Eltern.

Mel. In dich hab ich gehoffet, HErr.

444. O frommer GOtt, ich danke dir, Daß du so liebe eltern mir Aus gnaden hast gegeben, Und noch zur zeit Sie, mir zur freud, Erhalten bey dem leben.

2. Verzeihe mir die missethat, Die dich und sie beleidigt hat, Laß mich es nicht entgelten, Daß ich, mein GOtt, Auf dein gebot Geachtet hab so selten.

3. Gib mir ein herz, das dankbar sey Und meiner eltern eifer scheu, Nicht thu, was ihn erreget, Auch nimmermehr Sich ihrer lehr Aus bosheit widerleget.

4. Laß mir oft kommen in den sinn, Wie sauer ich der mutter bin Von anfanghero worden, Und wie für mich Der vater sich Bemühet aller orten.

5. Gib meinen eltern fried und ruh; Es decke sie dein segen zu: Hilf ihnen ihr creutz tragen, Behüte sie Doch spat und früh Vor trübsal, angst und plagen.

6. Und wann dahin ist ihre zeit, So führ sie aus der sterblichkeit Hinauf zum reich der ehren, Ich bringe dir, Viel lob dafür, Wenn du mich wirst erhören.

Der gemeinen Jugend.

Mel. Christ, unser HErr, zum Jord.

445. O GOTT, mein schöpfer, edler fürst, Und Vater meines lebens, Wo du mein leben nicht regierst, So leb ich hie vergebens, Ja, lebendig bin ich auch todt, Der sünden ganz ergeben. Wer sich wälzt in dem sündenkoth, Der hat das rechte leben Noch niemals recht gesehen.

2. Darum, so wende deine gnad Zu deinem armen kinde, Und gib mir allzeit guten rath Zu meiden schand und sünde: Behüte meines mundes thür, Daß mir ja nicht entfahre Ein solches wort, dadurch ich dir

Und deiner frommen schaare
Verdrüßlich sey und schade.

3. Bewahr, o Vater, mein gehör Auf dieser schnöden erde Für allem, dadurch deine ehr Und reich beschimpfet werde, Laß mich der lästrer gall und gift Ja nimmermehr berühren; Dañ wen ein solcher unflat trift, Den pflegt er zu verführen, Auch wol gar umzukehren.

4. Regiere meiner augen licht, Daß sie nichts arges treiben, Ein unverschämtes angesicht Laß ferne von mir bleiben, Was ehrbar ist, was zucht erhält, Wornach die engel trachten, Was dir beliebt und wohlgefällt, Das laß auch mich hoch achten, All üppigkeit verlachen.

5. Gib, daß ich mich nicht lasse ein Zum schlemmen und zum prassen, Laß deine lust mein eigen seyn, Die andre fliehn und hassen; Die lust, die unser fleisch ergetzt, Die zeucht uns nach der höllen, Und was die welt für freude schätzt, Pflegt seel und geist zu fällen, Und ewiglich zu quälen.

6. O selig ist, der stets sich nährt Mit himmelsspeis und tränken, Der nichts mehr schmäcket, nichts begehrt, Auch nichts begehrt zu denken, Als nur, was zu dem leben bringt, Da man bey GOtte lebet, Und bey der schaar, die frölich singt, Und in der wollust schwebet, Die keine zeit aufhebet.

Paul Gerhard.

Eines Hausvaters.

Mel. Auf meinen lieben GOtt ꝛc.

446. So tret ich demnach an, Wie stark ich immer kan, Mein arbeit, thun und wesen, Dazu mich GOtt erlesen, Der wird mir seinen segen Auch wissen beyzulegen.

2. Dir, Vater, sag ich dank, Daß du mein lebenlang So reichlich mich ernähret, Und manche gnad beschehret, Laß deine güt und gaben Mich heute ferner haben.

3. Ach, mein HErr JEsu Christ, Der du mein helfer bist Ach segne meine werke, Und mich vom himmel stärke, Damit ich deinen willen In allem mög erfüllen.

4. Behüte seel und leib, Und alles von mir treib, Was meine nahrung hindert, Und deinen segen mindert, Ja, laß in fried und freuden Mich dann von hinnen scheiden.

Vom heiligen Ehestand.

Mel. Ach, bleib bey uns, HErr Jesu.

447. Wem GOTT ein ehlich weib beschehrt, Mit tugend, glaub und zucht verehrt, Der hat den schönsten schatz auf erd, Ein weib ist aller ehren werth.

2. Sie ist ihrs mannes hülf und freud, Die ihn erquickt in lieb und leid; Sie ist sein säul und ehrenkranz, Ohn weib ist keine freude ganz.

3. Der mann hat trost und

freud von ihr, Sie ist seins herzens wunsch und zier, Sein augenlust, freundin und hort, Mit ihm verknüpft durch GOttes wort.

4. Aus Adams fleisch, ripp, blut und leib Baut GOtt Evam, das schönste weib, GOtts Sohn führt sie dem Adam zu, Und schenkt sie ihm zur freud und ruh.

5. Hang du ihr an und halt sie schön, Sie ist deins herzens werthe kron, Ein fleisch und sinn ihr zwey sollt seyn, Mit treuen eins das andre meyn.

6. GOtt hat ein aug auf ehlich leut, Und segnet ehlich lieb und bräut, Ein züchtigs bett, ein keuscher muth Ist vor GOtt gar ein edles gut.

7. Da kan man Christi lieb erkenn'n, GOtt in der wahrheit vater nenn'n, Ihm dienen in lieb, zucht und ehr'n, Und sich redlich im glauben nähr'n.

8. HErr JEsu, unser bräutgam gut, Der du dir durch dein theures blut Ein braut erkauft aus menschen gschlecht, Und machst sie heilig, fromm und g'recht.

9. Erhalt, HErr Christ, dein fleisch und bein, Laß sie dein lieb Hefziba seyn: Bewahr all frau und jungfrau ehr, Fromm mann, weib, kind und fried beschehr.

Neunter Theil,

hält in sich

die Zeit=Lieder;

das ist:

Morgen= Mittag= Abend= Tisch= Wochen= Reis= und andere Zeit= und Zufalls=Lieder.

---

1) Morgen=Lieder.

Mel. Nun laßt uns GOtt dem H.

448. Auf, auf, ihr meine lieder, Mein herz, mein geist und glieder, Dem Höchsten lob zu singen, Und opfer ihm zu bringen.

2. Er hat die nacht gewendet, Das licht herabgesendet, Und mich ohn alle sorgen Erweckt an diesem morgen.

3. Er ist mein schutz gewesen, Daß ich frisch und genesen An diesem tag aufstehe, Und meine pflicht angehe.

4. Es hätten tausend schreken Mich grausam können weken

ken, Wo er nicht selbst gewachet, Und alles gut gemachet.

5. Mein leib, seel und mein leben Sey ferner ihm ergeben: O GOtt, mir heut auch sende Die güte deiner hände.

6. Daß ich von dir geführet Und überall regieret, Zu deines namens ehre Mein ganzes leben kehre.

7. Behüte mich vor sünden, Und laß mich stets empfinden Ein abscheu vor den dingen, Die deinen zorn mir bringen.

8. Durch deinen Geist mich leite, Und mein herz so bereite, Daß ich, dein kind und erbe, Allein dir leb und sterbe.

9. Gib deinen heilgen segen Auf allen meinen wegen: Beglücke meine thaten, Und laß sie wohl gerathen.

10. Vor unglück mich behüte; Und laß mich deine güte So leiten, daß ich bleibe Ein glied an deinem leibe.

11. Gib hoffnung und vertrauen, Auf dich allein zu bauen: Den glauben mir auch mehre, Und mich zu dir, HErr, kehre.

12. Laß weib, kind, (freunde) und verwandten, Wohlthäter und bekannten, Und die sich christen schreiben, Von dir bewahret bleiben.

13. Gib kraft, verstand und stärke, Daß des berufes werke, Durch deines Geistes senden, Ich glücklich könne enden.

14. Und soll ich schmach und neiden, Creutz, und was sonsten, leiden, So hilf mir Vater, tragen, Und laß mich nicht verzagen.

15. Schütz alle hart geplagte: Erfreue die verjagte: Gib brod und trost den armen Aus gnaden und erbarmen.

16. Erhöre alle beter, Bekehr die übertreter: Sey gnädig mir und allen Nach deinem wohlgefallen.

17. Insonderheit am ende, HErr, deinen trost mir sende, Und laß mich selig sterben, Und ewges leben erben.

D. Johann Cassenius.

In bekannter Melodie.

449. Aus meines herzensgrunde Sag ich dir lob und dank In dieser morgenstunde, Darzu mein lebenlang, O GOTT, in deinem thron, Dir zu lob, preis und ehren, Durch Christum, unsern HErren, Dein eingebohrnen Sohn;

2. Daß du mich aus genaden In der vergangnen nacht Vor g'fahr und allem schaden Behütet und bewacht, Und bitt demüthiglich, Wollst mir mein sünd vergeben, Womit in diesem leben Ich hab erzörnet dich.

3. Du wollest auch behüten Mich gnädig diesen tag, Vors teufels list und wüten, Vor sünden und vor schmach, Vor feur und wassersnoth, Vor armuth und vor schanden, Vor ketten und vor banden, Vor bösem schnellen tod.

4. Mein seel, mein leib, mein

leben, Mein weib, gut, ehr und kind, In deine hånd ich gebe, Darzu mein hausgesind, Als dein geschenk und gab; Mein eltern und verwandten, Geschwistrig und bekannten, Und alles, was ich hab.

(Mein seel, mein leib, mein leben, Mein ehr, gut und das mein, In deine hånd ich gebe, Was mir auch lieb mag seyn, Als dein geschenk und gab: Mein obern und verwandten, Gefreundte und bekannten, Und alles, was ich hab.)

5. Dein engel laß auch bleiben, Und weichen nicht von mir, Den satan zu vertreiben, Auf daß der bös feind hier In diesem jammerthal Sein tück an mir nicht übe, Leib und seel nicht betrübe, Und bring mich nicht zu fall.

6. GOtt will ich lassen rathen, Der alle ding vermag, Er segne meine thaten, Mein vornehmen und sach, Dann ich ihm heimgestellt Mein leib, mein seel, mein leben Und was er mir sonst geben, Er machs, wies ihm gefällt.

7. Darauf so sprech ich amen, Und zweifle nicht daran, GOtt wird es all's zusammen Ihm wohl gefallen lahn, Drauf streck ich aus mein hand, Greif an das werk mit freuden, Darzu mich GOtt bescheiden In mein'm beruf und stand.

Johannes Matthesius.

Mel. Aus meines herzens grunde.

450. Bewahre, GOTT, mich armen In dieser morgenzeit, Erzeige dein erbarmen, Das erd und himmel breit; Und wie du mich bewacht Die nacht vor allem schaden, So gib heut aus genaden, Mein schöpfer, auf mich acht.

2. Bewahre, GOTT, die seele, Mein allertheurstes pfand, Daß sie nicht irr = noch fehle, Nimm sie in deine hand: Behüte sie vor sünd: Laß mich von dir nicht wanken, Daß in des leibes schranken Kein feind mich überwind.

3. Bewahre, GOtt, mein leben, Den leib, der seelen haus, Das du mir hast gegeben, Dein werk richt in mir aus: Hilf, daß ich wohl vollbring Die mir bestimmten tage, Der tugend stets nachjage, Und nach dem guten ring.

4. Bewahre, GOtt, die sinnen, Bewahre den verstand, Laß mich nicht lieb gewinnen Der eitelkeiten tand, Daß ich fest bey dir steh, Nicht laufe nach den dingen, Die leicht zu falle bringen, Und ewig machen weh.

5. Bewahre, GOtt, die glieder, Den werkzeug meiner kraft, Hånd, zung und augenlieder, Was in mir dient und schaft: Dein Geist der wirk in mir, Daß mein mund dir lobsinge, Die faust dein werk vollbringe, Und ich ganz leb in dir.

6. Bewahre, GOtt, mein ehre, Wend ab verdiente schand, Daß man nicht von mir höre, Das ärgerlich dem land; Mein

ernster

ernster vorsatz sey, Daß ich nach tugend trachte, Die üppigkeit verachte, Der wollust mich verzeih.

7. Bewahre, GOtt, die güter Zu dieses lebens brauch, Versüsse du, was bitter, Vertreib des neides rauch: Laß mich, nach deinem schluß, Im schweiß mein brod erwerben, Dein heilgen segen erben, Der ewig nähren muß.

8. Bewahre, GOtt, bekannten, Bewahre was mich liebt, Auch muths- und blutsverwandten: Bewahre was betrübt, Anfeindet und verletzt: Zerreiß die vielen stricke, Beschimpfe grimm und tücke, Damit man in mich setzt.

9. Bewahre, GOtt, den glauben, Die hoffnung und geduld, Laß mir dein wort nicht rauben, Nicht deines Geistes huld: Die zweifelsucht vertreib, Daß ich, was sündlich, meide, Dir treu, in lieb und leide, Bis in den tod verbleib.

D. J. Stegmann.

Mel. Ach bleib bey uns, HErr Jesu.

451. Das walt GOTT Vater und GOtt Sohn, GOtt heilger Geist ins himmels thron, Man dankt dir, eh die sonn aufgeht, Wanns licht anbricht, man vor dir steht.

2. Drum beug ich diesen morgen früh In rechter andacht meine knie, Und ruf zu dir mit heller stimm: Dein ohren neig, mein red vernimm,

3. Ich rühm von herzen deine güt, Weil du mich gnädig hast behüt, Daß ich nun hab die finstre nacht In ruh und frieden zugebracht.

4. Ich schlief, und wußt nicht, wie mir wär, Da schlich der teufel um mich her, Den hat, HErr, deine macht vertrieb'n, Daß ich vor ihm in ruh geblieb'n.

5. Mein GOtt, ich bitt durch Christi blut, Nimm mich auch diesen tag in hut: Laß deine liebste engelein Mein wächter und gefährten seyn.

6. Dein Geist mein'n leib und seel regier, Und mich mit seinen gaben zier: Er führ mich heut auf rechter bahn, Daß ich was guts vollbringen kan.

7. Gib, daß ich meine werk und pflicht Mit freuden diesen tag verricht Zu deinem lob und meinem nutz, Und meinem nächsten thue guts.

8. Hilf, daß ich zu regieren wiß Mein augen, ohren, händ und füß, Mein lippen, mund und ganzen leib: All bös begierden von mir treib.

9. Bewahr mein herz vor sünd und schand, Daß ich vom übel abgewandt, Mein seel mit sünden nicht beschwehr, Und mein gewissen nicht versehr.

10. Behüt mich heut und allezeit Vor schaden, schand und herzenleid: Tritt zwischen mich und meine feind, So sichtbar und unsichtbar seynd.

11. Mein aus- und eingang,

HErr, bewahr, Daß mir kein übels wiederfahr: Behüt mich vor ein'm schnellen tod, Und hilf mir, wann mir hülf ist noth.

B. Bohemius.

M. HErr JEsu Christ, dich zu uns.

452. Die helle sonn leucht jetzt herfür, Frölich vom schlaf aufstehen wir, GOtt lob, der uns heut diese nacht Behütet hat fürs teufels macht.

2. HErr Christ, den tag uns auch behüt Für sünd und schand durch deine güt; Laß deine liebe engelein Unsre hüter und wächter seyn.

3. Daß unser herz in g'horsam leb, Dein'm wort und will'n nicht widerstreb, Daß wir dich stets vor augen han, In allem, was wir fangen an.

4. Laß unser werk gerathen wohl, Was ein jeder ausrichten soll, Daß unser arbeit, müh und fleiß Gereich zu dein'm lob, ehr und preis.

N. Hermann.

In eigener Melodie.

453. GOtt des himmels und der erden, Vater, Sohn und heilger Geist, Der es tag und nacht läßt werden, Sonn und mond uns scheinen heißt, Dessen starke hand die welt, Und was drinnen ist, erhält.

2. GOtt, ich danke dir von herzen, Daß du mich in dieser nacht Vor gefahr, angst, noth und schmerzen Hast behütet und bewacht, Daß des bösen feindes list Mein nicht mächtig worden ist.

3. Laß die nacht auch meiner sünden Jetzt mit dieser nacht vergehn, O HErr JEsu, laß mich finden Deine wunden offen stehn, Da alleine hülf und rath Ist für meine missethat.

4. Hilf, daß ich auch diesen morgen Geistlich auferstehen mag, Und für meine seele sorgen, Daß, wann nun dein grosser tag Uns erscheint und dein gericht, Ich davor erschrecke nicht.

5. Führe mich, o HErr, und leite Meinen gang nach deinem wort, Sey und bleibe du auch heute Mein beschützer und mein hort: Nirgend, als von dir allein, Kan ich recht bewahret seyn.

6. Meinen leib und meine seele, Samt den sinnen und verstand, Grosser GOtt, ich dir befehle Unter deine starke hand: Herr, mein schild, mein ehr und ruhm, Nimm mich auf, dein eigenthum.

7. Deinen engel zu mir sende, Der des bösen feindes macht, List und anschläg von mir wende, Und mich halt in guter acht: Der auch endlich mich zur ruh Trage nach dem himmel zu.

8. Höre, GOtt, was ich begehre, Vater, Sohn und heilger Geist, Meiner bitt mich, HErr, gewähre, Der du selbst mich bitten heist: So will ich dich hier und dort Herzlich preisen fort und fort.

H. Alberti.

Mel.

Mel. Wer nur den lieben GOtt ꝛc.

454. GOtt lob, nun wird es wieder morgen, Die nacht vollendet ihren lauf, Nun wachen alle meine sorgen Auf einmal mit mir wieder auf; Die ruh ist aus, der schlaf ist hin, Und ich seh wieder, wo ich bin.

2. Ich bin noch immer auf der erde, Wo jeder tag sein elend hat, Wo ich nur immer älter werde, Und häuffe sünd und missethat; O GOTT, von dessen brod ich zehr, Wann ich dir nur was nütze wär!

3. Ohn zweifel siehst du mich aufstehen, Regier mich heut in dieser welt, Ich weiß nicht, wie mirs heut wird gehen, Mach alles so, wie dirs gefällt; Schleuß mich in deine fürsorg ein, Dein will ich todt und lebend seyn.

4. Vergib mir, Vater, meine sünden, Die ich mit aus dem bette bring, Und laß mich vor dir gnade finden, Erhöre, was ich bet und sing; Dann wann ich nur bey dir wohl steh, So acht ichs gar nicht, wie mirs geh.

5. Hilf mir in allen sachen rathen, Dann ich bin selber mir nicht klug, Behüte mich vor missethaten, Vor böser menschen list und trug: Laß mich den tag wohl legen an, Und gutes schaffen, weil ich kan.

6. Erhalte mir mein leib und leben, Der seelen kräften, (Mein weib und kind, mein) hab und gut, Und laß den himmel segen geben, Wann meine hand das ihre thut: Hilf, daß ich alles wohl verricht, Du wirst es thun, ich zweifle nicht.

Mel. Ach HErr mich armen sünder.

455. Ich dank dir, lieber HErre, Daß du mich hast bewahrt, In dieser nacht so gfähre, Darinn ich lag so hart Mit finsternis umfangen, Darzu in grosser noth, Daraus ich bin entgangen, Halfst du mir, HErre GOtt.

2. Mit dank will ich dich loben, O du mein GOTT und HErr, Im himmel hoch dort oben, Den tag mir auch gewähr, Warum ich dich thu bitten, Und auch dein will mag seyn: Leit mich in deinen sitten, Und brich den willen mein.

3. Daß ich, HERR, nicht abweiche Von deiner rechten bahn, Der feind mich nicht erschleiche, Damit ich irr mög gahn; Erhalt mich durch dein güte, Das bitt ich fleißig dich, Vors teufels list und wüten, Damit er setzt an mich.

4. Den glauben mir verleihe An dein'n Sohn, JEsum Christ, Mein sünd mir auch verzeihe Allhier zu dieser frist, Du wirst mirs nicht versagen, Wie du verheissen hast, Daß er mein sünd thu tragen, Und lös mich von der last.

5. Die hoffnung mir auch giebe, Die nicht verderben läßt, Darzu ein christlich liebe Zu dem.

dem, der mich verletzt, Daß ich ihm guts erzeige, Such nicht darinn das mein, Und lieb ihn als mich eigen, Nach all dein willen dein.

6. Dein wort laß mich bekennen Vor dieser argen welt, Auch mich dein diener nennen, Nicht fürchten g'walt noch geld, Das mich bald möcht ableiten Von deiner wahrheit klar, Wollst mich auch nicht abscheiden Von der christlichen schaar.

7. Laß mich den tag vollenden Zu lob dem namen dein, Auch mich nicht von dir wenden, Ans end beständig seyn; Behüt mir leib und leben, Darzu die frucht im land: Was du mir hast gegeben, Steht all's in deiner hand.

8. HErr Christ, dir lob ich sage Für deine wohlthat all, Die du mir all mein tage Erzeigt hast überall: Dein namen will ich preisen, Der du allein bist gut, Mit deinem leib mich speise, Tränk mich mit deinem blut.

9. Dein ist allein die ehre, Dein ist allein der ruhm, Die rach dir niemand wehre, Dein segen zu uns komm, Daß wir im fried einschlafen, Mit gnaden zu uns eil: Gib uns des glaubens waffen Vors teufels listge pfeil. Joh. Kohlros.

In eigener Melodie.

456. Ich dank dir schon durch deinen Sohn, O GOtt, für deine güte, Daß du mich heut in dieser nacht, So gnädig hast behütet.

2. In welcher nacht ich lag so hart Mit finsternis umfangen, Von all'n mein'n sünd'n geplaget ward, Die ich mein tag begangen.

3. Drum bitt ich dich aus herzensgrund, Du wollest mir vergeben All meine sünd, die ich begunt In meinem ganzen leben.

4. Und wollest mich auch diesen tag In deinem schutz erhalten, Daß mir der feind nicht schaden mag Mit listen mannigfalten.

5. Regier mich nach dem willen dein, Laß mich in sünd nicht fallen, Auf daß dir mög das leben mein Und all mein thun gefallen.

6. Dann ich befehl dir leib und seel, Und alls in deine hände, In meiner angst und ungefäll, HErr, deine hülf mir sende.

7. Auf daß der fürste dieser welt Kein macht an mir nicht finde, Dann wo mich nicht dein gnad erhält, Ist er mir viel zu g'schwinde.

8. Ich hab es all mein tag gehört, Menschenhülf sey verlohren, Drum steh mir bey, o treuer GOtt, Zur hülf bist du erkohren.

9. Allein GOtt in der höh sey preis, Samt seinem eingen Sohne, In einigkeit des heilgen Geists, Der herrscht ins himmels throne. M. Prätor.

Mel. HErr JEsu Christ, dich zu rc.

457. O heilige Dreyfaltigkeit, O hochgelobte Einigkeit, GOtt Vater, Sohn, heiliger Geist, Heut diesen tag mir beystand leist.

2. Mein leib, seel, ehr und gut bewahr, Daß mir nichts böses widerfahr, Und mich der satan nicht verletz, Noch mich in schand und schaden setz.

3. Des Vaters macht mich heut anblick, Des Sohnes weisheit mich erquick, Des heilgen Geistes glanz und schein Erleucht meins finstern herzens schrein.

4. Mein schöpfer steh mir kräftig bey, O mein erlöser, hilf mir frey, O tröster werth, weich nicht von mir, Mein herz mit deinen gaben zier.

5. HErr, segne und behüte mich, Erleuchte mich genädiglich, HErr, heb auf mich dein angesicht, Und deinen frieden auf mich richt.

Mel. Nun laßt uns GOtt, dem rc.

458. Wach auf, mein herz, und singe Dem schöpfer aller dinge, Dem geber aller güter, Dem frommen menschenhüter.

2. Heut, als die dunkle schatten Mich ganz umgeben hatten, Hat satan mein begehret, GOtt aber hats gewehret.

3. Ja, Vater, als er suchte, Daß er mich fressen mochte, War ich in deinem schoose, Dein flügel mich beschlosse.

4. Du sprachst: mein kind, nun liege, Trotz dem, der dich betrüge, Schlaf wohl, laß dir nicht grauen, Du sollt die sonne schauen.

5. Dein wort, HErr, ist geschehen, Ich kan das licht noch sehen, Vor noth bin ich befreyet, Dein schutz hat mich verneuet.

6. Du willt ein opfer haben, Hier bring ich meine gaben, Mein weyhrauch, farr'n und widder Sind mein gebet und lieder.

7. Die wirst du nicht verschmähen, Du kanst ins herze sehen, Und weißst wohl, daß zur gabe Ich ja nichts bessers habe.

8. So wollst du nun vollenden Dein werk an mir, und senden, Der mich an diesem tage Auf seinen händen trage.

9. Sprich ja zu meinen thaten, Hilf selbst das beste rathen, Den anfang, mitt'l und ende, Ach, HErr, zum besten wende.

10. Mit segen mich beschütte, Mein herz sey deine hütte, Dein wort sey meine speise, Bis ich gen himmel reise.

Paul Gerhard.

Mel. Wie schön leuchtet der rc.

459. Wie schön leucht uns der morgenstern Vom firmament des himmels fern, Die nacht ist nun vergangen, All creatur macht sich herfür, Des edlen lichtes pracht und zier Mit freuden zu empfangen: Was

lebt,

lebt, Was schwebt, Hoch in lüften, Tief in klüften, Läßt zu ehren Seinem GOTT ein danklied hören.

2. Du, o mein herz, dich auch aufricht, Erheb dein stimm und säume nicht, Dem HErrn dein lob zu bringen. Dann, HErr, du bists, dem lob gebührt, Und dem man billig musicirt, Dem man läßt innig klingen Mit fleiß Dank, preis, Daß von weiten Freudensaiten Man kan hören, Dich, o meinen heiland ehren.

3. Ich lag in stolzer sicherheit, Sah nicht, mit was gefährlichkeit Ich diese nacht umgeben, Des teufels list und bübe-rey, Die höll, des todes tyranney, Stund mir nach leib und leben, Daß ich Schwerlich Wär entkommen, Und entnommen Diesen banden, Wann du mir nicht beygestanden.

4. Allein, o JEsu, meine freud In aller angst und traurigkeit, Du hast mich heut befreyet, Du hast der feinde macht gewehrt, Ein sanft und süsse ruh beschehrt, Des sey gebenedeyet. Mein muth, Mein blut Soll nun singen, Soll nun springen, All mein leben Soll dir dankeslieder geben.

5. Ey, mein HErr, süsser lebenshort, Laß ferner deine gnadenpfort Mir heut auch offen bleiben, Sey meine burg und vestes schloß, Und laß kein feindliches geschoß Daraus mich nimmer treiben, Stell dich Für mich Hin, zu kämpfen, Und zu dämpfen Pfeil und eisen, Wann der feind will macht beweisen.

6. Geus deiner gnaden reichen strahl Auf mich vom hohen himmelssaal, Mein herz in mir verneue, Dein guter Geist mich leit und führ, Daß ich nach meiner amtsgebühr Zu thun mich innig freue. Gib rath Und that, Laß mein sinnen Und beginnen Stets sich wenden, Seinen lauf in dir zu enden.

7. Wend unfall ab, kans anders seyn, Wo nicht, so geb ich mich darein, Ich will nicht widerstreben, Doch komm, o süsser morgenthau, Mein herz erfrisch, daß ich dir trau, Und bleib im creutz ergeben: Bis ich Endlich Nach dem leiden Zu den freuden Werd erhoben, Da ich dich kan ewig loben.

8 Indes, mein herze, sing und spring, In allem creutz sey guter ding, Der himmel steht dir offen, Laß schwermuth dich nicht nehmen ein, Denk, daß die liebsten kinderlein Allzeit das creutz hat troffen. Drum so Sey froh, Glaube veste, Daß das beste So bringt frommen, Wir in jener welt bekommen.

Bernh. Wisenmayer.

2) Mittags-Lieder vor dem Essen.

Mel. Ach, bleib bey uns HErr ꝛc.

460. Bescheer uns, HErr, das täglich brod, Vor theurung und vor hungersnoth Behüt uns durch dein lieben Sohn, GOtt Vater in dem höchsten thron.

2. O HErr, thu auf dein milde hand, Mach uns dein gnad und güt bekannt: Ernähr uns, deine kinderlein, Der du speist alle vögelein.

3. Erhörst du doch der raben stimm, Drum unser bitt, HErr, auch vernimm, Dann aller ding du schöpfer bist, Und allem vieh sein futter gibst.

4. Gedenk nicht unsrer missethat Und sünd, die dich erzürnet hat: Laß scheinen dein barmherzigkeit, Daß wir dich lob'n in ewigkeit.

5. O HERR, gib uns ein fruchtbars jahr, Den lieben kornbau uns bewahr: Vor theurung, hunger, seuch und streit Behüt uns, HErr, zu aller zeit.

6. Unser lieber Vater du bist, Weil Christus unser bruder ist, Drum trauen wir allein auf dich, Und woll'n dich preisen ewiglich.

Nicol. Herrmann.

Mel. HErr JEsu Christ, dich zu uns wend.

461. Zwey ding, o HErr, bitt ich von dir, Die wollest du nicht weigern mir, Weil ich in diesem leben bin, Eh mich mein stündlein nimmt dahin.

2. Verfälschte lehr, abgötterey, Auch lügen, ferne von mir sey: Armuth und reichthum gib mir nit; Doch dieses ich noch ferner bitt:

3. Ein ziemlich nothdurft schaff dem leib, Daß ich kan nähren kind und weib, Daß kein gros noth und mangel sey, Und auch kein überfluß dabey.

4. Sonst, wann ich würd zu satte seyn, Verleugnet ich den HErren mein, Und sagte, was frag ich nach GOtt, Ich bin versorgt in aller noth.

5. Oder, wann armuth drückte mich, Zum stehlen möcht gerathen ich, Oder mit sünd trachten nach gut, Ohn GOttes scheu, wie mancher thut.

6. Des HErren segen machet reich, Ohn alle sorg, wann du zugleich In dein'm stand treu und fleißig bist, Und thust, was dir befohlen ist.

Ludwig Oeler.

In eigener Melodie.

462. Zweyerley bitt ich von dir, Zweyerley trag ich dir für, Dir, der alles reichlich gibt, Was uns dient und dir beliebt: Gib mein'm bitten, das du weisst, Eh ich sterb, und sich mein geist Aus des leibes banden reisst.

2. Gib, daß ferne von mir sey Lügen und abgötterey: Armuth, das die maase bricht, Und gros reichthum gib mir nicht: Allzu arm und allzu reich Ist nicht gut, stürzt beydes gleich Unsre seel ins sündenreich.

3. Laß mich aber, o mein heil, Nehmen mein bescheiden theil, Und beschere mir zur noth Hier mein täglich bisgen brod; Ein klein 'wenig, da der muth, Und ein gut gewissen ruht, Ist fürwahr ein grosses gut.

4. Sonsten möcht im überfluß Ich empfinden überdruß, Dich verläugnen, dir zum spott, Fragen: wer ist HErr und GOtt? Dann das herz ist frechheit voll, Weiß oft nicht, wann ihm ist wohl, Wie es sich erheben soll.

5. Wiederum, wanns stehet blos, Und die armuth wird zu gros, Wird es untreu, stiehlt und stellt Nach des nächsten gut und geld, Thut gewalt, braucht ränk und list, Ist mit unrecht ausgerüst, Fragt gar nicht, was christlich ist.

6. Ach, mein GOtt, mein schatz, mein licht, Dieses keines ziemt mir nicht, Beydes schändet deine ehr, Beydes stürzt ins höllenmeer; Drum so gib mir füll und hüll, Also, wie dein herze will, Nicht zu wenig, nicht zu viel.

Paul Gerhard.

3) Nach dem Essen.

Mel. HErr Christ, der einig 2c.

463. HErr GOtt, nun sey gepreiset, Wir sag'n dir grossen dank, Du hast uns wohl gespeiset, Und geben gut getränk, Dein mildigkeit zu merken, Und unsern glaub'n zu stärken, Daß du seyst unser GOTT.

2. Ob wir solchs hab'n genommen Mit lust und übermaas, Dadurch wir möchten kommen Vielleicht in deinen haß, So wollst du uns aus gnaden, O HErr, nicht lassen schaden, Durch Christum deinen Sohn.

3. Also wollst allzeit nähren, HErr, unser seel und geist, In Christo ganz bekehren, Und in dir machen feist, Daß wir den hunger meiden, Stark seyn in allem leiden, Und leben ewiglich.

Mel. Ach bleib bey uns, HErr JEsu Christ.

464. Hilf, helfer, hilf, in angst und noth, Du willst es thun, du starker GOtt, Dann du bist gros von rath und that, Wie mancher christ erfahren hat.

2. Hilf, helfer, hilf, in angst und noth, Du willst es thun, du lieber GOTT, Dann du sprichst, ich will reissen dich Aus aller noth, glaub sicherlich.

3. Hilf, helfer, hilf in angst und

und noth, Du must es thun, du treuer GOtt: Dann dir dein Vaterherze bricht, Daß du mich kanst verlassen nicht.

4. Hilf Helfer, hilf in angst und noth, Du wirst es thun, du amens-GOtt, Denn obs gleich währt bis in die nacht, So hilfst du doch durch deine macht.

5. So hilf nun allen in der welt, Wann, wie, und wo es dir gefällt, Und hilf auch mir zu rechter zeit Zu meinem heil und seligkeit.

6. Du kanst, du willst, du must es thun, Du wirst dein wort erfüllen nun; So will ich dir stets dankbar seyn, Ach GOTT, hilf uns, du kansts allein. J. C. Lang.

In bekannter Melodie.

465. Nun laßt uns Gott, dem HErren, Dank sagen und ihn ehren Von wegen seiner gaben, Die wir empfangen haben.

2. Den leib, die seel, das leben Hat er allein uns geben, Dieselben zu bewahren Thut er nicht etwas spahren.

3. Nahrung gibt er dem leibe, Die seel muß uns doch bleiben, Wiewol tödtliche wunden Sind kommen von der sünden.

4. Ein arzt ist uns gegeben, Der selber ist das leben, Christus für uns gestorben Hat uns das heil erworben.

5. Sein wort, sein tauf, sein nachtmahl Dient wieder allen unfall, Der heilig Geist im glauben Lehrt uns darauf vertrauen.

6. Durch ihn ist uns vergeben Die sünd, geschenkt das leben, Im himmel solln wir haben, O GOtt, wie grosse gaben!

7. Wir bitten deine güte, Wollst uns hinfort behüten, Die grossen mit den kleinen, Du kansts nicht böse meynen.

8. Erhalt uns in der wahrheit, Gib ewigliche freyheit, Zu preisen deinen namen, Durch JEsum Christum, amen.

D. Nic. Selneccer.

M. HErr JEsu Christ, dich zu uns.

466. Nun saget alle herzlich dank Dem grossen HErrn für speis und trank, Womit der liebe fromme GOtt Gestillet hat die hungersnoth;

2. Dann er ist freundlich, seine gnad In ewigkeit kein ende hat: Der alte rab die junge läßt, GOtt speiset sie in ihrem nest.

3. Er hat nicht lust an rosses stärk, Gefällt ihm auch kein solches werk: Der ist allein ihm lieb und werth, Der seine güt und wohlthat ehrt.

4. Drum sey dir dank, o grosser GOtt, Der du uns speisest in der noth, Durch unsern HErren JEsum Christ, Der ewig unser mittler ist.

Mel. Zweyerley bitt ich von dir.

467. Singen wir aus herzens grund, Loben GOtt mit unserm mund,

Wie

Wie er sein gůt uns beweist, So hat er uns auch gespeist, Wie er thier und vögel nährt, So hat er uns auch beschehrt, Welches wir jetzund verzehrt.

2. Lob'n wir ihn, als seine knecht, Das sind wir ihm schuld'g von recht, Erkenn'n, wie er uns hat g'liebt, Dem menschen aus gnaden gibt, Daß er von bein, fleisch und haut Artlich ist zusamm'n gebaut, Daß er des tags licht anschaut.

3. Alsbald der mensch leben hat, Seine kůche vor ihm staht: In dem leib der mutter sein Ist er zugerichtet fein: Ob es ist ein kleines kind, Mangel doch an nirgends findt, Bis es an die welt herkömmt.

4. GOtt hat die erd zugericht, Läßt an nahrung mangeln nicht; Berg und thal die macht er naß, Daß dem vieh auch wächst sein graß: Aus der erden wein und brod Schaffet GOtt, und gibts uns satt, Daß der mensch sein leben hat.

5. Wasser, das muß geben fisch, Die läßt GOtt tragen zu tisch, Eyr von vöglein eingelegt Werden junge draus geheckt, Můss'n der menschen speise seyn: Hirsche, schafe, rinder, schwein, Schaffet GOtt und gibts allein.

6. Wir dank'n sehr und bitten ihn, Daß er uns geb des Geist's sinn, Daß wir solches recht verstehn, Stets nach sein'n geboten gehn, Seinen namen machen groß In Christo ohn unterlaß, So sing'n wir das gratias.

D. Georg Zämann.

4) Abend-Lieder.

In eigener Melodie.

468. Ach bleib mit deiner gnade Bey uns, HErr JEsu Christ, Daß uns hinfort nicht schade Des bösen feindes list.

2. Ach bleib mit deinem worte Bey uns, erlöser werth, Daß uns beyd hier und dorte Sey trost und heil beschehrt.

3. Ach bleib mit deinem glanze Bey uns, du werthes licht, Dein wahrheit uns umschanze, Damit wir irren nicht.

4. Ach bleib mit deinem segen Bey uns, o reicher HErr, Dein gnad und all's vermögen In uns reichlich vermehr.

5. Ach bleib mit deinem schuzze Bey uns, du starker held, Daß uns der feind nicht trutze, Und fäll die böse welt.

6. Ach bleib mit deiner treue Bey uns, mein HERR und GOtt, Beständigkeit verleihe, Hilf uns aus aller noth.

D. Josua Stegmann.

Mel. Ach bleib bey uns, HErr JEsu.

469. Christ, der du bist der helle tag, Vor dir die nacht nicht bleiben mag, Du leuchtest uns vom

Vater

Vater her, Und bist, des lichtes prediger.

2. Ach, lieber HErr, behüt uns heunt In dieser nacht vorm bösen feind, Und laß uns in dir ruhen fein, Daß wir vorm satan sicher seyn.

3. Ob schon die augen schlafen ein, So laß das herz doch wacker seyn: Halt über uns dein rechte hand, Daß wir nicht fall'n in sünd und schand.

4. Wir bitten dich, HErr JEsu Christ, Behüt uns vor des teufels list, Der stets nach unsrer seelen tracht, Daß er an uns hab keine macht.

5. Sind wir doch dein ererbtes gut, Erworben durch dein theures blut, Das war des ewgen Vaters rath, Als er uns dir geschenket hat.

6. Befiehl dein'm engel, daß er komm, Und uns bewach dein eigenthum, Gib uns die lieben wächter zu, Daß wir vorm satan haben ruh.

7. So schlafen wir im namen dein, Dieweil die engel bey uns seyn: Du heilige Dreyfaltigkeit, Wir loben dich in ewigkeit.

Michael Weiß.

In voriger Melodie.

470. Christe, der du bist tag und licht, Vor dir ist, HErr, verborgen nichts, Du väterliches lichtes glanz, Lehr uns den weg der wahrheit ganz.

2. Wir bitten dein göttliche macht, Behüt uns, HErr, in dieser nacht: Bewahr uns HErr, vor allem leid, GOtt Vater der barmherzigkeit.

3. Vertreib den schweren schlaf, HErr Christ, Daß uns nicht schad des teufels list, Das fleisch in züchten reine sey, So sind wir mancher sorgen frey.

4. Wann unsre augen schlafen ein, So laß das herz doch wacker seyn: Beschirm uns GOttes rechte hand, Und lös uns von der sünden band.

5. Beschirmer, HErr, der christenheit, Dein hülf allzeit sey uns bereit, Hilf uns, HErr GOtt, aus aller noth, Durch dein heilge fünf wunden roth.

6. Gedenk, o HERR, der schweren zeit, Darin der leib gefangen leit; Die seele, die du hast erlöst, Der gib, HErr JEsu, deinen trost.

7. GOtt Vater sey lob, ehr und preis, Darzu auch seinem Sohne weis, Des heilgen Geistes gütigkeit, Von nun an bis in ewigkeit.

Mich. Weiß.

In eigener Melodie.

471. Der lieben sonnen licht und pracht Hat nun den lauf vollführet, Die welt hat sich zur ruh gemacht, Thu seel, was dir gebühret, Tritt an die himmelsthür, Und sing ein lied dafür, Laß deine augen, herz und sinn Auf JEsum seyn gerichtet hin.

2. Ihr hellen sterne leuchtet wohl, Und glänzt mit licht und strahlen, Ihr macht die nacht des prachtes voll; Doch noch

zu tausendmalen Scheint heller in mein herz Die ewge himmelskerz, Mein JEsus, meiner seelen ruhm, Mein schutz, mein schatz, mein eigenthum.

3. Der schlaf wird herrschen diese nacht Bey menschen und bey thieren, Doch einer ist, der droben wacht, Bey dem kein schlaf zu spühren; Es schlummert, JESU, nicht Dein aug auf mich gericht, Drum soll mein herz auch wachend seyn, Daß JEsus wache nicht allein.

4. Verschmähe nicht das schlechte lied, Das ich dir JEsu singe, In meinem herzen ist kein fried, Bis ich es zu dir bringe: Ich bringe, was ich kan, Ach, nimm es gnädig an, Es ist doch herzlich gut gemeynt, O JEsu, meiner seelen freund.

5. Mit dir will ich zu bette gehn, Dir will ich mich befehlen, Du wirst, mein hüter, auf mich sehn, Und rathen meiner seelen; Ich fürchte keine noth, Kein hölle, welt, noch tod: Dann wer mit JEsu schlafen geht, Mit freuden wieder auferstehet.

6. Ihr höllengeister, packet euch, Hier habt ihr nichts zu schaffen, Dis haus gehört in JEsu reich, Laßt es ganz sicher schlafen, Der engel starke wacht Hält es in guter acht, Ihr heer und lager ist sein schutz, Drum sey auch allen teufeln trutz.

7. So will ich dann nun schlafen ein, JEsu, in deinen armen, Dein aufsicht soll mein decke seyn, Mein bette dein erbarmen, Mein kissen deine brust, Mein traum die süsse lust, Die aus dem wort des lebens fleußt, Und dein'n Geist in mein herze geußt.

8. So oft die nacht mein ader schlägt, Soll dich mein geist umfangen, So vielmal sich mein herz bewegt, Soll dis seyn mein verlangen, Daß ich mit lautem schall Mög rufen überall: O JEsu, JEsu, du bist mein, Und ich auch bin und bleibe dein.

9. Nun, matter leib, schick dich zur ruh, Und schlaf fein sanft und stille, Ihr müde augen, schließt euch zu; Denn das ist GOttes wille; Schließt aber dis mit ein: HErr JEsu, ich bin dein, So ist der schluß recht wohl gemacht. Nun, liebster JEsu, gute nacht.

Christian Scriver.

Mel. HErr JEsu Christ, dich zu ꝛc.

472. Der tag ist hin, der sonnenglanz Hat nunmehr sich verlohren ganz, Jetzt bricht die finstre nacht herfür, Und öffnet uns die sternenthür.

2. Auf, meine seel, und hab jetzt acht, Was du den ganzen tag gemacht, Dein schöpfer will, du sollst ihm nun Von deinem wandel rechnung thun.

3. Ich komm, o Vater, jetzt heran, Wiewol ich nichts mich rühmen kan, Gesündigt hab

hab ich diesen tag, So daß ich kaum erscheinen mag.

4. O grosser GOtt, die dunkelheit Versetzet mich in traurigkeit, Dann die auf bösen wegen gehn, Die müssen stets im dunkeln stehn.

5. Wo soll ich hin? die finstre nacht Hat mich zu schützen keine macht, Das unrecht läßt sich bergen nicht, Für dir, o GOtt, du grosses licht.

6. Nimm wieder mich zu gnaden an, Dieweil ich nicht entfliehen kan, Durch JEsum such ich fried und ruh, Es decke mich sein unschuld zu.

7. Durch JEsum Christum lob ich dich, Daß du mich hast so gnädiglich Beschützet diesen ganzen tag Für mancher wohl verdienten plag.

8. Ach, HErr, ich bin ja nimmer werth Des guten, so du mir beschehrt, Und was du sonst in dieser bahn Des lebens hast an mir gethan.

9. Gib mir in dieser nacht doch ruh, Und decke mich in gnaden zu, Dein engel bleibe stets bey mir, Auf daß mich ja kein unfall rühr.

10. Es müssen diebe, wasser, feur, Gespenste, schrecken, ungeheur, Samt mancher trübsal, angst und pein, Sehr fern, o Vater, von mir seyn.

11. HErr, schütze mich in aller noth, Laß einen bösen schnellen tod Auch diese nacht mich treffen nicht, Laß schauen mich des tages licht.

12. Verleih, HErr, wann die finstre nacht Verstrichen ist, und ich erwacht, Daß ich zu früher morgenszeit, O grosser GOtt, dein lob ausbreit.

13. Hierauf nun geh ich hin zur ruh, Und schliesse mund und augen zu, Mein Vater, laß dein kind allein In deinen schutz befohlen seyn.

Johann Rist.

Mel. Alle menschen müssen sterben.

473. GOTT, du lässest mich erreichen Abermal die abendzeit, Das ist mir ein neues zeichen Deiner lieb und gütigkeit; Laß jetzund mein schlechtes singen Durch die trüben wolken dringen, Und sey gegen diese nacht Ferner auf mein heil bedacht.

2. Neige dich zu meinem bitten, Stoß nicht dis mein opfer weg, Hab ich gleich oft überschritten Deiner wahrheit heilgen steg, So verfluch ich meine sünden, Und will mich mit dir verbinden, Reiß du nur aus meiner brust Alle wurzeln böser lust.

3. HErr, es sey mein leib und leben, Und was du mir hast geschenkt, Deiner allmacht übergeben, Die den himmel selbst beschränkt. Laß um mich und um die meinen Einen strahl der Gottheit scheinen, Der, was deinen namen trägt, Als dein gut zu schätzen pflegt.

4. Laß mich mildiglich bethauen Deines segens überfluß, Schirme mich vor angst und

und grauen, Wende schaden und verdruß, Brand und sonst betrübte fälle: Zeichne meines hauses schwelle, Daß hier keinen nicht der schlag Des verderbens treffen mag.

5. Wirke du in meinen sinnen, Wohne mir im schatten bey, Daß mein schlafendes beginnen Dir auch nicht zuwider sey. Schaffe, daß ich sonst auf erden Mag ein solcher tempel werden, Der nur dir, und nicht der welt, Ewig licht und feuer hält.

6. Geht, ihr meine müde glieder, Geht und senkt euch in die ruh, Wenn ihr euch regt morgen wieder, Schreibt es eurem schöpfer zu, Der so treue wacht gehalten; Wann ihr aber müßt erkalten, Wird des bittern todes pein Doch der seelen vortheil seyn. v. Caniz.

Mel. Ich dank dir schon durch 2c.

474. GOTT lob, daß abermal ein tag Des lebens sich geendet, Daran krankheit, gefahr und plag, Du hast von mir gewendet.

2. Vergib und deck die sünde zu, Die ich, o GOtt, begangen, Und laß die süsse abendruh Auch heut dein kind erlangen.

3. Wo find ich aber bett und ort Vor meine matte glieder, Ich suche hier und auch bald dort, Ach, sey du, HErr, mein hüter.

4. Auf dieser welt nichts sichers ist, Da ich werd ruhen können, Drum bitt ich dich, HErr JEsu Christ, Ein örtlein mir zu gönnen.

5. Wach, o du hüter Israel, Wach, JEsu, wann wir schlafen, Haus, hof, und was ich dir befehl, Behüt vor unglückswaffen.

6. Kans seyn, so laß mich todespein Heut nacht nicht plözlich leiden; Doch, HErr, dein will der wille mein, Hilf mir nur selig scheiden.

7. Ich leg mein herz ins herze dein, Dein blut mich, JEsu, decke, Und schlaf in JEsu wunden ein, Trotz dem, der mich erschrecke.

8. Es seynd in deine treue hand Leib, seel, ehr, gut und leben, Auch die an freundschaft mir verwandt, Dir hiemit übergeben.

9. Zeig, JEsu, mir dein blut und tod, So muß die sünde schweigen, Ich warte dein in todesnoth, Nichts mich von dir soll neigen.

10. Drum leb und sterb ich GOtt allein, Nichts kan mich von ihm scheiden, Und ruhe in den armen dein, Und schlaf in JEsu seiten.

Mel. Werde munter mein gemüthe.

475. HErr, es ist von meinem leben Abermal ein tag dahin, Lehre mich nun achtung geben, Ob ich fromm gewesen bin: Zeige mirs auch selber an, So ich was nicht recht gethan, Und hilf du in allen sachen Guten feyerabend machen.

2. Freylich wirst du manches finden, So dir nicht gefallen hat, Dann ich bin noch voller sünden In gedanken, wort und that, Und vom morgen bis jetzund Pfleget herze, hand und mund So geschwind und oft zu fehlen, Daß ichs nimmermehr kan zählen.

3. Aber, o du GOtt der gnaden, Habe noch einmal geduld, Ich bin freylich schwer beladen, Doch vergib mir meine schuld: Rechne nicht die missethat, Sondern zeig mir deine gnad, So will ich auch deinen willen Künftig mehr, als heut, erfüllen.

4. Heilige mir das gemüthe, Daß der schlaf nicht sündlich sey, Decke mich mit deiner güte, Und dein engel steh mir bey, Lösche feur und lichter aus, Und bewahre sonst das haus, Daß ich morgen mit den meinen Nicht in unglück müsse weinen.

5. Steure den gottlosen leuten, Die im finstern böses thun; Sollte man gleich was bereiten, Uns zu schaden, weil wir ruhn: So zerstreue du den rath Und verhindre ihre that, Wend auch alles andre schrecken, So der satan kan erwecken.

6. HErr, dein auge geht nicht unter, Wann es bey uns abend wird, Dann du bleibest ewig munter, Und bist wie ein guter hirt, Der auch in der finstern nacht Ueber seine heerde wacht; Also gib uns, deinen schafen, Daß wir alle sicher schlafen.

7. Laß mich dann gesund erwachen, Wann es rechte zeit wird seyn, Daß ich ferner meine sachen Richte dir zu ehren ein; Oder hast du, lieber GOtt, Heute mir bestimt den tod: So befehl ich dir am ende Leib und seel in deine hände.

Mel. HErr JEsu Christ, meins rc.

476. Hinunter ist der sonnenschein, Die finstre nacht bricht stark herein, Leucht uns, HErr Christ, du wahres licht, Laß uns im finstern wandeln nicht.

2. Dir sey dank, daß du uns den tag Für schaden, g'fahr und mancher plag Durch deine engel hast behüt, Aus gnad und väterlicher güt.

3. Womit wir han erzürnet dich, Dasselb verzeih uns gnädiglich, Und rechne uns die sünd nicht zu, Laß schlafen uns in fried und ruh.

4. Durch dein engel die wach bestell, Daß uns der böse feind nicht fäll, Für schrecken, g'spenst und feuersnoth Behüt uns heut, o treuer GOtt.

5. Und wann vorhanden ist das end, Nimm unsre seel in deine händ, Und mach uns all in ewigkeit Theilhaftig deiner herrlichkeit. N. Hermann.

Mel. Nun ruhen alle wälder.

477. Ich leg mich nun zu bette, Und dieses ist die stätte, O grosser GOtt und held, Dahin du mich selbst

selbst trägest, Und wohl verwahret legest, Nun thu, o HERR, was dir gefällt.

2. Soll, mein GOtt, dieses bette Wohl heute seyn die stätte Und das bestimmte zeit, Da ich soll sanfte liegen, Und schlafen nach vergnügen, So thu, o HErr, was dir gefällt.

3. Soll aber dieses bette, Mein GOtt, auch seyn die stätte, Da krankheit mich befällt, Samt anderm creutz und plagen, So hilf mir alles tragen, Und thu, o HERR, was dir gefällt.

4. Ach, soll dann dieses bette Auch etwan seyn die stätte, Da mir satan, die welt, Auch fleisch und blut nachstellen, So laß sie mich nicht fällen, Und thu, o HErr, was dir gefällt.

5. Soll aber dieses bette, Mein GOtt, heut seyn die stätte, Da sich der tod anmeldt, So laß mich selig scheiden, Nimm mich zu deinen freuden, Und thu, o HERR, was dir gefällt.

6. Ich liege nun zu bette, Und hab an dieser stätte GOtt alles heimgestellt: Dich will ich lassen wachen, Du wirst es nun wohl machen, Und thun, o Herr, was dir gefällt.

Todes-Gedanken eines Kranken beym schlafen gehen.

Mel. Wer nur den lieben GOtt läßt.

478. Ich will mich nach der ruh umsehen, Weil mich die krankheit müd gemacht, Ich will mit JEsu schlafen gehen, Der selbsten bey den kranken wacht. Ich denk dabey an meinen GOtt, Doch auch dabey an meinen tod.

2. Das bett ist gleich dem stillen grabe, Mein bett und grab liegt mir im sinn, Doch wenn ich JEsum bey mir habe, Wenn ich mit ihm vereinigt bin, So schlaf ich aller sorgen los, Und ruhe sanft in seinem schoos.

3. Wenn ich mich deck, denk ich, die erde Wird einsten also decken mich, Wenn ich darein geleget werde; Allein, hab ich o JEsu, dich, So ruh ich wohl in meinem bett, Und auch wohl in der grabesstätt.

4. Ich denk, wenn ich das licht austhue, Weil man des nachts nichts hat zu sehn, So wird auch, wenn ich komm zur ruhe, Mein lebenslicht geschwind ausgehn: Doch JEsus meiner seelen licht Verlösch in meinem herzen nicht.

5. Ich denke, wenn ich mich entkleide, So kleidet man mich einsten aus, Wenn ich von dieser welt abscheide, Und gehe in des grabes haus. Fahrt hin, ihr kleider, fahrt nur hin, Weil ich in GOtt gekleidet bin.

6. Pfleg ich die kammer zu zuschliessen, Und zu verriegeln haus und thür, Damit ich mög der ruh geniessen, Und mich daselbst kein feind berühr: So schließt mein grab zu meiner

ruh

ruh Mein liebster JEsus selbsten zu.

7. Ich werd auch aus dem bett aufstehen, Wann nun die morgenröth anbricht, Ich werde aus dem grabe gehen, Wenn JEsus, meiner seelen licht, Mich auferweckt zur herrlichkeit, Zur freude und zur seligkeit.

8. Dis sind die selige gedanken, Sieh, damit schlaf ich fröhlich ein, Mein herz soll nicht von JEsu wanken, Ich will im schlaf auch bey ihm seyn. O süsser schlaf, o helle nacht! Da JEsus in dem herzen wacht.

Mel. Nun lob mein seel den HErren.

479. In deinem namen schliesse Ich dieses tags mühseligkeit, O Höchster, und begrüsse Dich um den port der sicherheit: In deinem namen gebe Der welt ich gute nacht, Hilf, daß mich nicht erhebe Ihr ausgeschmückter pracht: In deinem namen gehe Ich in mein schlafgemach, Schau ab von deiner höhe, Und wende leid und schmach.

2. In deinem namen danke Ich deiner milden himmelsgunst, Gib, daß mein herz nicht wanke, Entzünd in mir die heilge brunst: In deinem namen klinget Mein mund und saitenspiel, In dem der geist sich schwinget Nach jenem freudenziel: In deinem namen bitte Ich, HErr, vergib die schuld, Sey eindenk deiner güte, Und trag mit mir geduld.

3. In deinem namen schlafe Ich angst= auch sorg= und kummerlos, Wend ab verdiente strafe, Sey um mich, HErr, ein vestes schloß: In deinem namen traue Ich deinem schutz die nacht: Daß mir vor gar nichts graue, Schaff deine starke wacht: In deinem namen hoffen Die sinnen auf dein heil, Ach, halt dein augen offen, Zerbrich des satans pfeil.

4. In deinem namen sinne Ich nach der schönsten ewigkeit, Die ich recht lieb gewinne, Weil hier nur marter, angst und streit; In deinem namen blicke Der tag mich wieder an, Daß ich mein werk beschicke, Wo ich was wirken kan: In deinem namen gehe Mein thun und wünschen aus, Damit ich hier bestehe, Dort einzieh in dein haus.

In bekannter Melodie.

480. Mein augen schließ ich jetzt in GOttes namen zu, Dieweil der müde leib begehret seiner ruh: Weiß aber nicht, ob ich den morgen werd erleben. Es könnte mich vielleicht der tod noch heut umgeben.

2. Drum sag ich dir, o GOtt, von herzen lob und dank, Ich will auch solches thun hinfort mein lebenlang, Weil du mich diesen tag hast wollen so bewahren, Daß mir kein unglück hat können wiederfahren.

3. Du hast des teufels list von mir ganz abgekehrt, Der als ein grimmiger löw zu fressen

mich begehrt, Beschütz auch diese nacht mich, HErr, durch deine waffen, Wenn als ein todes bild der leib wird liegen schlafen.

4. Regiere mein gemüth, und richt es ganz zu dir, Daß keine böse lust durch träume mich berühr: Auch deine engel mit an meiner seite setze, Daß mich der satan nicht mit seiner list verletze.

5. Also, wann morgens ich das tagelicht erblick, Ich mich gar willig dann zu deinem lobe schick. Ihr sorgen, weichet hin; du aber, HErr, verleihe Den gliedern ihre ruh, daß mir der schlaf gedeye.

6. Und so ja diese nacht mein ende käm herbey, So hilf, daß ich in dir, o JESU, wacker sey, Auf daß ich seliglich und sanft von hinnen scheide, Dann führe meine seel hinauf zur himmelsfreude.

Mart. Apelles von Löwenst.

In bekannter Melodie.

481. Nun sich der tag geendet hat, Und keine sonn mehr scheint, Schläft alles, was sich abgematt Und was zuvor geweint.

2. Nur du, mein GOtt, hast keine rast, Du schläfst noch schlummerst nicht, Die finsterniß ist dir verhaßt, Weil du bist selbst das licht.

3. Gedenke, HERR, doch auch an mich In dieser schwarzen nacht: Und schenke mir gnädiglich Den schirm von deiner wacht.

4. Wend ab des satans wüterey Durch deiner engel schaar, So bin ich aller sorgen frey, Und bringt mir nichts gefahr.

5. Zwar fühl ich wohl der sünden schuld, Die mich bey dir klagt an; Ach, aber deines Sohnes huld Hat gnug für mich gethan.

6. Den setz ich dir zum bürgen ein, Wann ich muß vor gericht, Ich kan ja nicht verlohren seyn In solcher zuversicht.

7. Drauf thu ich meine augen zu, Und schlafe frölich ein, Mein GOtt wacht jetzt in meiner ruh, Wer wollte traurig seyn?

8. Weicht, nichtige gedanken, hin, Wo ihr habt euren lauf, Ich baue jetzt in meinem sinn GOtt einen tempel auf.

9. Soll diese nacht die letzte seyn In diesem jammerthal, So führ mich, HErr, in himmel ein Zur auserwählten schaar.

10. Und also leb und sterb ich dir, Du starker Zebaoth, Im tod und leben hilf du mir Aus aller angst und noth.

Samuel Vese.

In bekannter Melodie.

482. Nun ruhen alle wälder, Vieh, menschen, städt und felder, Es schläft die ganze welt: Ihr aber, meine sinnen, Auf, auf, ihr sollt beginnen, Was eurem schöpfer wohl gefällt.

2. Wo bist du, sonne, blieben? Die nacht hat dich vertrieben

trieben, Die nacht, des tages feind; Fahr hin, ein andre sonne, Mein JEsus, meine wonne, Gar hell in meinem herzen scheint.

3. Der tag ist nun vergangen, Die güldnen sterne prangen Am blauen himmelssaal: Also werd ich auch stehen, Wann mich wird heissen gehen Mein GOtt aus diesem jammerthal.

4. Der leib eilt nun zur ruhe, Legt ab das kleid und schuhe, Das bild der sterblichkeit: Die zieh ich aus, dagegen Wird Christus mir anlegen Den rock der ehr und herrlichkeit.

5. Das haupt, die füß und hände Sind froh, Daß nun zum ende Die arbeit kommen sey; Herz, freu dich, du sollt werden Vom elend dieser erden Und von der sünden arbeit frey.

6. Nun geht, ihr matten glieder, Geht hin und legt euch nieder, Der betten ihr begehrt; Es kommen stund und zeiten, Da man euch wird bereiten Zur ruh ein bettlein in der erd.

7. Mein augen stehn verdrossen, Jm huy sind sie geschlossen, Wo bleibt dann leib und seel? Nimm sie zu deinen gnaden, Sey gut für allen schaden, Du aug und wächter Jsrael.

8. Breit aus die flügel beyde, O JEsu, meine freude, Und nimm dein küchlein ein; Will satan mich verschlingen, So laß die englein singen: Dis kind soll unverletzet seyn.

9. Auch euch, ihr meine lieben, Soll heute nicht betrüben Ein unfall, noch gefahr, GOtt laß euch selig schlafen, Stell euch die güldne waffen Ums bett, und seiner engel schaar.

Paul Gerhard.

Mel. Werde munter mein gemüthe.

483. Unsre müde augenlieder Schliessen sich jetzt schläfrig zu, Und des leibes matte glieder Grüssen schon die abendruh, Dann die dunkle finstre nacht Hat des hellen tages pracht Jn der tiefen see verdecket, Und die sternen aufgestecket.

2. Ach, bedenk, eh du gehst schlafen, Du, o meines leibes gast, Ob du den, der dich erschaffen, Heute nicht erzörnet hast? Thu, ach thu bey zeiten buß, Geh, und fall ihm bald zu fuß, Und bitt ihn, daß er aus gnaden Dich der strafe woll entladen.

3. Sprich: HErr, dir ist unverholen, Daß ich diesen tag vollbracht Anders, als du mir befohlen, Dann ich habe nicht betracht Meines amtes ziel und zweck, Habe gleichfalls deinen weg Schändlich, o mein GOtt, verlassen, Bin gefolgt der wollust strassen.

4. Ach, HErr, laß mich gnad erlangen: Gib mir nicht verdienten lohn, Laß mich deine huld umfangen, Sieh an deinen lieben Sohn, Der für mich

genug gethan; Vater, nimm den bürgen an, Dieser hat für mich erduldet, Was mein unart hat verschuldet.

5. Oeffne deiner güte fenster, Sende deine wach herab, Daß die schwarzen nachtgespenster, Daß des todes finstres grab, Daß das übel, so bey nacht Unsern leib zu fällen tracht, Mich nicht mit dem netz umdecke, Noch ein böser traum erschrecke.

6. Laß mich, HErr, von dir nicht wanken, In dir schlaf ich sanft und wohl, Gib mir heilige gedanken; Und bin ich gleich schlafes voll, So laß doch den geist in mir Zu dir wachen für und für, Bis die morgenröth angehet, Und man von dem bett aufstehet.

7. Vater, droben in der höhe, Dessen nam uns theur und werth, Dein reich komm, dein will geschehe, Unser brod werd uns beschehrt, Und vergib uns unsre schuld, Schenk uns deine gnad und huld; Laß uns nicht versuchung tödten, Hilf uns, HErr, aus allen nöthen.

Johann Frank.

M. HErr JEsu Christ, meins rc.

484. Weil aber ich um einen tag Mein leben kürzer nehmen mag, Mein geist in mir sich herzlich freut, Daß er so nah der ewigkeit:

2. Der ewigkeit, in deren lieb Ich mich allein zufrieden gib, Weil meines GOttes gnadenhuld Mir nachlässt aller sünden schuld:

3. Der sünden schuld, von deren wuth Wird mich frey machen JEsus blut, Auf welches ich im glauben bau, Den werken aber nicht vertrau.

4. Den schlaf dem tod ich ähnlich acht, Den tod ich als den schlaf betracht; Ich sterb, als ob ich schlafen wollt, Ich schlaf, als ob ich sterben sollt.

5. In GOttes namen such ich ruh, In GOtt schließ ich mein augen zu, In GOtt sie wieder öffnen sich, In GOtt sie ruhen ewiglich.

6. Was mag doch immer süsser seyn, Als ganz in GOtt sich senken ein? GOtt, GOtt, ja GOtt ist alles mir, Ihn lieb, ihn lob ich für und für.

In bekannter Melodie.

485. Werde munter, mein gemüthe, Und, ihr sinnen, geht herfür, Daß ihr preiset GOttes güte, Die er hat gethan an mir, Daß er mich den ganzen tag Vor so mancher schweren plag Hat erhalten und beschützet, Daß mich satan nicht beschmitzet.

2. Lob und dank sey dir gesungen, Vater der barmherzigkeit, Daß mir ist mein werk gelungen, Daß du mich vor allem leid, Und vor sünden mancher art So getreulich hast bewahrt, Auch die feind hinweggetrieben, Daß ich unbeschädigt blieben.

3. Keine klugheit kan ausrechnen Deine güt und wunderthat, Ja, kein redner kan aus-

aussprechen, Was dein hand erwiesen hat: Deiner wohlthat ist zu viel, Sie hat weder maas noch ziel: Ja, du hast mich so geführet, Daß kein unfall mich berühret.

4. Dieser tag ist nun vergangen, Die betrübte nacht bricht an, Es ist hin der sonnen prangen, So uns all erfreuen kan; Stehe mir, o Vater, bey, Daß dein glanz stets vor mir sey, Und mein kaltes herz erhitze, Wann ich gleich im finstern sitze.

5. HErr, verzeihe mir aus gnaden Alle sünd und missethat, Die mein armes herz beladen, Und so gar vergiftet hat, Daß auch satan durch sein spiel Mich zur höllen stürzen will, Da kanst du allein erretten, Strafe nicht mein übertreten.

6. Bin ich gleich von dir gewichen, Stell ich mich doch wieder ein, Hat uns doch dein Sohn verglichen, Durch sein angst und todespein; Ich verläugne nicht die schuld, Aber deine gnad und huld Ist viel grösser, als die sünde, Die ich stets in mir befinde.

7. O du licht der frommen seelen, O du glanz der ewigkeit, Dir will ich mich ganz befehlen Diese nacht und allezeit, Bleibe doch, mein GOtt, bey mir, Weil es nunmehr dunkel schier: Da ich mich so sehr betrübe, Tröste mich mit deiner liebe.

8. Schütze mich vors teufels netzen, Vor der macht der finsternis, Die mir manche nacht zusetzen, Und erzeigen viel verdrus; Laß mich dich, o wahres licht, Nimmermehr verlieren nicht: Wann ich dich nur hab im herzen, Fühl ich nicht der seelen schmerzen.

9. Wann mein augen schon sich schliessen, Und ermüdet schlafen ein, Muß mein herz dennoch geflissen, Und auf dich gerichtet seyn: Meiner seele mit begier, Träume stets, o GOtt, von dir, Daß ich fest an dir bekleibe, Und auch schlafend dein verbleibe.

10. Laß mich diese nacht empfinden Eine sanft und süsse ruh, Alles übel laß verschwinden, Decke mich mit segen zu: Leib und seele, muth und blut, Weib und kinder, (Auch mein zeitlich) hab und gut, Freunde, feind und hausgenossen, Seynd in deinen schutz geschlossen.

11. Ach bewahre mich vor schrecken, Schütze mich vor überfall, Laß mich krankheit nicht aufwecken, Treibe weg des krieges schall; Wende feur und wassersnoth, Pestilenz und schnellen tod, Laß mich nicht in sünden sterben, Noch an leib und seel verderben.

12. O du grosser GOtt, erhöre, Was dein kind gebeten hat, JEsu, den ich stets verehre, Bleibe ja mein schutz und rath: Und mein hort, du wer-

ther Geist, Der du freund und tröster heißst, Höre doch mein sehnlichs flehen, Amen, ja, es soll geschehen. Joh. Rist.

5) Sonntags- und Wochen-Lieder.

Mel. GOtt des himmels und der ꝛc.

486. Abermal ein schritt zum grabe, Eine stund ist wieder hin, Die ich überlebet habe, Daß ich älter worden bin. Mein GOtt, alle meine zeit Eilt mit mir zur ewigkeit.

2. Hab ich die vergangne stunde Etwas gutes noch vollbracht, Dank ich dir von herzensgrunde, Du hast alles wohl gemacht; Stehe mir auch ferner bey, Daß ich stündlich frömmer sey.

3. Hab ich aber was begangen Zur verschwendung solcher zeit, Ach, so laß mich gnad erlangen, Es ist mir von herzen leid, Gib mir deines Geistes kraft, Daß er besserung verschaft.

4. Laß mich immer fertig stehen, Weil ich keine stunde weiß, Wann ich aus der zeit soll gehen, Daß ich mich der welt entreiß, Und der letzte-glokenschlag Mich in JEsu finden mag. Benj. Schmolk.

Mel. Werde munter mein gemüthe.

487. GOtt, heut endet sich die wochen, Und es ist ihr letzter tag Diesen morgen angebrochen, Vor dir ich mich selbst verklag: In mir mein gewissen mich, Höchster richter, stellt vor dich; Meine schulden samt den alten Mit mir wollen rechnung halten.

2. Sonne, die ich seh abgehen, Du hast meiner sünden viel Diese woche angesehen: Die ich schwerlich zählen will: Und, was saget GOTT darzu, Der gesehen mehr, als du? Dessen aug in die gedanken Schauet durch des leibes schranken.

3. In dem anfang dieser wochen Hab ich dir, als lehenmann, Tausend dienste, GOtt, versprochen, Ach, wie wenig ist gethan: Mit mir bösen knecht geh nicht, HErr des himmels, ins gericht: Ob ich bin von dir gewichen, Hat uns doch dein Sohn verglichen.

4. Hab ich mich an dir vergangen, Wie ein blindes schäfelein, Laß mich darum nicht gefangen Eine beut der wölfe seyn, JEsus, unser seelenhirt: Mich zur heerde holen wird, Leg in deinen schoos mich nieder, Wann er dir mich bringet wieder.

5. Ich trat in den sündenorden, Ich bin diese woche dir Tausend schulden schuldig worden, Wann du rechnen willst mit mir; Soll ich dein register sehn Laß nur JEsum bey mir stehn, Seine theure blut-gold-

gulden Zahlen meine rothe schulden.

6. Du allgeber, deine gabe, Die du hast gelegt in mich, Die mir anvertraute habe Braucht ich, leider, wider dich: Ach, ich hielte übel haus, Stoß mich darum nicht hinaus, Wollst in gnaden, nicht nach rechte, Rechnen ab mit deinem knechte.

7. Richter, laß dich Vater nennen, Wollst mir heissen, der du bist, Du wirst ja dein kind noch kennen, Ob es ungehorsam ist: Dein Sohn macht uns alle gut, Der nach deinem willen thut, GOTT, sey gnädig JESU brüdern, Trenn das haupt nicht von den gliedern.

8. Deine pflanze du mich nennest: Aber wo ist meine frucht, Mein verdorrtes thun du kennest, Laß mich drum nicht seyn verflucht, JESUS macht mich wieder grün, Dessen zweig ich worden bin; Hilft mir GOtt, ich will, als reben, Stets an diesem weinstock kleben.

9. JESU, arzt geängster geister, Hier ist eine kranke seel, Hilf mir, JESU, guter meister, Dir ich meine noth befehl, Und wann du mich recht besiehst, Mein herz todt in sünden ist; Wollst ihr darum, o mein licht, Einen scheidbrief senden nicht, Du hast sie mit blut erworben, Ach, laß sie nicht seyn verdorben.

11. Schreibe mich zu deinen lieben Diesen tag mit deinem blut, Diesen letzten von den sieben Laß die sechse machen gut: Mein gewissen heut befried, Ich mag alte schulden nit In die neue woche bringen; JEsu, ach, erhör mein singen.

12. Ich will meiner seelen schmerzen Dir zutragen in dein haus, Laß mich mit getröstem herzen, JEsu, wieder gehn heraus; Wann dein diener ledig zählt Seelen, die die sünde quält, Laß mich auch seyn losgesprochen Von den schulden dieser wochen.

13. Nach sechs deinen schöpfungstagen Hast du diesen tag geruht, Ich muß auch nach ruhe fragen, Weil die sünd mir bange thut, Und ich zog mich müd genug Diese woch am lebenspflug: Laß mich heut in meinen sachen Frölich feyerabend machen.

14. Dortmals riefest du auf erden: Ihr beladnen kommt zu mir, Kommt, ihr sollt entbürdet werden; JEsu, ach, ich komm zu dir. Mose tafeln drücken mich,

werd erfunden, Dir zu dienen schön und rein; Laß den besem wahrer bus Kehren aus den mist und rus, Daß du mich mögst morgen ehren, In mein herze einzukehren.

Siegmund von Birken.

Mel. Wer nur den lieben GOtt.

488. GOtt lob, die woche ist verflossen, Und sieben tage gehn zu end, Darinn ich deine güt genossen, Die du mir reichlich zugewendt; Drum mach ich nun vergnügt den schluß Mit dir, du gnaden-überfluß.

2. Es hat am Sonntag mir geschienen Die weisheits-sonn in deinem wort, Die mußte mir zur leuchte dienen, Zu reisen hin zur himmelspfort; Laß dieser sonnen wärm und schein Zum seelenwachsthum fördernd seyn.

3. Der Montag konnt am mond mir stellen Den wechsel des geschickes für, Das bald ist finster, bald von hellen, Bald wenig hell und dunkel hier; Ach laß im christenthum mich rein, Und niemal unbeständig seyn.

4. Am Dienstag hast du mir gedienet Mit deiner gnad und reichen güt, Die mir zu meinem wohl gegrünet, Ob gleich mein dienst dir schlecht geblüht; Gib, daß ein jeder tag mir sey Ein dienstag, dir zu dienen treu.

5. Am Mittwoch, mitten in der wochen, Warst du auch mitten unter uns, Mit segen, der uns angebrochen, Auch in der mitte unsers thuns; Laß mich hier gehen mitten ein, Wo fromme dort, wo seige seyn.

6. Du liessst am Donnerstag nicht rollen Als einen donner deinen zorn, Der mich hätt billig treffen sollen, Als sünder, daß ich würd verlohrn; Laß mich statt dessen jedes orts Recht rührn den donner deines worts.

7. Am Freytag hast du mich befreyet Von allerley gefahr und noth, Dein Sohn sey drum gebenedeyet, Der mich befreyt von sünd und tod, Gib, daß ich in der freyheit leb, Mich nie in sündenknechtschaft geb.

8. Nun der Sonnabend ist gekommen, Der mir ein feyerabend ist, So rühm ich nun mit allen frommen, Wie du so gut gewesen bist; Geht unter meine lebenssonn, So laß mir aufgehn ewge wonn.

9. Dis denk und bitt ich nun zum schlusse Mit dank, da diese woche hin, Und flehe dir in wahrer busse, Vergib, was ich gesündigt drinn, Gib in der neuen woche mir Ein neu herz, das ergeben dir.

10. Laß deine sonn mir ferner scheinen, Laß mich nicht ändern, wie der mond, Laß mich dir dienen mit den meinen Stets mitten, wo dein name wohnt; Mach von dem unglücks-donner mich Frey am feyrabend ewiglich.

Benj. Schmolk.

Mel.

Mel. Erschienen ist der herrlich tag.

489. Heut ist des HErren ruhe-tag, Vergesset aller sorg und plag, Treibt eure wochenarbeit nicht, Kommt vor des Höchsten angesicht, Alleluja.

2. Trett her, und fallt auf eure knie Vor GOttes majestät allhie, Es ist sein heiligthum und haus, Wer sünde thut, gehört hinaus, Alleluja.

3. Ganz unerträglich ist sein grimm, Doch hört er gern der armen stimm, Deswegen lobt ihn allesamt, Das ist der christen rechtes amt, Alleluja.

4. Rühmt unsers GOttes meisterthat; Da er aus nichts erschaffen hat Den himmel und die ganze welt, Und was dieselbe in sich hält, Alleluja.

5. Und als er sie genug geziert: Hat er den menschen drauf formirt, Und ihn nach seinem ebenbild Mit weisheit und verstand erfüllt, Alleluja.

6. Erkennt mit dankbarem gemüth, Wie er allein durch seine güt Uns täglich schützet und ernährt, Und manches unglück von uns kehrt, Alleluja.

7. Denkt ferner, daß geschehen ist Die auferstehung JEsu Christ, Dadurch die wahre freudigkeit In aller noth uns ist bereit, Alleluja.

8. Der von den jüden war veracht, Mit mördern schändlich umgebracht, Daß seine lehr hätt kurzen lauf, Und mit ihm müßte hören auf, Alleluja.

9. Der ist erstanden hell und klar, Und hat erfreut sein kleine schaar, Die bis ans ende ihn geliebt, Und seinethalben war betrübt, Alleluja.

10. Leibhaftig er sich ihnen wies, Sich sehen, hör'n und fühlen lies; Damit versichert wär ihr sinn, Des todes macht sey nun dahin, Alleluja.

11. Drum wollen wir begehn mit fleiß Den tag nach recht christlicher weis: Wir wollen aufthun unsern mund, Und sagen das von herzensgrund, Alleluja.

12. O GOtt, der du den erdenkreis Erschaffen hast zu deinem preis, Uns auch bewahrt so manches jahr In vieler trübsal und gefahr, Alleluja.

13. Hilf, daß wir alle deine werk, Voll weisheit, güte, macht und stärk, Erkennen, und je mehr und mehr Ausbreiten deines namens ehr, Alleluja.

14. O liebster Heiland, JEsu Christ, Der du vom tod erstanden bist, Richt unsre herzen auf zu dir, Daß sich der sündenschlaf verlier, Alleluja.

15. Gib deiner auferstehung kraft, Daß dieser trost ja bey uns haft, Und wir uns drauf verlassen fest, Wann uns nun alle welt verlässt, Alleluja.

16. O heilger Geist, laß uns dein wort So hören heut und immerfort, Daß sich in uns durch deine lehr Glaub', lieb und hoffnung reichlich mehr, Alleluja.

17. Erleuchte uns, du wahres licht, Entzeuch uns deine gnade nicht: All unser thun auch so regier, Daß wir GOtt preisen für und für, Alleluja.

D. Nicol. Selneccer.

Mel. Meinen JEsum laß ich nicht.

490. O du angenehmer tag, Laß doch deine sonne blicken, Was zuvor im finstern lag, Das wird nun dein licht erquicken. Denn mein JEsus ist allein Dein ganz heller sonnenschein.

2. O du grosser Herrentag, Den GOtt selbst gebenedeyet, Was mein herz und mund vermag, Sey zu deinem dienst geweihet. Ich will gar nicht heute mein, Will nur meines GOttes seyn.

3. Ey du schöner wundertag, Komm eröffne deine schätze, Daß mein geistlicher geschmack Sich an sonsten nichts ergetze, Als nur an dem gnadenthau Auf des HErren grüner au.

4. Allerliebster hochzeittag, Der mir JEsum hat erwählet, Nun versiegle den vertrag, Der mich mit ihm fest vermählet, Sein wort sey das unterpfand, Und das meine herz und hand.

5. O du stiller ruhetag, Ach, bestelle meine sinnen, Daß ich ja den HErren mag In dem worte lieb gewinnen, Und daß seines Geistes kraft In mir viele früchte schaft.

6. Herzensliebster freudentag, Ich will heut dein lob vermehren, Und kein sündliches gelag Soll mir deine lust verstöhren. Alles das sey ganz verflucht, Was dich zu beschimpfen sucht.

7. Allererster wochentag, Gib mir auch den ersten segen, Daß ich also beten mag, Aller andern tage wegen, Damit keiner geh vorbey, Der nicht recht gesegnet sey.

8. Meines HErren ostertag, An dir will ich auferstehen, Was im sündengrabe lag, Soll man schön verkläret sehen. JEsu, neues lebens lauf, Wecke mich so kräftig auf.

9. Heiliger gedächtnistag, Du wirst mich also erwecken, Auf daß mich kein donnerschlag In dem tode darf erschrecken, Und daß einst der jüngste tag Auch mein sabbath heissen mag.

Benjamin Schmolk.

Mel. HErr JEsu Christ, meins leb.

491. O welch ein theures gut, die zeit, Die sich senkt in die ewigkeit, O weh, wer solches gut verschwendt, Und übel seine zeit anwendt.

2. Man denk, daß jeder augenblick Dahin zwar geh und bleib zurück; Doch muß man einst vor GOttes thron Genaue rechnung thun davon.

3. Genaue rechnung, wie man sie Hab zugebracht im leben hie; Ob jede stunde und minut Verbracht sey übel oder gut.

4. Zu dem oft plötzlich und geschwind Die letzte stunde sich einfindt, Die einen ruckt hin

aus

aus der welt, Und vor den strengen richter stellt.

5. Weh, wann sie einen findt beym spiel, Wann aus, beym schmaus, das lebensziel, Wen sie im zorn, geitz, scherz wegraft, Und wann man sonst was fleischlichs schaft.

6. Ach, HErr, der du das leben gibst, Und einen heilgen wandel liebst, Gib, daß ich meine lebenszeit Zubring in wahrer heiligkeit.

7. Gib, daß ich jeden augenblick Mich dir getreu zu dienen schick, Daß alle meine äderlein Gericht zu deinem dienste seyn.

8. Daß kein moment in sünd mich seh: Ich nie auf üblen wegen geh: Daß ich nicht den verderb der zeit Bejammern darf in ewigkeit.

9. Laß alle tröpflein meines bluts Seyn voll des dir ergebnen muths, Die nur bezielen deine ehr, Und wie des nächsten heil ich mehr.

10. Daß jeden und den letzten tag Ich wohl zubring und schliessen mag, Und wann verflossen meine zeit, Geh in die selge ewigkeit. Christ. Hirsch.

Mel. HErr JEsu Christ, du höchst.

492. So fängt sich heute Sonntags an, HERR, wieder eine woche, Mein werk sey drinn in dir gethan, Auch unter deinem joche: Gib, daß ich drinnen alle tag Dem, dem du feind bist, gar absag, Und mich dir ganz ergebe.

2. Geh, sonne der gerechtigkeit, Heut auf in meiner seelen, Treib finsternis der sünden weit, Laß mich dein licht erwählen, Daß ich, wie eine sonnenblum, Mich als ein kostbars eigenthum, Nach dir beständig richte.

3. Laß mich das monden gleiche glück Am Montag wohl bedenken, Daß sich mein herz darein nicht drück, Noch den verlust laß kränken, Vielmehr mach mir den unbestand Des zeitlichen recht wohl bekannt, Das ewige zu suchen.

4. Laß mich am Dienstag dienen dir In ungefälschter treue, Und alles machen nach begier, So, daß es wohl gedeye. Dann du bists ja, mein HErr und GOtt, Der seinen dienern hilft aus noth, Und gnädig sie belohnet.

5. Tritt Mittwochs, JEsu, mitten ein Zu uns mit gnad und segen, Laß uns in dir beysammen seyn, Dich suchen allerwegen: Sey bey uns mitten in der noth, Und reiß uns endlich auch dem tod Gar mitten aus dem rachen.

6. Gib deinem donner starke kraft Am Donnerstag im worte, Der in der seel viel früchte schaft, Und treibt zur himmelspforte: Laß der gerichte donnerschläg Die furcht des HErren machen reg, Daß wir uns vor dir scheuen.

7. Mach uns am Freytag geistlich frey Von unsern sündenbanden, Und so von satans

tyranney, Von strafen, fluch und schanden: Gib, daß wir, in der seel erneut, Als die der Sohn hat recht befreyt, Zum dank stets heilig leben.

8. Laß am Sonnabend untergehn Ja nicht die sonn der gnaden, Uns feyern nicht, noch stille stehn Im christenthum mit schaden; Hört wieder eine woche auf, So laß der andern ihren lauf Auch wieder wohl anfangen.

9. So sey im anfang, mittel, end Die woch von dir gesegnet, Laß drinn die werke unsrer händ Mit gnaden seyn beregnet, Bis endlich unsre lebenstäg Sich enden, Und dann kommen mög Die zeit ohn täg und wochen.

Benjamin Schmolk.

6) Witterungs = Lieder.

Bey heftigen Sturmwinden.

Mel. Nun laßt uns GOtt, dem rc.

493. Ach GOtt, du hast erschaffen Den sturmwind, uns zu strafen, Drum er mit grossem toben Sich jetzt auch hat erhoben.

2. Zwar müssen unsre sünden Verdienten lohn empfinden; Doch fallen wir mit busse, O richter, dir zu fusse.

3. Wir sind wol grosse sünder, Allein auch deine kinder, Um die, sie zu verbitten, Dein Sohn den tod gelitten.

4. Drum, HErr, aus lauter gnaden Verhüt jetzt allen schaden, Der von dem starken winde Gar leicht entstehen könnte.

5. An unserm leib und leben, Und was du sonst gegeben, An vieh und an gebäuden Laß uns nicht schaden leiden.

6. Laß doch den sturm sich stillen, Der ja nach deinem willen, Sich plötzlich muß erregen, Auch balde wieder legen.

7. Nun, HErr, bis unser flehen Wird dir zu herzen gehen: Wir wollen deinen namen Dafür hoch preisen, Amen.

Um gedeyliche Witterung.

Mel. HErr JEsu Christ, du höchstes.

494. Ach, HErre, du gerechter GOTT, Wir habens wohl verdienet, Mit unsrer sünd und missethat, Daß unser feld nicht grünet, Daß menschen und vieh traurig seyn; Wann du zuschleußt den himmel dein, So müssen sie verschmachten.

2. HErr, unsre sünd bekennen wir, Die wollst du uns verzeihen, All unsre hoffnung steht zu dir, Trost, hülf thu uns verleihen: Gib uns regen und segen dein, (Gib uns klarheit und sonnenschein,) Um deines namens will'n allein, HErr, unser GOtt und tröster.

3. Gedenke, HErr, an deinen bund, Um deines namens willen Bitten wir dich aus herzensgrund,

grund, Und unsre noth thu stillen Vom himmel mit dem regen dein, (Vom himmel mit dem sonnenschein) Dann dein der himmel ist allein, Ohn dich kan es nicht regnen, (Ohn dich die sonn nicht scheinet.)

4. Ein götze der vermag es nicht, Daß er sollt regen (klarheit) geben. Den himmel hast du zugericht, Darinnen du thust schweben; Allmächtig ist der name dein, Sonst kanst du alles thun allein, HErr, unser GOtt und tröster.

5. Wir wollen hinfort allezeit Uns dir, o GOtt, ergeben, Durch deines Geistes gnad bereit Nach deinem willen leben; Wir woll'n dir freudenopfer thun, Dein'm namen sagen ehr und ruhm, Durch JEsum Christum, amen. Nic. Hermann.

Bey starkem Donnerwetter.

Mel. Wo GOtt der HErr nicht bey.

495. Ach, lieber HErr, du grosser GOTT, Den alle welt muß ehren, Auf dessen winken und gebot Der donner sich läßt hören; Es treibet sich der schnelle blitz Jetzt weit von deinem hohen sitz, Dein regen trieft hernieder.

2. Wir hören wolken, donner, feur, Darzu den wind dort oben, Mit grossem brüllen, ungeheur, Und harten schlägen toben, Die felsen beben selbst mit macht, Der hohen berge grund erkracht, Die starken winde wüten.

3. Des himmels säulen zittern sehr, O GOtt, vor deinem schelten, Wir arme sünder noch vielmehr, Denn deine macht muß gelten Sehr hoch in unserm schwachen sinn, Ach, HErr, wo soll ich fliehen hin, Wo du mit uns willst zörnen?

4. Wirst du nach unsrer missethat Die straf ergehen lassen, So können wir nicht trost noch rath Vor grosser trübsal fassen: Denn alles fleisch ist wider dich, Von dir gewichen freventlich, Kein mensch kan hier bestehen.

5. Ach, aber, HErr, erbarme dich: Du bist ja gros von gnade, Wend ab das wetter gnädiglich, Daß uns der blitz nicht schade. Du frommes herz, du lebensherr, Du glücks- und heilsbeförderer, Ach, hör, ach hilf geschwinde.

6. Kein unglück laß uns treffen doch, HErr, hilf nach deiner güte, Wir deine kinder sind ja noch Von furchtsamen gemüthe; Thu nicht nach deinem zorn und grimm, Hab acht auf unsre jammerstimm, Hilf uns in diesen nöthen.

7. Bewahre menschen, vieh und kraut, Darzu die frücht in feldern, Und was zur wohnung ist erbaut, Schon auch der bäum in wäldern: Hilf, daß ja nicht von oben her Ein donnerschlag uns schnell verzehr, Und jämmerlich verderbe.

8. Laß deine donner, wind und blitz, O lieber GOtt, aufhören, Daß weder knall, noch

schlag, noch hitz Uns treffen und versehren. Gib, daß ein schöner sonnenschein Nach dem gewitter möge seyn; So wollen wir dich preisen.

Nach geendigtem Wetter.

Mel. Wann wir in höchsten rc.

496. Allmächtiger und starker GOtt, Du hocherhabner Zebaoth, Jetzt haben wir gehöret an Mit zittern, was dein allmacht kan.

2. Wir loben, preisen, fürchten dich, Die wir gleich jetzt so grausamlich Erschrocken, deine macht gesehn, Vor welcher niemand kan bestehn.

3. O grosser GOtt, wir danken dir, Daß wir, vor furcht erstarret schier, Geprüfet doch zu dieser frist, Daß du noch unser Vater bist.

4. Du hast erhöret in der noth Dein volk, das schier vor schrecken todt, Und uns in dieser schweren zeit Erwiesen viel barmherzigkeit.

5. Ach, HErr, wenn trübsal kommt herbey, Und du vernimmst ein angstgeschrey, Wann wir vom zagen werden bleich; So bist du ja von liebe reich.

6. Du gibst auf alles fleißig acht, Hast diese stund an uns gedacht, Als an den Noah in der fluth, Dem du gefristet leib und gut.

7. Du hast uns, HErr, in dieser noth Bewahrt vor einem schnellen tod, Gleichwie du dort der jünger schaar Erhieltest in des meers gefahr.

8. Es hat uns weder feur noch hitz, Noch donner, noch ein starker blitz, Noch auch der hagel in der bahn Des ungewitters leids gethan.

9. Was du verheissen vor der zeit, Daß uns der flammen grausamkeit Im wenigsten nicht schaden soll, Ist nun erfüllet recht und wohl.

10. Du hast verhütet feur und brand, Darzu mit deiner gnadenhand Gehalten mich auf mein begehr, Wie dort sanct Petrum in dem meer.

11. Dein hand und schatten hat bedeckt Uns, die wir waren sehr erschreckt: Du hast beschirmet unsern leib, Auch haus und hof, gut, kind und weib.

12. Dem satan hieltest du zum trutz, O grosser GOtt, uns starken schutz, Ja, stundest bey uns in gefahr, Bis daß dein zorn vorüber war.

13. Du hast dein freundlich angesicht In dieser noth verborgen nicht: Du hast erwiesen in der that, Daß deine treu kein ende hat.

14. Für solche wohlthat danken wir Aus reinem herzen billig dir, Ja, geben dir mit höchstem fleiß In dieser stunde lob und preis.

15. Und obs gleich wenig nutzen kan, So nimm doch unser opfer an, Das auf dem altar, JEsu Christ, Im glauben dir gewidmet ist.

16. Verleih uns gnad, o du

mein licht, Daß wir nimmer vergessen nicht Der wohlthat, die dein hülf und hand Auf uns, dein armes volk, gewandt.

17. Hilf, daß es uns zur busse treib, Und frömmigkeit nicht aussen bleib, Auf daß, wann plötzlich bricht herein Dein tag, wir ja nicht sicher seyn.

18. O süsser JEsu, mach uns fromm: O du mein süsser Heiland komm, Ich wart auf dich mit höchstem fleiß, Und opfre dir lob, ehr und preis.

Gottseliger Herzens-Sommer.

Mel. Kommt her zu mir, spricht rc.

497. Geh aus, mein herz, und suche freud In dieser lieben sommerszeit, An deines GOttes gaben: Schau an der schönen gärten zier, Und siehe, wie sie mir und dir Sich ausgeschmücket haben.

2. Die bäume stehen voller laub, Das erdreich decket seinen staub Mit einem grünen kleide: Narcissen und die tulipan, Die ziehen sich viel schöner an, Als Salomonis seide.

3. Die lerche schwingt sich in die luft, Das täublein fleugt aus seiner kluft, Und macht sich in die wälder: Die hochbegabte nachtigall Ergetzt und füllt mit ihrem schall Berg, hügel, thal und felder.

4. Die glucke führt ihr völklein aus, Der storch baut und bewohnt sein haus, Das schwälblein speißt die jungen, Der schnelle hirsch, das leichte reh Ist froh, und kömmt aus seiner höh Ins tiefe gras gesprungen.

5. Die bächlein rauschen in dem sand, Und mahlen sich an ihrem rand Mit schattenreichen myrthen, Die wiesen liegen hart dabey, Und klingen ganz von lustgeschrey Der schaaf und ihrer hirten.

6. Die unverdroßne bienenschaar, Fleugt hin und her, sucht hier und dar Ihr edle honigspeise: Des süssen weinstocks starker saft Bringt täglich neue stärk und kraft In seinem schwachen reise.

7. Der weizen wächset mit gewalt, Darüber jauchzet jung und alt, Und rühmt die grosse güte, Des, der so überflüßig labt, Und mit so manchem gut begabt Das menschliche gemüthe.

8. Ich selbsten kan und mag nicht ruhn, Des grossen GOttes grosses thun Erweckt mir alle sinnen: Ich singe mit, wenn alles singt, Und lasse, was dem Höchsten klingt, Aus meinem herzen rinnen.

9. Ach, denk ich, bist du hie so schön, Und lässist du uns so lieblich gehn Auf dieser armen erden, Was will doch wol nach dieser welt Dort in dem vesten himmels-zelt Und güldnem schlosse werden.

10. Welch hohe lust, welch heller schein Wird wol in Christi garten seyn, Wie muß

es da wohl klingen, Da so viel tausend Seraphim Mit unverdroßnem mund und stimm Ihr halleluja singen.

11. O wär ich da, o stünd ich schon, Ach, süsser GOtt, für deinem thron, Und trüge meine palmen, So wollt ich, nach der engel weis, Erhöhen deines namens preis Mit tausend schönen psalmen.

12. Doch gleichwol will ich, weil ich noch Hie trage dieses leibes-joch, Auch nicht gar stille schweigen, Mein herze soll sich fort und fort, An diesem und an allem ort, Zu deinem lobe neigen.

13. Hilf mir und segne meinen geist Mit segen, der vom himmel fleußt, Daß ich dir stetig blühe; Gib, daß der sommer deiner gnad In meiner seelen früh und spat Viel glaubensfrücht erziehe.

14. Mach in mir deinem Geiste raum, Daß ich dir werd ein guter baum, Und laß mich wohl bekleiben, Verleihe, daß zu deinem ruhm Ich deines gartens schöne blum Und pflanze möge bleiben.

15. Erwähle mich zum paradeis, Und laß mich bis zur letzten reis An leib und seele grünen, So will ich dir und deiner ehr Allein, und sonsten keinem mehr, Hier und dort ewig dienen. P.G.

In grosser Nässe.

Mel. Es ist gewißlich an der zeit.

498. GOTT, alles steht in deiner hand, Was ist und wächst auf erden, Und wem dus wirklich zugewandt, Dem kans wieder entwerden: Wozu du, HErr, nicht gibst dein gunst, Da ist all unsre müh umsonst, Vergebens und verlohren.

2. Das leget jetzund an den tag Die nässe, so vorhanden, Sie machet klagen über klag, Weil gar viel geht zu schanden. Der regen gar nimmt überhand, Und feuchtet gar zu viel das land, Versäuft fast allen segen.

3. Das macht die sünd und missethat, Die wir so oft begangen, So deinen zorn entzündet hat. Was sollen wir anfangen? Lasst uns beweinen unsre sünd, Die über uns GOtts zorn entzündt, Und wieder gnade suchen.

4. Beweinen wir die sünden recht Mit wahrer buß und reue, So lässt GOtt gnade gehn vor recht, Und wird uns auf das neue Bald wiederum genädig seyn, Erfreuen uns mit sonnenschein, Und wieder lassen sammlen.

5. Ach ja, HErr, hör doch unsre bitt, Und laß uns gnade finden, Vergib all unsre sündentritt, Laß nicht den segen schwinden, Gib, daß mit gutem sonnenschein Wir wieder können führen ein, Was zeitig ist im felde.

6. So wollen wir dich hie und dort Mit allen kräften preisen, Und rühmen, wie du

fort und fort Uns arme thuest speisen, Wir wollen danken in der that, Und rühmen deine grosse gnad, Ach, HErr, erbarm dich unser.

Um fruchtbares Wetter.

Mel. Wann wir in höchsten nöthen.

499. GOtt Vater, der du deine sonn Lässst scheinen über bös und fromm, Und der ganzen welt damit leuchtst, Mit reg'n und thau die erd befeuchtst:

2. Die berg machst du von oben naß, Und läßst drauf wachsen laub und gras: In gäng und fels'n gut erz du legst, Fried, schutz und recht du selber hegst.

3. Du gibst auch reichlich brod und wein, Daß unser herz kan frölich seyn: Du deckst auch unsre sünde zu, Dein wort bringt uns trost, fried und ruh.

4. So bitt'n wir nun dein gnad und güt, Im wort und fried uns stets behüt: Die frücht der erden uns bewahr, Und gib uns heur ein reiches jahr.

5. Ein fruchtbar wetter uns beschehr, Dem hag'l und ungewitter wehr: Schnee, regen, wind und sonnenschein Allzeit dein'm wort gehorsam seyn.

6. Heuschreck'n und raupen sind dein ruth, Und alls, was schad'n an früchten thut, Solch ungezieser, HErr, vertreib, Daß dein gab unbeschädigt bleib.

7. Denk, daß wir arme würmelein Dein g'schöpf, erbgut und kinder seyn, Und warten auf dein milde hand, Uns aus dein'm wort und werk bekannt.

Um Sonnenschein.

8. Die liebe sonn uns scheinen laß, Heiß wachsen erz, brod, kraut und gras, Daß leut und vieh ihr nahrung hab, Und dich kennen aus deiner gab.

Um Regen.

9. Durch Christ, dein'n Sohn, hör unser bitt, Theil uns ein'n gnädgen regen mit, Und krön das jahr aus deiner hand, Mit dein'n fußstapfen düng das land.

10. Den HErrn von Zion man dich nennt, In aller welt dein güt man kennt, Hörst unsre bitt und hilfst allein, Gib gnad, daß wir dir dankbar seyn.

Nic. Hermann.

Um Sonnenschein.

Mel. HErr JEsu Christ, du rc.

500. O GOTT, der du das firmament Mit wolken thust bedecken, Der du ingleichem kanst behend Das sonnenlicht erwecken, Halt doch mit vielem regen ein, Und gib uns wieder sonnenschein, Daß unser land sich freue.

2. Die felder trauren weit und breit, Die früchten (weinstöck) leiden schaden, Weil sie von vieler feuchtigkeit Und nässe seynd beladen: Dein segen, HErr, den du gezeigt Uns armen, sich zu boden neigt, Und will fast gar verschwinden.

3. Das machet unsere misse-

that Und ganz verkehrtes leben, So deinen zorn entzündet hat, Daß wir in nöthen schweben: Wir müssen zeigen unsre schuld: Weil wir die busse nicht gewollt, So muß der himmel weinen.

4. Doch denke wieder an die treu, Die du uns hast versprochen, Und wohne uns in nöthen bey, Die wir dich kindlich suchen; Wie hält so hart sich dieser zeit Dein herz und sanfte freundlichkeit? Du bist ja unser Vater.

5. Gib uns von deines himmels saal Dein klares licht und sonne, Und laß uns wieder überall Empfinden freud und wonne, Daß alle welt erkenne frey, Daß ausser dir kein segen sey Im himmel und auf erden.

Barthol. Ringwald.

Um fruchtbares Wetter.

In voriger Melodie.

501. O HErr GOtt, der du deiner schaar Hast zugesagt auf erden, Daß sie von dir soll immerdar Im kreutz getröstet werden, Dazu auch das tägliche brod, Samt rettung aus der angst und noth Reichlichen überkommen.

2. Gib reine luft, wonn, sonnenschein, Gut thau und fruchtbarn regen, Damit die früchte wachsen fein Durch deinen milden segen, Die hier zu lande früh und spat Der ackermann geworfen hat Auf dein wort in die erden.

3. Ohn dich ist alle seine kunst, Fleis, arbeit und vermögen Vergebens, wo du deine gunst Nicht geben wirst zum pflügen, Und allen saamen wecken auf, Daß er wohl reif und seinen lauf Mit gutem gwinn erlange.

4. HErr, straf uns nicht in deinem zorn, Gedenk an deine güte; Den weinstock und das liebe korn Uns gnädiglich behüte Für hagel, frost, sturmwind und schlag, Für mehlthau, und was schaden mag Den früchten insgemeine.

5. Für grosser dürre uns bewahr, Vergib uns unsre sünde, Damit nicht etwan mit gefahr Das wetter was anzünde: Halt auch das erdreich nicht zu naß, Auf daß wir mögen scheur und faß Durch deinen segen füllen.

6. Gib gnädig, was uns deine hand Jetzt thut gar reichlich weisen, Und thu damit im ganzen land All creaturen speisen, So wird dich loben groß und klein; Die alten samt den kinderlein, Und was auf erden lebet.

7. Wir trauen dir, o HErre GOTT, Dein gnade laß uns walten, Du weisst wohl, was uns mangeln thut, Hast lange haus gehalten, Und wirst auch ferner so regiern, Daß man wird deinen segen spürn, Und deinen namen preisen.

Barthol. Ringwald.

Bey schwerem Donner und Ungewitter.

Mel. Allein zu dir, HErr JEsu Christ.

502. Wie gros, o GOtt, ist deine macht, Die du lässst sehn und hören Wann dein ergrimmter donner kracht, Wann sich blitzen empören? Wie schrecklich bist du von gewalt, Dein herrlichkeit ist mannigfalt: Wir arme sünder wissen nicht, Wie das geschicht, Ob himmel, luft und erde bricht.

2. Den erdenkreis bewegest du, Daß seine gründe beben, Die berge wackeln sonder ruh, Und alles land darneben: Die dicke wolken tremien sich, GOtt selber donnert grausamlich, Die blitze leuchten weit und breit, Nichts ist befreyt, Dann erd und wasser stehn im streit.

3. Das erdreich siehets, und erschrickt, Es schmelzen berg und hügel, Wann mancher mensch den blitz erblickt, Hätt er wohl gerne flügel, Denn auch des starken donners macht, O HErr, bezeuget deinen pracht; Und wir, so grober sünden voll, Erkennen wohl, Daß GOttes hand uns strafen soll.

4. Nun, unser ist allein die schuld, Daß wir dis wohl verdienen; Trag aber, HErr, mit uns geduld, Und laß dich bald versühnen; Du vaterherz von anbeginn, Wo sollen wir jetzt fliegen hin, Wir sind vor deinem grimm und zorn Ja gar verlohrn, Wird gnade nicht für recht erkohr'n.

5. Wir arme würmlein allzumal Versammlen uns zu schreyen Zu dir aus diesem jammerthal, Du wollest uns befreyen In diesem wetter vor gefahr: HErr, laß uns nicht so ganz und gar Im starken donner untergehn, Laß doch geschehn, Daß wir dich wieder gütig sehn.

6. Du bist ja groß von lauter gnad, Ach, rüste dich, zu schützen Dein armes volk, daß uns nicht schad Im wetter nur noch blitzen; Laß uns, o Vater, treffen nicht Ein schlag, der berg und felsen bricht: Beschirm uns vor des donners macht, Der schrecklich kracht, Zuvörderst in der finstern nacht.

7. Bewahr uns, HErr, leib, gut und haus, Halt uns bey vestem glauben, Laß uns die furcht durch diesen straus Der hoffnung nicht berauben; Vor einem bösen schnellen tod Behüt uns, HErr, steh in der noth Jetzt deinen schwachen kindern bey, Damit wir frey Erhalten leben und gebäu.

8. Das vieh im feld, auch laub und saat Sey dir jetzt anbefohlen, Von niemand anders kan man rath, Als blos von dir herholen: Du schützest uns mit sichrer hut Vor schlossen, hagel, wasserfluth: Ja, was wir haben in der welt, Wann dirs gefällt Das bleibt in sicherheit gestellt.

9. Es muß ja donner, hagel, blitz, Die oft ein land vernichten, Darzu das wasser, wind und hitz, HErr, dein gebot ausrichten; Verschon uns aber gnädiglich, Laß dis gewitter legen sich, Ich weiß, du bist von gnaden reich, Wer ist dir gleich? Sprich, daß der donner von uns weich.

10. Ach, laß dein treues vaterherz In dieser angst uns sehen. Es muß ja deiner kinder schmerz Dir schwer zu herzen gehen. Drum schütz uns, HErr, zu dieser frist Durch unsern heiland JEsum Christ, So wollen wir dich in der zeit Erheben weit Und preisen in der ewigkeit. Joh. Rist.

Vom Sommer.

In eigener Melodie.

503. Wie lachet der himmel, wie glänzet die erden, Wie freuet sich alles, wanns sommer will werden; Wie lieblich, wie lustig, wie herrlich, wie schön, Thut alles in feldern und wäldern aufgehn!

2. Wie funkelt die sonne mit güldenen strahlen! Wie kan sie die städte und dörfer bemahlen! Die gärten, die wiesen, das grünende feld Seynd prächtig mit blumen und farben bestellt.

3. Sie blasen zur nasen wohlriechende winde, Damit man die kräften im herzen empfinde, Das schuppichte wasservolk spielet im meer, Es fähret mit freuden die länge und quer.

4. Die vögel in lüften mit lieblichem singen Auf bebende ästen mit freuden umspringen; Die nachtigall kämpfet mit frölichem schall Mit ihren gespielen im grünenden thal.

5. Die hirsche, die bären, die gemse und rinder, Die schaafe, die ziegen, die hirten und kinder, Die springen, die singen, die sprechen mit freud, Vergessen des winters verdrüsliche zeit.

6. Die herzen der frommen, erfüllet mit wonne, Erfreuen sich über die glänzende sonne, Und sagen: wie lieblich wird immerdar seyn Der himmlische sommer im ewigen schein!

Nach dem Ungewitter.

Mel. Von GOtt will ich nicht lassen.

504. Wir haben jetzt vernommen, Wie du, HErr Zebaoth, Zu uns bist schrecklich kommen Durch blitz und feuersnoth; Wir wären gar verzehrt, Wann du es nicht gewendet, Und hülfe zugesendet, Wie wir von dir begehrt.

2. HERR, deine macht wir preisen, Dein zorn ist uns bekannt, Doch thust du uns auch weisen, Wie deine gnadenhand Die dich anflehen, schützt; Wer sich zu dir bekehret, Der bleibet unversehret, Obs hin und her gleich blitzt.

3. Ist trübsal da mit haufen, So denkst du jederzeit An die, so dich anlaufen, Hilfst mit

mit barmherzigkeit: Du hast an uns gedacht, Wie du des nicht vergessen, Der in der arch gesessen, Hast ihn ans land gebracht.

4. Das wetter ist vertrieben Durch deine gnad und kraft, Du bist stets bey uns blieben, Hast sicherheit verschaft, Wie du, HErr JEsu Christ, Im schiff das meer bedräuet, Die jünger drob erfreuet, Gewehrt des teufels list.

5. Du hast haus, hof, leib, leben, Und was ein jeder hat, Mit deinem schutz umgeben, Bey uns in unsrer stadt. Dein freundlich angesicht, Lässst du uns wieder schauen, Die wir uns dir vertrauen Mit starker zuversicht.

6. Dankopfer wir dir bringen Für dis, was du gethan, Von deiner hülf wir singen. Ach, nimms in gnaden an Durch Christum deinen Sohn, Um seins verdienstes willen, Der deinen zorn kan stillen, Der wahre gnadenthron.

7. Wann du am jüngsten tage, Der schon ist angestellt, Mit deinem donnerschlage Anzünden wirst die welt, So streck aus deine hand, Und zeuch uns, die wir gläuben An dich und treu verbleiben, Hinauf ins vaterland. Joh. Hermann.

Um Regen.

Mel. Wo GOtt der HErr nicht bey.

505. Wo GOTT uns nicht ein regenschaft Bey diesen dürren zeiten, Wo nicht er selber saft und kraft Den früchten thut verleihen, Und wo sein segen nicht erquickt, Was jetzt von grosser hitz erstickt, So wird uns nichts gedeyen.

2. Der himmel will uns eisern seyn, Hart, wie das erz, die erden: Fruchtlos im lande sind die bäum, Kein g'wächs kan zeitig werden: Das g[illegible] verwelkt, der kern verdorrt, Die frucht erstirbt, und ist kein ort, Der nicht hätt drob beschwerden.

3. Solchs lasse dich, o HErre GOtt, Doch väterlich erbarmen, Weil es betrift das täglich brod, So komm zu hülf den armen, Und schlies auf deine himmelsthür, Gib früh= und spatregen herfür, Laß uns hülf wiederfahren.

4. Daß unser land gesegnet sey, Gleich einem schönen garten, Und wir daraus auch mancherley Frucht haben zu gewarten, Dafür wollen wir dir, o HErr, Auch bringen dank, lob, preis und ehr, Im guten dir nacharten. M. J. Wegelin.

7) Erndt= und Herbst=Lieder.

Erndt=Lied.

Mel. Wer in dem schutz des höchst.

506. So folgt dann immer eine gnad Der andern nachzutraben, Kaum hat das hohe sonnenrad Gebracht des sommers gaben;

Und jetzo kommt die erndtezeit, Die frohe feld- und schnitter-freud, Mein GOtt, was soll ich armer?

2. Ist das nicht eine wundergüt, Nicht eine grosse treue! Ich komm aus dankbarem gemüth, Und singe dir aufs neue: Dein nam ist gros, hoch ist dein ruhm, Dein thun ist herrlich um und um, Dein lob geht über alles.

3. Dein werther segen trieft so mild, Daß er in grosser menge Die speicher unsrer scheuern füllt, So, daß sie werden enge, Jetzt könntest du mehr thun, mein heil, Dis HErr, daß du mir meinen theil Lässst gnädig angedeyen.

4. Drum segne, was mir deine hand Mittheilt zu meinem frommen, Als ein gewisses unterpfand, Daß noch mehr nach soll kommen; Laß mich mein armes brod mit dank Geniessen ohne leid und zank, Und andern wieder brechen.

5. Vor allen dingen laß mich dir In wahrem glauben leben, Damit ich dort mög für und für Vor dir in freuden schweben; Dann dis ist nicht die rechte freud, Es ist noch eine andre zeit Der garbenerndt vorhanden.

6. Die engel werden gehen aus, Wann alles zeitig worden, Von deinem hohen himmelshaus, Und sammlen aller orten, Was gut, und bös; doch aber so, Daß sie das leere spreuerstroh Besonders werden legen;

7. Und wiederum, was gut und fein, Besonders; jene spreuer, Als flocken, die nichts nütze seyn, Zu schmeissen in das feuer; Das aber richtig, gut und fein, Als eine beut zu führen ein In deine himmelsscheuer.

8. Ach, höre, HErr, und laß mein herz Ein gutes land verbleiben; Ein feld, das immer himmelwärts Mög gute früchte treiben; Damit ich in das bündelein Des lebens werd gebunden ein, Wann deine zeit vorhanden.

G. C. J.

Herbst-Lieder.

Mel. Wer weiß, wie nahe mir ꝛc.

507. Nun hat der herbst sich eingefunden, Die zeit, die küch und keller füllt, Es nehmen ab die tagesstunden, Des sommers hitz ist nun gestillt Ein jeder gebe GOtt den preis, Der alles wohl zu ordnen weiß.

2. Was wir bisher stets mit verlangen Erwartet von der lieben zeit, Das ist nun reichlich eingegangen, Nun haben wir des jahres beut. Ein jeder gebe GOtt den preis, Der alles wohl zu ordnen weiß.

3. Jetzt sind die körner eingeführet, Und legen weg von sich das stroh, Das künftig für das vieh gebühret, Das seiner arbeit so wird froh. Ein jeder gebe GOtt den preis, Der alles wohl zu ordnen weiß.

4. Man presst die aufgeschwoll-

schwollnen trauben, Die sprüzen süsses rebenblut, Das wird gefasset in die tauben, Und wirkt oft manchen freudenmuth, Ein jeder gebe GOtt den preis, Der alles wohl zu ordnen weiß.

5. Den bäumen wird nun abgenommen, Was man an ihnen hat gesucht, Und reichlich jetzund wird bekommen, Die äpfel, birn und andre frucht. Ein jeder gebe GOTT den preis, Der alles wohl zu ordnen weiß.

6. Die auf dem feld den vögeln stellen, Die in dem frühling sich gepaart, Mit freuden ihre wände schnellen, Und fangen vögel mancher art. Ein jeder gebe GOtt den preis, Der alles wohl zu ordnen weiß.

7. O liebe zeit, die so erträget, Was uns das ganze jahr ist noth, Davon das leben wird geheget, Was speist und tränket, wein und brod. Ein jeder gebe GOtt den preis, Der alles wohl zu ordnen weiß.

8. Wer sollte demnach traurig werden, Weil wir so wohl versehen sind? So lange GOtt erhält die erden, Der herbst sich alle jahre findt. Ein jeder gebe GOtt den preis, Der alles wohl zu ordnen weiß.

9. Geschiehet es schon jezuweilen, Der vorrath wird zwar ziemlich klein: Die zeit pflegt täglich fortzueilen, Und holt den reichen herbst herein, Ein jeder gebe GOtt den preis, Der alles wohl zu ordnen weiß.

10. Drum siehest du, o mensch, entweichen Vom baum das laub und falbe blat: Laß nicht die hoffnung mit verstreichen, Bis jahr er wieder blätter hat. Ein jeder gebe GOtt den preis, Der alles wohl zu ordnen weiß.

11. Das aber sollt du dich bemühen, Wann du willt heissen GOttes zucht, Wie du die sünde mögest fliehen, Und bringest gute christenfrucht. Ein jeder gebe GOtt den preis, Der alles wohl zu ordnen weiß.

12. Der ackermann, der heur gepflüget, Wird nun vom reichen herbst erfreut, Drum schau, Daß GOtt nicht unvergnüget Die dir erzeigte gnad bereut. Ein jeder gebe GOtt den preis, Der alles wohl zu ordnen weiß.

13. Was dir der herbst hat zugemessen, Das wende wohl zum nutzen an, Und sey darneben unvergessen, Gib auch davon dem armen mann. Ein jeder gebe GOtt den preis, Der alles wohl zu ordnen weiß.

14. Wohlan, der du den herbst gesegnet, GOtt, dir sey dank und ehr dafür, Was du vom himmel hast geregnet, Hilf, daß ich brauche dir und mir. Ein jeder gebe GOtt den preis, Der alles wohl zu ordnen weiß.

M. J. C. Arnschwanger.

8) Kriegs- und Friedens-Lieder.

1) Kriegs-lieder.

Mel. Ach, bleib bey uns, HErr rc.

508. Ach, GOTT, dein arme christenheit Jetzt allenthalb'n verfolgung leidt, Sie wird gepresst, geängstet sehr, Sie kans fast nicht ertragen mehr.

2. Die feinde toben g'waltiglich Mit mord und brennen grausamlich: Es wird verheert alls mit gewalt, Man schonet weder jung noch alt.

3. Es ist zwar unsrer sünden schuld; Doch hab, o lieber GOtt, geduld Mit uns elenden würmelein, Schon uns, dein liebe kinderlein.

4. HErr JEsu, thu bey uns das best, Treib von uns solche fremde gäst, Den türken und all andre feind, Die deinem wort zuwider seynd;

5. Damit ferner dein liebes wort In fried und ruh an allem ort Rein, unverfälscht gepredigt werd, So lang wir leb'n auf dieser erd.

6. Ach du, herzliebster JEsu Christ, Weil alls aufs höchste kommen ist Und allen menschen wird sehr bang, So bleib nun nicht mehr aussen lang.

7. Mit deiner hülf, die wir begeh'rn In unsrer noth ohn alls aufhör'n, Ach komm, und rett uns arme leut Aus dieser kriegsbeschwerlichkeit.

8. Heb auf den krieg, nimm weg das schwerdt, Eh wir dadurch werden verzehrt, Beschehr erwünschten friedensstand Bey uns und auch im andern land.

9. Hilf, HERR und helfer, gnädiglich, Wend ab die strafen väterlich, Wir woll'n dich preisen dankbarlich, Hier zeitlich und dort ewiglich.

Mel. Wir danken dir, GOtt, unser.

509. Du friedensfürst, HErr JESU Christ, Wahr'r mensch und wahrer GOTT, Ein starker nothhelfer du bist Im leben und im tod, Drum wir allein Im namen dein Zu deinem vater schreyen.

2. Recht grosse noth uns stösset an Von krieg und ungemach, Daraus uns niemand helfen kan, Denn du: drum führ die sach, Dein Vater bitt, Daß er ja nit Im zorn mit uns woll fahren.

3. Gedenk, HErr, jetzund an dein amt, Daß du ein friedfürst bist, Und hilf uns gnädig allesamt Jetzund zu dieser frist: Laß uns hinfort Dein göttlich wort Im fried noch länger schallen.

4. Verdient haben wir alles wohl, Und leidens mit geduld, Doch deine gnad grösser seyn soll, Denn unsre sünd und schuld. Darum vergib Nach

de-

deiner lieb, Die du fest zu uns trägest.

5. Es ist gros elend und gefahr, Wo pestilenz regiert; Viel grösser aber ist fürwahr, Wo krieg geführet wird: Da wird veracht Und nicht betracht, Was recht und löblich wäre.

6. Da fragt man nicht nach ehrbarkeit, Nach zucht und nach gericht, Dein wort liegt auch zu solcher zeit, Und geht im schwange nicht; Drum hilf uns, HErr, Treib von uns ferr Krieg und all schädlich wesen.

7. Erleucht auch unsern sinn und herz Durch den Geist deiner gnad, Daß wir nicht treiben draus ein scherz, Der unsrer seelen schad; O JEsu Christ, Allein du bist, Der solch's wohl kan ausrichten.

M. Ludwig Helmbold.

Mel. Was mein GOtt will, das 2c.

510. Es stehe unser HErr GOTT auf, Zerstreue seine feinde, So fliehet seiner hasser hauf, So jauchzen seine freunde. Treib sie geschwind, Als wie ein wind Den rauch vorüber wehet, Dämpf ihre wuth, Wie von der glut Ein schmelzend wachs vergehet.

2. So kommen die gottlosen um, Wann GOtt sie will zerstreuen, Es müssen aber, dir zum ruhm, Sich die gerechten freuen, Dein häufkein soll Noch freudenvoll Von ganzem herzen werden. HERR Zebaoth, Zertritt, wie koth, Die stolzen auf der erden.

3. Wir reissen, (HERR, das ist ihr wort,) Die kirchen aus den gründen, Reiß sie, wie einen wirbel fort, Wie stoppeln vor den winden: So wie ein feur Ganz ungeheur Den grösten wald zerstöret; Wie eine flamm Oft wundersam Der berge schmuck verzehret

4. Verfolge solch ein grausam volk Mit deinen harten wettern, Und laß sie eine wetterwolk Erschrecken und zerschmettern: So sehn sie doch, Du heissest noch Mit namen: HErr, alleine, Der starke held In aller welt, Der höchste und der eine.

In eigener Melodie.

511. Gib fried zu unsrer zeit, o HERR, Groß noth ist jetzt vorhanden; Der feind begehrt nichts anders mehr, Denn daß er bring zu schanden Den namen christ, Und dämpf mit list Wahr'n gottesdienst auf erden, Solchen erhalt Durch dein gewalt, Du hilfst allein in g'fährden.

2. Gib fried, den wir verlohren han Durch unglaub und bös leben, Dein wort hast uns geboten an, Dem wir all widerstreben, Dann wir zum theil Dis unser heil Mit frevler g'walt austreiben; Zum theil ohn grund Bekennen rund, Ohn herzlich fromm'keit bleiben.

3. Gib fried, auch deinen Geist uns send, Der unser herz durch reue Und leid um unsre

sünd behend In JEsu Christ erneue, Auf daß dein gnad All schand und schad, All furcht und kriegeslaste Von uns abkehr, Dadurch dein ehr Bey allem volk erglaste.

Wolfgang Capito.

Mel. HErr JEsu Christ, du 2c.

512. HErr JEsu Christ, du höchstes gut, Von dem all gnad entspriesset, Sieh doch, wie man der christen blut So unverschämt vergiesset: Des teufels zorn ist ganz entbrannt, Er wüt't und tobt in allem land, Und will uns gar verschlingen.

2. Beschütz dein armes häufelein, Die sich zu dir noch wenden, Und laß doch nicht den namen dein In uns so greulich schänden, Bezahl der braut von babylon All ihre schmach und stolzen hohn, Den sie uns hat bewiesen.

3. Erleucht die herzen, die dich nicht Aus grosser einfalt kennen, Sondern unwissend wider dich, Wie Saul, aus eifer rennen, Die's aber thun aus frevelmuth, Denselben halts ja nicht zu gut, Sondern stoß sie hinunter.

4. Erhalt uns im erkänntnis dein, Daß wir darinnen bleiben, Und uns im heissen sonnenschein Davon nicht lassen treiben, Sondern durch deinen Geist voll saft Vollbringen gute ritterschaft Im leben und im sterben.

Mel. Wer in dem schutz des höchst.

513. Hilf, HErre GOTT, uns würmelein, Sonst müssen wir verzagen, Warum willt du so zornig seyn? Dich unser gar entschlagen? Seynd wir doch dein ererbtes gut, Erworben durch dein theures blut; Ach, HErr, erbarm dich unser.

2. Unfried, theurung auf aller seit, Krankheit und pestilenze Hab'n sich so stark zum streit bereit, Zu plagen unsre grenze; Wach auf, wach auf, herzliebster GOtt, Verlaß uns nicht in dieser noth; Ach, HErr, erbarm dich unser.

3. Sieh nicht an unsre schwere sünd, Die dich treibt, uns zu strafen, O JEsu, herzensgüldnes kind, All'n krieg thu von uns schaffen: Dein'n friedensgeist gib jedem stand, Glück und auch ruh dem teutschen land; Ach HErr, erbarm dich unser.

4. Laß uns fallen in deine hand, Wir wollen lieber sterben, Als daß krieg herrsch in unserm land, Und uns zu grund verderben: Zerbrich, zerbrich die blutge ruth, Wirf sie ins feur, o Vater gut; Ach, ach, erbarm dich unser.

5. O treuer GOtt in ewigkeit, Unser gebet erhöre, Tröst uns in dieser traurigkeit, Und unsern glauben mehre; Ach, wie ist uns so angst und bang, HErr JEsu Christ, bleib ja nicht lang, Erbarm dich unser, amen.

Mel.

Mel. Auf meinen lieben GOtt, rc.

514. In unsrer kriegesnoth Trau'n wir allein auf GOtt, Er wird uns nicht verlassen, Ob uns die feind schon hassen, Er kan die feinde schlagen, Die uns denken zu plagen.

2. Seynd schon der feinde viel, Hab'n sie doch all ihr ziel, Wie weit sie sollen kommen, Daß sie nicht schad'n den frommen, Mehr sind auf unsrer seiten, Als die wider uns streiten.

3. Wird schon der feinde macht Von ihnen gros geacht, Daß sie sich drauf verlassen, Trotzen ohn alle massen, GOtt kan sie gar bald dämpfen, Daß sie aufhör'n zu kämpfen.

4. Berathschlagen sie sich Wider uns listiglich, GOtt kan ihr'n rath aufdecken, Die feinde all erschrecken, Daß ihre falsche tücke Müssen gehn gar zurücke.

5. Seynd schon die feinde nah, GOTT ist viel näher da Mit seinen himmelsheeren, Er kan den feinden wehren, Daß sie zurücke weichen, Oder werden zur leichen.

6. O du, HErr JEsu Christ, Der du ein friedfürst bist, Beschere wieder friede, Wir sind des krieges müde: Treib den krieg aus dem lande, Gib glück zu allem stande.

7. Laß auch an allem ort Dein seligmachend wort Ganz unverfälscht erklingen, Und dir allein lobsingen, So wolln wir deinen namen Mit freuden preisen, amen.

Mel. Zweyerley bitt ich von dir.

515. Treuer wächter Israel, Des sich freuet leib und seel, Der du weissest alles leid Deiner armen christenheit, O du wächter, der du nicht Schläfst noch schlummerst, zu uns richt Dein hülfreiches angesicht.

2. Schau, wie grosse noth und qual, Trift dein volk noch überall, Täglich wird der trübsal mehr, Hilf, ach hilf, schütz deine ehr, Wir verderben, wir vergehn, Nichts wir sonst vor augen sehn, Wo du nicht bey uns wirst stehn.

3. Hoherpriester, JEsu Christ, Der du eingegangen bist In den heilgen ort zu GOtt Durch dein creutz und bittern tod, Uns versöhnt mit deinem blut, Ausgelöscht der höllen glut, Wiederbracht das höchste gut.

4. Sitzst auch heut ins Vaters reich, Ihm an macht und ehren gleich, Unser mittler und patron, Seine höchste freud und kron, Den er in dem herzen trägt, Wie sich selbst zu lieben pflegt, Dem er keine bitt abschlägt;

5. Kläglich schreyen wir zu dir, Klopfen an die gnadenthür, Wir, die du mit höchstem ruhm Dir erkauft zum eigenthum; Deines Vaters zorn abwend, Der wie lauter feur jetzt brennt, Und schier alle welt durchrennt.

6. Zeig ihm deine wunden roth, Red von deinem creutz und tod, Und was du mehr hast gethan, Zeig ihm unsertwegen an, Sage, daß du unsre schuld Habst bezahlet mit gedult, Uns erlanget gnad und huld.

7. JEsu, der du JEsus heist, Als ein JEsus hülfe leist, Hilf mit deiner starken hand, Menschenhülf hat sich verwandt; Eine mauer um uns bau, Daß dein feinde davor grau, Und mit zittern sie anschau.

8. Liebster schatz, Immanuel, Du beschützer meiner seel, GOtt mit uns in aller noth, Neben uns und in uns GOtt, GOtt für uns zu aller zeit, Trotz dem, der uns thut ein leid, GOttes straf ist ihm bereit.

9. Deines Vaters starker arm Komm, und unser sich erbarm: Laß jetzt sehen deine macht, Drauf wir hoffen tag und nacht: Aller feinde koppel trenn, Daß dich alle welt erkenn, Aller herren HErren nenn.

10. Andre trauen ihrer kraft, Ihrem glück und ritterschaft: Deine christen sch'n auf dich, Trauen dir sich vestiglich; Laß sie werden nicht zu schand, Bleib ihr helfer und beystand, Seynd sie dir doch ganz bekannt.

11. Gürte dein schwerd an die seit, Als ein held, der für sie streit, Und zerschmettre keine feind, So viel ihr'r auf erden seynd: Auf die hälse tritt du ihn'n, Leg sie dir zum schemel hin, Und brich ihren stolzen sinn.

12. Du bist ja der held und mann, Der den kriegen steuren kan, Der da spies und schwerdt zerbricht, Der die bogen macht zu nicht, Der die wagen gar verbrennt, Und der menschen herzen wendt, Daß der krieg gewinnt ein end.

13. JEsu, wahrer friedensfürst, Hast der schlangen ja zerknirscht Ihren kopf durch deinen tod, Widerbracht den fried bey GOtt, Gib uns frieden gnädiglich, So wird dein volk freuen sich, Dafür ewig preisen dich.

Joh. Hermann.

In eigener Melodie.

516. Verleih uns frieden gnädiglich, HErr GOtt, zu unsern zeiten, Es ist doch ja kein andrer nicht, Der für uns könnte streiten, Dann du, unser GOtt alleine.

2. Gib unserm Fürsten und aller obrigkeit Fried und gut regiment, Daß wir unter ihnen Ein geruhig und stilles leben führen mögen In aller gottseligkeit und ehrbarkeit, amen.

D. Martin Luther.

werth Uns hier auch wiederum bescheyrt;

2. Wir bitten dich, erhalte du Uns allezeit in solcher ruh: Vor theurung und vor pestilenz Bewahr auch gnädig unsre grenz.

3. Verleih durch deines Geistes gnad, Daß wir vor aller missethat Uns hüten, und all insgemein Hiefür recht mögen dankbar seyn.

4. Gib uns und unsrer obrigkeit Dein gnad und segen allezeit: Nimm endlich uns auf in dein reich, Daß wir dich loben ewiglich.

Mel. O GOtt, du frommer GOtt.

518. HErr GOtt, dich loben wir, Regier, HErr, unsre stimmen, Laß deines Geistes glut In unsern herzen glimmen: Komm, komm, o edle flamm, Ach, komm zu uns allhier, So singen wir mit lust: HErr GOtt, dich loben wir.

2. HErr GOtt, dich loben wir, Wir preisen deine güte, Wir rühmen deine macht Mit herzlichem gemüthe: Es steiget unser lied Bis an des himmels thür, Und tönt mit grossem schall: HErr GOtt, dich loben wir.

3. HErr GOtt, dich loben wir Für deine grosse gnaden, Daß du das vaterland Von kriegeslast entladen, Daß du uns blicken lässst Des güldnen friedens zier, Drum jauchzet alles volk: HErr GOtt, dich loben wir,

4. HErr Gott, dich loben wir, Die wir in langen jahren Der waffen schweres joch Und frechen grimm erfahren, Jetzt rühmet unser mund Mit herzlicher begier: GOtt lob! wir sind in ruh, HErr GOtt, wir danken dir.

5. HErr GOtt, dich loben wir, Daß du die pfeil und wagen, Schild, bogen, spies und schwerdt Zerbrochen und zerschlagen. Der strick ist nun entzwey; Darum so singen wir Mit herzen, zung und mund: HErr GOtt, wir danken dir.

6. HErr GOtt, dich loben wir Daß du uns zwar gestrafet; Jedoch in deinem zorn Nicht gar hast weggeraffet: Es hat die vaterhand Uns deine gnadenthür Jetzt wieder aufgethan, HErr GOtt, wir danken dir.

7. HErr GOtt, wir danken dir, Daß du land, kirch und häuser, Den frommen Fürstenstamm Und dessen grüne reiser Bisher erhalten hast; Gib ferner gnad allhier, Daß auch die nachwelt sing: HErr GOTT, wir danken dir.

8. HErr GOtt, wir danken dir, Und bitten, du wollst geben, Daß wir auch künftig stets In guter ruhe leben: Krön uns mit deinem gut, Erfülle nach gebühr, O Vater, unsern wunsch; HErr GOtt, wir danken dir.

9. HErr GOtt, wir danken dir, Mit orgeln und trompeten, Mit harfen und pandor, Posaunen, geigen, flöten; Und

was nur athem hat, Ertön jetzt für und für: HErr GOtt, dich loben wir, HErr GOtt, wir danken dir. Joh. Frank.

Mel. Nun ruhen alle wälder, rc.

519. Ihr alten mit den jungen Erhebet eure zungen, Lobt GOtt mit süssem klang, Den himmels-könig preiset, Der uns den fried jetzt weiset, Gebt seinem namen ehr und dank.

2. Du vaterland beschweret, Von feinden ausgezehret, Verwüstet hie und da, Lob GOtt, den krieg er endet, Und alles unglück wendet, Von herzen sing, alleluja.

3. Ihr, die vor dem geplaget, Von haus und hof gejaget, Seyd dankbar immerdar. Der feind mit schwerd und bogen Ist nunmehr abgezogen, Nehmt wieder ein, was euer war.

4. Der krieg ist weggenommen, Der fried ist wieder kommen, GOTT sey lob, ehr und preis: Jetzt scheinet uns die sonne, Und bringt nach trauren wonne, Drum lobet GOtt mit höchstem fleiß.

5. Gros sind, HErr, deine gaben, Die wir empfangen haben Von deiner milden hand, Zu vielen tausendmalen Kan man sie nicht bezahlen, Die du uns allen zugewandt.

6. Wir bitten deine treue, Dein frieden uns verleihe, HErr GOtt, zu unsrer zeit, Wir wollen dafür oben Mit allen engeln loben Dein ehr und grosse herrlichkeit. G. Werner.

9) In Theurung und Hungersnoth.

Mel. Wann wir in höchsten nöthen.

520. O frommer Vater, deine kind Jetzund in grossem kummer sind, Weil du auf uns so zornig bist, Daher die schwere theurung ist.

2. Du speisest uns mit thränenbrod, Tränkst uns mit zähren in der noth, Das haben wir zwar wohl verdient, Doch fahre, HERR, mit uns nicht gschwind.

3. Führ uns aus diesem jammerthal Zur freud und wonn ins himmels saal; Da wird kein durst noch hunger seyn Und wird aufhören angst und pein.

Mel. In dich hab ich gehoffet, Herr.

521. Verzage nicht, o frommer christ, Der du von GOTT erschaffen bist, Obgleich die zeit ist schwere, Vertrau du deinem lieben GOTT: Der wird dich wohl ernähren.

2. Hat er dich doch zu seiner zeit Im augenblick dein seel und leib, Auch das natürlich leben, Ohn all dein müh, sorg und arbeit In mutterleib gegeben.

3. Dennoch nährt er die vögelein, Die gar nichts thun noch sammlen ein, Und in den

lüften schweben: Sie säen nicht, sie erndten nicht, Noch frist't ihn'n GOtt das leben.

4. Das sind die klein'n waldvögelein, Die uns zu gut erschaffen seyn, Seynd wir doch gar viel besser; Wie sollt denn GOtt vergessen dein, Weil dich auf ihn verlässest?

5. Sieh an die schönen blümlein zart Im weiten feld, an allem ort Wachsen aus staub und erden, Die doch so bald in schneller fahrt Zunichte müssen werden.

6. Ob sie schon sind dahin gericht, Daß sie nähen und spinnen nicht, Noch schmückt sie GOtt gar schöne, Also, daß ihnen nichts gebricht An kraft, schönheit und zierde.

7. Weil GOtt kleidet das grüne gras, Und ziert es schön über die maas, Das doch so bald verdorret, Wie vielmehr wird er uns das thun, Dieweil er für uns sorget?

8. Wie ein vater für seinen sohn, Also wird GOtt uns reichlich thun: Wie Christus uns thut sagen; Drum seyd getrost, spricht GOttes Sohn, Und lasst die heiden zagen.

9. Wer ist, der seiner läng ein ehl, Ob er gleich drum hat grosse qual, Mit sorgen kan

bereit gemessen Dein theil, und wird dirs geben wohl, Er wird dein nicht vergessen.

11. Sprich nicht in mangel und in noth: Wo werden wir dann nehmen brod, Daß wir nicht hunger leiden? Wir haben gar ein'n klein'n vorrath, Womit soll'n wir uns kleiden?

12. Dann der himmlische Vater dein, Der für uns trägt die sorg allein, Weiß wohl, was wir bedürfen, Sieh nur, daß du die sorge dein Im glaub'n auf ihn thust werfen.

13. Such erst sein reich und g'rechtigkeit, Und sey in dem allzeit bereit, Fleißig in allen dingen, So werden dir zu rechter zeit All sachen wohl gelingen.

14. Wann sichs anließ, als wollte nu Noth, angst und mangel, auch darzu Unglück mit haufen kommen, So laß dichs nicht erschrecken thun, Glaub, es wird seyn dein frommen.

15. Wirst du nun alle deine noth Im leben dein bis in den tod Nach GOttes will'n recht tragen, Kommt zeit, kommt rath, der treue GOTT Wird dich nicht lass'n verzagen.

16. Hilf, helfer, hilf aus aller nöth, Beschehr uns auch das täglich brod: Hilf allen

so schwere; So hilf uns auch zu jeder frist, An leib und seel uns nähre.

18. Du gibst allhier auf dieser welt Ein'm jeden nicht viel gut und geld, Du weist die rechte maase: Jedoch wirst du, wann dirs gefällt, In keiner noth uns lassen.

19. Dann gut und geld nicht allezeit In noth, angst and gefährlichkeit Den menschen kan erfreuen, Viel mehr am guten gwiss'n es liegt, Das kan den muth erneuen.

20. Ein gut gwissen nimmt man mit sich, Das glaub ein christ ganz sicherlich, Wenn man scheidet von hinnen, Sonst bleibet alles hinter sich, Wenn wir das recht besinnen.

21. Darum halt immer vest an GOtt, Es sey so gros, als woll, die noth, Laß dir nichts liebers werden; Wer GOTT vertraut, ihm gnügen läßt, Der ist der reichst auf erden.

22. Wenn uns nun naht jetzund der tod, So tröst du uns, o HErre GOtt, Um deines Sohnes namen; Hilf uns endlich aus aller noth, Durch JEsum Christum, amen.

Nicol. Hermann.

10) In Pest-Zeiten, ansteckenden Seuchen und andern Krankheiten.

1) Vor der Krankheit.

Mel. Einen guten kampf hab ich rc.

522. Wer wohl auf ist und gesund, Hebe sein gemüthe, Und erhebe seinen mund Zu des HErren güte, Laßt uns danken tag und nacht Mit viel schönen liedern Unserm GOtt, der uns bedacht Mit gesunden gliedern.

2. Ein gesundes frisches blut Hat ein frölichs leben; Gibt uns GOTT dis edle gut, Ist uns gnug gegeben, HErr, in dieser armen welt, Da die schönsten gaben Und des güldnen himmels zelt Wir noch künftig haben.

3. Wär ich gleich, wie Crösus, reich, Hätt ich baarschaft liegen, Wär ich Alexander gleich An triumph und siegen, Müßte gleichwol siech und schwach Pful und better drücken, Würd auch mich in ungemach All mein gut erquicken?

4. Stünd auch gleich mein ganzer tisch Voller lust und freude, Hätte wildpret, wein und fisch, Und die ganze weyde, Die den hals und gschmack ergetzt, Worzu würd es nützen, Wann ich doch unausgesetzt Müßt im schmerzen sitzen.

5. Hätt ich aller ehren pracht, Säß im höchsten stande, Wär ich mächtig aller macht, Und ein herr im lande; Mein leib aber hätte doch Auf- und angenommen Der betrübten krankheit joch, Was hätt ich für frommen?

Darf vor schmerz nicht schonen, Halt ich ein gerichtlein kohl Höher als melonen.

7. Sammet, purpur hilft mir nicht Mein elende tragen, Wann mich hauptweh, stein und gicht, Und die schwindsucht plagen, Lieber will ich frölich gehn Im geringen kleide, Als mit leid und ängsten stehn In der schönsten seide.

8. Sollt ich stum̃ und sprachlos seyn, Oder lahm an füssen: Sollt ich nicht des tages schein Sehen und geniessen: Sollt ich gehen spat und früh Mit verschloßnen ohren, Wollt ich wünschen, daß ich nie Wär ein mensch gebohren.

9. Lebt ich ohne rath und witz, Wär mein haupt verirret, Hätte meiner seelen sitz, Mein herz, sich verwirret, Wäre mir mein muth und sinn Niemals guter dinge, Wär es besser, daß ich hin, Wo ich her bin, gienge.

10. Aber nun gebricht mir nichts An erzählten stücken, Ich erfreue mich des lichts Und der soñenblicken, Mein gesichte sieht sich um, Mein gehöre höret, Wie der vögel süsse stimm Ihren schöpfer ehret.

11. Händ und füsse, herz und geist Seynd bey guten kräften, Alles mein vermögen fleußt

12. Ist es tag, so mach und thu Ich, was mir gebühret; Kommt die nacht und süsse ruh, Die zum schlafen führet, Schlaf und ruh ich unbewegt, Bis die sonne wieder Mit den hellen strahlen regt Meine augenlieder.

13. Habe dank, du milde hand, Die du aus dem throne Deines himmels mir gesandt Diese schöne krone Deiner gnad und grossen huld, Die ich all mein tage Niemal hab um dich verschuldt, Und doch an mir trage.

14. Gib, so lang ich bey mir hab Ein lebendigs hauchen, Daß ich solche theure gab Auch wohl möge brauchen, Hilf, daß mein gesunder mund Und erfreute sinnen Dir zu aller zeit und stund Alles lieb beginnen.

15. Halte mich bey stärk und kraft, Wann ich nun alt werde, Bis mein ständlein mich hinraft In das grab und erde; Gib mir meines lebens zeit Ohne sonder leide, Und dort in der ewigkeit Die vollkommne freude.

Paul Gerhard.

2) In der Krankheit.

Mel. Auf meinen lieben GOtt trau.

523. Ich armer erdenklos, Hab jammer, der sehr gros, Mein leib, durch sünd verderbet, Viel schwach-

schwachheit hat geerbet, Manch krankheit muß ich leiden, Eh ich hier kan abscheiden.

2. HErr, daß ich war gesund, Das hast du mir gegunnt, Daß ich noch hab das leben, Das hast du mir gegeben, Du kanst mirs auch erhalten, Wie manchem grauen alten.

3. Jetzt bin ich krank und matt, Weiß weder hülf noch rath, Die sünd das herze naget, Den leib die krankheit plaget: Mein kräften sind vergangen, Nach hülf steht mein verlangen,

4. Kein arzt bewähret ist, Wie du, HErr JEsu Christ, Du kanst es alles enden, Es steht in deinen händen, Dein hülf wird dem gewähret, Der sie mit ernst begehret.

5. Du hilfst in nöthen gern, Drum sey von mir nicht fern, Zu dir thu ich mich kehren, Du wollst dem übel wehren, Mir meine sünd verzeihen, Von krankheit mich befreyen.

6. Doch, wo die krankheit gros Mir gäb ans herz ein stos, Der so mein herz anrennte, Daß leib und seel sich trennte; Da hilf am allerbesten, Und thu mir beystand leisten.

7. An meinem letzten end Sey dis mein testament: Mein gut soll andern werden, Mein leib gehört der erden, Mein seel thu ich bescheiden Den himmelischen freuden.

8. Doch also, daß mein leib Nicht in der erden bleib; Den wollest du ohn schrecken Am jüngsten tag aufwecken, Mit dir in himmel führen Und da mit klarheit zieren.

M. Böhm.

3) Nach überstandener Krankheit.

Mel. Von GOtt will ich nicht lassen.

524. Ich preise und besinge, HErr, deinen wunderrath, Der mir so grosse dinge Bisher erwiesen hat: Denn das ist meine pflicht, In meinem ganzen leben, Dir lob und dank zu geben, Mehr hab und kan ich nicht.

2. HErr, mein GOtt, wenn ich armer Vom bette zu dir schrey, So wirst du mein erbarmer, Und stehst mir gnädig bey; Viel andre fahren hin Zur finstern todeshöhle; Doch haltst du meine seele, Daß ich noch lebend bin.

3. Ihr heiligen, lobsinget, Und danket unserm HErrn, Der, wenn die noth eindringet, Bald hört, und herzlich gern Uns gnad und hülfe gibt; Rühmt den, des hand uns träget, Und, wenn er uns ja schläget, Nicht allzusehr betrübt.

4. GOtt hat ja vaterhände, Er strafet mit geduld. Sein zorn nimmt bald ein ende, Sein herz ist voller huld, Und gönnt uns lauter guts: Des abends währt das weinen, Des morgens macht das scheinen Der sonn uns gutes muths.

5. Als GOtt sein angesichte Unlängst von mir gewandt;

Gieng zwar mein trost zu nichte, Ich fiel in armen stand: Ich war in angst und noth Ich führ- te schwere klagen, Ich rief in meinen plagen: Ach, wie so lang, o GOtt!

6. Nun wohl, ich bin erhö- ret, Mein seufzen ist erfüllt. Mein creutz ist abgekehret, Mein her- zeleid gestillt, Mein grämen endet sich, Es gehn der krank- heit schmerzen Aus meinem ban- gen herzen; Und dis geschicht durch dich.

7. Mein GOtt, für solche güte Sag ich mit höchstem fleiß, Aus dankbarem gemüthe, Dir ehre, lob und preis; Bis ich nach die- ser zeit, Dort deine wunderdin- ge Mit mehrerm lob besinge In alle ewigkeit.

Paul Gerhard.

Bey Bad- und Brunnen-Curen.

Mel. Meinen JEsum laß ich nicht.

525. Wundergott, HErr Zebaoth, Gros in allen deinen dingen, Der du lässst auf dein gebot Brunnen aus den felsen springen: Alle wasser loben dich: Deine macht ist wunderlich.

2. Grosse schätze kan dein arm In den schoos der erden legen: zuschliessen, Der von langen zeiten her Zur gesundheit quellen müssen, Und der dich, o schö- pfer, preist, Daß du unbegreif- lich seyst.

4. Moses schlug den felsen dort, Und er ließ das wasser springen: Hier muß auf dein starkes wort Aus der kluft ein brunnen dringen, Daß er uns in mancherley Ein gesunder Jordan sey.

5. Heller brunnen Israel, Laß uns deine kraft geniessen: Gros- ser arzt für leib und seel, Wa- sche vorher das gewissen, Daß dein wundernam dabey Unsrer curen anfang sey.

6. Edens klarer gnadenbrunn War durch Adam sehr betrübet, Daß sich manche krankheit nun An den morschen gliedern übet: Doch wir christen haben schon Jacobs brunnen, deinen Sohn.

7. Dessen blut, das rothe meer, Hat ersäuft die macht der sünden, Daß ein pilger hin und her Kan gesundes was- ser finden, Und die Hagar oft erblickt, Was der wüsten durst erquickt.

8. Nun, um Christi willen, laß Unsern kranken leib genesen: Segne dieses edle naß, Das schon vieler trost gewesen: Weil du, HErr, allmächtig bist, Heile,

fluß Erst zur zornfluth werden muß.

10. Wann die brünnlein Israel In der welt sehr sparsam fliessen, So laß dannoch unsre seel Noch ein tröpflein stets geniessen, Laß bey deinem gnadenschein Hier den brunn des lebens seyn.

11. Und wann wir gesund und krank Hier aus Mara trinken müssen, So laß uns den letzten trank Aus den wunden JEsu fliessen: Dort in jenem Canaan Trift man honigquellen an.

In Pest-Zeiten.

Mel. HErr JEsu Christ, dich zu uns.

526. Ach, GOtt, in gnaden von uns wend Dis grosse creutz und gros elend, Damit wir sind umgeben gar, Und stehn all augenblick in gfahr.

2. Behüt uns deine kinderlein, Um Christi, unsers HErren, pein, Vor pestilenz und schnellem tod, Und laß uns nicht in dieser noth.

3. In dieser noth, ach, laß uns nicht, Wend von uns dein'n zorn und gericht, Daß dir lobsinge unser mund Für deinen schutz aus herzensgrund.

Barthol. Ringwald.

Mel. HErr JEsu Christ, du höchstes.

527. Ach, liebe christen, seyd getrost, Wie thut ihr so verzagen, Weil uns der HErr heimsuchen thut, Lasst uns von herzen sagen: Die straf wir wohl verdienet han, Solchs muß bekennen jedermann, Niemand darf sich ausschliessen.

2. In deine händ uns geben wir, O GOtt, du lieber Vater, Denn unser wandel ist bey dir, Hier wird uns nicht gerathen; Weil wir in dieser hütten seyn, Ist nur elend, trübsal und pein, Bey dir der freud wir warten.

3. Kein frucht das weizenkörnlein bringt, Es fall dann in die erden, So muß auch unser irdscher leib Zu staub und asche werden, Eh er kommt zu der herrlichkeit, Die du, HErr Christ, uns hast bereit Durch deinen gang zum Vater.

4. Was wollen wir dann fürchten sehr Den tod auf dieser erden? Es muß einmal gestorben seyn. O wohl ist hier gewesen, Welcher, wie Simeon, entschläft, Sein sünd erkennt, Christum ergreift. So muß man selig werden.

5. Dein seel bedenk, bewahr dein leib, Laß GOtt den Vater sorgen, Sein engel deine wächter seyn Behüt'n dich vor dem argen; Ja, wie ein henn ihr küchelein Bedeckt mit ihren flügelein, So thut der HErr uns armen.

6. Wir wachen oder schlafen ein, So sind wir doch des HErren, Auf Christum wir getaufet seyn, Der kan dem satan wehren; Durch Adam auf uns kommt der tod, Christus hilft uns aus aller noth, Drum loben wir den HErren.

7. Ehr

7. Ehr sey dem HErren JEsu Christ, Der für uns ist gestorben, Und wieder auferstanden ist, Des Vaters huld erworben, Daß wir nun nicht in Adams fall Umkommen und auch sterben all, Sondern das leben erben. Joh. Gigas.

Mel. Durch Adams fall ist rc.

528. GOtt, der uns diesen tag bewacht, Dem sey nun lob gesungen, Daß er durch seine starke macht Uns heute beygesprungen, Damit uns nicht ein schneller tod Hat plötzlich überfallen, Und in so schwerer grosser noth Erhöret unser lallen.

2. Dir, grosser GOtt, bekennen wir Die menge unsrer sünden, Wir bitten aber, laß vor dir Uns doch genade finden, Und dich der grossen niederlag, HErr JEsu, doch erbarmen, Und treib der seuchen schwere plag Von uns verlaßnen armen.

3. Wend, HErr, von uns die pestilenz, Die um uns her thut schleichen, Laß sie doch unser haus und grenz, O JEsu, nicht erreichen: Steh du uns bey mit deiner gnad, Die kräftig in den schwachen, Und hilf, daß uns die pest nichts schad, Reiß uns aus ihrem rachen.

4. Du starker GOtt, dem folgen muß Wind, meer und auch die erden, Wir fallen dir durch buß zu fuß, Und wollen frömmer werden. Sprich nur ein wort durch deinen mund, So heilet, was geschlagen, Und bleibet frisch, was noch gesund, Von diesen schweren plagen.

5. Weil uns die schwarze nacht umgibt, So laß uns sicher schlafen, Wer GOtt vertraut und selben liebt, Dem können solche strafen Auch krümmen nicht ein einzigs haar, Es sey dann GOttes wille; Drum bet und schick dich zur gefahr, Und halt dem HErren stille.

6. Verzage nicht in deinem leid, GOtt wird dich nicht verderben, Du bist des HErren allezeit Im leben und im sterben. Sollt du dann sterben, sterbe hin, Thu GOtt dein seel ergeben, Ist doch der tod uns ein gewinn Und Christus unser leben.

7. Hat doch der mensch kein fried noch ruh, Dieweil er lebt auf erden, Bis daß er thut die augen zu, Da möcht es besser werden, Dann er ist von der harten schlacht Des bösen feinds entsprungen, Und frey von allem creutz gemacht, Mit dem er oft gerungen.

8. Darum geb ich mich willig drein, Und hoff auf GOtt den HErren, Es muß einmal gestorben seyn, Was soll ich mich viel sperren? Wer heut einschläft, ist morgen schon Aus diesem weltgetümmel, Und prangt mit unverwelkter kron Bey seinem GOtt im himmel.

9. Dir, JEsu, seye heimgestellt Mein leben und mein sterben

ben, Mach dus mit mir, wie dirs gefällt, Nur daß ich mög ererben Die hohe gnad, o JEsulein, Daß ich in jenem leben Nur möge dein thorhüter seyn, Das wollest du mir geben.

10. Und sterb ich gleich, so sterb ich dir, Du bist ja auch gestorben, Und hast ein ewigs leben mir Durch deinen tod erworben: Dis ist mein trost, darauf ich mich Beherzt nun lege schlafen; Wer busse thut, und hofft auf dich, Ruht unter deinen waffen.

Mel. Ach GOtt und HErr, wie rc.

529. GOtt lob und dank, Daß ich nicht krank In dieser nacht bin worden, Daß ich gesund Mit meinem mund Dich lob in meinem orden.

2. Ich bitte dich, Behüte mich Auch ferner diesen tage. Und straf mich nicht In dein'm gericht Durch die grassirend plage.

3. Erzörnet sehr Hab ich dich, HErr, Mit meinen schweren sünden; Doch schau die buß, Ich fall zu fuß, Und hoffe gnad zu finden.

4. Wie lang willt du Denn schlagen zu Auf die betrübten sünder? Wirf doch die ruth Ins feuers glut, Und tröste deine kinder.

5. Halt ein o GOtt, In dieser noth Mit sterben und verderben, Soll dann der rest An dieser pest So ganz abscheulich sterben?

6. HErr, von uns nimm Den schweren grimm, Und laß denselben sinken: Schenk creutz und pein Uns nicht mehr ein, Den becher auszutrinken.

7. Du weissst ja wohl, Daß keiner soll, Der auf dich hofft, verderben, Drum wirst du, GOtt, In dieser noth Dein kind nicht lassen sterben.

8. Verschone mein In dieser pein, Auf daß ein jeder schaue, Daß der nicht komm In nöthen um, Der seinem GOTT vertraue.

9. Doch schreib ich dir Keinmaas nicht für, Dein will der ist der beste; Ist es mir gut, So nimm die ruth, Und schlag mich mit der peste;

10. Dann herzlich gern, Ohn alles sperrn, Fall ich in deine hände, Und schließ darein Die seele mein An meinem letzten ende.

11. Darum trotz tod, Samt pest und noth Ihr könnt nur zeitlich schaden, Und bringt mich hin, Da, wo ich bin All meiner pein entladen.

12. O Eins in Drey, Ich gehe frey Nun aus in deinem namen, Du bist mein schild, Machs, wie du willt, Ich sprech darzu mein amen.

Mel. Ach, HErr, mich armen sünder.

530. Mein GOtt, es stellt sich wieder Des todes bruder ein, Da meine augenlieder Bereits voll schlafes seyn. Nun kan sichs leichte schicken, Daß ich mein bette

muß Als einen sarg erblicken, Durch deines rathes schluß.

2. Drum wecke mein gewissen, Eh ich zur ruhe geh, Die augen nicht zu schliessen, Bis ich in gnaden steh. Ich opfre dir ein herze, Das seine schuld bereut, Ich schrey im tiefsten schmerze: Ach HErr, barmherzigkeit!

3. Ich bin sowol ein sünder, Und auch des todes kind, Wie andre menschenkinder, Die heut erblasset sind: Doch lässst du mich noch leben, Und willst mir raum und zeit Zu meiner busse geben; O grosse gütigkeit!

4. Das laß mich wohl bedenken, Und deine gnadenthür Nicht selber mir verschrenken: Ja gib mir die begier Zu wachen und zu beten, Weil ich nicht wissen kan, Wann ich muß vor dich treten Auf schwarzer todtenbahn.

5. Beweise deine güte Auch diese nacht an mir, Dein schirm sey meine hütte, Dein name mein panzer, Treib du mit deinem schilde Des feindes pfeil zurück, Und gib, daß ich im bilde Dein antlitz stets erblick.

6. Halt du dem alten drachen Den schwarzen rachen zu, Und laß die engel wachen Bey meiner stolzen ruh; Was in dem finstern schleichet, Das laß vorübergehn, Daß, wenn die nacht entweichet, Wir alle vor dir stehn.

7. Doch, HErr, nach deinem willen: Denn sollt ich diese nacht Ins leichentuch mich hüllen So laß mein lebensstacht In Christi blut genetzet, Als wie ein licht vergehn, Den geist zu dir versetzet In lauter lichte stehn.

Benjamin Schmolk.

11) Reise-Lieder.

Mel. Nun ruhen alle wälder.

531. In allen meinen thaten, Laß ich den Höchsten rathen, Der alles kan und hat, Er muß zu allen dingen, Solls anders wohl gelingen, Selbst gnädig geben rath und that.

2. Nichts ist es spat und frühe Um alle meine mühe, Mein sorgen ist umsonst, Er mags mit meinen sachen Nach seinem willen machen, Ich stells in seine vatergunst.

3. Es kan mir nichts geschehen, Als was er hat gesehen, Und was mir selig ist, Ich nehm es, wie ers giebet, Was ihm von mir geliebet, Das hab ich willig auch erkiest.

4. Ich traue seiner gnaden, Die mich vor allem schaden Und allem übel schützt; Leb ich nach seinen sätzen, So wird mich nichts verletzen, Nichts fehlen, was mir ewig nützt.

5. Er wolle meiner sünden In gnaden mich entbinden,

Durchstreichen meine schuld: Er wird auf mein verbrechen Nicht stracks das urtheil sprechen, Und haben noch mit mir geduld.

6. Ich zieh in fremde laude, Zu nutzen einem stande, Zu dem er mich bestellt, Sein segen wird mich lassen, Was gut und recht ist, fassen, Zu dienen ihm in seiner welt.

7. Bin ich in wilder wüsten, So bin ich doch bey christen, Und Christus ist bey mir: Der helfer in gefahren, Der kan mich doch bewahren, Wie dorten, so auch fernerhin.

8. Er wird zu diesen reisen Gewünschten fortgang weisen, Wohl helfen hin und her, Gesundheit, heil und leben, Zeit, wind und wetter geben, Erfüllen gnädig mein begehr.

9. Sein engel, der getreue, Macht meine feinde scheue, Tritt zwischen mich und sie, Der hilft ja sonst den frommen, Den bösen zu entkommen, Daß sie, vergnügt, nicht wissen, wie.

10. Leg ich mich späte nieder, Erwach ich frühe wieder, Lieg oder zieh ich fort, In schwachheit und in banden, Und was mir stößt zu handen, So tröstet mich sein heilges wort.

11. Hat er es dann beschlossen, So will ich unverdrossen An mein verhängnis gehn, Kein unfall unter allen Wird mir zu harte fallen, Ich will ihn freudig überstehn.

12. Ihm hab ich mich ergeben Zu sterben und zu leben, So bald er nur gebeut, Es sey heut oder morgen, Dafür laß ich ihn sorgen, Er weiß gar wohl die rechte zeit

13. Gefällt es seiner güte, Und sagt mir mein gemüthe Nicht was vergeblichs zu, So werd ich GOtt noch preisen In manchen schönen weisen Daheim in meiner stillen ruh.

14. Indes wird er den meinen Mit segen auch erscheinen, Ihr schutz, wie meiner, seyn, Wird beyderseits gewähren, Was unser wunsch und zähren Ihn bitten herzlich überein.

15. So sey, nun, seele, seine, Und traue dem alleine, Der dich erschaffen hat, Es gehe, wie es gehe, Dein Vater in der höhe, Der weiß zu allen sachen rath. P. Flemming.

Mel. Wann wir in höchsten rc.

532. In JESU namen reis ich aus, Der selbst aus seines Vaters haus, Als aus dem höchsten freudensaal, Ist kommen in dis jammerthal.

2. Was man in JEsu namen thut, Das macht uns freudig herz und muth, Es muß in ihm gerathen wohl, Und seines segens werden voll.

3. Du, JEsu, richtest meinen fuß, Daß nichts von dir mich wenden muß, Du führst mich aus und wieder ein, Durch dich wird alles heilsam seyn.

4. Befiehl den engeln, daß sie

sie mich Auf allen wegen sichtbarlich Begleiten, und durch ihre wach Abwenden alles ungemach.

5. Treib meine sachen glücklich fort, Und bringe mich selbst an den ort, Wo ich will dismal reisen hin: Lenk aller frommen christen sinn.

6. Daß sie mich willig nehmen an, Wann ich nicht weiter reisen kan: Zu solchen leuten führe mich, Die fromm seynd und recht lieben dich.

7. Vor strassenräubern mich bewahr, Vor wassersnoth und kriegsgefahr, Vor wilden thieren, fall und brand, Vor stossen und vor sünd und schand.

8. In deine händ ergeb ich dir Leib, seel, und was sonst ist bey mir An allen orten, nah und weit, Bey jedermann zu jeder zeit.

9. Behüt in gnaden weib und kind, Blutsfreunde, haus, hof, vieh, gesind, Und was ich mehr verlassen hab, Allda wend alles unglück ab.

10. Und wenn ich glücklich dann vollbracht, Was zu vollbringen ich gedacht, So führe selbst mich in mein haus, Wie du mich hast geführet aus.

11. Und laß mich finden unversehrt, Was du aus gnaden mir verehrt; Für solchen schutz und stark geleit, O GOtt, dank ich in ewigkeit.

Johann Hermann.

Nach der Reise.

Mel. Nun sich der tag geendet hat.

533. GOTT lob, die reise ist vollbracht, Der weg zurückgelegt; Des HErren schutz und starke macht Hat mich bisher verpflegt.

2. Wie viel und mancherley gefahr Schleicht uns auf reisen nach: Doch der getreuen engel schaar Bewahrt für ungemach.

3. Durch sie gieng meiner füsse schritt Im segen sicher fort; Ich bring gesunde glieder mit An meinen ersten ort.

4. Die meinen hat auch GOtt bewahrt Für unglück, schmerz und tod, Und sie vergnügt und wohl gespart Für aller angst und noth.

5. Nimm hin den wohlverdienten dank, Mein GOtt, für dein geleit: Es steigt zu dir dein lobgesang Mit herzensfröhlichkeit.

6. Dein auge hat mich wohl geführt, Und hin und her gebracht, Ich habe deinen schutz verspürt Sowol bey tag, als nacht.

7. Ich opfre dir von neuem auf, Mein schöpfer, seel und leib, Regiere meinen ganzen lauf, Daß er gesegnet bleib.

8. Ist auch die reise gleich vorbey, So mach mir doch bekannt, Daß ich hier noch ein pilgrim sey: Bring mich ins vaterland.

D. J. J. Rambach.

Zehenter Theil,

hält in sich

Creutz-Anfechtungs- und Trost-Lieder.

In eigener Melodie.

534. Ach, GOTT, erhör mein seufzen und wehklagen, Laß mich in meiner noth nicht gar verzagen, Du weissst mein schmerz, Erkennst mein herz, Hast du mirs aufgelegt, so hilf mirs tragen.

2. Ohn deinen willen kan mir nichts begegnen, Du kanst verfluchen und auch wieder segnen; Bin ich dein kind, Und habs verdient, Gib warmen sonnenschein nach trübem regen.

3. Pflanz mir geduld durch dein'n Geist in mein herze, Und hilf, daß ich es acht für keinen scherze: Zu deiner zeit Wend ab mein leid, Durch mark und bein dringt mir der grosse schmerze.

4. Ich weiß, du hast meiner noch nicht vergessen, Daß ich vor leid mir sollt mein herz abfressen; Mitt'n in der noth Denk ich an GOtt, Wann er mich schon mit creutz und angst thut pressen.

5. Es hat kein unglück nie so lang gewähret Es hat doch endlich wieder aufgehöret: Beut mir dein hånd, Und machs ein end; Auf dieser erd mein herz sonst nichts begehret.

6. Soll ich noch mehr um deinetwillen leiden, So steh mir, HErr, mit deiner kraft zur seiten, Fein ritterlich, Beständiglich Hilf mir mein widersacher all bestreiten.

7. Daß ich durch deinen Geist mög überwinden, Und mich allzeit in deinem haus laß finden, Zum preis und dank, Mit lobgesang, Mit dir thu ich aus liebe mich verbinden.

8. Daß wir in ewigkeit bleiben beysammen, Und ich allzeit dein auserwählten namen Preis herziglich, Das bitt ich dich, Durch JEsum Christum, unsern HErren, amen.

M. Jac. Peter Schechsius.

Mel. O GOtt du frommer GOtt.

535. Ach, GOtt, gedenke mein, Gedenke mein im besten. Dis sind die schöne wort, Die meine seele trösten; Ich fürchte keine noth, Kein angst und keine pein, So lang ich rufen kan; Ach, GOtt, gedenke mein.

2. Ach, GOtt, gedenke mein: Wie könnt ich sichrer leben, Als wann du, Vater, willt Ob deinem

nem kinde schweben, Wann ich von deinem schutz Kan unvergessen seyn? Drum bitt ich allezeit: Ach, GOtt, gedenke mein.

3. Ach, GOtt, gedenke mein, Gedenk, daß ich dein kinde, Ich, der ich nirgends ruh Und beßre rettung finde, Auch keine hülfe weiß, Denn nur bey dir allein; Drum ruf ich allezeit: Ach GOtt, gedenke mein.

4. Ach, GOtt, gedenke mein, Zwar nicht an meine sünde, Wodurch ich mich des rechts Der kindschaft selbst entbinde, Ach nein, im besten laß Mich dir befohlen seyn. Gedenk an gnad für recht: Ach, GOtt, 2c.

5. Ach, GOtt, gedenke mein, Bin ich ein übertretter, So ist mein JEsus da, Der ist mein seelenretter: Will sünde, höll und tod Den untergang andräun, So hilft er, weil ich ruf, Ach, GOtt, gedenke mein.

6. Ach, GOtt, gedenke mein, Mit reichem trost und segen, Behüt das ganze haus: Gib glück auf meinen wegen: Flös mir das gnadenöl Des heilgen Geistes ein; Erhör mich, wann ich ruf: Ach, GOtt, gedenke mein.

7. Ach, GOtt, gedenke mein, Auch wann ich werde scheiden, Wann ich mein leid vertausch Mit süssen himmelsfreuden, So bitt ich, lasse dir Mein seel befohlen seyn In solcher todesnoth: Ach, GOtt, gedenke mein.

8. Ach, GOtt, gedenke mein, Ja, ja, du willt gedenken, Du hast dem schächer dort Die gnade wollen schenken, Daß er noch selben tag Im paradies soll seyn; Drum ruf ich auch mit ihm: Ach, GOtt, gedenke mein.

9. Ach, GOtt, gedenke mein, Erfülle mein verlangen, Mit heisser andacht will Ich dich alldört umfangen, Wo ihr dann drey in eins Beysammen werdet seyn, Drum hilf mir bald dahin. Ach, GOtt, gedenke mein.

10. Nun, GOtt, gedenke mein, Er denket mein im besten, Dis sind die schöne wort, So meine seele trösten: Jetzt fürcht ich keine noth: Kein angst und keine pein, Mein rufen ist erhört, Mein GOtt gedenket mein.

Mel. Nimm von uns, HErr, du 2c.

536. Ach, GOtt, wie manches herzenleid Begegnet mir zu dieser zeit, Der schmale weg ist trübsal voll, Den ich zum himmel wandern soll: Wie schwerlich läßt sich fleisch und blut Zwingen zu dem ewigen gut.

2. Wo soll ich mich dann wenden hin? Zu dir, HErr JEsu, steht mein sinn, Bey dir mein herz trost, hülf und rath Allzeit gewiß gefunden hat, Niemand jemals verlassen ist, Der getraut hat auf JEsum Christ.

3. Du bist der grosse wundermann, Das zeigt dein amt und person an; Welch wunderding hat man erfahrn, Daß du,

du, mein GOtt, bist mensch gebohrn, Und führest uns durch deinen tod Ganz wunderlich aus aller noth.

4. JESU, mein HErr und GOtt allein, Wie süß ist mir der name dein; Es kan kein trauren seyn so schwer, Dein süsser nam erfreut vielmehr; Kein elend mag so bitter seyn, Dein süsser nam der linderts fein.

5. Ob mir gleich leib und seel verschmacht, So weist du, HERR, daß ichs nicht acht, Wann ich dich hab, so hab ich wohl, Was mich ewig erfreuen soll: Dein bin ich ja mit leib und seel, Was kan mir thun sünd, tod und höll?

6. Kein bessre treu auf erden ist, Dann nur bey dir, HErr JEsu Christ, Ich weiß, daß du mich nicht verlässst, Dein zusag bleibt mir ewig fest: Du bist mein rechter treuer hirt, Der mich ewig behüten wird.

7. JEsu, mein freud, mein ehr und ruhm, Meins herzens schatz und mein reichthum, Ich kan es ja nicht zeigen an, Wie hoch dein nam erfreuen kan: Wer glaub und lieb im herzen hat, Der wirds erfahren in der that.

8. Drum hab ich oft und viel geredt, Wenn ich an dir nicht freude hätt, So wollt ich den tod wünschen her, Ja, daß ich nie gebohren wär, Dann wer dich nicht im herzen hat, Der ist gewiß lebendig todt.

9. JEsu, du edler bräutgam werth, Mein höchste zierd auf dieser erd, An dir allein ich mich ergetz Weit über alle güldne schätz: So oft ich nur gedenk an dich, All mein gemüth erfreuet sich.

10. Wann ich mein hoffnung stell zu dir, So fühl ich freud und trost bey mir: Wann ich in nöthen bet und sing, So wird mein herz recht guter ding; Dein Geist bezeugt, daß solches frey Des ewgen lebens vorschmack sey.

11. Drum will ich, weil ich lebe noch, Das creuz dir willig tragen nach, Mein GOtt, mach mich dazu bereit, Es dient zum besten allezeit: Hilf mir mein sach recht greifen an, Daß ich mein lauf vollenden kan.

12. Hilf mir auch zwingen fleisch und blut, Vor sünd und schanden mich behüt: Erhalt mein herz im glauben rein, So leb und sterb ich dir allein. JEsu, mein trost, hör mein begier, O mein heiland, wär ich bey dir!

Martin Mollerus.

Mel. HErr JEsu Christ, du ꝛc.

537. Ach, treuer GOTT, barmherzigs herz, Des güte sich nicht endet, Ich weiß, daß mir dis creuz und schmerz Dein vaterhand zusendet: Ja, HErr, ich weiß, daß diese last Du mir aus lieb ertheilest hast, Und gar aus keinem hasse.

2. Denn das ist allzeit dein gebrauch, Wer kind ist, muß

das leiden, Und wen du liebst, den stäupst du auch, Schickst trauren für die freuden, Führst uns zur höllen, thust uns weh, Und führst uns wieder in die höh, Und so geht eins ums ander.

3. Du führst ja wohl recht wunderlich Die, so dein herz ergötzen, Was leben soll, muß erstlich sich In todeshöhlen setzen; Was steigen soll zur ehr empor, Liegt auf der erd, und muß sich vor Im koth und staube wälzen.

4. Das hat der HErr, dein liebster Sohn, Selbst erfahren auf erden, Denn eh er kam zum ehrenthron, Mußt er gecreutzigt werden: Er gieng durch trübsal, angst und noth, Ja durch den herben bittern tod Drang er zur himmelsfreuden.

5. Hat nun dein Sohn, der fromm und recht, So willig sich ergeben, Was will ich armer sündenknecht Dir viel zuwider streben; Er ist der spiegel der geduld, Und wer sich sehnt nach seiner huld, Der muß ihm ähnlich werden.

6. Ach, liebster Vater, wie so schwer Ist der vernunft zu glauben, Daß du demselben, den du sehr Schlägst, solltest günstig bleiben. Was macht doch creuz so lange zeit, Wie schwerlich will sich lieb und leid Zusammen lassen reimen.

7. Was ich nicht kan, das gib du mir, O höchstes gut der frommen, Gib, daß mir nicht des glaubens zier Durch trübsal werd entnommen; Erhalte mich, o starker hort, Bevestge mich in deinem wort, Behüte mich vor murren.

8. Bin ich ja schwach, laß deine treu Mir an die seite treten, Hilf, daß ich unverdrossen sey Zum rufen, seufzen, beten: So lang ein herze hoft und gläubt, Und im gebet beständig bleibt, So lang ists unbezwungen.

9. Greif mich auch nicht zu heftig an, Damit ich nicht vergehe, Du weißst wohl, was ich tragen kan, Wies um mein leben stehe; Ich bin ja weder stahl noch stein, Wie balde geht ein wind herein, So fall ich hin und sterbe.

10. Ach, JEsu, der du worden bist Mein heil mit deinem blute, Du weißst gar wohl, was creuze ist, Und wie dem sey zu muthe, Den creuz und grosses unglück plagt, Drum wirst du, was mein herze klagt, Gar gern zu herzen fassen.

11. Ich weiß, du wirst in deinem sinn Mit mir mitleiden haben, Und mich, wie ich jetzt dürftig bin, Mit gnad und hülfe laben. Ach, stärke meine schwache hand, Ach, heil und bring in bessern stand Das straucheln meiner füsse.

12. Sprich meiner seel ein herze zu, Und tröste mich aufs beste, Denn du bist ja der müden ruh, Der schwachen thurn

und veste, Ein schatten vor der sonnenhitz, Ein hütte, da ich sicher sitz Im sturm und ungewitter.

13. Und weil ich ja nach deinem rath, Hie soll ein wenig leiden, So laß mich auch in deiner gnad Als wie ein schäflein weiden, Daß ich im glauben die geduld, Und durch geduld dein edle huld Nach harter prob erhalte.

14. O heilger Geist, du freudendöl, Das GOtt vom himmel schicket, Erfreue mich, gib meiner seel, Was mark und bein erquicket: Du bist der Geist der herrlichkeit, Weißst, was für gnade, trost und freud Mein in dem himmel warte.

15. Ach, laß mich schauen, wie so schön Und lieblich sey das leben, Das denen, die durch trübsal gehn, Du dermaleinst wirst geben; Ein leben, gegen welches hier Die ganze welt mit ihrer zier Durchaus nicht zu vergleichen.

16. Daselbst wirst du in ewger lust Aufs süßste mit mir handeln: Mein kreuz, das mir und dir bewust In freud und ehr verwandeln; Da wird mein weinen lauter wein, Mein ächzen lauter jauchzen seyn, Das glaub ich, hilf mir, amen.

Paul Gerhard.

Mel. Wer weiß, wie nahe mir 2c.

538. Ach, wie betrübt sind fromme seelen Allhier in dieser jammerwelt, Wer kan ihr leiden alles zählen, Das sie so gar gefangen hält, Es beisset nun und kränket sehr, Ach, wann ich nur im himmel wär!

2. Ich mag mich, wo ich will, hinwenden, So seh ich nichts, als tausend noth, Ein jeder hat sein creutz in händen, Und sein bescheiden thränenbrod: Ich bin betrübet allzusehr, Ach, wann ich nur im himmel wär!

3. Hier lebt der mensch ja stets in jammer, Mit jammer kommt die abendruh, Mit jammer geht er aus der kammer, Mit jammer bringt er alles zu, Das macht das leben freylich schwer: Ach, wann 2c.

4. Hier kan das glücke zwar was machen, Doch kommts nicht jedem in das haus, Dem einen bringt es stets zu lachen, Dem andern presst es thränen aus, Ich bin betrübet allzusehr, Ach, wann ich nur 2c.

5. Im himmel wird das kreutz der erden, Und was mich hier zu boden drückt, Zu lauter güldnen kronen werden, Ach, wär ich doch schon hingerückt, Ich bin betrübet allzusehr, Ach, wann 2c.

6. Ey du, mein liebster JEsu, führe, Ey, führe mich doch aus der welt, Schleuß auf die güldne himmelsthüre, Worauf mein herz am meisten hält; Ich achte nun der welt nicht mehr, Ach, wann ich nur im himmel wär!

G. M. Pfefferkorn.

Mel.

Mel. Zweyerley bitt ich von dir.

539. Auf den nebel folgt die sonn, Auf das trauren freud und wonn, Auf die schwere bittre pein Stellt sich trost und labsal ein. Meine seele, die zuvor Sank bis zu dem höllenthor, Steigt nun bis zum himmelschor.

2. Der, vor dem die welt erschrickt, Hat mir meinen geist erquickt, Seine hohe starke hand Reisst mich aus der höllen band: Alle seine lieb und güt Ueberschwemmt mir mein gemüth, Und erfrischt mir mein geblüt.

3. Hab ich vormals angst gefühlt, Hat der gram mein herz zerwühlt, Hat der kummer mich beschwehrt, Hat der satan mich bethört, Ey, so bin ich nunmehr frey, Heil und rettung, schutz und treu Steht mir wieder treulich bey.

4. Nun erfahr ich, schnöder feind, Wie dus hast mit mir gemeynt, Du hast wahrlich mich mit macht In dein netz zu ziehn gedacht; Hätt ich dir zuviel getraut, Hättst du, eh ich zugeschaut, Mir zum fall ein sieb gebaut.

5. Ich erkenne deine list, Da du mit erfüllest bist, Du beläugst mir meinen GOtt, Und machst seinen ruhm zu spott; Wann er setzt, so wirfst du üm: Wann er spricht, verkehrt dein grimm Seine süsse vatersstimm.

6. Hoff und wart ich alles guts, Bin ich froh und gutes muths: Rückst du mir aus meinem sinn Alles gute sinnen hin: GOtt ist, sprichst du, fern von dir; Alles unglück bricht herfür, Steht und liegt vor deiner thür.

7. Heb dich weg, verlogner mund, Hier ist GOtt und GOttes grund, Hier ist GOttes angesicht, Und das schöne helle licht Seines segens, seiner gnad, All sein wort und weiser rath Steht vor mir in voller that.

8. GOtt lässt keinen traurig stehn, Noch mit schimpf zurücke gehn, Der sich ihm zu eigen schenkt, Und ihn in sein herze senkt; Wer auf GOtt sein hoffnung setzt, Findet endlich und zuletzt, Was ihm leib und seel ergetzt.

9. Kommts nicht heute, wie man will, Sey man nur ein wenig still, Ist doch morgen auch ein tag, Da die wohlfart kommen mag; GOttes zeit hält ihren schritt, Wann sie kommt, kommt unsre bitt Und die freude reichlich mit.

10. Ach, wie ofte dacht ich doch, Da mir noch das trübsals joch Auf dem haupt und halse saß, Und das leid mein herze fraß: Nun ist keine hoffnung mehr, Auch kein ruhen, bis ich kehr In das schwarze todtenmeer.

11. Aber mein GOtt wandt es bald, Heilt und hielt mich dergestalt, Daß ich, was sein arm gethan, Nimmermehr

verzagt Mich selbst und mein herze plagt; Als ich manche liebe nacht Mich mit wachen krank gemacht; Als mir aller muth entfiel, Tratst du, mein GOtt, selbst ins spiel, Gabst dem unfall maas und ziel.

13. Nun, so lang ich in der welt Haben werde haus und zelt, Soll mir dieser wunderschein Stets vor meinen augen seyn. Ich will all mein lebenlang Meinem GOtt mit lobgesang Hierfür bringen lob und dank.

14. Allen jammer, allen schmerz, Den des ewgen Vaters herz Mir schon jetzo zugezählt, Oder künftig auserwählt, Will ich hier in diesem lauf Meines lebens all zu hauf Frisch und freudig nehmen auf.

15. Ich will gehn in angst und noth, Ich will gehn bis in den tod, Ich will gehn ins grab hinein, Und doch allzeit frölich seyn. Wem der stärkste will beystehn, Wen der Höchste will erhöhn, Kan nicht ganz zu grunde gehn. P. Gerhard.

Mel. Ich halt an meinem Gott ganz.

540. Betrübtes herz, sey wohlgemuth, Thu nicht so gar verzagen, Es wird noch alles werden gut, All dein schmerzen und klagen Wird sich in lauter frölichkeit sein lust An dem schreyen der armen, Die will er nicht in ewigkeit Lassen in ihrem herzenleid, Sondern daraus erretten.

3. Wann dich vater und mutter lässt Stecken in deinen nöthen, Da zweifle nicht, sondern glaub fest, Wollte man dich gleich tödten, Daß dich der HErr doch nimmet auf, Laß dich nicht irren der welt lauf, Sondern trau GOtt alleine.

4. Wär gleich noch einst so gros die noth, Laß dich es nicht erschrecken, Es soll der g'rechte doch sein brod Nicht such'n an einem stecken; David spricht: ich bin gwesen jung, Hab auch gelebt der jahre gnung, Und habs noch nie gesehen.

5. Hier geht es zu oft sehr ungleich, Der arme muß sich schmiegen, Wer nur geld hat und ist sehr reich, Vor dem muß man sich biegen: Wer nicht hat groser herren gunst, Dem hilft auch nicht sein beste kunst, Er muß darunter liegen.

6. GOtt aber hält ein andre art, Was die welt thut verlachen, Und was hier wird gedrücket hart, Das pflegt er gros zu machen: Die stolzen stösset er vom stuhl, Gibt ihn'n zu lohn den höllischen pfuhl, Der stets von schwefel brennet.

7. Drum

7. Drum, meine seel, verzage nicht, Halt fest an GOtt dem HErren, Ob dir jetzund gewalt geschicht, Halt still, und leid es gerne. Es wird noch wohl kommen die zeit, Daß GOtt wird heimsuchen die leut, Die dich jezund betrüben.

Andreas Kritzelmann.

Mel. Wer nur den lieben Gott läßt.

541. Der wahren christen ganzes leben Ist eine stete ritterschaft, Darein hab ich mich auch ergeben, Und bleib darinn durch GOttes kraft: Gewiß ists, wer hier überwindt, Dort herrlichkeit ohn ende findt.

2. Kein wahrer Christ ist ohne leiden, Gleichwie kein krieger ohne feind; Die kron ist denen nur bescheiden, So in dem kampfe helden seynd: Drum nur frisch und getrost gelitt'n, Und so den ehrenkranz erstritt'n.

3. Was ist die trübsal dieses lebens? Ein kurzes weh, ein kleines ach, Es darf ein wenig widerstrebens, So ist besiegt das ungemach: Drauf folget grosse freud und wonn, Auf trübe nacht die helle sonn.

4. Zwar fleisch und blute pflegt zu grauen, Es hält das creutz für überschwer: Die aber auf das künftge schauen, Die fürchten sich dafür nicht sehr, Sie sehen, daß ein quintlein müh Wohl centnerfreude nach sich zieh.

5. Das kan und will ich sicher setzen, Daß alles leiden dieser zeit Nicht werth noch würdig sey zu schätzen Der übergrossen herrlichkeit, Die nach dem elend dieser erd'n An uns soll offenbaret werd'n.

6. Wohlan, so laß denn noth und plagen Nur auf mich dringen rings umher. Ich bin bereit, mich durch zu schlagen; Glaub und gebet ist mein gewehr: Ich kan dabey gar nichts verliern; Mich wird noch jene krone ziern.

7. Hilf, JEsu, mir im glauben kämpfen, Und durch dein blut und meine tauf Welt, teufel, sünd und hölle dämpfen, Wohl führ'n und enden meinen lauf, Daß, wenn des glaubens kampf geschehn, Ich deine herrlichkeit mag sehn.

In eigener Melodie.

542. Du, o schönes weltgebäude, Magst gefallen, wem du willt, Deine scheinbarliche freude Ist mit lauter angst umhüllt; Denen, die den himmel hassen, Will ich ihre weltlust lassen, Mich verlangt nach dir allein, Allerschönstes JEsulein.

2. Müde, die der arbeit menge, Und der heisse strahl beschwehrt, Wünschen, daß des tages länge Werde durch die nacht verzehrt, Daß sie nach so vielen lasten Können sanft und süsse rasten: Ich wünsch jetzt bey dir zu seyn, Allerliebstes JEsulein.

3. Ach! möcht ich in deinen

armen So, wie ich mir wünschen wollt, Allerliebster schatz, erwarmen, So wollt ich das feinste gold, Das in Ophir wird gegraben, Nicht für die ergötzung haben, Wann ich könnte bey dir seyn, Allerliebstes JEsulein!

4. Andre mögen durch die wellen, Und durch wind und klippen gehn, Ihren handel zu bestellen, Und da sturm und noth ausstehn: Ich will meine glaubensflügel Schwingen an der sternen hügel, Ewig da bey dir zu seyn, Allerschönstes JEsulein!

5. Tausendmal pfleg ich zu sagen, Und noch tausendmal darzu, Ach, würd ich ins grab getragen! Ey, so käm ich ja zur ruh, Und mein bestes theil das würde Frey von dieser leibesbürde Je und ewig um dich seyn, Allerliebstes JEsulein!

6. Komm, o tod, du schlafesbruder, Komm und führe mich nur fort, Löse meines schiffleins ruder, Bringe mich in sichern port: Es mag, wer da will, dich scheuen, Du kanst mich vielmehr erfreuen, Dann durch dich komm ich hinein Zu dem schönsten JEsulein.

7. Ach, daß ich den leibeskerker Heute noch verlassen

8. Doch, weil ich die seelenauen, Und den güldnen himmelssaal Jetzt nicht kan nach wünschen schauen; Und muß hier im thränenthal Noch am kummerfaden spinnen: Ey, so sollen meine sinnen Unterdeß doch bey dir seyn, Allerliebstes JEsulein!

Johannes Frank.

In eigner Melodie.

543. Ephraim, was soll ich machen? Spricht des allerhöchsten mund: Soll ich deiner angst nicht lachen? Dich verderben auf den grund? Israel, soll ich dich schützen? Dich nicht vielmehr lassen schwitzen In der drangsal, in der noth? Dich verfolgen auf den tod?

2. Soll ich nicht vielmehr erkiesen, Also mit dir umzugehn, Wie mit Adama vor diesen, Wie Zeboim ist geschehn? Aber mein herz und gemüthe Hält vielmehr ob gnad und güte: Mein sinn heget jederzeit Flammen der barmherzigkeit.

3. Meine liebe, die ich trage Zu dir, trautes Ephraim, Ist so brünstig, daß die plage, Meines herben zornes grimm Gar zu boden niederlieget, Wird bestritten und besieget: Es muß aller angst und pein, Aller qual

der die wolken machet, Der dich, Jsrael, bewachet: Jch bin deines lebens zier, Und der heilge unter dir.

Mel. Was mein GOtt will, das ꝛc.

544. Frisch auf, mein seel, verzage nicht, GOtt will sich dein erbarmen, Rath, hülf und trost dir theilen mit, Er ist ein schutz der armen; Obs oft geht hart, Jm rosengart Kan man nicht allzeit sitzen. Wer GOtt vertraut, Hat wohl gebaut, Den will er ewig schützen.

2. Dis hat Joseph, der fromme mann, Sehr oft und viel erfahren, Von David, Job man lesen kan, Wie sie im unfall waren, Noch hat sie GOtt Jn ihrer noth Gar gnädiglich behütet. Wer GOtt vertraut, Hat wohl gebaut, Wann noch der feind so wütet.

3. Trotz sey dem teufel und der welt, Von GOtt mich abzuführen, Auf ihn mein hoffnung ist gestellt, Sein gutthat thu ich spüren, Dann er mir hat Gnad, hülf und rath Jn seinem Sohn verheissen. Wer GOtt vertraut, Hat wohl gebaut, Wer will mich anders weisen?

4. Wann böse leut schon spotten mein, Mich ganz und gar verachten, Als sollt GOtt nicht mein helfer seyn, Dennoch will ichs nicht achten; Der schutzherr mein Jst GOtt allein: Dem hab ich mich ergeben, Dem ich vertrau, Vest auf ihn bau, Der kan mich wohl erheben.

5. Ob sichs bisweilen schon anließ, Als wollt mich GOtt nicht schützen, Und hätt die welt mein überdrüß, Wollt mich auch darzu trotzen, So weiß ich doch, Er wird mich noch Zu seiner zeit nicht lassen. Wer GOtt vertraut, Hat wohl gebaut, Wie könnt er mich dann hassen?

6. Drum freu dich, meine liebe seel, Es soll kein noth nicht haben, Welt, sünd, tod, teufel und die höll Soll'n dir ewig nicht schaden, Denn GOttes Sohn, Der gnadenthron, Hat sie all überwunden; Auf GOtt vertrau, Vest auf ihn bau, Der hilft zu allen stunden.

7. Der'r keinen er verlassen hat, Die nach sein'm willen leben Um gnad, hülf suchen früh und spat, Sich gänzlich ihm ergeben. Glaub, lieb, gedult Bringt GOttes huld, Darzu ein gut gewissen, Wer GOtt vertraut, Vest darauf baut, Der solls ewig geniessen.

8. Wer aber hülf bey menschen sucht, Und nicht bey GOtt dem HErren, Derselb ist gottlos und verflucht, Kommt nimmermehr zu ehren: Denn GOtt allein Will helfer seyn Jn JEsu Christi namen, Wer solches glaubt, Und GOtt vertraut, Soll selig werden, amen.

M. L. Helmbold.

Einer betrübten Seele Gespräch mit ihrem JEsu.

In eigener Melodie.

Seele.

545. Hast du dann, JEsu, dein angesicht gänzlich verborgen, Daß ich die stunden der nächte muß warten bis morgen? Wie hast du doch, Süssester, mögen annoch Bringen die traurigen sorgen?

Christus.

2. Mußt du dann, liebste, dich also von herzen betrüben, Daß ich ein wenig zu lange bin aussen geblieben? Weißst du dann nicht, Wie sich mein herze verpflicht, Dich stets und ewig zu lieben.

Seele.

3. Meine betrübete geister die weinen im herzen, Weil nun die flammen und funken der brennenden kerzen In liebesglut, Leider, dein zürnen austhut, Soll ich dann dieses verschmerzen?

Christus.

4. Ach, du bekümmerte seele, sey frölich im herzen, Stille die traurige sorgen und quälende schmerzen, Keine sündfluth, Tilget die feurige glut Meiner liebbrennenden kerzen.

Seele.

5. Willt du mich lassen in nöthen, o JEsu, verderben, Ey nun, so lasse mich, süsser, doch seliglich sterben, Auf daß ich kan Dorten die himmlische bahn Endlich aus gnaden ererben.

Christus.

6. Richte dich, liebste, nach meinem gefallen, und gläube, Daß ich dein seelenhirt immer und ewig verbleibe, Der dich ergetzt, Und in den himmel versetzt Aus dem gemarterten leibe.

Seele.

7. Muß ich in diesem betrübten und zeitlichen leben Gleich in des todes gefährlichen schranken stets schweben: So wird mir dort JEsus am seligen ort Himmlische freyheit doch geben.

Christus.

8. Traue nur sicher, und bleibe beständig im glauben. Ob gleich tod, teufel und hölle sich brüsten und schnauben, Sollen sie doch Nicht in ihr höllisches joch Dich aus den händen mir rauben.

Seele.

9. Hiemit so will ich gesegnen die irdischen freuden, Hiermit so will ich vom zeitlichen leben abscheiden, Ewige lust Wird mir bald werden bewußt, Wann mich der himmel wird weiden.

Christus.

10. Herzlich verlangende seele nach himmlischen freuden, Ey nun, so schicke dich, selig von hinnen zu scheiden, Tröste dich mein, Daß ich dein hirte will seyn, Und dich erquicken und weiden.

Seele.

11. Ade, o erde, du schönes doch schnödes gebäude. Ade, o wollust, du süsse doch zeitli=

che freude. Ade, o welt, Mir es nicht länger gefällt; Darum zu JEsu ich scheide.

Christus.

12. Ach nun willkommen, mein erbtheil vom Vater gegeben, Erbe die schätze des himmels und ewiges leben, Da du mit mir Für dis weltleiden allhier Ewig in freuden sollst schweben. Johann Rist.

M. HErr JEsu Christ, du höchstes g

546. HErr JEsu Christ, ich schrey zu dir Mit hochbetrübter seele, Dein allmacht laß erscheinen mir, Und mich nicht also quäle; Viel grösser ist die angst und schmerz, So anficht und betrübt mein herz, Als daß ichs kan erzehlen.

2. HErr JEsu Christ, erbarm dich mein Durch deine grosse güte, Mit erquickung und hülf erschein Mein'm traurigen gemüthe, Welches wird elendig geplagt, Und, so du nicht hilfst, gar verzagt, Dieweils kein trost kan finden.

3. HErr JEsu Christ, gros ist die noth, Darinn ich jetzt thu stecken, Ach hilf, mein allerliebster GOtt, Schlaf nicht, laß dich erwecken, Niemand ist, der mir helfen kan, Kein creatur sich mein ninmt an, Ich darfs auch niemand klagen.

zuversicht Auf dich zu schanden werden nicht, Sonst bin ich ganz verlassen.

5. HErr JEsu Christe, GOttes Sohn, Zu dir steht mein vertrauen, Du bist der rechte gnadenthron, Wer nur auf dich thut bauen, Dem stehst du bey in aller noth, Hilfst ihm im leben und im tod, Darauf ich mich verlasse.

6. HErr JEsu Christ, das elend mein Thu gnädiglich ansehen, Durch die heilge fünf wunden dein Hör mein gebet und flehen, Welchs tag und nacht mit angst und schmerz Zu dir ausschütt mein traurigs herz, Ach, laß dichs doch erbarmen.

7. HErr JEsu Christ, wann es ist zeit, Nach deinem wohlgefallen, Hilf mir durch dein barmherzigkeit Aus meinen ängsten allen: Zerstör den anschlag meiner feind, Die mir zu stark und mächtig seynd, Laß mich nicht unterdrücken.

8. HErr JEsu Christ, die freunde mein Mit leib und auch der seelen In die huld und genade dein Ich treulich thu befehlen, Schütz sie durch dein barmherzigkeit, Und wend in freud mein grosses leid, Welchs ich dir sehnlich klage.

also soll seyn gequält, So gir mir kraft und stärke.

10. HErr JEsu Christ, verleih gedult, Hilf mir mein creuz ertragen, Wend nicht von mir ab deine huld; Und so du mich willst plagen, Es zeitlich hier am leibe thu, Gib nur der armen seele ruh', Daß sie dort mit dir lebe.

11. HErr JEsu Christ, das glaub ich doch Aus meines herzens grunde, Du wirst mich wohl erhören noch Zu rechter zeit und stunde, Dann du hast mich noch nie verlahn, Wann ich dich hab geruffen an, Des ich mich herzlich tröste.

12. HErr JEsu Christ, einiger trost, Zu dir will ich mich wenden, Mein herzleid ist dir wohl bewußt, Du kanst und wirst es enden: In deinen willen seys gestellt, Machs, lieber GOtt, wie dirs gefällt, Dein bin und will ich bleiben.

13. HERR JEsu Christ, die seufzer mein, So ich thu vor dich bringen, Bespreng doch mit dem blute dein, Damit sie hindurch dringen, Und erweichen des Vaters herz, Daß er abwend all noth und schmerz, Die uns von dir woll'n trennen.

14. HErr JEsu Christ, mit hülf erschein All'n armen und elenden, Die jetzt in grossen nöthen seyn, Thu dich zu ihnen wenden; Mit starker hand heraus sie reiß; Dafür sie dir dort lob und preis Ewiglich sagen werden. M. Schindler.

M. Ach! was soll ich sünder machen.

547. Ich bin müde mehr zu leben, Nimm mich, liebster GOtt, zu dir, Muß ich doch im leben hier Täglich in betrübnis schweben, Meine größte lebenszeit Lauft dahin in traurigkeit.

2. Möcht es dir, mein GOtt, gefallen, Wollt ich herzlich gern ins grab, Da mein leid geschnitten ab, Da mein schmerzensvolles wallen Dieses lebens ganz verschwindt, Und sein endlichs ende findt.

3. Ich verschmachte fast vor sorgen, Meine milde thränenfluth Und des creuzes heisse glut Sind mein frühstück alle morgen, Furcht, betrübnis, angst und noth, Sind mein täglich speisebrod.

4. Seh ich jene böse rotten, Die sich in die welt verliebt, Werd ich innerlich betrübt, Wann sie meiner höhnisch spotten, Wann sie schreyen: seht den mann, Dem sein GOtt nicht helfen kan.

5. Dann geh ich in meine kammer, Fall auf meine matte knie, Heul und winsle jeß und je, Und beweine meinen jammer: Meiner thränen milder lauf Steiget zu dir wolken auf.

6. GOtt, wann wirst du dich erbarmen Ueber meine schwere pein? Wenn wirst du mir gnädig seyn? Ach wann wirst du mich umarmen? Ach, mein GOtt, wie lang, wie lang, Soll mir doch noch seyn so bang?

7. Setze mich doch einmal nieder, Laß mich kommen doch zur ruh, Allerliebster Vater, du, Tröste mich doch einmal wieder: Gib mir endlich doch einmal Herzenslust nach dieser qual.

8. Doch, wer weiß, wozu es nützet, Daß du mich so züchtigest? Daß ich werde so gepreßt, Und vor welcher noth es schüzzet? Dann wer in der welt sich freut, Kommt oft um die seligkeit.

9. Darum laß die straf ergehen, Schlage zu und stäupe fort, Liebster GOtt, und schone dort; Doch, damit ichs kan ausstehen, So verleihe mir geduld, Nach verborgner Vaters huld;

10. Und nimm mich nach deinem willen, Nach der ausgestandnen qual In den grossen freudensaal, Da sich alle noth wird stillen. Komme, GOtt, wann dirs gefällt, Und reiß mich von dieser welt.

Mel. Wer nur den lieben GOtt rc.

548. Je grösser creuz, je näher himmel, Wer ohne creuz, ist ohne GOtt, Bey dem verlarvten weltgetümmel Vergißt man hölle, fluch und tod. O selig ist der mann geschätzt, Den GOtt in creuz und trübsal setzt.

2. Je grösser creuz, je besser christe, GOtt streicht uns an dem probestein, Wie mancher garten lieget wüste, Wo keine thränenregen seyn; Das gold wird auf dem feuerheerd; Ein christ in mancher noth bewährt.

3. Je grösser creuz, je stärker glaube, Die palme wächset bey der last, Die süßigkeit fleußt aus der traube, Wann du sie wohl gekeltert hast. Im creuze wächset uns der muth, Wie perlen in gesalzner fluth.

4. Je grösser creuz, je grösser liebe; Der wind bläst nur die flammen auf; Und scheinet gleich der himmel trübe, So lachet doch die sonne drauf, Das creuz vermehrt der liebe glut, Gleich wie das öl im feuer thut.

5. Je grösser creuz, je mehr gebete, Geriebne kräuter riechen wohl. Wenn um das schiff kein sturmwind wehte, So fragte man nicht nach dem pol; Wo kämen Davids psalmen her? Wann er nicht auch versuchet wär.

6. Je grösser creuz, je mehr verlangen, Im thale steiget man berg an, Wer durch die wüsten oft gegangen, Der sehnet sich nach Canaan; Das täublein, findt es hier nicht ruh, So fleucht es nach der arche zu.

7. Je grösser creuz, je lieber sterben, Man freut sich recht auf seinen tod, Denn man entgehet dem verderben, Es stirbt auf einmal alle noth. Das creuze, das die gräber ziert, Bezeugt, man habe triumphirt.

8. Je grösser creuz, je schöner krone, Die GOttes schatz

uns beygelegt, Und die einmal vor seinem throne Der überwinder scheitel trägt, Ach, dieses theure kleinod macht, Daß man das gröste creutz nicht acht.

9. Gecreutzigter, laß mir dein creutze Je länger und je lieber seyn, Daß mich die ungeduld nicht reitze, So pflanz ein solches herz mir ein, Das glaube, liebe, hoffnung hegt, Bis dort mein creutz die crone trägt.

Benjamin Schmolck.

M. Ach! was soll ich sünder machen.

549. JEsu, hast du mein vergessen, Warum scheint dein angesicht Meiner armen seele nicht? Mich hat grosse angst besessen: Angst, die meine seele preßt, Angst, die mich ohn hoffnung läßt.

2. Ach, wie lange soll ich sorgen? Ach, wie lange soll ich seyn In so schwerer angst und pein? Weil du dich vor mir verborgen, Deine hülfe gar versteckt, Und dein angesicht verdeckt.

3. JEsu, laß dein langes weilen, Sprich doch meiner seelen ein, Daß ihr soll geholfen seyn, Willt du dann nicht zu mir eilen, Hochgewünschter gnadenthron? JEsu, trauter Davids Sohn.

4. Kehre, JEsu, kehre wieder Ach, mein jammer ist zu hart, Meine seele liegt erstarrt Hier zu deinen füssen nieder; JEsu Christ, erbarm dich mein, Laß doch gnade gnade seyn.

5. Laß mich doch zu deinen füssen, Weil ich armer sündenknecht, Ja nicht suche kindesrecht, Nur der hündlein recht geniessen: Ach, wirf mir, zu meiner ruh, Nur ein gnadenbröcklein zu.

6. Gnade, JEsu, und erbarmen Such ich, und ein mehrers nicht. HErr, ich laß, ich läß dich nicht Hier aus meines glaubens armen, Bis du mich gerissen hast Aus der übergrossen last.

7. Laß doch meine nasse wangen, Meiner trüben augen fluß, So dir liegen hier zu fuß, Bey dir gnad und trost erlangen, Sprich doch meiner seelen ein: Ja, du sollt erhöret seyn.

In eigener Melodie.

550. JEsu, JEsu, du bist mein, Weil ich soll auf erden wallen, Laß mich ganz dein eigen seyn, Laß mein leben dir gefallen, Dir will ich mich ganz ergeben In dem tod und auch im leben, Und vertrauen dir allein, JEsu, JEsu, du bist mein.

2. JEsu, JEsu, du bist mein, Wann die schwere creutzesbürde Mich drückt härter als ein stein, Halt ichs für der christen würde: Du hast selber creutz getragen, Warum sollt ichs denn abschlagen, Wenn das creutz bey mir kehrt ein? JEsu, JEsu, du bist mein.

3. JEsu, JEsu, du bist mein, Wann mich freund und feind verlassen, Und ich hülflos geh allein,

allein, Und weiß keinen trost zu fassen, So wollst du dich zu mir wenden, Und dein guten Geist mir senden, Der mir seinen trost geußt ein; JEsu, Jesu, du bist mein.

4. JEsu, JEsu, du bist mein, Wann ich muß des todes sterben, Weil ich durch das leiden dein Hoff die seligkeit zu erben, Wo sich enden wird mein leiden, Und sich finden fried und freuden,| Wo ohn alle klag und pein, JEsu, JEsu, du bist mein.

M. Ach, HErr, mich armen sünder rc.

551. Im leben und im sterben Ist das mein höchster trost, Daß ich zum ewgen leben Durch Christum bin erlöst; Des freu ich mich von herzen, Sehn mich nach Christi schoos, Da ich werd seyn der schmerzen Und alles jammers los.

2. Ach, sollt ich mich nicht freuen Auf diese herrlichkeit, Da JEsus wird verneuen In solcher lieblichkeit Den kuß, den er mir giebet In diesem thränenthal? O freud, wann er mich liebet, Und küßt im himmelssaal.

3. Hier muß ich immer streiten Mit satan, fleisch und welt, Wie denn von allen seiten Die netze sind gestellt; Dort wird nicht mehr empfunden Der fleisch = und geisteskrieg, Die welt ist überwunden Durch Christi blut und sieg.

4. Da werde ich mit freuden Den Heiland schauen an, Der durch sein blut und leiden Den himmel aufgethan: Ich werde völlig kennen GOtt Vater, Sohn und Geist, In steter liebe brennen, Die himmlisch ist und heißt.

5. Kein ohr hat je vernommen, Es hat kein aug gesehn, Es ist in kein herz kommen, Was denen wird geschehn, Die hier aufrichtig lieben Den, der sie erst geliebt, Die sich im lieben üben, Wann er sie gleich betrübt.

6. Wann ich dis recht bedenke, Die welt ich dann veracht, Ums zeitlich mich nicht kränke, Ich acht für koth den pracht: Kein creutz wird mir zu schwere, Zu freud wird alles leid; O daß ich nur da wäre! Das wär meins herzens freud.

Mel. Wer in dem schirm des höchst.

552. Ist Ephraim nicht meine kron, Und meines herzens wonne? Mein trautes kind, mein theurer sohn? Mein stern und meine sonne? Mein augenlust? mein edle blum? Mein auserwähltes eigenthum Und meiner seelen freude?

2. Ich höre seines seufzens stimm Und hochbetrübtes klagen, Mein GOTT hat mich, spricht Ephraim, Gestraft und wohl geschlagen, Er sucht mich heim mit harter zucht, Das ist mein lohn, das ist die frucht Meiner begangnen sünden!

3. Hör alle welt, ich bin gere

treu, Und halte mein versprechen, Was ich geredt, da bleibt es bey, Mein wort werd ich nicht brechen, Das soll mein Ephraim gar bald Erfahren, und mich dergestalt Recht aus dem grund erkennen.

4. Ich denk noch wohl an meinen eyd, Den ich geschworen habe, Da ich aus lauter gütigkeit Mich ihm zu eigen gabe; Ich sprach: Du hast mein herz erfüllt Mit deiner lieb, ich bin dein schild, Und wills auch ewig bleiben.

5. Ich will mit meiner starken hand Dich als ein vater führen, Dich selbst will ich und auch dein land Aufs schönst und beste zieren: Und wirst du mir gehorsam seyn, So soll dich meines segens schein Ohn alles end erfreuen.

6. Wo du dich aber bösen rath Wirst von mir wenden lassen, So will ich deine missethat Heimsuchen, doch mit maasen; Und wann du wieder kehrst zu mir, So will ich wieder auch zu dir Mich mit erbarmen kehren.

7. Nun kehrt zu mir mein Ephraim, Sucht gnad in meinen armen, Drum bricht mein herze gegen ihm, Ich muß mich sein erbarmen: Der unmuth fällt mir mit gewalt, Mein eingeweide hitzt und wallt In treuer lieb und gnade.

8. Kommt, alle sünder, kommt zu mir, Bereuet eure sünden, Und suchet gnad an meiner thür, Ihr sollt sie reichlich finden; Wer sich mit Ephraim bekehrt, Wird auch mit Ephraim erhört, Und hier und dort getröstet. Paul Gerhard.

Mel. Ach, HErr, mich armen 2c.

553. Keinen hat GOTT verlassen, Der ihm vertraut allzeit, Ob ihn schon viel drum hassen, Geschicht ihm doch kein leid, GOtt will die seinen schützen, Zuletzt erheben hoch, Und geben, was ihn'n nützet Hier zeitlich und auch dort.

2. Allein ichs GOTT heimstelle, Er machs, wies ihm gefällt, Zu nutz mein'r armen seele; In dieser argen welt Ist doch nur noth und leiden, Und muß auch also seyn, Dann die zeitliche freuden Bringen uns ewge pein.

3. Treulich will ich GOTT bitten, Und nehmen zum beystand In allen meinen nöthen, Ihm beß'r, als mir, bekannt; Um g'duld will ich stets bitten In all'n anliegen mein, Er wird mich wohl behüten, Und mein nothhelfer seyn.

4. Alles glück und unglücke Das kommt allein von GOTT, Ich weiche nicht zurücke, Und fleh in meiner noth; Wie? sollt er mich nicht trösten, Der treue Vater mein? Ja, wann die noth am grösten, So will er bey mir seyn.

5. Reichthum und alle schätze, Was sonst der welt gefällt, Drauf ich mein'n sinn nicht

setze, Es bleibt doch in der welt: Mein'n schatz hab ich im him̃el, Der JEsus Christus heißt, Ist über alle schätze, Schenkt mir den heilgen Geist.

6. Ihn hab ich eingeschlossen In meines herzens schrein; Sein blut hat er vergossen Für mich arms würmelein, Mich damit zu erlösen Von ewger angst und pein, Wie könnt auf dieser erden Doch größre liebe seyn?

7. Nun will ich mich erzeigen Dankbar für solche gnad, Ich geb mich GOTT zu eigen Mit allem, was ich hab: Wie ers mit mir will machen, Sey ihm alls heimgestellt, Ich b'fehl ihm all mein sachen, Er machs, wies ihm gefällt.

8. Amen, nun will ich schliessen, JESU, im namen dein, HErr, durch dein blutvergiessen Laß mich dein erbe seyn: So hab ich alls auf erden, Was mich erfreuet schon, Im himmel soll mir werden Die ewge gnadenkron. D. And. Keßler.

Mel. Zion klagt mit angst und schm.

554. Kommt, ihr traurigen gemüther, Kommt, wir wollen wiederkehrn Zu dem HErren, dessen güter Kein verderben kan verzehrn, Dessen macht kein unglück fällt, Dessen gnade wieder stellt, Was sein eifer umgestürzet. Seine gnad bleibt unverkürzet.

2. Zwar er hat uns ja zerrissen Mit ergrimmtem angesicht, Und uns, da er uns geschmissen, Sehr erbärmlich zugericht; Doch deswegen unverzagt, Eben der uns schlägt und plagt, Wird die wunden unsrer sünden Wieder heilen und verbinden.

3. Alle noth, die uns umfangen, Springt vor seinem arm entzwey, Wann zwey tage sind vergangen, Macht er uns vom tode frey, Daß wir, wann des dritten licht Durch des himmels fenster bricht, Frölich auf erneu'rter erden Vor ihm stehn und leben werden.

4. Alsdann wird man acht drauf haben, Und mit grossem fleisse sehn, Was für wunder, gnad und gaben Uns von oben her geschehn: Da wird dieses nur allein Unsers herzens sorge seyn, Daß wir GOtt, des wir uns nennen, Mögen recht und wohl erkennen.

5. Dann er wird sich zu uns machen, Wie die schöne morgenröth, Ueber welche lust und lachen Bey der ganzen welt entsteht: Er wird kommen uns zur freud, Eben zu der rechten zeit, Voller süsser kraft und segen, Wie die früh- und spate regen.

6. Ach! wie will ich dich ergetzen, O mein hochgeliebtes volk, Meine gnade soll dich netzen Wie ein ausgespannte wolk; Eine wolke, die das feld, Wann der morgen weckt die welt, Und die sonne noch nicht leuchtet, Mit dem frischen thau befeuchtet. Paul Gerhard.

Die teutsche Litaney.

555. Kyrie, Eleison.
Christe, Eleison.
Kyrie, Eleison.
HErr GOtt Vater im Himmel,
Erbarm dich über uns!
HErr GOtt Sohn, der Welt Heiland,
Erbarm dich über uns!
HErr GOtt heiliger Geist,
Erbarm dich über uns!
Sey uns gnädig,
Verschon uns, lieber HErre GOtt!
Sey uns gnädig,
Hilf uns, lieber HErre GOtt!
Vor allen Sünden,
Vor allem Irrsal,
Vor allem Uebel,
Vor des Teufels Trug und list,
Vor bösem schnellen Tod,
Vor Pestilenz und theurer Zeit,
Vor Krieg und Blutvergiessen,
Vor Aufruhr und Zwietracht,
Vor Hagel und Ungewitter,
Vor Feur und Wassersnoth,
Vor dem ewigen Tod
Behüt uns, lieber HErre GOtt!
Durch deine heilige Geburt,
Durch deinen Todeskampf und blutigen Schweiß.
Hilf uns, lieber HErre GOtt!
Durch dein Creutz und Tod,
Durch deine heilige Auferstehung und Himmelfahrt,
In unsrer lezten Noth,
Am jüngsten Gericht
Hilf uns, lieber HErre GOtt!
Wir arme Sünder bitten,
Du wollest uns erhören, lieber HErre GOtt!
Und deine heilige christliche Kirche regieren und führen,
Alle wahre Bischöffe, Pfarrherren und Kirchendiener im heilsamen wort und heiligem Leben erhalten,
Allen Rotten und Aergernissen wehren,
Alle Irrige und Verführte wieder bringen,
Den Satan unter unsere Füsse treten,
Treue Arbeiter in deine Erndte senden,
Deinen Geist und Kraft zum Wort geben,
Allen Betrübten und Blöden helfen, und sie trösten
Erhör uns, lieber Herre Gott!

Allen Königen und Fürsten Fried und Einigkeit geben,
Unserm Kayser steten Sieg wider deine feinde gönnen,
Unsern gnädigsten Landes-Fürsten und Herrn mit allen Dero Räthen und Amtleuten leiten und schützen,
Unsern Rath und Gemeine segnen und behüten,
Erhör uns, lieber Herre Gott!
Allen, so in Noth und Gefahr seyn, mit Hülf erscheinen,
Allen Schwangern und Säugerinnen fröliche Frucht und Gedeyen geben,
Aller Kinder und Kranken warten und pflegen,
Alle, die um Unschuld gefangen sind, los und ledig lassen,

Alle

Alle Witwen und Waysen vertheidigen und versorgen,
Aller Menschen dich erbarmen.
Unsern Feinden, Verfolgern und Lästerern vergeben und sie bekehren,
Die Früchten auf dem Lande geben und bewahren,
Und uns gnädiglich erhören.
Erhör uns, lieber Herre Gott!
O JEsu Christe, GOttes Sohn,
Erbarm dich über uns!
O du Lamm GOttes, das der Welt Sünde trägt,
Erbarm dich über uns!
O du Lamm GOttes, das der Welt Sünde trägt,
Erbarm dich über uns!
O du Lamm GOttes, das der Welt Sünde trägt,
Verleihe uns steten fried.
Christe, Erhöre uns,
Kyrie, Eleison
Christe, Erhöre uns.
Kyrie, Eleison, Amen.

In eigener Melodie.

556. Lebt jemand so, wie ich, So lebt er jämmerlich, Worüber ich muß weinen, Will mir doch nicht erscheinen: Was ich such mit begier, Verbirget sich vor mir.

2. Im himmel ist das gut, Darinn mein herze ruht, Hinauf steht mein verlangen, Dich, JEsu, zu umfangen: Ich such, und finde nicht, Was mir so noch gebricht.

3. Was mir sonst werden kan, Steht meiner lieb nicht an, Die welt mit ihren schätzen Kan mich doch nicht ergetzen: Die wollust dieser erd Ist keiner liebe werth.

4. Ich lieb, was ewig bleibt, Was keine zeit vertreibt, Was meine seele nähret, Was keine fluth verzehret, Und keine glut verbrennt, Kein unglück von mir trennt.

5. Ich lieb und werd gequält, Dann was ich hab erwählt, Gibt sich nicht zu geniessen; Wie sollte nicht verdriessen, Stets lieben ohne frucht: Nicht finden, was man sucht?

6. Wie lang hab ich geweint, Weil mir kein trost erscheint? Wie lang hab ich geklaget, Daß mich die liebe plaget? Stund nicht mein herz und sinn Nach JEsu immer hin?

7. Ach, himmel, thu dich auf, Ich komm in vollem lauf, Laß mich den tag erblicken, Den, der mich kan erquicken: Ach JEsu, laß mich ein, War oft mein seufzerlein.

8. Umsonst ist alles doch, Ich muß am schweren joch Des lebens länger ziehen; Umsonst ist mein bemühen: Was mir sollt süsse seyn, Das bringet bittre pein.

9. Ich will doch nicht aufhör'n, Zu lieben und zu ehr'n, Den meine seele liebet, Ob gleich die lieb betrübet; Ob ich sein nicht genies, Ist doch das lieben süs.

10. Der wille bringt die cron, Sonst ist kein anderer lohn: Das ungestillte sehnen

Ver-

Vermischet mit den thränen, Muß mitten in der pein Ein süsses labsal seyn.

D. Heinrich Müller.

In voriger Melodie.

557. Lebt jemand so, wie ich, So lebt er seliglich: Was ich sucht alle stunden, Hab ich nun einst gefunden, Ich bin der sorgen los, Und sitz in JEsu schoos.

2. Ich aß das thränenbrod, Und grämte mich schier todt: Ich ließ das weltgetümmel, Und hatt hinauf gen himmel Mein herz und sinn gericht, Allein ich fand ihn nicht.

3. Die welt drang auf mich zu, Versprach mir süsse ruh, Die wollust göldne zeiten, Die hoffart herrlichkeiten, Die augenlust viel gut, Zu lenken meinen muth.

4. Fahr, welt, fahr immer hin, Sprach ich in meinem sinn, Dann deine lieblichkeiten Verblühen mit den zeiten, Bey dir ist kein gewinn: Fahr, welt, fahr immer hin.

5. Kaum war dis wort gedacht, Da mirs schon freude bracht, Er gab sich zu geniessen Mit tausend liebesküssen, Den meine seele liebt, Der mich vorhin betrübt.

6. Halt ein, du thränenbach, Du herzerzwungnes ach, Jetzt kommt nach bittrem leiden Mit vielen süssen freuden JEsus, der liebste freund, Den meine seele meynt.

7. Mein seufzen ist erhört, Mein weinen ist gekehrt In lachen, mein betrüben In süs erwünschtes lieben, Der himmel tröpfelt ab Die werthe seelengab.

8. Was mir bracht bittre pein, Muß jetzo süsse seyn: Je bittrer im betrüben, Je süsser in dem lieben, Wer wandelt mit der zeit In völlge ewigkeit.

9. Dis quälet mich annoch, Daß ich vom lebensjoch Nicht kan erlöset werden; Ach, reiß mich von der erden, Daß ich in ewigkeit Geniesse dieser freud.

10. Ich bin des lebens satt, Von vielem creutze matt, Die erde macht mir bange, Mein JEsu, wie so lange? Ach nimm mich aus der welt Ins güldne himmelszelt.

D. Heinrich Müller.

Mel. Zion klagt mit angst und schm.

558. Liebster GOtt, wann werd ich sterben? Meine zeit lauft immer hin, Und des alten Adams erben, Unter denen ich auch bin, Haben das zum vatertheil, Daß wir eine kleine weil Arm und elend sind auf erden, Und dann wieder erde werden.

2. Zwar will ich mich auch nicht widern, Zu beschliessen meine zeit, Trag ich doch in allen gliedern Saamen von der sterblichkeit; Geht doch immer hier und dort Einer nach dem andern fort: Und schon mancher liegt im grabe, Den ich wohl gekennet habe.

3. Aber, GOtt, was werd ich denken, Wann es wird zum sterben gehn, Wo wird man den leib hinsenken? Wie wirds um die seele stehn? Ach, was kummer fällt mir ein? Wessen wird mein vorrath seyn? Und wie werden meine lieben Nacheinander hier verstieben?

4. Doch, was darf ich dieser sorgen, Soll ich nicht zu JEsu gehn? Lieber heute noch, als morgen, Dann mein fleisch wird auferstehn; Ich verzeih es gern der welt, Daß sie alles hier behält, Und bescheide meinen erben Einen GOtt, der nicht kan sterben.

5. Herrscher, über tod und leben, Mach einmal mein ende gut, Lehre mich den geist aufgeben Mit recht wohl gefaßtem muth: Gib, daß ich ein ehrlich grab Neben frommen christen hab, Und auch endlich in der erden Nimmer mög zu schanden werden.

In eigener Melodie.

559. Mag ich unglück nicht widerstahn, Muß ungnad han Der welt für mein recht glauben, So weiß ich doch (das ist mein kunst,) GOtts huld und gunst, Die muß man mir erlauben: GOTT ist nicht weit, Ein kleine zeit Er sich verbirgt, Bis er erwürgt, Die mich seins worts berauben.

2. Nicht, wie ich will, jetzund mein sach, Weil ich bin schwach, Und GOtt mich furcht läßt finden: So weiß ich, daß kein g'walt bleibt fest, Ists allerbest, Das zeitlich muß verschwinden; Das ewge gut Macht rechten muth, Dabey ich bleib, Wag gut und leib, GOtt helf mirs überwinden.

3. All ding ein weil, ein sprichwort ist, HErr JESU Christ, Du wirst mir stehn zur seiten, Und sehen auf das unglück mein, Als wär es dein, Wanns wider mich wird streiten. Muß ich denn dran Auf dieser bahn, Welt, wie du willt, GOtt ist mein schild, Der wird mich wohl begleiten.

4. Dem GOtt und Vater aller ding Ein jeder sing Lob, ehr und preis mit freuden, Dem GOtt und Heiland JEsu Christ, Der worden ist Ein licht uns armen heyden: Dem heilgen Geist Auch allermeist Und tröster werth, Auf dieser erd, Der woll von uns nicht scheiden.

Maria, Königin in Ungarn.

Mel. Wer weiß, wie nahe mir rc.

560. Mein JEsus ist ein freund der seelen, Die in der angst und sündennoth Nichts auf der welt zum trost erwählen, Als ihres Goels bittern tod, Denselben ist er zugethan; Mein Heiland nimmt die sünder an.

2. Hat Moses gleich den stab gebrochen, Und sie mit seinem donnerwort Der höllen rachen zugesprochen, Ist Chri-

stus doch der sichre ort, Der ihnen stets wird aufgethan; Mein Heiland nimmt die sünder an.

3. Er kam deswegen auf die erden Von seinem hoch erhabnen thron, An unsrer statt ein fluch zu werden, Zu tragen unsrer sünden lohn, Da hat er GOtt genug gethan; Drum heißts, er nimmt die sünder an.

4. Der Heiland hat sein theuer leben Auch in des schnödsten todes pein, Zu unserm troste, hingegeben, Wer wollte nunmehr traurig seyn? Er zeiget uns die himmelsbahn; Mein Heiland nimmt die sünder an.

5. Hört dis, ihr angefochtne seelen, Lauft, eilt und flieht in JEsu schoos, Er selbst macht euch von eurem quälen, Von eurer angst und sünden los: Schwingt über euch die gnadenfahn; Mein Heiland 2c.

6. In seinen liebesvollen armen Bringt er euch seinem Vater hin, Und neigt durch sein blut zum erbarmen Des höchsterzürnten GOttes sinn, Den nichts, als JEsus, stillen kan, Mein Heiland 2c.

7. Dabey gibt er in unsre herzen Den rechten tröster, seinen Geist, Der tilget aller sünden schmerzen, Weiber auf JEsu wunden weißt, Daß auch kein teufel schaden kan; Mein Heiland nimmt die sünder an.

8. So half er dort der Magdalenen, So eilt er in der zöllner haus, Und stillte aller sünder thränen, So streckt er noch die hände aus Nach jedem auf der sündenbahn; Mein Heiland nimmt die sünder an.

9. Er pflegt sich nach dir umzusehen: Sieh, wie sein herz dir offen steht, Wie er mit lockend süssem flehen Dir, blinder mensch, entgegen geht; Drum fliehe allen eiteln wahn, Mein Heiland nimmt 2c.

10. Hast du die güter seiner gnaden Schon in dem leben oft veracht, Hast du gleich zorn auf dich geladen, Und dich fast unheilbar gemacht, Hilft er doch, wann nichts helfen kan, Mein Heiland 2c.

11. Es kan ihm nichts die hände binden, Wann dir es gleich unmöglich scheint, Man soll gewißlich gnade finden, Wann man es nur mit ernst beweint, Daß man so vieles bös gethan; Mein Heiland nimmt die sünder an.

12. Komm nur, so gut du weissst zu kommen, Komm nur mühselig und gebückt, Du wirst von JEsu aufgenommen, Wann deine sünd dich niederdrückt: Kriech als ein armer wurm heran, Mein Heiland 2c.

13. Drum solt du keinen tag versäumen, Bekehr dich in der gnadenzeit, Du mußt dieselbe nicht versäumen, Weil sie der seelen heil geweyht, Sonst wird dir nicht mehr aufgethan: Heut komm, heut nimmt dich JEsus an.

14. Nun JEsu, hör uns, deine kinder, Mach uns von unsern sünden rein, So werden wir bekehrte sünder, Und deiner güte dankbar seyn, Weil alsdann jeder rühmen kan: Gott lob, auch mich nimmt JEsus an.

Mel. Wer nur den lieben GOtt rc.

561. Mein creutze liegt auf JEsu rücken, Ach soll mir das nicht tröstlich seyn? So wird es mich nicht ganz erdrücken, Er theilet es so weislich ein, Daß er die größte hälfte trägt, Die kleinste nur auf mich gelegt.

2. Mein creutze kommt aus seinen händen, Weil er es selbst gezimmert hat, Ein freund wird mir nichts böses senden, Der mir sein herz gewidmet hat: Aus diesem brunnen quillet mir Nur lauter seligkeit herfür.

3. Er hat mein creutze längst geschmecket, Und weiß, wie mirs ums herze ist, Er hat ihm auch das ziel gestecket, Daß es nicht weiter um sich frißt, Und, wann er wunden zugefügt, Das pflaster auch darneben liegt.

4. Mein creutz ist auch das rechte zeichen, Das ich, als Christi jünger, führ, Ist das nicht ehre, Christo gleichen? Der welt ists schmach, mir eine zier: Mir stimmen alle christen bey, Das sey nur JEsu liberey.

5. Was GOttes kind nicht hat verschmähet, Das wird mir keine schande seyn, Er hat die dornen selbst gesäet, Davon erndt ich nun rosen ein; Er trank den gallentrank zuvor, Daß er den bittern gschmack verlohr.

6. Der hirte zeichnet bey der heerde Die schäflein, die er herzlich liebt, Wann ich nun auch gezeichnet werde, Indem er mir sein creutze gibt, So bild ich mir gewißlich ein, Ich muß ihm auch wol lieber seyn.

7. Die grösten heiligen auf erden Hat er mit leiden gros gemacht, Sie wuchsen unter den beschwerden, Und wurden palmen gleich geacht; Die unter keiner last vergehn, Und auch gedrückt im flore stehn.

8. Das creutz ist von dem lebensbaume, Die frucht wird mir nicht bitter seyn, Ich bild es mir, doch nicht im traume, Als eine Jacobsleiter ein: Durchs creutze geht man himmel an, Zur freude geht die leidensbahn.

9. Das creutz halt ich, so lang ich lebe, Als ein sehr grosses heiligthum, Das ich um alle welt nicht gebe, In Christo ists mein schönster ruhm; Sterb ich, so stell ich mein panier Alsdenn auf meinem grabe für.

10. Gecreutzigter, der du mein creutze Durch dein creutz auch geheiligt hast, Gib, daß mich keine lust nicht reitze, Die mir das creutze macht zur last, Ach gib mir heilige geduld, Ich habe wohl die gröste schuld.

11. Mein creutz, dein creutz sind so verbunden, Daß sie niemand zertrennen kan, So seh ich immer deine wunden In allem meinem leiden an; Alsdann wird aller schmerz versüßt, Wann nur ein creutz das andre küßt.

12. Mein creutz wird mir noch rosen tragen, Ich warte nur der rechten zeit, Da will ich alsdann frölich sagen: Zu guter nacht, betrübtes leid, Weil ich aus allem ach und weh Ins allerheiligste dort geh.

Benjamin Schmolk.

Mel. In dem leben hier auf erden.

562. Mensch, sag an, was ist dein leben? Eine blum und dürres laub, Das am zweige kaum mag kleben, Und verkreucht sich in den staub. Dis bedenk, o menschenkind, Weil wir alle sterblich sind.

2. Was ist adel? hoch geschlechte? Was ist hoch gebohren seyn? Muß der herr doch mit dem knechte Leiden bittre todespein: Kayser, könig, edelmann Müssen allesamt daran.

3. Was ist weisheit? was sind gaben? Was ist hochgelehrte kunst? Was hilft ehr und ansehn haben, Und bey herren grosse gunst? Dringt sich doch der tod hinein: Nichts hilft klug und weise seyn.

4. Was ist reichthum? was sind schätze? Nur ein glänzend gelber koth, Mensch, darauf dein herz nicht setze, Sieh die zeit an und den tod: Dieser nimmt das leben hin, Jene frißt gut und gewinn.

5. Was ist zierlichkeit und schöne? Ach, ein weisser wasserschaum; Helle stimm und süß getöne? Ach ein leer= und nichtiger traum: Schönheit, wie ein dampf, vergeht, Und nicht vor dem tod besteht.

6. Was ist jugend, frische jahre, In der besten blüthe stehn? Junger muth und graue haare Müssen mit dem tode gehn. Es ist da kein unterscheid Zwischen jung und alten leut.

7. Menschen töchter, menschen söhne, Laßt euch dis gesaget seyn, Seyd ihr hoch, weis, reich und schöne, Ihr seyd doch nur todtenbein: Hier ein wohl geschmückter bau, Nach dem tod der würmer au.

8. Staub und asch, was willt du prangen Mit dem wissen und verstand? Mit der röthe deiner wangen? Mit dem gold an deiner hand? Kan es doch nicht helfen dir, Wann der tod klopft an die thür.

9. Menschenkind, nimm dis zu herzen, Hier ist leben, hier ist tod, Hier ist freude, hier sind schmerzen; Willt du meiden ewge noth, Denke, daß du sterben must, So erstirbt der sünden lust.

10. Leg ab mißgunst, neid und hassen, Demuth lieb, laß hoffart seyn, Alles must du

andern lassen, Nackt zur gruben kriechen ein: Heute bist du herr im haus, Morgen trägt man dich hinaus.

11. Wer dis klüglich wird erwägen, Der wird, als ein rechter christ, Falsch- und bosheit von sich legen, Denken auch zu jeder frist, Wie er möge fertig seyn, Wann sein letzter tag bricht ein.

12. Ach, HErr JEsu, wollst uns lehren, Wie, woher, wann kommt der tod, Daß wir uns bey zeit bekehren, Und entgehn der seelen noth, Weislich und mit klugem sinn Denken an das ende hin.

In eigener Melodie.

563. Nicht so traurig, nicht so sehr, Meine seele, sey betrübt, Daß GOTT dir glück, gut und ehr Nicht so viel, wie andern, gibt; Nimm vorlieb mit deinem GOtt, Hast du GOtt, so hats nicht noth.

2. Du, noch einzig menschenkind, Hast kein recht in dieser welt, Alle, die geschaffen sind, Seynd nur gäst im fremden zelt, GOtt ist HErr in seinem haus; Wie er will, so theilt er aus.

3. Bist du doch darum nicht hier, Daß du erden haben sollt, Schau den himmel über dir, Da, da ist dein edles gold, Da ist ehre, da ist freud; Freud ohn ende, ehr ohn neid.

4. Der ist alber, der sich kränkt Um ein hand voll eitelkeit, Wann ihm GOtt dagegen schenkt Schätze der beständigkeit; Bleibt der centner dein gewinn, Fahr der heller immer hin.

5. Schaue alle güter an, Die dein herz für güter hält, Keines mit dir gehen kan, Wann du gehest aus der welt: Alles bleibet hinter dir, Wann du trittst ins grabes thür.

6. Aber, was die seele nährt, GOttes huld und Christi blut, Wird von keiner zeit verzehrt, Ist und bleibet allzeit gut; Erdengut zerfällt und bricht, Seelengut verschwindet nicht.

7. Ach, wie bist du doch so blind, Und im denken unbedacht, Augen hast du, menschenkind, Und hast doch noch nie betracht Deiner augen helles glas, Siehe, welch ein schatz ist das?

8. Zähle deine finger her Und der andern glieder zahl, Keins ist, das dir unwerth wär, Ehrst und liebst sie allzumal: Keines gäbst du weg um gold, Wenn man dirs abnehmen wollt.

9. Nun, so gehe in den grund Deines herzens, das dich lehrt, Wie viel gutes alle stund Dir von oben werd beschehrt: Du hast mehr, als sand am meer, Und willst doch noch immer mehr.

10. Wüßte der im himmel lebt, Daß dirs wäre nütz und gut, Wornach so begierlich strebt Dein verblendtes fleisch

 und

und blut, Würde seine frömmigkeit Dich nicht lassen unerfreut.

11. GOtt ist deiner liebe voll Und von ganzem herzen treu, Wann du wünschest, prüft er wohl, Wie dein wunsch beschaffen sey; Ists dirs gut, so geht ers ein, Ists dein schade, spricht er nein.

12. Unterdessen trägt sein Geist Dir in deines herzens haus Manna, das die engel speißt, Ziert und schmückt es herrlich aus: Ja er wählet, dir zum heil, Dich zu seinem gut und theil.

13. Ey so richte dich empor, Du betrübtes angesicht, Laß das seufzen, nimm hervor Deines glaubens freudenlicht, Das behalt, wann dich die nacht Deines kummers traurig macht.

14. Setze, als ein himmelssohn, Deinem willen maaß und ziel, Rühre stets vor GOttes thron Deines dankens saitenspiel; Weil dir schon gegeben ist Mehrers, als du würdig bist.

15. Führe deines lebens lauf Allzeit GOttes eingedenk, Wie es kommt, nimm alles auf Als ein wohlbedacht geschenk; Geht dirs widrig, laß es gehn, GOtt und himmel bleibt dir stehn.

Paul Gerhard.

M. Ach, was soll ich sünder machen.

564. Schweige, mein gemüth, nicht belle, Murre ja nicht wider den, Der geschehen und versehn Alle glücks- und unglücksfälle. Was es sey, das dich ficht an, Denke, daß es GOtt gethan.

2. Kein gestirn kan dich beglücken, Keine göttin, die man mahlt, Dich mit huld und haß bestrahlt. GOtt allein schickt alles schicken: Was auf erden wird gethan, Das thut GOtt, der alles kan.

3. Seine weisheit wußt und sahe, Alles, eh es ward und wird: Seine allmacht auch regiert, Was geschicht und was geschahe; Guts und böses trett heran, Was GOtt thut, ist wohl gethan.

4. GOtt allein kan alles geben, Hoheit, ehre, kunst und haab, Alles kommt von oben ab, GOtt gibt hier in diesem leben: Was er will, nach seinem rath, Wem GOtt geben will, der hat.

5. Erden, thon, des himmels töpfer Alles hat zu machen macht, Hoch und reich, arm und veracht; Drum sey gerne, was der schöpfer Für ein seyn dir zugedacht, Was GOTT macht, ist wohl gemacht.

6. Siehst du ein gefäß der ehren, Und du bist ein schlechter topf, Ein verworfner armer tropf, Laß den neid dich nicht beschweren, Sey vergnügt, denk in der still, GOtt gibt, wem er geben will.

7. Höll und himmel, tod und leben, Fluch und segen beut er an, Deine wahl dir selber kan Eins von diesen beyden

den geben; Wähle du das beste dir, GOtt legt guts und böses für.

8. Siehest du in deinem leben Andre gros, dich aber klein, Bild dir GOttes ordnung ein, Nimm die stell, die er gegeben, Es sey scepter oder pflug, Wer GOtt dient, ist groß genug.

9. Blinde vernunft, schweige stille, Er, der glaub im herzen redt, Laß es gehen, wie es geht, GOttes wille sey dein wille: Fordre GOtt nicht rechnung an, Was GOtt thut, ist recht gethan.

10. Fordre nichts, erwart der gnaden, Schreibe GOtt dein glück nicht für, Ach, du möchtst erbitten dir Selber deinen bittern schaden, Ob er deinem wahn behagt, Gut ist es, wanns GOtt versagt.

11. Nicht, wie reich und hoch auf erden; Nein, wie fromm du hast gelebt, Dis im himmel wird erhebt Und von GOtt gepriesen werden: Lebe, wo nicht wohl, doch recht, GOtt gefällt ein schlechter knecht.

12. Stehe, mein gemüth, steh feste, Laß dich nicht des unglücks grimm, Nicht des glückes schmeichelstimm Treiben von dem felsenneste, Setz dein glück in GOttes händ, Und beharre bis ans end.

M. Jacob Peter Schechs.

Mel. JEsu, der du meine seele 2c.

565. Sollen, HERR, die eifersruthen Auf mich schlagen tag und nacht? Sollen gleich den wasserfluthen Meine thränen seyn geacht? Meine thränen, welche fliessen, Gleichwie wasserströme giessen, Aengsten herz, gemüth und sinn, Daß ich nicht weiß, wo ich bin.

2. Dein grimm drücket gleich den lasten, Die, wie tausend centner schwer, Ohne ruh und ohne rasten Ueber tiefe fluth und meer Mein sehr matter leib soll tragen; Hier ist zittern, hier ist zagen, Hier ist schreyen, ach und weh, Ach, weh, daß ich untergeh!

3. Sey, HErr, gnädig, sonst muß fallen Ich und gänzlich untergehn, Meine zunge kaum kan lallen, Meine füsse kaum mehr stehn; Mein herz fühl ich währlich pochen, Mark ist weg aus meinen knochen, Meine schönheit wird wie staub, Und ich werd des todes raub.

4. Ach, du grosser HErr, wie lange, Ach, wie lange soll ich doch, Eh ich von dir trost empfange, Ziehen an des creutzes joch? Wende dich, und hilf der seele, Die in ihrer leibeshöhle Findet weder ruh noch rast Vor der schweren creuzeslast.

5. Drum, um deiner güte willen, Und um deines namens preis, Hilf mit gnadenöle stillen Den betrübten angstesschweiß; Dann wie kan ich dir doch danken, Wann ich lieg in todesschranken? Wann ich

ich bin gefesselt ein In dem schwarzen grabesschrein?

6. Seufzen hat mir ausgesogen Meinen besten lebenssaft: Thränen sind, wie wasserwogen, Aus den augen hingeraft: Pfützenaß sind meine betten, Und du, HErr, willt mich nicht retten, Da ich durch die ganze nacht Schwimme von der thränen macht?

7. Thränen hat von mir geraubet, Was an mir war wohlgestalt, Meine schönheit ist bestaubet, Schwarz, verächtlich, runzlicht, alt, Weil von allem ort und enden Sich die spötter zu mir wenden, Sagen, dieses menschen herz Muß ausstehen grossen schmerz.

8. Weichet weg, ihr übelthäter, Ihr verächter, weicht von mir, GOtt, der meiner seel vertreter, Tritt aus seiner burg herfür, Und der HErr erhört mein weinen, Dann ich bin auch von den seinen, Nimmet meins gebets sich an, Als ein treuer helfersmann.

9. Aller feinde werd ich lachen, Wann in einem augenblick Sie mein GOtt voll schand wird machen, Treiben hinter sich zurück, Ihnen ihre schalkheit wehren, Daß sie müssen rückwärts kehren, Fallen in die grub hinein, Da die höllengeister seyn.

M. Georg Treuer.

Mel. Hast du dann, JEsu, dein rc.

566. Soll ich dann, JEsu, mein leben mit trauren beschliessen? Soll ich dann stündlich mit thränen die wangen begiessen? Willst du mich nicht, JEsu, mein leben und licht, Lassen die freude geniessen?

2. Ich will, was zeitlich ist, gerne und willig verlassen, Wandeln mit JEsu, dem Heiland, die himmlische strassen: Ewige ruh Fühlet mein herze ja nu; Weil ich dich, JEsu, thu fassen.

3. Ist doch dis zeitliche flüchtig und nichtige leben Immer mit krieg und streit häufig und stündlich umgeben: Hier ist kein ruh, JEsu, dir fliehe ich zu, Schenk mir das freudige leben.

4. Schaue, wie thränen und seufzen mein herze abnagen, Wie ich muß dulden und leiden viel schmerzen und plagen, Daß ich vor noth Mir öfters wünsche den tod, Der mich zur ruhe wird jagen.

5. Ade, du falsche welt, ade, du zeitliches leben, Nunmehro werd ich bey JEsu dort ewiglich schweben: Freue dich nu, Meine seel, weil du hast ruh, Darzu das ewige leben.

M. Sollt es gleich bisweilen schein.

567. Soll ich dann mich täglich kränken, Und aufs künftige gedenken? Soll ich dann niemals mit ruh Nachts die augen schliessen zu? Muß nur immer vor mir sehen, Wie mirs einstens wird ergehen; Da doch

durch

durch mein sorgen nicht Das geringst wird ausgericht.

2. GOtt, der mich bisher erhalten, Höret noch nicht auf zu walten, Oder sollt er jetzt allein Dessen müde worden seyn? Ach, so laß ich sorgen bleiben, GOtt allein es heimzuschreiben, Daß es, wie es ihm gefällt, Mir zu machen eines gelt.

3. Er ists, der allein verstehet, Wann mirs so und so ergehet, Ob dasselbe nutz und gut, Oder obs mir schaden thut, Da sonst wir in unsern lüsten Uns nicht zu entschliessen wüßten, Oefters wählten ungefähr, Was uns nur höchstschädlich wär.

4. Soll ich dann stets niedrig leben, Und nur an der erden kleben, Daß, wann ich zur ruh mich leg, Niemand von mir wissen mög: Soll mich solches gar nicht kränken, Sondern ich dasselb bedenken, Daß ich vieler sorgen frey, Und des falles sicher sey.

5. Dennoch will ich auch nicht fliehen, Wo er wollte selbsten ziehen Mich hervor aus niederm staub: Weil ich solches sicher glaub, Es liegt nur an seinen gaben, Die wir dann gewiß auch haben, Wann wir seinem wink allein Im beruf gehorsam seyn.

6. Will die armuth meiner hütten Er mit segen überschütten Und mit gütern dieser welt, Sey es ihm auch heimgestellt, Ich will ihm für solches danken, Und nur beten, nicht zu wanken, Daß nicht, wie sonst viel gethan, Ich das herz auch hänge dran.

7. Ist mir armuth dann beschieden, Bin ich auch damit zufrieden, Weil mir dieses himmelfest, Daß er mich drum nicht verläßt, Ich will doch ihm freudig singen, Und mein täglich opfer bringen, Bis nach dieser armen zeit Folgt die reiche ewigkeit.

8. Wird gesundheit mir gegeben, Soll dieselb in meinem leben Darzu dienen, daß ich mehr Fördern könne seine ehr, Daß ich müßig nicht vergrabe, Was ich drum empfangen habe, Damit ich es brauch dahin, Wozu ich berufen bin.

9. Soll ich aber krankheit leiden, Will ich dennoch auch mit freuden, Weil mir seine treu bekannt, Aus des Höchsten liebeshand Solche züchtigung annehmen, Und mich nicht unmäßig grämen, Daß solch herbe arzeney Meinem fleisch vonnöthen sey.

10. Soll ich viele jahre zählen, Und also mich lange quälen, So gescheh des HErren will, Dem ich gern auch halte still, Er wird doch genade geben, Daß in diesem trauerleben Jezuweilen kommt ein tag, Der mich noch erfreuen mag.

11. Bin ich aber bald vorüber, Ist mir solches desto lieber, Daß ich dann von sünden frey

frey Und in solchem stande sey, Wo ich meinem GOtt in allen Stücken möge wohlgefallen, So hier nicht geschehen kan, Weil die sünde mir hängt an.

12. Also bleibts GOtt heimgewiesen, Und sein theurer nam gepriesen, Was er auch in seinem rath Ueber mich beschlossen hat: Ich will anders nichts mehr achten, Sondern dieses nur betrachten, Daß den seinen zum beschluß Endlich alles frommen muß.

D. Phil. Jacob Spener.

Mel. Wann wir in höchsten 2c.

568. Wann menschenhülf scheint aus zu seyn, So stellt sich GOttes hülfe ein: Wann niemand hilft, so hilfet er, Und macht mein leiden nicht zu schwer.

2. Was tracht ich lang nach menschengunst, Die doch vergehet, wie ein dunst? Es ist in dieser welt kein freund, Der es stets gut mit einem meynt.

3. Wirf deine zuflucht nur zu GOtt, Der kan dir nehmen deine noth: Such den zum freund, der dir allein Mit seiner hülf kan nützlich seyn.

4. Wann GOtt ist freund, alsdann dein feind Ist ohne macht und ganz verkleint: Und wären noch viel tausend hier, So könnt doch keiner schaden dir.

5. Es muß doch gehn, wies GOtt gefällt, Wann sich gleich alls dagegen stellt; Laß GOtt nur machen, wie er will, Und halte seinem willen still.

Mel. JEsu, der du meine seele.

Seele.

569. Wann wird doch mein JEsus kommen In das wilde thränenland, Plag und klag hat zugenommen, Leid und neid nimmt überhand, Wann wird mich mein Heiland grüssen? Mir den bittern kelch versüssen? Herr, du bleibst mir gar zu lang, Nach dir ist mir angst und bang.

Christus.

2. Braut, wie bist du so versunken In dem meer der traurigkeit? Ich hab dir eins zugetrunken, Liebst du mich, so thu bescheid: Lieb bestehet nicht ohn leiden, Lieb und leid nicht können scheiden. Wer nicht leidet, liebet nicht, Liebst du mich, so leide mit.

Seele.

3. Ich hab einen schmalen rücken, Warum leiden andre nicht, Ich soll mich zum creutze bücken, Andre gehen aufgericht. HErr, erlaube mir zu sagen, Daß auch andre helfen tragen: Mir allein des creutzes pein, Will fast unerträglich seyn.

Christus.

4. Frisch gewagt ist halb gewonnen, Wer das creutz sein hurtig faßt, Ist der plage bald entronnen, Fühlet kaum die halbe last: Du must dich dem creutz ergeben In dem sterben und im leben, Rechte lieb hat

hat kein ziel, Niemals ist der lieb zu viel.

Seele.

5. Andre wissen nichts vom leiden, Nur von lauter lustbarkeit; Aber ich weiß nichts von freuden, Nur von lauter traurigkeit: Andern gehts nach wunsch und willen, Mich muß lauter wehmuth stillen; Andre haben lauter huld, Ich muß leiden ohne schuld.

Christus.

6. Schau, das kind den vater trutzet, Schweig, und willig dich ergib, Ich weiß besser, was dir nutzet, Ich wills haben, nimm vorlieb, Du darfst nicht nach andern fragen, Was ich aufiad, sollt du tragen, Es sey wenig oder viel, Weil ichs also haben will.

Seele.

7. Nun wohlan, ich bin zufrieden, JEsu, ach, vergib es mir, Was ich allzuviel getrieben, Ach, das creutz erschreckt mich schier; Doch ins creutz ich mich begebe, Mit dem sterbe ich und lebe, Es sey wenig oder viel, Weil es JEsus haben will.

Christus.

8. So recht, also will ichs haben, Jetzt bist du mein liebes kind, Droben will ich dich schon laben, Hier gedulde rauhe wind: Leide du, wie ich gelitten, Streite du, wie ich gestritten, Droben folgt die ehrenkron, Gros und prächtig ist der lohn.

M. Ach, was soll ich sünder machen.

570. Warum bist du so betrübet? Liebste seel, was traurest du? Lebst in kummer und unruh? Meynst du, daß dich GOtt hingiebet? Nein, verzage du nur nicht, JEsus ist dein zuversicht.

2. Will die sündenlast dich drücken, Quält dich deine missethat, Und weißst weder hülf noch rath, So will JEsus dich erquicken: Komm zu ihm, und zweifle nicht: JEsus ist dein zuversicht.

3. Kommet satan auch getreten, Hält mit ach und zittern dir Deine schwere rechnung für, Weiß ihn hin zur schädelstätten, Da die handschrift ist gericht, JEsus ist dein zuversicht.

4. Schrecket dich denn das gewissen, Wie mit dir es werde gehn, Wann du vor gericht wirst stehn, Und das urtheil hören müssen, Hier ist der, der für dich spricht, JEsus ist dein zuversicht.

5. Siehst du, daß bey trüben stunden GOttes zorn entzündet sich, Komm zu JESU, birge dich In die höhle seiner wunden, Bis die schwarze wolke bricht, JEsus ist dein zuversicht.

6. Sperrt die hölle ihren rachen Gegen dich mit voller glut, JEsus hat mit seinem blut, Sie gelöschet, und den drachen Ganz und gar dahin gericht, JEsus ist dein zuversicht.

7. Ob der blasse tod dir raubet Deinen werth vertrauten freund, Und euch gar zu trennen meynt, Wer an JEsum Christum glaubet, Bleibet in dem tode nicht, JEsus ist dein zuversicht.

8. Wann die zunge nicht kan sprechen, Wann die augen nicht mehr sehn, Das gehör auch will vergehn, Wann das herze nun muß brechen, Bleib getreu in deiner pflicht, JEsus ist dein zuversicht.

9. Laß es kosten leib und leben, Gut, blut, alles, was du hast, Mach dir darum keinen prast, JEsus will dirs wieder geben, Wann der grosse tag anbricht, JEsus ist dein zuversicht.

10. JEsus ist dein trost im leiden: JEsus ist dein fels und heil: JEsus ist dein bester theil: JEsus ist die höchste freude: JEsus ist dein stab und licht: JEsus ist dein zuversicht.

In bekannter Melodie.

571. Was mein GOTT will, das g'scheh allzeit, Sein will, der ist der beste, Zu helfen den'n er ist bereit, Die an ihn glauben feste; Er hilft aus noth Der fromme GOtt, Und züchtiget mit massen. Wer GOtt vertraut, Vest auf ihn baut, Den will er nicht verlassen.

2. GOtt ist mein trost und zuversicht, Mein hoffnung und mein leben, Was mein GOtt will, das mir geschicht, Will ich nicht widerstreben, Sein wort ist wahr, Denn all mein haar Er selber hat gezählet: Er hüt und wacht, Stets für uns tracht, Auf daß uns gar nichts fehlet.

3. Drum will ich gern von dieser welt Scheiden nach GOttes wille, Zu meinem GOtt, wanns ihm gefällt, Will ich ihm halten stille: Mein arme seel Ich GOtt befehl In meinen letzten stunden, O frommer GOtt, Sünd, höll und tod Hast du mir überwunden.

4. Noch eins, HErr, will ich bitten dich, Du wirst mirs nicht versagen, Wann mich der böse geist anficht, Laß mich doch nicht verzagen, Hilf, steur und wehr, O GOtt, mein HErr, Zu ehren deinem namen; Wer das begehrt, Dem wirds gewährt, Drauf sprech ich frölich amen.

Albrecht, Markgraf zu Brandenburg.

Mel. Von GOtt will ich nicht lassen.

572. Was willt du dich betrüben, O meine liebe seel, Thu den nur herzlich lieben, Der heißt Immanuel: Vertrau dich ihm allein, Er wird gut alles machen, Und fördern deine sachen, Wie dirs wird selig seyn.

2. Denn GOtt verlässet keinen, Der sich auf ihn verläßt, Er bleibt getreu den seinen, Die ihm vertrauen vest. Läßt sichs an wunderlich, Laß du dir gar nicht grauen, Mit freuden wirst du schauen, Wie GOtt wird retten dich.

3. Auf

3. Auf ihn magst du es wagen Getrost mit frischem muth, Mit ihm wirst du erjagen, Was dir ist nutz und gut; Denn was GOtt haben will, Das kan niemand verhindern Aus allen menschenkindern, So viel ihr sind im spiel.

4. Wann auch selbst aus der höllen Der satan trotziglich Mit seinen rottgesellen, Sich setzen wider dich, So muß er doch mit spott Von seinen ränken lassen, Damit er dich will fassen, Dann dein werk fördert GOtt.

5. Er richts zu seinen ehren Und deiner seligkeit, Solls seyn, kein mensch kans wehren, Wanns ihm wär noch so leid; Wills denn GOtt haben nicht, So kanns niemand fort treiben, Es muß zurücke bleiben, Was GOtt will, das geschicht.

6. Drum ich mich ihm ergebe, Dem sey es heimgestellt, Nach nichts mehr ich sonst strebe, Dann nur was ihm gefällt: Sein will ist mein begier, Der ist und bleibt der beste, Das glaub ich steif und veste, Wohl dem, der glaubt mit mir.

Joh. Hermann.

Mel. Zion klagt mit angst und schm.

573. Weg, mein herz, mit den gedanken, Als ob du verstossen wärst, Bleib in GOttes wort und schranken, Da du anders reden hörst; Bist du bös und ungerecht, Ey, so ist GOTT fromm und schlecht: Hast du zorn und tod verdienet, Sinke nicht, GOtt ist versöhnet.

2. Du bist, wie die menschen alle, Angesteckt mit sündengift, Welches Adam mit dem falle Samt der schlangen angestift; Aber so du kehrst zu GOtt, Und dich besserst, hats nicht noth; Sey getrost, GOtt wird dein flehen Und abbitten nicht verschmähen.

3. Er ist ja kein bär noch löwe, Der sich nur nach blute sehnt, Sein herz ist zu lauter treue Und zu sanftmuth angewöhnt: GOtt hat einen vatersinn, Unser jammer jammert ihn, Unser unglück ist sein schmerze, Unser sterben kränkt sein herze.

4. So wahrhaftig, als ich lebe, Will ich keines menschen tod, Sondern, daß er sich ergebe An mich aus dem sündenkoth, Gottes freud ist, wenn auf erd Ein verirrter wiederkehrt, Will nicht, daß aus seiner heerde Das geringst entzogen werde.

5. Kein hirt kan so fleißig gehen Nach dem schaaf, das sich verläuft, Solltst du GOttes herze sehen, Wie sich da der kummer häuft, Wie es dürstet, lechzt und brennt Nach dem, der sich abgetrennt Von ihm und auch von den seinen, Würdest du vor liebe weinen.

6. GOtt, der liebt nicht nur die frommen, Die in seinem hause seynd, Sondern auch die ihm genommen Durch den grim-

grimmen seelenfeind, Der dort in der höllen sitzt, Und der menschen herz erhitzt Wider den, der, wann sich reget Sein fuß, alle welt beweget.

7. Dennoch bleibt in liebes=flammen Sein verlangen allzeit gros, Ruft uud locket uns zusammen In den weiten himels=schoos. Wer sich nun da stellet ein, Suchet frey und los zu seyn Aus des satans reich und rachen Der macht GOTT und engel lachen.

8. GOtt und alles heer hoch droben, Dem der himel schweigen muß, Wann sie ihren schöpfer loben Jauchzen über unsre buß; Aber was gesündiget ist, Das verdeckt er und vergißt, Wie wir ihn beleidigt haben, Alles, alles ist vergraben.

9. Kein see kan sich so ergiessen, Kein grund kan so grundlos seyn, Kein strom so gewaltig fliessen, Gegen GOtt ist alles klein, Gegen GOtt und seiner huld, Die er über unsre schuld Alle tage lässet schweben Durch das ganze sünden=leben.

10. Nun so ruh und sey zufrieden, Seele, die du traurig bist, Was willt du dich viel ermüden, Da es nicht vonnöthen ist? Deiner sünden grosses heer, Wie es scheinet, ist nicht mehr, Gegen GOttes herz zu sagen, Als was wir mit fingern tragen.

11. Wären tausend welt zu finden, Von dem Höchsten zugericht, Und du hättest alle sünden, Die darinnen sind, verricht, Wär es viel, doch lange nicht So viel, daß das volle licht, Seiner gnaden hier auf erden Dadurch könnt erlöschet werden.

12. Mein GOtt, öffne mir die pforten Solcher wolgewogenheit, Laß mich allzeit aller orten Schmecken deine süßigkeit! Liebe mich und treib mich an, Daß ich dich, so gut ich kan, Wiederum umfang und liebe Und ja nun nicht mehr betrübe.

Paul Gerhard.

In eigener Melodie.

574. Wer JEsum bey sich hat, Kan veste stehen, Wird auf dem unglücksmeer Nicht untergehen; Wer JEsum bey sich hat, Was kan dem schaden? Sein herz ist überall Mit trost beladen.

2. Wer JEsum bey sich hat, Der hat den himmel, Wünscht zu verlassen nur, Das weltgetümmel: Wer JEsum bey sich hat, Der lebt vergnüget Mit dem, was GOtt und glück Ihm zugefügt.

3. Wer JEsum bey sich hat, Der mag nicht haben Die eitelkeit der welt Und ihre gaben, Wer JEsum bey sich hat, Hat gnug auf erden, Und mag in ewigkeit Nicht reicher werden.

4. Wer JEsum bey sich hat, Kan sicher reisen, Er wird ihm schon den weg Zum himmel weisen, Wer JEsum bey sich

hat In höchsten nöthen, Den kan kein teufel nicht Noch mörder tödten.

5. Wer JEsum bey sich hat, Ist wohl beschützet, Wann heftig donnert es Und schrecklich blitzet: Wer Jesum bey sich hat, Darf nicht erschrecken, Wann seine sünd ihm furcht Und angst erwecken.

6. Wer JEsum bey sich hat, Darf nicht verzagen, Und kan den teufel auch Leicht von sich jagen: Wer JEsum bey sich hat, Wird nicht verderben: Wer JEsum bey sich hat, Kan frölich sterben.

Mel. Was mein GOtt will, das ec.

575. Wies GOtt gefällt, so g'fällt mirs auch, Und laß mich gar nichts irren, Ob mich zu zeiten beißt der rauch, Und wann sich schon verwirren All sachen gar, Ich weiß fürwahr, GOtt wirds zuletzt wohl richten: Wie ers will han, So muß es gahn, Solls seyn, so seys ohn dichten.

2. Wies GOtt gefällt, zufried ich bin, Das übrig laß ich fahren, Was nicht soll seyn, stell ich GOtt heim, Der will mich recht erfahren: Ob ich auch will Ihm halten still, Wird doch GOtt gnad beschehren. Ich zweifle nicht: Solls anders machen? Drum ist umsonst Welt witz und kunst, Es hilft nicht haar ausrauffen, Man murr od'r beis; Solls seyn, so seys, Wird doch sein weg naus lauffen.

4. Wies GOtt gefällt, laß ichs ergehn, Will mich darein ergeben, Wollt ich sein'm willen wiederstehn, So müßt ich bleiben kleben; Dann gwiß fürwahr All tag und jahr Bey GOtt sind ausgezählet: Ich schick mich drein, Es gscheh, solls seyn, So seys bey mir erwählet.

5. Wies GOtt gefällt, so solls ergahn, In lieb und auch in leide, Dahin ich mein sach gstellt will han, Daß sie mir sollen beyde Gefallen wohl, Drum mich auch soll Ja oder nein nicht schrecken, Schwarz oder weiß; Solls seyn, so seys, GOtt wird wohl gnad erwecken.

6. Wies GOtt gefällt, so laufs hinaus, Ich laß die vöglein sorgen, Kommt mir das glück nicht heut zu haus, So wird es doch seyn morgen Was mir beschehrt, Bleibt unverwehrt, Ob sichs schon thut verziehen, Dank GOtt mit fleiß; Solls seyn, so seys, Er wird mein glück wohl fügen.

7. Wies GOtt gefällt, das

nicht auf eis, Solls seyn, so seys, Will GOtt allein vertrauen.

8. Wies GOTT gefällt, so nehm ichs an, Um g'duld will ich ihn bitten, Er ists allein, der helfen kan; Und wann ich schon wär mitten In angst und noth, Läg gar im tod, Kan er mich wohl erretten Gewaltger weis; Solls seyn, so seys, Ich g'winns, wer nur will wetten.

Johann Friederich, Churfürst zu Sachsen.

In bekannter Melodie.

576. Zion klagt mit angst und schmerzen, Zion, GOttes werthe stadt, Die er trägt in seinem herzen, Die er ihm erwählet hat; Ach, spricht sie, wie hat mein Gott Mich verlassen in der noth, Und läßt mich so harte pressen, Meiner hat er ganz vergessen.

2. GOtt, der mir hat fest versprochen Seinen beystand in dem leid, Läßt mich nun vergeblich pochen An der thür der gnadenzeit; Ach, will er dann für und für Grausam zürnen über mir? Kan und will er sich der armen Jetzund nicht, wie vor, erbarmen?

3. Zion, o du vielgeliebte, Sprach zu ihr des HErren mund, Du bist jetzund die betrübte, Seel und geist ist dir verwundt; Doch, stell alles trauren ein, Wo mag eine mutter seyn, Die ihr eigen kind kan hassen, Und aus ihrer sorge lassen?

4. Ja, wenn man auch sollte finden Einen solchen muttersinn, Da die liebe kan verschwinden, So bleib ich doch, wer ich bin: Meine treu bleibt gegen dir, Zion, o du meine zier, Du hast mir mein herz besessen, Deiner kan ich nicht vergessen.

5. Laß dich nicht den satan blenden, Der sonst nichts als schrecken kan, Siehe, hier in meinen händen Hab ich dich geschrieben an, Wie kan es dann anders seyn? Ich muß ja gedenken dein: Deine mauer will ich bauen, Und dich fort und fort anschauen.

6. Du bist mir stets vor den augen, Du liegst mir in meinem schoos, Wie die kindlein, die noch saugen, Meine treu zu dir ist gros: Dich und mich soll keine zeit, Keine noth, gefahr noch streit, Ja der satan selbst nicht scheiden, Bleib getreu in allem leiden.

Johann Hermann.

Eilfter Theil,

hält in sich

die Krankheit- Todes- und Leichen-Lieder.

In eigener Melodie.

577. Ach, daß doch mein JEsus käme, Und die seele bald wegnähme, Hier aus diesem jammerthal Zu sich in den freudensaal.

2. Ist doch hier mehr nichts als klagen, Seufzen, weinen, lauter plagen, Alle unsre beste zeit Ist nur müh und herzenleid.

3. Nichtig, flüchtig seynd die tage, Unser leben ist nur plage, Alles ist nur eitelkeit Hier in dieser sterblichkeit.

4. Was wir schauen auf der erden Muß zu staub und aschen werden: Was wir sehen, das verschwindt Wie der rauch und staub im wind.

5. Drum begehr ich nicht zu leben Und in dieser welt zu schweben, Sondern nur bey dir zu seyn, Allerliebstes JEsulein.

6. Gehe hin, du weltgetümmel, Unser wandel ist im himmel: Ehre, gut und geld fahr hin, JEsus bleibt allein mein sinn. M. T. Titius.

Mel. HErr JEsu Christ, du höchstes.

578. Ach GOtt, wann ich bey mir betracht, Daß alles fleisch verdirbet, Und nehme dis dabey in acht, Wie mancher schnell hinstirbet, So ruf ich dich, o Vater an, Dann deine güt und allmacht kan Mir auch hierinnen helfen.

2. Ich weiß wohl, daß ich sterben muß, Doch nicht, zu welcher stunde, Drum gib, daß ich in steter buß Und gottesfurcht werd funden, Auf daß ich jetzt und allezeit Zu meiner heimfahrt sey bereit, So bald du mich abforderst.

3. HErr, rechne mir es ja nicht zu, Daß ich mich unterfange, Und an dich diese bitte thu, Warum mir oft wird bange: Aus lauter unverdienter güt Vor vielen schmerzen mich behüt, Und langwierigem lager.

4. Doch aber auch bewahre mich Vor bösem schnellen ende, Wahnwitz und jammer gnädiglich, O treuer GOtt, abwende; Ein solches stündelein verleih, Daß ich doch meine sünd dabey Im glauben mög bereuen.

5. Laß mich den werthen heilgen Geist Bis an mein end regieren, Gib, daß ich alsdenn allermeist Könn seinen beystand spüh-

spühren, Daß mir da kräftig kommt zu gut Des HErren Christi theures blut, So er für mich vergossen.

6. Hilf, HErr, hilf in der todesnoth, Laß mich nicht lange quälen, Dir will ich meine seel, o GOtt, In deine händ befehlen, Verkürz mir alle angst und pein, Daß, wann mein ende da soll seyn, Ich bald im fried abscheide.

In eigener Melodie.

579. Ach, wie nichtig, ach, wie flüchtig Ist der menschen leben, Wie ein nebel bald entstehet, Und auch wieder bald vergehet, So ist unser leben, sehet!

2. Ach, wie nichtig, ach, wie flüchtig Sind der menschen tage, Wie ein strom beginnt zu rinnen, Und mit laufen nicht hält innen, So fährt unsre zeit von hinnen.

3. Ach, wie nichtig, ach, wie flüchtig Ist der menschen freude, Wie sich wechseln stund und zeiten, Licht und dunkel, fried und streiten, So sind unsre fröhlichkeiten.

4. Ach, wie nichtig, ach, wie flüchtig Ist der menschen schöne, Wie ein blümlein bald vergehet, Wann ein rauhes lüftlein wehet, So ist unsre schöne, sehet.

5. Ach, wie nichtig, ach, wie flüchtig, Ist der menschen stärke, Der sich, wie ein löw, erwiesen, Ueberworfen mit den riesen, Den wirft eine kleine drüsen.

6. Ach, wie nichtig, ach, wie flüchtig, Ist der menschen glücke, Wie sich eine kugel drehet, Die bald da, bald dorten stehet, So ist unser glücke, sehet.

7. Ach, wie nichtig, ach, wie flüchtig, Ist der menschen ehre, Ueber den, dem man hat müssen Heut die hände höflich küssen, Geht man morgen gar mit füssen.

8. Ach, wie nichtig, ach, wie flüchtig Ist der menschen wissen, Der das wort konnt prächtig führen, Und vernünftig discuriren, Muß bald allen witz verliehren.

9. Ach, wie nichtig, ach, wie flüchtig Ist der menschen dichten, Der, so kunst hat lieb gewonnen, Und manch schönes werk ersonnen, Wird zuletzt vom tod erronnen.

10. Ach, wie nichtig, ach wie flüchtig Sind der menschen schätze, Es kan gluth und fluth entstehen, Dadurch eh wir uns versehen, Alles muß zu trümmern gehen.

11. Ach, wie nichtig, ach, wie flüchtig Ist der menschen herrschen, Der durch macht ist hoch gestiegen, Muß zuletzt aus unvermögen In dem grab darnieder liegen.

12. Ach, wie nichtig, ach, wie flüchtig Ist der menschen prangen, Der in purpur hoch ermessen Ist, als wie ein gott, gesessen, Dessen wird im tod vergessen.

13. Ach, wie nichtig, ach, wie

flüchtig Sind der menschen sachen; Alles, alles, was wir sehen, Das muß fallen und vergehen, Wer GOtt fürcht, bleibt ewig stehen. Michael Frank.

Mel. Nun sich der tag geendet hat.

580. Ach, wie sehnlich wart ich der zeit, Wann du, HErr, kommen wirst, Und mich aus diesem herzeleid Zu dir in himmel führst.

2. Hier ist mein leib der krankheit voll Bis er kommt in den tod; Dort aber wirst dus machen wohl, Daß er sey ohne noth.

3. Hier legt man den leib in die erd, Die würmer ihn verzehrn; Dort aber wird er schön verklärt Durch dich, als wie ein stern.

4. Hier fehlts der seel an dem verstand Ihr wissen stückwerk ist; Dort wirst du in dem vaterland Geben weisheit ohn list.

5. Hier bin ich mit der sünd befleckt, Muß streit'n mit fleisch und blut; Dort wird es alls seyn weggelegt Bey dir, du höchstes gut.

6. Hier muß ich sehn, was eitel ist, Die welt und ihre pracht; Dort aber werd ich dich, HErr Christ, Schauen und dein allmacht.

In bekannter Melodie.

581. Alle menschen müssen sterben, Alles fleisch vergeht, wie heu, Was da lebet, muß verderben, Soll es anders werden neu; Dieser leib der muß verwesen, Wann er anders soll genesen Der so grossen herrlichkeit, Die den frommen ist bereit.

2. Drum so will ich dieses leben, Wann es meinem GOtt beliebt, Gern und willig von mir geben, Bin darüber nicht betrübt, Dann in meines JEsu wunden Hab ich schon erlösung funden, Und mein trost in todesnoth Ist des HErren JEsu tod.

3. JEsus ist für mich gestorben, Und sein tod ist mein gewinn, Er hat mir das heil erworben, Drum fahr ich mit freud dahin, Hier aus diesem weltgetümmel In den schönen Gotteshimmel, Da ich werde allezeit Schauen die Dreyfaltigkeit.

4. Da wird seyn das freudenleben, Da viel tausend seelen schon Seynd mit himmelsglanz umgeben, Dienen GOtt vor seinem thron, Da die Seraphinen prangen, Und das hohe lied anfangen: Heilig, heilig, heilig heißt GOtt der

fromme hingefahren, Da wir unserm GOtt zu ehr'n Ewig alleluja hör'n.

6. O Jerusalem, du schöne, Ach, wie helle glänzest du, Ach, wie lieblich lobgetöne Hört man da in sanfter ruh; O der grossen freud und wonne, Jetzo gehet auf die sonne, Jetzo gehet an der tag, Der kein ende nehmen mag.

7. Ach, ich habe schon erblicket Alle diese herrlichkeit, Jetzo werd ich schön geschmücket Mit dem weissen himmelskleid, Und der güldnen ehrenkrone, Stehe da vor GOttes throne, Schaue solche freude an, Die ich nicht beschreiben kan.

8. Hier will ich nun ewig wohnen, Liebstes herz, zu guter nacht, Eure treu wird GOtt belohnen, Die ihr habt an mir vollbracht. Liebste kinder und verwandten, Freunde, nachbarn und bekannten, Lebet wohl, zu guter nacht, GOtt sey lob, es ist vollbracht.

Mel. Ach bleib mit deiner gnade 2c.

582. Christus, der ist mein leben, Sterben ist mein gewinn, Dem thu ich mich ergeben, Mit freud fahr ich dahin.

2. Mit freud fahr ich von dannen Zu Christ, dem bruder mein, Auf daß ich zu ihm komme, Und ewig bey ihm sey.

3. Nun hab ich überwunden Creutz, leiden, angst und noth, Durch sein heilge fünf wunden Bin ich versöhnt mit GOtt.

4. Wann meine augen brechen, Mein athem geht schwer aus, Der mund nicht mehr kan sprechen, HErr, nimm mein seufzen auf.

5. Wann mein herz und gedanken Vergehn, als wie ein licht, Das hin und her thut wanken, Wann ihm die flamm gebricht:

6. Alsdann fein sanft und stille, HErr, laß mich schlafen ein, Nach deinem rath und willen, Wann kommt mein stündelein.

7. Und laß mich an dir kleben, Wie eine klett am kleid, Und ewig bey dir leben In himml'scher wonn und freud.

8. Amen, das wirst du, Christe, Verleihen gnädiglich, Mit deinem Geist mich rüste, Daß ich fahr seliglich.

Simon Graf.

Täglicher Blick in das Grab.

Mel. Wer nur den lieben Gott läßt.

583. Das Grab ist da! hier steht mein bette, Da ich den tod umarmen soll, Ach, wer sich wohl gebettet hätte, Der schliefe sanft und ruhete wohl; Man denket gar zu wenig dran, Daß man so leichtlich sterben kan.

2. Das grab ist da! so heißt es immer; Wir gehen ein und gehen aus, Die welt ist wol ein schönes zimmer, Doch aber ein geborgtes haus; Bequemt man sich am besten hier, So weiset uns der tod die thür.

3. Das grab ist da! oft

bey der wiegen; Wie manches kind grüßt heut die welt, So muß es schon im sarge liegen, Dieweil der tod nicht ordnung hält, Und alles ohn erbarmen bricht Die frucht sey zeitig oder nicht.

4. Das grab ist da! die besten jahre Sind auch des blassen todes raub, Der wirft den stärksten auf die bahre, Und legt den schönsten in den staub: Ein jeder schritt, den man vollbracht, Naht sich mit uns zur grabes-nacht.

5. Das grab ist da! sobald wir älter, So geh'n wir auf den kirchhof zu, Die glieder werden immer kälter, Und sehnen selbst sich nach der ruh; Dann sterben ist der veste schluß, Der junge kan, der alte muß.

6. Das grab ist da! was sollt ich wehnen, Daß es noch ferne von mir sey, Dann man begräbt ja den und jenen, Und jeder muß an diese reih: Wie manchen legt man auf die bahr, Der jünger und gesünder war.

7. Das grab ist da! ich will mit busse Dahin stets meine wallfahrt thun, Ich falle dir, mein GOtt! zu fusse, Ach laß mich nicht in sünden ruh'n: Wer sünde mit sich nimmt ins grab, Stirbt dir und auch dem himmel ab.

8. Das grab ist da! wo michs soll laben, So muß ich auch im glauben mich In meines JESU wunden graben, Mein Heiland! ich umfasse dich, Dann du bist meines todes tod, Steh mir bey in der letzten noth.

9. Das grab ist da! mein kurzes leben Soll künftig desto frömmer seyn, Und nicht nach pracht und reichthum streben, Das ist ein kahler leichenstein; Die grabschrift, die die tugend gräbt, Macht, daß man auch im tode lebt.

10. Das grab ist da! kein weltgetümmel Stöhrt mich bey den gedanken nicht, Je näher grab, je näher himmel, Wer weiß, wie bald mein herze bricht? Und doch erschreck ich nicht dafür, Mein grab wird mir zur himmelsthür.

11. Das grab ist da! ich steh vielleichte Mit einem fusse d'rinnen schon, Wie, wann ichs heute noch erreichte? Die zeit eilt flügelschnell davon. Doch, ich bin immerdar bereit, Das grab sey nahe oder weit.

12. Das grab ist da! weg eitelkeiten, Bey euch vergißt man nur das grab; Ich will mich täglich so bereiten, Daß ich den tod vor augen hab; Ich bin ein mensch, so heißt es ja: Das grab ist da! das grab ist da! Benj. Schmolk.

Mel. Auf meinen lieben GOtt rc.

584. Des lebens kurze zeit Ist voller herzenleid, Die allerbesten tage Sind nimmer ohne klage: Und wo wir scheinlust finden, Ist angst und qual dahinten.

2. Kein stund, kein alter ist Vor ungelück gefrist, So bald ein mensch gebohren, Ist ihm die pflicht erkohren, Ohn aus= flucht und ohn meiden, Was kommen kan, zu leiden.

3. Ein jeder fühlt sein theil, Und findt kein ander heil, Das ihn der schuld entziehe, Dann daß er sich bemühe Um ein trost= selig sterben, Bey GOtt gunst zu erwerben.

4. Solch sterben ist der schluß An unmuth und verdruß, Die uns mit vollem haufen Stets kommen angelaufen; O selig, wer dem leben Das ende gut kan geben.

5. Der lebt und schwebt all= zeit In lauter frölichkeit, Da er sein leben liebet, Da ihn kein ding betrübet, Da er in vollen freuden Kan seine seele weiden.

6. O JEsu, todes tod, Laß uns in sterbensnoth Dein in= nerliches stärken In unserm herzen merken, Daß wir bey lebens enden Uns freudig zu dir wenden.

7. Spring uns, o Heiland, zu, Und gib den sinnen ruh, Wann uns im letzten zagen Die hölle wird verklagen, Daß wir auf deinen namen Getrost ver= scheiden, amen. Sim. Dach.

Mel. Nun laßt uns den leib rc.

585. Die seele Christi heil= ge mich, Sein Geist versetze mich in sich, Sein Leichnam, der für mich ver= wundt, Der mach mir leib und seel gesund.

2. Das wasser, welches auf den stoß Des speers aus seiner seiten floß, Das sey mein bad, und all sein blut Erquicke mein herz, sinn und muth.

3. Der schweiß von seinem angesicht Laß mich nicht kom= men ins gericht, Sein ganzes leiden, creutz und pein, Das wolle meine stärkung seyn.

4. O JEsu Christ, erhöre mich, Nimm und verbirg mich ganz in dich, Schließ mich in deine wunden ein, Daß ich fürm feind kan sicher seyn.

5. Ruf mir in meiner letzten noth Und setz mich neben dich mein GOtt, Daß ich mit deinen heilgen all'n Mög ewiglich dein lob erschall'n. J. Engel.

Mel. Es ist gewißlich an der rc.

586. Die zeit bricht an, du must davon, Das grab ist dir bestellet, Es ist der tod der sünden lohn, Das urtheil ist gefället: Es müssen sterben allzumal, So viel als menschen an der zahl, Kein mensch ist ausgenommen.

2. Des lebens stundenglas lauft aus, Eh mans gedenkt, auf erden, Darum bestell, o mensch, dein haus, Du must zu aschen werden, Vielleicht ist das der letzte tag, Drum denke deinem leben nach, Ob du dich hast bereitet.

3. Der baum bleibt liegen, wie er fällt, Auch bleibt der mensch so liegen, Wie er hin= fällt, und nach der welt Wird er den lohn dort kriegen. Ach, daß

laß man nicht ans ende denkt, Und dahin seine sinnen lenkt, Wo man kan ewig bleiben.

4. HErr JEsu, meines lebens zeit Laß seyn ein stetes sterben, Damit ich täglich sey bereit, Mich dahin zu bewerben, Daß ich dein reich nach dieser welt Besitzen mög ins himmels zelt, Darnach mein herz verlanget.

5. Muß ich gleich eilends scheiden ab, So will doch nicht erschrecken, Weil du mich bald aus meinem grab Zum leben wirst erwecken. Das weitzenkorn muß erst vergehn, Eh es kan grünend auferstehn, Und süsse früchte bringen.

6. Den leib laß seyn der würmer speis, Der schlangen und der maden, Er wird nach göttlichem geheis Zum himmel bald geladen: Was hier verweslich wird gesät, Dort unverweslich auferstehet Zur himmelsfreud und wonne.

7. Wann JEsus in der herrlichkeit Wird in den wolken kommen, So wird der leib zur erndtezeit Verkläret aufgenommen, Und mit der seelen gehen ein, Wo er wird ewig selig seyn In jenem freudenleben.

8. Da wird der thränen fluth gestillt Und abgewaschen werden, Die hier vergossen ist so mild, Und alle angstbeschwerden, Die werden abgeleget seyn. Dort weiß man nichts von angst und pein; Von keinem leid und schmerzen.

9. Da wirst du, liebster JEsu Christ, Uns Salems stadt eingeben, Die unser aller mutter ist, Und deine braut erheben, An deinem frohen hochzeittag, Dieweil sie dir gefolget hat Getreu im creutz und leiden.

10. O JEsu, wann ich dis bedenk, So hüpft mein herz vor freuden, Und wann ich mich in sorgen kränk, So find ich trost im leiden; Wie gros wird dann die freude seyn, Wann du die braut wirst führen ein? Ach, wär ich schon dort oben.

In bekannter Melodie.

587. Einen guten kampf hab ich Auf der welt gekämpfet, Denn GOtt hat genädiglich All mein leid gedämpfet, Daß ich meines lebens lauf Seliglich vollendet, Und mein arme seel hinauf GOtt dem HErrn gesendet.

2. Forthin ist mir beygelegt Der gerechten krone, Die mir wahre freud erregt In des himmels throne; Forthin ist meines lebens licht, Dem ich hie vertrauet, Nemlich GOttes angesicht, Meine seele schauet.

3. Dieser schnöden bösen welt Jämmerliches leben Mir nun länger nicht gefällt, Drum ich mich ergeben Meinem JEsu, da ich bin Jetzt in lauter freuden, Dann sein tod ist mein gewinn, Mein verdienst sein leiden.

4. Gute nacht, ihr meine

freund, Alle meine lieben, Alle, die ihr um mich weint, Laßt euch nicht betrüben Diesen abtritt, den ich thu In die erde nieder, Seht, die sonne geht zur ruh, Kommt doch morgen wieder. Heinr. Albrecht.

Mel. HErr JEsu Christ, du höchstes.

588. Ein würmlein bin ich arm und klein, Mit todesnoth umgeben, Kein trost weiß ich in mark und bein Im sterben und im leben, Denn daß du selbst, HErr JEsu Christ, Ein armes würmlein worden bist, Ach GOTT, erhör mein klagen.

2. Laß mich, HErr Christ, an deinem leib Ein grünes zweiglein bleiben, Mit deinem Geist, HErr, bey mir bleib, Wann sich mein seel soll scheiden; Wann mir vergeht all mein gesicht, Und meines bleibens ist mehr nicht Allhier auf dieser erden:

3. So laß mich nicht in dieser noth Umkommen noch verzagen, Komm mir zu hülf, du treuer GOtt, Mein angst hilf mir auch tragen, Denk, daß ich bin am leibe dein Ein glied und grünes zweigelein, Im fried laß mich hinfahren.

4. Gedenk, HERR, an den theuren eyd, Den du selbst hast geschworen, So wahr du lebst von ewigkeit, Ich soll nicht seyn verlohren, Und soll nicht kommen ins gericht, Den tod ewiglich chmecken nicht, Dein heil wollst du mir zeigen.

5. Ach, GOTT, laß mir ein leuchte seyn Dein wort zum ewgen leben, Ein selges ende mir verleih, Ich will mich dir ergeben, Und trauen dir, mein HErr und GOtt, Dann du verläßst in keiner noth, Die deiner hülf erwarten.

6. Drauf will ich nun befehlen dir Mein seel in deine hände, Ach, treuer GOtt, steh vest bey mir, Dein Geist nicht von mir wende; Und wann ich nicht mehr reden kan, So nimm den letzten seufzer an, Durch JEsum Christum, Amen.

Bartholomäus Frölich.

Mel. Zion klagt mit angst und schm.

589. Freu dich sehr, o meine seele, Und vergiß all noth und qual, Weil dich nun Christus, dein HErre, Ruft aus diesem jammerthal; Aus trübsal und grossem leid Sollt du fahren in die freud, Die kein ohr je hat gehöret, Und in ewigkeit auch währet.

2. Tag und nacht hab ich gerufen Zu dem HErren, meinem GOTT, Weil mich stets viel creutz betroffen, Daß er mir hülf aus der noth; Wie sich sehnt ein wandersmann, Daß sein weg ein end möcht han, So hab ich gewünschet eben, Daß sich enden mög mein leben.

3. Dann gleichwie die rosen stehen Unter dornen spitzig gar, Also auch die christen gehen In lauter angst und gefahr; Wie die meereswellen sind Und der ungestüme wind, Also ist

allhier auf erden Unser lauf voller beschwerden.

4. Die welt, teufel, sünd und hölle, Unser eigen fleisch und blut, Plagen stets hier unsre seele, Lassen uns bey keinem muth: Wir sind voller angst und plag, Lauter creutz sind unsre tag: Wann wir nur geboren werden, Jammer gnug findt sich auf erden.

5. Wann die morgenröth herleuchtet, Und der schlaf sich von uns wendt, Sorg und kummer daher streichet, Müh findt sich an allem end: Unsre thränen sind das brod, So wir essen früh und spat: Wann die sonn nicht mehr thut scheinen, Ist nichts denn klagen und weinen.

6. Drum, HErr Christ, du morgensterne, Der du ewiglich aufgehst, Sey von mir jetzund nicht ferne, Weil mich dein blut hat erlößt: Hilf, daß ich mit fried und freud Mög von hinnen fahren heut: Ach, sey du mein licht und strasse. Mich mit beystand nicht verlasse.

7. In dein seite will ich fliehen An mein'm bittern todesgang, Durch dein wunden will ich ziehen Ins himmlische vaterland: In das schöne paradeis, Drein der schächer thät sein reis, Wirst du mich, HErr Christ, einführen Mit ewiger klarheit zieren.

8. Ob mir schon die augen brechen, Das gehöre gar verschwindt, Und mein zung nicht mehr kan sprechen, Der verstand sich nicht besinnt, Bist du doch mein licht, mein hort, Das leben, der weg, die pfort, Du wirst mich selig regieren, Die recht bahn zum himmel führen.

9. Laß dein engel mit mir fahren Auf Elias wagen roth, Und mein seele wohl bewahren, Wie Laz'rum nach seinem tod: Laß sie ruhn in deinem schoos, Erfüll sie mit freud und trost, Bis der leib kommt aus der erde, Und mit ihr vereinigt werde.

10. Freu dich sehr, o meine seele, Und vergiß all noth und qual, Weil dich nun Christus, dein HErre, Ruft aus diesem jammerthal: Seine freud und herrlichkeit Sollt du sehn in ewigkeit, Mit den engeln jubiliren, In ewigkeit triumphiren.

Simon Graf.

Mel. Nun ruhen alle wälder, rc.

590. GOtt lob, die stund ist kommen, Daß ich werd aufgenommen Ins schöne paradeis, Ihr eltern (freunde) dörft nicht klagen, Mit freuden sollt ihr sagen: Dem höchsten sey lob, ehr und preis.

2. Wie kans GOTT besser machen? Er reißt mich aus dem rachen Des teufels und der welt, Die jetzt, wie löwen, brüllen, Ihr grimm ist nicht zu stillen, Bis alles übern haufen fällt.

3. Dis sind die letzten tage, Da nichts, als angst und plage

Mit haufen bricht herein, Mich nimmt nun GOtt von hinnen, Und lässet mich entrinnen Der überhäuften noth und pein.

4. Kurz ist mein irdisch leben, Ein bessers wird mir geben GOtt in der ewigkeit, Da werd ich nicht mehr sterben, In keiner noth verderben, Mein leben wird seyn lauter freud.

5. GOtt eilet mit den seinen, Läßt sie nicht lange weinen In diesem thränenthal; Ein schnell und selig sterben, Ist schnell und glücklich erben Des schönen himmels ehrensaal.

6. Wie öfters wird verführet Manch kind, an dem man spühret Rechtschaffne frömmigkeit, Die welt, voll list und tücke, Legt heimlich ihre stricke Bey tag und nacht, zu jeder zeit.

7. Ihr netze mag sie stellen, Mich wird sie nun nicht fällen, Sie wird mir thun kein leid; Dann wer kan den verletzen, Den Christus jetzt wird setzen Ins schloß vollkommner sicherheit?

8. Zuvor bracht ich euch freude, Jetzt, nun ich von euch scheide, Betrübt sich euer herz; Doch, wann ihrs recht betrachtet, Und was GOtt thut, hoch achtet, Wird sich bald lindern euer schmerz.

9. GOtt zählet alle stunden, Er schlägt und heilet wunden, Er kennet jedermann, Nichts ist jemals geschehen, Daß er nicht vor gesehen, All's, was thut, ist wohl gethan.

10. Wann ihr mich werdet finden Vor GOtt, frey aller sünden, In weisser seide stehn, Und tragen siegespalmen In händen und mit psalmen Des HErren ruhm und lob erhöhn:

11. Da werdet ihr euch freuen, Es wird euch herzlich reuen, Daß ihr euch so betrübt. Wohl dem, der GOttes willen Gedenket zu erfüllen, Und sich ihm in geduld ergibt.

12. Ade, nun seyd gesegnet; Was jetzund euch begegnet, Ist andern auch geschehn, Viel müssens noch erfahren, Nun GOtt woll euch bewahren, Dort wollen wir uns wieder sehn.

Johann Hermann.

Mel. HErr JEsu Christ, du höchstes.

591. HErr JEsu Christ, ich weiß gar wohl, Daß ich einmal muß sterben, Wenn aber das geschehen soll, Und wie ich werd verderben Dem leibe nach, daß weiß ich nicht, Es steht allein in dein'm gericht, Du weißst mein letztes ende.

2. Und weil ich dann, als dir bewußt, Wohl durch deins Geistes gabe, An dir allein die beste lust In meinem herzen habe, Und gwißlich glaub, daß du allein Mich hast von sünden gwaschen rein, Und mir dein reich erworben:

3. So bitt ich dich, HErr JEsu Christ, Halt mich bey den gedanken, Und laß mich ja zu keiner frist Von dieser meynung wanken, Sondern dabey ver=

harren fest, Bis daß die seel aus ihrem nest Wird in den himmel fahren.

4. Kans seyn, so gib durch deine hand Mir ein vernünftig ende, Daß ich mein seel fein mit verstand Befehl in deine hände, Und so im glauben sanft und froh Auf meinem bettlein oder stroh Aus diesem elend fahre.

5. Wo du mich aber in dem feld Durch raub auf fremder grenze, In wassersnoth, hitz oder kält, Oder durch pestilenze, Nach deinem rath wollst nehmen hin, So richt mich, (nicht) HErr, nach meinem sinn, Den ich im leben führe.

6. Wo aber ich aus schwachheit groß Mich richt rechtschaffen hielte, Gieng etwan oder läge blos, Und unbescheiden redte, So laß michs, HErr, entgelten nicht, Weils wider mein bewußt geschicht, Und mich nicht kan besinnen.

7. O HErr, gib mir in todespein Ein säuberlich gebärde, Und hilf, daß mir das herze mein Fein sanft gebrochen werde, Und, wie ein licht, ohn übrig weh, Auf dein unschuldig blut vergeh, Das du für mich vergossen.

8. Jedoch ich dich nicht lehren will, Noch dir mein end vorschreiben, Sondern dir allweg halten still, Bey deinem wort verbleiben, Und glauben, daß du, als ein fürst Des lebens, mich erhalten wirst, Ich sterb gleich, wo ich wolle.

9. Derhalben ich in meinem sinn Mich dir thu ganz ergeben, Dann sieh, der tod ist mein gewinn, Du aber bist mein leben, Und wirst mein leib ohn alle klag, Daß weiß ich g'wiß, am jüngsten tag Zum leben auferwecken.

Barthol. Ringwald.

In bekannter Melodie.

592. HErr JEsu Christ, meins lebens licht, Mein höchster trost und zuversicht, Auf erden bin ich nur ein gast, Und drückt mich sehr der sünden last.

2. Ich hab vor mir ein schwere reis Zu dir ins himmlisch paradeis, Da ist mein rechtes vaterland, Darauf du dein blut hast gewandt.

3. Zur reis ist mir mein herz sehr matt, Der leib auch wenig kräften hat; Allein mein seele schreyt in mir: HErr, hol mich heim, nimm mich zu dir.

4. Drum stärk mich durch das leiden dein In meiner letzten todespein: Dein blutschweis mich tröst und erquick, Mach mich frey durch dein band und strick.

5. Dein backenstreich und ruthen frisch Der sünden striemen mir abwisch: Dein hohn und spott, dein dorne cron Laß seyn mein ehre, freud und wonn.

6. Dein durst und gallentrank mich lab, Wann ich sonst keine stärkung hab: Dein angstgeschrey komm mir zu gut,

Bewahr

Bewahr mich vor der höllen=glut.

7. Wann mein mund nicht kan reden frey, Dein Geist in meinem herzen schrey: Hilf, daß mein seel den himmel find, Wann meine augen werden blind.

8. Dein letztes wort laß seyn mein licht, Wann mir der tod das herz absticht: Behüte mich vor ungebärd, Wann ich mein haupt nun neigen werd.

9. Dein creutz laß seyn mein wanderstab: Mein ruh und rast dein heiligs grab: Die reinen grabetücher dein Laß meine ster=bekleider seyn.

10. Laß mich durch deine nä=gelmaal Erblicken die genaden=wahl: Durch deine aufgespalt=ne seit Mein arme seele heim=geleit.

11. Auf deinen abschied, HErr, ich trau, Darauf mein letzte heimfahrt bau, Thu mir die himmelsthür weit auf, Wann ich beschließ meins le=bens lauf.

12. Am jüngsten tag erweck mein leib, Hilf, daß ich dir zur rechten bleib, Daß mich nicht treffe dem gericht, Welchs das erschrecklich urtheil spricht.

13. Alsdann mein leib er=neure ganz, Daß er leucht, wie der sonnen glanz, Und ähnlich sey dein'm klaren leib, Auch gleich den lieben engeln bleib.

14. Wie werd ich dann so frölich seyn, Werd singen mit den engelein, Und mit der auserwählten schaar Ewig schauen dein antlitz klar.

Martin Böhme.

Mel. Nimm von uns, HErr, du ꝛc.

593. HErr JEsu Christ, wahr'r mensch und GOtt, Der du littst mar=ter, angst und spott, Für mich am creutz auch endlich starbst, Und mir deins Vaters huld er=warbst, Ich bitt durchs bittre leiden dein, Du wollst mir sün=der gnädig seyn.

2. Wann ich nun komm in sterbensnoth, Und ringen werde mit dem tod; Wann mir ver=geht all mein gesicht, Und mei=ne ohren hören nicht; Wann meine zunge nichts mehr spricht Und mir vor angst mein herz zerbricht.

3. Wann mein verstand sich nichts mehr b'sinnt, Und mir all menschlich hülf zerrinnt: So komm, HErr Christe, mir behend Zur hülf an meinem letzten end, Und führ mich aus dem jammerthal, Verkürz mir auch des todes qual.

4. Die bösen geister von mir treib, Mit deinem Geist stets bey mir bleib, Bis sich die seel vom leib abwend, So nimm sie, HErr, in deine händ: Der leib hab in der erd sein ruh, Bis sich der jüngst tag naht herzu.

5. Ein frölich aufstehn mir verleih, Am jüngsten gricht mein fürsprech'r sey, Und mei=ner sünd nicht mehr gedenk, Aus gnaden mir das leben

schenk, Wie du hast zugesaget mir In deinem wort, das trau ich dir:

6. Fürwahr, fürwahr, euch sage ich, Wer mein wort hält und glaubt an mich, Der wird nicht kommen ins gericht, Und den tod ewig schmecken nicht; Und ob er schon hier zeitlich stirbt, Mit nichten er drum gar verdirbt.

7. Sondern ich will mit starker hand Jhn reissen aus des todes band, Und zu mir nehmen in mein reich, Da soll er dann mit mir zugleich In freuden leben ewiglich; Darzu hilf uns ja gnädiglich.

8. Ach HErr, vergib all unsre schuld, Hilf, daß wir warten mit geduld, Bis unser stündlein kommt herbey, Auch unser glaub stets wacker sey, Dein'm wort zu trauen vestiglich, Bis wir entschlafen seliglich.

D. Paul Eber.

Mel. HErr JEsu Christ, du höchst.

594. HErr, wie du willt, so schicks mit mir Im leben und im sterben, Allein zu dir steht mein begier, Laß mich, HErr, nicht verderben. Erhalt mich nur in deiner huld, Sonst, wie du willt, gib mir geduld, Dein will, der ist der beste.

2. Zucht, ehr und treu verleih mir, HErr, Und lieb zu deinem worte, Behüt mich, HErr, vor falscher lehr, Und gib mir hier und dorte, Was mir dient zu der seligkeit, Wend ab all ungerechtigkeit In meinem ganzen leben.

3. Wann ich einmal nach deinem rath Von dieser welt soll scheiden, Verleih, o HErr, mir deine gnad, Daß es geschech mit freuden: Mein leib und seel befehl ich dir, O HErr, ein selges end gib mir, Durch JESUM Christum, Amen.

Maria, Herz. zu Sachsen.

Mel. Ach HErr, mich armen sünder.

595. Herzlich thut mich verlangen Nach einem selgen end, Weil ich hie bin umfangen Mit trübsal und elend: Ich hab lust abzuscheiden Von dieser bösen welt, Sehn mich nach ewgen freuden, O JEsu, komm nur bald.

2. Du hast mich ja erlöset Von sünd, tod, teuf'l und höll: Es hat dein blut gekostet, Drauf ich mein hoffnung stell, Warum soll mir dann grauen Vorm tod und höll'schen gsind? Weil ich auf dich thu bauen, Bin ich ein selges kind.

3. Ob gleich süß ist das leben, Der tod sehr bitter mir, Will ich mich doch ergeben, Zu sterben willig dir; Ich weiß ein besser leben, Da meine seel fährt hin, Des freu ich mich gar eben, Sterben ist mein gewinn.

4. Der leib zwar in der erden Von würmern wird verzehrt, Doch auferwecket werden Durch Christum schön verklärt, Und leuchten als die sonne, Auch leben ohne noth

In himml'scher freud und wonne, Was schadt mir dann der tod?

5. Ob mich die welt auch reizet, Länger zu bleiben hier, Und mir auch immer zeiget Ehr, geld, gut, all ihr zier, Doch ich das gar nicht achte; Es währt ein kleine zeit, Das himmlisch ich betrachte, Das bleibt in ewigkeit.

6. Wann ich auch gleich nun scheide Von meinen freunden gut, Das mir und ihn'n bringt leide, Doch tröst mir meinen muth, Daß wir in grossen freuden Zusammen werden komm'n Und bleiben ungescheiden Im himmelischen thron.

7. Ob ich auch hinterlasse Betrübte kinderlein, Der'n noch mich üb'r die maase Jammert im herzen mein, Will ich doch gerne sterben, Und trauen meinem GOtt, Der wird sie wohl versorgen, Retten aus aller noth.

8. Was thut ihr so sehr zagen, Ihr arme wayselein? Sollt euch GOtt hülf versagen, Der speist die raben klein? Frommer wittwen und waysen Ist er der Vater treu, Trotz dem, der sie beleidet, Das glaubt ohn allen scheu.

9. Gesegn' euch GOTT der HErre, Ihr vielgeliebten mein! Trauret nicht allzusehre Ueber den abschied mein, Beständig bleibt im glauben, Wir werd'n in kurzer zeit Einander wieder schauen Dort in der ewigkeit.

10. Nun will ich mich ganz wenden Zu dir, HErr Christ, allein, Gib mir ein seligs ende, Send mir dein engelein, Führ mich ins ewge leben, Das du erworben hast Durch dein leiden und sterben Und blutiges verdienst.

11. Hilf, daß ich ja nicht wanke Von dir, HErr JEsu Christ, Den schwachen glauben stärke In mir zu aller frist: Hilf mir ritterlich ringen, Dein hand mich halte fest, Daß ich mög frölich singen Das consummatum est.

Barthol. Ringwald.

Mel. Nim von uns HErr, du treuer.

596. Hier lieg ich armes würmelein, Kan regen weder arm noch bein, Vor angst mein herz im leib verspringt, Mein leben mit dem tode ringt, Vernunft und alle sinn seynd matt, Meins lebens bin ich müd und satt.

2. Darum, HErr JEsu, zu mir eil, Vertreib des teufels feurge pfeil, Der um mich jetzt thut brüllen her, Gleichwie ein löw und grausam bär, Daß mich von deiner lieb nicht scheid Kein anfechtung, angst oder leid.

3. HErr, laß mich in dem reiche dein Nur der geringste diener seyn: Den vesten glauben mir verleih, Daß ich gerecht und selig sey, Erlöset durch dein theures blut Von sünd, tod und der höllen glut.

4. HErr, wann mein stünd-

lein kommt heran, So laß dein engel um mich stahn, Daß sie mein seel ins himmelssaal Heim führen aus dem jammerthal, Und daß sie bleib in deiner hand, Als dein durch blut erworbnes pfand.

5. Ehr sey GOtt in dem höchsten thron, Und Christo, seinem eingen Sohn, Samt dem tröster, dem heilgen Geist, Der uns sein hülf allzeit beweißt, Dem sey lob preis gesagt allzeit Von nun an bis in ewigkeit.

Mel. Ach HErr, mich armen sünder.

597. Ich fahr dahin mit freuden Aus diesem jammerthal, Aus trübsal, creutz und leiden Ins himmels freudensaal, Da wir und alle frommen Durch Christi todesmacht Zusammen wieder kommen, Indeß zu guter nacht.

2. Ade irdischer leibe, Du haus der sterblichkeit, Bey GOtt ich jetzt verbleibe Im land der ewigkeit, Da ich von krieg und leiden Bin frey und los gemacht, Leb unendlich in freuden, Indeß zu guter nacht.

3. Christum will ich anschauen, Das unbefleckte lamm, Mit den klugen jungfrauen, Wann mich mein bräutigam, Samt allen Gotteskindern Hinführt mit grossem pracht, Gros freud werd ich da finden, Indeß zu guter nacht.

4. O du seliges leben, Das uns durch Christi tod Und sein unschuld wird geben, Da kein tod ist noch noth, Auch alles leid aufhöret, Haß, neid und auch zwietracht, Die glori ewig währet, Indeß zu guter nacht.

5. Betrübt seyn jetzt die zeiten Die welt steckt untreu voll, Wer selig kan abscheiden, O wie g'schicht ihm so wohl! Der kan mit mir dort oben Des schöpfers grosse macht Mit allen heilgen loben, Indeß zu guter nacht.

6. Ihr dörft nicht um mich weinen, Herzliebste freunde mein, Weils GOtt so gut thut meynen, Was wollt ihr traurig seyn? Der mich von grossen schmerzen Hat frey und los gemacht, Gibt freud die füll mein'm herzen, Indeß zu guter nacht.

7. Nun ist die stund vorhanden, Herzliebste freunde mein, GOtt schickt mir seine gsandten, Die lieben engelein, Damit mein arme seele Werd Christo zugebracht, Dem ich sie jetzt befehle, Indeß zu guter nacht.

8. Ade, ich muß jetzt scheiden, Ihr liebe freunde mein, Folgt mir einst nach mit freuden Ins himmels-burg hinein, Da wir und alle frommen Durch Christi todesmacht Zusammen werden kommen, Ade, zu guter nacht.

Mel. Ach HErr mich armen sünder.

598. Ich habe lust zu scheiden, Mein sinn geht aus der welt, Ich sehne mich mit freuden Nach Zions rosenfeld; Weil aber keine stunde Zum abschied ist benennt, So hört aus meinem munde Mein letztes testament.

2. GOtt Vater, meine seele Bescheid ich deiner hand, Führ sie aus dieser höhle Ins rechte vaterland: Du hast sie mir gegeben, So nimm sie wieder hin, Daß ich im tod und leben Nur dein alleine bin.

3. Was werd ich, JEsu, finden, Das dir gefallen kan? Ach, nimm du meine sünden Als ein vermächtnis an, Wirf sie in deine wunden, Ins rothe meer hinein, So hab ich heil gefunden, Und schlafe selig ein.

4. Dir, o du Geist der gnaden, Laß ich den letzten blick, Werd ich im schweise baden, So sieh auf mich zurück; Ach, schrey in meinem herzen, Wann ich kein glied mehr rühr, Und stell in meinem schmerzen Mir nichts als JEsum für.

5. Ihr engel, nehmt die thränen Von meinen wangen an, Ich weiß, daß euer sehnen Sonst nichts erfreuen kan: Wann leib und seele scheiden, Tragt mich in Abrams schoos, So bin ich voller freuden, Und aller thränen los.

6. Euch aber, meine lieben, Die ihr mich dann beweint, Euch hab ich was verschrieben, GOtt, euren besten freund; Drum nehmt den letzten segen, Es wird gewiß geschehn, Daß wir auf Zions wegen Einander wieder sehn.

7. Zuletzt sey dir, o erde, Mein blasser leib vermacht, Damit ich wieder werd', Was du mir zugebracht, Mach ihn zu asch und staube, Bis GOttes stimme ruft: Dann dieses sagt mein glaube, Er bleibt nicht in der gruft.

8. Das ist mein letzter wille, GOtt drückt das siegel drauf, Nun wart ich in der stille, Bis daß ich meinen lauf Durch Christi lauf vollende, So geh ich freudig hin, Und weiß, daß ich ohn ende Des himmels erbe bin.

Benjamin Schmolck.

In eigener Melodie.

599. Ich hab mein sach Gott heimgestellt, Er machs mit mir, wies ihm gefällt, Soll ich allhier noch länger leb'n Nicht widerstreb'n, Sein'm will'n thu ich mich ganz ergeb'n.

2. Mein zeit und stund ist wann GOtt will, Ich schreib ihm nicht vor maas noch ziel, Es sind gezählt all härlein mein, Beyd groß und klein, Fällt keines ohn den willen sein.

3. Es ist allhier ein jammerthal, Angst, noth und trübsal überall, Des bleibens ist ein kleine zeit, Voll mühsel'gkeit, Und wers bedenkt, ist imm'r im streit.

4. Was ist der mensch? ein erdenklos, Von mutt'rleib kommt er nackt und blos, Bringt nichts mit sich auf diese welt, Kein gut noch geld, Nimmt nichts mit sich, wann er hinfällt.

5. Es hilft kein reichthum, geld noch gut, Kein kunst, noch gunst, noch stolzer muth, Vorm

tod kein kraut gewachsen ist, Mein frommer christ, Alles, was lebet, sterblich ist.

6. Heut sind wir frisch, gesund und stark, Morgen todt und liegen im sarg: Heut blühen wir, wie rosen roth, Bald krank und todt, Ist allenthalben müh und noth.

7. Man trägt eins nach dem andern hin, Wohl aus den augen, aus dem sinn: Die welt vergisset unser bald, Sey jung od'r alt, Auch unsrer ehren mannigfalt.

8. Ach, HErr, lehr uns bedenken wohl, Daß wir sind sterblich allzumal, Auch wir allhier kein bleibens han, Müß'n all davon, Gelehrt, reich, jung, alt oder schön.

9. Das macht die sünd, o treuer GOtt, dadurch ist kom'n der bittre tod, Der nimmt und frißt all menschenkind, Wie er sie findt, Fragt nicht, wes stands od'r ehrn sie sind.

10. Ich hab hier wenig guter tag, Mein täglich brod ist müh und klag; Wann mein GOTT will, so will ich mit Hinfahrn im fried, Sterb'n ist mein g'winn und schadt mir nit.

11. Und ob mich schon mein sünd anficht, Dannoch will ich verzagen nicht, Ich weiß, daß mein getreuer GOtt Für mich in tod Sein lieben Sohn gegeben hat.

12. Derselbe, mein HERR JESUS Christ Für all mein sünd gestorben ist, Und auferstanden mir zu gut, Der höllen glut Geldscht mit seinem theuren blut.

13. Dem leb und sterb ich allezeit, Von ihm der bitt'r tod mich nicht scheid: Ich leb od'r sterb, so bin ich sein, Er ist allein Der einig trost und helfer mein.

14. Das ist mein trost zu aller zeit, In allem creutz und traurigkeit: Ich weiß, daß ich am jüngsten tag, Ohn alle klag Werd auferstehn aus meinem grab.

15. Mein lieber, frommer, treuer GOtt All mein gebein bewahren thut, Da wird nicht eins vom leibe mein, Sey gros od'r klein, Umkommen noch verlohren seyn.

16. Mein lieben GOTT von angesicht Werd ich anschaun, dran zweifl' ich nicht, In ewger freud und seligkeit, Die mir bereit, Ihm sey lob, preis in ewigkeit.

17. O JEsu Christe, GOttes Sohn, Der du für mich hast gnug gethan, Ach schleuß mich in die wunden dein, Du bist allein Der einig trost und helfer mein.

18. Amen, mein lieber frommer GOtt, Bescheer uns all'n ein selgen tod: Hilf, daß wir mögen allzugleich Bald in dein reich Kommen und bleiben ewiglich.

D. J. Pappus.

Mel. Ach HErr, mich armen sünder.

600. Ich war ein kleines kindlein Gebohrn

bohrn auf diese welt, Aber mein sterbestündlein Hat mir GOTT bald bestellt, Ich weiß gar nichts zu sagen, Was welt ist und ihr thun, Nichts, denn noth in mein'n tagen, Hab ich gebracht davon.

2. Mein allerliebster vater, Der mich zur welt gezeugt, Und mein herzliebste mutter, Die mich selbst hat gesäugt, Die folg'n mir nach zum grabe Mit seufzen inniglich, Ab'r GOTT hats woll'n so haben, Er nimmt mich auf zu sich.

3. Er nimmt mich auf zu gnaden, Zum erben in sein reich, Der tod kan mir nicht schaden, Ich bin den engeln gleich: Mein leib wird wieder leben In ruh und ewger freud, Mit samt der seele schweben In grosser herrlichkeit.

4. Ade, ihr meine lieben, Du vat'r= und mutterherz, Thut euch nicht mehr betrüben, Vergesset diesen schmerz, Mir ist sehr wohl geschehen, Ich leb in wonn und freud, Ihr sollt mich wieder sehen Dort in der ewigkeit.

Mel. Wer nur den lieben GOtt läßt.

601. Ich will mit meinem JESU sterben, Sein ölberg ist mein todtenbett, So heißt mein sterben kein verderben, Dann JEsus hat ein wort geredt, Das kommt mir mehr als einmal ein: Wo ich bin, soll mein diener seyn.

2. Ich habe JEsum in dem munde, Den ich beständig hier begehrt, Der auch nun in der letzten stunde Den besten schlaftrunk mir gewährt, Daß mir der tod kein mara heißt, Wo dieser JEsuszucker fleußt.

3. Ich habe JEsum in dem herzen, So schmäck ich schon die himmelslust, Dann bey den allergrößten schmerzen Ruht JEsus in der kranken brust; Und wann kein herze mehr wird seyn, Ist JEsus doch mein herz allein.

4. Ich habe JEsum in dem tode, So wird mein tod ein sanfter west, Mein seufzen eine siegesode, Mein sterbetag ein engelfest, Mein grab ein grüner lorbeerhain, Mein sarg ein kasten Noä seyn.

5. Ich habe JEsum in dem grabe, Drum heiß ich es ein Canaan, Wo ich die palmen funden habe, Darunter ich jetzt schlafen kan: Mein Goel wird nicht von mir gehn, Und einst auf meiner asche stehn.

6. Ich habe JEsum in dem himmel, Wo ihn schon meine seele küßt, Da äffet mich kein weltgetümmel, Da geht die sonne nicht zu rüst; Drum seynd in seines Vaters reich Die frommen auch den sonnen gleich.

7. Habt JEsum, die ihr mich gehabet, Der meine war, den laß ich euch, Die ihr mit thränen mich begrabet, Die mache GOtt an troste reich, Das wiedersehen habt ihr dort, Mein JEsus, mein und euer wort.

Benjamin Schmolk.

Mel. Wer weiß, wie nahe mir ɛc.

602. Ich sterbe täglich und mein leben Eilt immerfort zum grabe hin, Wer kan mir einen bürgen geben, Ob ich noch morgen lebend bin? Die zeit geht hin, der tod kommt her; Ach, wer nur immer fertig wär!

2. Ein mensch, der sich mit sünden träget, Ist immer reif zu sarg und grab, Der apfel, der den wurm schon heget, Fällt endlich unversehens ab; Der alte bund schließt keinen aus, Mein leib ist auch ein todtenhaus.

3. Es schickt der tod nicht immer boten, Er kommet oft unangemeldt, Und fordert uns ins land der todten: Wohl dem, der haus und herz bestellt! Dann ewigs glück und unglück Hängt nur an einem augenblick.

4. HERR aller herren, tod und leben Hast du allein in deiner hand, Wie lange du mir frist gegeben, Das ist und bleibt mir unbekannt; Hilf, daß ich jeden zeigerschlag An meinen abschied denken mag.

5. Es kan vor abend änders werden, Als es am morgen mit mir war, Den einen fuß hab ich auf erden, Den andern auf der todtenbahr. Ein kleiner schritt schleuß in Christi tod mich ein, Daß, wann der leib zu boden fällt, Die seel an JESU creutz sich hält.

7. Vielleicht kan ich kein wort nicht sagen, Wenn auge, mund und ohr sich schleußt, Drum bet ich bey gesunden tagen: HERR, ich befehl dir meinen geist; Verschliessen meine lippen sich, So schreye JESU blut für mich.

8. Kan ich die meinen nicht gesegnen, So segne du sie mehr als ich, Wenn lauter thränen üm mich regnen, O tröster, so erbarme dich, Und lasse der verlaßnen schreyn Durch deinen trost erhörlich seyn.

9. Dringt mir der letzte stoß zum herzen, So schliesse mir den himmel auf, Verkürze mir des todes schmerzen, Und hole mich zu dir hinauf, So wird mein abschied keine pein, Zwar eilig, dennoch selig seyn.

Benjamin Schmolk.

In eigener Melodie.

603. Mein stündlein geht dahin; Es liegt mir in dem sinn, Ich bin auch immer, wo ich bin, Daß mich der tod Wird setzen in die letzte noth. Ach GOTT, wann alles mich verläßt, So thue du bey mir

GOtt, wann alles mich verläßt, So thue du bey mir das best.

3. Kein rath, kein arzeney, Kein heulen, noch geschrey, Kein bruder kan mich machen frey, In aller welt Ist nichts, das endlich mich erhält. Ach GOtt, wann alles mich verläßt, So thue du bey mir das best.

4. Kein reichthum, geld noch gut, Kein kühner heldenmuth Hilft für des todes grimm und wuth, All ehr und kunst, All macht für ihm ist ganz umsonst. Ach, GOtt, wann 2c.

5. Was schmerz, was angst und pein, Ach GOtt, wird um mich seyn, Wann nun der tod wird brechen ein? Wer wird alsdann Mit trost sich meiner nehmen an? Ach, GOtt, wann 2c.

6. Wann mein gewissensbuch, Wann des gesetzes fluch, Wann sünd und satan zum versuch Tritt wider mich, Wer ist, der mein erbarmet sich? Ach, GOtt, wann alles mich 2c.

7. Wann sprach, verstand und sinn Auf einmal fällt dahin, Und ich nicht mehr bin, der ich bin, Wer spricht mir zu, Wann mir der schmerz läßt keine ruh? Ach, GOtt, wann 2c.

8. Wann meiner augen licht Mir ferner leuchtet nicht, Und mir das herz im leibe bricht Für angst und qual: Wer führt mich durch das finstre thal? Ach, GOtt, wann 2c.

9. HErr JEsu, du allein Sollst mir in todespein Die beste hülf und labsal seyn; Auf dich will ich Die welt gesegnen williglich. Ach, GOtt, wann 2c.

10. HERR JESU, nimm mich auf Zu dir in himmel nauf, Wann ich vollendet meinen lauf. Ich ruf zu dir, So lang ein odem ist in mir. Ach, GOtt, wann alles mich verläßt, So thue du bey mir das best.

Michael Frank.

Mel. HErr JEsu Christ, du höchstes.

604. Komm, sterblicher, betrachte mich, Du lebst, ich lebt auf erden, Was du jetzt bist, das war auch ich, Was ich bin, wirst du werden: Du must hernach, ich bin vorhin; Ach, denke nicht in deinem sinn, Daß du nicht dörfest sterben.

2. Bereite dich, stirb ab der welt, Denk auf die letzten stunden, Wann man den tod verächtlich hält, Wird er sehr oft gefunden; Es ist die reihe heut an mir, Wer weiß? vielleicht gilts morgen dir, Ja wol noch diesen abend.

3. Sprich nicht: ich bin noch gar zu jung, Ich kan noch lange leben, Ach nein, du bist schon alt genug, Den geist von dir zu geben, Es ist gar bald um dich gethan, Es sieht der tod kein alter an; Wie magst du anders denken?

4. Ach ja, es ist wohl klagens werth, Es ist wohl zu beweinen, Daß mancher nicht sein heil begehrt, Daß mancher mensch darf meynen, Er sterbe nicht in seiner blüth, Da

er

er doch viel exempel sieht, Wie junge leute sterben.

5. So oft du athmest, muß ein theil Des lebens von dir wehen, Und du verlachst des todes pfeil: Jetzt wirst du müssen gehen; Du hältst dein grab auf tausend schritt, Und hast darzu kaum einen tritt, Den tod trägst du im busen.

6. Sprich nicht: Ich bin frisch und gesund, Mir schmeckt auch wohl das essen, Ach, es wird wol jetzt diese stund Dein sarg dir angemessen: Es schneidet dir der schnelle tod Ja täglich in die hand das brod: Bereite dich zum sterben.

7. Dein leben ist ein rauch, ein schaum, Ein wachs, ein schnee, ein schatten, Ein thau, ein laub, ein leerer traum, Ein gras auf dürren matten; Wann mans am wenigsten gedacht, So heisst es wol: zu guter nacht, Ich bin nun hier gewesen.

8. Indem du lebest, lebe so, Daß du kanst selig sterben, Du weissst nicht, wann, wie oder wo Der tod um dich wird werben; Ach, denk, ach, denke doch zurück, Ein zug, ein kleiner augenblick Führt dich zun ewigkeiten.

9. Du seyst dann fertig oder nicht, So must du gleichwol wandern, Wann deines lebens ziel anbricht, Es geht dir, wie den andern; Drum laß dirs eine warnung seyn, Dein auferstehn wird überein Mit deinem sterben kommen.

10. Ach, denke nicht, es hat nicht noth, Ich will mich schon bekehren, Wann mir die krankheit zeigt den tod, GOtt wird mich wohl erhören: Wer weiß, ob du zur krankheit kömmst? Ob du nicht schnell dein ende nimst? Wer hilft alsdann dir armen?

11. Zu dem, wer sich in sünden freut, Und auf genade bauet, Der wird mit unbarmherzigkeit Der höllen anvertrauet; Drum lerne sterben, eh du stirbst, Damit du ewig nicht verdirbst, Wenn GOtt die welt wird richten.

12. Zum tode mache dich geschickt, Gedenk in allen dingen, Würd ich hierüber hingerückt, Sollt es mir auch gelingen? Wie, könnt ich jetzt zu grabe gehn? Wie, könnt ich jetzt vor GOtt bestehn? So wird dein tod zum leben.

13. So wirst du, wann mit feldgeschrey Der grosse GOTT wird kommen, Von allem sterben los und frey, Seyn ewig aufgenommen. Bereite dich, auf daß dein tod Beschliesse deine pein und noth; O mensch, gedenk ans ende. H. W. Sacer.

Mel. Zion klagt mit angst und schm.

605. Lasset ab von euren thränen, Und vergesset euer leid; Die sich nach dem himmel sehnen, Nach der kron der herrlichkeit, Denen ist auf erden bang Und das leben viel zu lang; Eins ist, das sie hoch betrauren, Wann sie lang im elend dauren.

2. Was ist, daß jemand auf erden, Lang zu bleiben halten soll, Und zu wünschen, alt zu werden? Welchem menschen GOtt ist hold, Mit dem eilet er heraus In ein schönes freudenhaus; Lang in dieser welt umgehen, Heisst viel creuz und noth ausstehen.

3. Eine wahre christenseele Wünscht ihr allezeit den tod, Und begehrt des grabes höhle, Da der körper wird zu koth, Dann sie fährt zum leben hin, Und der tod ist ihr gewinn: Wann der kerker muß zerfallen, Kan sie frey gen himmel wallen.

4. Was verweslich in der erden Die vermoderung verzehrt, Unverweslich muß ihr werden Wiederum der leib gewährt: Sterblich wird geschmelzet ein, Was dort soll unsterblich seyn; Wann wir werden auferwachen, Das heißt gold aus kupfer machen.

5. Wem vergleicht sich dieses leben? Einem übergüldten glas: Einer zarten spinneweben: Einer dünnen wasserblas: Einem gar nichts werthen schaum: Einem anmuthigen traum: Einem gräslein auf der heyde: Einem lang gebrauchten kleide:

6. Einem faden, schwach gesponnen: Einem bau, der kracht und bricht: Einem stäublein in der sonnen! Einem ausgehenden licht; Einem kurzen saitenschall: Einem schnellen wasserfall: Einer luft, die nicht zu haschen: Einem fünklein in der aschen.

7. Heute prangt der mensch und prahlet, Gleich als wär er gar ein gott, Morgen er die schuld bezahlet, Die von allen mahnt der tod; Wie sich ein aprillentag Leichtlich oft verwandeln mag, So ists auch mit ihm geschehen, Eh man sich recht umgesehen.

8. Wohl dem, der in seiner jugend, In der zarten alters blüht, Jung von jahren, alt von tugend Seines jammers ende sieht, Und gen himmel steigt empor Zu der engel freudenchor, Da leid, schmerzen, angst und zähren Sich in frölichkeit verkehren.

9. Dann wer selig dahin fähret, Da kein tod mehr klopfet an, Der ist alles des gewähret, Was er ihm nur wünschen kan: Er ist in der vesten stadt, Da GOTT selber wohnung hat: Er ist in das schloß geführet, Das kein unglück nicht berühret.

10. Wen GOtt dahin hat erhoben, Der verlacht noth und gefahr, Ein tag ist viel besser droben, Dann hierunten tausend jahr: Stehn die zarten blümlein wohl; Seynd die sterne glanzes voll; Den wir jetzund hier beweinen, Der wird dort noch heller scheinen.

11. Drum lasst uns die thränen spahren, Und uns schicken auch mit fleis, Daß wir selig mögen fahren Die erwünschte him=

himmelsreis, Und des lebens kurze zeit Geben um die ewigkeit; Christlich in dem HErren sterben, Heißt das himmelreich ererben. Georg Richter.

In eigener Melodie.

606. Machs mit mir, GOtt, nach deiner güt, Hilf mir in meinem leiden, Was ich dich bitt, versag mir nicht: Wann sich mein seel soll scheiden, So nimm sie, HErr, in deine händ, Ist alles gut, wenn gut das end.

2. Gern will ich folgen, lieber HERR, Du wirst mich nicht verderben, Denn du bist ja von mir nicht fern; Ob ich gleich hier muß sterben, Verlassen meine lieben freund, Dies mit mir herzlich gut gemeynt.

3. Ruht doch der leib sanft in der erd, Die seel sich zu dir schwinget, In deine händ sie unversehrt Vom tod ins leben dringet: Hier ist doch nur ein thränenthal, Angst, noth und trübsal überall.

4. Tod, teufel, höll, die welt und sünd Mir nichts mehr mögen schaden, Bey dir, o HErr, ich rettung find, Ich tröst mich deiner gnaden, Dein einger Sohn aus lieb und huld Für mich bezahlt hat alle schuld.

5. Warum soll ich dann traurig seyn, Weil mirs so wohl thut gehen, Bekleidt mit Christi unschuld fein, Wie eine braut soll stehen? Gehab dich wohl, du schnöde welt, Bey GOtt zu leben mir gefällt. Joh. Herm. Schein.

Mel. Was mein GOtt will, das rc.

607. Mein wallfahrt ich vollendet hab In diesem bösen leben, Jetzund trägt man mich in das grab, Darauf thut sich anheben Ein neue freud und seligkeit Bey Christo, meinem HErren, Die allen frommen ist bereit, Das ist die kron der ehren.

2. Der leib thut zwar verwesen gar, Und muß zu staube werden, Doch wird daraus ein körper klar, Welcher nicht mehr auf erden, Sondern hiernächst bey JEsu Christ Ohn jammer und elende Wird seyn und bleibn zu aller frist, Der sich von GOtt nicht wende.

3. Solch ewges leben hat er mir Und all'n christen erworben, Der tod hat g'wart vor meiner thür, Bis ich jetzt bin gestorben. Und dieser ist der sünden schuld, Wir müssen einmal sterben; Jedoch beweißt er noch sein huld, Läßt glaubge nicht verderben;

4. Sondern wie ein weizkörnelein Gesäet wird mit fleisse, Vermod'rt und grünt hernach sehr fein, Also auch gleicher weise All fromme christen hie auf erd Ein weil verscharret bleiben, Stehn doch hernach auf unversehrt Mit schönen klaren leiben.

5. Ich hab auf mein'n HErrn JEsum Christ Mein hoffnung, thun und lassen Gestellt, welcher zu jeder frist Mein heiland ist gewesen, Der wird mein

mein liebe freunde hier, Welche ich hinterlassen, Beschirmen, und mit grosser zier Endlich auch zu sich fassen.

6. Drum lasset fahrn all traurigkeit, Thut mich nicht mehr beweinen, In mir ist nichts denn lauter freud, Weils GOTT so gut thut meynen; Mein seele preiset GOTT, den HERRN, Für solch freudenreich leben, Was könnt ich herrlichers begehrn? GOTT wolls euch alln auch geben.

Ludwig von Hornig.

Mel. Meinen JEsum laß ich nicht.

608. Meine zeit ist nun dahin, Und mein leben hat ein ende, Weil ich hier ein pilgrim bin, Und mich nach dem himmel wende: Meine zeit ist nun dahin, Wohl mir, daß ich selig bin.

2. Wie die hütten in dem feld Nicht gar lange zeit bestehen, So muß in der eitlen welt Meines lebens haus vergehen; Meine zeit ist nun dahin, Wohl mir, daß ich selig bin.

3. Wie ein weberfaden reißt, Wann er kaum wird angerühret, So wird meines lebens geist Von dem leib hinweggeführet: Meine zeit ist nun rc.

4. In der welt ist weh und ach, Da ich dürr werd ausgesogen, Da mir lauter ungemach Tag und nacht kommt zugeflogen: Meine zeit ist nun rc.

5. Es bezeugt mein thränenguß, Wie mir oft wird angst und bange, Wann um trost ich schreyen muß, Wann ich ruf: ach HErr, wie lange: Meine zeit ist nun dahin, Wohl mir, daß ich selig bin.

6. Wohl mir, GOtt, daß du nun dich Meiner seelen angenommen Herzlich, treu und väterlich, Daß ich aller noth entkommen: Meine zeit ist nun rc.

7. Alle meine sündennoth Ist durch dich, mein GOtt, gedämpfet, Nun hab ich durch JEsu tod Einen guten kampf gekämpfet: Meine zeit ist nun dahin, Wohl mir, daß ich selig bin.

In eigener Melodie.

609. Mein junges leben hat ein end, Mein zeitlich leid und freud, Weil meine seele nun behend Von meinem leib abscheidt: Mein leben kan nicht mehr bestehn, Es ist sehr schwach und muß vergehn Im todeskampf und streit.

2. Doch fährt die seel zu GOtt dahin, Der sie gegeben hat, Mein tod ist ihr nutz und gewinn, Dort findt sie hülf und rath, Ob schon verschwindt des leibes ehr, Als wann er nie wär kommen her Aus meiner mutter leib.

3. So bleib, du schnöde welt, zurück, Ich scheid mit lust von dir, Weil deine list und falsche tück Forthin nicht schaden mir: Du bist auch sonst kein wahre ruh, Bis man die augen drücket zu, Du bist kein stete stätt.

4. Ich klag nicht, daß ich scheiden soll Von dir, o wilde welt, Nur dieses macht mich traurensvoll, Und höchlich mir mißfällt, Daß ich nicht mehr geflohen hab Die sünd: sünd stößt uns all ins grab Und macht den leib zur erd.

5. O JEsu Christ, meins herzens freud, Ich hab zwar sünd gethan, Dein gnade sey von mir nicht weit, Steh bey auf lezter bahn; Ich will dennoch verzagen nicht, HErr, geh nicht mit mir ins gericht, Aus gnaden mir verzeih.

6. Ach, HErr, was du mir auferlegst, Ertrag ich mit geduld, Die sünd der ganzen welt du trägst, Vergib auch meine schuld, Daß ich nicht ewig sey verlohrn, Still den verdienten Vaterszorn, Du mein lob, ehr und preis.

7. Ach, schone doch, du GOttes lamm, Es gehen meine sünd Mir häufig ob dem haupt zusamm, Errette mich geschwind, Das thust du auch; mein sündenstein Ist deiner hand als feder klein, Nicht dir, nur mir, zu schwer.

8. Drauf sey willkomm, du lezter tag, Der uns ins leben zieh; Führ, christenfreund, kein heydenklag. Der tod trennt uns nur hie; Dort aber werden wir zugleich Besitzen GOttes ehrenreich, Folgt mir in wahrer buß.

9. GOtt segne euch, an leib und seel, GOtt segne, was ihr thut, Dem ich euch herzlich anbefehl, Er ist das höchste gut: Wer ihm treu bleibt im bittern tod, Mit dem hats ewig keine noth, Sein ist die lebenskron.

In eigener Melodie.

610. Mitten wir im leben sind Mit dem tod umfangen, Wen such'n wir, der hülfe thut, Daß wir gnad erlangen? Das bist du, HErr alleine; Uns reuet unsre missethat Die dich, HErr, erzörnet hat. Heiliger HErre GOtt, Heiliger starker GOtt, Heiliger barmherziger Heiland, Du ewiger GOtt, Laß uns nicht versinken In der bittern todesnoth, Kyrie eleison.

2. Mitten in dem tod anficht Uns der höllen rachen, Wer will uns aus solcher noth Frey und ledig machen? Das thust du, HERR, alleine: Es jammert dein barmherzigkeit Unsre sünd und grosses leid, Heiliger HErre GOtt, Heiliger starker GOtt, Heiliger barmherziger Heiland, Du ewiger GOtt, Laß uns nicht verzagen Vor der tiefen höllenglut, Kyrie eleison.

3. Mitten in der höllenangst Unsre sünd uns treiben, Wo solln wir dann fliehen hin, Da wir mögen bleiben? Zu dir, HErr Christ, alleine: Vergossen ist dein theures blut, Das gnug für die sünde thut. Heiliger HErre GOtt, Heiliger starker GOtt, Heiliger barmherziger Heiland, Du ewiger GOtt

611. M leib begraben, Daran wir kein'n zweifel haben, Er wird am jüngsten tag aufstehn, Und unverweslich hervor gehn.

2. Erd ist er und von der erden, Wird auch zur erd wieder werden, Und von der erd wieder aufstehn, Wann GOttes posaun wird angehn.

3. Sein seele lebt ewig in GOtt, Der sie allhier aus lauter gnad Von aller sünd und missethat Durch seinen Sohn erlöset hat.

4. Sein jammer, trübsal und elend Ist kommen zu ein'm selgen end, Er hat getragen Christi joch, Ist gestorben und lebt doch noch.

5. Die seele lebt ohn alle klag, Der leib schläft bis an jüngsten tag, An welchem GOtt ihn verklären, Und ewger freud wird gewähren.

6. Hier ist er in angst gewesen, Dort aber wird er genesen In ewger freude und wonne, Leuchten wie die helle sonne.

7. Nun lassen wir ihn hie schlafen, Und gehn all heim unsre strassen, Schicken uns auch mit allem fleiß, Dann der tod kommt uns gleicher weis.

8. Das helf uns Christus unser trost, Der uns durch sein blut hat erlöst Vons teu-

612. M würmelein, Und ruh in mein'm schlafkämmerlein, Ich bin durch einen sanften tod Entgangen aller angst und noth.

2. Was schadets mir, daß mein gebein Muß in die erd verscharret seyn? Mein seelgen schwebet ohne leid Im himmelsglanz und herrlichkeit.

3. In solchem schmuck, in solcher zier Prang ich vor GOttes thron allhier, Mein JEsulein ist meine lust, Mein labsal, meine beste kost.

4. Was frag ich nun nach jener welt, Mein JEsulein mich küßt und hält, In ihm erfreu ich mich allein, Ohn ihn kan ich nicht frölich seyn.

5. Mit weinen war ich erst gebohrn, Zum jauchzen bin ich nun erkohrn, Ich singe mit der engelschaar Das ewig neue jubeljahr.

6. Nichts liebers meine zunge singt, Nichts reiners meinen ohren klingt, Nichts süssers meinem herzen ist, Als mein herzliebster JEsus Christ.

7. Drum, liebe eltern, höret auf, Zu klagen meinen kurzen lauf, Ich bin vollkommen worden bald; Wer selig stirbt, ist gnugsam alt.

8. Bedenket meinen freudenstand, Und wie es in der welt be-

bewandt: Bey euch rumoret krieg und streit, Hier herrschet fried und frölichkeit.

9. Wer auf der erden lange lebt, Derselb auch lang an sünden klebt, Muß streiten oft mit fleisch und blut, Daß manchem weh und bange thut.

10. Ja, leiden muß er creuz und noth, Und noch wol einen langen tod; Hier hab ich schon nach kurzem streit Erlangt die kron der herrlichkeit.

11. Wie manches kind fällt sich zu todt? Wie manches stirbt in wassersnoth? Wie leidet manches lange qual, Eh es kommt aus dem jammerthal?

12. Sollt es euch dann nicht tröstlich seyn, Daß ich so sanft geschlafen ein, Daß mir das liebe JEsulein Verkürzet meine todespein?

13. Drum legt die hand auf euren mund, Und seht auf GOtt, der euch verwundt, Der euch zu heilen ist bereit, Wanns dienet eurer seligkeit.

14. An jenem tag wir werden sehn (Da vor GOtt gros und kleine stehn,) Zur himmelischen Christtagsfreud Mit höchster ehr und herrlichkeit.

M. Mich. Schirmer.

Mel. Was GOtt thut, das ist wohl.

513. Nur flügel her, dem himmel zu, Ich will von hinnen eilen, Ich will zur süssen himmelsruh, Nicht länger mich verweilen, Es wird mir lang, Bis ich umfang Dich, JEsu, o mein leben, Wollst mir den himmel geben.

2. Nur flügel her, es geht dahin, Es kan mich nichts mehr halten, In JEsu steht mein muth und sinn, Den laß ich einig walten. Ich laß nicht ab, Bis ich ihn hab: Ich warte mit verlangen, Dich, JEsu, zu umfangen.

3. Nur flügel her, es schlägt die stund, Mein JEsus lässt mich holen, Ich freue mich von herzensgrund, Ihm habe ich befohlen In seine hand Das edle pfand, Die theur erkaufte seele, Daß sie kein jammer quäle.

4. Nur flügel her, jetzt muß es seyn, Nun will ich frölich scheiden, Heut endet sich mein creutz und pein, Jetzt ist vollbracht mein leiden: Nur himmel auf Richt ich den lauf, Ich lasse, was dahinten, Wann ich kan Zion finden.

5. Nur flügel her, ins paradeis Soll sich die seele schwingen, Ich tret mit freuden an die reis, HErr, hilf, laß wohl gelingen, Ich eile fort Zum sichern ort, Was mach ich noch auf erden? Dort wird es besser werden.

6. Nur flügel her, dem himmel zu, Ich seh ihn wirklich offen, Die welt gibt mir ja doch kein ruh, Ich hab die pfort getroffen: Was ich nur will, Ist da die füll, Und wo ich mich hin wende, Da seh ich freud ohn ende.

Mel

Mel. GOtt des himmels und der rc.

614. O Jerusalem, du schöne, Da man GOtt beständig ehrt, Und das englische getöne, Heilig, heilig, heilig hört, Ach, wann komm ich doch einmal Hin zu deiner bürger zahl.

2. Muß ich nicht in Mesechs hütten, Unter Kedars strengigkeit, Da schon mancher christ gestritten, Führen meine lebenszeit, Da der herbe thränensaft Oft verzehrt die beste kraft.

3. Ach, wie wünsch ich dich zu schauen, JEsu, liebster seelenfreund, Bald dort in den Salems auen, Wo man nimmer klagt und weint, Sondern in dem höchsten licht, Schauet GOttes angesicht.

4. Komm doch, führe mich mit freuden Aus Egyptens übelstand: Hol mich heim nach vielem leiden, In des himmels engelland, Dessen ström mit milch und wein Werden angefüllet seyn.

5. O der auserwählten städte, O der seligen revier! Ach, daß ich doch flügel hätte, Mich zu schwingen bald von hier, Nach der neu erbauten stadt, Welche GOtt zur sonne hat.

6. Soll ich aber länger bleiben, Auf dem ungestümen meer, Da mich wind und wetter treiben, Durch so manches leidbeschwer, Ach, so laß in creutz und pein Hoffnung meinen anker seyn.

7. Sodann werd ich nicht ertrinken, Ich behalt den glaubensschild: Christi schifflein kan nicht sinken, Wär das meer noch eins so wild; Ob gleich mast und segel bricht, Lässt doch GOtt die seinen nicht.

Mel. Nun ruhen alle wälder, rc.

615. O welt, ich muß dich lassen, Ich fahr dahin mein strassen Ins ew'ge vaterland: Mein geist will ich aufgeben, Darzu mein leib und leben Setzen in GOttes gnädge hand.

2. Mein zeit ist nun vollendet, Der tod das leben endet, Sterben ist mein gewinn: Kein bleibens ist auf erden, Das ewge muß mir werden, Mit fried und freud fahr ich dahin.

3. Ob mich gleich hat betrogen Die welt, von GOtt gezogen Durch schand und büberey, Will ich doch nicht verzagen, Sondern mit glauben sagen, Daß mir mein sünd vergeben sey.

4. Auf GOtt steht mein vertrauen, Sein ang'sicht will ich schauen, Wahrlich, durch JEsum Christ, Der für mich ist gestorben, Des Vaters huld erworben, Mein mittler er auch worden ist.

5. Die sünd mag mir nicht schaden, Erlöst bin ich aus gnaden, Umsonst, durch Christi blut: Kein werk kommt mir zu frommen, So will ich zu ihm kommen Allein durch wahren glauben gut.

6. Ich bin ein unnütz knechte, Mein thun ist viel zu schlechte, Denn daß ich ihm bezahl Damit das ewge leben, Umsonst will er mirs geben, Und nicht nach meinm verdienst und wahl.

7. Drauf will ich frölich sterben, Das himmelreich ererben, Wie er mirs hat bereit: Hier mag ich nicht mehr bleiben, Der tod thut mich vertreiben, Mein seel sich von dem leibe scheidt.

8. Damit fahr ich von hinnen; O welt, thu dich besinnen, Denn du mußt auch hernach, Thu dich zu GOtt bekehren, Und von ihm gnad begehren, Im glauben sey du auch nicht schwach.

9. Die zeit ist schon vorhanden, Hör auf von sünd und schanden, Und richt dich auf die bahn, Mit beten und mit wachen, Sonst alle irdsche sachen Sollt du gutwillig fahren lahn.

10. Das schenk ich dir am ende, Ade, zu GOtt mich wende, Zu ihm steht mein begier, Hüt dich vor pein und schmerzen, Nimm mein abschied zu herzen, Meins bleibens ist jetzt nicht mehr hier.

D. J. Hesse.

In eigener Melodie.

616. O wie selig seyd ihr doch, ihr frommen, Die ihr durch den tod zu GOtt gekommen, Ihr seyd entgangen Aller noth, die uns noch hält gefangen,

2. Muß man hier doch wie im kerker leben, Da nur sorge, furcht und schrecken schweben; Was wir hier kennen, Ist nur müh und herzenleid zu nennen.

3. Ihr hergegen ruht in eurer kammer Sicher und befreyt von allem jammer, Kein creutz und leiden Ist euch hinderlich in euren freuden.

4. Christus wischet ab euch alle thränen, Habt das schon, wornach wir uns erst sehnen: Euch wird gesungen, Was durch keines ohr allhier gedrungen.

5. Ach, wer wollte dann nicht gerne sterben, Und den himmel für die welt ererben? Wer wollt hier bleiben, Sich den jammer länger lassen treiben?

6. Komm, o Christe, komm, uns auszuspannen, Lös uns auf, und führ uns bald von dannen: Bey dir, o sonne, Ist der frommen seelen freud und wonne.

Simon Dach.

Mel. Was mein GOtt will, das rc.

617. So komm, geliebte todesstund, Komm ausgang meiner leiden, Ich seufz aus diesem sündengrund Nach jenen himmelsfreuden. Ach, liebster tod, komm bald heran, Ich warte mit verlangen, In weissen kleidern angethan Vor GOttes thron zu prangen.

2. Ihr schwachen glieder scheuet zwar, So früh entseelt

zu werden, Die seele selbsten kan nicht gar, Ohn alle pein, der erden, Darinnen sie bisher gelebt, Den letzten abschied sagen: Bald ist sie freudenvoll, bald schwebt Sie wieder voller zagen.

3. Doch, JEsu, deine liebe macht Mir alle furcht verschwinden, Ich werd in dieser todesnacht Dich, lebensfürsten, finden. Ich finde, ja ich halte dich, Mein leben, mein verlangen; Mein leben, du wirst selbsten mich Mit deinem licht umfangen.

4. Drum sterb ich nicht in diesem tod, Der tod ist nun mein leben, Nach kurzem kampf, nach kurzer noth Ist dort ein ewig schweben Voll herrlichkeit, voll ruh und freud, Voll fried, voll trost, voll wonne, Voll seligkeit, wo allezeit GOtt selber ist die sonne.

5. Der herzog meines lebens ist Durch tod zum leben gangen, Und ich werd auch zu meinem Christ Auf diesem weg gelangen: Der letzte schritt zur seligkeit Geschicht durch selig sterben. Ist er, mein haupt, in herrlichkeit, Wie sollt sein glied verderben?

6. Drum zage nicht, mein schwacher sinn, Verlaß den leib der erden, Wirf alles eitle willig hin, Die erd muß erde werden. Die seele bleibt in GOttes hand Bey solchem wohlvergnügen, Das nur der geist, und kein verstand Anjetzt begreifen mögen.

7. Auch wird die schöne freudenzeit Am end der zeit entdecken, Daß GOtt der seelen vorig kleid Auch aus dem staub erwecken Und ewig herrlich machen kan; Da wird seyn volle wonne, Wenn wir mit klarheit angethan, Dort leuchten wie die sonne.

8. An uns stirbt nichts, als sterblichkeit, Wir selbst sind unverlohren, Der leib wird nur der last befreyt Und himmlisch neu gebohren. Denn was man hie verweslich sät, Was hie verdirbt im dunkeln, Das wird, so bald es aufersteht, Voll glanz und schönheit funkeln.

9. Drum gebt, ihr schwachen glieder, ihr, Euch willig hin der erde, Es wird von eurer zahl und zier Ja nichts verlohren werden. Die haut, die vormals euch bedeckt, Wird dort mich wieder kleiden, Wenn ich, in meinem fleisch erweckt, Beschaue GOtt mit freuden.

10. Dem ich im glauben hier gedient, Der wird mich dorthin bringen, Wo tausend, tausend vor mir sind, Und ewig heilig singen, Da werd ich seine herrlichkeit Mit meinen augen sehen, Und was in zeit und ewigkeit Von ihm wird guts geschehen.

D. Joh. Pretten.

In eigener Melodie.

618. So wünsch ich nun ein gute nacht Der welt und laß sie fahren, Ob sie mir gleich viel jammer

mer macht, GOtt wird mich wohl bewahren: Ich meynt die welt, Wär eitel geld, Befind es nun viel anders.

2. Ein hirsch, von schlangen angesteckt, Nach frischem wasser schreyet, Also hat mich der durst erweckt Die welt vermaledeyet: Auch macht mir bang Die alte schlang, Daß ich zu GOtt muß weinen.

3. Wann komm ich in dein paradeis, Da schon viel christen wohnen, Und singen dir lob, ehr und preis, Bekleidet mit der sonnen? Wann holst du mich Ins himmelreich, Daß ich dein antlitz schaue?

4. Mein seel hat noth und leidet qual, Daß ich so lang muß harren, Gespannet auf dem jammerthal, Als zög ich schwere karren, Da treibt ihr'n spott Die falsche rott Mit mir in meinen nöthen.

5. Sie fragen: ja, wo bleibt dein GOtt, Ja, daß er dir erscheine, Der hohn kränkt mir mein herz und blut, Daß ich vor trübsal weine; Ey, komm doch bald, Mein aufenthalt, Und reiß mich von der erden.

6. Ey, nimm mich in dein'n freudensaal, Von dir bereitet droben, Da dich die patriarchen all Mit den propheten loben, Und da die schaar Der engel klar Um deinen thron her schweben.

7. Was kränkst du dich, mein arme seel? Sey still und thu nicht wanken, GOtt ist mein burg, mein trost und heil, Des werd ich ihm noch danken: Duck dich, und leid Ein kleine zeit, Nach angst kommt freud und wonne.

8. Das kräutlein patientia Wächst nicht in allen gärten, Ach, GOtt, schaff du mir immerdar, Daß ich kan deiner warten, Sonst bin ich sehr Betrübt und schwer Von angst auf dieser erden.

9. Ich seh, daß dein zorn, wie ein fluth Dem ganzen land begegnet, Und daß es schrecklich brausen thut, Wo sich dein grimm erhebet, Die wellen gar Ich auch erfahr, Samt deinen wasserwogen.

10. Darum bin ich der welt so müd, All tag und nacht ich weine, Und laß nicht ab, bis deine güt, Verheissen, mir erscheine. Nun eil doch fort, Mein treuer hort, Und nimm mich hin in frieden.

11. Wie lang soll ich hie traurig gehn, Da mich die feinde plagen? Es ist ein mord in meinen bein, Daß sie ganz höhnisch fragen: Sag an, wo ist Dein JEsus Christ, Ja, daß er dir erscheine.

12. Geduld, geduld, du traurge seel, Geduld ist hier vonnöthen, Bis uns der lieb Immanuel Von dieser argen kröten Wohl zu sich reiß Ins paradeis, Da werden wir ihm danken.

D. Philipp Nicolai.

Mel.

Mel. Ach HErr mich armen sünder.

619. Valet will ich dir geben, Du arge falsche welt, Dein sündlich böses leben Durchaus mir nicht gefällt, Im himmel ist gut wohnen, Hinauf steht mein begier, Da wird GOTT ewig lohnen, Dem, der ihm dient allhier.

2. Rath mir nach deinem herzen, O JEsu, GOttes Sohn, Soll ich ja dulden schmerzen, Hilf mir, HErr Christ, davon: Verkürz mir alles leiden, Stärk meinen blöden muth: Laß mich selig abscheiden, Setz mich in dein erbgut.

3. In meines herzens grunde Dein nam und creutz allein Funkelt allzeit und stunde, Drauf kan ich frölich seyn: Erschein mir in dem bilde, Zum trost in meiner noth, Wie du, HERR Christ, so milde Dich hast geblut zu todt.

4. Verbirg mein seel aus gnaden In deine offne seit, Rück sie aus allem schaden Zu deiner herrlichkeit; Der ist wohl hier gewesen, Der kommt ins himmelsschloß; Der ist ewig genesen, Der bleibt in deinem schoos.

5. Schreib meinen nam'n aufs beste Ins buch des lebens ein, Und bind mein seel fein veste Ins schöne bündelein Der'r, die im himmel grünen, Und vor dir leben frey, So will ich ewig rühmen, Daß dein herz treue sey. Valerius Herberger.

In bekannter Melodie.

620. Wann mein stündlein vorhanden ist Und ich soll fahrn mein strasse, So g'leit du mich, HErr JEsu Christ, Mit hülf mich nicht verlasse, Mein seel an meinem letzten end, Befehl ich, HErr, in deine händ, Du wirst sie wohl bewahren.

2. Mein sünd mich werden kränken sehr, Mein gwissen wird mich nagen, Dann ihr sind viel, wie sand am meer, Doch will ich nicht verzagen: Gedenken will ich an dein'n tod, HERR JEsu, deine wunden roth, Die werden mich erhalten.

3. Ich bin ein glied an deinem leib, Des tröst ich mich von herzen, Von dir ich ungescheiden bleib In todesnoth und schmerzen; Wann ich gleich sterb, so sterb ich dir, Ein ewges leben hast du mir Mit deinem tod erworben.

4. Weil du vom tod erstanden bist, Werd ich im grab nicht bleiben, Mein höchster trost dein auffahrt ist, Todsfurcht kan sie vertreiben; Dann wo du bist, da komm ich hin, Daß ich stets bey dir leb und bin, Drum fahr ich hin mit freuden.

5. So fahr ich hin zu JEsu Christ, Mein arm thu ich ausstrecken, So schlaf ich ein und ruhe fein, Kein mensch kan mich aufwecken, Dann JEsus Christus, GOttes Sohn, Der wird die himmelsthür aufthun,

thun, Mich führ'n zum ewgen leben.

Nicolaus Hermann.

Mel. Wer nur den lieben GOtt 2c.

621. Weil nichts gemeiners ist, als sterben, Und bald vielleicht die reih an mir, So will ich mich bey zeit bewerben Um ein recht selges sterben hier; Ich will erst sterben, eh ich sterb, Daß ich im tode nicht verderb.

2. Weil aber dis ist eine sache, Die nicht in menschen kräften steht, So weiß ich, wie ichs klüglich mache, Daß mein vorhaben doch fortgeht: Ich lauf gerade zu dem mann, Der zum wohlsterben helfen kan.

3. Das ist mein JEsus, der sein leben Für meines hat geopfert auf, Mir sein verdienst zum trost gegeben, Sein blut, zu meiner seelen kauf, Und mir durch seine todesnoth Erworben einen selgen tod.

4. Ach, liebster schatz, gedenk doch meiner, Und halte bey mir redlich aus, Laß allzeit mich geniessen deiner, Und reiß aus aller noth mich raus, Denn ich will hab'n in diesem nun Mit niemand, als mit dir, zu thun.

5. Laß mich absterben meinen sünden Durch stete reu und wahre buß, Im glauben mich mit dir verbinden, Und lernen, daß ich sterben muß, Damit ich mich all augenblick Zu einem selgen sterben schick.

6. Ich gebe dir zu treuen händen, HErr, meine seel, dein eigenthum; Das deine mag ich nicht entwenden, Es bleibet dein zu deinem ruhm: Gib du nur selber achtung drauf, HERR JESU, meinen geist nimm auf.

7. Bereite mich von auss- und innen, Wie du mich selber haben willt, Den glauben mehr, stärk meine sinnen, Und sey vor mir stets sonn und schild: Die sünde tilg, dem satan wehr, Und zeig dich mir mit deinem heer.

8. Ich bitt mir aus dein heilge wunden Zur ruh, dein wort zur arzeney, Deins leidens kraft zur letzten stunden, Des vaters herz, des trösters treu, Dein blut zur kron und sterbekleid, Zuletzt zum grabe deine seit.

9. Auf diese weise mag ich sterben In kurzem oder über lang, Mir ist, als einem himmelserben Und GOttes kinde, gar nicht bang. Die GOttes-lieb, Das JEsusblut Machts schon mit meinem ende gut.

In bekannter Melodie.

622. Wer weiß, wie nahe mir mein ende? Hingeht die zeit, herkommt der tod, Ach, wie geschwinde und behende Kan kommen meine todesnoth, Mein GOTT, ich bitt durch Christi blut, Machs nur mit meinem ende gut.

2. Es kan vor nacht leicht anders werden, Als es am frühen morgen war, Dann weil

weil ich leb auf dieser erden, Leb ich in steter todsgefahr: Mein GOtt, ich bitt durch Christi blut, Machs nur mit meinem ende gut.

3. HErr, lehr mich stets mein end bedenken, Und wann ich einsten sterben muß, Die seel in JEsu wunden senken, Und ja nicht sparen meine buß; Mein GOtt, ich bitt durch Christi blut, Machs nur mit meinem ende gut.

4. Laß mich bey zeit mein haus bestellen, Daß ich bereit sey für und für, Und sage frisch in allen fällen: HErr, wie du willt, so schicks mit mir, Mein GOtt, ich bitt durch Christi blut, Machs nur mit meinem ende gut

5. Mach mir stets zuckersüß den himmel, Und gallenbitter diese welt, Gib, daß mir in dem weltgetümmel Die ewigkeit sey vorgestellt; Mein GOtt, ich bitt durch Christ blut, Machs nur mit meinem ende gut.

6. Ach, Vater, deck all meine sünde Mit dem verdienste Christi zu, Darein ich mich fest gläubig winde, Das gibt mir recht erwünschte ruh; Mein GOtt, ich bitt durch Christi blut, Machs nur mit meinem ende gut.

7. Ich weiß, in JEsu blut und wunden Hab ich mir recht und wohl gebett, Da find ich trost in todesstunden, Und alles, was ich gerne hätt; Mein GOtt, ich bitt durch Christi blut, Machs nur mit meinem ende gut.

8. Nichts ist, daß mich von JEsu scheide, Nichts, es sey leben oder tod, Ich leg die hand in seine seite, Und sage: mein HErr und mein GOtt; Mein GOtt, ich bitt durch Christi blut, Machs nur mit meinem ende gut.

9. Ich habe JEsum angezogen Schon längst in meiner heilgen tauf, Du bist mir auch deher gewogen. Hast mich zum kind genommen auf; Mein GOTT, ich bitt durch Christi blut, Machs nur mit meinem ende gut.

10. Ich habe JEsu fleisch gegessen, Ich hab sein blut getrunken hier, Nun kan er meiner nicht vergessen, Ich leb in ihm und er in mir; Mein GOtt, ich bitt durch Christi blut, Machs nur mit meinem ende gut.

11. So komm mein end heut oder morgen, Ich weiß, daß mirs mit JEsu glückt, Ich bin und bleib in seinen sorgen, Mit JEsu blut schön ausgeschmückt; Mein GOtt, ich bitt durch Christi blut, Machs nur mit meinem ende gut.

12. Ich leb indes in dir vergnüget, Und sterb ohn alle kümmernis, Mir gnüget, wie es mein GOtt füget, Ich glaub und bin es ganz gewiß, Durch deine gnad und Christi blut Machst dus mit meinem ende gut.

Veit Ludw. von Seckendorf.

Zwölf-

Zwölfter Theil,

hält in sich

die Lieder vom jüngsten Gericht, Auferstehung der Todten und der darauf folgenden Ewigkeit.

1) Vom jüngsten Gericht und Auferstehung der Todten.

In bekannter Melodie.

623. Es ist gewißlich an der zeit, Daß GOttes Sohn wird kommen, In seiner grossen herrlichkeit, Zu richten bös und frommen, Dann wird das lachen werden theur, Wann alles wird vergehn im feur, Wie Petrus davon schreibet.

2. Posaunen wird man hören gehn An aller welte ende, Darauf bald werden auferstehn All todten gar behende; Die aber noch das leben han, Die wird der HErr von stunden an, Verwandlen und verneuen.

3. Darnach wird man ablesen bald Ein buch, darinn geschrieben, Was alle menschen jung und alt, Auf erden han getrieben: Da dann gewiß ein jedermann Wird hören, was er hat gethan In seinem ganzen leben.

4. O weh demselben, welcher hat Des HErren wort verachtet, Und nur auf erden früh und spat Nach grossem gut getrachtet, Er wird fürwahr gar kahl bestehn, Und mit dem satan müssen gehn Von Christo in die hölle.

5. O JEsu! hilf zur selben zeit Von wegen deiner wunden, Daß ich im buch der seligkeit Werd eingezeichnet funden; Daran ich dann auch zweifle nicht, Dann du hast ja den feind gericht, Und meine schuld bezahlet.

6. Derhalben mein fürsprecher sey, Wann du nun wirst erscheinen, Und lies mich aus dem buche frey, Darinnen stehn die deinen, Auf daß ich samt den brüdern mein Mit dir geh in den himmel ein, Den du uns hast erworben.

7. O JEsu Christ, du machst es lang Mit deinem jüngsten tage, Den menschen wird auf erden bang Von wegen vieler plage; Komm doch, komm doch, du richter gros, Und

mach uns in genaden los Von allem übel, Amen.

Bartholom. Ringwald.

In eigener Melodie.

624. GOtt hat das evangelium Gegeben, Daß wir werden fromm, Die welt acht solchen schatz nicht hoch, Der mehrer theil fragt nichts darnach; Das ist ein zeichen vor dem jüngsten tag.

2. Man fragt nicht nach der guten lehr, Der geitz und wucher noch vielmehr Hat überhand genommen gar, Noch sprechen sie: es hat kein gfahr; Das ist ein zeichen vor dem jüngsten tag.

3. Täglich erdenkt man neue netz, Das sind der gottlosen gesetz, Damit sie alles gut zu sich Gern wollten reissen gwaltiglich; Das ist ein zeichen vor dem jüngsten tag.

4. Man rühmt das evangelium, Und will doch niemand werden fromm; Fürwahr, man spott den lieben GOtt, Noch sprechen sie: es hat kein noth; Das ist ein zeichen vor dem 2c.

5. Es ist doch eitel büberey, Die welt treibt grosse schinderey, Als ob kein GOtt im himmel wär, Die armuth muß sich leiden sehr; Das ist ein 2c.

6. Die schätz der kirchen nimmt man hin, Das wird ihn'n bringen kein gewinn: Die armen läßt man leiden noth, Und nimmt ihn'n aus dem mund das brod; Das ist ein zeichen 2c.

7. Die schätz der kirchen seynd ihr gift, Sie seynd von ihnen nicht gestift, Noch nehmen sie das kirchengut, Sieh, was der leidig geitz nicht thut; Das ist ein zeichen vor dem jüngsten tag.

8. Man fragt nach GOtt dem HErrn nicht mehr, Die welt stinkt gar nach eitler ehr: Die hoffart nimmt ganz überhand, Betrügen, lügen ist kein schand; Das ist ein zeichen vor dem 2c.

9. Wo bleibt die brüderliche lieb? Die ganze welt ist voller dieb, Kein treu noch glaub ist in der welt, Ein jeder spricht: hätt ich nur geld; Das ist 2c.

10. Die welt will ihr nicht lassen wehrn, An GOtt's wort will sich niemand kehrn, Sie haben nichts gelernet mehr, Dann nur fressen und sauffen sehr; Das ist ein zeichen vor dem jüngsten tag.

11. Ihr gröste kunst ist banquetiern, Und in der büberey studiern, Das kan sie aus der maassen wohl, Die welt ist aller schalkheit voll, Das ist ein 2c.

12. Die liebe sonne kan nicht mehr Zusehen, und entsetzt sich sehr, Darum verliert sie ihren schein, Das mag ein grosse trübsal seyn; Das ist ein zeichen 2c.

13. Der mond und sternen ängsten sich, Und ihr gestalt sieht jämmerlich, Wie gern sie wollten werden frey Von solcher grossen büberey; Das ist ein zeichen vor dem 2c.

14. Darum komm, lieber HErre Christ, Das erdreich überdrüßig ist, Zu tragen sol-

che höllenbränd, Drum machs einmal mit ihr ein end; Und laß uns sehn den lieben jüngsten tag.

D. Erasmus Albertus.

Mel. Ach GOtt und HErr, wie 2c.

625. Hinweg, hinweg all frölichkeit, Die mir die welt verehret, Dieweil in ewge traurigkeit Sie leichtlich wird verkehret.

2. Es hangt das end des lebens dein An einem schlechten faden, Wie nun dasselb bey dir wird seyn, So ists mit dir gerathen.

3. Findt dich der tod nicht zubereit, So ists mit dir verlohren, Und du hast ewig herzenleid, Wär besser, nie gebohren.

4. Drum denk ans end all augenblick Und an die letzte stunde, Bey zeiten dich zum sterben schick, Weil du noch bist gesunde.

5. Wer nicht lernt sterben, eh er stirbt, Und bald den tod erkennen, Derselb am end gar leicht verdirbt, Wird kaum der höll entrinnen.

6. Betrachte doch, was nach dem tod Dir zu erwarten stehet, Gericht wird halten selber GOTT, O weh, wer nicht bestehet.

7. Ein jedes ungeschicktes wort Wird da geurtheilt werden, Und was geschehen fort und fort, So lang du warst auf erden.

8. Erwäge, was auf das gericht, Noch weiter wird geschehen, Der gottlos wird vons HErrn gesicht Weg in das feuer gehen.

9. Da wird er brennen für und für, Und wird doch nicht verbrennen, Verschlossen ist die gnadenthür, GOTT mag ihn nicht erkennen.

10. Von freuden geht man nicht zur freud, Die GOtt einmal wird geben: Durch trübsal und viel traurigkeit Geht man ins ewge leben.

In eigener Melodie.

626. Wachet auf! ruft uns die stimme Der wächter sehr hoch auf der zinne, Wach auf, du stadt Jerusalem! Mitternacht heißt diese stunde, Sie rufen uns mit hellem munde: Wo seyd ihr klugen jungfrauen? Wohlauf, der bräutgam kömmt, Steht auf, die lampen nehmt, Alleluja, Macht euch bereit Zu der hochzeit, Ihr müsset ihm entgegen gehn.

2. Zion hört die wächter singen, Das herz thut ihr vor freuden springen, Sie wachet und steht eilends auf, Ihr freund kommt vom himmel prächtig, Von gnaden stark, von wahrheit mächtig, Ihr licht wird hell, ihr stern geht auf. Nun komm, du werthe kron, HErr JEsu, GOttes Sohn, Hosianna, Wir folgen all Zum freudensaal, Und halten mit das abendmahl.

3. Gloria sey dir gesungen Mit menschen= und [...]

engelzungen, Mit harfen und mit cymbeln schon; Von zwölf perlen sind die pforten An deiner stadt; wir sind consorten Der engel hoch um deinen thron: Kein aug hat je gespührt, Kein ohr hat je gehört Solche freude, Des sind wir froh, Jo, jo, Ewig in dulci jubilo. D. Phil. Nicolai.

2) Von der Ewigkeit.

Mel. Es ist gewißlich an der zeit.

627. Erschrecklich ist es, daß man nicht Der höllen pein betrachtet, Ja, daß sie fast als ein gedicht Von vielen wird geachtet, Da doch kein augenblick vergeht, Daß nicht ein hauf im sarge steht, Vom würger abgeschlachtet.

2. Halt inn, o mensch, mit deinem lauf, Es ist ja leicht geschehen, Daß dich gereut der schlimme kauf, Drum bleib ein wenig stehen, Wir wollen erst das höllenloch, Den schwefelpfuhl, des satans joch Mit rechtem ernst betrachten.

3. Merk auf, der du mit grossem pracht Hier lässest häuser bauen, Du wirst in jener finstern nacht Dergleichen nimmer schauen: Der höllen wohnung ist ein schlund, Ja tiefe pfütz, in welcher grund Du fallen wirst mit grauen.

4. Da findet sich kein schöner saal Kein vorhaus, keine kammer; Es heißt und ist ein ort der qual, Den satans starke klammer Vest an einander hat verpicht, Es ist ein wohnhaus, ohne licht, Ein schwefelloch voll jammer.

5. Man wird dich auch an diesem ort Nicht sanft zu wagen bringen, Ach nein, du mußt mit grauen fort, Und in den abgrund springen, Es wird, so bald du fährst davon, Wie Dathan und den Abiram, Die hölle dich verschlingen.

6. Gedenk jetzt nicht, wie kan es seyn, Daß dieser ort soll fassen Solch eine meng, und so viel pein Die sünder fühlen lassen? O menschenkind, die höll ist weit, Ihr feld ist groß, die stätt ist breit Von angst und martergassen.

7. In diesem loch ist gar kein licht Noch heller glanz zu finden, Die liebe sonne scheint da nicht, Man tappet, wie die blinden; Hier leuchtet weder mond noch stern, Ein höllenkind das lebt von fern In schwarz verbrannten gründen.

8. Hier steiget auf ein dicker rauch, Erschrecklich anzusehen, Ein rechter pech= und schwefelschmauch, Der überall muß gehen: Ein schmauch, der billig wird genannt Angst, jammer, marter, qual und brand, Davor man nicht kan stehen.

9. Wer mag ermessen den gestank, Der hier auch wird gefunden, Der strenge gift kan machen

machen krank Urplötzlich die gesunden: Er ist, wie dicker koth und feur, Durch ihn wird alles ungeheur, Das stinket, überwunden.

10. Dis grosse feld hegt einen brand, Der schwarz und traurig scheinet, Doch brennet das verfluchte land Mehr, als der sünder meynet; Bey diesen flammen kan er sehn Die plagen, welche dort geschehn, Die man zu spat beweinet.

11. Dis höllenfeur ist schrecklich heis, Kan stein und stahl verzehren, Der ewge angst- und todesschweis Wird die verdammten nähren; Dis feuer brennet grausam zwar, Verbrennet doch nicht ganz und gar Die, so den tod begehren.

12. In dieser traur- und jammernacht Ist lauter angst und schrecken, Ach, höret, wie der donner kracht, Es blitzt an allen ecken: Es prasselt stets an diesem ort, Die winde brausen fort und fort, Der hagel bleibt nicht stecken.

13. Ein jeder sünder hat sein Joch, In dem er sich muß quälen, Dann unter diesem teufelsjoch Hat einer nicht zu wählen, Man darf nicht schweifen hin und her, Des satans macht fällt viel zu schwer, Er hat da zu befehlen.

14. Die stolzen werden allzumal Dort bey einander sitzen, Die säufer werden in der qual Den süssen wein ausschwitzen, Den schändern wird die gnade theur; Die hurer wird das höllisch feur In ewigkeit erhitzen.

15. Wer ist, der das erdulden kan, Was die verdammten leiden; Ihr freche sünder, denkt daran, Ihr müsset plötzlich scheiden; Ist euch der kerker hier zu viel, Ach, GOtt, das ist nur kinderspiel, Dort wird es anders scheinen.

16. Magst du hier nicht gefangen seyn, Wie wirst du dann ertragen, O mensch, der höllen angst und pein? Den rauch? gestank? das plagen? Die finsternis? des donners macht? Heut ist die zeit, bald gute nacht Der argen welt zu sagen.

Johann Rist.

Mel. Wie schön leuchtet der rc.

628. Ists? oder ist mein geist entzückt? Mein auge hat jetzt aufgeblickt, Ich seh den himmel offen, Ich sehe GOttes königsthron, Zur rechten JEsum, GOttes Sohn, Auf den wir alle hoffen: Singet, Klinget, Spielt auf scharfen Davids harfen, Jauchzt von herzen, JEsus stillet alle schmerzen.

2. Ich seh, er machet alles neu, Die braut fährt zu ihm ohne scheu, In reiner, schöner seide; Die kleider sind mit gold durchstickt, Der bräutgam hat sie selbst geschmückt Mit theurem halsgeschmeide, Meister, Geister, Cherubinen, Seraphinen, Wünschen glücke, JEsus gibt ihr liebesblicke.

3. Der braut ist nichts als lust bewust, GOtt sicht an ihrer schönheit lust, Sie glänzet wie die sonne. Man führt sie in den brautpallast, Ins freudenhaus zur stolzen rast, Zu ihres königs wonne, Klagen, Zagen, Sonnen-hitze, Donner-blitze, Sind verschwunden, GOttes lamm hat überwunden.

4. GOTT hat sie aus dem strom erfrischt, Der augen thränen abgewischt, GOTT kommt bey ihr zu wohnen, Er will ihr GOtt, sie sein volk seyn, Selbst bey ihr gehen aus und ein, Wie reichlich kan GOTT lohnen! Trauet, Schauet GOttes güte, GOttes hütte Bey den kindern, GOTT wohnt bey bekehrten sündern.

5. Wie heilig ist die neue stadt, Die GOTT und lamm zum tempel hat, Zum grunde die zwölf boten, Gar nichts gemeines geht hinein, Wer greuelt, muß verbannet seyn, Sein theil ist bey den todten; Reine, Feine, Edle steine Sind gemeine, Ihr licht flimmert Wie ein heller Jaspis schimmert.

6. Die stadt darf keiner sonne nicht, Nicht unsers mondes blasses licht, Das lamm ist ihre sonne, Ihr leuchtet GOttes herrlichkeit, Die heyden wandeln weit und breit Bey dieses lichtes wonne, Ihre Thüre, Ihre pforte Dieser orte Stehet offen, Da ist keine nacht zu hoffen.

7. Von GOttes stuhle quillt ein fluß, Der mitten auf der gasse muß Das holz des lebens wässern, Die frucht, die der baum zwölffach trägt, Ein jedes blättgen, das er hegt, Soll die gesundheit bessern; Schlechte Knechte, Herren, fürsten, Kayser dürsten Nach der quelle, Sie fleußt recht crystallenhelle.

8. Wie herrlich ist die neue welt, Die GOtt den frommen vorbehält, Kein mensch kan sie erwerben, O JEsu, HErr der herrlichkeit, Du hast die stätt auch mir bereit, Hilf mir die stätt ererben. Weise, Preise Ihre kräfte, Ihr geschäfte, Mir elenden, Laß mich auf den anblick enden.

Mel. Nun ruhen alle wälder rc.

629. Kommt her, ihr menschenkinder, Kommt her, ihr frechen sünder, Kommt her und höret an, Was die dort müssen leiden, So hier von GOtt sich scheiden, Und die kein warnung schrecken kan.

2. Kommt, geht mit mir zur höllen, Da will ich euch vorstellen Die allerschwerste pein, Dergleichen nicht zu finden, Ja, die nicht auszugründen, Wie groß und hart sie werde seyn.

3. Du sprichst, mein mund will essen, Der speis ist da vergessen, Dich hungert ewiglich; Dich dürstet aus der massen, Kein tropf ist da zu fassen, Nur pech und schwefel sättigt dich.

4. Du suchest schöne kleider Und saubern schmuck; ach, leider, Dein rock ist lauter mist, Es schlagen tausend flammen Recht über dir zusammen, Und bleibst doch nackend, wie du bist.

5. Kein häuser darfst du hoffen, Der höllen pfuhl steht offen, Der gibt dir willig raum; In diesen wüsten gründen Ist lauter nichts zu finden, Als eitel unflat, koth und schaum.

6. Du wünschtest, als auf erden, Gar hoch geehrt zu werden; O welch ein eitler wahn! In diesem jammerlande Bringt man dir spott und schande Für ehr und ansehn auf die bahn.

7. Wer sollte dich auch ehren? Wer könnte doch vermehren Dein lob in solcher pein? Bist du doch aus dem orden Der kinder GOttes worden Des satans treuer sclav allein.

8. Du kanst dich nicht gesellen Zu denen, die sich stellen So frisch, als in der welt, Dort weiß man nur zu sagen Von teufeln, die dich plagen In ihrem mord- und marterzelt.

9. Es werden dich verfluchen, Ja dich zu quälen suchen Die, welche du verführt: Sie werden grausam schreyen, Und gar zu spat bereuen, Daß sie dem satan so hofiert.

10. Die täglich hier gesoffen, Einander angetroffen An manchem leichten ort, Die werden dort sich reissen, Ja, wie die hunde beissen, Und sich zerschlagen fort und fort.

11. Die sich bey guten tagen Mit reuten, fahren, jagen, Recht lustig hier gemacht, Die müssen heulend sitzen, Bald frieren und bald schwitzen, Dann da wird keiner lust gedacht.

12. Hier kan uns leicht bewegen Ein schmerz, daß wir uns legen, Und schreyen, o der pein! Wie kan die gicht uns kränken? Wie kan der schlag verrenken Das haupt? wie martert uns der stein?

13. Was wird dann in der höllen, Wo häufig sich gesellen Die plagen allzumal, Für pein sich lassen finden? Ach, satan wird verbinden Angst, jammer, trübsal, noth und qual.

14. Es werden dort dein augen, Die zu verletzen taugen Hier manches liebes kind, Viel thränen zwar vergiessen, Doch wird es sie verdriessen, Daß sie nicht sind gewesen blind.

15. Es werden dort dein ohren, Die hier den leichten choren Der huren zugehört, Das heulen, knirschen, dräuen, Das fluchen, schmähen, schreyen Alsdann auch hören ganz verstöhrt.

16. Du wirst vor g'stank vergehen, Wann du dein aas must sehen: Dein mund wird lauter gall Und höllenwermuth schmäcken, Des teufels

speichel lecken, Ja fressen koth im finstern stall.

17. Es wird die glut dich brennen, Die teufel werden trennen Die adern, fleisch und bein: Sie werden dich zerreissen, Sie werden dich zerschmeissen, Und ewig deine henker seyn.

18. Ach, GOtt, dann wird man bitten: Nun borstet in der mitten, Ihr berg, und nehmt uns an, O marter, jammer, brennen, Wohl dem, der dis erkennen, Und in der zeit sich bessern kan.

Joh. Rist.

Mel. Sollt ich meinem GOtt rc.

630. Oeffne mir die perlenthoren, O du schmuck der himmelsstadt, Licht vom licht zum licht erkohren, Eh die welt den anfang hat, Eile, liebster, heimzuführen Meine seele, deine braut, Die du dir hast anvertraut. Laß mich diese klarheit zieren, Wo mich keine sündennacht Mehr betrübt und finster macht.

2. Ich lieg schon in deinen armen Durch den glauben vest geschränkt, Und durch deiner lieb erbarmen Wird mir freude eingeschenkt, Die nach deinem nectar schmecket, Den du in der ewigkeit Meiner seelen hast bereit: Aber diese lust erwecket Durst, den nichts, mein GOtt, als du, Sättiget in voller ruh.

3. Es verlanget mich, zu sehen, Ohne decke, dein gesicht, Und von sünden frey zu stehen, Reines lamm, in deinem licht; Doch will ich dirs nicht vorschreiben, Und mein himmel ist schon hier, Wirst du, meiner seelen zier, Nur mit mir vereinigt bleiben: Dann wie soll auch, ohne dich, Himmelslust vergnügen mich.

4. Du bist meiner seelen wonne, Wann mich angst betrüben will, Mein herz nennt dich seine sonne, Und das sorgenmeer wird still, Wann mir deine blicke lachen, Deren lieb beglänzter strahl Trennet alle nacht und qual: Du kanst mich vergnüget machen. In dir hab ich himmelsfreud, Ausser dir verdruß und leid.

5. Laß mich, baum des lebens, bleiben, An dir einen treuen zweig, Der, wann ihn hier stürme treiben, Stärker werd und höher steig, Auch im glauben früchte bringe; Und versetz mich nach der zeit In das feld der ewigkeit, Da ich mich in dir verjünge, Wann des leibes welkes laub Wieder grünt aus seinem staub.

6. Gieß indessen in die seele Deinen süssen lebenssaft, Leben, dem ich mich vermähle, Und laß deiner liebe kraft Mich ganz gnadenvoll erlaben, Bleibe mein, ich bleibe dein, Dein will ich auch ewig seyn, Dich mein JEsu, will ich haben: Erd und himmel acht ich nicht, Ohne dich, mein trost und licht.

W. C. Desler.

In eigener Melodie.

631. O ewigkeit, du donnerwort, O schwerd, das durch die seele bohrt, O anfang sonder ende, O ewigkeit, zeit ohne zeit, Ich weiß vor grosser traurigkeit Nicht, wo ich mich hinwende: Mein ganz erschrocknes herz erbebt, Daß mir die zung am gaumen klebt.

2. Kein unglück ist in aller welt, Das endlich mit der zeit nicht fällt, Und ganz wird aufgehoben, Die ewigkeit hat nur kein ziel, Sie treibet fort und fort ihr spiel, Läßt nimmer ab zu toben; Ja, wie mein heiland selber spricht: Aus ihr ist kein erlösung nicht.

3. O ewigkeit, du machst mir bang, O ewig, ewig ist zu lang, Hier gilt fürwahr kein scherzen. Drum wann ich diese lange nacht Zusamt der grossen pein betracht, Erschreck ich recht von herzen: Nichts ist zu finden weit und breit So schrecklich, als die ewigkeit.

4. Was acht ich wasser, feur und schwerdt, Dis alles ist kaum nennens werth, Es kan nicht lange dauren, Was wär es, wenn gleich ein tyrann, Der fünfzig jahr kaum leben kan, Mich endlich ließ vermauren? Gefängnis, marter, angst und pein Die können ja nicht ewig seyn.

5. Wann der verdammten grosse qual So manches jahr, als an der zahl Hier menschen sich ernähren, Als manchen stern der himmel hegt, Als manches laub das erdreich trägt, Noch endlich sollte währen, So wäre doch der pein zuletzt Ihr recht bestimmtes ziel gesetzt.

6. Nun aber, wann du die gefahr Viel hundert tausend tausend jahr Hast kläglich ausgestanden, Und von den teufeln solcher frist Ganz grausamlich gemartert bist, Ist doch kein schluß vorhanden, Die zeit, so niemand zählen kan, Die fänget stets von neuem an.

7. Liegt einer krank, und ruhet gleich Im bette, das von golde reich Recht fürstlich ist gezieret, So hasset er doch solchen pracht, Auch so, daß er die ganze nacht Ein kläglich leben führet, Er zählet jeden glockenschlag, Und seufzet nach dem lieben tag.

8. Ach, was ist das? der höllen pein Wird nicht wie leibeskrankheit seyn Und mit der zeit sich enden, Es wird sich der verdammten schaar Im feur und schwefel immerdar Mit zorn und grimm umwenden: Und dis ihr unbegreiflichs leid Soll währen bis in ewigkeit.

9. Ach, GOtt, wie bist du so gerecht, Wie strafest du die bösen knecht Im heissen pfuhl der schmerzen, Auf kurze sünden dieser welt Hast du so lange pein bestellt; Ach, nimm dis wohl zu herzen, Und merk auf

dis

dis, o menschenkind, Kurz ist die zeit, der tod geschwind.

10. Ach fliehe doch des teufels strick, Die wollust kan ein augenblick, Und länger nicht ergetzen, Dafür wilt du dein arme seel Hernachmals in des teufels höhl Hin zur vergeltung setzen, Ja, schöner tausch, ja, wohl gewagt, Das bey den teufeln wird beklagt.

11. So lang ein GOTT im himmel lebt Und über alle wolken schwebt, Wird solche marter währen, Es wird sie plagen kält und hitz, Angst, hunger, schrecken, feur und blitz, Und sie doch nicht verzehren; Dann wird sich enden diese pein, Wann GOtt nicht mehr wird ewig seyn.

12. Die marter bleibet immerdar, Als anfangs sie beschlossen war, Sie kan sich nicht vermindern, Es ist ein arbeit sonder ruh, Sie nimmt an klag und seufzen zu Bey jenen satanskindern. O sünder, deine missethat Empfindet weder trost noch rath.

13. Wach auf, o mensch, vom sündenschlaf, Ermuntre dich, verlohrnes schaaf, Und bessre bald dein leben, Wach auf, es ist doch hohe zeit, Es kommt heran die ewigkeit, Dir thum, ehr und geld, Dir länger nicht gebieten, Schau an die grosse sicherheit, Die falsche welt und böse zeit, Zusamt des teufels wüten: Vor allen dingen hab in acht Die vorerwehnte lange nacht.

15. O du verfluchtes menschenkind, Von sinnen toll, von herzen blind, Laß ab die welt zu lieben, Ach, ach, soll dann der höllen pein, Da mehr denn tausend henker seyn, Ohn ende dich betrüben? Wo lebt ein so beredter mann, Der dieses werk aussprechen kan?

16. O ewigkeit, du donnerwort, O schwerd, das durch die seele bohrt, O anfang sonder ende, O ewigkeit, zeit ohne zeit, Ich weiß vor grosser traurigkeit Nicht, wo ich mich hinwende; Nimm du mich, wenn es dir gefällt, HErr JEsu, in dein freudenzelt.

Johann Rist.

Mel. Ach wie nichtig, ach wie rc.

632. O wie frölich, o wie selig Ist des himmels leben! Dieses leben hier auf erden, Das wir führen mit beschwerden, Kan ihm nicht verglichen werden.

2. O wie frölich, o wie selig Sind des himmels zelten! Wer daselbst wird hin versetzet, Wird

Was einmal das herz erquicket.

4. O wie frölich, o wie selig Ist des himmels wohnung! Niemand, als der rein von sünden, Darf daselbst sich unterwinden, GOtt und engeln beyzufinden.

5. O wie frölich, o wie selig Ist des himmels freundschaft! Was nur treue liebe heisset, Die kein arge list zerreisset, Ganz vollkommen sich erweiset.

6. O wie frölich, o wie selig Sind des himmels schätze! Was das herz pflegt abzumatten: Güldne bleche, silbern platten, Sind dargegen nichts als schatten.

7. O wie frölich, o wie selig Sind des himmels reden! Nach des Höchsten lobe fragen, Wie es gnug sey vorzutragen, Ist der auserwählten sagen.

8. O wie frölich, o wie selig Ist des himmels friede! Da sind lauter sicherheiten, Man darf nicht, wie dieser zeiten, Teufel oder tod bestreiten.

9. O wie frölich, o wie selig Ist des himmels würde! Lauter kön'ge, die regieren, Deren häupter kronen zieren, Pfleget GOtt da aufzuführen.

10. O wie frölich, o wie selig Ist des himmels sonne! Keine nacht den tag verzehret, Finster nicht das licht verstöhret, GOtt wird in dem licht geehret.

11. O wie frölich, o wie selig Sind des himmels bürger! Unschuld kleidet sie, wie seiden, Ihre speisen sind voll freuden, Wohnen, da sie GOTT wird weiden.

12. O wie frölich, o wie selig Ist des himmels gnüge! Da sind alle gute gaben, Die den leib und seel erlaben, Wer recht glaubt, der soll sie haben.

✡ ✡ ✡

Aufmunterung zum andächtigen Singen und Lob GOttes.

Seele, preise deinen GOTT,
Der dich ewig liebet;
Der dich auch durch Creutz und Noth,
Wie durch Wohlthun, übet.
Seine treue Vaterhand
Hat dich stets umarmet,
Und in deinem Sündenstand
Deiner sich erbarmet.
Singe doch bey Tag und Nacht
Von des Höchsten Güte,
Rühme seine Huld und Macht
Frölich im Gemüthe.
Hat er nicht von seinem Thron
Dir dein Heil gegeben?
Sollt du nicht in seinem Sohn
Ewig, ewig leben?
Siehe, wie sein guter Geist
An dein Herze dringet,
Wie er dir die Strasse weisst,
Die zum Himmel bringet,
Ach, verlaß die eitle Freud,
Flieh die Bahn der Sünden.
Preis den HERRN der Herrlichkeit,
Willt du Ruhe finden.
HERR, dir will ich mich nunmehr
Als dein Kind, ergeben;
Deinen Namen, deine Lehr
Will ich stets erheben.
In der Schwachheit will ich hier,
HERR, dein Lob besingen.
Dort werd ich, mein Vater, dir
Neue Lieder bringen.

Register.

A.

Auf

J.

Ich

K.

L.

O aller:

R.

S.

T.

U.

V.

W.

E N D E.

Der Preiß dieses Gesangbuches ist:

Auf ordinair braun Papier, ohne Gebet und Evangelien . . . . . . 17 kr.

Dasselbe mit Gebet und Evangelien . . 24 kr.

Ebendasselbe auf weiß Druck-Papier ohne Gebet und Evangelien . . . . 30 kr.

Dasselbe mit Gebet und Evangelien . . . 40 kr.

www.ingramcontent.com/pod-product-compliance
Lightning Source LLC
Chambersburg PA
CBHW020449270326
41926CB00008B/539

* 9 7 8 3 7 4 3 3 1 7 5 0 5 *